站在巨人的肩上
Standing on Shoulders of Giants

iTuring.cn

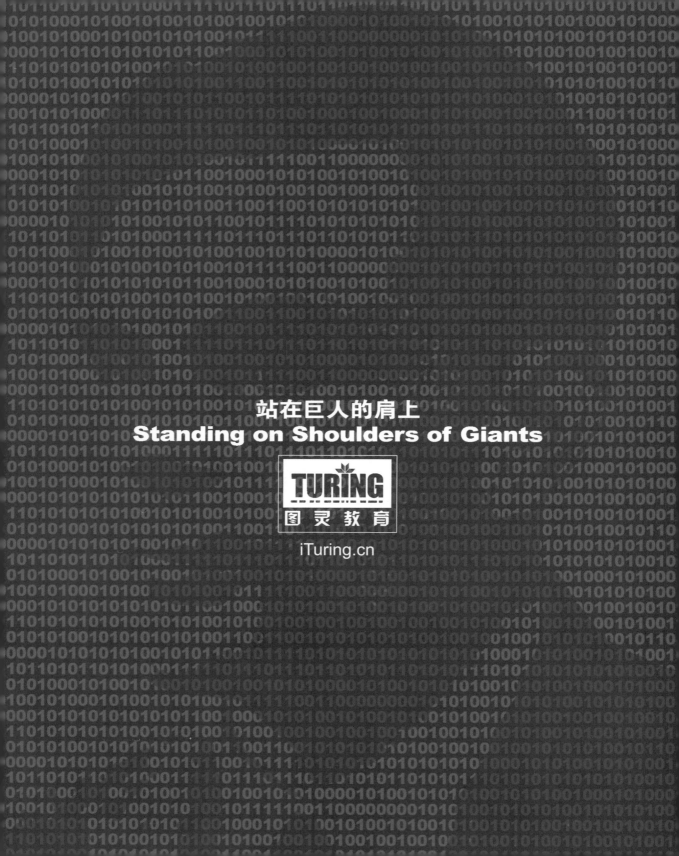

站在巨人的肩上
Standing on Shoulders of Giants

iTuring.cn

TURING 图灵程序设计丛书

Professional JavaScript for Web Developers 3rd Edition

JavaScript 高级程序设计

（第3版）

[美] Nicholas C.Zakas 著

李松峰 曹力 译

人民邮电出版社

北　京

图书在版编目（ＣＩＰ）数据

JavaScript高级程序设计：第3版 /（美）泽卡斯
(Zakas,N.C.) 著；李松峰，曹力译. -- 北京：人民邮
电出版社，2012.3（2019.7重印）
（图灵程序设计丛书）
书名原文：Professional JavaScript for Web
Developers, 3rd Edition
ISBN 978-7-115-27579-0

Ⅰ．①J… Ⅱ．①泽… ②李… ③曹… Ⅲ．①
JAVA语言—程序设计 Ⅳ．①TP312

中国版本图书馆CIP数据核字(2012)第027879号

内 容 提 要

本书是 JavaScript 超级畅销书的最新版。ECMAScript 5 和 HTML5 在标准之争中双双胜出，使大量专有实现和客户端扩展正式进入规范，同时也为 JavaScript 增添了很多适应未来发展的新特性。本书这一版除增加 5 章全新内容外，其他章节也有较大幅度的增补和修订，新内容篇幅约占三分之一。全书从 JavaScript 语言实现的各个组成部分——语言核心、DOM、BOM、事件模型讲起，深入浅出地探讨了面向对象编程、Ajax 与 Comet 服务器端通信，HTML5 表单、媒体、Canvas（包括 WebGL）及 Web Workers、地理定位、跨文档传递消息、客户端存储（包括 IndexedDB）等新 API，还介绍了离线应用和与维护、性能、部署相关的最佳开发实践。本书附录展望了未来的 API 和 ECMAScript Harmony 规范。

本书适合有一定编程经验的 Web 应用开发人员阅读，也可作为高校及社会实用技术培训相关专业课程的教材。

◆ 著　　　[美] Nicholas C. Zakas

译　　　李松峰　曹　力

责任编辑　朱　巍

◆ 人民邮电出版社出版发行　　　北京市丰台区成寿寺路11号
邮编　100164　　电子邮件　315@ptpress.com.cn
网址　http://www.ptpress.com.cn
北京鑫正大印刷有限公司印刷

◆ 开本：800×1000　1/16
印张：46.75
字数：1092千字　　　　　　　　2012年3月第1版
印数：237 001 - 242 000 册　　　2019年7月北京第38次印刷
著作权合同登记号　图字：01-2012-1175 号

定价：99.00元
读者服务热线：(010)51095183转600　印装质量热线：(010)81055316
反盗版热线：(010)81055315
广告经营许可证：京东工商广登字 20170147号

版 权 声 明

序

20多年的职业生涯，我也长出了白头发。回首往事，曾经对我的职业道路产生过重要影响的技术和人历历在目。如果让我只说一种技术，一种对我产生了最大正面影响的技术，那么就是 JavaScript。说实话，我也并非一直都是 JavaScript 的信徒。跟许多人一样，我以前也把它当作一门玩具语言，认为它只能用来做一些旋转的横幅广告，或者在页面中添加一些有意思的交互效果作为装饰。我原来是做服务器端开发的，我们都对这种玩具语言不感冒，该死的！可是，后来 Ajax 出现了。

永远也忘不了当时无孔不入的 Ajax，大家都认为它是一种非常酷、非常新，同时极具创造性的技术。我也开始了解它，阅读相关资料。知道这门曾被我嗤之以鼻的玩具语言如今被每一位专业 Web 开发人员津津乐道之后，我感到很震惊。突然，我的看法就转变了。随着探索 Ajax 的继续深入，我认识到 JavaScript 的强大威力，急切地想了解它能提供的所有"法宝"。于是，我全身心地投入到学习 JavaScript 之中，不仅努力学习这门语言，还加入了 jQuery 项目团队，专门从事客户端开发。我的日子过得很爽。

对 JavaScript 了解得越深，接触的开发人员就越多，其中不乏今天在我眼里依然是巨星和导师级的人物。尼古拉斯·泽卡斯（本书作者）就是这样一位开发人员。我一直记得在读本书第 2 版时心中油然而生的喜悦之情，虽然我也有多年的积累，但仍然从中学到了很多新东西。这本书实实在在、深入浅出，读来就好像尼古拉斯对不同层次的读者都了如指掌，所以他的风格才那么贴切自然。对于技术书来说，这是非常突出的一个特色。多数作者都想靠坚深的技术给人留下印象，但这本书不同。所以，它很快就成为了我案头必备的书，我也会向那些有志全面掌握 JavaScript 的开发人员推荐这本书。我希望每个人对这本书都能有跟我一样的体会，认识到它的价值所在。

后来，在一次 jQuery 大会上，我荣幸地见到了尼古拉斯本人。站在我面前的是一位世界顶级的 JavaScript 开发人员，而且正负责世界上最重要的一个 Web 站点（雅虎）。尼古拉斯是我见过的最随和的人之一。真的，见到他的时候我有一种追星族的幻觉。但他就是那么一个活生生的人，一个想帮助开发人员成就梦想的人。不仅他的书改变了我对 JavaScript 的认识，而且尼古拉斯这个人，也让我愿意接近，愿意了解。

听说尼古拉斯要请我作序，我激动得不知道说什么才好。在此，我代表大牛来为本书暖场。这个序也是他本人有多么令人景仰的一个明证。不过，更重要的是，这也给了我一个机会，让我能跟大家分享自己为什么觉得这本书如此重要。我看过很多 JavaScript 图书，的确也有很多令人叹服的佳作。但在我看来，这本书为读者成为全方位的 JavaScript 高手提供了"一揽子方案"。

这本书从介绍表达式和变量声明开始，平滑地过渡到了闭包、面向对象开发等高级主题。与那些把大量篇幅花在讲解背景知识上的书，以及那些让人感觉好像是要使用 JavaScript 开发导弹制导系统的书相比，这本书让人感觉细致周到、亲切自然。这是一本写给"普通人"的书，它能让你编写出引以为荣的代码，构建出令人叫绝的网站。

雷·邦戈（Rey Bango）

微软公司高级布道师，jQuery 项目团队核心成员献给我的父母，是他们永远给我支持和鼓励。

前　　言

从驱动全球商业、贸易及管理领域不计其数的复杂应用程序的角度来看，说 JavaScript 已经成为当今世界上最流行的编程语言一点儿都不为过。

JavaScript 是一种非常松散的面向对象语言，也是 Web 开发中极受欢迎的一门语言。JavaScript，尽管它的语法和编程风格与 Java 都很相似，但它却不是 Java 的"轻量级"版本，甚至与 Java 没有任何关系。JavaScript 是一种全新的动态语言，它植根于全球数亿网民都在使用的 Web 浏览器之中，致力于增强网站和 Web 应用程序的交互性。

在本书中，我们将对 JavaScript 追根溯源，从它在最早的 Netscape 浏览器中诞生谈起，一直谈到今天的它对 DOM 和 Ajax 的强大支持。读者将通过本书掌握如何运用和扩展这门语言，从而更好地满足自己的需求，以及如何实现客户端与服务器的无缝通信，而又不必求助于 Java 或隐藏的网页框架（frame 元素）。一言以蔽之，本书将教会你在面对各种常见的 Web 开发问题时，如何拿出自己的 JavaScript 解决方案。

本书读者对象

本书将下列三类人员作为目标读者：

(1) 熟悉面向对象编程、经验丰富而又打算学习 JavaScript 的开发人员，JavaScript 毕竟与 Java、C++ 等传统 OO 语言存在着诸多联系；

(2) 有意提升自己网站和 Web 应用程序易用性的 Web 开发人员；

(3) 希望全面深入地理解这门语言的初级 JavaScript 开发人员。

此外，本书也适合熟悉下列相关技术的读者阅读：

(1) Java

(2) PHP

(3) ASP.NET

(4) HTML

(5) CSS

(6) XML

本书不适合没有计算机基础知识的初学者，也不适合只想为网站添加简单交互功能的读者。建议这些朋友学习阅读 *Beginning JavaScript, 3rd Edition*（Wiley, 2007）一书[①]。

---

① 本书中文版《JavaScript 入门经典（第 3 版）》已经由清华大学出版社出版。——译者注（以下脚注如无特殊说明，均为译者注）

本书内容

本书提供了 JavaScript 开发人员必须掌握的内容，全面涵盖了 JavaScript 的各种高级、有用的特性。

本书首先介绍了 JavaScript 的起源及其发展现状，随后讨论了构成 JavaScript 实现的各个组成部分，重点讲解了 ECMAScript 和 DOM 标准。此外，还对不同 Web 浏览器的 JavaScript 实现之间存在的差异，给出了相应的说明。

在此基础上，本书从讲解 JavaScript 的基本概念入手，探讨了 JavaScript 面向对象程序设计和继承的方式，以及如何在 HTML 等标记语言中使用它。在深入剖析了事件和事件处理之后，又解释了各种浏览器检测技术。本书还探讨了 HTML5、Selectors API 和 File API 等一系列新 API。

本书最后一部分专门讨论了高级主题，涉及性能和内存优化、最佳实践以及对 JavaScript 未来的展望。

本书结构

本书共 25 章，各章简介如下。

第 1 章 "JavaScript 简介"，讲述了 JavaScript 的起源：因何而生，如何发展，现状如何。涉及的概念主要有 JavaScript 与 ECMAScript 之间的关系、DOM（Document Object Model，文档对象模型）、BOM（Browser Object Model，浏览器对象模型）。此外，还将讨论 ECMA（European Computer Manufacturer's Association，欧洲计算机制造商协会）和 W3C（World Wide Web Consortium，万维网联盟）制定的一些相关标准。

第 2 章 "在 HTML 中使用 JavaScript"，介绍了如何在 HTML 中使用 JavaScript 创建动态网页。这一章不仅展示了在网页中嵌入 JavaScript 的各种方式，还讨论了 JavaScript 内容类型（content-type）及其与<script>元素的关系。

第 3 章 "基本概念"，讨论了 JavaScript 语言的基本概念，包括语法和流控制语句。这一章也分析了 JavaScript 与其他基于 C 的语言在语法上的相同和不同之处，还介绍了与内置操作符有关的类型转换问题。

第 4 章 "变量、作用域和内存问题"，探讨了 JavaScript 如何处理其松散类型的变量。这一章还讨论了原始值和引用值之间的差别，以及与变量有关的执行环境的相应内容。最后，通过介绍 JavaScript 的垃圾收集机制，解释了变量在退出作用域时释放其内存的问题。

第 5 章 "引用类型"，详尽介绍了 JavaScript 内置的所有引用类型，如 `Object` 和 `Array`。这一章对 ECMA-262 规范中描述的每一种引用类型既做了理论上的阐释，又从浏览器实现的角度给出了介绍。

第 6 章 "面向对象的程序设计"，讲述了在 JavaScript 中如何实现面向对象的程序设计。由于 JavaScript 没有类的概念，因此这一章从对象创建和继承的层面上展示了一些流行的技术。此外，这一章还讲解了函数原型的概念，并对函数原型与整个面向对象方法的关系进行了探讨。

第 7 章 "函数表达式"，集中介绍了 JavaScript 中最为强大的一个特性——函数表达式。相关的内容涉及闭包、`this` 对象的角色、模块模式和创建私有对象成员等。

第 8 章 "BOM"，介绍 BOM（Browser Object Model，浏览器对象模型），即负责处理与浏览器自身有关的交互操作的对象集合。这一章全面介绍了每一个 BOM 对象，包括 `window`、`document`、 location、navigator 和 screen。

　　第 9 章 "客户端检测"，讨论了检测客户端机器及其支持特性的各种手段，包括特性检测及用户代理字符串检测的不同技术。这一章还就每种手段的优缺点及适用情形给出了详细说明。

　　第 10 章 "DOM"，介绍 DOM（Document Object Model，文档对象模型），即 DOM1 规定的 JavaScript 中的 DOM 对象。这一章也简要介绍了 XML 及其与 DOM 的关系，为深入探讨所有 DOM 规范及其定义的操作网页的方式奠定了基础。

　　第 11 章 "DOM 扩展"，介绍了其他 API 以及浏览器本身为 DOM 添加的各种功能。涉及内容包括 Selectors API、Element Traversal API 和 HTML5 扩展。

　　第 12 章 "DOM2 和 DOM3"，在前两章的基础上继续探讨了 DOM2 和 DOM3 中新增的 DOM 属性、方法和对象。这一章还讨论了 IE 与其他浏览器的兼容性问题。

　　第 13 章 "事件"，解释了 JavaScript 中事件的本质，对遗留机制的支持，以及 DOM 对事件机制的重新定义。这一章讨论了多种设备，包括 Wii 和 iPhone。

　　第 14 章 "表单脚本"，讲述如何使用 JavaScript 增强表单的交互性，突破浏览器的局限性。这一章的讨论主要围绕单个表单元素如文本框、选择框，以及围绕数据验证和操作展开。

　　第 15 章 "使用 Canvas 绘图"，讨论了 <canvas> 标签以及如何通过它来动态绘图。不仅涵盖 2D 上下文，也将讨论 WebGL（3D）上下文，可以为创建动画和游戏夯实基础。

　　第 16 章 "HTML5 脚本编程"，介绍了 HTML5 规定的 JavaScript API，涉及跨文档传递消息、拖放 API 和以编程方式控制 <audio> 和 <video> 元素，以及管理历史状态。

　　第 17 章 "错误处理与调试"，讨论浏览器如何处理 JavaScript 代码错误，并展示了一些处理错误的方式。这一章针对每种浏览器分别讨论了相应的调试工具和技术，还给出了简化调试工作的建议。

　　第 18 章 "JavaScript 与 XML"，展示了 JavaScript 中用于读取和操作 XML（eXtensible Markup Language，可扩展标记语言）的特性。这一章分析了不同浏览器提供的 XML 支持和对象的差异，给出了编写跨浏览器代码的简易方法。此外，这一章还介绍了用于在客户端转换 XML 数据的 XSLT（eXtensible Stylesheet Language Transformations，可扩展样式表语言转换）技术。

　　第 19 章 "E4X"，讨论了 E4X（ECMAScript for XML，ECMAScript 中的 XML 扩展）；设计 E4X 的出发点是简化 XML 处理任务。这一章探讨了在处理 XML 时，使用 E4X 与使用 DOM 相比有哪些优势。

　　第 20 章 "JSON"，介绍了作为 XML 替代格式的 JSON，包含浏览器原生支持的 JSON 解析和序列化，以及使用 JSON 时要注意的安全问题。

　　第 21 章 "Ajax 与 Comet"，讲解了常用的 Ajax 技术，包括使用 XMLHttpRequest 对象及 CORS（Cross-Origin Resource Sharing，跨域源资源共享）API 实现跨域 Ajax 通信。这一章展示了浏览器在实现与支持方面存在的差异，同时也给出了一些使用建议。

　　第 22 章 "高级技巧"，深入讲解了一些 JavaScript 中较复杂的模式，包括函数柯里化（currying）、部分函数应用和动态函数。这一章还讨论了如何创建自定义的事件框架和使用 ECMAScript 5 创建防篡改对象。

　　第 23 章 "离线应用与客户端存储"，讨论了如何检测应用离线以及在客户端机器中存储数据的各种技术。先从受到最广泛支持的特性 cookie 谈起，继而介绍了新兴的客户端存储技术，如 Web Storage 和 IndexedDB。

第 24 章 "**最佳实践**"，探讨了在企业级环境中使用 JavaScript 的各种方式。其中，着眼于提高可维护性的内容包括编码技巧、格式化和通用编程实践。这一章还介绍了改善代码执行性能及速度优化的一些技术。最后讨论了部署问题，包括如何创建构建过程。

第 25 章 "**新兴的 API**"，介绍了为增强浏览器中的 JavaScript 而创建的新 API。虽然这些 API 还没有得到完整或全面的支持，但它们已经崭露头角，有些浏览器也已经部分地实现了这些 API。这一章的内容主要是 Web 计时和文件 API。

使用示例

要运行本书中的示例，需要安装下列软件：

❏ Windows XP、Windows 7 或 Mac OS X；

❏ Internet Explorer 6 及更高版本、Firefox 2 及更高版本、Opera 9 及更高的版本、Chrome、 Safari 2 及更高版本。

完整的示例源代码可以从 http://www.wrox.com/ 中下载（下载步骤见 "源代码" 一节）[①]。

排版约定

为了让读者更好地理解本书内容，同时把握住全书的重点，本书将采用以下排版约定。

这种带警告图标的方框样式，表示与上下文相关的重要的、需要牢记的内容。

这种带钢笔图标的方框样式，表示与上下文相关的说明、提示、技巧、窍门和背景知识。

正文中的样式说明如下。

(1) 新术语及重要的词汇在首次出现时使用**加粗字体**以示强调；

(2) 表示键盘命令组合的方式是 Ctrl+A；

(3) 正文中的代码使用等宽字体，如 `persistence.properties`；

(4) 代码有两种样式：

```
var obj = new Object();      // 大多数示例代码都没有加粗
var obj = new Object();      // 加粗的代码表示在上下文中特别重要
```

源代码

在学习本书示例代码时，可以手工敲入所有代码，也可以使用随书的源代码文件。本书所有源代码都可以到 www.wrox.com 中下载。登录该站点后，先找到本书（通过搜索或者图书列表），打开本书页

[①] 读者也可以在图灵社区（http://www.ituring.com.cn/）本书的页面中免费注册下载。

面后，单击其中的 Download Code 链接，就可以下载本书的源代码了[①]。对于包含在下载文件中的源代码，书中会添加以下图标：

本书代码示例旁边会附有文件名，从中可以找到对应的代码片段。文件名的格式如下：

代码片段所在的文件名

　由于很多书的书名看起来类似，所以更好的方式是通过书的 ISBN 来搜索它。本书原版的 ISBN 是 978-1-118-02669-4。

下载完代码后，请使用解压缩软件将其解压缩。此外，读者也可以登录 Wrox 代码下载主页 www.wrox.com/dynamic/books/download.aspx，查找并下载本书及其他 Wrox 图书的示例代码。

勘误信息[②]

我们尽最大努力确保正文和代码没有错误。可是，金无足赤，错误在所难免。如果读者发现我们书中的任何错误，例如错别字或代码片段无法运行等，希望您能及时给我们反馈。您提交的勘误不仅能让其他读者受益，而且也能帮助我们进一步提高图书质量。

本书原版的勘误页面位于 www.wrox.com 中，登录该站点后可以通过搜索或查询图书列表找到本书页面，然后单击页面中的 Errata（勘误）链接。然后可以看到其他读者已经提交并由 Wrox 的编辑发布的勘误信息。另外，在 www.wrox.com/misc-pages/booklist.shtml 页面中也可以找到本书及勘误页面的链接。

如果读者在本书勘误页面中没有发现"你的"错误，麻烦打开 www.wrox.com/contact/techsupport.shtml 页面，填写其中的表单并将错误发送给我们。我们会认真核对您提交的错误，如果错误确实存在，我们将把它补充到本书勘误页面中。同时，也将根据您提供的信息对本书后续版本加以改正。

p2p.wrox.com

如果您想与本书作者或者其他读者沟通，请加入 P2P 论坛（p2p.wrox.com）。该论坛是基于 Web 的系统，您可以在其中发表与 Wrox 图书及相关技术有关的帖子，并同其他读者或者技术用户交流。论坛提供了一个订阅功能，您可以选择当发表您感兴趣的帖子时通过邮件通知您。Wrox 的作者、编辑、其他行业的专家以及与您正在读同一本书的读者都会出现在这个论坛中。

在 http://p2p.wrox.com 中，有很多论坛不仅对您理解本书有帮助，而且还会对开发应用程序有帮助。要加入这个论坛，请按下面几个步骤进行：

(1) 登录到 p2p.wrox.com，单击 Register（注册）链接；

---

① 翻译本书时，wrox.com 中下载本书代码的短地址为：http://tinyurl.com/projs-3rd-code。
② 您也可以登录图灵社区（http://www.ituring.com.cn/），在本书页面中提交您发现的错误。

(2) 阅读使用条款并单击 Agree（同意）；

(3) 完成必填信息和您愿意提供的可选信息，然后单击 Submit（提交）；

(4) 随后，您会收到一封电子邮件，其中包含如何验证账号和完成注册过程的信息。

 　　如果不加入 P2P 论坛，虽然也可以阅读其中的帖子，但却不能发表帖子，只有注册后才能发表。

在加入论坛后，既可以发表新帖子也可以回复其他用户的帖子。可以在任何时间上网浏览论坛中的帖子。如果希望将某个论坛中的新帖子通过电子邮件发送给您，请在论坛列表中单击与论坛名相关的 Subscribe to this Forum（订阅这个论坛）图标。

如果想了解有关如何使用 Wrox P2P 的更多信息，请阅读包含论坛规则、P2P 及 Wrox 图书常见问题的 P2P FAQ；要阅读 FAQ，可以在任何 P2P 页面中单击 FAQ 链接。

致谢

虽然作者的名字被印在了封面上，但一个人是不可能完成这本书的，我想感谢与出版本书有关的一些人。

首先，感谢 John Wiley & Sons 继续给我写作的机会。当时，出版本书第 1 版时，他们是唯一愿意承担风险的一家出版社。对此，我将永远铭记于心。

感谢 John Wiley & Sons 的编辑人员，特别是 Kevin Kent 和 John Peloquin，他们卓有成效的工作使我保持了坦诚直率的风格，也解决了我在写作期间不断变更内容的问题。

还要感谢对本书草稿给出反馈意见的所有人：Rob Friesel、Sergey Ilinsky、Dan Kielp、Peter-Paul Koch、Jeremy McPeak、Alex Petrescu、Dmitry Soshnikov 和 Juriy "Kangax" Zaytsev。你们的宝贵意见让我自己都为本书感到骄傲。

我想特别感谢 Brendan Eich，感谢他纠正了第 1 章中有关 JavaScript 历史的细节问题。

最后，当然也是非常重要的，感谢 Rey Bango 为本书作序。很高兴在与 Rey 通过网络认识几年之后，终于在 2010 年有缘相见。他是这个行业里真正出色的人，我非常荣幸能请到他为本书作序。

关于技术编辑

John Peloquin 是一位有十多年 JavaScript 经验的前端工程师，开发过各种规模的应用。John 拥有加州大学伯克利分校的数学学士学位，目前在一家致力于卫生保健的创业公司担任开发主管。在编辑本书之前，John 编辑过 Jeremy McPeak 的 *JavaScript 24-Hour Trainer*（Wiley，2010）。编写代码和收集勘误之余，John 经常沉迷于数学、哲学和魔术。

目　　录

第1章　JavaScript 简介 ·········· 1

1.1　JavaScript 简史 ··········· 1

1.2　JavaScript 实现 ··········· 2

　　1.2.1　ECMAScript ·········· 3

　　1.2.2　文档对象模型（DOM） ···· 5

　　1.2.3　浏览器对象模型（BOM） ·· 8

1.3　JavaScript 版本 ·········· 8

1.4　小结 ················ 9

第2章　在 HTML 中使用 JavaScript ···· 10

2.1　<script>元素 ··········· 10

　　2.1.1　标签的位置 ········· 12

　　2.1.2　延迟脚本 ·········· 13

　　2.1.3　异步脚本 ·········· 13

　　2.1.4　在 XHTML 中的用法 ···· 14

　　2.1.5　不推荐使用的语法 ····· 16

2.2　嵌入代码与外部文件 ······· 16

2.3　文档模式 ············· 16

2.4　<noscript>元素 ········· 18

2.5　小结 ················ 18

第3章　基本概念 ············ 19

3.1　语法 ················ 19

　　3.1.1　区分大小写 ········· 19

　　3.1.2　标识符 ··········· 19

　　3.1.3　注释 ············ 20

　　3.1.4　严格模式 ·········· 20

　　3.1.5　语句 ············ 20

3.2　关键字和保留字 ·········· 21

3.3　变量 ················ 22

3.4　数据类型 ············· 23

　　3.4.1　typeof 操作符 ······· 23

　　3.4.2　Undefined 类型 ······ 24

　　3.4.3　Null 类型 ········· 25

　　3.4.4　Boolean 类型 ······· 26

　　3.4.5　Number 类型 ········ 27

　　3.4.6　String 类型 ········ 32

　　3.4.7　Object 类型 ········ 35

3.5　操作符 ·············· 36

　　3.5.1　一元操作符 ········· 36

　　3.5.2　位操作符 ·········· 39

　　3.5.3　布尔操作符 ········· 44

　　3.5.4　乘性操作符 ········· 47

　　3.5.5　加性操作符 ········· 48

　　3.5.6　关系操作符 ········· 50

　　3.5.7　相等操作符 ········· 51

　　3.5.8　条件操作符 ········· 53

　　3.5.9　赋值操作符 ········· 53

　　3.5.10　逗号操作符 ········ 54

3.6　语句 ················ 54

　　3.6.1　if 语句 ··········· 54

　　3.6.2　do-while 语句 ······· 55

　　3.6.3　while 语句 ········· 55

　　3.6.4　for 语句 ·········· 56

　　3.6.5　for-in 语句 ········ 57

　　3.6.6　label 语句 ········· 58

　　3.6.7　break 和 continue 语句 ·· 58

　　3.6.8　with 语句 ········· 60

　　3.6.9　switch 语句 ········ 60

3.7　函数 ················ 62

　　3.7.1　理解参数 ·········· 64

　　3.7.2　没有重载 ·········· 66

3.8　小结 ················ 67

第4章　变量、作用域和内存问题············68
4.1　基本类型和引用类型的值············68
4.1.1　动态的属性···············68
4.1.2　复制变量值···············69
4.1.3　传递参数···············70
4.1.4　检测类型···············72
4.2　执行环境及作用域···········73
4.2.1　延长作用域链···········75
4.2.2　没有块级作用域··········76
4.3　垃圾收集···············78
4.3.1　标记清除···············78
4.3.2　引用计数···············79
4.3.3　性能问题···············80
4.3.4　管理内存···············81
4.4　小结···················81

第5章　引用类型·············83
5.1　Object 类型·············83
5.2　Array 类型·············86
5.2.1　检测数组···············88
5.2.2　转换方法···············89
5.2.3　栈方法···············90
5.2.4　队列方法···············91
5.2.5　重排序方法·············92
5.2.6　操作方法···············94
5.2.7　位置方法···············95
5.2.8　迭代方法···············96
5.2.9　归并方法···············97
5.3　Date 类型·············98
5.3.1　继承的方法·············100
5.3.2　日期格式化方法··········101
5.3.3　日期/时间组件方法·······102
5.4　RegExp 类型············103
5.4.1　RegExp 实例属性········105
5.4.2　RegExp 实例方法········106
5.4.3　RegExp 构造函数属性·····107
5.4.4　模式的局限性···········109
5.5　Function 类型··········110
5.5.1　没有重载（深入理解）·····111
5.5.2　函数声明与函数表达式·····111

5.5.3　作为值的函数···········112
5.5.4　函数内部属性···········113
5.5.5　函数属性和方法·········116
5.6　基本包装类型···········118
5.6.1　Boolean 类型··········120
5.6.2　Number 类型··········120
5.6.3　String 类型··········122
5.7　单体内置对象···········130
5.7.1　Global 对象··········131
5.7.2　Math 对象···········134
5.8　小结··················137

第6章　面向对象的程序设计·······138
6.1　理解对象···············138
6.1.1　属性类型···············139
6.1.2　定义多个属性···········142
6.1.3　读取属性的特性·········143
6.2　创建对象···············144
6.2.1　工厂模式···············144
6.2.2　构造函数模式···········144
6.2.3　原型模式···············147
6.2.4　组合使用构造函数模式和原型
模式·················159
6.2.5　动态原型模式···········159
6.2.6　寄生构造函数模式········160
6.2.7　稳妥构造函数模式········161
6.3　继承··················162
6.3.1　原型链···············162
6.3.2　借用构造函数···········167
6.3.3　组合继承···············168
6.3.4　原型式继承·············169
6.3.5　寄生式继承·············171
6.3.6　寄生组合式继承·········172
6.4　小结··················174

第7章　函数表达式···········175
7.1　递归··················177
7.2　闭包··················178
7.2.1　闭包与变量·············181
7.2.2　关于 this 对象·········182
7.2.3　内存泄漏···············183

7.3　模仿块级作用域 ·············184
7.4　私有变量 ·····················186
　　7.4.1　静态私有变量 ···········188
　　7.4.2　模块模式 ···············189
　　7.4.3　增强的模块模式 ·········191
7.5　小结 ··························192

第 8 章　BOM ··············193

8.1　window 对象 ················193
　　8.1.1　全局作用域 ·············193
　　8.1.2　窗口关系及框架 ·········194
　　8.1.3　窗口位置 ···············197
　　8.1.4　窗口大小 ···············198
　　8.1.5　导航和打开窗口 ·········199
　　8.1.6　间歇调用和超时调用 ·····203
　　8.1.7　系统对话框 ·············205
8.2　location 对象 ··············207
　　8.2.1　查询字符串参数 ·········207
　　8.2.2　位置操作 ···············208
8.3　navigator 对象 ·············210
　　8.3.1　检测插件 ···············211
　　8.3.2　注册处理程序 ···········213
8.4　screen 对象 ················214
8.5　history 对象 ···············215
8.6　小结 ··························216

第 9 章　客户端检测 ········217

9.1　能力检测 ·····················217
　　9.1.1　更可靠的能力检测 ·······218
　　9.1.2　能力检测，不是浏览器检测 ··220
9.2　怪癖检测 ·····················220
9.3　用户代理检测 ···············221
　　9.3.1　用户代理字符串的历史 ···222
　　9.3.2　用户代理字符串检测技术 ·228
　　9.3.3　完整的代码 ·············242
　　9.3.4　使用方法 ···············245
9.4　小结 ··························246

第 10 章　DOM ··············247

10.1　节点层次 ··················247

10.1.1　Node 类型 ·············248
10.1.2　Document 类型 ·········253
10.1.3　Element 类型 ··········261
10.1.4　Text 类型 ·············270
10.1.5　Comment 类型 ·········273
10.1.6　CDATASection 类型 ·····274
10.1.7　DocumentType 类型 ·····274
10.1.8　DocumentFragment 类型 ··275
10.1.9　Attr 类型 ·············276
10.2　DOM 操作技术 ·············277
　　10.2.1　动态脚本 ·············277
　　10.2.2　动态样式 ·············279
　　10.2.3　操作表格 ·············281
　　10.2.4　使用 NodeList ········283
10.3　小结 ························284

第 11 章　DOM 扩展 ·········286

11.1　选择符 API ················286
　　11.1.1　querySelector()方法 ··286
　　11.1.2　querySelectorAll()
　　　　　　方法 ·················287
　　11.1.3　matchesSelector()
　　　　　　方法 ·················288
11.2　元素遍历 ··················288
11.3　HTML5 ·····················289
　　11.3.1　与类相关的扩充 ·······289
　　11.3.2　焦点管理 ·············291
　　11.3.3　HTMLDocument 的变化 ·292
　　11.3.4　字符集属性 ···········293
　　11.3.5　自定义数据属性 ·······293
　　11.3.6　插入标记 ·············294
　　11.3.7　scrollIntoView()方法 ··298
11.4　专有扩展 ··················298
　　11.4.1　文档模式 ·············298
　　11.4.2　children 属性 ········299
　　11.4.3　contains()方法 ·······300
　　11.4.4　插入文本 ·············301
　　11.4.5　滚动 ·················303
11.5　小结 ························304

第 12 章　DOM2 和 DOM3 ················305

12.1　DOM 变化 ················305

　　12.1.1　针对 XML 命名空间的变化····306

　　12.1.2　其他方面的变化 ·············309

12.2　样式 ·······················312

　　12.2.1　访问元素的样式 ···········313

　　12.2.2　操作样式表 ···············317

　　12.2.3　元素大小 ·················320

12.3　遍历 ·······················326

　　12.3.1　NodeIterator ···········328

　　12.3.2　TreeWalker ············330

12.4　范围 ·······················332

　　12.4.1　DOM 中的范围 ···········332

　　12.4.2　IE8 及更早版本中的范围····340

12.5　小结 ·······················343

第 13 章　事件 ···················345

13.1　事件流 ·····················345

　　13.1.1　事件冒泡 ·················346

　　13.1.2　事件捕获 ·················346

　　13.1.3　DOM 事件流 ·············347

13.2　事件处理程序 ···············348

　　13.2.1　HTML 事件处理程序 ·······348

　　13.2.2　DOM0 级事件处理程序·····350

　　13.2.3　DOM2 级事件处理程序·····351

　　13.2.4　IE 事件处理程序 ··········352

　　13.2.5　跨浏览器的事件处理程序····353

13.3　事件对象 ···················355

　　13.3.1　DOM 中的事件对象 ·······355

　　13.3.2　IE 中的事件对象 ··········358

　　13.3.3　跨浏览器的事件对象 ·······360

13.4　事件类型 ···················362

　　13.4.1　UI 事件 ·················362

　　13.4.2　焦点事件 ·················367

　　13.4.3　鼠标与滚轮事件 ···········368

　　13.4.4　键盘与文本事件 ···········379

　　13.4.5　复合事件 ·················384

　　13.4.6　变动事件 ·················385

　　13.4.7　HTML5 事件 ·············388

　　13.4.8　设备事件 ·················395

　　13.4.9　触摸与手势事件 ···········399

13.5　内存和性能 ·················402

　　13.5.1　事件委托 ·················402

　　13.5.2　移除事件处理程序 ·········404

13.6　模拟事件 ···················405

　　13.6.1　DOM 中的事件模拟 ·······405

　　13.6.2　IE 中的事件模拟 ··········410

13.7　小结 ·······················411

第 14 章　表单脚本 ··············412

14.1　表单的基础知识 ·············412

　　14.1.1　提交表单 ·················413

　　14.1.2　重置表单 ·················414

　　14.1.3　表单字段 ·················414

14.2　文本框脚本 ·················419

　　14.2.1　选择文本 ·················420

　　14.2.2　过滤输入 ·················423

　　14.2.3　自动切换焦点 ·············426

　　14.2.4　HTML5 约束验证 API ·····427

14.3　选择框脚本 ·················431

　　14.3.1　选择选项 ·················432

　　14.3.2　添加选项 ·················434

　　14.3.3　移除选项 ·················435

　　14.3.4　移动和重排选项 ···········435

14.4　表单序列化 ·················436

14.5　富文本编辑 ·················438

　　14.5.1　使用 contenteditable
　　　　　属性 ·····················438

　　14.5.2　操作富文本 ···············439

　　14.5.3　富文本选区 ···············441

　　14.5.4　表单与富文本 ·············443

14.6　小结 ·······················443

第 15 章　使用 Canvas 绘图 ·······445

15.1　基本用法 ···················445

15.2　2D 上下文 ··················446

　　15.2.1　填充和描边 ···············446

　　15.2.2　绘制矩形 ·················447

　　15.2.3　绘制路径 ·················449

　　15.2.4　绘制文本 ·················451

　　15.2.5　变换 ·····················453

15.2.6　绘制图像 ················ 456

15.2.7　阴影 ························ 457

15.2.8　渐变 ························ 458

15.2.9　模式 ························ 460

15.2.10　使用图像数据 ········ 460

15.2.11　合成 ······················ 462

15.3　WebGL ··························· 463

15.3.1　类型化数组 ·············· 463

15.3.2　WebGL 上下文 ········ 468

15.3.3　支持 ························ 478

15.4　小结 ······························· 478

第 16 章　HTML5 脚本编程 ········ 480

16.1　跨文档消息传递 ·············· 480

16.2　原生拖放 ······················· 481

16.2.1　拖放事件 ················ 482

16.2.2　自定义放置目标 ········ 482

16.2.3　dataTransfer 对象 ··· 483

16.2.4　dropEffect 与
effectAllowed ········· 484

16.2.5　可拖动 ···················· 485

16.2.6　其他成员 ················ 485

16.3　媒体元素 ······················· 486

16.3.1　属性 ························ 487

16.3.2　事件 ························ 488

16.3.3　自定义媒体播放器 ····· 488

16.3.4　检测编解码器的支持情况 ··· 489

16.3.5　Audio 类型 ············· 490

16.4　历史状态管理 ················· 491

16.5　小结 ······························· 492

第 17 章　错误处理与调试 ········· 493

17.1　浏览器报告的错误 ··········· 493

17.1.1　IE ···························· 493

17.1.2　Firefox ··················· 494

17.1.3　Safari ······················ 496

17.1.4　Opera ····················· 497

17.1.5　Chrome ·················· 498

17.2　错误处理 ······················· 499

17.2.1　try-catch 语句 ········ 500

17.2.2　抛出错误 ················ 503

17.2.3　错误（error）事件 ··· 505

17.2.4　处理错误的策略 ········ 506

17.2.5　常见的错误类型 ········ 507

17.2.6　区分致命错误和非致命
错误 ························ 510

17.2.7　把错误记录到服务器 ··· 511

17.3　调试技术 ······················· 512

17.3.1　将消息记录到控制台 ··· 512

17.3.2　将消息记录到当前页面 ··· 515

17.3.3　抛出错误 ················ 515

17.4　常见的 IE 错误 ··············· 516

17.4.1　操作终止 ················ 516

17.4.2　无效字符 ················ 518

17.4.3　未找到成员 ·············· 518

17.4.4　未知运行时错误 ········ 519

17.4.5　语法错误 ················ 519

17.4.6　系统无法找到指定资源 ··· 519

17.5　小结 ······························· 520

第 18 章　JavaScript 与 XML ····· 521

18.1　浏览器对 XML DOM 的支持 ··· 521

18.1.1　DOM2 级核心 ·········· 521

18.1.2　DOMParser 类型 ······ 522

18.1.3　XMLSerializer 类型 ··· 523

18.1.4　IE8 及之前版本中的 XML ··· 523

18.1.5　跨浏览器处理 XML ···· 527

18.2　浏览器对 XPath 的支持 ····· 529

18.2.1　DOM3 级 XPath ········ 529

18.2.2　IE 中的 XPath ·········· 534

18.2.3　跨浏览器使用 XPath ··· 535

18.3　浏览器对 XSLT 的支持 ····· 537

18.3.1　IE 中的 XSLT ··········· 537

18.3.2　XSLTProcessor 类型 ··· 541

18.3.3　跨浏览器使用 XSLT ··· 543

18.4　小结 ······························· 544

第 19 章　E4X ························· 546

19.1　E4X 的类型 ···················· 546

19.1.1　XML 类型 ················ 546

19.1.2　XMLList 类型 ··········· 547

19.1.3　Namespace 类型 ······· 548

19.1.4　QName 类型······549
19.2　一般用法······550
19.2.1　访问特性······551
19.2.2　其他节点类型······552
19.2.3　查询······553
19.2.4　构建和操作 XML······555
19.2.5　解析和序列化······557
19.2.6　命名空间······558
19.3　其他变化······559
19.4　全面启用 E4X······560
19.5　小结······561

第 20 章　JSON······562
20.1　语法······562
20.1.1　简单值······562
20.1.2　对象······563
20.1.3　数组······564
20.2　解析与序列化······565
20.2.1　JSON 对象······565
20.2.2　序列化选项······566
20.2.3　解析选项······569
20.3　小结······570

第 21 章　Ajax 与 Comet······571
21.1　XMLHttpRequest 对象······571
21.1.1　XHR 的用法······573
21.1.2　HTTP 头部信息······575
21.1.3　GET 请求······576
21.1.4　POST 请求······577
21.2　XMLHttpRequest 2 级······578
21.2.1　FormData······578
21.2.2　超时设定······579
21.2.3　overrideMimeType()
方法······580
21.3　进度事件······580
21.3.1　load 事件······580
21.3.2　progress 事件······581
21.4　跨域源资源共享······582
21.4.1　IE 对 CORS 的实现······582
21.4.2　其他浏览器对 CORS 的
实现······584

21.4.3　Preflighted Reqeusts······584
21.4.4　带凭据的请求······585
21.4.5　跨浏览器的 CORS······585
21.5　其他跨域技术······586
21.5.1　图像 Ping······586
21.5.2　JSONP······587
21.5.3　Comet······588
21.5.4　服务器发送事件······590
21.5.5　Web Sockets······591
21.5.6　SSE 与 Web Sockets······593
21.6　安全······593
21.7　小结······594

第 22 章　高级技巧······596
22.1　高级函数······596
22.1.1　安全的类型检测······596
22.1.2　作用域安全的构造函数······597
22.1.3　惰性载入函数······600
22.1.4　函数绑定······602
22.1.5　函数柯里化······604
22.2　防篡改对象······606
22.2.1　不可扩展对象······606
22.2.2　密封的对象······607
22.2.3　冻结的对象······608
22.3　高级定时器······609
22.3.1　重复的定时器······610
22.3.2　Yielding Processes······612
22.3.3　函数节流······614
22.4　自定义事件······616
22.5　拖放······618
22.5.1　修缮拖动功能······620
22.5.2　添加自定义事件······622
22.6　小结······624

第 23 章　离线应用与客户端存储······626
23.1　离线检测······626
23.2　应用缓存······627
23.3　数据存储······628
23.3.1　Cookie······629
23.3.2　IE 用户数据······637

23.3.3　Web 存储机制 ·············638
23.3.4　IndexedDB·················643
23.4　小结 ··························654

第 24 章　最佳实践·············656

24.1　可维护性 ·····················656
24.1.1　什么是可维护的代码 ·······656
24.1.2　代码约定 ···············657
24.1.3　松散耦合 ···············659
24.1.4　编程实践 ···············662
24.2　性能 ·························666
24.2.1　注意作用域 ·············666
24.2.2　选择正确方法 ···········667
24.2.3　最小化语句数 ···········672
24.2.4　优化 DOM 交互 ·········673
24.3　部署 ·························676
24.3.1　构建过程 ···············676
24.3.2　验证 ···················677
24.3.3　压缩 ···················679
24.4　小结 ··························681

第 25 章　新兴的 API·············682

25.1　requestAnimationFrame() ·······682
25.1.1　早期动画循环 ···········682
25.1.2　循环间隔的问题 ·········683
25.1.3　mozRequestAnimation-
Frame·····················683

25.1.4　webkitRequestAnima-
tionFrame 与 msRequest-
AnimationFrame·············685
25.2　Page Visibility API ·············686
25.3　Geolocation API ···············687
25.4　File API····················689
25.4.1　FileReader 类型 ·······690
25.4.2　读取部分内容 ···········692
25.4.3　对象 URL ··············693
25.4.4　读取拖放的文件 ·········694
25.4.5　使用 XHR 上传文件 ·····695
25.5　Web 计时 ····················696
25.6　Web Workers ················697
25.6.1　使用 Worker ···········697
25.6.2　Worker 全局作用域 ······698
25.6.3　包含其他脚本 ···········699
25.6.4　Web Workers 的未来 ·····700
25.7　小结 ··························700

附录 A　ECMAScript Harmony ·······701

附录 B　严格模式 ···············717

附录 C　JavaScript 库 ···········723

附录 D　JavaScript 工具 ·······727

第 1 章

JavaScript 简介

本章内容
- ❏ JavaScript 历史回顾
- ❏ JavaScript 是什么
- ❏ JavaScript 与 ECMAScript 的关系
- ❏ JavaScript 的不同版本

JavaScript 诞生于 1995 年。当时，它的主要目的是处理以前由服务器端语言（如 Perl）负责的一些输入验证操作。在 JavaScript 问世之前，必须把表单数据发送到服务器端才能确定用户是否没有填写某个必填域，是否输入了无效的值。Netscape Navigator 希望通过 JavaScript 来解决这个问题。在人们普遍使用电话拨号上网的年代，能够在客户端完成一些基本的验证任务绝对是令人兴奋的。毕竟，拨号上网的速度之慢，导致了与服务器的每一次数据交换事实上都成了对人们耐心的一次考验。

自此以后，JavaScript 逐渐成为市面上常见浏览器必备的一项特色功能。如今，JavaScript 的用途早已不再局限于简单的数据验证，而是具备了与浏览器窗口及其内容等几乎所有方面交互的能力。今天的 JavaScript 已经成为一门功能全面的编程语言，能够处理复杂的计算和交互，拥有了闭包、匿名（lambda，拉姆达）函数，甚至元编程等特性。作为 Web 的一个重要组成部分，JavaScript 的重要性是不言而喻的，就连手机浏览器，甚至那些专为残障人士设计的浏览器等非常规浏览器都支持它。当然，微软的例子更为典型。虽然有自己的客户端脚本语言 VBScript，但微软仍然在 Internet Explorer 的早期版本中加入了自己的 JavaScript 实现[①]。

JavaScript 从一个简单的输入验证器发展成为一门强大的编程语言，完全出乎人们的意料。应该说，它既是一门非常简单的语言，又是一门非常复杂的语言。说它简单，是因为学会使用它只需片刻功夫；而说它复杂，是因为要真正掌握它则需要数年时间。要想全面理解和掌握 JavaScript，关键在于弄清楚它的本质、历史和局限性。

1.1 JavaScript 简史

在 Web 日益流行的同时，人们对客户端脚本语言的需求也越来越强烈。那个时候，绝大多数因特网用户都使用速度仅为 28.8kbit/s 的"猫"（调制解调器）上网，但网页的大小和复杂性却不断增加。为完成简单的表单验证而频繁地与服务器交换数据只会加重用户的负担。想象一下：用户填写完一个表单，单击"提交"按钮，然后等待 30 秒钟，最终服务器返回消息说有一个必填字段没有

---

① 对 IE 而言，当我们提到 JavaScript 时，实际上就是指 IE 对 JavaScript（ECMAScript）的实现——JScript。最早的 JScript 基于 Netscape JavaScript 1.0 开发，于 1996 年 8 月随同 Internet Explorer 3.0 发布。

填好……当时走在技术革新最前沿的 Netscape 公司，决定着手开发一种客户端语言，用来处理这种简单的验证。

当时就职于 Netscape 公司的布兰登·艾奇（Brendan Eich），开始着手为计划于 1995 年 2 月发布的 Netscape Navigator 2 开发一种名为 LiveScript 的脚本语言——该语言将同时在浏览器和服务器中使用（它在服务器上的名字叫 LiveWire）。为了赶在发布日期前完成 LiveScript 的开发，Netscape 与 Sun 公司建立了一个开发联盟。在 Netscape Navigator 2 正式发布前夕，Netscape 为了搭上媒体热炒 Java 的顺风车，临时把 LiveScript 改名为 JavaScript。

由于 JavaScript 1.0 获得了巨大成功，Netscape 随即在 Netscape Navigator 3 中又发布了 JavaScript 1.1。Web 虽然羽翼未丰，但用户关注度却屡创新高。在这样的背景下，Netscape 把自己定位为市场领袖型公司。与此同时，微软决定向与 Navigator 竞争的自家产品 Internet Explorer 浏览器投入更多资源。Netscape Navigator 3 发布后不久，微软就在其 Internet Explorer 3 中加入了名为 JScript 的 JavaScript 实现（命名为 JScript 是为了避开与 Netscape 有关的授权问题）。以现在的眼光来看，微软 1996 年 8 月为进入 Web 浏览器领域而实施的这个重大举措，是导致 Netscape 日后蒙羞的一个标志性事件。然而，这个重大举措同时也标志着 JavaScript 作为一门语言，其开发向前迈进了一大步。

微软推出其 JavaScript 实现意味着有了两个不同的 JavaScript 版本：Netscape Navigator 中的 JavaScript、Internet Explorer 中的 JScript。与 C 及其他编程语言不同，当时还没有标准规定 JavaScript 的语法和特性，两个不同版本并存的局面已经完全暴露了这个问题。随着业界担心的日益加剧，JavaScript 的标准化问题被提上了议事日程。

1997 年，以 JavaScript 1.1 为蓝本的建议被提交给了欧洲计算机制造商协会（ECMA，European Computer Manufacturers Association）。该协会指定 39 号技术委员会（TC39，Technical Committee #39）负责"标准化一种通用、跨平台、供应商中立的脚本语言的语法和语义"（http://www.ecma international.org/memento/TC39.htm）。TC39 由来自 Netscape、Sun、微软、Borland 及其他关注脚本语言发展的公司的程序员组成，他们经过数月的努力完成了 ECMA-262——定义一种名为 ECMAScript（发音为"ek-ma-script"）的新脚本语言的标准。

第二年，ISO/IEC（International Organization for Standardization and International Electrotechnical Commission，国际标准化组织和国际电工委员会）也采用了 ECMAScript 作为标准（即 ISO/IEC-16262）。自此以后，浏览器开发商就开始致力于将 ECMAScript 作为各自 JavaScript 实现的基础，也在不同程度上取得了成功。

1.2   JavaScript 实现

虽然 JavaScript 和 ECMAScript 通常都被人们用来表达相同的含义，但 JavaScript 的含义却比 ECMA-262 中规定的要多得多。没错，一个完整的 JavaScript 实现应该由下列三个不同的部分组成（见图 1-1）。

- ❏ 核心（ECMAScript）
- ❏ 文档对象模型（DOM）
- ❏ 浏览器对象模型（BOM）

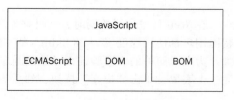

图   1-1

1.2.1　ECMAScript

由 ECMA-262 定义的 ECMAScript 与 Web 浏览器没有依赖关系。实际上，这门语言本身并不包含输入和输出定义。ECMA-262 定义的只是这门语言的基础，而在此基础之上可以构建更完善的脚本语言。我们常见的 Web 浏览器只是 ECMAScript 实现可能的宿主环境之一。宿主环境不仅提供基本的 ECMAScript 实现，同时也会提供该语言的扩展，以便语言与环境之间对接交互。而这些扩展——如 DOM，则利用 ECMAScript 的核心类型和语法提供更多更具体的功能，以便实现针对环境的操作。其他宿主环境包括 Node（一种服务端 JavaScript 平台）和 Adobe Flash。

既然 ECMA-262 标准没有参照 Web 浏览器，那它都规定了些什么内容呢？大致说来，它规定了这门语言的下列组成部分：

- 语法
- 类型
- 语句
- 关键字
- 保留字
- 操作符
- 对象

ECMAScript 就是对实现该标准规定的各个方面内容的语言的描述。JavaScript 实现了 ECMAScript，Adobe ActionScript 同样也实现了 ECMAScript。

1. ECMAScript 的版本

ECMAScript 的不同版本又称为版次，以第 x 版表示（意即描述特定实现的 ECMA-262 规范的第 x 个版本）。ECMA-262 的最近一版是第 5 版，发布于 2009 年。而 ECMA-262 的第 1 版本质上与 Netscape 的 JavaScript 1.1 相同——只不过删除了所有针对浏览器的代码并作了一些较小的改动：ECMA-262 要求支持 Unicode 标准（从而支持多语言开发），而且对象也变成了平台无关的（Netscape JavaScript 1.1 的对象在不同平台中的实现不一样，例如 Date 对象）。这也是 JavaScript 1.1 和 1.2 与 ECMA-262 第 1 版不一致的主要原因。

ECMA-262 第 2 版主要是编辑加工的结果。这一版中内容的更新是为了与 ISO/IEC-16262 保持严格一致，没有作任何新增、修改或删节处理。因此，一般不使用第 2 版来衡量 ECMAScript 实现的兼容性。

ECMA-262 第 3 版才是对该标准第一次真正的修改。修改的内容涉及字符串处理、错误定义和数值输出。这一版还新增了对正则表达式、新控制语句、try-catch 异常处理的支持，并围绕标准的国际化做出了一些小的修改。从各方面综合来看，第 3 版标志着 ECMAScript 成为了一门真正的编程语言。

ECMA-262 第 4 版对这门语言进行了一次全面的检核修订。由于 JavaScript 在 Web 上日益流行，开发人员纷纷建议修订 ECMAScript，以使其能够满足不断增长的 Web 开发需求。作为回应，ECMA TC39 重新召集相关人员共同谋划这门语言的未来。结果，出台后的标准几乎在第 3 版基础上完全定义了一门新语言。第 4 版不仅包含了强类型变量、新语句和新数据结构、真正的类和经典继承，还定义了与数据交互的新方式。

与此同时，TC39 下属的一个小组也提出了一个名为 ECMAScript 3.1 的替代性建议，该建议只对这门语言进行了较少的改进。这个小组认为第 4 版给这门语言带来的跨越太大了。因此，该小组建议对这门语言进行小幅修订，能够在现有 JavaScript 引擎基础上实现。最终，ES3.1 附属委员会获得的支持超过了 TC39，ECMA-262 第 4 版在正式发布前被放弃。

ECMAScript 3.1 成为 ECMA-262 第 5 版，并于 2009 年 12 月 3 日正式发布。第 5 版力求澄清第 3 版中已知的歧义并增添了新的功能。新功能包括原生 JSON 对象（用于解析和序列化 JSON 数据）、继承的方法和高级属性定义，另外还包含一种严格模式，对 ECMAScript 引擎解释和执行代码进行了补充说明。

2. 什么是 ECMAScript 兼容

ECMA-262 给出了 ECMAScript 兼容的定义。要想成为 ECMAScript 的实现，则该实现必须做到：

❏ 支持 ECMA-262 描述的所有"类型、值、对象、属性、函数以及程序句法和语义"（ECMA-262 第 1 页）；

❏ 支持 Unicode 字符标准。

此外，兼容的实现还可以进行下列扩展。

❏ 添加 ECMA-262 没有描述的"更多类型、值、对象、属性和函数"。ECMA-262 所说的这些新增特性，主要是指该标准中没有规定的新对象和对象的新属性。

❏ 支持 ECMA-262 没有定义的"程序和正则表达式语法"。（也就是说，可以修改和扩展内置的正则表达式语法。）

上述要求为兼容实现的开发人员基于 ECMAScript 开发一门新语言提供了广阔的空间和极大的灵活性，这也从另一个侧面说明了 ECMAScript 受开发人员欢迎的原因。

3. Web 浏览器对 ECMAScript 的支持

1996 年，Netscape Navigator 3 捆绑发布了 JavaScript 1.1。而相同的 JavaScript 1.1 设计规范随后作为对新标准（ECMA-262）的建议被提交给 Ecma。伴随着 JavaScript 的迅速走红，Netscape 豪情满怀地着手开发 JavaScript 1.2。然而，问题是 Ecma 当时还没有接受 Netscape 的建议。

Netscape Navigator 3 发布后不久，微软也推出了 Internet Explorer 3。微软在 IE 的这一版中捆绑了 JScript 1.0，很多人都认为 JScript 1.0 与 JavaScript 1.1 应该是一样的。但是，由于没有文档依据，加之不适当的特性模仿，JScript 1.0 还是很难与 JavaScript 1.1 相提并论。

1997 年，内置 JavaScript 1.2 的 Netscape Navigator 4 发布；而到这一年年底，ECMA-262 第 1 版也被接受并实现了标准化。结果，虽然 ECMAScript 被认为是基于 JavaScript 1.1 制定的，但 JavaScript 1.2 与 ECMAScript 的第 1 版并不兼容。

JScript 的升级版是 Internet Explorer 4 中内置的 JScript 3.0（随同微软 IIS 3.0 发布的 JScript 2.0 从来也没有移植到浏览器中）。微软通过媒体大肆宣传 JScript 3.0 是世界上第一个 ECMA 兼容的脚本语言，但当时的 ECMA-262 尚未定稿。于是，JScript 3.0 与 JavaScript 1.2 都遭遇了相同的尴尬局面——谁都没有按照最终的 ECMAScript 标准来实现。

Netscape 决定更新其 JavaScript 实现，即在 Netscape Navigator 4.06 中发布 JavaScript 1.3，从而做到了与 ECMA-262 的第一个版本完全兼容。在 JavaScript 1.3 中，Netscape 增加了对 Unicode 标准的支持，并在保留 JavaScript 1.2 新增特性的同时实现了所有对象的平台中立化。

在 Netscape 以 Mozilla 项目的名义开放其源代码时，预期 JavaScript 1.4 将随同 Netscape Navigator 5 一道发布。然而，一个激进的决定，彻底重新设计 Netscape 代码，打乱了原有计划。后来，JavaScript 1.4 只发布了针对 Netscape Enterprise Server 的服务器版，而没有内置于 Web 浏览器中。

到了 2008 年，五大主流 Web 浏览器（IE、Firefox、Safari、Chrome 和 Opera）全部做到了与 ECMA-262

兼容。IE8 是第一个着手实现 ECMA-262 第 5 版的浏览器，并在 IE9 中提供了完整的支持。Firefox 4 也紧随其后做到兼容。下表列出了 ECMAScript 受主流 Web 浏览器支持的情况。

浏 览 器	ECMAScript兼容性	浏 览 器	ECMAScript兼容性
Netscape Navigator 2	—	Opera 6～7.1	第2版
Netscape Navigator 3	—	Opera 7.2+	第3版
Netscape Navigator 4～4.05	—	Safari 1～2.0.x	第3版*
Netscape Navigator 4.06～4.79	第1版	Safari 3.x	第3版
Netscape 6+（Mozilla 0.6.0+）	第3版	Safari 4.x～5.x	第5版*
IE3	—	Chrome 1+	第3版
IE4	—	Firefox 1～2	第3版
IE5	第1版	Firefox 3.0.x	第3版
IE5.5～IE7	第3版	Firefox 3.5～3.6	第5版*
IE8	第5版*	Firefox 4.0 +	第5版
IE9+	第5版		

* 不完全兼容的实现

1.2.2 文档对象模型（DOM）

文档对象模型（DOM，Document Object Model）是针对 XML 但经过扩展用于 HTML 的应用程序编程接口（API，Application Programming Interface）。DOM 把整个页面映射为一个多层节点结构。HTML或 XML 页面中的每个组成部分都是某种类型的节点，这些节点又包含着不同类型的数据。看下面这个HTML 页面：

```
<html>
    <head>
        <title>Sample Page</title>
    </head>
    <body>
        <p>Hello World!</p>
    </body>
</html>
```

在 DOM 中，这个页面可以通过图 1-2 所示的分层节点图表示。

通过 DOM 创建的这个表示文档的树形图，开发人员获得了控制页面内容和结构的主动权。借助DOM 提供的 API，开发人员可以轻松自如地删除、添加、替换或修改任何节点。

1. 为什么要使用 DOM

在 Internet Explorer 4 和 Netscape Navigator 4 分别支持的不同形式的 DHTML（Dynamic HTML）基础上，开发人员首次无需重新加载网页，就可以修改其外观和内容了。然而，DHTML 在给 Web 技术发展带来巨大进步的同时，也带来了巨大的问题。由于 Netscape 和微软在开发 DHTML 方面各持己见，过去那个只编写一个 HTML 页面就能够在任何浏览器中运行的时代结束了。

对开发人员而言，如果想继续保持 Web 跨平台的天性，就必须额外多做一些工作。而人们真正担心的是，如果不对 Netscape 和微软加以控制，Web 开发领域就会出现技术上两强割据，浏览器互不兼容的局面。此时，负责制定 Web 通信标准的 W3C（World Wide Web Consortium，万维网联盟）开始着手规划 DOM。

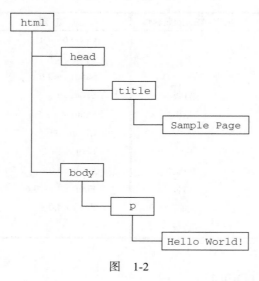

图   1-2

2. DOM 级别

DOM1 级（DOM Level 1）于 1998 年 10 月成为 W3C 的推荐标准。DOM1 级由两个模块组成：DOM 核心（DOM Core）和 DOM HTML。其中，DOM 核心规定的是如何映射基于 XML 的文档结构，以便简化对文档中任意部分的访问和操作。DOM HTML 模块则在 DOM 核心的基础上加以扩展，添加了针对 HTML 的对象和方法。

> 请读者注意，DOM 并不只是针对 JavaScript 的，很多别的语言也都实现了 DOM。不过，在 Web 浏览器中，基于 ECMAScript 实现的 DOM 的确已经成为 JavaScript 这门语言的一个重要组成部分。

如果说 DOM1 级的目标主要是映射文档的结构，那么 DOM2 级的目标就要宽泛多了。DOM2 级在原来 DOM 的基础上又扩充了（DHTML 一直都支持的）鼠标和用户界面事件、范围、遍历（迭代 DOM 文档的方法）等细分模块，而且通过对象接口增加了对 CSS（Cascading Style Sheets，层叠样式表）的支持。DOM1 级中的 DOM 核心模块也经过扩展开始支持 XML 命名空间。

DOM2 级引入了下列新模块，也给出了众多新类型和新接口的定义。

❑ DOM 视图（DOM Views）：定义了跟踪不同文档（例如，应用 CSS 之前和之后的文档）视图的接口；

❑ DOM 事件（DOM Events）：定义了事件和事件处理的接口；

❑ DOM 样式（DOM Style）：定义了基于 CSS 为元素应用样式的接口；

❑ DOM 遍历和范围（DOM Traversal and Range）：定义了遍历和操作文档树的接口。

DOM3 级则进一步扩展了 DOM，引入了以统一方式加载和保存文档的方法——在 DOM 加载和保存（DOM Load and Save）模块中定义；新增了验证文档的方法——在 DOM 验证（DOM Validation）模块中定义。DOM3 级也对 DOM 核心进行了扩展，开始支持 XML 1.0 规范，涉及 XML Infoset、XPath 和 XML Base。

> 在阅读 DOM 标准的时候，读者可能会看到 DOM0 级（DOM Level 0）的字眼。实际上，DOM0 级标准是不存在的；所谓 DOM0 级只是 DOM 历史坐标中的一个参照点而已。具体说来，DOM0 级指的是 Internet Explorer 4.0 和 Netscape Navigator 4.0 最初支持的 DHTML。

3. 其他 DOM 标准

除了 DOM 核心和 DOM HTML 接口之外，另外几种语言还发布了只针对自己的 DOM 标准。下面列出的语言都是基于 XML 的，每种语言的 DOM 标准都添加了与特定语言相关的新方法和新接口：

❑ SVG（Scalable Vector Graphic，可伸缩矢量图）1.0;

❑ MathML（Mathematical Markup Language，数学标记语言）1.0;

❑ SMIL（Synchronized Multimedia Integration Language，同步多媒体集成语言）。

还有一些语言也开发了自己的 DOM 实现，例如 Mozilla 的 XUL（XML User Interface Language，XML 用户界面语言）。但是，只有上面列出的几种语言是 W3C 的推荐标准。

4. Web 浏览器对 DOM 的支持

在 DOM 标准出现了一段时间之后，Web 浏览器才开始实现它。微软在 IE5 中首次尝试实现 DOM，但直到 IE5.5 才算是真正支持 DOM1 级。在随后的 IE6 和 IE7 中，微软都没有引入新的 DOM 功能，而到了 IE8 才对以前 DOM 实现中的 bug 进行了修复。

Netscape 直到 Netscape 6（Mozilla 0.6.0）才开始支持 DOM。在 Netscape 7 之后，Mozilla 把开发重心转向了 Firefox 浏览器。Firefox 3 完全支持 DOM1 级，几乎完全支持 DOM2 级，甚至还支持 DOM3 级的一部分。（Mozilla 开发团队的目标是构建与标准 100% 兼容的浏览器，而他们的努力也得到了回报。）

目前，支持 DOM 已经成为浏览器开发商的首要目标，主流浏览器每次发布新版本都会改进对 DOM 的支持。下表列出了主流浏览器对 DOM 标准的支持情况。

浏 览 器	DOM兼容性
Netscape Navigator 1. ~ 4.x	—
Netscape 6+ （Mozilla 0.6.0+）	1级、2级（几乎全部）、3级（部分）
IE2 ~ IE4.x	—
IE5	1级（最小限度）
IE5.5 ~ IE8	1级（几乎全部）
IE9+	1级、2级、3级
Opera 1 ~ 6	—
Opera 7 ~ 8.x	1级（几乎全部）、2级（部分）
Opera 9 ~ 9.9	1级、2级（几乎全部）、3级（部分）
Opera 10+	1级、2级、3级（部分）
Safari 1.0.x	1级
Safari 2+	1级、2级（部分）
Chrome 1+	1级、2级（部分）
Firefox 1+	1级、2级（几乎全部）、3级（部分）

1.2.3 浏览器对象模型（BOM）

Internet Explorer 3 和 Netscape Navigator 3 有一个共同的特色，那就是支持可以访问和操作浏览器窗口的浏览器对象模型（BOM，Browser Object Model）。开发人员使用 BOM 可以控制浏览器显示的页面以外的部分。而 BOM 真正与众不同的地方（也是经常会导致问题的地方），还是它作为 JavaScript 实现的一部分但却没有相关的标准。这个问题在 HTML5 中得到了解决，HTML5 致力于把很多 BOM 功能写入正式规范。HTML5 发布后，很多关于 BOM 的困惑烟消云散。

从根本上讲，BOM 只处理浏览器窗口和框架；但人们习惯上也把所有针对浏览器的 JavaScript 扩展算作 BOM 的一部分。下面就是一些这样的扩展：

- ❑ 弹出新浏览器窗口的功能；
- ❑ 移动、缩放和关闭浏览器窗口的功能；
- ❑ 提供浏览器详细信息的 navigator 对象；
- ❑ 提供浏览器所加载页面的详细信息的 location 对象；
- ❑ 提供用户显示器分辨率详细信息的 screen 对象；
- ❑ 对 cookies 的支持；
- ❑ 像 XMLHttpRequest 和 IE 的 ActiveXObject 这样的自定义对象。

由于没有 BOM 标准可以遵循，因此每个浏览器都有自己的实现。虽然也存在一些事实标准，例如要有 window 对象和 navigator 对象等，但每个浏览器都会为这两个对象乃至其他对象定义自己的属性和方法。现在有了 HTML5，BOM 实现的细节有望朝着兼容性越来越高的方向发展。第 8 章将深入讨论 BOM。

1.3 JavaScript 版本

作为 Netscape "继承人"的 Mozilla 公司，是目前唯一还在沿用最初的 JavaScript 版本编号序列的浏览器开发商。在 Netscape 将源代码提交给开源的 Mozilla 项目的时候，JavaScript 在浏览器中的最后一个版本号是 1.3。（如前所述，1.4 版是只针对服务器的实现。）后来，随着 Mozilla 基金会继续开发 JavaScript，添加新的特性、关键字和语法，JavaScript 的版本号继续递增。下表列出了 Netscape/Mozilla 浏览器中 JavaScript 版本号的递增过程：

浏 览 器	JavaScript版本	浏 览 器	JavaScript版本
Netscape Navigator 2	1.0	Firefox 1.5	1.6
Netscape Navigator 3	1.1	Firefox 2	1.7
Netscape Navigator 4	1.2	Firefox 3	1.8
Netscape Navigator 4.06	1.3	Firefox 3.5	1.8.1
Netscape 6+（Mozilla 0.6.0+）	1.5	Firefox 3.6	1.8.2
Firefox 1	1.5		

实际上，上表中的编号方案源自 Firefox 4 将内置 JavaScript 2.0 这一共识。因此，2.0 版之前每个递增的版本号，表示的是相应实现与 JavaScript 2.0 开发目标还有多大的距离。虽然原计划是这样，但 JavaScript 的这种发展速度让这个计划不再可行。目前，JavaScript 2.0 还没有目标实现。

1

 　　请注意，只有 Netscape/Mozilla 浏览器才遵循这种编号模式。例如，IE 的 JScript 就采用了另一种版本命名方案。换句话说，JScript 的版本号与上表中 JavaScript 的版本号之间不存在任何对应关系。而且，大多数浏览器在提及对 JavaScript 的支持情况时，一般都以 ECMAScript 兼容性和对 DOM 的支持情况为准。

1.4　小结

　　JavaScript 是一种专为与网页交互而设计的脚本语言，由下列三个不同的部分组成：
- ❑ ECMAScript，由 ECMA-262 定义，提供核心语言功能；
- ❑ 文档对象模型（DOM），提供访问和操作网页内容的方法和接口；
- ❑ 浏览器对象模型（BOM），提供与浏览器交互的方法和接口。

　　JavaScript 的这三个组成部分，在当前五个主要浏览器（IE、Firefox、Chrome、Safari 和 Opera）中都得到了不同程度的支持。其中，所有浏览器对 ECMAScript 第 3 版的支持大体上都还不错，而对 ECMAScript 5 的支持程度越来越高，但对 DOM 的支持则彼此相差比较多。对已经正式纳入 HTML5 标准的 BOM 来说，尽管各浏览器都实现了某些众所周知的共同特性，但其他特性还是会因浏览器而异。

第2章

在 HTML 中使用 JavaScript

本章内容
- ❑ 使用<script>元素
- ❑ 嵌入脚本与外部脚本
- ❑ 文档模式对 JavaScript 的影响
- ❑ 考虑禁用 JavaScript 的场景

要一提到把 JavaScript 放到网页中，就不得不涉及 Web 的核心语言——HTML。在当初开发 JavaScript 的时候，Netscape 要解决的一个重要问题就是如何做到让 JavaScript 既能与 HTML 页面共存，又不影响那些页面在其他浏览器中的呈现效果。经过尝试、纠错和争论，最终的决定就是为 Web 增加统一的脚本支持。而 Web 诞生早期的很多做法也都保留了下来，并被正式纳入 HTML 规范当中。

2.1 <script>元素

向 HTML 页面中插入 JavaScript 的主要方法，就是使用<script>元素。这个元素由 Netscape 创造并在 Netscape Navigator 2 中首先实现。后来，这个元素被加入到正式的 HTML 规范中。HTML 5 为<script>定义了下列 6 个属性。

- ❑ async：可选。表示应该立即下载脚本，但不应妨碍页面中的其他操作，比如下载其他资源或等待加载其他脚本。只对外部脚本文件有效。
- ❑ charset：可选。表示通过 src 属性指定的代码的字符集。由于大多数浏览器会忽略它的值，因此这个属性很少有人用。
- ❑ defer：可选。表示脚本可以延迟到文档完全被解析和显示之后再执行。只对外部脚本文件有效。IE7 及更早版本对嵌入脚本也支持这个属性。
- ❑ language：已废弃。原来用于表示编写代码使用的脚本语言（如 JavaScript、JavaScript1.2 或 VBScript）。大多数浏览器会忽略这个属性，因此也没有必要再用了。
- ❑ src：可选。表示包含要执行代码的外部文件。
- ❑ type：必选。可以看成是 language 的替代属性；表示编写代码使用的脚本语言的内容类型（也称为 MIME 类型）。虽然 text/javascript 和 text/ecmascript 都已经不被推荐使用，但人们一直以来使用的都还是 text/javascript。实际上，服务器在传送 JavaScript 文件时使用的 MIME 类型通常是 application/x-javascript，但在 type 中设置这个值却可能导致脚本被忽略。另外，在非 IE 浏览器中还可以使用以下值：application/javascript 和 application/

ecmascript。考虑到约定俗成和最大限度的浏览器兼容性，目前 type 属性的值依旧还是 text/javascript。不过，这个属性并不是必需的，如果没有指定这个属性，则其默认值仍为 text/javascript。

使用<script>元素的方式有两种：直接在页面中嵌入 JavaScript 代码和包含外部 JavaScript 文件。

在使用<script>元素嵌入 JavaScript 代码时，只须为<script>指定 type 属性。然后，像下面这样把 JavaScript 代码直接放在元素内部即可：

```
<script type="text/javascript">
    function sayHi(){
        alert("Hi!");
    }
</script>
```

包含在<script>元素内部的 JavaScript 代码将被从上至下依次解释。就拿前面这个例子来说，解释器会解释一个函数的定义，然后将该定义保存在自己的环境当中。在解释器对<script>元素内部的所有代码求值完毕以前，页面中的其余内容都不会被浏览器加载或显示。

在使用<script>嵌入 JavaScript 代码时，记住不要在代码中的任何地方出现"</script>"字符串。例如，浏览器在加载下面所示的代码时就会产生一个错误：

```
<script type="text/javascript">
    function sayScript(){
        alert("</script>");
    }
</script>
```

因为按照解析嵌入式代码的规则，当浏览器遇到字符串"</script>"时，就会认为那是结束的</script>标签。而通过转义字符"\"解决这个问题，例如：

```
<script type="text/javascript">
    function sayScript(){
        alert("<\/script>");
    }
</script>
```

这样写代码浏览器可以接受，因而也就不会导致错误了。

如果要通过<script>元素来包含外部 JavaScript 文件，那么 src 属性就是必需的。这个属性的值是一个指向外部 JavaScript 文件的链接，例如：

```
<script type="text/javascript" src="example.js"></script>
```

在这个例子中，外部文件 example.js 将被加载到当前页面中。外部文件只须包含通常要放在开始的<script>和结束的</script>之间的那些 JavaScript 代码即可。与解析嵌入式 JavaScript 代码一样，在解析外部 JavaScript 文件（包括下载该文件）时，页面的处理也会暂时停止。如果是在 XHTML 文档中，也可以省略前面示例代码中结束的</script>标签，例如：

```
<script type="text/javascript" src="example.js" />
```

但是，不能在 HTML 文档使用这种语法。原因是这种语法不符合 HTML 规范，而且也得不到某些浏览器（尤其是 IE）的正确解析。

按照惯例，外部 JavaScript 文件带有.js 扩展名。但这个扩展名不是必需的，因为浏览器不会检查包含 JavaScript 的文件的扩展名。这样一来，使用 JSP、PHP 或其他服务器端语言动态生成 JavaScript 代码也就成为了可能。但是，服务器通常还是需要看扩展名决定为响应应用哪种 MIME 类型。如果不使用.js 扩展名，请确保服务器能返回正确的 MIME 类型。

  需要注意的是，带有 `src` 属性的`<script>`元素不应该在其`<script>`和`</script>`标签之间再包含额外的 JavaScript 代码。如果包含了嵌入的代码，则只会下载并执行外部脚本文件，嵌入的代码会被忽略。

  另外，通过`<script>`元素的 `src` 属性还可以包含来自外部域的 JavaScript 文件。这一点既让`<script>`元素倍显强大，又让它备受争议。在这一点上，`<script>`与`<img>`元素非常相似，即它的 `src` 属性可以是指向当前 HTML 页面所在域之外的某个域中的完整 URL，例如：

```
<script type="text/javascript" src="http://www.somewhere.com/afile.js"></script>
```

  这样，位于外部域中的代码也会被加载和解析，就像这些代码位于加载它们的页面中一样。利用这一点就可以在必要时通过不同的域来提供 JavaScript 文件。不过，在访问自己不能控制的服务器上的 JavaScript 文件时则要多加小心。如果不幸遇到了怀有恶意的程序员，那他们随时都可能替换该文件中的代码。因此，如果想包含来自不同域的代码，则要么你是那个域的所有者，要么那个域的所有者值得信赖。

  无论如何包含代码，只要不存在 `defer` 和 `async` 属性，浏览器都会按照`<script>`元素在页面中出现的先后顺序对它们依次进行解析。换句话说，在第一个`<script>`元素包含的代码解析完成后，第二个`<script>`包含的代码才会被解析，然后才是第三个、第四个……

2.1.1 标签的位置

  按照传统的做法，所有`<script>`元素都应该放在页面的`<head>`元素中，例如：

```
<!DOCTYPE html>
<html>
  <head>
    <title>Example HTML Page</title>
    <script type="text/javascript" src="example1.js"></script>
    <script type="text/javascript" src="example2.js"></script>
  </head>
  <body>
    <!-- 这里放内容 -->
  </body>
</html>
```

  这种做法的目的就是把所有外部文件（包括 CSS 文件和 JavaScript 文件）的引用都放在相同的地方。可是，在文档的`<head>`元素中包含所有 JavaScript 文件，意味着必须等到全部 JavaScript 代码都被下载、解析和执行完成以后，才能开始呈现页面的内容（浏览器在遇到`<body>`标签时才开始呈现内容）。对于那些需要很多 JavaScript 代码的页面来说，这无疑会导致浏览器在呈现页面时出现明显的延迟，而延迟期间的浏览器窗口中将是一片空白。为了避免这个问题，现代 Web 应用程序一般都把全部 JavaScript 引用放在`<body>`元素中页面内容的后面，如下例所示：

```
<!DOCTYPE html>
<html>
  <head>
    <title>Example HTML Page</title>
  </head>
  <body>
    <!-- 这里放内容 -->
    <script type="text/javascript" src="example1.js"></script>
    <script type="text/javascript" src="example2.js"></script>
  </body>
</html>
```

这样，在解析包含的 JavaScript 代码之前，页面的内容将完全呈现在浏览器中。而用户也会因为浏览器窗口显示空白页面的时间缩短而感到打开页面的速度加快了。

2.1.2 延迟脚本

HTML 4.01 为<script>标签定义了 defer 属性。这个属性的用途是表明脚本在执行时不会影响页面的构造。也就是说，脚本会被延迟到整个页面都解析完毕后再运行。因此，在<script>元素中设置 defer 属性，相当于告诉浏览器立即下载，但延迟执行。

```
<!DOCTYPE html>
<html>
  <head>
    <title>Example HTML Page</title>
    <script type="text/javascript" defer="defer" src="example1.js"></script>
    <script type="text/javascript" defer="defer" src="example2.js"></script>
  </head>
  <body>
    <!-- 这里放内容 -->
  </body>
</html>
```

在这个例子中，虽然我们把<script>元素放在了文档的<head>元素中，但其中包含的脚本将延迟到浏览器遇到</html>标签后再执行。HTML5 规范要求脚本按照它们出现的先后顺序执行，因此第一个延迟脚本会先于第二个延迟脚本执行，而这两个脚本会先于 DOMContentLoaded 事件（详见第 13 章）执行。在现实当中，延迟脚本并不一定会按照顺序执行，也不一定会在 DOMContentLoaded 事件触发前执行，因此最好只包含一个延迟脚本。

前面提到过，defer 属性只适用于外部脚本文件。这一点在 HTML5 中已经明确规定，因此支持 HTML5 的实现会忽略给嵌入脚本设置的 defer 属性。IE4 ~ IE7 还支持对嵌入脚本的 defer 属性，但 IE8 及之后版本则完全支持 HTML5 规定的行为。

IE4、Firefox 3.5、Safari 5 和 Chrome 是最早支持 defer 属性的浏览器。其他浏览器会忽略这个属性，像平常一样处理脚本。为此，把延迟脚本放在页面底部仍然是最佳选择。

 在 XHTML 文档中，要把 defer 属性设置为 defer="defer"。

2.1.3 异步脚本

HTML5 为<script>元素定义了 async 属性。这个属性与 defer 属性类似，都用于改变处理脚本的行为。同样与 defer 类似，async 只适用于外部脚本文件，并告诉浏览器立即下载文件。但与 defer 不同的是，标记为 async 的脚本并不保证按照指定它们的先后顺序执行。例如：

```html
<!DOCTYPE html>
<html>
  <head>
    <title>Example HTML Page</title>
    <script type="text/javascript" async src="example1.js"></script>
    <script type="text/javascript" async src="example2.js"></script>
  </head>
  <body>
    <!-- 这里放内容 -->
  </body>
</html>
```

在以上代码中，第二个脚本文件可能会在第一个脚本文件之前执行。因此，确保两者之间互不依赖非常重要。指定 async 属性的目的是不让页面等待两个脚本下载和执行，从而异步加载页面其他内容。为此，建议异步脚本不要在加载期间修改 DOM。

异步脚本一定会在页面的 load 事件前执行，但可能会在 DOMContentLoaded 事件触发之前或之后执行。支持异步脚本的浏览器有 Firefox 3.6、Safari 5 和 Chrome。

 在 XHTML 文档中，要把 async 属性设置为 async="async"。

2.1.4　在 XHTML 中的用法[①]

可扩展超文本标记语言，即 XHTML（Extensible HyperText Markup Language），是将 HTML 作为 XML 的应用而重新定义的一个标准。编写 XHTML 代码的规则要比编写 HTML 严格得多，而且直接影响能否在嵌入 JavaScript 代码时使用<script>标签。以下面的代码块为例，虽然它们在 HTML 中是有效的，但在 XHTML 中则是无效的。

```html
<script type="text/javascript">
    function compare(a, b) {
        if (a < b) {
            alert("A is less than B");
        } else if (a > b) {
            alert("A is greater than B");
        } else {
            alert("A is equal to B");
        }
    }
</script>
```

在 HTML 中，有特殊的规则用以确定<script>元素中的哪些内容可以被解析，但这些特殊的规则在 XHTML 中不适用。这里比较语句 a < b 中的小于号（<）在 XHTML 中将被当作开始一个新标签来解析。但是作为标签来讲，小于号后面不能跟空格，因此就会导致语法错误。

---

① HTML5 正快速地被前端开发人员采用，建议读者在学习和开发中遵循 HTML5 标准，本节内容可以跳过。

避免在 XHTML 中出现类似语法错误的方法有两个。一是用相应的 HTML 实体（<）替换代码中所有的小于号（<），替换后的代码类似如下所示：

```
<script type="text/javascript">
    function compare(a, b) {
        if (a &lt; b) {
            alert("A is less than B");
        } else if (a > b) {
            alert("A is greater than B");
        } else {
            alert("A is equal to B");
        }
    }
</script>
```

虽然这样可以让代码在 XHTML 中正常运行，但却导致代码不好理解了。为此，我们可以考虑采用另一个方法。

保证让相同代码在 XHTML 中正常运行的第二个方法，就是用一个 CData 片段来包含 JavaScript 代码。在 XHTML（XML）中，CData 片段是文档中的一个特殊区域，这个区域中可以包含不需要解析的任意格式的文本内容。因此，在 CData 片段中就可以使用任意字符——小于号当然也没有问题，而且不会导致语法错误。引入 CData 片段后的 JavaScript 代码块如下所示：

```
<script type="text/javascript"><![CDATA[
    function compare(a, b) {
        if (a < b) {
            alert("A is less than B");
        } else if (a > b) {
            alert("A is greater than B");
        } else {
            alert("A is equal to B");
        }
    }
]]></script>
```

在兼容 XHTML 的浏览器中，这个方法可以解决问题。但实际上，还有不少浏览器不兼容 XHTML，因而不支持 CData 片段。怎么办呢？再使用 JavaScript 注释将 CData 标记注释掉就可以了：

```
<script type="text/javascript">
//<![CDATA[
    function compare(a, b) {
        if (a < b) {
            alert("A is less than B");
        } else if (a > b) {
            alert("A is greater than B");
        } else {
            alert("A is equal to B");
        }
    }
//]]>
</script>
```

这种格式在所有现代浏览器中都可以正常使用。虽然有几分 hack 的味道，但它能通过 XHTML 验证，而且对 XHTML 之前的浏览器也会平稳退化。

在将页面的 MIME 类型指定为"application/xhtml+xml"的情况下会触发 XHTML 模式。并不是所有浏览器都支持以这种方式提供 XHTML 文档。

2.1.5　不推荐使用的语法

在最早引入<script>元素的时候，该元素与传统 HTML 的解析规则是有冲突的。由于要对这个元素应用特殊的解析规则，因此在那些不支持 JavaScript 的浏览器（最典型的是 Mosaic）中就会导致问题。具体来说，不支持 JavaScript 的浏览器会把<script>元素的内容直接输出到页面中，因而会破坏页面的布局和外观。

Netscape 与 Mosaic 协商并提出了一个解决方案，让不支持<script>元素的浏览器能够隐藏嵌入的 JavaScript 代码。这个方案就是把 JavaScript 代码包含在一个 HTML 注释中，像下面这样：

```
<script><!--
    function sayHi(){
        alert("Hi!");
    }
//--></script>
```

给脚本加上 HTML 注释后，Mosaic 等浏览器就会忽略<script>标签中的内容；而那些支持 JavaScript 的浏览器在遇到这种情况时，则必须进一步确认其中是否包含需要解析的 JavaScript 代码。

虽然这种注释 JavaScript 代码的格式得到了所有浏览器的认可，也能被正确解释，但由于所有浏览器都已经支持 JavaScript，因此也就没有必要再使用这种格式了。在 XHTML 模式下，因为脚本包含在 XML 注释中，所以脚本会被忽略。

2.2　嵌入代码与外部文件

在 HTML 中嵌入 JavaScript 代码虽然没有问题，但一般认为最好的做法还是尽可能使用外部文件来包含 JavaScript 代码。不过，并不存在必须使用外部文件的硬性规定，但支持使用外部文件的人多会强调如下优点。

- ❏ **可维护性**：遍及不同 HTML 页面的 JavaScript 会造成维护问题。但把所有 JavaScript 文件都放在一个文件夹中，维护起来就轻松多了。而且开发人员因此也能够在不触及 HTML 标记的情况下，集中精力编辑 JavaScript 代码。
- ❏ **可缓存**：浏览器能够根据具体的设置缓存链接的所有外部 JavaScript 文件。也就是说，如果有两个页面都使用同一个文件，那么这个文件只需下载一次。因此，最终结果就是能够加快页面加载的速度。
- ❏ **适应未来**：通过外部文件来包含 JavaScript 无须使用前面提到 XHTML 或注释 hack。HTML 和 XHTML 包含外部文件的语法是相同的。

2.3　文档模式

IE5.5 引入了文档模式的概念，而这个概念是通过使用文档类型（doctype）切换实现的。最初的两种文档模式是：**混杂模式**（quirks mode）①和**标准模式**（standards mode）。混杂模式会让 IE 的行为与（包含非标准特性的）IE5 相同，而标准模式则让 IE 的行为更接近标准行为。虽然这两种模式主要影响 CSS 内容的呈现，但在某些情况下也会影响到 JavaScript 的解释执行。本书将在必要时再讨论这些因文档模式而影响 JavaScript 执行的情况。

在 IE 引入文档模式的概念后，其他浏览器也纷纷效仿。在此之后，IE 又提出一种所谓的**准标准模式**（almost standards mode）。这种模式下的浏览器特性有很多都是符合标准的，但也不尽然。不标准的地方主要体现在处理图片间隙的时候（在表格中使用图片时问题最明显）。

如果在文档开始处没有发现文档类型声明，则所有浏览器都会默认开启混杂模式。但采用混杂模式不是什么值得推荐的做法，因为不同浏览器在这种模式下的行为差异非常大，如果不使用某些 hack 技术，跨浏览器的行为根本就没有一致性可言。

对于标准模式，可以通过使用下面任何一种文档类型来开启：

```
<!-- HTML 4.01 严格型 -->
<!DOCTYPE HTML PUBLIC "-//W3C//DTD HTML 4.01//EN"
"http://www.w3.org/TR/html4/strict.dtd">

<!-- XHTML 1.0 严格型 -->
<!DOCTYPE html PUBLIC
"-//W3C//DTD XHTML 1.0 Strict//EN"
"http://www.w3.org/TR/xhtml1/DTD/xhtml1-strict.dtd">

<!-- HTML 5 -->
<!DOCTYPE html>
```

而对于准标准模式，则可以通过使用过渡型（transitional）或框架集型（frameset）文档类型来触发，如下所示：

```
<!-- HTML 4.01 过渡型 -->
<!DOCTYPE HTML PUBLIC
"-//W3C//DTD HTML 4.01 Transitional//EN"
"http://www.w3.org/TR/html4/loose.dtd">

<!-- HTML 4.01 框架集型 -->
<!DOCTYPE HTML PUBLIC
"-//W3C//DTD HTML 4.01 Frameset//EN"
"http://www.w3.org/TR/html4/frameset.dtd">

<!-- XHTML 1.0 过渡型 -->
<!DOCTYPE html PUBLIC
"-//W3C//DTD XHTML 1.0 Transitional//EN"
"http://www.w3.org/TR/xhtml1/DTD/xhtml1-transitional.dtd">

<!-- XHTML 1.0 框架集型 -->
<!DOCTYPE html PUBLIC
"-//W3C//DTD XHTML 1.0 Frameset//EN"
"http://www.w3.org/TR/xhtml1/DTD/xhtml1-frameset.dtd">
```

准标准模式与标准模式非常接近，它们的差异几乎可以忽略不计。因此，当有人提到"标准模式"时，有可能是指这两种模式中的任何一种。而且，检测文档模式（本书后面将会讨论）时也不会发现什么不同。本书后面提到标准模式时，指的是除混杂模式之外的其他模式。

---

① 这里 quirks mode 的译法源自 Firefox 3.5.5 中文版。

2.4　`<noscript>`元素

早期浏览器都面临一个特殊的问题，即当浏览器不支持 JavaScript 时如何让页面平稳地退化。对这个问题的最终解决方案就是创造一个`<noscript>`元素，用以在不支持 JavaScript 的浏览器中显示替代的内容。这个元素可以包含能够出现在文档`<body>`中的任何 HTML 元素——`<script>`元素除外。包含在`<noscript>`元素中的内容只有在下列情况下才会显示出来：

- ❑ 浏览器不支持脚本；
- ❑ 浏览器支持脚本，但脚本被禁用。

符合上述任何一个条件，浏览器都会显示`<noscript>`中的内容。而在除此之外的其他情况下，浏览器不会呈现`<noscript>`中的内容。

请看下面这个简单的例子：

```html
<html>
  <head>
    <title>Example HTML Page</title>
    <script type="text/javascript" defer="defer" src="example1.js"></script>
    <script type="text/javascript" defer="defer" src="example2.js"></script>
  </head>
  <body>
    <noscript>
      <p>本页面需要浏览器支持（启用）JavaScript。</p>
    </noscript>
  </body>
</html>
```

这个页面会在脚本无效的情况下向用户显示一条消息。而在启用了脚本的浏览器中，用户永远也不会看到它——尽管它是页面的一部分。

2.5　小结

把 JavaScript 插入到 HTML 页面中要使用`<script>`元素。使用这个元素可以把 JavaScript 嵌入到 HTML 页面中，让脚本与标记混合在一起；也可以包含外部的 JavaScript 文件。而我们需要注意的地方有：

- ❑ 在包含外部 JavaScript 文件时，必须将 `src` 属性设置为指向相应文件的 URL。而这个文件既可以是与包含它的页面位于同一个服务器上的文件，也可以是其他任何域中的文件。
- ❑ 所有`<script>`元素都会按照它们在页面中出现的先后顺序依次被解析。在不使用 `defer` 和 `async` 属性的情况下，只有在解析完前面`<script>`元素中的代码之后，才会开始解析后面`<script>`元素中的代码。
- ❑ 由于浏览器会先解析完不使用 `defer` 属性的`<script>`元素中的代码，然后再解析后面的内容，所以一般应该把`<script>`元素放在页面最后，即主要内容后面，`</body>`标签前面。
- ❑ 使用 `defer` 属性可以让脚本在文档完全呈现之后再执行。延迟脚本总是按照指定它们的顺序执行。
- ❑ 使用 `async` 属性可以表示当前脚本不必等待其他脚本，也不必阻塞文档呈现。不能保证异步脚本按照它们在页面中出现的顺序执行。

另外，使用`<noscript>`元素可以指定在不支持脚本的浏览器中显示的替代内容。但在启用了脚本的情况下，浏览器不会显示`<noscript>`元素中的任何内容。

第3章

基本概念

本章内容
- ❏ 语法
- ❏ 数据类型
- ❏ 流控制语句
- ❏ 函数

任何语言的核心都必然会描述这门语言最基本的工作原理。而描述的内容通常都要涉及这门语言的语法、操作符、数据类型、内置功能等用于构建复杂解决方案的基本概念。如前所述，ECMA-262 通过叫做 ECMAScript 的"伪语言"为我们描述了 JavaScript 的所有这些基本概念。

目前，ECMA-262 第 3 版中定义的 ECMAScript 是各浏览器实现最多的一个版本。ECMA-262 第 5 版是浏览器接下来实现的版本，但截止到 2011 年底，还没有浏览器完全实现了这个版本。为此，本章将主要按照第 3 版定义的 ECMAScript 介绍这门语言的基本概念，并就第 5 版的变化给出说明。

3.1 语法

ECMAScript 的语法大量借鉴了 C 及其他类 C 语言（如 Java 和 Perl）的语法。因此，熟悉这些语言的开发人员在接受 ECMAScript 更加宽松的语法时，一定会有一种轻松自在的感觉。

3.1.1 区分大小写

要理解的第一个概念就是 ECMAScript 中的一切（变量、函数名和操作符）都区分大小写。这也就意味着，变量名 test 和变量名 Test 分别表示两个不同的变量，而函数名不能使用 typeof，因为它是一个关键字（3.2 节介绍关键字），但 typeOf 则完全可以是一个有效的函数名。

3.1.2 标识符

所谓标识符，就是指变量、函数、属性的名字，或者函数的参数。标识符可以是按照下列格式规则组合起来的一或多个字符：
- ❏ 第一个字符必须是一个字母、下划线（_）或一个美元符号（$）；
- ❏ 其他字符可以是字母、下划线、美元符号或数字。

标识符中的字母也可以包含扩展的 ASCII 或 Unicode 字母字符（如 À 和 Æ），但我们不推荐这样做。

按照惯例，ECMAScript 标识符采用驼峰大小写格式，也就是第一个字母小写，剩下的每个单词的首字母大写，例如：

```
firstSecond
myCar
doSomethingImportant
```

虽然没有谁强制要求必须采用这种格式，但为了与 ECMAScript 内置的函数和对象命名格式保持一致，可以将其当作一种最佳实践。

　　　不能把关键字、保留字、**true**、**false** 和 **null** 用作标识符。3.2 节将介绍更多相关内容。

3.1.3　注释

ECMAScript 使用 C 风格的注释，包括单行注释和块级注释。单行注释以两个斜杠开头，如下所示：

```
// 单行注释
```

块级注释以一个斜杠和一个星号（/*）开头，以一个星号和一个斜杠（*/）结尾，如下所示：

```
/*
 *   这是一个多行
 *   （块级）注释
 */
```

虽然上面注释中的第二和第三行都以一个星号开头，但这不是必需的。之所以添加那两个星号，纯粹是为了提高注释的可读性（这种格式在企业级应用中用得比较多）。

3.1.4　严格模式

ECMAScript 5 引入了严格模式（strict mode）的概念。严格模式是为 JavaScript 定义了一种不同的解析与执行模型。在严格模式下，ECMAScript 3 中的一些不确定的行为将得到处理，而且对某些不安全的操作也会抛出错误。要在整个脚本中启用严格模式，可以在顶部添加如下代码：

```
"use strict";
```

这行代码看起来像是字符串，而且也没有赋值给任何变量，但其实它是一个编译指示（pragma），用于告诉支持的 JavaScript 引擎切换到严格模式。这是为不破坏 ECMAScript 3 语法而特意选定的语法。在函数内部的上方包含这条编译指示，也可以指定函数在严格模式下执行：

```
function doSomething(){
    "use strict";
    //函数体
}
```

严格模式下，JavaScript 的执行结果会有很大不同，因此本书将会随时指出严格模式下的区别。支持严格模式的浏览器包括 IE10+、Firefox 4+、Safari 5.1+、Opera 12+ 和 Chrome。

3.1.5　语句

ECMAScript 中的语句以一个分号结尾；如果省略分号，则由解析器确定语句的结尾，如下例所示：

```
var sum = a + b            // 即使没有分号也是有效的语句——不推荐
var diff = a - b;          // 有效的语句——推荐
```

虽然语句结尾的分号不是必需的,但我们建议任何时候都不要省略它。因为加上这个分号可以避免很多错误(例如不完整的输入),开发人员也可以放心地通过删除多余的空格来压缩 ECMAScript 代码(代码行结尾处没有分号会导致压缩错误)。另外,加上分号也会在某些情况下增进代码的性能,因为这样解析器就不必再花时间推测应该在哪里插入分号了。

可以使用 C 风格的语法把多条语句组合到一个代码块中,即代码块以左花括号({)开头,以右花括号(})结尾:

```
if (test){
    test = false;
    alert(test);
}
```

虽然条件控制语句(如 if 语句)只在执行多条语句的情况下才要求使用代码块,但最佳实践是始终在控制语句中使用代码块——即使代码块中只有一条语句,例如:

```
if (test)
    alert(test);           // 有效但容易出错,不要使用

if (test){                 // 推荐使用
    alert(test);
}
```

在控制语句中使用代码块可以让编码意图更加清晰,而且也能降低修改代码时出错的几率。

3.2 关键字和保留字

ECMA-262 描述了一组具有特定用途的**关键字**,这些关键字可用于表示控制语句的开始或结束,或者用于执行特定操作等。按照规则,关键字也是语言保留的,不能用作标识符。以下就是 ECMAScript 的全部关键字(带*号上标的是第 5 版新增的关键字):

```
break        do           instanceof   typeof
case         else         new          var
catch        finally      return       void
continue     for          switch       while
debugger*    function     this         with
default      if           throw
delete       in           try
```

ECMA-262 还描述了另外一组不能用作标识符的**保留字**。尽管保留字在这门语言中还没有任何特定的用途,但它们有可能在将来被用作关键字。以下是 ECMA-262 第 3 版定义的全部保留字:

```
abstract     enum         int          short
boolean      export       interface    static
byte         extends      long         super
char         final        native       synchronized
class        float        package      throws
const        goto         private      transient
debugger     implements   protected    volatile
double       import       public
```

第 5 版把在非严格模式下运行时的保留字缩减为下列这些：

```
class           enum            extends         super
const           export          import
```

在严格模式下，第 5 版还对以下保留字施加了限制：

```
implements      package         public
interface       private         static
let             protected       yield
```

注意，`let` 和 `yield` 是第 5 版新增的保留字；其他保留字都是第 3 版定义的。为了最大程度地保证兼容性，建议读者将第 3 版定义的保留字外加 `let` 和 `yield` 作为编程时的参考。

在实现 ECMAScript 3 的 JavaScript 引擎中使用关键字作标识符，会导致 "Identifier Expected" 错误。而使用保留字作标识符可能会也可能不会导致相同的错误，具体取决于特定的引擎。

第 5 版对使用关键字和保留字的规则进行了少许修改。关键字和保留字虽然仍然不能作为标识符使用，但现在可以用作对象的属性名。一般来说，最好都不要使用关键字和保留字作为标识符和属性名，以便与将来的 ECMAScript 版本兼容。

除了上面列出的保留字和关键字，ECMA-262 第 5 版对 `eval` 和 `arguments` 还施加了限制。在严格模式下，这两个名字也不能作为标识符或属性名，否则会抛出错误。

3.3 变量

ECMAScript 的变量是松散类型的，所谓松散类型就是可以用来保存任何类型的数据。换句话说，每个变量仅仅是一个用于保存值的占位符而已。定义变量时要使用 `var` 操作符（注意 `var` 是一个关键字），后跟变量名（即一个标识符），如下所示：

```
var message;
```

这行代码定义了一个名为 `message` 的变量，该变量可以用来保存任何值（像这样未经过初始化的变量，会保存一个特殊的值——undefined，相关内容将在 3.4 节讨论）。ECMAScript 也支持直接初始化变量，因此在定义变量的同时就可以设置变量的值，如下所示：

```
var message = "hi";
```

在此，变量 `message` 中保存了一个字符串值"hi"。像这样初始化变量并不会把它标记为字符串类型；初始化的过程就是给变量赋一个值那么简单。因此，可以在修改变量值的同时修改值的类型，如下所示：

```
var message = "hi";
message = 100;          // 有效，但不推荐
```

在这个例子中，变量 `message` 一开始保存了一个字符串值"hi"，然后该值又被一个数字值 100 取代。虽然我们不建议修改变量所保存值的类型，但这种操作在 ECMAScript 中完全有效。

有一点必须注意，即用 `var` 操作符定义的变量将成为定义该变量的作用域中的局部变量。也就是说，如果在函数中使用 `var` 定义一个变量，那么这个变量在函数退出后就会被销毁，例如：

```
function test(){
    var message = "hi"; // 局部变量
}
test();
alert(message); // 错误!
```

这里，变量 message 是在函数中使用 var 定义的。当函数被调用时，就会创建该变量并为其赋值。而在此之后，这个变量又会立即被销毁，因此例子中的下一行代码就会导致错误。不过，可以像下面这样省略 var 操作符，从而创建一个全局变量：

```
function test(){
    message = "hi"; // 全局变量
}
test();
alert(message); // "hi"
```

这个例子省略了 var 操作符，因而 message 就成了全局变量。这样，只要调用过一次 test() 函数，这个变量就有了定义，就可以在函数外部的任何地方被访问到。

 　　虽然省略 **var** 操作符可以定义全局变量，但这也不是我们推荐的做法。因为在局部作用域中定义的全局变量很难维护，而且如果有意地忽略了 **var** 操作符，也会由于相应变量不会马上就有定义而导致不必要的混乱。给未经声明的变量赋值在严格模式下会导致抛出 ReferenceError 错误。

可以使用一条语句定义多个变量，只要像下面这样把每个变量（初始化或不初始化均可）用逗号分隔开即可：

```
var message = "hi",
    found = false,
    age = 29;
```

这个例子定义并初始化了 3 个变量。同样由于 ECMAScript 是松散类型的，因而使用不同类型初始化变量的操作可以放在一条语句中来完成。虽然代码里的换行和变量缩进不是必需的，但这样做可以提高可读性。

在严格模式下，不能定义名为 eval 或 arguments 的变量，否则会导致语法错误。

3.4　数据类型

ECMAScript 中有 5 种简单数据类型（也称为基本数据类型）：Undefined、Null、Boolean、Number 和 String。还有 1 种复杂数据类型——Object，Object 本质上是由一组无序的名值对组成的。ECMAScript 不支持任何创建自定义类型的机制，而所有值最终都将是上述 6 种数据类型之一。乍一看，好像只有 6 种数据类型不足以表示所有数据；但是，由于 ECMAScript 数据类型具有动态性，因此的确没有再定义其他数据类型的必要了。

3.4.1　typeof 操作符

鉴于 ECMAScript 是松散类型的，因此需要有一种手段来检测给定变量的数据类型——typeof 就是负责提供这方面信息的操作符。对一个值使用 typeof 操作符可能返回下列某个字符串：

❑ "undefined"——如果这个值未定义；
❑ "boolean"——如果这个值是布尔值；
❑ "string"——如果这个值是字符串；

- □ "number"——如果这个值是数值；
- □ "object"——如果这个值是对象或 null；
- □ "function"——如果这个值是函数。

下面是几个使用 typeof 操作符的例子：

```
var message = "some string";
alert(typeof message);      // "string"
alert(typeof(message));     // "string"
alert(typeof 95);           // "number"
```

TypeofExample01.htm

这几个例子说明，typeof 操作符的操作数可以是变量（message），也可以是数值字面量。注意，typeof 是一个操作符而不是函数，因此例子中的圆括号尽管可以使用，但不是必需的。

有些时候，typeof 操作符会返回一些令人迷惑但技术上却正确的值。比如，调用 typeof null 会返回"object"，因为特殊值 null 被认为是一个空的对象引用。Safari 5 及之前版本、Chrome 7 及之前版本在对正则表达式调用 typeof 操作符时会返回"function"，而其他浏览器在这种情况下会返回 "object"。

> 从技术角度讲，函数在 ECMAScript 中是对象，不是一种数据类型。然而，函数也确实有一些特殊的属性，因此通过 **typeof** 操作符来区分函数和其他对象是有必要的。

3.4.2　**Undefined** 类型

Undefined 类型只有一个值，即特殊的 undefined。在使用 var 声明变量但未对其加以初始化时，这个变量的值就是 undefined，例如：

```
var message;
alert(message == undefined); //true
```

UndefinedExample01.htm

这个例子只声明了变量 message，但未对其进行初始化。比较这个变量与 undefined 字面量，结果表明它们是相等的。这个例子与下面的例子是等价的：

```
var message = undefined;
alert(message == undefined); //true
```

UndefinedExample02.htm

这个例子使用 undefined 值显式初始化了变量 message。但我们没有必要这么做，因为未经初始化的值默认就会取得 undefined 值。

> 一般而言，不存在需要显式地把一个变量设置为 **undefined** 值的情况。字面值 **undefined** 的主要目的是用于比较，而 ECMA-262 第 3 版之前的版本中并没有规定这个值。第 3 版引入这个值是为了正式区分空对象指针与未经初始化的变量。

不过，包含 undefined 值的变量与尚未定义的变量还是不一样的。看看下面这个例子：

```
var message; // 这个变量声明之后默认取得了 undefined 值

// 下面这个变量并没有声明
// var age

alert(message);      // "undefined"
alert(age);          // 产生错误
```

UndefinedExample03.htm

运行以上代码，第一个警告框会显示变量 message 的值，即"undefined"。而第二个警告框——由于传递给 alert()函数的是尚未声明的变量 age——则会导致一个错误。对于尚未声明过的变量，只能执行一项操作，即使用 typeof 操作符检测其数据类型（对未经声明的变量调用 delete 不会导致错误，但这样做没什么实际意义，而且在严格模式下确实会导致错误）。

然而，令人困惑的是：对未初始化的变量执行 typeof 操作符会返回 undefined 值，而对未声明的变量执行 typeof 操作符同样也会返回 undefined 值。来看下面的例子：

```
var message; // 这个变量声明之后默认取得了 undefined 值

// 下面这个变量并没有声明
// var age

alert(typeof message);      // "undefined"
alert(typeof age);          // "undefined"
```

UndefinedExample04.htm

结果表明，对未初始化和未声明的变量执行 typeof 操作符都返回了 undefined 值；这个结果有其逻辑上的合理性。因为虽然这两种变量从技术角度看有本质区别，但实际上无论对哪种变量也不可能执行真正的操作。

> 即便未初始化的变量会自动被赋予 **undefined** 值，但显式地初始化变量依然是明智的选择。如果能够做到这一点，那么当 **typeof** 操作符返回"**undefined**"值时，我们就知道被检测的变量还没有被声明，而不是尚未初始化。

3.4.3 Null 类型

Null 类型是第二个只有一个值的数据类型，这个特殊的值是 null。从逻辑角度来看，null 值表示一个空对象指针，而这也正是使用 typeof 操作符检测 null 值时会返回"object"的原因，如下面的例子所示：

```
var car = null;
alert(typeof car);      // "object"
```

NullExample01.htm

如果定义的变量准备在将来用于保存对象，那么最好将该变量初始化为 null 而不是其他值。这样一来，只要直接检查 null 值就可以知道相应的变量是否已经保存了一个对象的引用，如下面的例子所示：

```
if (car != null){
    // 对 car 对象执行某些操作
}
```

实际上，undefined 值是派生自 null 值的，因此 ECMA-262 规定对它们的相等性测试要返回 true：

```
alert(null == undefined);    //true
```

NullExample02.htm

这里，位于 null 和 undefined 之间的相等操作符（==）总是返回 true，不过要注意的是，这个操作符出于比较的目的会转换其操作数（本章后面将详细介绍相关内容）。

尽管 null 和 undefined 有这样的关系，但它们的用途完全不同。如前所述，无论在什么情况下都没有必要把一个变量的值显式地设置为 undefined，可是同样的规则对 null 却不适用。换句话说，只要意在保存对象的变量还没有真正保存对象，就应该明确地让该变量保存 null 值。这样做不仅可以体现 null 作为空对象指针的惯例，而且也有助于进一步区分 null 和 undefined。

3.4.4 Boolean 类型

Boolean 类型是 ECMAScript 中使用得最多的一种类型，该类型只有两个字面值：true 和 false。这两个值与数字值不是一回事，因此 true 不一定等于 1，而 false 也不一定等于 0。以下是为变量赋 Boolean 类型值的例子：

```
var found = true;
var lost = false;
```

需要注意的是，Boolean 类型的字面值 true 和 false 是区分大小写的。也就是说，True 和 False（以及其他的混合大小写形式）都不是 Boolean 值，只是标识符。

虽然 Boolean 类型的字面值只有两个，但 ECMAScript 中所有类型的值都有与这两个 Boolean 值等价的值。要将一个值转换为其对应的 Boolean 值，可以调用转型函数 Boolean()，如下例所示：

```
var message = "Hello world!";
var messageAsBoolean = Boolean(message);
```

BooleanExample01.htm

在这个例子中，字符串 message 被转换成了一个 Boolean 值，该值被保存在 messageAsBoolean 变量中。可以对任何数据类型的值调用 Boolean() 函数，而且总会返回一个 Boolean 值。至于返回的这个值是 true 还是 false，取决于要转换值的数据类型及其实际值。下表给出了各种数据类型及其对应的转换规则。

数据类型	转换为true的值	转换为false的值
Boolean	true	false
String	任何非空字符串	""（空字符串）

（续）

数据类型	转换为true的值	转换为false的值
Number	任何非零数字值（包括无穷大）	0和NaN（参见本章后面有关NaN的内容）
Object	任何对象	null
Undefined	n/a①	undefined

这些转换规则对理解流控制语句（如 if 语句）自动执行相应的 Boolean 转换非常重要，请看下面的代码：

```
var message = "Hello world!";
if (message){
    alert("Value is true");
}
```

BooleanExample02.htm

运行这个示例，就会显示一个警告框，因为字符串 message 被自动转换成了对应的 Boolean 值（true）。由于存在这种自动执行的 Boolean 转换，因此确切地知道在流控制语句中使用的是什么变量至关重要。错误地使用一个对象而不是一个 Boolean 值，就有可能彻底改变应用程序的流程。

3.4.5 Number 类型

Number 类型应该是 ECMAScript 中最令人关注的数据类型了，这种类型使用 IEEE754 格式来表示整数和浮点数值（浮点数值在某些语言中也被称为双精度数值）。为支持各种数值类型，ECMA-262 定义了不同的数值字面量格式。

最基本的数值字面量格式是十进制整数，十进制整数可以像下面这样直接在代码中输入：

```
var intNum = 55;           // 整数
```

除了以十进制表示外，整数还可以通过八进制（以 8 为基数）或十六进制（以 16 为基数）的字面值来表示。其中，八进制字面值的第一位必须是零（0），然后是八进制数字序列（0~7）。如果字面值中的数值超出了范围，那么前导零将被忽略，后面的数值将被当作十进制数值解析。请看下面的例子：

```
var octalNum1 = 070;       // 八进制的 56
var octalNum2 = 079;       // 无效的八进制数值——解析为 79
var octalNum3 = 08;        // 无效的八进制数值——解析为 8
```

八进制字面量在严格模式下是无效的，会导致支持该模式的 JavaScript 引擎抛出错误。

十六进制字面值的前两位必须是 0x，后跟任何十六进制数字（0~9 及 A~F）。其中，字母 A~F可以大写，也可以小写。如下面的例子所示：

```
var hexNum1 = 0xA;         // 十六进制的 10
var hexNum2 = 0x1f;        // 十六进制的 31
```

在进行算术计算时，所有以八进制和十六进制表示的数值最终都将被转换成十进制数值。

---

① n/a（或 N/A），是 not applicable 的缩写，意思是"不适用"。

鉴于 JavaScript 中保存数值的方式，可以保存正零（+0）和负零（−0）。正零和负零被认为相等，但为了读者更好地理解上下文，这里特别做此说明。

1. 浮点数值

　　所谓浮点数值，就是该数值中必须包含一个小数点，并且小数点后面必须至少有一位数字。虽然小数点前面可以没有整数，但我们不推荐这种写法。以下是浮点数值的几个例子：

```
var floatNum1 = 1.1;
var floatNum2 = 0.1;
var floatNum3 = .1;          // 有效，但不推荐
```

　　由于保存浮点数值需要的内存空间是保存整数值的两倍，因此 ECMAScript 会不失时机地将浮点数值转换为整数值。显然，如果小数点后面没有跟任何数字，那么这个数值就可以作为整数值来保存。同样地，如果浮点数值本身表示的就是一个整数（如 1.0），那么该值也会被转换为整数，如下面的例子所示：

```
var floatNum1 = 1.;          // 小数点后面没有数字——解析为 1
var floatNum2 = 10.0;        // 整数——解析为 10
```

　　对于那些极大或极小的数值，可以用 e 表示法（即科学计数法）表示的浮点数值表示。用 e 表示法表示的数值等于 e 前面的数值乘以 10 的指数次幂。ECMAScript 中 e 表示法的格式也是如此，即前面是一个数值（可以是整数也可以是浮点数），中间是一个大写或小写的字母 E，后面是 10 的幂中的指数，该幂值将用来与前面的数相乘。下面是一个使用 e 表示法表示数值的例子：

```
var floatNum = 3.125e7;      // 等于 31250000
```

　　在这个例子中，使用 e 表示法表示的变量 floatNum 的形式虽然简洁，但它的实际值则是 31250000。在此，e 表示法的实际含义就是 "3.125 乘以 10^7"。

　　也可以使用 e 表示法表示极小的数值，如 0.00000000000000003，这个数值可以使用更简洁的 3e−17 表示。在默认情况下，ECMAScript 会将那些小数点后面带有 6 个零以上的浮点数值转换为以 e 表示法表示的数值（例如，0.0000003 会被转换成 3e−7）。

　　浮点数值的最高精度是 17 位小数，但在进行算术计算时其精确度远远不如整数。例如，0.1 加 0.2 的结果不是 0.3，而是 0.30000000000000004。这个小小的舍入误差会导致无法测试特定的浮点数值。例如：

```
if (a + b == 0.3){           // 不要做这样的测试!
    alert("You got 0.3.");
}
```

　　在这个例子中，我们测试的是两个数的和是不是等于 0.3。如果这两个数是 0.05 和 0.25，或者是 0.15 和 0.15 都不会有问题。而如前所述，如果这两个数是 0.1 和 0.2，那么测试将无法通过。因此，永远不要测试某个特定的浮点数值。

　　关于浮点数值计算会产生舍入误差的问题，有一点需要明确：这是使用基于 IEEE754 数值的浮点计算的通病，ECMAScript 并非独此一家；其他使用相同数值格式的语言也存在这个问题。

2. 数值范围

由于内存的限制，ECMAScript 并不能保存世界上所有的数值。ECMAScript 能够表示的最小数值保存在 Number.MIN_VALUE 中——在大多数浏览器中，这个值是 5e-324；能够表示的最大数值保存在 Number.MAX_VALUE 中——在大多数浏览器中，这个值是 1.7976931348623157e+308。如果某次计算的结果得到了一个超出 JavaScript 数值范围的值，那么这个数值将被自动转换成特殊的 Infinity 值。具体来说，如果这个数值是负数，则会被转换成-Infinity（负无穷），如果这个数值是正数，则会被转换成 Infinity（正无穷）。

如上所述，如果某次计算返回了正或负的 Infinity 值，那么该值将无法继续参与下一次的计算，因为 Infinity 不是能够参与计算的数值。要想确定一个数值是不是有穷的（换句话说，是不是位于最小和最大的数值之间），可以使用 isFinite() 函数。这个函数在参数位于最小与最大数值之间时会返回 true，如下面的例子所示：

```
var result = Number.MAX_VALUE + Number.MAX_VALUE;
alert(isFinite(result));   //false
```

尽管在计算中很少出现某些值超出表示范围的情况，但在执行极小或极大数值的计算时，检测监控这些值是可能的，也是必需的。

     访问 **Number.NEGATIVE_INFINITY** 和 **Number.POSITIVE_INFINITY** 也可以得到负和正 **Infinity** 的值。可以想见，这两个属性中分别保存着-**Infinity** 和 **Infinity**。

3. NaN

NaN，即非数值（Not a Number）是一个特殊的数值，这个数值用于表示一个本来要返回数值的操作数未返回数值的情况（这样就不会抛出错误了）。例如，在其他编程语言中，任何数值除以非数值都会导致错误，从而停止代码执行。但在 ECMAScript 中，任何数值除以非数值会返回 NaN，因此不会影响其他代码的执行。

NaN 本身有两个非同寻常的特点。首先，任何涉及 NaN 的操作（例如 NaN/10）都会返回 NaN，这个特点在多步计算中有可能导致问题。其次，NaN 与任何值都不相等，包括 NaN 本身。例如，下面的代码会返回 false：

```
alert(NaN == NaN);    //false
```

针对 NaN 的这两个特点，ECMAScript 定义了 isNaN() 函数。这个函数接受一个参数，该参数可以是任何类型，而函数会帮我们确定这个参数是否"不是数值"。isNaN() 在接收到一个值之后，会尝试将这个值转换为数值。某些不是数值的值会直接转换为数值，例如字符串"10"或 Boolean 值。而任何不能被转换为数值的值都会导致这个函数返回 true。请看下面的例子：

```
alert(isNaN(NaN));         //true
alert(isNaN(10));          //false (10是一个数值)
alert(isNaN("10"));        //false (可以被转换成数值10)
alert(isNaN("blue"));      //true (不能转换成数值)
alert(isNaN(true));        //false (可以被转换成数值1)
```

NumberExample03.htm

这个例子测试了 5 个不同的值。测试的第一个值是 NaN 本身，结果当然会返回 true。然后分别测试了数值 10 和字符串"10"，结果这两个测试都返回了 false，因为前者本身就是数值，而后者可以被转换成数值。但是，字符串"blue"不能被转换成数值，因此函数返回了 true。由于 Boolean 值 true 可以转换成数值 1，因此函数返回 false。

> 尽管有点儿不可思议，但 **isNaN()** 确实也适用于对象。在基于对象调用 **isNaN()** 函数时，会首先调用对象的 **valueOf()** 方法，然后确定该方法返回的值是否可以转换为数值。如果不能，则基于这个返回值再调用 **toString()** 方法，再测试返回值。而这个过程也是 ECMAScript 中内置函数和操作符的一般执行流程，更详细的内容请参见 3.5 节。

4. 数值转换

有 3 个函数可以把非数值转换为数值：Number()、parseInt() 和 parseFloat()。第一个函数，即转型函数 Number() 可以用于任何数据类型，而另两个函数则专门用于把字符串转换成数值。这 3 个函数对于同样的输入会有返回不同的结果。

Number() 函数的转换规则如下。

❑ 如果是 Boolean 值，true 和 false 将分别被转换为 1 和 0。
❑ 如果是数字值，只是简单的传入和返回。
❑ 如果是 null 值，返回 0。
❑ 如果是 undefined，返回 NaN。
❑ 如果是字符串，遵循下列规则：
  ■ 如果字符串中只包含数字（包括前面带正号或负号的情况），则将其转换为十进制数值，即"1"会变成 1，"123"会变成 123，而"011"会变成 11（注意：前导的零被忽略了）；
  ■ 如果字符串中包含有效的浮点格式，如"1.1"，则将其转换为对应的浮点数值（同样，也会忽略前导零）；
  ■ 如果字符串中包含有效的十六进制格式，例如"0xf"，则将其转换为相同大小的十进制整数值；
  ■ 如果字符串是空的（不包含任何字符），则将其转换为 0；
  ■ 如果字符串中包含除上述格式之外的字符，则将其转换为 NaN。
❑ 如果是对象，则调用对象的 valueOf() 方法，然后依照前面的规则转换返回的值。如果转换的结果是 NaN，则调用对象的 toString() 方法，然后再次依照前面的规则转换返回的字符串值。

根据这么多的规则使用 Number() 把各种数据类型转换为数值确实有点复杂。下面还是给出几个具体的例子吧。

```
var num1 = Number("Hello world!");      //NaN
var num2 = Number("");                  //0
var num3 = Number("000011");            //11
var num4 = Number(true);                //1
```

NumberExample04.htm

首先，字符串"Hello world!"会被转换为 NaN，因为其中不包含任何有意义的数字值。空字符串会被转换为 0。字符串"000011"会被转换为 11，因为忽略了其前导的零。最后，true 值被转换为 1。

 一元加操作符（3.5.1 节将介绍）的操作与 Number()函数相同。

由于 Number()函数在转换字符串时比较复杂而且不够合理，因此在处理整数的时候更常用的是 parseInt()函数。parseInt()函数在转换字符串时，更多的是看其是否符合数值模式。它会忽略字符串前面的空格，直至找到第一个非空格字符。如果第一个字符不是数字字符或者负号，parseInt()就会返回 NaN；也就是说，用 parseInt()转换空字符串会返回 NaN（Number()对空字符返回 0）。如果第一个字符是数字字符，parseInt()会继续解析第二个字符，直到解析完所有后续字符或者遇到了一个非数字字符。例如，"1234blue"会被转换为 1234，因为"blue"会被完全忽略。类似地，"22.5"会被转换为 22，因为小数点并不是有效的数字字符。

如果字符串中的第一个字符是数字字符，parseInt()也能够识别出各种整数格式（即前面讨论的十进制、八进制和十六进制数）。也就是说，如果字符串以"0x"开头且后跟数字字符，就会将其当作一个十六进制整数；如果字符串以"0"开头且后跟数字字符，则会将其当作一个八进制数来解析。

为了更好地理解 parseInt()函数的转换规则，下面给出一些例子：

```
var num1 = parseInt("1234blue");    // 1234
var num2 = parseInt("");            // NaN
var num3 = parseInt("0xA");         // 10 (十六进制数)
var num4 = parseInt(22.5);          // 22
var num5 = parseInt("070");         // 56 (八进制数)
var num6 = parseInt("70");          // 70 (十进制数)
var num7 = parseInt("0xf");         // 15 (十六进制数)
```

NumberExample05.htm

在使用 parseInt()解析像八进制字面量的字符串时，ECMAScript 3 和 5 存在分歧。例如：

```
//ECMAScript 3 认为是 56（八进制），ECMAScript 5 认为是 70（十进制）
var num = parseInt("070");
```

在 ECMAScript 3 JavaScript 引擎中，"070"被当成八进制字面量，因此转换后的值是十进制的 56。而在 ECMAScript 5 JavaScript 引擎中，parseInt()已经不具有解析八进制值的能力，因此前导的零会被认为无效，从而将这个值当成"70"，结果就得到十进制的 70。在 ECMAScript 5 中，即使是在非严格模式下也会如此。

为了消除在使用 parseInt()函数时可能导致的上述困惑，可以为这个函数提供第二个参数：转换时使用的基数（即多少进制）。如果知道要解析的值是十六进制格式的字符串，那么指定基数 16 作为第二个参数，可以保证得到正确的结果，例如：

```
var num = parseInt("0xAF", 16);    //175
```

实际上，如果指定了 16 作为第二个参数，字符串可以不带前面的"0x"，如下所示：

```
var num1 = parseInt("AF", 16);     //175
var num2 = parseInt("AF");         //NaN
```

NumberExample06.htm

这个例子中的第一个转换成功了，而第二个则失败了。差别在于第一个转换传入了基数，明确告诉 parseInt() 要解析一个十六进制格式的字符串；而第二个转换发现第一个字符不是数字字符，因此就自动终止了。

指定基数会影响到转换的输出结果。例如：

```
var num1 = parseInt("10", 2);        //2   (按二进制解析)
var num2 = parseInt("10", 8);        //8   (按八进制解析)
var num3 = parseInt("10", 10);       //10  (按十进制解析)
var num4 = parseInt("10", 16);       //16  (按十六进制解析)
```

NumberExample07.htm

不指定基数意味着让 parseInt() 决定如何解析输入的字符串，因此为了避免错误的解析，我们建议无论在什么情况下都明确指定基数。

　　多数情况下，我们要解析的都是十进制数值，因此始终将 10 作为第二个参数是非常必要的。

与 parseInt() 函数类似，parseFloat() 也是从第一个字符（位置 0）开始解析每个字符。而且也是一直解析到字符串末尾，或者解析到遇见一个无效的浮点数字字符为止。也就是说，字符串中的第一个小数点是有效的，而第二个小数点就是无效的了，因此它后面的字符串将被忽略。举例来说，"22.34.5" 将会被转换为 22.34。

除了第一个小数点有效之外，parseFloat() 与 parseInt() 的第二个区别在于它始终都会忽略前导的零。parseFloat() 可以识别前面讨论过的所有浮点数值格式，也包括十进制整数格式。但十六进制格式的字符串则始终会被转换成 0。由于 parseFloat() 只解析十进制值，因此它没有用第二个参数指定基数的用法。最后还要注意一点：如果字符串包含的是一个可解析为整数的数（没有小数点，或者小数点后都是零），parseFloat() 会返回整数。以下是使用 parseFloat() 转换数值的几个典型示例。

```
var num1 = parseFloat("1234blue");      //1234  (整数)
var num2 = parseFloat("0xA");           //0
var num3 = parseFloat("22.5");          //22.5
var num4 = parseFloat("22.34.5");       //22.34
var num5 = parseFloat("0908.5");        //908.5
var num6 = parseFloat("3.125e7");       //31250000
```

NumberExample08.htm

3.4.6 String 类型

String 类型用于表示由零或多个 16 位 Unicode 字符组成的字符序列，即字符串。字符串可以由双引号（"）或单引号（'）表示，因此下面两种字符串的写法都是有效的：

```
var firstName = "Nicholas";
var lastName = 'Zakas';
```

与 PHP 中的双引号和单引号会影响对字符串的解释方式不同，ECMAScript 中的这两种语法形式没有什么区别。用双引号表示的字符串和用单引号表示的字符串完全相同。不过，以双引号开头的字符串也必须以双引号结尾，而以单引号开头的字符串必须以单引号结尾。例如，下面这种字符串表示法会导致语法错误：

```
var firstName = 'Nicholas"; // 语法错误（左右引号必须匹配）
```

1. 字符字面量

`String` 数据类型包含一些特殊的字符字面量，也叫转义序列，用于表示非打印字符，或者具有其他用途的字符。这些字符字面量如下表所示：

字 面 量	含 义
\n	换行
\t	制表
\b	退格
\r	回车
\f	进纸
\\	斜杠
\'	单引号（'），在用单引号表示的字符串中使用。例如：'He said, \'hey.\''
\"	双引号（"），在用双引号表示的字符串中使用。例如："He said, \"hey.\""
\xnn	以十六进制代码nn表示的一个字符（其中n为0~F）。例如，\x41表示"A"
\unnnn	以十六进制代码nnnn表示的一个Unicode字符（其中n为0~F）。例如，\u03a3表示希腊字符Σ

这些字符字面量可以出现在字符串中的任意位置，而且也将被作为一个字符来解析，如下面的例子所示：

```
var text = "This is the letter sigma: \u03a3.";
```

这个例子中的变量 `text` 有 28 个字符，其中 6 个字符长的转义序列表示 1 个字符。

任何字符串的长度都可以通过访问其 `length` 属性取得，例如：

```
alert(text.length); // 输出 28
```

这个属性返回的字符数包括 16 位字符的数目。如果字符串中包含双字节字符，那么 `length` 属性可能不会精确地返回字符串中的字符数目。

2. 字符串的特点

ECMAScript 中的字符串是不可变的，也就是说，字符串一旦创建，它们的值就不能改变。要改变某个变量保存的字符串，首先要销毁原来的字符串，然后再用另一个包含新值的字符串填充该变量，例如：

```
var lang = "Java";
lang = lang + "Script";
```

以上示例中的变量 `lang` 开始时包含字符串"Java"。而第二行代码把 `lang` 的值重新定义为"Java"与"Script"的组合，即"JavaScript"。实现这个操作的过程如下：首先创建一个能容纳 10 个字符的新字符串，然后在这个字符串中填充"Java"和"Script"，最后一步是销毁原来的字符串"Java"和字符串"Script"，因为这两个字符串已经没用了。这个过程是在后台发生的，而这也是在某些旧版本的浏览器（例如版本低于 1.0 的 Firefox、IE6 等）中拼接字符串时速度很慢的原因所在。但这些浏览器后来的版本已经解决了这个低效率问题。

3. 转换为字符串

要把一个值转换为一个字符串有两种方式。第一种是使用几乎每个值都有的 toString() 方法（第5章将讨论这个方法的特点）。这个方法唯一要做的就是返回相应值的字符串表现。来看下面的例子：

```
var age = 11;
var ageAsString = age.toString();       // 字符串"11"
var found = true;
var foundAsString = found.toString();    // 字符串"true"
```

StringExample01.htm

数值、布尔值、对象和字符串值（没错，每个字符串也都有一个 toString() 方法，该方法返回字符串的一个副本）都有 toString() 方法。但 null 和 undefined 值没有这个方法。

多数情况下，调用 toString() 方法不必传递参数。但是，在调用数值的 toString() 方法时，可以传递一个参数：输出数值的基数。默认情况下，toString() 方法以十进制格式返回数值的字符串表示。而通过传递基数，toString() 可以输出以二进制、八进制、十六进制，乃至其他任意有效进制格式表示的字符串值。下面给出几个例子：

```
var num = 10;
alert(num.toString());       // "10"
alert(num.toString(2));      // "1010"
alert(num.toString(8));      // "12"
alert(num.toString(10));     // "10"
alert(num.toString(16));     // "a"
```

StringExample02.htm

通过这个例子可以看出，通过指定基数，toString() 方法会改变输出的值。而数值 10 根据基数的不同，可以在输出时被转换为不同的数值格式。注意，默认的（没有参数的）输出值与指定基数 10 时的输出值相同。

在不知道要转换的值是不是 null 或 undefined 的情况下，还可以使用转型函数 String()，这个函数能够将任何类型的值转换为字符串。String() 函数遵循下列转换规则：

❑　如果值有 toString() 方法，则调用该方法（没有参数）并返回相应的结果；

❑　如果值是 null，则返回"null"；

❑　如果值是 undefined，则返回"undefined"。

下面再看几个例子：

```
var value1 = 10;
var value2 = true;
var value3 = null;
var value4;

alert(String(value1));      // "10"
alert(String(value2));      // "true"
alert(String(value3));      // "null"
alert(String(value4));      // "undefined"
```

StringExample03.htm

这里先后转换了 4 个值：数值、布尔值、`null` 和 `undefined`。数值和布尔值的转换结果与调用 `toString()` 方法得到的结果相同。因为 `null` 和 `undefined` 没有 `toString()` 方法，所以 `String()` 函数就返回了这两个值的字面量。

 　　要把某个值转换为字符串，可以使用加号操作符（3.5 节讨论）把它与一个字符串（`""`）加在一起。

3.4.7　**Object** 类型

ECMAScript 中的对象其实就是一组数据和功能的集合。对象可以通过执行 `new` 操作符后跟要创建的对象类型的名称来创建。而创建 `Object` 类型的实例并为其添加属性和（或）方法，就可以创建自定义对象，如下所示：

```
var o = new Object();
```

这个语法与 Java 中创建对象的语法相似；但在 ECMAScript 中，如果不给构造函数传递参数，则可以省略后面的那一对圆括号。也就是说，在像前面这个示例一样不传递参数的情况下，完全可以省略那对圆括号（但这不是推荐的做法）：

```
var o = new Object; // 有效，但不推荐省略圆括号
```

仅仅创建 `Object` 的实例并没有什么用处，但关键是要理解一个重要的思想：即在 ECMAScript 中，（就像 Java 中的 `java.lang.Object` 对象一样）`Object` 类型是所有它的实例的基础。换句话说，`Object` 类型所具有的任何属性和方法也同样存在于更具体的对象中。

`Object` 的每个实例都具有下列属性和方法。

- ❑　`constructor`：保存着用于创建当前对象的函数。对于前面的例子而言，构造函数（constructor）就是 `Object()`。
- ❑　`hasOwnProperty(`*propertyName*`)`：用于检查给定的属性在当前对象实例中（而不是在实例的原型中）是否存在。其中，作为参数的属性名（*propertyName*）必须以字符串形式指定（例如：`o.hasOwnProperty("name")`）。
- ❑　`isPrototypeOf(object)`：用于检查传入的对象是否是当前对象的原型（第 5 章将讨论原型）。
- ❑　`propertyIsEnumerable(`*propertyName*`)`：用于检查给定的属性是否能够使用 `for-in` 语句（本章后面将会讨论）来枚举。与 `hasOwnProperty()` 方法一样，作为参数的属性名必须以字符串形式指定。
- ❑　`toLocaleString()`：返回对象的字符串表示，该字符串与执行环境的地区对应。
- ❑　`toString()`：返回对象的字符串表示。
- ❑　`valueOf()`：返回对象的字符串、数值或布尔值表示。通常与 `toString()` 方法的返回值相同。

由于在 ECMAScript 中 `Object` 是所有对象的基础，因此所有对象都具有这些基本的属性和方法。第 5 章和第 6 章将详细介绍 `Object` 与其他对象的关系。

从技术角度讲，ECMA-262 中对象的行为不一定适用于 JavaScript 中的其他对象。浏览器环境中的对象，比如 BOM 和 DOM 中的对象，都属于宿主对象，因为它们是由宿主实现提供和定义的。ECMA-262 不负责定义宿主对象，因此宿主对象可能会也可能不会继承 **Object**。

3.5　操作符

ECMA-262 描述了一组用于操作数据值的**操作符**，包括算术操作符（如加号和减号）、位操作符、关系操作符和相等操作符。ECMAScript 操作符的与众不同之处在于，它们能够适用于很多值，例如字符串、数字值、布尔值，甚至对象。不过，在应用于对象时，相应的操作符通常都会调用对象的 `valueOf()` 和（或）`toString()` 方法，以便取得可以操作的值。

3.5.1　一元操作符

只能操作一个值的操作符叫做**一元操作符**。一元操作符是 ECMAScript 中最简单的操作符。

1. 递增和递减操作符

递增和递减操作符直接借鉴自 C，而且各有两个版本：前置型和后置型。顾名思义，前置型应该位于要操作的变量之前，而后置型则应该位于要操作的变量之后。因此，在使用前置递增操作符给一个数值加 1 时，要把两个加号（`++`）放在这个数值变量前面，如下所示：

```
var age = 29;
++age;
```

在这个例子中，前置递增操作符把 age 的值变成了 30（为 29 加上了 1）。实际上，执行这个前置递增操作与执行以下操作的效果相同：

```
var age = 29;
age = age + 1;
```

执行前置递减操作的方法也类似，结果会从一个数值中减去 1。使用前置递减操作符时，要把两个减号（`--`）放在相应变量的前面，如下所示：

```
var age = 29;
--age;
```

这样，age 变量的值就减少为 28（从 29 中减去了 1）。

执行前置递增和递减操作时，变量的值都是在语句被求值以前改变的。（在计算机科学领域，这种情况通常被称作**副效应**。）请看下面这个例子。

```
var age = 29;
var anotherAge = --age + 2;

alert(age);            // 输出 28
alert(anotherAge);     // 输出 30
```

IncrementDecrementExample01.htm

这个例子中变量 anotherAge 的初始值等于变量 age 的值前置递减之后加 2。由于先执行了减法操作，age 的值变成了 28，所以再加上 2 的结果就是 30。

由于前置递增和递减操作与执行语句的优先级相等，因此整个语句会从左至右被求值。再看一个例子：

```
var num1 = 2;
var num2 = 20;
var num3 = --num1 + num2;      // 等于 21
var num4 = num1 + num2;        // 等于 21
```

IncrementDecrementExample02.htm

在这里，num3 之所以等于 21 是因为 num1 先减去了 1 才与 num2 相加。而变量 num4 也等于 21 是因为相应的加法操作使用了 num1 减去 1 之后的值。

后置型递增和递减操作符的语法不变（仍然分别是++和--），只不过要放在变量的后面而不是前面。后置递增和递减与前置递增和递减有一个非常重要的区别，即递增和递减操作是在包含它们的语句被求值之后才执行的。这个区别在某些情况下不是什么问题，例如：

```
var age = 29;
age++;
```

把递增操作符放在变量后面并不会改变语句的结果，因为递增是这条语句的唯一操作。但是，当语句中还包含其他操作时，上述区别就会非常明显了。请看下面的例子：

```
var num1 = 2;
var num2 = 20;
var num3 = num1-- + num2;      // 等于 22
var num4 = num1 + num2;        // 等于 21
```

IncrementDecrementExample03.htm

这里仅仅将前置递减改成了后置递减，就立即可以看到差别。在前面使用前置递减的例子中，num3 和 num4 最后都等于 21。而在这个例子中，num3 等于 22，num4 等于 21。差别的根源在于，这里在计算 num3 时使用了 num1 的原始值（2）完成了加法计算，而 num4 则使用了递减后的值（1）。

所有这 4 个操作符对任何值都适用，也就是它们不仅适用于整数，还可以用于字符串、布尔值、浮点数值和对象。在应用于不同的值时，递增和递减操作符遵循下列规则。

- ❏ 在应用于一个包含有效数字字符的字符串时，先将其转换为数字值，再执行加减 1 的操作。字符串变量变成数值变量。
- ❏ 在应用于一个不包含有效数字字符的字符串时，将变量的值设置为 NaN（第 4 章将详细讨论）。字符串变量变成数值变量。
- ❏ 在应用于布尔值 false 时，先将其转换为 0 再执行加减 1 的操作。布尔值变量变成数值变量。
- ❏ 在应用于布尔值 true 时，先将其转换为 1 再执行加减 1 的操作。布尔值变量变成数值变量。
- ❏ 在应用于浮点数值时，执行加减 1 的操作。
- ❏ 在应用于对象时，先调用对象的 valueOf()方法（第 5 章将详细讨论）以取得一个可供操作的值。然后对该值应用前述规则。如果结果是 NaN，则在调用 toString()方法后再应用前述规则。对象变量变成数值变量。

以下示例展示了上面的一些规则：

```
var s1 = "2";
var s2 = "z";
var b = false;
var f = 1.1;
var o = {
    valueOf: function() {
        return -1;
    }
};

s1++;        // 值变成数值 3
s2++;        // 值变成 NaN
b++;         // 值变成数值 1
f--;         // 值变成 0.10000000000000009（由于浮点舍入错误所致）
o--;         // 值变成数值-2
```

IncrementDecrementExample04.htm

2. 一元加和减操作符

绝大多数开发人员对一元加和减操作符都不会陌生，而且这两个 ECMAScript 操作符的作用与数学书上讲的完全一样。一元加操作符以一个加号（+）表示，放在数值前面，对数值不会产生任何影响，如下面的例子所示：

```
var num = 25;
num = +num;        // 仍然是 25
```

不过，在对非数值应用一元加操作符时，该操作符会像 Number() 转型函数一样对这个值执行转换。换句话说，布尔值 false 和 true 将被转换为 0 和 1，字符串值会被按照一组特殊的规则进行解析，而对象是先调用它们的 valueOf() 和（或）toString() 方法，再转换得到的值。

下面的例子展示了对不同数据类型应用一元加操作符的结果：

```
var s1 = "01";
var s2 = "1.1";
var s3 = "z";
var b = false;
var f = 1.1;
var o = {
    valueOf: function() {
        return -1;
    }
};

s1 = +s1;        // 值变成数值 1
s2 = +s2;        // 值变成数值 1.1
s3 = +s3;        // 值变成 NaN
b = +b;          // 值变成数值 0
f = +f;          // 值未变，仍然是 1.1
o = +o;          // 值变成数值-1
```

UnaryPlusMinusExample01.htm

一元减操作符主要用于表示负数，例如将 1 转换成-1。下面的例子演示了这个简单的转换过程：

```
var num = 25;
num = -num;        // 变成了-25
```

在将一元减操作符应用于数值时，该值会变成负数（如上面的例子所示）。而当应用于非数值时，一元减操作符遵循与一元加操作符相同的规则，最后再将得到的数值转换为负数，如下面的例子所示：

```
var s1 = "01";
var s2 = "1.1";
var s3 = "z";
var b = false;
var f = 1.1;
var o = {
    valueOf: function() {
        return -1;
    }
};

s1 = -s1;          // 值变成了数值-1
s2 = -s2;          // 值变成了数值-1.1
s3 = -s3;          // 值变成了NaN
b = -b;            // 值变成了数值0
f = -f;            // 变成了-1.1
o = -o;            // 值变成了数值1
```

UnaryPlusMinusExample02.htm

一元加和减操作符主要用于基本的算术运算，也可以像前面示例所展示的一样用于转换数据类型。

3.5.2　位操作符

位操作符用于在最基本的层次上，即按内存中表示数值的位来操作数值。ECMAScript 中的所有数值都以 IEEE-754 64 位格式存储，但位操作符并不直接操作 64 位的值。而是先将 64 位的值转换成 32 位的整数，然后执行操作，最后再将结果转换回 64 位。对于开发人员来说，由于 64 位存储格式是透明的，因此整个过程就像是只存在 32 位的整数一样。

对于有符号的整数，32 位中的前 31 位用于表示整数的值。第 32 位用于表示数值的符号：0 表示正数，1 表示负数。这个表示符号的位叫做**符号位**，符号位的值决定了其他位数值的格式。其中，正数以纯二进制格式存储，31 位中的每一位都表示 2 的幂。第一位（叫做位 0）表示 2^0，第二位表示 2^1，以此类推。没有用到的位以 0 填充，即忽略不计。例如，数值 18 的二进制表示是 00000000000000000000000000010010，或者更简洁的 10010。这是 5 个有效位，这 5 位本身就决定了实际的值（如图 3-1 所示）。

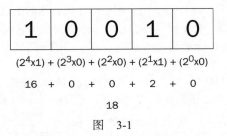

图　3-1

负数同样以二进制码存储，但使用的格式是**二进制补码**。计算一个数值的二进制补码，需要经过下列 3 个步骤：

(1) 求这个数值绝对值的二进制码（例如，要求–18 的二进制补码，先求 18 的二进制码）；

(2) 求二进制反码，即将 0 替换为 1，将 1 替换为 0；

(3) 得到的二进制反码加 1。

要根据这 3 个步骤求得–18 的二进制码，首先就要求得 18 的二进制码，即：

```
0000 0000 0000 0000 0000 0000 0001 0010
```

然后，求其二进制反码，即 0 和 1 互换：

```
1111 1111 1111 1111 1111 1111 1110 1101
```

最后，二进制反码加 1：

```
1111 1111 1111 1111 1111 1111 1110 1101
                                       1
----------------------------------------
1111 1111 1111 1111 1111 1111 1110 1110
```

这样，就求得了–18 的二进制表示，即 11111111111111111111111111101110。要注意的是，在处理有符号整数时，是不能访问位 31 的。

ECMAScript 会尽力向我们隐藏所有这些信息。换句话说，在以二进制字符串形式输出一个负数时，我们看到的只是这个负数绝对值的二进制码前面加上了一个负号。如下面的例子所示：

```
var num = -18;
alert(num.toString(2));     // "-10010"
```

要把数值–18 转换成二进制字符串时，得到的结果是"-10010"。这说明转换过程理解了二进制补码并将其以更合乎逻辑的形式展示了出来。

　　默认情况下，ECMAScript 中的所有整数都是有符号整数。不过，当然也存在无符号整数。对于无符号整数来说，第 32 位不再表示符号，因为无符号整数只能是正数。而且，无符号整数的值可以更大，因为多出的一位不再表示符号，可以用来表示数值。

在 ECMAScript 中，当对数值应用位操作符时，后台会发生如下转换过程：64 位的数值被转换成 32 位数值，然后执行位操作，最后再将 32 位的结果转换回 64 位数值。这样，表面上看起来就好像是在操作 32 位数值，就跟在其他语言中以类似方式执行二进制操作一样。但这个转换过程也导致了一个严重的副效应，即在对特殊的 NaN 和 Infinity 值应用位操作时，这两个值都会被当成 0 来处理。

如果对非数值应用位操作符，会先使用 Number() 函数将该值转换为一个数值（自动完成），然后再应用位操作。得到的结果将是一个数值。

1. 按位非（NOT）

按位非操作符由一个波浪线（~）表示，执行按位非的结果就是返回数值的反码。按位非是 ECMAScript 操作符中少数几个与二进制计算有关的操作符之一。下面看一个例子：

```
var num1 = 25;          // 二进制 00000000000000000000000000011001
var num2 = ~num1;       // 二进制 11111111111111111111111111100110
alert(num2);            // -26
```

BitwiseNotExample01.htm

　　这里，对 25 执行按位非操作，结果得到了–26。这也验证了按位非操作的本质：操作数的负值减 1。因此，下面的代码也能得到相同的结果：

```
var num1 = 25;
var num2 = -num1 - 1;
alert(num2);            // "-26"
```

　　虽然以上代码也能返回同样的结果，但由于按位非是在数值表示的最底层执行操作，因此速度更快。

2. 按位与（AND）

　　按位与操作符由一个和号字符（&）表示，它有两个操作符数。从本质上讲，按位与操作就是将两个数值的每一位对齐，然后根据下表中的规则，对相同位置上的两个数执行 AND 操作：

第一个数值的位	第二个数值的位	结　　果
1	1	1
1	0	0
0	1	0
0	0	0

　　简而言之，按位与操作只在两个数值的对应位都是 1 时才返回 1，任何一位是 0，结果都是 0。

　　下面看一个对 25 和 3 执行按位与操作的例子：

```
var result = 25 & 3;
alert(result);    //1
```

BitwiseAndExample01.htm

　　可见，对 25 和 3 执行按位与操作的结果是 1。为什么呢？请看其底层操作：

```
 25 = 0000 0000 0000 0000 0000 0000 0001 1001
  3 = 0000 0000 0000 0000 0000 0000 0000 0011
---------------------------------------------
AND = 0000 0000 0000 0000 0000 0000 0000 0001
```

　　原来，25 和 3 的二进制码对应位上只有一位同时是 1，而其他位的结果自然都是 0，因此最终结果等于 1。

3. 按位或（OR）

　　按位或操作符由一个竖线符号（|）表示，同样也有两个操作数。按位或操作遵循下面这个真值表。

第一个数值的位	第二个数值的位	结　　果
1	1	1
1	0	1
0	1	1
0	0	0

　　由此可见，按位或操作在有一个位是 1 的情况下就返回 1，而只有在两个位都是 0 的情况下才返回 0。

　　如果在前面按位与的例子中对 25 和 3 执行按位或操作，则代码如下所示：

```
var result = 25 | 3;
alert(result);    //27
```

BitwiseOrExample01.htm

25 与 3 按位或的结果是 27：

```
25 = 0000 0000 0000 0000 0000 0000 0001 1001
3  = 0000 0000 0000 0000 0000 0000 0000 0011
---------------------------------------------
OR = 0000 0000 0000 0000 0000 0000 0001 1011
```

这两个数值的都包含 4 个 1，因此可以把每个 1 直接放到结果中。二进制码 11011 等于十进制值 27。

4. 按位异或（XOR）

按位异或操作符由一个插入符号（^）表示，也有两个操作数。以下是按位异或的真值表。

第一个数值的位	第二个数值的位	结 果
1	1	0
1	0	1
0	1	1
0	0	0

按位异或与按位或的不同之处在于，这个操作在两个数值对应位上只有一个 1 时才返回 1，如果对应的两位都是 1 或都是 0，则返回 0。

对 25 和 3 执行按位异或操作的代码如下所示：

```
var result = 25 ^ 3;
alert(result);    //26
```

BitwiseXorExample01.htm

25 与 3 按位异或的结果是 26，其底层操作如下所示：

```
 25 = 0000 0000 0000 0000 0000 0000 0001 1001
 3  = 0000 0000 0000 0000 0000 0000 0000 0011
---------------------------------------------
XOR = 0000 0000 0000 0000 0000 0000 0001 1010
```

这两个数值都包含 4 个 1，但第一位上则都是 1，因此结果的第一位变成了 0。而其他位上的 1 在另一个数值中都没有对应的 1，可以直接放到结果中。二进制码 11010 等于十进制值 26（注意这个结果比执行按位或时小 1）。

5. 左移

左移操作符由两个小于号（<<）表示，这个操作符会将数值的所有位向左移动指定的位数。例如，如果将数值 2（二进制码为 10）向左移动 5 位，结果就是 64（二进制码为 1000000），代码如下所示：

```
var oldValue = 2;                // 等于二进制的 10
var newValue = oldValue << 5;    // 等于二进制的 1000000，十进制的 64
```

LeftShiftExample01.htm

注意，在向左移位后，原数值的右侧多出了 5 个空位。左移操作会以 0 来填充这些空位，以便得到的结果是一个完整的 32 位二进制数（见图 3-2）。

图 3-2

注意，左移不会影响操作数的符号位。换句话说，如果将–2向左移动5位，结果将是–64，而非64。

6. 有符号的右移

有符号的右移操作符由两个大于号（>>）表示，这个操作符会将数值向右移动，但保留符号位（即正负号标记）。有符号的右移操作与左移操作恰好相反，即如果将64向右移动5位，结果将变回2：

```
var oldValue = 64;              // 等于二进制的 1000000
var newValue = oldValue >> 5;   // 等于二进制的 10 ，即十进制的 2
```

SignedRightShiftExample01.htm

同样，在移位过程中，原数值中也会出现空位。只不过这次的空位出现在原数值的左侧、符号位的右侧（见图3-3）。而此时ECMAScript会用符号位的值来填充所有空位，以便得到一个完整的值。

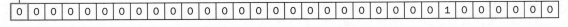
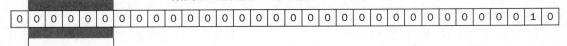

图 3-3

7. 无符号右移

无符号右移操作符由3个大于号（>>>）表示，这个操作符会将数值的所有32位都向右移动。对正数来说，无符号右移的结果与有符号右移相同。仍以前面有符号右移的代码为例，如果将64无符号右移5位，结果仍然还是2：

```
var oldValue = 64;               // 等于二进制的 1000000
var newValue = oldValue >>> 5;   // 等于二进制的 10 ，即十进制的 2
```

UnsignedRightShiftExample01.htm

但是对负数来说，情况就不一样了。首先，无符号右移是以0来填充空位，而不是像有符号右移那样以符号位的值来填充空位。所以，对正数的无符号右移与有符号右移结果相同，但对负数的结果就不一样了。其次，无符号右移操作符会把负数的二进制码当成正数的二进制码。而且，由于负数以其绝对值的二进制补码形式表示，因此就会导致无符号右移后的结果非常之大，如下面的例子所示：

```
var oldValue = -64;              // 等于二进制的 11111111111111111111111111000000
var newValue = oldValue >>> 5;   // 等于十进制的 134217726
```

UnsignedRightShiftExample02.htm

这里，当对–64 执行无符号右移 5 位的操作后，得到的结果是 134217726。之所以结果如此之大，是因为–64 的二进制码为 11111111111111111111111111000000，而且无符号右移操作会把这个二进制码当成正数的二进制码，换算成十进制就是 4294967232。如果把这个值右移 5 位，结果就变成了 00000111111111111111111111111110，即十进制的 134217726。

3.5.3 布尔操作符

在一门编程语言中，布尔操作符的重要性堪比相等操作符。如果没有测试两个值关系的能力，那么诸如 if...else 和循环之类的语句就不会有用武之地了。布尔操作符一共有 3 个：非（NOT）、与（AND）和或（OR）。

1. 逻辑非

逻辑非操作符由一个叹号（!）表示，可以应用于 ECMAScript 中的任何值。无论这个值是什么数据类型，这个操作符都会返回一个布尔值。逻辑非操作符首先会将它的操作数转换为一个布尔值，然后再对其求反。也就是说，逻辑非操作符遵循下列规则：

❑ 如果操作数是一个对象，返回 false；
❑ 如果操作数是一个空字符串，返回 true；
❑ 如果操作数是一个非空字符串，返回 false；
❑ 如果操作数是数值 0，返回 true；
❑ 如果操作数是任意非 0 数值（包括 Infinity），返回 false；
❑ 如果操作数是 null，返回 true；
❑ 如果操作数是 NaN，返回 true；
❑ 如果操作数是 undefined，返回 true。

下面几个例子展示了应用上述规则的结果：

```
alert(!false);      // true
alert(!"blue");     // false
alert(!0);          // true
alert(!NaN);        // true
alert(!"");         // true
alert(!12345);      // false
```

LogicalNotExample01.htm

逻辑非操作符也可以用于将一个值转换为与其对应的布尔值。而同时使用两个逻辑非操作符，实际上就会模拟 Boolean() 转型函数的行为。其中，第一个逻辑非操作会基于无论什么操作数返回一个布尔值，而第二个逻辑非操作则对该布尔值求反，于是就得到了这个值真正对应的布尔值。当然，最终结果与对这个值使用 Boolean() 函数相同，如下面的例子所示：

```
alert(!!"blue");        //true
alert(!!0);             //false
alert(!!NaN);           //false
alert(!!"");            //false
alert(!!12345);         //true
```

2. 逻辑与

逻辑与操作符由两个和号（&&）表示，有两个操作数，如下面的例子所示：

```
var result = true && false;
```

逻辑与的真值表如下：

第一个操作数	第二个操作数	结　果
true	true	true
true	false	false
false	true	false
false	false	false

逻辑与操作可以应用于任何类型的操作数，而不仅仅是布尔值。在有一个操作数不是布尔值的情况下，逻辑与操作就不一定返回布尔值；此时，它遵循下列规则：

❑ 如果第一个操作数是对象，则返回第二个操作数；

❑ 如果第二个操作数是对象，则只有在第一个操作数的求值结果为 true 的情况下才会返回该对象；

❑ 如果两个操作数都是对象，则返回第二个操作数；

❑ 如果第一个操作数是 null，则返回 null；

❑ 如果第一个操作数是 NaN，则返回 NaN；

❑ 如果第一个操作数是 undefined，则返回 undefined。

逻辑与操作属于短路操作，即如果第一个操作数能够决定结果，那么就不会再对第二个操作数求值。对于逻辑与操作而言，如果第一个操作数是 false，则无论第二个操作数是什么值，结果都不再可能是 true 了。来看下面的例子：

```
var found = true;
var result = (found && someUndefinedVariable);     // 这里会发生错误
alert(result);    // 这一行不会执行
```

在上面的代码中，当执行逻辑与操作时会发生错误，因为变量 someUndefinedVariable 没有声明。由于变量 found 的值是 true，所以逻辑与操作符会继续对变量 someUndefinedVariable 求值。但 someUndefinedVariable 尚未定义，因此就会导致错误。这说明不能在逻辑与操作中使用未定义的值。如果像下面这个例中一样，将 found 的值设置为 false，就不会发生错误了：

```
var found = false;
var result = (found && someUndefinedVariable);     // 不会发生错误
alert(result);    // 会执行 ("false")
```

在这个例子中，警告框会显示出来。无论变量 `someUndefinedVariable` 有没有定义，也永远不会对它求值，因为第一个操作数的值是 `false`。而这也就意味着逻辑与操作的结果必定是 `false`，根本用不着再对 `&&` 右侧的操作数求值了。在使用逻辑与操作符时要始终铭记它是一个短路操作符。

3. 逻辑或

逻辑或操作符由两个竖线符号（`||`）表示，有两个操作数，如下面的例子所示：

```
var result = true || false;
```

逻辑或的真值表如下：

第一个操作数	第二个操作数	结　　果
true	true	true
true	false	true
false	true	true
false	false	false

与逻辑与操作相似，如果有一个操作数不是布尔值，逻辑或也不一定返回布尔值；此时，它遵循下列规则：

❑ 如果第一个操作数是对象，则返回第一个操作数；
❑ 如果第一个操作数的求值结果为 `false`，则返回第二个操作数；
❑ 如果两个操作数都是对象，则返回第一个操作数；
❑ 如果两个操作数都是 `null`，则返回 `null`；
❑ 如果两个操作数都是 `NaN`，则返回 `NaN`；
❑ 如果两个操作数都是 `undefined`，则返回 `undefined`。

与逻辑与操作符相似，逻辑或操作符也是短路操作符。也就是说，如果第一个操作数的求值结果为 `true`，就不会对第二个操作数求值了。下面看一个例子：

```
var found = true;
var result = (found || someUndefinedVariable);      // 不会发生错误
alert(result);      // 会执行 ("true")
```

LogicalOrExample01.htm

这个例子跟前面的例子一样，变量 `someUndefinedVariable` 也没有定义。但是，由于变量 `found` 的值是 `true`，而变量 `someUndefinedVariable` 永远不会被求值，因此结果就会输出`"true"`。如果像下面这个例子一样，把 `found` 的值改为 `false`，就会导致错误：

```
var found = false;
var result = (found || someUndefinedVariable);      // 这里会发生错误
alert(result);      // 这一行不会执行
```

LogicalOrExample02.htm

我们可以利用逻辑或的这一行为来避免为变量赋 `null` 或 `undefined` 值。例如：

```
var myObject = preferredObject || backupObject;
```

在这个例子中，变量 `myObject` 将被赋予等号后面两个值中的一个。变量 `preferredObject` 中包含优先赋给变量 `myObject` 的值，变量 `backupObject` 负责在 `preferredObject` 中不包含有效值的情况下提供后备值。如果 preferredObject 的值不是 null，那么它的值将被赋给 myObject；如果是 null，则将 backupObject 的值赋给 myObject。ECMAScript 程序的赋值语句经常会使用这种模式，本书也将采用这种模式。

3.5.4　乘性操作符

ECMAScript 定义了 3 个乘性操作符：乘法、除法和求模。这些操作符与 Java、C 或者 Perl 中的相应操作符用途类似，只不过在操作数为非数值的情况下会执行自动的类型转换。如果参与乘性计算的某个操作数不是数值，后台会先使用 Number() 转型函数将其转换为数值。也就是说，空字符串将被当作 0，布尔值 true 将被当作 1。

1. 乘法

乘法操作符由一个星号（*）表示，用于计算两个数值的乘积。其语法类似于 C，如下面的例子所示：

```
var result = 34 * 56;
```

在处理特殊值的情况下，乘法操作符遵循下列特殊的规则：

- ❏ 如果操作数都是数值，执行常规的乘法计算，即两个正数或两个负数相乘的结果还是正数，而如果只有一个操作数有符号，那么结果就是负数。如果乘积超过了 ECMAScript 数值的表示范围，则返回 Infinity 或 -Infinity；
- ❏ 如果有一个操作数是 NaN，则结果是 NaN；
- ❏ 如果是 Infinity 与 0 相乘，则结果是 NaN；
- ❏ 如果是 Infinity 与非 0 数值相乘，则结果是 Infinity 或 -Infinity，取决于有符号操作数的符号；
- ❏ 如果是 Infinity 与 Infinity 相乘，则结果是 Infinity；
- ❏ 如果有一个操作数不是数值，则在后台调用 Number() 将其转换为数值，然后再应用上面的规则。

2. 除法

除法操作符由一个斜线符号（/）表示，执行第二个操作数除第一个操作数的计算，如下面的例子所示：

```
var result = 66 / 11;
```

与乘法操作符类似，除法操作符对特殊的值也有特殊的处理规则。这些规则如下：

- ❏ 如果操作数都是数值，执行常规的除法计算，即两个正数或两个负数相除的结果还是正数，而如果只有一个操作数有符号，那么结果就是负数。如果商超过了 ECMAScript 数值的表示范围，则返回 Infinity 或 -Infinity；
- ❏ 如果有一个操作数是 NaN，则结果是 NaN；
- ❏ 如果是 Infinity 被 Infinity 除，则结果是 NaN；
- ❏ 如果是零被零除，则结果是 NaN；
- ❏ 如果是非零的有限数被零除，则结果是 Infinity 或 -Infinity，取决于有符号操作数的符号；
- ❏ 如果是 Infinity 被任何非零数值除，则结果是 Infinity 或 -Infinity，取决于有符号操作数的符号；

❑ 如果有一个操作数不是数值，则在后台调用 `Number()` 将其转换为数值，然后再应用上面的规则。

3. 求模

求模（余数）操作符由一个百分号（`%`）表示，用法如下：

```
var result = 26 % 5;       // 等于1
```

与另外两个乘性操作符类似，求模操作符会遵循下列特殊规则来处理特殊的值：

❑ 如果操作数都是数值，执行常规的除法计算，返回除得的余数；

❑ 如果被除数是无穷大值而除数是有限大的数值，则结果是 `NaN`；

❑ 如果被除数是有限大的数值而除数是零，则结果是 `NaN`；

❑ 如果是 `Infinity` 被 `Infinity` 除，则结果是 `NaN`；

❑ 如果被除数是有限大的数值而除数是无穷大的数值，则结果是被除数；

❑ 如果被除数是零，则结果是零；

❑ 如果有一个操作数不是数值，则在后台调用 `Number()` 将其转换为数值，然后再应用上面的规则。

3.5.5　加性操作符

加法和减法这两个加性操作符应该说是编程语言中最简单的算术操作符了。但是在 ECMAScript 中，这两个操作符却都有一系列的特殊行为。与乘性操作符类似，加性操作符也会在后台转换不同的数据类型。然而，对于加性操作符而言，相应的转换规则还稍微有点复杂。

1. 加法

加法操作符（`+`）的用法如下所示：

```
var result = 1 + 2;
```

如果两个操作符都是数值，执行常规的加法计算，然后根据下列规则返回结果：

❑ 如果有一个操作数是 `NaN`，则结果是 `NaN`；

❑ 如果是 `Infinity` 加 `Infinity`，则结果是 `Infinity`；

❑ 如果是 `-Infinity` 加 `-Infinity`，则结果是 `-Infinity`；

❑ 如果是 `Infinity` 加 `-Infinity`，则结果是 `NaN`；

❑ 如果是 `+0` 加 `+0`，则结果是 `+0`；

❑ 如果是 `-0` 加 `-0`，则结果是 `-0`；

❑ 如果是 `+0` 加 `-0`，则结果是 `+0`。

不过，如果有一个操作数是字符串，那么就要应用如下规则：

❑ 如果两个操作数都是字符串，则将第二个操作数与第一个操作数拼接起来；

❑ 如果只有一个操作数是字符串，则将另一个操作数转换为字符串，然后再将两个字符串拼接起来。

如果有一个操作数是对象、数值或布尔值，则调用它们的 `toString()` 方法取得相应的字符串值，然后再应用前面关于字符串的规则。对于 `undefined` 和 `null`，则分别调用 `String()` 函数并取得字符串 `"undefined"` 和 `"null"`。

下面来举几个例子：

```
var result1 = 5 + 5;       // 两个数值相加
alert(result1);            // 10
```

```
var result2 = 5 + "5";      // 一个数值和一个字符串相加
alert(result2);             // "55"
```

AddExample01.htm

以上代码演示了加法操作符在两种模式下的差别。第一行代码演示了正常的情况，即 5+5 等于 10（数值）。但是，如果将一个操作数改为字符串"5"，结果就变成了"55"（字符串值），因为第一个操作数也被转换成了"5"。

忽视加法操作中的数据类型是 ECMAScript 编程中最常见的一个错误。再来看一个例子：

```
var num1 = 5;
var num2 = 10;
var message = "The sum of 5 and 10 is " + num1 + num2;
alert(message);      // "The sum of 5 and 10 is 510"
```

AddExample02.htm

在这个例子中，变量 message 的值是执行两个加法操作之后的结果。有人可能以为最后得到的字符串是"The sum of 5 and 10 is 15"，但实际的结果却是"The sum of 5 and 10 is 510"。之所以会这样，是因为每个加法操作是独立执行的。第一个加法操作将一个字符串和一个数值（5）拼接了起来，结果是一个字符串。而第二个加法操作又用这个字符串去加另一个数值（10），当然也会得到一个字符串。如果想先对数值执行算术计算，然后再将结果与字符串拼接起来，应该像下面这样使用圆括号：

```
var num1 = 5;
var num2 = 10;
var message = "The sum of 5 and 10 is " + (num1 + num2);
alert(message);      //"The sum of 5 and 10 is 15"
```

AddExample03.htm

在这个例子中，一对圆括号把两个数值变量括在了一起，这样就会告诉解析器先计算其结果，然后再将结果与字符串拼接起来。因此，就得到了结果"The sum of 5 and 10 is 15"。

2. 减法

减法操作符（-）是另一个极为常用的操作符，其用法如下所示：

```
var result = 2 - 1;
```

与加法操作符类似，ECMAScript 中的减法操作符在处理各种数据类型转换时，同样需要遵循一些特殊规则，如下所示：

❑ 如果两个操作符都是数值，则执行常规的算术减法操作并返回结果；
❑ 如果有一个操作数是 NaN，则结果是 NaN；
❑ 如果是 Infinity 减 Infinity，则结果是 NaN；
❑ 如果是-Infinity 减-Infinity，则结果是 NaN；
❑ 如果是 Infinity 减-Infinity，则结果是 Infinity；
❑ 如果是-Infinity 减 Infinity，则结果是-Infinity；
❑ 如果是+0 减+0，则结果是+0；
❑ 如果是-0 减+0，则结果是-0；

❑ 如果是–0 减–0，则结果是+0；
❑ 如果有一个操作数是字符串、布尔值、null 或 undefined，则先在后台调用 Number() 函数将其转换为数值，然后再根据前面的规则执行减法计算。如果转换的结果是 NaN，则减法的结果就是 NaN；
❑ 如果有一个操作数是对象，则调用对象的 valueOf() 方法以取得表示该对象的数值。如果得到的值是 NaN，则减法的结果就是 NaN。如果对象没有 valueOf() 方法，则调用其 toString() 方法并将得到的字符串转换为数值。

下面几个例子展示了上面的规则：

```
var result1 = 5 - true;    // 4，因为 true 被转换成了 1
var result2 = NaN - 1;     // NaN
var result3 = 5 - 3;       // 2
var result4 = 5 - "";      // 5，因为 "" 被转换成了 0
var result5 = 5 - "2";     // 3，因为 "2" 被转换成了 2
var result6 = 5 - null;    // 5，因为 null 被转换成了 0
```

SubtractExample01.htm

3.5.6 关系操作符

小于（<）、大于（>）、小于等于（<=）和大于等于（>=）这几个关系操作符用于对两个值进行比较，比较的规则与我们在数学课上所学的一样。这几个操作符都返回一个布尔值，如下面的例子所示：

```
var result1 = 5 > 3;       //true
var result2 = 5 < 3;       //false
```

RelationalOperatorsExample01.htm 中包含本节所有的代码片段

与 ECMAScript 中的其他操作符一样，当关系操作符的操作数使用了非数值时，也要进行数据转换或完成某些奇怪的操作。以下就是相应的规则。
❑ 如果两个操作数都是数值，则执行数值比较。
❑ 如果两个操作数都是字符串，则比较两个字符串对应的字符编码值。
❑ 如果一个操作数是数值，则将另一个操作数转换为一个数值，然后执行数值比较。
❑ 如果一个操作数是对象，则调用这个对象的 valueOf() 方法，用得到的结果按照前面的规则执行比较。如果对象没有 valueOf() 方法，则调用 toString() 方法，并用得到的结果根据前面的规则执行比较。
❑ 如果一个操作数是布尔值，则先将其转换为数值，然后再执行比较。
在使用关系操作符比较两个字符串时，会执行一种奇怪的操作。很多人都会认为，在比较字符串值时，小于的意思是"在字母表中的位置靠前"，而大于则意味着"在字母表中的位置靠后"，但实际上完全不是那么回事。在比较字符串时，实际比较的是两个字符串中对应位置的每个字符的字符编码值。经过这么一番比较之后，再返回一个布尔值。由于大写字母的字符编码全部小于小写字母的字符编码，因此我们就会看到如下所示的奇怪现象：

```
var result = "Brick" < "alphabet";    //true
```

在这个例子中，字符串"Brick"被认为小于字符串"alphabet"。原因是字母 B 的字符编码为 66，而字母 a 的字符编码是 97。如果要真正按字母表顺序比较字符串，就必须把两个操作数转换为相同的大小写形式（全部大写或全部小写），然后再执行比较，如下所示：

```
var result = "Brick".toLowerCase() < "alphabet".toLowerCase(); //false
```

通过将两个操作数都转换为小写形式，就可以得出"alphabet"按字母表顺序排在"Brick"之前的正确判断了。

另一种奇怪的现象发生在比较两个数字字符串的情况下，比如下面这个例子：

```
var result = "23" < "3";    //true
```

确实，当比较字符串"23"是否小于"3"时，结果居然是 true。这是因为两个操作数都是字符串，而字符串比较的是字符编码（"2"的字符编码是 50，而"3"的字符编码是 51）。不过，如果像下面例子中一样，将一个操作数改为数值，比较的结果就正常了：

```
var result = "23" < 3;    //false
```

此时，字符串"23"会被转换成数值 23，然后再与 3 进行比较，因此就会得到合理的结果。在比较数值和字符串时，字符串都会被转换成数值，然后再以数值方式与另一个数值比较。当然，这个规则对前面的例子是适用的。可是，如果那个字符串不能被转换成一个合理的数值呢？比如：

```
var result = "a" < 3;    // false，因为"a"被转换成了 NaN
```

由于字母"a"不能转换成合理的数值，因此就被转换成了 NaN。根据规则，任何操作数与 NaN 进行关系比较，结果都是 false。于是，就出现了下面这个有意思的现象：

```
var result1 = NaN < 3;    //false
var result2 = NaN >= 3;    //false
```

按照常理，如果一个值不小于另一个值，则一定是大于或等于那个值。然而，在与 NaN 进行比较时，这两个比较操作的结果都返回了 false。

3.5.7 相等操作符

确定两个变量是否相等是编程中的一个非常重要的操作。在比较字符串、数值和布尔值的相等性时，问题还比较简单。但在涉及到对象的比较时，问题就变得复杂了。最早的 ECMAScript 中的相等和不等操作符会在执行比较之前，先将对象转换成相似的类型。后来，有人提出了这种转换到底是否合理的质疑。最后，ECMAScript 的解决方案就是提供两组操作符：**相等和不相等**——先转换再比较，**全等和不全等**——仅比较而不转换。

1. 相等和不相等

ECMAScript 中的相等操作符由两个等于号（==）表示，如果两个操作数相等，则返回 true。而不相等操作符由叹号后跟等于号（!=）表示，如果两个操作数不相等，则返回 true。这两个操作符都会先转换操作数（通常称为强制转型），然后再比较它们的相等性。

在转换不同的数据类型时，相等和不相等操作符遵循下列基本规则：

❏ 如果有一个操作数是布尔值，则在比较相等性之前先将其转换为数值——false 转换为 0，而 true 转换为 1；

❑ 如果一个操作数是字符串，另一个操作数是数值，在比较相等性之前先将字符串转换为数值；

❑ 如果一个操作数是对象，另一个操作数不是，则调用对象的 `valueOf()` 方法，用得到的基本类型值按照前面的规则进行比较；

这两个操作符在进行比较时则要遵循下列规则。

❑ `null` 和 `undefined` 是相等的。

❑ 要比较相等性之前，不能将 `null` 和 `undefined` 转换成其他任何值。

❑ 如果有一个操作数是 NaN，则相等操作符返回 `false`，而不相等操作符返回 `true`。重要提示：即使两个操作数都是 NaN，相等操作符也返回 `false`；因为按照规则，NaN 不等于 NaN。

❑ 如果两个操作数都是对象，则比较它们是不是同一个对象。如果两个操作数都指向同一个对象，则相等操作符返回 `true`；否则，返回 `false`。

下表列出了一些特殊情况及比较结果：

表 达 式	值	表 达 式	值
null == undefined	true	true == 1	true
"NaN" == NaN	false	true == 2	false
5 == NaN	false	undefined == 0	false
NaN == NaN	false	null == 0	false
NaN != NaN	true	"5"==5	true
false == 0	true		

2. 全等和不全等

除了在比较之前不转换操作数之外，全等和不全等操作符与相等和不相等操作符没有什么区别。全等操作符由 3 个等于号（===）表示，它只在两个操作数未经转换就相等的情况下返回 `true`，如下面的例子所示：

```
var result1 = ("55" == 55);    //true，因为转换后相等
var result2 = ("55" === 55);   //false，因为不同的数据类型不相等
```

EqualityOperatorsExample02.htm

在这个例子中，第一个比较使用的是相等操作符比较字符串"55"和数值 55，结果返回了 `true`。如前所述，这是因为字符串"55"先被转换成了数值 55，然后再与另一个数值 55 进行比较。第二个比较使用了全等操作符以不转换数值的方式比较同样的字符串和值。在不转换的情况下，字符串当然不等于数值，因此结果就是 `false`。

不全等操作符由一个叹号后跟两个等于号（!==）表示，它在两个操作数未经转换就不相等的情况下返回 `true`。例如：

```
var result1 = ("55" != 55);    //false，因为转换后相等
var result2 = ("55" !== 55);   //true，因为不同的数据类型不相等
```

EqualityOperatorsExample03.htm

在这个例子中，第一个比较使用了不相等操作符，而该操作符会将字符串"55"转换成 55，结果就与第二个操作数（也是 55）相等了。而由于这两个操作数被认为相等，因此就返回了 `false`。第二个比较使用了不全等操作符。假如我们这样想：字符串 55 与数值 55 不相同吗？，那么答案一定是：是的（true）。

记住：null == undefined 会返回 true，因为它们是类似的值；但 null === undefined 会返

回 false，因为它们是不同类型的值。

 　　由于相等和不相等操作符存在类型转换问题，而为了保持代码中数据类型的完整性，我们推荐使用全等和不全等操作符。

3.5.8　条件操作符

条件操作符应该算是 ECMAScript 中最灵活的一种操作符了，而且它遵循与 Java 中的条件操作符相同的语法形式，如下面的例子所示：

```
variable = boolean_expression ? true_value : false_value;
```

本质上，这行代码的含义就是基于对 boolean_expression 求值的结果，决定给变量 variable 赋什么值。如果求值结果为 true，则给变量 variable 赋 true_value 值；如果求值结果为 false，则给变量 variable 赋 false_value 值。再看一个例子：

```
var max = (num1 > num2) ? num1 : num2;
```

在这个例子中，max 中将会保存一个最大的值。这个表达式的意思是：如果 num1 大于 num2（关系表达式返回 true），则将 num1 的值赋给 max；如果 num1 小于或等于 num2（关系表达式返回 false），则将 num2 的值赋给 max。

3.5.9　赋值操作符

简单的赋值操作符由等于号（=）表示，其作用就是把右侧的值赋给左侧的变量，如下面的例子所示：

```
var num = 10;
```

如果在等于号（=）前面再添加乘性操作符、加性操作符或位操作符，就可以完成复合赋值操作。这种复合赋值操作相当于是对下面常规表达式的简写形式：

```
var num = 10;
num = num + 10;
```

其中的第二行代码可以用一个复合赋值来代替：

```
var num = 10;
num += 10;
```

每个主要算术操作符（以及个别的其他操作符）都有对应的复合赋值操作符。这些操作符如下所示：

- ❑ 乘/赋值（ *= ）；
- ❑ 除/赋值（ /= ）；
- ❑ 模/赋值（ %= ）；
- ❑ 加/赋值（ += ）；
- ❑ 减/赋值（ -= ）；
- ❑ 左移/赋值（ <<= ）；
- ❑ 有符号右移/赋值（ >>= ）；

❑ 无符号右移/赋值（>>>=）。

设计这些操作符的主要目的就是简化赋值操作。使用它们不会带来任何性能的提升。

3.5.10 逗号操作符

使用逗号操作符可以在一条语句中执行多个操作，如下面的例子所示：

```
var num1=1, num2=2, num3=3;
```

逗号操作符多用于声明多个变量；但除此之外，逗号操作符还可以用于赋值。在用于赋值时，逗号操作符总会返回表达式中的最后一项，如下面的例子所示：

```
var num = (5, 1, 4, 8, 0); // num 的值为 0
```

由于 0 是表达式中的最后一项，因此 num 的值就是 0。虽然逗号的这种使用方式并不常见，但这个例子可以帮我们理解逗号的这种行为。

3.6 语句

ECMA-262 规定了一组语句（也称为流控制语句）。从本质上看，语句定义了 ECMAScript 中的主要语法，语句通常使用一或多个关键字来完成给定任务。语句可以很简单，例如通知函数退出；也可以比较复杂，例如指定重复执行某个命令的次数。

3.6.1 `if` 语句

大多数编程语言中最为常用的一个语句就是 `if` 语句。以下是 `if` 语句的语法：

```
if (condition) statement1 else statement2
```

其中的 condition（条件）可以是任意表达式；而且对这个表达式求值的结果不一定是布尔值。ECMAScript 会自动调用 `Boolean()` 转换函数将这个表达式的结果转换为一个布尔值。如果对 condition 求值的结果是 `true`，则执行 statement1（语句 1），如果对 condition 求值的结果是 `false`，则执行 statement2（语句 2）。而且这两个语句既可以是一行代码，也可以是一个代码块（以一对花括号括起来的多行代码）。请看下面的例子。

```
if (i > 25)
    alert("Greater than 25.");          // 单行语句
else {
    alert("Less than or equal to 25.");   // 代码块中的语句
}
```

IfStatementExample01.htm

不过，业界普遍推崇的最佳实践是始终使用代码块，即使要执行的只有一行代码。因为这样可以消除人们的误解，否则可能让人分不清在不同条件下要执行哪些语句。

另外，也可以像下面这样把整个 `if` 语句写在一行代码中：

```
if (condition1) statement1 else if (condition2) statement2 else statement3
```

但我们推荐的做法则是像下面这样：

```
if (i > 25) {
    alert("Greater than 25.");
} else if (i < 0) {
    alert("Less than 0.");
} else {
    alert("Between 0 and 25, inclusive.");
}
```

IfStatementExample02.htm

3

3.6.2　`do-while` 语句

do-while 语句是一种后测试循环语句，即只有在循环体中的代码执行之后，才会测试出口条件。换句话说，在对条件表达式求值之前，循环体内的代码至少会被执行一次。以下是 do-while 语句的语法：

```
do {
    statement
} while (expression);
```

下面是一个示例：

```
var i = 0;
do {
  i += 2;
} while (i < 10);

alert(i);
```

DoWhileStatementExample01.htm

在这个例子中，只要变量 i 的值小于 10，循环就会一直继续下去。而且变量 i 的值最初为 0，每次循环都会递增 2。

> 　　像 do-while 这种后测试循环语句最常用于循环体中的代码至少要被执行一次的情形。

3.6.3　`while` 语句

while 语句属于前测试循环语句，也就是说，在循环体内的代码被执行之前，就会对出口条件求值。因此，循环体内的代码有可能永远不会被执行。以下是 while 语句的语法：

```
while(expression) statement
```

下面是一个示例：

```
var i = 0;
while (i < 10) {
```

```
    i += 2;
}
```

WhileStatementExample01.htm

在这个例子中，变量 i 开始时的值为 0，每次循环都会递增 2。而只要 i 的值小于 10，循环就会继续下去。

3.6.4 for 语句

for 语句也是一种前测试循环语句，但它具有在执行循环之前初始化变量和定义循环后要执行的代码的能力。以下是 for 语句的语法：

```
for (initialization; expression; post-loop-expression) statement
```

下面是一个示例：

```
var count = 10;
for (var i = 0; i < count; i++){
    alert(i);
}
```

ForStatementExample01.htm

以上代码定义了变量 i 的初始值为 0。只有当条件表达式（i<count）返回 true 的情况下才会进入 for 循环，因此也有可能不会执行循环体中的代码。如果执行了循环体中的代码，则一定会对循环后的表达式（i++）求值，即递增 i 的值。这个 for 循环语句与下面的 while 语句的功能相同：

```
var count = 10;
var i = 0;
while (i < count){
    alert(i);
    i++;
}
```

使用 while 循环做不到的，使用 for 循环同样也做不到。也就是说，for 循环只是把与循环有关的代码集中在了一个位置。

有必要指出的是，在 for 循环的变量初始化表达式中，也可以不使用 var 关键字。该变量的初始化可以在外部执行，例如：

```
var count = 10;
var i;
for (i = 0; i < count; i++){
    alert(i);
}
```

ForStatementExample02.htm

以上代码与在循环初始化表达式中声明变量的效果是一样的。由于 ECMAScript 中不存在块级作用域（第 4 章将进一步讨论这一点），因此在循环内部定义的变量也可以在外部访问到。例如：

```
var count = 10;
for (var i = 0; i < count; i++){
```

```
    alert(i);
}
alert(i);    //10
```

ForStatementExample03.htm

在这个例子中，会有一个警告框显示循环完成后变量 i 的值，这个值是 10。这是因为，即使 i 是在循环内部定义的一个变量，但在循环外部仍然可以访问到它。

此外，for 语句中的初始化表达式、控制表达式和循环后表达式都是可选的。将这三个表达式全部省略，就会创建一个无限循环，例如：

```
for (;;) {      // 无限循环
    doSomething();
}
```

而只给出控制表达式实际上就把 for 循环转换成了 while 循环，例如：

```
var count = 10;
var i = 0;
for (; i < count; ){
    alert(i);
    i++;
}
```

ForStatementExample04.htm

由于 for 语句存在极大的灵活性，因此它也是 ECMAScript 中最常用的一个语句。

3.6.5 for-in 语句

for-in 语句是一种精准的迭代语句，可以用来枚举对象的属性。以下是 for-in 语句的语法：

```
for (property in expression) statement
```

下面是一个示例：

```
for (var propName in window) {
    document.write(propName);
}
```

ForInStatementExample01.htm

在这个例子中，我们使用 for-in 循环来显示了 BOM 中 window 对象的所有属性。每次执行循环时，都会将 window 对象中存在的一个属性名赋值给变量 propName。这个过程会一直持续到对象中的所有属性都被枚举一遍为止。与 for 语句类似，这里控制语句中的 var 操作符也不是必需的。但是，为了保证使用局部变量，我们推荐上面例子中的这种做法。

ECMAScript 对象的属性没有顺序。因此，通过 for-in 循环输出的属性名的顺序是不可预测的。具体来讲，所有属性都会被返回一次，但返回的先后次序可能会因浏览器而异。

但是，如果表示要迭代的对象的变量值为 null 或 undefined，for-in 语句会抛出错误。ECMAScript 5 更正了这一行为；对这种情况不再抛出错误，而只是不执行循环体。为了保证最大限度的兼容性，建议在使用 for-in 循环之前，先检测确认该对象的值不是 null 或 undefined。

> Safari 3 以前版本的 **for-in** 语句中存在一个 bug，该 bug 会导致某些属性被返回两次。

3.6.6　**label** 语句

使用 label 语句可以在代码中添加标签，以便将来使用。以下是 label 语句的语法：

```
label: statement
```

下面是一个示例：

```
start: for (var i=0; i < count; i++) {
    alert(i);
}
```

这个例子中定义的 start 标签可以在将来由 break 或 continue 语句引用。加标签的语句一般都要与 for 语句等循环语句配合使用。

3.6.7　**break** 和 **continue** 语句

break 和 continue 语句用于在循环中精确地控制代码的执行。其中，break 语句会立即退出循环，强制继续执行循环后面的语句。而 continue 语句虽然也是立即退出循环，但退出循环后会从循环的顶部继续执行。请看下面的例子：

```
var num = 0;

for (var i=1; i < 10; i++) {
    if (i % 5 == 0) {
        break;
    }
    num++;
}

alert(num);    //4
```

BreakStatementExample01.htm

这个例子中的 for 循环会将变量 i 由 1 递增至 10。在循环体内，有一个 if 语句检查 i 的值是否可以被 5 整除（使用求模操作符）。如果是，则执行 break 语句退出循环。另一方面，变量 num 从 0 开始，用于记录循环执行的次数。在执行 break 语句之后，要执行的下一行代码是 alert() 函数，结果显示 4。也就是说，在变量 i 等于 5 时，num++总共执行了 4 次；而 break 语句的执行，导致了循环在 num 再次递增之前就退出了。如果在这里把 break 替换为 continue，则可以看到另一种结果：

```
var num = 0;

for (var i=1; i < 10; i++) {
    if (i % 5 == 0) {
        continue;
    }
```

```
    num++;
    }

    alert(num);    //8
```

例子的结果显示 8，也就是 num++ 总共执行了 8 次。当变量 i 等于 5 时，循环会在 num 再次递增之前退出，但接下来执行的是下一次循环，即 i 的值等于 6 的循环。于是，循环又继续执行，直到 i 等于 10 时自然结束。而 num 的最终值之所以是 8，是因为 continue 语句导致它少递增了一次。

break 和 continue 语句都可以与 label 语句联合使用，从而返回代码中特定的位置。这种联合使用的情况多发生在循环嵌套的情况下，如下面的例子所示：

```
var num = 0;

outermost:
for (var i=0; i < 10; i++) {
    for (var j=0; j < 10; j++) {
        if (i == 5 && j == 5) {
            break outermost;
        }
        num++;
    }
}

alert(num);    //55
```

在这个例子中，outermost 标签表示外部的 for 语句。如果每个循环正常执行 10 次，则 num++ 语句就会正常执行 100 次。换句话说，如果两个循环都自然结束，num 的值应该是 100。但内部循环中的 break 语句带了一个参数：要返回到的标签。添加这个标签的结果将导致 break 语句不仅会退出内部的 for 语句（即使用变量 j 的循环），而且也会退出外部的 for 语句（即使用变量 i 的循环）。为此，当变量 i 和 j 都等于 5 时，num 的值正好是 55。同样，continue 语句也可以像这样与 label 语句联用，如下面的例子所示：

```
var num = 0;

outermost:
for (var i=0; i < 10; i++) {
    for (var j=0; j < 10; j++) {
        if (i == 5 && j == 5) {
            continue outermost;
        }
        num++;
    }
}

alert(num);    //95
```

在这种情况下，continue 语句会强制继续执行循环——退出内部循环，执行外部循环。当 j 是 5 时，continue 语句执行，而这也就意味着内部循环少执行了 5 次，因此 num 的结果是 95。

虽然联用 break、continue 和 label 语句能够执行复杂的操作，但如果使用过度，也会给调试带来麻烦。在此，我们建议如果使用 label 语句，一定要使用描述性的标签，同时不要嵌套过多的循环。

3.6.8 with 语句

with 语句的作用是将代码的作用域设置到一个特定的对象中。with 语句的语法如下：

```
with (expression) statement;
```

定义 with 语句的目的主要是为了简化多次编写同一个对象的工作，如下面的例子所示：

```
var qs = location.search.substring(1);
var hostName = location.hostname;
var url = location.href;
```

上面几行代码都包含 location 对象。如果使用 with 语句，可以把上面的代码改写成如下所示：

```
with(location){
    var qs = search.substring(1);
    var hostName = hostname;
    var url = href;
}
```

WithStatementExample01.htm

在这个重写后的例子中，使用 with 语句关联了 location 对象。这意味着在 with 语句的代码块内部，每个变量首先被认为是一个局部变量，而如果在局部环境中找不到该变量的定义，就会查询 location 对象中是否有同名的属性。如果发现了同名属性，则以 location 对象属性的值作为变量的值。

严格模式下不允许使用 with 语句，否则将视为语法错误。

> 由于大量使用 **with** 语句会导致性能下降，同时也会给调试代码造成困难，因此在开发大型应用程序时，不建议使用 **with** 语句。

3.6.9 switch 语句

switch 语句与 if 语句的关系最为密切，而且也是在其他语言中普遍使用的一种流控制语句。ECMAScript 中 switch 语句的语法与其他基于 C 的语言非常接近，如下所示：

```
switch (expression) {
  case value: statement
    break;
  case value: statement
    break;
  case value: statement
    break;
  case value: statement
    break;
```

```
    default: statement
}
```

switch 语句中的每一种情形（case）的含义是："如果表达式等于这个值（value），则执行后面的语句（statement）"。而 break 关键字会导致代码执行流跳出 switch 语句。如果省略 break 关键字，就会导致执行完当前 case 后，继续执行下一个 case。最后的 default 关键字则用于在表达式不匹配前面任何一种情形的时候，执行机动代码（因此，也相当于一个 else 语句）。

从根本上讲，switch 语句就是为了让开发人员免于编写像下面这样的代码：

```
if (i == 25){
    alert("25");
} else if (i == 35) {
    alert("35");
} else if (i == 45) {
    alert("45");
} else {
    alert("Other");
}
```

而与此等价的 switch 语句如下所示：

```
switch (i) {
    case 25:
        alert("25");
        break;
    case 35:
        alert("35");
        break;
    case 45:
        alert("45");
        break;
    default:
        alert("Other");
}
```

SwitchStatementExample01.htm

通过为每个 case 后面都添加一个 break 语句，就可以避免同时执行多个 case 代码的情况。假如确实需要混合几种情形，不要忘了在代码中添加注释，说明你是有意省略了 break 关键字，如下所示：

```
switch (i) {
    case 25:
        /* 合并两种情形 */
    case 35:
        alert("25 or 35");
        break;
    case 45:
        alert("45");
        break;
    default:
        alert("Other");
}
```

SwitchStatementExample02.htm

虽然 ECMAScript 中的 switch 语句借鉴自其他语言，但这个语句也有自己的特色。首先，可以在 switch 语句中使用任何数据类型（在很多其他语言中只能使用数值），无论是字符串，还是对象都没有问题。其次，每个 case 的值不一定是常量，可以是变量，甚至是表达式。请看下面这个例子：

```
switch ("hello world") {
    case "hello" + " world":
        alert("Greeting was found.");
        break;
    case "goodbye":
        alert("Closing was found.");
        break;
    default:
        alert("Unexpected message was found.");
}
```

SwitchStatementExample03.htm

在这个例子中，switch 语句使用的就是字符串。其中，第一种情形实际上是一个对字符串拼接操作求值的表达式。由于这个字符串拼接表达式的结果与 switch 的参数相等，因此结果就会显示 "Greeting was found."。而且，使用表达式作为 case 值还可以实现下列操作：

```
var num = 25;
switch (true) {
    case num < 0:
        alert("Less than 0.");
        break;
    case num >= 0 && num <= 10:
        alert("Between 0 and 10.");
        break;
    case num > 10 && num <= 20:
        alert("Between 10 and 20.");
        break;
    default:
        alert("More than 20.");
}
```

SwitchStatementExample04.htm

这个例子首先在 switch 语句外面声明了变量 num。而之所以给 switch 语句传递表达式 true，是因为每个 case 值都可以返回一个布尔值。这样，每个 case 按照顺序被求值，直到找到匹配的值或者遇到 default 语句为止（这正是这个例子的最终结果）。

switch 语句在比较值时使用的是全等操作符，因此不会发生类型转换（例如，字符串"10"不等于数值10）。

3.7 函数

函数对任何语言来说都是一个核心的概念。通过函数可以封装任意多条语句，而且可以在任何地方、任何时候调用执行。ECMAScript 中的函数使用 function 关键字来声明，后跟一组参数以及函数体。函数的基本语法如下所示：

```
function functionName(arg0, arg1,...,argN) {
    statements
}
```

以下是一个函数示例：

```
function sayHi(name, message) {
    alert("Hello " + name + "," + message);
}
```

FunctionExample01.htm

这个函数可以通过其函数名来调用，后面还要加上一对圆括号和参数（圆括号中的参数如果有多个，可以用逗号隔开）。调用 sayHi() 函数的代码如下所示：

```
sayHi("Nicholas", "how are you today?");
```

这个函数的输出结果是"Hello Nicholas,how are you today?"。函数中定义中的命名参数 name 和 message 被用作了字符串拼接的两个操作数，而结果最终通过警告框显示了出来。

ECMAScript 中的函数在定义时不必指定是否返回值。实际上，任何函数在任何时候都可以通过 return 语句后跟要返回的值来实现返回值。请看下面的例子：

```
function sum(num1, num2) {
    return num1 + num2;
}
```

FunctionExample02.htm

这个 sum() 函数的作用是把两个值加起来返回一个结果。我们注意到，除了 return 语句之外，没有任何声明表示该函数会返回一个值。调用这个函数的示例代码如下：

```
var result = sum(5, 10);
```

这个函数会在执行完 return 语句之后停止并立即退出。因此，位于 return 语句之后的任何代码都永远不会执行。例如：

```
function sum(num1, num2) {
    return num1 + num2;
    alert("Hello world");    // 永远不会执行
}
```

在这个例子中，由于调用 alert() 函数的语句位于 return 语句之后，因此永远不会显示警告框。当然，一个函数中也可以包含多个 return 语句，如下面这个例子中所示：

```
function diff(num1, num2) {
    if (num1 < num2) {
        return num2 - num1;
    } else {
        return num1 - num2;
    }
}
```

FunctionExample03.htm

这个例子中定义的 diff() 函数用于计算两个数值的差。如果第一个数比第二个小，则用第二个数减第一个数；否则，用第一个数减第二个数。代码中的两个分支都具有自己的 return 语句，分别用于执行正确的计算。

另外，return 语句也可以不带有任何返回值。在这种情况下，函数在停止执行后将返回 undefined 值。这种用法一般用在需要提前停止函数执行而又不需要返回值的情况下。比如在下面这个例子中，就不会显示警告框：

```
function sayHi(name, message) {
    return;
    alert("Hello " + name + "," + message);     //永远不会调用
}
```

FunctionExample04.htm

　　　　推荐的做法是要么让函数始终都返回一个值，要么永远都不要返回值。否则，如果函数有时候返回值，有时候有不返回值，会给调试代码带来不便。

严格模式对函数有一些限制：

❑ 不能把函数命名为 eval 或 arguments；
❑ 不能把参数命名为 eval 或 arguments；
❑ 不能出现两个命名参数同名的情况。

如果发生以上情况，就会导致语法错误，代码无法执行。

3.7.1　理解参数

ECMAScript 函数的参数与大多数其他语言中函数的参数有所不同。ECMAScript 函数不介意传递进来多少个参数，也不在乎传进来参数是什么数据类型。也就是说，即便你定义的函数只接收两个参数，在调用这个函数时也未必一定要传递两个参数。可以传递一个、三个甚至不传递参数，而解析器永远不会有什么怨言。之所以会这样，原因是 ECMAScript 中的参数在内部是用一个数组来表示的。函数接收到的始终都是这个数组，而不关心数组中包含哪些参数（如果有参数的话）。如果这个数组中不包含任何元素，无所谓；如果包含多个元素，也没有问题。实际上，在函数体内可以通过 arguments 对象来访问这个参数数组，从而获取传递给函数的每一个参数。

其实，arguments 对象只是与数组类似（它并不是 Array 的实例），因为可以使用方括号语法访问它的每一个元素（即第一个元素是 arguments[0]，第二个元素是 arguments[1]，以此类推），使用 length 属性来确定传递进来多少个参数。在前面的例子中，sayHi() 函数的第一个参数的名字叫 name，而该参数的值也可以通过访问 arguments[0] 来获取。因此，那个函数也可以像下面这样重写，即不显式地使用命名参数：

```
function sayHi() {
    alert("Hello " + arguments[0] + "," + arguments[1]);
}
```

FunctionExample05.htm

这个重写后的函数中不包含命名的参数。虽然没有使用 name 和 message 标识符，但函数的功能依旧。这个事实说明了 ECMAScript 函数的一个重要特点：命名的参数只提供便利，但不是必需的。另外，在命名参数方面，其他语言可能需要事先创建一个函数签名，而将来的调用必须与该签名一致。但在 ECMAScript 中，没有这些条条框框，解析器不会验证命名参数。

通过访问 arguments 对象的 length 属性可以获知有多少个参数传递给了函数。下面这个函数会在每次被调用时，输出传入其中的参数个数：

```
function howManyArgs() {
    alert(arguments.length);
}

howManyArgs("string", 45);    //2
howManyArgs();                //0
howManyArgs(12);              //1
```

FunctionExample06.htm

执行以上代码会依次出现 3 个警告框，分别显示 2、0 和 1。由此可见，开发人员可以利用这一点让函数能够接收任意个参数并分别实现适当的功能。请看下面的例子：

```
function doAdd() {
    if(arguments.length == 1) {
        alert(arguments[0] + 10);
    } else if (arguments.length == 2) {
        alert(arguments[0] + arguments[1]);
    }
}

doAdd(10);          //20
doAdd(30, 20);      //50
```

FunctionExample07.htm

函数 doAdd() 会在只有一个参数的情况下给该参数加上 10；如果是两个参数，则将那个参数简单相加并返回结果。因此，doAdd(10) 会返回 20，而 doAdd(30,20) 则返回 50。虽然这个特性算不上完美的重载，但也足够弥补 ECMAScript 的这一缺憾了。

另一个与参数相关的重要方面，就是 arguments 对象可以与命名参数一起使用，如下面的例子所示：

```
function doAdd(num1, num2) {
    if(arguments.length == 1) {
        alert(num1 + 10);
    } else if (arguments.length == 2) {
        alert(arguments[0] + num2);
    }
}
```

FunctionExample08.htm

在重写后的这个 doAdd() 函数中，两个命名参数都与 arguments 对象一起使用。由于 num1 的值与 arguments[0] 的值相同，因此它们可以互换使用（当然，num2 和 arguments[1] 也是如此）。

关于 arguments 的行为，还有一点比较有意思。那就是它的值永远与对应命名参数的值保持同步。例如：

```
function doAdd(num1, num2) {
    arguments[1] = 10;
    alert(arguments[0] + num2);
}
```

FunctionExample09.htm

　　每次执行这个 doAdd() 函数都会重写第二个参数，将第二个参数的值修改为 10。因为 arguments 对象中的值会自动反映到对应的命名参数，所以修改 arguments[1]，也就修改了 num2，结果它们的值都会变成 10。不过，这并不是说读取这两个值会访问相同的内存空间；它们的内存空间是独立的，但它们的值会同步。另外还要记住，如果只传入了一个参数，那么为 arguments[1] 设置的值不会反映到命名参数中。这是因为 arguments 对象的长度是由传入的参数个数决定的，不是由定义函数时的命名参数的个数决定的。

　　关于参数还要记住最后一点：没有传递值的命名参数将自动被赋予 undefined 值。这就跟定义了变量但又没有初始化一样。例如，如果只给 doAdd() 函数传递了一个参数，则 num2 中就会保存 undefined 值。

　　严格模式对如何使用 arguments 对象做出了一些限制。首先，像前面例子中那样的赋值会变得无效。也就是说，即使把 arguments[1] 设置为 10，num2 的值仍然还是 undefined。其次，重写 arguments 的值会导致语法错误（代码将不会执行）。

　　　　ECMAScript 中的所有参数传递的都是值，不可能通过引用传递参数。

3.7.2　没有重载

　　ECMAScript 函数不能像传统意义上那样实现重载。而在其他语言（如 Java）中，可以为一个函数编写两个定义，只要这两个定义的签名（接受的参数的类型和数量）不同即可。如前所述，ECMAScirpt 函数没有签名，因为其参数是由包含零或多个值的数组来表示的。而没有函数签名，真正的重载是不可能做到的。

　　如果在 ECMAScript 中定义了两个名字相同的函数，则该名字只属于后定义的函数。请看下面的例子：

```
function addSomeNumber(num){
    return num + 100;
}

function addSomeNumber(num) {
    return num + 200;
}

var result = addSomeNumber(100);    //300
```

FunctionExample10.htm

　　在此，函数 addSomeNumber() 被定义了两次。第一个版本给参数加 100，而第二个版本给参数加 200。由于后定义的函数覆盖了先定义的函数，因此当在最后一行代码中调用这个函数时，返回的结果就是 300。

如前所述，通过检查传入函数中参数的类型和数量并作出不同的反应，可以模仿方法的重载。

3.8 小结

JavaScript 的核心语言特性在 ECMA-262 中是以名为 ECMAScript 的伪语言的形式来定义的。ECMAScript 中包含了所有基本的语法、操作符、数据类型以及完成基本的计算任务所必需的对象，但没有对取得输入和产生输出的机制作出规定。理解 ECMAScript 及其纷繁复杂的各种细节，是理解其在 Web 浏览器中的实现——JavaScript 的关键。目前大多数实现所遵循的都是 ECMA-262 第 3 版，但很多也已经着手开始实现第 5 版了。以下简要总结了 ECMAScript 中基本的要素。

❑ ECMAScript 中的基本数据类型包括 Undefined、Null、Boolean、Number 和 String。
❑ 与其他语言不同，ECMScript 没有为整数和浮点数值分别定义不同的数据类型，Number 类型可用于表示所有数值。
❑ ECMAScript 中也有一种复杂的数据类型，即 Object 类型，该类型是这门语言中所有对象的基础类型。
❑ 严格模式为这门语言中容易出错的地方施加了限制。
❑ ECMAScript 提供了很多与 C 及其他类 C 语言中相同的基本操作符，包括算术操作符、布尔操作符、关系操作符、相等操作符及赋值操作符等。
❑ ECMAScript 从其他语言中借鉴了很多流控制语句，例如 if 语句、for 语句和 switch 语句等。

ECMAScript 中的函数与其他语言中的函数有诸多不同之处。

❑ 无须指定函数的返回值，因为任何 ECMAScript 函数都可以在任何时候返回任何值。
❑ 实际上，未指定返回值的函数返回的是一个特殊的 undefined 值。
❑ ECMAScript 中也没有函数签名的概念，因为其函数参数是以一个包含零或多个值的数组的形式传递的。
❑ 可以向 ECMAScript 函数传递任意数量的参数,并且可以通过 arguments 对象来访问这些参数。
❑ 由于不存在函数签名的特性，ECMAScript 函数不能重载。

第 **4** 章

变量、作用域和内存问题

本章内容
- ❑ 理解基本类型和引用类型的值
- ❑ 理解执行环境
- ❑ 理解垃圾收集

按照 ECMA-262 的定义，JavaScript 的变量与其他语言的变量有很大区别。JavaScript 变量松散类型的本质，决定了它只是在特定时间用于保存特定值的一个名字而已。由于不存在定义某个变量必须要保存何种数据类型值的规则，变量的值及其数据类型可以在脚本的生命周期内改变。尽管从某种角度看，这可能是一个既有趣又强大，同时又容易出问题的特性，但 JavaScript 变量实际的复杂程度还远不止如此。

4.1　基本类型和引用类型的值

ECMAScript 变量可能包含两种不同数据类型的值：基本类型值和引用类型值。**基本类型值**指的是简单的数据段，而**引用类型值**指那些可能由多个值构成的对象。

在将一个值赋给变量时，解析器必须确定这个值是基本类型值还是引用类型值。第 3 章讨论了 5 种基本数据类型：`Undefined`、`Null`、`Boolean`、`Number` 和 `String`。这 5 种基本数据类型是按值访问的，因为可以操作保存在变量中的实际的值。

引用类型的值是保存在内存中的对象。与其他语言不同，JavaScript 不允许直接访问内存中的位置，也就是说不能直接操作对象的内存空间。在操作对象时，实际上是在操作对象的引用而不是实际的对象。为此，引用类型的值是按引用访问的[①]。

 在很多语言中，字符串以对象的形式来表示，因此被认为是引用类型的。ECMAScript 放弃了这一传统。

4.1.1　动态的属性

定义基本类型值和引用类型值的方式是类似的：创建一个变量并为该变量赋值。但是，当这个值保存到变量中以后，对不同类型值可以执行的操作则大相径庭。对于引用类型的值，我们可以为其添加属性和方法，也可以改变和删除其属性和方法。请看下面的例子：

[①] 这种说法不严密，当复制保存着对象的某个变量时，操作的是对象的引用。但在为对象添加属性时，操作的是实际的对象。——图灵社区"壮壮的前端之路"注

```
var person = new Object();
person.name = "Nicholas";
alert(person.name);      //"Nicholas"
```

DynamicPropertiesExample01.htm

以上代码创建了一个对象并将其保存在了变量 person 中。然后，我们为该对象添加了一个名为 name 的属性，并将字符串值"Nicholas"赋给了这个属性。紧接着，又通过 alert()函数访问了这个新属性。如果对象不被销毁或者这个属性不被删除，则这个属性将一直存在。

但是，我们不能给基本类型的值添加属性，尽管这样做不会导致任何错误。比如：

```
var name = "Nicholas";
name.age = 27;
alert(name.age);         //undefined
```

DynamicPropertiesExample02.htm

在这个例子中，我们为字符串 name 定义了一个名为 age 的属性，并为该属性赋值 27。但在下一行访问这个属性时，发现该属性不见了。这说明只能给引用类型值动态地添加属性，以便将来使用。

4.1.2 复制变量值

除了保存的方式不同之外，在从一个变量向另一个变量复制基本类型值和引用类型值时，也存在不同。如果从一个变量向另一个变量复制基本类型的值，会在变量对象上创建一个新值，然后把该值复制到为新变量分配的位置上。来看一个例子：

```
var num1 = 5;
var num2 = num1;
```

在此，num1 中保存的值是 5。当使用 num1 的值来初始化 num2 时，num2 中也保存了值 5。但 num2 中的 5 与 num1 中的 5 是完全独立的，该值只是 num1 中 5 的一个副本。此后，这两个变量可以参与任何操作而不会相互影响。图 4-1 形象地展示了复制基本类型值的过程。

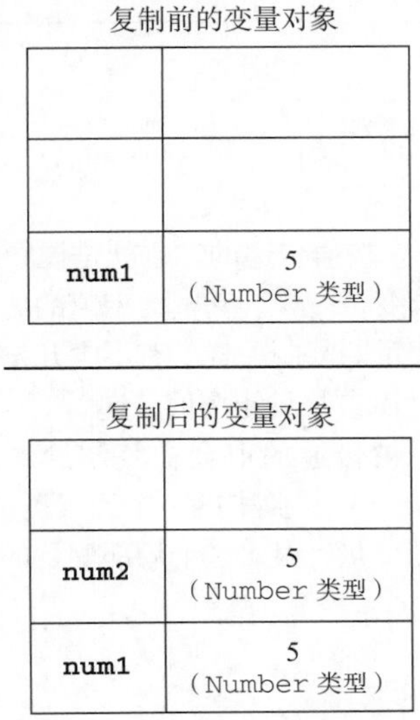

复制前的变量对象

num1	5 （Number 类型）

复制后的变量对象

num2	5 （Number 类型）
num1	5 （Number 类型）

图　4-1

当从一个变量向另一个变量复制引用类型的值时，同样也会将存储在变量对象中的值复制一份放到为新变量分配的空间中。不同的是，这个值的副本实际上是一个指针，而这个指针指向存储在堆中的一个对象。复制操作结束后，两个变量实际上将引用同一个对象。因此，改变其中一个变量，就会影响另一个变量，如下面的例子所示：

```
var obj1 = new Object();
var obj2 = obj1;
obj1.name = "Nicholas";
alert(obj2.name);  //"Nicholas"
```

首先，变量 obj1 保存了一个对象的新实例。然后，这个值被复制到了 obj2 中；换句话说，obj1 和 obj2 都指向同一个对象。这样，当为 obj1 添加 name 属性后，可以通过 obj2 来访问这个属性，因为这两个变量引用的都是同一个对象。图 4-2 展示了保存在变量对象中的变量和保存在堆中的对象之间的这种关系。

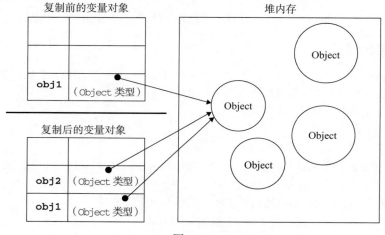

图   4-2

4.1.3 传递参数

ECMAScript 中所有函数的参数都是按值传递的。也就是说，把函数外部的值复制给函数内部的参数，就和把值从一个变量复制到另一个变量一样。基本类型值的传递如同基本类型变量的复制一样，而引用类型值的传递，则如同引用类型变量的复制一样。有不少开发人员在这一点上可能会感到困惑，因为访问变量有按值和按引用两种方式，而参数只能按值传递。

在向参数传递基本类型的值时，被传递的值会被复制给一个局部变量（即命名参数，或者用ECMAScript 的概念来说，就是 arguments 对象中的一个元素）。在向参数传递引用类型的值时，会把这个值在内存中的地址复制给一个局部变量，因此这个局部变量的变化会反映在函数的外部。请看下面这个例子：

```
function addTen(num) {
    num += 10;
    return num;
}
```

```
var count = 20;
var result = addTen(count);
alert(count);     //20, 没有变化
alert(result);    //30
```

FunctionArgumentsExample01.htm

　　这里的函数 addTen() 有一个参数 num，而参数实际上是函数的局部变量。在调用这个函数时，变量 count 作为参数被传递给函数，这个变量的值是 20。于是，数值 20 被复制给参数 num 以便在 addTen() 中使用。在函数内部，参数 num 的值被加上了 10，但这一变化不会影响函数外部的 count 变量。参数 num 与变量 count 互不相识，它们仅仅是具有相同的值。假如 num 是按引用传递的话，那么变量 count 的值也将变成 30，从而反映函数内部的修改。当然，使用数值等基本类型值来说明按值传递参数比较简单，但如果使用对象，那问题就不怎么好理解了。再举一个例子：

```
function setName(obj) {
    obj.name = "Nicholas";
}

var person = new Object();
setName(person);
alert(person.name);    //"Nicholas"
```

FunctionArgumentsExample02.htm

　　以上代码中创建一个对象，并将其保存在了变量 person 中。然后，这个变量被传递到 setName() 函数中之后就被复制给了 obj。在这个函数内部，obj 和 person 引用的是同一个对象。换句话说，即使这个变量是按值传递的，obj 也会按引用来访问同一个对象。于是，当在函数内部为 obj 添加 name 属性后，函数外部的 person 也将有所反映；因为 person 指向的对象在堆内存中只有一个，而且是全局对象。有很多开发人员错误地认为：在局部作用域中修改的对象会在全局作用域中反映出来，就说明参数是按引用传递的。为了证明对象是按值传递的，我们再看一看下面这个经过修改的例子：

```
function setName(obj) {
    obj.name = "Nicholas";
    obj = new Object();
    obj.name = "Greg";
}

var person = new Object();
setName(person);
alert(person.name);    //"Nicholas"
```

　　这个例子与前一个例子的唯一区别，就是在 setName() 函数中添加了两行代码：一行代码为 obj 重新定义了一个对象，另一行代码为该对象定义了一个带有不同值的 name 属性。在把 person 传递给 setName() 后，其 name 属性被设置为"Nicholas"。然后，又将一个新对象赋给变量 obj，同时将其 name 属性设置为"Greg"。如果 person 是按引用传递的，那么 person 就会自动被修改为指向其 name 属性值为"Greg"的新对象。但是，当接下来再访问 person.name 时，显示的值仍然是"Nicholas"。这说明即使在函数内部修改了参数的值，但原始的引用仍然保持未变。实际上，当在函数内部重写 obj 时，这个变量引用的就是一个局部对象了。而这个局部对象会在函数执行完毕后立即被销毁。

> 可以把 ECMAScript 函数的参数想象成局部变量。

4.1.4   检测类型

要检测一个变量是不是基本数据类型？第 3 章介绍的 typeof 操作符是最佳的工具。说得更具体一点，typeof 操作符是确定一个变量是字符串、数值、布尔值，还是 undefined 的最佳工具。如果变量的值是一个对象或 null，则 typeof 操作符会像下面例子中所示的那样返回 "object"：

```
var s = "Nicholas";
var b = true;
var i = 22;
var u;
var n = null;
var o = new Object();

alert(typeof s);    //string
alert(typeof i);    //number
alert(typeof b);    //boolean
alert(typeof u);    //undefined
alert(typeof n);    //object
alert(typeof o);    //object
```

DeterminingTypeExample01.htm

虽然在检测基本数据类型时 typeof 是非常得力的助手，但在检测引用类型的值时，这个操作符的用处不大。通常，我们并不是想知道某个值是对象，而是想知道它是什么类型的对象。为此，ECMAScript 提供了 instanceof 操作符，其语法如下所示：

result = variable instanceof *constructor*

如果变量是给定引用类型（根据它的原型链来识别；第 6 章将介绍原型链）的实例，那么 instanceof 操作符就会返回 true。请看下面的例子：

```
alert(person instanceof Object);     // 变量 person 是 Object 吗？
alert(colors instanceof Array);      // 变量 colors 是 Array 吗？
alert(pattern instanceof RegExp);    // 变量 pattern 是 RegExp 吗？
```

根据规定，所有引用类型的值都是 Object 的实例。因此，在检测一个引用类型值和 Object 构造函数时，instanceof 操作符始终会返回 true。当然，如果使用 instanceof 操作符检测基本类型的值，则该操作符始终会返回 false，因为基本类型不是对象。

> 使用 **typeof** 操作符检测函数时，该操作符会返回 **"function"**。在 Safari 5 及之前版本和 Chrome 7 及之前版本中使用 **typeof** 检测正则表达式时，由于规范的原因，这个操作符也返回 **"function"**。ECMA-262 规定任何在内部实现 **[[Call]]** 方法的对象都应该在应用 **typeof** 操作符时返回 **"function"**。由于上述浏览器中的正则表达式也实现了这个方法，因此对正则表达式应用 **typeof** 会返回 **"function"**。在 IE 和 Firefox 中，对正则表达式应用 **typeof** 会返回 **"object"**。

4.2　执行环境及作用域

执行环境（execution context，为简单起见，有时也称为"环境"）是 JavaScript 中最为重要的一个概念。执行环境定义了变量或函数有权访问的其他数据，决定了它们各自的行为。每个执行环境都有一个与之关联的**变量对象**（variable object），环境中定义的所有变量和函数都保存在这个对象中。虽然我们编写的代码无法访问这个对象，但解析器在处理数据时会在后台使用它。

全局执行环境是最外围的一个执行环境。根据 ECMAScript 实现所在的宿主环境不同，表示执行环境的对象也不一样。在 Web 浏览器中，全局执行环境被认为是 window 对象（第 7 章将详细讨论），因此所有全局变量和函数都是作为 window 对象的属性和方法创建的。某个执行环境中的所有代码执行完毕后，该环境被销毁，保存在其中的所有变量和函数定义也随之销毁（全局执行环境直到应用程序退出——例如关闭网页或浏览器——时才会被销毁）。

每个函数都有自己的**执行环境**。当执行流进入一个函数时，函数的环境就会被推入一个环境栈中。而在函数执行之后，栈将其环境弹出，把控制权返回给之前的执行环境。ECMAScript 程序中的执行流正是由这个方便的机制控制着。

当代码在一个环境中执行时，会创建变量对象的一个**作用域链**（scope chain）。作用域链的用途，是保证对执行环境有权访问的所有变量和函数的有序访问。作用域链的前端，始终都是当前执行的代码所在环境的变量对象。如果这个环境是函数，则将其**活动对象**（activation object）作为变量对象。活动对象在最开始时只包含一个变量，即 arguments 对象（这个对象在全局环境中是不存在的）。作用域链中的下一个变量对象来自包含（外部）环境，而再下一个变量对象则来自下一个包含环境。这样，一直延续到全局执行环境；全局执行环境的变量对象始终都是作用域链中的最后一个对象。

标识符解析是沿着作用域链一级一级地搜索标识符的过程。搜索过程始终从作用域链的前端开始，然后逐级地向后回溯，直至找到标识符为止（如果找不到标识符，通常会导致错误发生）。

请看下面的示例代码：

```
var color = "blue";

function changeColor(){
    if (color === "blue"){
        color = "red";
    } else {
        color = "blue";
    }
}

changeColor();

alert("Color is now " + color);
```

ExecutionContextExample01.htm

在这个简单的例子中，函数 changeColor() 的作用域链包含两个对象：它自己的变量对象（其中定义着 arguments 对象）和全局环境的变量对象。可以在函数内部访问变量 color，就是因为可以在这个作用域链中找到它。

此外，在局部作用域中定义的变量可以在局部环境中与全局变量互换使用，如下面这个例子所示：

```
var color = "blue";

function changeColor(){
    var anotherColor = "red";

    function swapColors(){
        var tempColor = anotherColor;
        anotherColor = color;
        color = tempColor;

        // 这里可以访问 color、anotherColor 和 tempColor
    }

    // 这里可以访问 color 和 anotherColor，但不能访问 tempColor
    swapColors();
}

// 这里只能访问 color
changeColor();
```

以上代码共涉及 3 个执行环境：全局环境、changeColor() 的局部环境和 swapColors() 的局部环境。全局环境中有一个变量 color 和一个函数 changeColor()。changeColor() 的局部环境中有一个名为 anotherColor 的变量和一个名为 swapColors() 的函数，但它也可以访问全局环境中的变量 color。swapColors() 的局部环境中有一个变量 tempColor，该变量只能在这个环境中访问到。无论全局环境还是 changeColor() 的局部环境都无权访问 tempColor。然而，在 swapColors() 内部则可以访问其他两个环境中的所有变量，因为那两个环境是它的父执行环境。图 4-3 形象地展示了前面这个例子的作用域链。

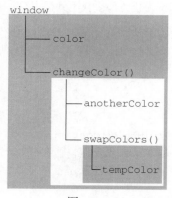

图   4-3

图 4-3 中的矩形表示特定的执行环境。其中，内部环境可以通过作用域链访问所有的外部环境，但外部环境不能访问内部环境中的任何变量和函数。这些环境之间的联系是线性、有次序的。每个环境都可以向上搜索作用域链，以查询变量和函数名；但任何环境都不能通过向下搜索作用域链而进入另一个执行环境。对于这个例子中的 swapColors() 而言，其作用域链中包含 3 个对象：swapColors() 的变量对象、changeColor() 的变量对象和全局变量对象。swapColors() 的局部环境开始时会先在自己的变量对象中搜索变量和函数名，如果搜索不到则再搜索上一级作用域链。changeColor() 的作用域链

中只包含两个对象：它自己的变量对象和全局变量对象。这也就是说，它不能访问 swapColors() 的环境。

　　函数参数也被当作变量来对待，因此其访问规则与执行环境中的其他变量相同。

4.2.1　延长作用域链

　　虽然执行环境的类型总共只有两种——全局和局部（函数），但还是有其他办法来延长作用域链。这么说是因为有些语句可以在作用域链的前端临时增加一个变量对象，该变量对象会在代码执行后被移除。在两种情况下会发生这种现象。具体来说，就是当执行流进入下列任何一个语句时，作用域链就会得到加长：

- try-catch 语句的 catch 块；
- with 语句。

　　这两个语句都会在作用域链的前端添加一个变量对象。对 with 语句来说，会将指定的对象添加到作用域链中。对 catch 语句来说，会创建一个新的变量对象，其中包含的是被抛出的错误对象的声明。下面看一个例子。

```
function buildUrl() {
    var qs = "?debug=true";

    with(location){
        var url = href + qs;
    }

    return url;
}
```

ExecutionContextExample03.htm

　　在此，with 语句接收的是 location 对象，因此其变量对象中就包含了 location 对象的所有属性和方法，而这个变量对象被添加到了作用域链的前端。buildUrl() 函数中定义了一个变量 qs。当在 with 语句中引用变量 href 时（实际引用的是 location.href），可以在当前执行环境的变量对象中找到。当引用变量 qs 时，引用的则是在 buildUrl() 中定义的那个变量，而该变量位于函数环境的变量对象中。至于 with 语句内部，则定义了一个名为 url 的变量，因而 url 就成了函数执行环境的一部分，所以可以作为函数的值被返回。

　　在 IE8 及之前版本的 JavaScript 实现中，存在一个与标准不一致的地方，即在 **catch** 语句中捕获的错误对象会被添加到执行环境的变量对象，而不是 **catch** 语句的变量对象中。换句话说，即使是在 **catch** 块的外部也可以访问到错误对象。IE9 修复了这个问题。

4.2.2　没有块级作用域

JavaScript 没有块级作用域经常会导致理解上的困惑。在其他类 C 的语言中，由花括号封闭的代码块都有自己的作用域（如果用 ECMAScript 的话来讲，就是它们自己的执行环境），因而支持根据条件来定义变量。例如，下面的代码在 JavaScript 中并不会得到想象中的结果：

```
if (true) {
    var color = "blue";
}

alert(color);    //"blue"
```

这里是在一个 if 语句中定义了变量 color。如果是在 C、C++或 Java 中，color 会在 if 语句执行完毕后被销毁。但在 JavaScript 中，if 语句中的变量声明会将变量添加到当前的执行环境（在这里是全局环境）中。在使用 for 语句时尤其要牢记这一差异，例如：

```
for (var i=0; i < 10; i++){
    doSomething(i);
}

alert(i);        //10
```

对于有块级作用域的语言来说，for 语句初始化变量的表达式所定义的变量，只会存在于循环的环境之中。而对于 JavaScript 来说，由 for 语句创建的变量 i 即使在 for 循环执行结束后，也依旧会存在于循环外部的执行环境中。

1. 声明变量

使用 var 声明的变量会自动被添加到最接近的环境中。在函数内部，最接近的环境就是函数的局部环境；在 with 语句中，最接近的环境是函数环境。如果初始化变量时没有使用 var 声明，该变量会自动被添加到全局环境。如下所示：

```
function add(num1, num2) {
    var sum = num1 + num2;
    return sum;
}

var result = add(10, 20); //30
alert(sum);                       //由于 sum 不是有效的变量，因此会导致错误
```

ExecutionContextExample04.htm

以上代码中的函数 add() 定义了一个名为 sum 的局部变量，该变量包含加法操作的结果。虽然结果值从函数中返回了，但变量 sum 在函数外部是访问不到的。如果省略这个例子中的 var 关键字，那么当 add() 执行完毕后，sum 也将可以访问到：

```
function add(num1, num2) {
    sum = num1 + num2;
    return sum;
}

var result = add(10, 20); //30
alert(sum);               //30
```

ExecutionContextExample05.htm

这个例子中的变量 sum 在被初始化赋值时没有使用 var 关键字。于是，当调用完 add() 之后，添加到全局环境中的变量 sum 将继续存在；即使函数已经执行完毕，后面的代码依旧可以访问它。

 　在编写 JavaScript 代码的过程中，不声明而直接初始化变量是一个常见的错误做法，因为这样可能会导致意外。我们建议在初始化变量之前，一定要先声明，这样就可以避免类似问题。在严格模式下，初始化未经声明的变量会导致错误。

2. 查询标识符

当在某个环境中为了读取或写入而引用一个标识符时，必须通过搜索来确定该标识符实际代表什么。搜索过程从作用域链的前端开始，向上逐级查询与给定名字匹配的标识符。如果在局部环境中找到了该标识符，搜索过程停止，变量就绪。如果在局部环境中没有找到该变量名，则继续沿作用域链向上搜索。搜索过程将一直追溯到全局环境的变量对象。如果在全局环境中也没有找到这个标识符，则意味着该变量尚未声明。

通过下面这个示例，可以理解查询标识符的过程：

```
var color = "blue";

function getColor(){
    return color;
}

alert(getColor());  //"blue"
```

ExecutionContextExample06.htm

调用本例中的函数 getColor() 时会引用变量 color。为了确定变量 color 的值，将开始一个两步的搜索过程。首先，搜索 getColor() 的变量对象，查找其中是否包含一个名为 color 的标识符。在没有找到的情况下，搜索继续到下一个变量对象（全局环境的变量对象），然后在那里找到了名为 color 的标识符。因为搜索到了定义这个变量的变量对象，搜索过程宣告结束。图 4-4 形象地展示了上述搜索过程。

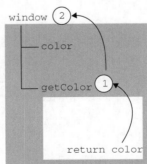

图　4-4

在这个搜索过程中，如果存在一个局部的变量的定义，则搜索会自动停止，不再进入另一个变量对象。换句话说，如果局部环境中存在着同名标识符，就不会使用位于父环境中的标识符，如下面的例子所示：

```
var color = "blue";

function getColor(){
    var color = "red";
    return color;
}

alert(getColor());  //"red"
```

ExecutionContextExample07.htm

修改后的代码在 getColor() 函数中声明了一个名为 color 的局部变量。调用函数时，该变量就会被声明。而当函数中的第二行代码执行时，意味着必须找到并返回变量 color 的值。搜索过程首先从局部环境中开始，而且在这里发现了一个名为 color 的变量，其值为"red"。因为变量已经找到了，所以搜索即行停止，return 语句就使用这个局部变量，并为函数会返回"red"。也就是说，任何位于局部变量 color 的声明之后的代码，如果不使用 window.color 都无法访问全局 color 变量。

　　变量查询也不是没有代价的。很明显，访问局部变量要比访问全局变量更快，因为不用向上搜索作用域链。JavaScript 引擎在优化标识符查询方面做得不错，因此这个差别在将来恐怕就可以忽略不计了。

4.3　垃圾收集

　　JavaScript 具有自动垃圾收集机制，也就是说，执行环境会负责管理代码执行过程中使用的内存。而在 C 和 C++之类的语言中，开发人员的一项基本任务就是手工跟踪内存的使用情况，这是造成许多问题的一个根源。在编写 JavaScript 程序时，开发人员不用再关心内存使用问题，所需内存的分配以及无用内存的回收完全实现了自动管理。这种垃圾收集机制的原理其实很简单：找出那些不再继续使用的变量，然后释放其占用的内存。为此，垃圾收集器会按照固定的时间间隔（或代码执行中预定的收集时间），周期性地执行这一操作。

　　下面我们来分析一下函数中局部变量的正常生命周期。局部变量只在函数执行的过程中存在。而在这个过程中，会为局部变量在栈（或堆）内存上分配相应的空间，以便存储它们的值。然后在函数中使用这些变量，直至函数执行结束。此时，局部变量就没有存在的必要了，因此可以释放它们的内存以供将来使用。在这种情况下，很容易判断变量是否还有存在的必要；但并非所有情况下都这么容易就能得出结论。垃圾收集器必须跟踪哪个变量有用哪个变量没用，对于不再有用的变量打上标记，以备将来收回其占用的内存。用于标识无用变量的策略可能会因实现而异，但具体到浏览器中的实现，则通常有两个策略。

4.3.1　标记清除

　　JavaScript 中最常用的垃圾收集方式是**标记清除**（mark-and-sweep）。当变量进入环境（例如，在函数中声明一个变量）时，就将这个变量标记为"进入环境"。从逻辑上讲，永远不能释放进入环境的变量所占用的内存，因为只要执行流进入相应的环境，就可能会用到它们。而当变量离开环境时，则将其标记为"离开环境"。

可以使用任何方式来标记变量。比如，可以通过翻转某个特殊的位来记录一个变量何时进入环境，或者使用一个"进入环境的"变量列表及一个"离开环境的"变量列表来跟踪哪个变量发生了变化。说到底，如何标记变量其实并不重要，关键在于采取什么策略。

垃圾收集器在运行的时候会给存储在内存中的所有变量都加上标记（当然，可以使用任何标记方式）。然后，它会去掉环境中的变量以及被环境中的变量引用的变量的标记。而在此之后再被加上标记的变量将被视为准备删除的变量，原因是环境中的变量已经无法访问到这些变量了。最后，垃圾收集器完成**内存清除**工作，销毁那些带标记的值并回收它们所占用的内存空间。

到 2008 年为止，IE、Firefox、Opera、Chrome 和 Safari 的 JavaScript 实现使用的都是标记清除式的垃圾收集策略（或类似的策略），只不过垃圾收集的时间间隔互有不同。

4.3.2 引用计数

另一种不太常见的垃圾收集策略叫做**引用计数**（reference counting）。引用计数的含义是跟踪记录每个值被引用的次数。当声明了一个变量并将一个引用类型值赋给该变量时，则这个值的引用次数就是 1。如果同一个值又被赋给另一个变量，则该值的引用次数加 1。相反，如果包含对这个值引用的变量又取得了另外一个值，则这个值的引用次数减 1。当这个值的引用次数变成 0 时，则说明没有办法再访问这个值了，因而就可以将其占用的内存空间回收回来。这样，当垃圾收集器下次再运行时，它就会释放那些引用次数为零的值所占用的内存。

Netscape Navigator 3.0 是最早使用引用计数策略的浏览器，但很快它就遇到了一个严重的问题：循环引用。**循环引用**指的是对象 A 中包含一个指向对象 B 的指针，而对象 B 中也包含一个指向对象 A 的引用。请看下面这个例子：

```
function problem(){
    var objectA = new Object();
    var objectB = new Object();

    objectA.someOtherObject = objectB;
    objectB.anotherObject = objectA;
}
```

在这个例子中，objectA 和 objectB 通过各自的属性相互引用；也就是说，这两个对象的引用次数都是 2。在采用标记清除策略的实现中，由于函数执行之后，这两个对象都离开了作用域，因此这种相互引用不是个问题。但在采用引用计数策略的实现中，当函数执行完毕后，objectA 和 objectB 还将继续存在，因为它们的引用次数永远不会是 0。假如这个函数被重复多次调用，就会导致大量内存得不到回收。为此，Netscape 在 Navigator 4.0 中放弃了引用计数方式，转而采用标记清除来实现其垃圾收集机制。可是，引用计数导致的麻烦并未就此终结。

我们知道，IE 中有一部分对象并不是原生 JavaScript 对象。例如，其 BOM 和 DOM 中的对象就是使用 C++ 以 COM（Component Object Model，组件对象模型）对象的形式实现的，而 COM 对象的垃圾收集机制采用的就是引用计数策略。因此，即使 IE 的 JavaScript 引擎是使用标记清除策略来实现的，但 JavaScript 访问的 COM 对象依然是基于引用计数策略的。换句话说，只要在 IE 中涉及 COM 对象，就会存在循环引用的问题。下面这个简单的例子，展示了使用 COM 对象导致的循环引用问题：

```
var element = document.getElementById("some_element");
var myObject = new Object();
myObject.element = element;
element.someObject = myObject;
```

这个例子在一个 DOM 元素（element）与一个原生 JavaScript 对象（myObject）之间创建了循环引用。其中，变量 myObject 有一个名为 element 的属性指向 element 对象；而变量 element 也有一个属性名叫 someObject 回指 myObject。由于存在这个循环引用，即使将例子中的 DOM 从页面中移除，它也永远不会被回收。

为了避免类似这样的循环引用问题，最好是在不使用它们的时候手工断开原生 JavaScript 对象与 DOM 元素之间的连接。例如，可以使用下面的代码消除前面例子创建的循环引用：

```
myObject.element = null;
element.someObject = null;
```

将变量设置为 null 意味着切断变量与它此前引用的值之间的连接。当垃圾收集器下次运行时，就会删除这些值并回收它们占用的内存。

为了解决上述问题，IE9 把 BOM 和 DOM 对象都转换成了真正的 JavaScript 对象。这样，就避免了两种垃圾收集算法并存导致的问题，也消除了常见的内存泄漏现象。

 导致循环引用的情况不止这些，其他一些情况将在本书中陆续介绍。

4.3.3　性能问题

垃圾收集器是周期性运行的，而且如果为变量分配的内存数量很可观，那么回收工作量也是相当大的。在这种情况下，确定垃圾收集的时间间隔是一个非常重要的问题。说到垃圾收集器多长时间运行一次，不禁让人联想到 IE 因此而声名狼藉的性能问题。IE 的垃圾收集器是根据内存分配量运行的，具体一点说就是 256 个变量、4096 个对象（或数组）字面量和数组元素（slot）或者 64KB 的字符串。达到上述任何一个临界值，垃圾收集器就会运行。这种实现方式的问题在于，如果一个脚本中包含那么多变量，那么该脚本很可能会在其生命周期中一直保有那么多的变量。而这样一来，垃圾收集器就不得不频繁地运行。结果，由此引发的严重性能问题促使 IE7 重写了其垃圾收集例程。

随着 IE7 的发布，其 JavaScript 引擎的垃圾收集例程改变了工作方式：触发垃圾收集的变量分配、字面量和（或）数组元素的临界值被调整为动态修正。IE7 中的各项临界值在初始时与 IE6 相等。如果垃圾收集例程回收的内存分配量低于 15%，则变量、字面量和（或）数组元素的临界值就会加倍。如果例程回收了 85% 的内存分配量，则将各种临界值重置回默认值。这一看似简单的调整，极大地提升了 IE 在运行包含大量 JavaScript 的页面时的性能。

 事实上，在有的浏览器中可以触发垃圾收集过程，但我们不建议读者这样做。在 IE 中，调用 window.CollectGarbage() 方法会立即执行垃圾收集。在 Opera 7 及更高版本中，调用 window.opera.collect() 也会启动垃圾收集例程。

4.3.4 管理内存

使用具备垃圾收集机制的语言编写程序，开发人员一般不必操心内存管理的问题。但是，JavaScript在进行内存管理及垃圾收集时面临的问题还是有点与众不同。其中最主要的一个问题，就是分配给 Web 浏览器的可用内存数量通常要比分配给桌面应用程序的少。这样做的目的主要是出于安全方面的考虑，目的是防止运行 JavaScript 的网页耗尽全部系统内存而导致系统崩溃。内存限制问题不仅会影响给变量分配内存，同时还会影响调用栈以及在一个线程中能够同时执行的语句数量。

因此，确保占用最少的内存可以让页面获得更好的性能。而优化内存占用的最佳方式，就是为执行中的代码只保存必要的数据。一旦数据不再有用，最好通过将其值设置为 null 来释放其引用——这个做法叫做**解除引用**（dereferencing）。这一做法适用于大多数全局变量和全局对象的属性。局部变量会在它们离开执行环境时自动被解除引用，如下面这个例子所示：

```
function createPerson(name){
    var localPerson = new Object();
    localPerson.name = name;
    return localPerson;
}

var globalPerson = createPerson("Nicholas");

// 手工解除 globalPerson 的引用

globalPerson = null;
```

在这个例子中，变量 globalPerson 取得了 createPerson() 函数返回的值。在 createPerson() 函数内部，我们创建了一个对象并将其赋给局部变量 localPerson，然后又为该对象添加了一个名为name 的属性。最后，当调用这个函数时，localPerson 以函数值的形式返回并赋给全局变量globalPerson。由于 localPerson 在 createPerson() 函数执行完毕后就离开了其执行环境，因此无需我们显式地去为它解除引用。但是对于全局变量 globalPerson 而言，则需要我们在不使用它的时候手工为它解除引用，这也正是上面例子中最后一行代码的目的。

不过，解除一个值的引用并不意味着自动回收该值所占用的内存。解除引用的真正作用是让值脱离执行环境，以便垃圾收集器下次运行时将其回收。

4.4 小结

JavaScript 变量可以用来保存两种类型的值：基本类型值和引用类型值。基本类型的值源自以下 5种基本数据类型：Undefined、Null、Boolean、Number 和 String。基本类型值和引用类型值具有以下特点：

- ❑ 基本类型值在内存中占据固定大小的空间，因此被保存在栈内存中；
- ❑ 从一个变量向另一个变量复制基本类型的值，会创建这个值的一个副本；
- ❑ 引用类型的值是对象，保存在堆内存中；
- ❑ 包含引用类型值的变量实际上包含的并不是对象本身，而是一个指向该对象的指针；
- ❑ 从一个变量向另一个变量复制引用类型的值，复制的其实是指针，因此两个变量最终都指向同一个对象；

❑ 确定一个值是哪种基本类型可以使用 `typeof` 操作符，而确定一个值是哪种引用类型可以使用 `instanceof` 操作符。

所有变量（包括基本类型和引用类型）都存在于一个执行环境（也称为作用域）当中，这个执行环境决定了变量的生命周期，以及哪一部分代码可以访问其中的变量。以下是关于执行环境的几点总结：

❑ 执行环境有全局执行环境（也称为全局环境）和函数执行环境之分；

❑ 每次进入一个新执行环境，都会创建一个用于搜索变量和函数的作用域链；

❑ 函数的局部环境不仅有权访问函数作用域中的变量，而且有权访问其包含（父）环境，乃至全局环境；

❑ 全局环境只能访问在全局环境中定义的变量和函数，而不能直接访问局部环境中的任何数据；

❑ 变量的执行环境有助于确定应该何时释放内存。

JavaScript 是一门具有自动垃圾收集机制的编程语言，开发人员不必关心内存分配和回收问题。可以对 JavaScript 的垃圾收集例程作如下总结。

❑ 离开作用域的值将被自动标记为可以回收，因此将在垃圾收集期间被删除。

❑ “标记清除”是目前主流的垃圾收集算法，这种算法的思想是给当前不使用的值加上标记，然后再回收其内存。

❑ 另一种垃圾收集算法是“引用计数”，这种算法的思想是跟踪记录所有值被引用的次数。JavaScript 引擎目前都不再使用这种算法；但在 IE 中访问非原生 JavaScript 对象（如 DOM 元素）时，这种算法仍然可能会导致问题。

❑ 当代码中存在循环引用现象时，“引用计数”算法就会导致问题。

❑ 解除变量的引用不仅有助于消除循环引用现象，而且对垃圾收集也有好处。为了确保有效地回收内存，应该及时解除不再使用的全局对象、全局对象属性以及循环引用变量的引用。

第5章

引用类型

本章内容
- ❏ 使用对象
- ❏ 创建并操作数组
- ❏ 理解基本的 JavaScript 类型
- ❏ 使用基本类型和基本包装类型

引用类型的值（对象）是**引用类型**的一个实例。在 ECMAScript 中，**引用类型**是一种数据结构，用于将数据和功能组织在一起。它也常被称为**类**，但这种称呼并不妥当。尽管 ECMAScript 从技术上讲是一门面向对象的语言，但它不具备传统的面向对象语言所支持的类和接口等基本结构。引用类型有时候也被称为**对象定义**，因为它们描述的是一类对象所具有的属性和方法。

 虽然引用类型与类看起来相似，但它们并不是相同的概念。为避免混淆，本书将不使用类这个概念。

如前所述，对象是某个特定引用类型的**实例**。新对象是使用 new 操作符后跟一个**构造函数**来创建的。构造函数本身就是一个函数，只不过该函数是出于创建新对象的目的而定义的。请看下面这行代码：

```
var person = new Object();
```

这行代码创建了 Object 引用类型的一个新实例，然后把该实例保存在了变量 person 中。使用的构造函数是 Object，它只为新对象定义了默认的属性和方法。ECMAScript 提供了很多原生引用类型（例如 Object），以便开发人员用以实现常见的计算任务。

5.1 Object 类型

到目前为止，我们看到的大多数引用类型值都是 Object 类型的实例；而且，Object 也是 ECMAScript 中使用最多的一个类型。虽然 Object 的实例不具备多少功能，但对于在应用程序中存储和传输数据而言，它们确实是非常理想的选择。

创建 Object 实例的方式有两种。第一种是使用 new 操作符后跟 Object 构造函数，如下所示：

```
var person = new Object();
person.name = "Nicholas";
person.age = 29;
```

ObjectTypeExample01.htm

另一种方式是使用**对象字面量**表示法。对象字面量是对象定义的一种简写形式，目的在于简化创建包含大量属性的对象的过程。下面这个例子就使用了对象字面量语法定义了与前面那个例子中相同的 person 对象：

```
var person = {
    name : "Nicholas",
    age : 29
};
```

ObjectTypeExample02.htm

在这个例子中，左边的花括号（ { ）表示对象字面量的开始，因为它出现在了表达式上下文（expression context）中。ECMAScript 中的表达式上下文指的是该上下文期待一个值（表达式）。赋值操作符表示后面是一个值，所以左花括号在这里表示一个表达式的开始。同样的花括号，如果出现在一个语句上下文（statement context）中，例如跟在 if 语句条件的后面，则表示一个语句块的开始。

然后，我们定义了 name 属性，之后是一个冒号，再后面是这个属性的值。在对象字面量中，使用逗号来分隔不同的属性，因此"Nicholas"后面是一个逗号。但是，在 age 属性的值 29 的后面不能添加逗号，因为 age 是这个对象的最后一个属性。在最后一个属性后面添加逗号，会在 IE7 及更早版本和 Opera 中导致错误。

在使用对象字面量语法时，属性名也可以使用字符串，如下面这个例子所示。

```
var person = {
    "name" : "Nicholas",
    "age" : 29,
    5 : true
};
```

这个例子会创建一个对象，包含三个属性：name、age 和 5。但这里的数值属性名会自动转换为字符串。

另外，使用对象字面量语法时，如果留空其花括号，则可以定义只包含默认属性和方法的对象，如下所示：

```
var person = {};              //与 new Object()相同
person.name = "Nicholas";
person.age = 29;
```

这个例子与本节前面的例子是等价的，只不过看起来似乎有点奇怪。关于对象字面量语法，我们推荐只在考虑对象属性名的可读性时使用。

> 在通过对象字面量定义对象时，实际上不会调用 Object 构造函数（Firefox 2 及更早版本会调用 Object 构造函数；但 Firefox 3 之后就不会了）。

虽然可以使用前面介绍的任何一种方法来定义对象，但开发人员更青睐对象字面量语法，因为这种语法要求的代码量少，而且能够给人封装数据的感觉。实际上，对象字面量也是向函数传递大量可选参数的首选方式，例如：

```
function displayInfo(args) {
    var output = "";

    if (typeof args.name == "string"){
```

```
        output += "Name: " + args.name + "\n";
    }

    if (typeof args.age == "number") {
        output += "Age: " + args.age + "\n";
    }

    alert(output);
}

displayInfo({
    name: "Nicholas",
    age: 29
});

displayInfo({
    name: "Greg"
});
```

ObjectTypeExample04.htm

在这个例子中,函数 displayInfo() 接受一个名为 args 的参数。这个参数可能带有一个名为 name 或 age 的属性,也可能这两个属性都有或者都没有。在这个函数内部,我们通过 typeof 操作符来检测每个属性是否存在,然后再基于相应的属性来构建一条要显示的消息。然后,我们调用了两次这个函数,每次都使用一个对象字面量来指定不同的数据。这两次调用传递的参数虽然不同,但函数都能正常执行。

> 这种传递参数的模式最适合需要向函数传入大量可选参数的情形。一般来讲,命名参数虽然容易处理,但在有多个可选参数的情况下就会显示不够灵活。最好的做法是对那些必需值使用命名参数,而使用对象字面量来封装多个可选参数。

一般来说,访问对象属性时使用的都是点表示法,这也是很多面向对象语言中通用的语法。不过,在 JavaScript 也可以使用方括号表示法来访问对象的属性。在使用方括号语法时,应该将要访问的属性以字符串的形式放在方括号中,如下面的例子所示。

```
alert(person["name"]);        //"Nicholas"
alert(person.name);           //"Nicholas"
```

从功能上看,这两种访问对象属性的方法没有任何区别。但方括号语法的主要优点是可以通过变量来访问属性,例如:

```
var propertyName = "name";
alert(person[propertyName]);   //"Nicholas"
```

如果属性名中包含会导致语法错误的字符,或者属性名使用的是关键字或保留字,也可以使用方括号表示法。例如:

```
person["first name"] = "Nicholas";
```

由于"first name"中包含一个空格,所以不能使用点表示法来访问它。然而,属性名中是可以包含非字母非数字的,这时候就可以使用方括号表示法来访问它们。

通常,除非必须使用变量来访问属性,否则我们建议使用点表示法。

5.2 Array 类型

除了 Object 之外，Array 类型恐怕是 ECMAScript 中最常用的类型了。而且，ECMAScript 中的数组与其他多数语言中的数组有着相当大的区别。虽然 ECMAScript 数组与其他语言中的数组都是数据的有序列表，但与其他语言不同的是，ECMAScript 数组的每一项可以保存任何类型的数据。也就是说，可以用数组的第一个位置来保存字符串，用第二位置来保存数值，用第三个位置来保存对象，以此类推。而且，ECMAScript 数组的大小是可以动态调整的，即可以随着数据的添加自动增长以容纳新增数据。

创建数组的基本方式有两种。第一种是使用 Array 构造函数，如下面的代码所示。

```
var colors = new Array();
```

如果预先知道数组要保存的项目数量，也可以给构造函数传递该数量，而该数量会自动变成 length 属性的值。例如，下面的代码将创建 length 值为 20 的数组。

```
var colors = new Array(20);
```

也可以向 Array 构造函数传递数组中应该包含的项。以下代码创建了一个包含 3 个字符串值的数组：

```
var colors = new Array("red", "blue", "green");
```

当然，给构造函数传递一个值也可以创建数组。但这时候问题就复杂一点了，因为如果传递的是数值，则会按照该数值创建包含给定项数的数组；而如果传递的是其他类型的参数，则会创建包含那个值的只有一项的数组。下面就两个例子：

```
var colors = new Array(3);          // 创建一个包含 3 项的数组
var names = new Array("Greg");       // 创建一个包含 1 项，即字符串"Greg"的数组
```

ArrayTypeExample01.htm

另外，在使用 Array 构造函数时也可以省略 new 操作符。如下面的例子所示，省略 new 操作符的结果相同：

```
var colors = Array(3);              // 创建一个包含 3 项的数组
var names = Array("Greg");           // 创建一个包含 1 项，即字符串"Greg"的数组
```

创建数组的第二种基本方式是使用数组字面量表示法。数组字面量由一对包含数组项的方括号表示，多个数组项之间以逗号隔开，如下所示：

```
var colors = ["red", "blue", "green"]; // 创建一个包含 3 个字符串的数组
var names = [];                         // 创建一个空数组
var values = [1,2,];                    // 不要这样！这样会创建一个包含 2 或 3 项的数组
var options = [,,,,,];                   // 不要这样！这样会创建一个包含 5 或 6 项的数组
```

ArrayTypeExample02.htm

以上代码的第一行创建了一个包含 3 个字符串的数组。第二行使用一对空方括号创建了一个空数组。第三行展示了在数组字面量的最后一项添加逗号的结果：在 IE8 及之前版本中，values 会成为一个包含 3 个项且每项的值分别为 1、2 和 undefined 的数组；在其他浏览器中，values 会成为一个包含 2 项且值分别为 1 和 2 的数组。原因是 IE8 及之前版本中的 ECMAScript 实现在数组字面量方面存在 bug。

由于这个 bug 导致的另一种情况如最后一行代码所示，该行代码可能会创建包含 5 项的数组（在 IE9+、Firefox、Opera、Safari 和 Chrome 中），也可能会创建包含 6 项的数组（在 IE8 及更早版本中）。在像这种省略值的情况下，每一项都将获得 undefined 值；这个结果与调用 Array 构造函数时传递项数在逻辑上是相同的。但是由于 IE 的实现与其他浏览器不一致，因此我们强烈建议不要使用这种语法。

 与对象一样，在使用数组字面量表示法时，也不会调用 Array 构造函数（Firefox 3 及更早版本除外）。

在读取和设置数组的值时，要使用方括号并提供相应值的基于 0 的数字索引，如下所示：

```
var colors = ["red", "blue", "green"];  // 定义一个字符串数组
alert(colors[0]);                       // 显示第一项
colors[2] = "black";                    // 修改第三项
colors[3] = "brown";                    // 新增第四项
```

方括号中的索引表示要访问的值。如果索引小于数组中的项数，则返回对应项的值，就像这个例子中的 colors[0] 会显示"red"一样。设置数组的值也使用相同的语法，但会替换指定位置的值。如果设置某个值的索引超过了数组现有项数，如这个例子中的 colors[3] 所示，数组就会自动增加到该索引值加 1 的长度（就这个例子而言，索引是 3，因此数组长度就是 4）。

数组的项数保存其 length 属性中，这个属性始终会返回 0 或更大的值，如下面这个例子所示：

```
var colors = ["red", "blue", "green"];     // 创建一个包含 3 个字符串的数组
var names = [];                            // 创建一个空数组

alert(colors.length);       //3
alert(names.length);        //0
```

数组的 length 属性很有特点——它不是只读的。因此，通过设置这个属性，可以从数组的末尾移除项或向数组中添加新项。请看下面的例子：

```
var colors = ["red", "blue", "green"];     // 创建一个包含 3 个字符串的数组
colors.length = 2;
alert(colors[2]);                          //undefined
```

ArrayTypeExample03.htm

这个例子中的数组 colors 一开始有 3 个值。将其 length 属性设置为 2 会移除最后一项（位置为 2 的那一项），结果再访问 colors[2] 就会显示 undefined 了。如果将其 length 属性设置为大于数组项数的值，则新增的每一项都会取得 undefined 值，如下所示：

```
var colors = ["red", "blue", "green"];     // 创建一个包含 3 个字符串的数组
colors.length = 4;
alert(colors[3]);                          //undefined
```

ArrayTypeExample04.htm

在此，虽然 colors 数组包含 3 个项，但把它的 length 属性设置成了 4。这个数组不存在位置 3，所以访问这个位置的值就得到了特殊值 undefined。

利用 length 属性也可以方便地在数组末尾添加新项，如下所示：

```
var colors = ["red", "blue", "green"];        // 创建一个包含 3 个字符串的数组
colors[colors.length] = "black";              // (在位置 3) 添加一种颜色
colors[colors.length] = "brown";              // (在位置 4) 再添加一种颜色
```

ArrayTypeExample05.htm

由于数组最后一项的索引始终是 length-1，因此下一个新项的位置就是 length。每当在数组末尾添加一项后，其 length 属性都会自动更新以反应这一变化。换句话说，上面例子第二行中的 colors[colors.length]为位置 3 添加了一个值，最后一行的 colors[colors.length]则为位置 4 添加了一个值。当把一个值放在超出当前数组大小的位置上时，数组就会重新计算其长度值，即长度值等于最后一项的索引加 1，如下面的例子所示：

```
var colors = ["red", "blue", "green"];        // 创建一个包含 3 个字符串的数组
colors[99] = "black";                         // (在位置 99) 添加一种颜色
alert(colors.length); // 100
```

ArrayTypeExample06.htm

在这个例子中，我们向 colors 数组的位置 99 插入了一个值，结果数组新长度（length）就是 100（99+1）。而位置 3 到位置 98 实际上都是不存在的，所以访问它们都将返回 undefined。

　　数组最多可以包含 4 294 967 295 个项，这几乎已经能够满足任何编程需求了。如果想添加的项数超过这个上限值，就会发生异常。而创建一个初始大小与这个上限值接近的数组，则可能会导致运行时间超长的脚本错误。

5.2.1　检测数组

自从 ECMAScript 3 做出规定以后，就出现了确定某个对象是不是数组的经典问题。对于一个网页，或者一个全局作用域而言，使用 instanceof 操作符就能得到满意的结果：

```
if (value instanceof Array){
    //对数组执行某些操作
}
```

instanceof 操作符的问题在于，它假定只有一个全局执行环境。如果网页中包含多个框架，那实际上就存在两个以上不同的全局执行环境，从而存在两个以上不同版本的 Array 构造函数。如果你从一个框架向另一个框架传入一个数组，那么传入的数组与在第二个框架中原生创建的数组分别具有各自不同的构造函数。

为了解决这个问题，ECMAScript 5 新增了 Array.isArray()方法。这个方法的目的是最终确定某个值到底是不是数组，而不管它是在哪个全局执行环境中创建的。这个方法的用法如下。

```
if (Array.isArray(value)){
    //对数组执行某些操作
}
```

支持 Array.isArray()方法的浏览器有 IE9+、Firefox 4+、Safari 5+、Opera 10.5+和 Chrome。要在尚未实现这个方法中的浏览器中准确检测数组，请参考 22.1.1 节。

5.2.2　转换方法

如前所述，所有对象都具有 toLocaleString()、toString() 和 valueOf() 方法。其中，调用 valueOf() 返回的还是数组本身，而调用数组的 toString() 方法会返回由数组中每个值的字符串形式拼接而成的一个以逗号分隔的字符串。实际上，为了创建这个字符串会调用数组每一项的 toString() 方法。来看下面这个例子。

```
var colors = ["red", "blue", "green"];       // 创建一个包含 3 个字符串的数组
alert(colors.toString());      // red,blue,green
alert(colors.valueOf());       // red,blue,green
alert(colors);                 // red,blue,green
```

ArrayTypeExample07.htm

在这里，我们首先显式地调用了 toString() 方法，以便返回数组的字符串表示，每个值的字符串表示拼接成了一个字符串，中间以逗号分隔。接着调用 valueOf() 方法，而最后一行代码直接将数组传递给了 alert()。由于 alert() 要接收字符串参数，所以它会在后台调用 toString() 方法，由此会得到与直接调用 toString() 方法相同的结果。

另外，toLocaleString() 方法经常也会返回与 toString() 和 valueOf() 方法相同的值，但也不总是如此。当调用数组的 toLocaleString() 方法时，它也会创建一个数组值的以逗号分隔的字符串。而与前两个方法唯一的不同之处在于，这一次为了取得每一项的值，调用的是每一项的 toLocale-String() 方法，而不是 toString() 方法。请看下面这个例子。

```
var person1 = {
    toLocaleString : function () {
        return "Nikolaos";
    },

    toString : function() {
        return "Nicholas";
    }
};

var person2 = {
    toLocaleString : function () {
        return "Grigorios";
    },

    toString : function() {
        return "Greg";
    }
};

var people = [person1, person2];
alert(people);                       //Nicholas,Greg
alert(people.toString());            //Nicholas,Greg
alert(people.toLocaleString());      //Nikolaos,Grigorios
```

ArrayTypeExample08.htm

我们在这里定义了两个对象:person1 和 person2。而且还分别为每个对象定义了一个 toString()
方法和一个 toLocaleString()方法,这两个方法返回不同的值。然后,创建一个包含前面定义的两
个对象的数组。在将数组传递给 alert()时,输出结果是"Nicholas,Greg",因为调用了数组每一项
的 toString()方法(同样,这与下一行显式调用 toString()方法得到的结果相同)。而当调用数组
的 toLocaleString()方法时,输出结果是"Nikolaos,Grigorios",原因是调用了数组每一项的
toLocaleString()方法。

数组继承的 toLocaleString()、toString()和 valueOf()方法,在默认情况下都会以逗号分隔的字
符串的形式返回数组。而如果使用 join()方法,则可以使用不同的分隔符来构建这个字符串。join()方
法只接收一个参数,即用作分隔符的字符串,然后返回包含所有数组项的字符串。请看下面的例子:

```
var colors = ["red", "green", "blue"];
alert(colors.join(","));       //red,green,blue
alert(colors.join("||"));      //red||green||blue
```

ArrayTypeJoinExample01.htm

在这里,我们使用 join()方法重现了 toString()方法的输出。在传递逗号的情况下,得到了以
逗号分隔的数组值。而在最后一行代码中,我们传递了双竖线符号,结果就得到了字符串"red||
green||blue"。如果不给 join()方法传入任何值,或者给它传入 undefined,则使用逗号作为分隔
符。IE7 及更早版本会错误的使用字符串"undefined"作为分隔符。

 如果数组中的某一项的值是 null 或者 undefined,那么该值在 join()、
toLocaleString()、toString()和 valueOf()方法返回的结果中以空字符串表示。

5.2.3   栈方法

ECMAScript 数组也提供了一种让数组的行为类似于其他数据结构的方法。具体说来,数组可以表
现得就像栈一样,后者是一种可以限制插入和删除项的数据结构。栈是一种 LIFO(Last-In-First-Out,
后进先出)的数据结构,也就是最新添加的项最早被移除。而栈中项的插入(叫做**推入**)和移除(叫做
弹出),只发生在一个位置——栈的顶部。ECMAScript 为数组专门提供了 push()和 pop()方法,以便
实现类似栈的行为。

push()方法可以接收任意数量的参数,把它们逐个添加到数组末尾,并返回修改后数组的长度。而
pop()方法则从数组末尾移除最后一项,减少数组的 length 值,然后返回移除的项。请看下面的例子:

```
var colors = new Array();                 // 创建一个数组
var count = colors.push("red", "green");  // 推入两项
alert(count);    //2

count = colors.push("black");             // 推入另一项
alert(count);       //3

var item = colors.pop();                  // 取得最后一项
alert(item);        //"black"
alert(colors.length);    //2
```

ArrayTypeExample09.htm

以上代码中的数组可以看成是栈（代码本身没有任何区别，而 push() 和 pop() 都是数组默认的方法）。首先，我们使用 push() 将两个字符串推入数组的末尾，并将返回的结果保存在变量 count 中（值为 2）。然后，再推入一个值，而结果仍然保存在 count 中。因为此时数组中包含 3 项，所以 push() 返回 3。在调用 pop() 时，它会返回数组的最后一项，即字符串"black"。此后，数组中仅剩两项。

可以将栈方法与其他数组方法连用，像下面这个例子一样。

```
var colors = ["red", "blue"];
colors.push("brown");          // 添加另一项
colors[3] = "black";           // 添加一项
alert(colors.length);     // 4

var item = colors.pop();           // 取得最后一项
alert(item);  //"black"
```

ArrayTypeExample10.htm

在此，我们首先用两个值来初始化一个数组。然后，使用 push() 添加第三个值，再通过直接在位置 3 上赋值来添加第四个值。而在调用 pop() 时，该方法返回了字符串"black"，即最后一个添加到数组的值。

5.2.4　队列方法

栈数据结构的访问规则是 LIFO(后进先出)，而队列数据结构的访问规则是 FIFO(First-In-First-Out，先进先出)。队列在列表的末端添加项，从列表的前端移除项。由于 push() 是向数组末端添加项的方法，因此要模拟队列只需一个从数组前端取得项的方法。实现这一操作的数组方法就是 shift()，它能够移除数组中的第一个项并返回该项，同时将数组长度减 1。结合使用 shift() 和 push() 方法，可以像使用队列一样使用数组。

```
var colors = new Array();               //创建一个数组
var count = colors.push("red", "green");     //推入两项
alert(count);     //2

count = colors.push("black");              //推入另一项
alert(count);       //3

var item = colors.shift();              //取得第一项
alert(item);        //"red"
alert(colors.length); //2
```

ArrayTypeExample11.htm

这个例子首先使用 push() 方法创建了一个包含 3 种颜色名称的数组。代码中加粗的那一行使用 shift() 方法从数组中取得了第一项，即"red"。在移除第一项之后，"green"就变成了第一项，而"black"则变成了第二项，数组也只包含两项了。

ECMAScript 还为数组提供了一个 unshift() 方法。顾名思义，unshift() 与 shift() 的用途相反：它能在数组前端添加任意个项并返回新数组的长度。因此，同时使用 unshift() 和 pop() 方法，可以从相反的方向来模拟队列，即在数组的前端添加项，从数组末端移除项，如下面的例子所示。

```
var colors = new Array();                      //创建一个数组
var count = colors.unshift("red", "green");    //推入两项
alert(count);    //2
```

```
count = colors.unshift("black");                //推入另一项
alert(count);    //3

var item = colors.pop();                        //取得最后一项
alert(item);        //"green"
alert(colors.length); //2
```

ArrayTypeExample12.htm

这个例子创建了一个数组并使用 unshift() 方法先后推入了 3 个值。首先是"red"和"green"，然后是"black"，数组中各项的顺序为"black"、"red"、"green"。在调用 pop() 方法时，移除并返回的是最后一项，即"green"。

 IE7 及更早版本对 JavaScript 的实现中存在一个偏差，其 unshift() 方法总是返回 undefined 而不是数组的新长度。IE8 在非兼容模式下会返回正确的长度值。

5.2.5　重排序方法

数组中已经存在两个可以直接用来重排序的方法：reverse() 和 sort()。有读者可能猜到了，reverse() 方法会反转数组项的顺序。请看下面这个例子。

```
var values = [1, 2, 3, 4, 5];
values.reverse();
alert(values);        //5,4,3,2,1
```

ArrayTypeExample13.htm

这里数组的初始值及顺序是 1、2、3、4、5。而调用数组的 reverse() 方法后，其值的顺序变成了 5、4、3、2、1。这个方法的作用相当直观明了，但不够灵活，因此才有了 sort() 方法。

在默认情况下，sort() 方法按升序排列数组项——即最小的值位于最前面，最大的值排在最后面。为了实现排序，sort() 方法会调用每个数组项的 toString() 转型方法，然后比较得到的字符串，以确定如何排序。即使数组中的每一项都是数值，sort() 方法比较的也是字符串，如下所示。

```
var values = [0, 1, 5, 10, 15];
values.sort();
alert(values);        //0,1,10,15,5
```

ArrayTypeExample14.htm

可见，即使例子中值的顺序没有问题，但 sort() 方法也会根据测试字符串的结果改变原来的顺序。因为数值 5 虽然小于 10，但在进行字符串比较时，"10"则位于"5"的前面，于是数组的顺序就被修改了。不用说，这种排序方式在很多情况下都不是最佳方案。因此 sort() 方法可以接收一个比较函数作为参数，以便我们指定哪个值位于哪个值的前面。

比较函数接收两个参数，如果第一个参数应该位于第二个之前则返回一个负数，如果两个参数相等则返回 0，如果第一个参数应该位于第二个之后则返回一个正数。以下就是一个简单的比较函数：

```
function compare(value1, value2) {
    if (value1 < value2) {
        return -1;
    } else if (value1 > value2) {
        return 1;
    } else {
        return 0;
    }
}
```

ArrayTypeExample15.htm

这个比较函数可以适用于大多数数据类型，只要将其作为参数传递给 sort() 方法即可，如下面这个例子所示。

```
var values = [0, 1, 5, 10, 15];
values.sort(compare);
alert(values);    //0,1,5,10,15
```

在将比较函数传递到 sort() 方法之后，数值仍然保持了正确的升序。当然，也可以通过比较函数产生降序排序的结果，只要交换比较函数返回的值即可。

```
function compare(value1, value2) {
    if (value1 < value2) {
        return 1;
    } else if (value1 > value2) {
        return -1;
    } else {
        return 0;
    }
}

var values = [0, 1, 5, 10, 15];
values.sort(compare);
alert(values);    // 15,10,5,1,0
```

ArrayTypeExample16.htm

在这个修改后的例子中，比较函数在第一个值应该位于第二个之后的情况下返回 1，而在第一个值应该在第二个之前的情况下返回-1。交换返回值的意思是让更大的值排位更靠前，也就是对数组按照降序排序。当然，如果只想反转数组原来的顺序，使用 reverse() 方法要更快一些。

> reverse() 和 sort() 方法的返回值是经过排序之后的数组。

对于数值类型或者其 valueOf() 方法会返回数值类型的对象类型，可以使用一个更简单的比较函数。这个函数只要用第二个值减第一个值即可。

```
function compare(value1, value2){
    return value2 - value1;
}
```

由于比较函数通过返回一个小于零、等于零或大于零的值来影响排序结果，因此减法操作就可以适当地处理所有这些情况。

5.2.6 操作方法

ECMAScript 为操作已经包含在数组中的项提供了很多方法。其中，concat() 方法可以基于当前数组中的所有项创建一个新数组。具体来说，这个方法会先创建当前数组一个副本，然后将接收到的参数添加到这个副本的末尾，最后返回新构建的数组。在没有给 concat() 方法传递参数的情况下，它只是复制当前数组并返回副本。如果传递给 concat() 方法的是一或多个数组，则该方法会将这些数组中的每一项都添加到结果数组中。如果传递的值不是数组，这些值就会被简单地添加到结果数组的末尾。下面来看一个例子。

```
var colors = ["red", "green", "blue"];
var colors2 = colors.concat("yellow", ["black", "brown"]);

alert(colors);      //red,green,blue
alert(colors2);     //red,green,blue,yellow,black,brown
```

ArrayTypeConcatExample01.htm

以上代码开始定义了一个包含 3 个值的数组 colors。然后，基于 colors 调用了 concat() 方法，并传入字符串"yellow"和一个包含"black"和"brown"的数组。最终，结果数组 colors2 中包含了 "red"、"green"、"blue"、"yellow"、"black"和"brown"。至于原来的数组 colors，其值仍然保持不变。

下一个方法是 slice()，它能够基于当前数组中的一或多个项创建一个新数组。slice() 方法可以接受一或两个参数，即要返回项的起始和结束位置。在只有一个参数的情况下，slice() 方法返回从该参数指定位置开始到当前数组末尾的所有项。如果有两个参数，该方法返回起始和结束位置之间的项——但不包括结束位置的项。注意，slice() 方法不会影响原始数组。请看下面的例子。

```
var colors = ["red", "green", "blue", "yellow", "purple"];
var colors2 = colors.slice(1);
var colors3 = colors.slice(1,4);

alert(colors2);     //green,blue,yellow,purple
alert(colors3);     //green,blue,yellow
```

ArrayTypeSliceExample01.htm

在这个例子中，开始定义的数组 colors 包含 5 项。调用 slice() 并传入 1 会得到一个包含 4 项的新数组；因为是从位置 1 开始复制，所以会包含"green"而不会包含"red"。这个新数组 colors2 中包含的是"green"、"blue"、"yellow"和"purple"。接着，我们再次调用 slice() 并传入了 1 和 4，表示复制从位置 1 开始，到位置 3 结束。结果数组 colors3 中包含了"green"、"blue"和"yellow"。

如果 slice() 方法的参数中有一个负数，则用数组长度加上该数来确定相应的位置。例如，在一个包含 5 项的数组上调用 slice(-2,-1) 与调用 slice(3,4) 得到的结果相同。如果结束位置小于起始位置，则返回空数组。

下面我们来介绍 splice()方法，这个方法恐怕要算是最强大的数组方法了，它有很多种用法。splice()的主要用途是向数组的中部插入项，但使用这种方法的方式则有如下 3 种。

- ❑ **删除**：可以删除任意数量的项，只需指定 2 个参数：要删除的第一项的位置和要删除的项数。例如，splice(0,2)会删除数组中的前两项。
- ❑ **插入**：可以向指定位置插入任意数量的项，只需提供 3 个参数：起始位置、0（要删除的项数）和要插入的项。如果要插入多个项，可以再传入第四、第五，以至任意多个项。例如，splice(2,0,"red","green")会从当前数组的位置 2 开始插入字符串"red"和"green"。
- ❑ **替换**：可以向指定位置插入任意数量的项，且同时删除任意数量的项，只需指定 3 个参数：起始位置、要删除的项数和要插入的任意数量的项。插入的项数不必与删除的项数相等。例如，splice (2,1,"red","green")会删除当前数组位置 2 的项，然后再从位置 2 开始插入字符串"red"和"green"。

splice()方法始终都会返回一个数组，该数组中包含从原始数组中删除的项（如果没有删除任何项，则返回一个空数组）。下面的代码展示了上述 3 种使用 splice()方法的方式。

```
var colors = ["red", "green", "blue"];
var removed = colors.splice(0,1);           // 删除第一项
alert(colors);        // green,blue
alert(removed);       // red, 返回的数组中只包含一项

removed = colors.splice(1, 0, "yellow", "orange");   // 从位置 1 开始插入两项
alert(colors);        // green,yellow,orange,blue
alert(removed);       // 返回的是一个空数组

removed = colors.splice(1, 1, "red", "purple");   // 插入两项，删除一项
alert(colors);        // green,red,purple,orange,blue
alert(removed);       // yellow, 返回的数组中只包含一项
```

ArrayTypeSpliceExample01.htm

上面的例子首先定义了一个包含 3 项的数组 colors。第一次调用 splice()方法只是删除了这个数组的第一项，之后 colors 还包含"green"和"blue"两项。第二次调用 splice()方法时在位置 1 插入了两项，结果 colors 中包含"green"、"yellow"、"orange"和"blue"。这一次操作没有删除项，因此返回了一个空数组。最后一次调用 splice()方法删除了位置 1 处的一项，然后又插入了"red"和"purple"。在完成以上操作之后，数组 colors 中包含的是"green"、"red"、"purple"、"orange"和"blue"。

5.2.7　位置方法

ECMAScript 5 为数组实例添加了两个位置方法：indexOf()和 lastIndexOf()。这两个方法都接收两个参数：要查找的项和（可选的）表示查找起点位置的索引。其中，indexOf()方法从数组的开头（位置 0）开始向后查找，lastIndexOf()方法则从数组的末尾开始向前查找。

这两个方法都返回要查找的项在数组中的位置，或者在没找到的情况下返回 −1。在比较第一个参数与数组中的每一项时，会使用全等操作符；也就是说，要求查找的项必须严格相等（就像使用===一样）。以下是几个例子。

```
var numbers = [1,2,3,4,5,4,3,2,1];

alert(numbers.indexOf(4));           //3
```

```
alert(numbers.lastIndexOf(4));      //5

alert(numbers.indexOf(4, 4));       //5
alert(numbers.lastIndexOf(4, 4));  //3

var person = { name: "Nicholas" };
var people = [{ name: "Nicholas" }];

var morePeople = [person];

alert(people.indexOf(person));      //-1
alert(morePeople.indexOf(person)); //0
```

ArrayIndexOfExample01.htm

使用 indexOf() 和 lastIndexOf() 方法查找特定项在数组中的位置非常简单，支持它们的浏览器包括 IE9+、Firefox 2+、Safari 3+、Opera 9.5+和 Chrome。

5.2.8　迭代方法

ECMAScript 5 为数组定义了 5 个迭代方法。每个方法都接收两个参数：要在每一项上运行的函数和（可选的）运行该函数的作用域对象——影响 this 的值。传入这些方法中的函数会接收三个参数：数组项的值、该项在数组中的位置和数组对象本身。根据使用的方法不同，这个函数执行后的返回值可能会也可能不会影响方法的返回值。以下是这 5 个迭代方法的作用。

❑ every()：对数组中的每一项运行给定函数，如果该函数对每一项都返回 true，则返回 true。
❑ filter()：对数组中的每一项运行给定函数，返回该函数会返回 true 的项组成的数组。
❑ forEach()：对数组中的每一项运行给定函数。这个方法没有返回值。
❑ map()：对数组中的每一项运行给定函数，返回每次函数调用的结果组成的数组。
❑ some()：对数组中的每一项运行给定函数，如果该函数对任一项返回 true，则返回 true。

以上方法都不会修改数组中的包含的值。

在这些方法中，最相似的是 every() 和 some()，它们都用于查询数组中的项是否满足某个条件。对 every() 来说，传入的函数必须对每一项都返回 true，这个方法才返回 true；否则，它就返回 false。而 some() 方法则是只要传入的函数对数组中的某一项返回 true，就会返回 true。请看以下例子。

```
var numbers = [1,2,3,4,5,4,3,2,1];

var everyResult = numbers.every(function(item, index, array){
    return (item > 2);
});

alert(everyResult);      //false

var someResult = numbers.some(function(item, index, array){
    return (item > 2);
});

alert(someResult);       //true
```

ArrayEveryAndSomeExample01.htm

　　以上代码调用了 every() 和 some()，传入的函数只要给定项大于 2 就会返回 true。对于 every()，
它返回的是 false，因为只有部分数组项符合条件。对于 some()，结果就是 true，因为至少有一项
是大于 2 的。

　　下面再看一看 filter() 函数，它利用指定的函数确定是否在返回的数组中包含某一项。例如，要
返回一个所有数值都大于 2 的数组，可以使用以下代码。

```
var numbers = [1,2,3,4,5,4,3,2,1];

var filterResult = numbers.filter(function(item, index, array){
    return (item > 2);
});

alert(filterResult);        //[3,4,5,4,3]
```

ArrayFilterExample01.htm

　　这里，通过调用 filter() 方法创建并返回了包含 3、4、5、4、3 的数组，因为传入的函数对它们
每一项都返回 true。这个方法对查询符合某些条件的所有数组项非常有用。

　　map() 也返回一个数组，而这个数组的每一项都是在原始数组中的对应项上运行传入函数的结果。
例如，可以给数组中的每一项乘以 2，然后返回这些乘积组成的数组，如下所示。

```
var numbers = [1,2,3,4,5,4,3,2,1];

var mapResult = numbers.map(function(item, index, array){
    return item * 2;
});

alert(mapResult);  //[2,4,6,8,10,8,6,4,2]
```

ArrayMapExample01.htm

　　以上代码返回的数组中包含给每个数乘以 2 之后的结果。这个方法适合创建包含的项与另一个数组
一一对应的数组。

　　最后一个方法是 forEach()，它只是对数组中的每一项运行传入的函数。这个方法没有返回值，
本质上与使用 for 循环迭代数组一样。来看一个例子。

```
var numbers = [1,2,3,4,5,4,3,2,1];

numbers.forEach(function(item, index, array){
    //执行某些操作
});
```

　　这些数组方法通过执行不同的操作，可以大大方便处理数组的任务。支持这些迭代方法的浏览器有
IE9+、Firefox 2+、Safari 3+、Opera 9.5+ 和 Chrome。

5.2.9　归并方法

　　ECMAScript 5 还新增了两个归并数组的方法：reduce() 和 reduceRight()。这两个方法都会迭
代数组的所有项，然后构建一个最终返回的值。其中，reduce() 方法从数组的第一项开始，逐个遍历
到最后。而 reduceRight() 则从数组的最后一项开始，向前遍历到第一项。

　　这两个方法都接收两个参数：一个在每一项上调用的函数和（可选的）作为归并基础的初始值。传

给 reduce() 和 reduceRight() 的函数接收 4 个参数：前一个值、当前值、项的索引和数组对象。这个函数返回的任何值都会作为第一个参数自动传给下一项。第一次迭代发生在数组的第二项上，因此第一个参数是数组的第一项，第二个参数就是数组的第二项。

使用 reduce() 方法可以执行求数组中所有值之和的操作，比如：

```
var values = [1,2,3,4,5];
var sum = values.reduce(function(prev, cur, index, array){
    return prev + cur;
});
alert(sum); //15
```

ArrayReductionExample01.htm

第一次执行回调函数，prev 是 1，cur 是 2。第二次，prev 是 3（1 加 2 的结果），cur 是 3（数组的第三项）。这个过程会持续到把数组中的每一项都访问一遍，最后返回结果。

reduceRight() 的作用类似，只不过方向相反而已。来看下面这个例子。

```
var values = [1,2,3,4,5];
var sum = values.reduceRight(function(prev, cur, index, array){
    return prev + cur;
});
alert(sum); //15
```

在这个例子中，第一次执行回调函数，prev 是 5，cur 是 4。当然，最终结果相同，因为执行的都是简单相加的操作。

使用 reduce() 还是 reduceRight()，主要取决于要从哪头开始遍历数组。除此之外，它们完全相同。

支持这两个归并函数的浏览器有 IE9+、Firefox 3+、Safari 4+、Opera 10.5 和 Chrome。

5.3 Date 类型

ECMAScript 中的 Date 类型是在早期 Java 中的 java.util.Date 类基础上构建的。为此，Date 类型使用自 UTC（Coordinated Universal Time，国际协调时间）1970 年 1 月 1 日午夜（零时）开始经过的毫秒数来保存日期。在使用这种数据存储格式的条件下，Date 类型保存的日期能够精确到 1970 年 1 月 1 日之前或之后的 100 000 000 天。

要创建一个日期对象，使用 new 操作符和 Date 构造函数即可，如下所示。

```
var now = new Date();
```

DateTypeExample01.htm

在调用 Date 构造函数而不传递参数的情况下，新创建的对象自动获得当前日期和时间。如果想根据特定的日期和时间创建日期对象，必须传入表示该日期的毫秒数（即从 UTC 时间 1970 年 1 月 1 日午夜起至该日期止经过的毫秒数）。为了简化这一计算过程，ECMAScript 提供了两个方法：Date.parse() 和 Date.UTC()。

其中，Date.parse() 方法接收一个表示日期的字符串参数，然后尝试根据这个字符串返回相应日期的毫秒数。ECMA-262 没有定义 Date.parse() 应该支持哪种日期格式，因此这个方法的行为因实现而异，而且通常是因地区而异。将地区设置为美国的浏览器通常都接受下列日期格式：

❑ "月/日/年"，如 6/13/2004；

❑ "英文月名 日,年"，如 January 12,2004；

❑ "英文星期几 英文月名 日 年 时:分:秒 时区"，如 Tue May 25 2004 00:00:00 GMT-0700。

❑ ISO 8601 扩展格式 YYYY-MM-DDTHH:mm:ss.sssZ（例如 2004-05-25T00:00:00）。只有兼容 ECMAScript 5 的实现支持这种格式。

例如，要为 2004 年 5 月 25 日创建一个日期对象，可以使用下面的代码：

```
var someDate = new Date(Date.parse("May 25, 2004"));
```

DateTypeExample01.htm

如果传入 Date.parse() 方法的字符串不能表示日期，那么它会返回 NaN。实际上，如果直接将表示日期的字符串传递给 Date 构造函数，也会在后台调用 Date.parse()。换句话说，下面的代码与前面的例子是等价的：

```
var someDate = new Date("May 25, 2004");
```

这行代码将会得到与前面相同的日期对象。

> 日期对象及其在不同浏览器中的实现有许多奇怪的行为。其中有一种倾向是将超出范围的值替换成当前的值，以便生成输出。例如，在解析"January 32, 2007"时，有的浏览器会将其解释为"February 1, 2007"。而 Opera 则倾向于插入当前月份的当前日期，返回"January 当前日期, 2007"。也就是说，如果在 2007 年 9 月 21 日运行前面的代码，将会得到"January 21, 2007"（都是 21 日）。

Date.UTC() 方法同样也返回表示日期的毫秒数，但它与 Date.parse() 在构建值时使用不同的信息。Date.UTC() 的参数分别是年份、基于 0 的月份（一月是 0，二月是 1，以此类推）、月中的哪一天（1 到 31）、小时数（0 到 23）、分钟、秒以及毫秒数。在这些参数中，只有前两个参数（年和月）是必需的。如果没有提供月中的天数，则假设天数为 1；如果省略其他参数，则统统假设为 0。以下是两个使用 Date.UTC() 方法的例子：

```
// GMT 时间 2000 年 1 月 1 日午夜零时
var y2k = new Date(Date.UTC(2000, 0));

// GMT 时间 2005 年 5 月 5 日下午 5:55:55
var allFives = new Date(Date.UTC(2005, 4, 5, 17, 55, 55));
```

DateTypeUTCExample01.htm

这个例子创建了两个日期对象。第一个对象表示 GMT 时间 2000 年 1 月 1 日午夜零时，传入的值一个是表示年份的 2000，一个是表示月份的 0（即一月份）。因为其他参数是自动填充的（即月中的天数为 1，其他所有参数均为 0），所以结果就是该月第一天的午夜零时。第二个对象表示 GMT 时间 2005 年 5 月 5 日下午 5:55:55，即使日期和时间中只包含 5，也需要传入不一样的参数：月份必须是 4（因为月份是基于 0 的）、小时必须设置为 17（因为小时以 0 到 23 表示），剩下的参数就很直观了。

如同模仿 Date.parse() 一样，Date 构造函数也会模仿 Date.UTC()，但有一点明显不同：日期和时间都基于本地时区而非 GMT 来创建。不过，Date 构造函数接收的参数仍然与 Date.UTC() 相同。

因此，如果第一个参数是数值，Date 构造函数就会假设该值是日期中的年份，而第二个参数是月份，以此类推。据此，可以将前面的例子重写如下。

```
// 本地时间 2000 年 1 月 1 日午夜零时
var y2k = new Date(2000, 0);

// 本地时间 2005 年 5 月 5 日下午 5:55:55
var allFives = new Date(2005, 4, 5, 17, 55, 55);
```

DateTypeConstructorExample01.htm

以上代码创建了与前面例子中相同的两个日期对象，只不过这次的日期都是基于系统设置的本地时区创建的。

ECMAScript 5 添加了 Date.now()方法，返回表示调用这个方法时的日期和时间的毫秒数。这个方法简化了使用 Date 对象分析代码的工作。例如：

```
//取得开始时间
var start = Date.now();

//调用函数
doSomething();

//取得停止时间
var stop = Date.now(),
    result = stop - start;
```

支持 Date.now()方法的浏览器包括 IE9+、Firefox 3+、Safari 3+、Opera 10.5 和 Chrome。在不支持它的浏览器中，使用+操作符获取 Date 对象的时间戳，也可以达到同样的目的。

```
//取得开始时间
var start = +new Date();

//调用函数
doSomething();
//取得停止时间
var stop = +new Date(),
    result = stop - start;
```

5.3.1　继承的方法

与其他引用类型一样，Date 类型也重写了 toLocaleString()、toString()和 valueOf()方法；但这些方法返回的值与其他类型中的方法不同。Date 类型的 toLocaleString()方法会按照与浏览器设置的地区相适应的格式返回日期和时间。这大致意味着时间格式中会包含 AM 或 PM，但不会包含时区信息（当然，具体的格式会因浏览器而异）。而 toString()方法则通常返回带有时区信息的日期和时间，其中时间一般以军用时间（即小时的范围是 0 到 23）表示。下面给出了在不同浏览器中调用 toLocaleString()和 toString()方法，输出 PST（Pacific Standard Time，太平洋标准时间）时间 2007 年 2 月 1 日午夜零时的结果。

Internet Explorer 8
```
toLocaleString() — Thursday, February 01, 2007 12:00:00 AM
toString() — Thu Feb 1 00:00:00 PST 2007
```

Firefox 3.5

```
toLocaleString() — Thursday, February 01, 2007 12:00:00 AM
toString() — Thu Feb 01 2007 00:00:00 GMT-0800 (Pacific Standard Time)
```

Safari 4

```
toLocaleString() — Thursday, February 01, 2007 00:00:00
toString() — Thu Feb 01 2007 00:00:00 GMT-0800 (Pacific Standard Time)
```

Chrome 4

```
toLocaleString() — Thu Feb 01 2007 00:00:00 GMT-0800 (Pacific Standard Time)
toString() — Thu Feb 01 2007 00:00:00 GMT-0800 (Pacific Standard Time)
```

Opera 10

```
toLocaleString() — 2/1/2007 12:00:00 AM
toString() — Thu, 01 Feb 2007 00:00:00 GMT-0800
```

显然，这两个方法在不同的浏览器中返回的日期和时间格式可谓大相径庭。事实上，`toLocaleString()`和`toString()`的这一差别仅在调试代码时比较有用，而在显示日期和时间时没有什么价值。

至于 Date 类型的`valueOf()`方法，则根本不返回字符串，而是返回日期的毫秒表示。因此，可以方便使用比较操作符（小于或大于）来比较日期值。请看下面的例子。

```
var date1 = new Date(2007, 0, 1);        //"January 1, 2007"
var date2 = new Date(2007, 1, 1);        //"February 1, 2007"

alert(date1 < date2); //true
alert(date1 > date2); //false
```

DateTypeValueOfExample01.htm

从逻辑上讲，2007 年 1 月 1 日要早于 2007 年 2 月 1 日，此时如果我们说前者小于后者比较符合常理。而表示 2007 年 1 月 1 日的毫秒值小于表示 2007 年 2 月 1 日的毫秒值，因此在首先使用小于操作符比较日期时，返回的结果是 true。这样，就为我们比较日期提供了极大方便。

5.3.2 日期格式化方法

Date 类型还有一些专门用于将日期格式化为字符串的方法，这些方法如下。

- ❑ `toDateString()`——以特定于实现的格式显示星期几、月、日和年；
- ❑ `toTimeString()`——以特定于实现的格式显示时、分、秒和时区；
- ❑ `toLocaleDateString()`——以特定于地区的格式显示星期几、月、日和年；
- ❑ `toLocaleTimeString()`——以特定于实现的格式显示时、分、秒；
- ❑ `toUTCString()`——以特定于实现的格式完整的 UTC 日期。

与`toLocaleString()`和`toString()`方法一样，以上这些字符串格式方法的输出也是因浏览器而异的，因此没有哪一个方法能够用来在用户界面中显示一致的日期信息。

> 除了前面介绍的方法之外，还有一个名叫`toGMTString()`的方法，这是一个与`toUTCString()`等价的方法，其存在目的在于确保向后兼容。不过，ECMAScript 推荐现在编写的代码一律使用`toUTCString()`方法。

5.3.3　日期/时间组件方法

到目前为止，剩下还未介绍的 Date 类型的方法（如下表所示），都是直接取得和设置日期值中特定部分的方法了。需要注意的是，UTC 日期指的是在没有时区偏差的情况下（将日期转换为 GMT 时间）的日期值。

方　　法	说　　明
getTime()	返回表示日期的毫秒数；与valueOf()方法返回的值相同
setTime(毫秒)	以毫秒数设置日期，会改变整个日期
getFullYear()	取得4位数的年份（如2007而非仅07）
getUTCFullYear()	返回UTC日期的4位数年份
setFullYear(年)	设置日期的年份。传入的年份值必须是4位数字（如2007而非仅07）
setUTCFullYear(年)	设置UTC日期的年份。传入的年份值必须是4位数字（如2007而非仅07）
getMonth()	返回日期中的月份，其中0表示一月，11表示十二月
getUTCMonth()	返回UTC日期中的月份，其中0表示一月，11表示十二月
setMonth(月)	设置日期的月份。传入的月份值必须大于0，超过11则增加年份
setUTCMonth(月)	设置UTC日期的月份。传入的月份值必须大于0，超过11则增加年份
getDate()	返回日期月份中的天数（1到31）
getUTCDate()	返回UTC日期月份中的天数（1到31）
setDate(日)	设置日期月份中的天数。如果传入的值超过了该月中应有的天数，则增加月份
setUTCDate(日)	设置UTC日期月份中的天数。如果传入的值超过了该月中应有的天数，则增加月份
getDay()	返回日期中星期的星期几（其中0表示星期日，6表示星期六）
getUTCDay()	返回UTC日期中星期的星期几（其中0表示星期日，6表示星期六）
getHours()	返回日期中的小时数（0到23）
getUTCHours()	返回UTC日期中的小时数（0到23）
setHours(时)	设置日期中的小时数。传入的值超过了23则增加月份中的天数
setUTCHours(时)	设置UTC日期中的小时数。传入的值超过了23则增加月份中的天数
getMinutes()	返回日期中的分钟数（0到59）
getUTCMinutes()	返回UTC日期中的分钟数（0到59）
setMinutes(分)	设置日期中的分钟数。传入的值超过59则增加小时数
setUTCMinutes(分)	设置UTC日期中的分钟数。传入的值超过59则增加小时数
getSeconds()	返回日期中的秒数（0到59）
getUTCSeconds()	返回UTC日期中的秒数（0到59）
setSeconds(秒)	设置日期中的秒数。传入的值超过了59会增加分钟数
setUTCSeconds(秒)	设置UTC日期中的秒数。传入的值超过了59会增加分钟数
getMilliseconds()	返回日期中的毫秒数
getUTCMilliseconds()	返回UTC日期中的毫秒数
setMilliseconds(毫秒)	设置日期中的毫秒数

（续）

方　法	说　明
setUTCMilliseconds(毫秒)	设置UTC日期中的毫秒数
getTimezoneOffset()	返回本地时间与UTC时间相差的分钟数。例如，美国东部标准时间返回300。在某地进入夏令时的情况下，这个值会有所变化

5.4　RegExp 类型

ECMAScript 通过 RegExp 类型来支持正则表达式。使用下面类似 Perl 的语法，就可以创建一个正则表达式。

```
var expression = / pattern / flags ;
```

其中的模式（pattern）部分可以是任何简单或复杂的正则表达式，可以包含字符类、限定符、分组、向前查找以及反向引用。每个正则表达式都可带有一或多个标志（flags），用以标明正则表达式的行为。正则表达式的匹配模式支持下列 3 个标志。

- ❏ **g**：表示全局（global）模式，即模式将被应用于所有字符串，而非在发现第一个匹配项时立即停止；
- ❏ **i**：表示不区分大小写（case-insensitive）模式，即在确定匹配项时忽略模式与字符串的大小写；
- ❏ **m**：表示多行（multiline）模式，即在到达一行文本末尾时还会继续查找下一行中是否存在与模式匹配的项。

因此，一个正则表达式就是一个模式与上述 3 个标志的组合体。不同组合产生不同结果，如下面的例子所示。

```
/*
 * 匹配字符串中所有"at"的实例
 */
var pattern1 = /at/g;

/*
 * 匹配第一个"bat"或"cat"，不区分大小写
 */
var pattern2 = /[bc]at/i;

/*
 * 匹配所有以"at"结尾的 3 个字符的组合，不区分大小写
 */
var pattern3 = /.at/gi;
```

与其他语言中的正则表达式类似，模式中使用的所有**元字符**都必须转义。正则表达式中的元字符包括：

```
( [ { \ ^ $ | ) ? * + .]}
```

这些元字符在正则表达式中都有一或多种特殊用途，因此如果想要匹配字符串中包含的这些字符，就必须对它们进行转义。下面给出几个例子。

```
/*
 * 匹配第一个"bat"或"cat"，不区分大小写
 */
```

```
var pattern1 = /[bc]at/i;

/*
 * 匹配第一个" [bc]at", 不区分大小写
 */
var pattern2 = /\[bc\]at/i;

/*
 * 匹配所有以"at"结尾的 3 个字符的组合, 不区分大小写
 */
var pattern3 = /.at/gi;

/*
 * 匹配所有".at", 不区分大小写
 */
var pattern4 = /\.at/gi;
```

在上面的例子中, pattern1 匹配第一个"bat"或"cat", 不区分大小写。而要想直接匹配"[bc]at"的话, 就需要像定义 pattern2 一样, 对其中的两个方括号进行转义。对于 pattern3 来说, 句点表示位于"at"之前的任意一个可以构成匹配项的字符。但如果想匹配".at", 则必须对句点本身进行转义, 如 pattern4 所示。

前面举的这些例子都是以字面量形式来定义的正则表达式。另一种创建正则表达式的方式是使用 RegExp 构造函数, 它接收两个参数: 一个是要匹配的字符串模式, 另一个是可选的标志字符串。可以使用字面量定义的任何表达式, 都可以使用构造函数来定义, 如下面的例子所示。

```
/*
 * 匹配第一个"bat"或"cat", 不区分大小写
 */
var pattern1 = /[bc]at/i;

/*
 * 与 pattern1 相同, 只不过是使用构造函数创建的
 */
var pattern2 = new RegExp("[bc]at", "i");
```

在此, pattern1 和 pattern2 是两个完全等价的正则表达式。要注意的是, 传递给 RegExp 构造函数的两个参数都是字符串。由于 RegExp 构造函数的模式参数是字符串, 所以在某些情况下要对字符进行双重转义。所有元字符都必须双重转义, 那些已经转义过的字符也是如此, 例如\n (字符\在字符串中通常被转义为\\, 而在正则表达式字符串中就会变成\\\\ )。下表给出了一些模式, 左边是这些模式的字面量形式, 右边是使用 RegExp 构造函数定义相同模式时使用的字符串。

字面量模式	等价的字符串
/\[bc\]at/	"\\[bc\\]at"
/\.at/	"\\.at"
/name\/age/	"name\\/age"
/\d.\d{1,2}/	"\\d.\\d{1,2}"
/\w\\hello\\123/	"\\w\\\\hello\\\\123"

使用正则表达式字面量和使用 RegExp 构造函数创建的正则表达式不一样。在 ECMAScript 3 中, 正则表达式字面量始终会共享同一个 RegExp 实例, 而使用构造函数创建的每一个新 RegExp 实例都是

一个新实例。来看下面的例子。

```
var re = null,
    i;

for (i=0; i < 10; i++){
    re = /cat/g;
    re.test("catastrophe");
}

for (i=0; i < 10; i++){
    re = new RegExp("cat", "g");
    re.test("catastrophe");
}
```

在第一个循环中，即使是循环体中指定的，但实际上只为/cat/创建了一个 RegExp 实例。由于实例属性（下一节介绍实例属性）不会重置，所以在循环中再次调用 test()方法会失败。这是因为第一次调用 test()找到了"cat"，但第二次调用是从索引为 3 的字符（上一次匹配的末尾）开始的，所以就找不到它了。由于会测试到字符串末尾，所以下一次再调用 test()就又从开头开始了。

第二个循环使用 RegExp 构造函数在每次循环中创建正则表达式。因为每次迭代都会创建一个新的 RegExp 实例，所以每次调用 test()都会返回 true。

ECMAScript 5 明确规定，使用正则表达式字面量必须像直接调用 RegExp 构造函数一样，每次都创建新的 **RegExp** 实例。IE9+、Firefox 4+和 Chrome 都据此做出了修改。

5.4.1 RegExp 实例属性

RegExp 的每个实例都具有下列属性，通过这些属性可以取得有关模式的各种信息。

❑ **global**：布尔值，表示是否设置了 g 标志。

❑ **ignoreCase**：布尔值，表示是否设置了 i 标志。

❑ **lastIndex**：整数，表示开始搜索下一个匹配项的字符位置，从 0 算起。

❑ **multiline**：布尔值，表示是否设置了 m 标志。

❑ **source**：正则表达式的字符串表示，按照字面量形式而非传入构造函数中的字符串模式返回。

通过这些属性可以获知一个正则表达式的各方面信息，但却没有多大用处，因为这些信息全都包含在模式声明中。例如：

```
var pattern1 = /\[bc\]at/i;

alert(pattern1.global);        //false
alert(pattern1.ignoreCase);    //true
alert(pattern1.multiline);     //false
alert(pattern1.lastIndex);     //0
alert(pattern1.source);        //"\[bc\]at"

var pattern2 = new RegExp("\\[bc\\]at", "i");

alert(pattern2.global);        //false
alert(pattern2.ignoreCase);    //true
alert(pattern2.multiline);     //false
alert(pattern2.lastIndex);     //0
alert(pattern2.source);        //"\[bc\]at"
```

RegExpInstancePropertiesExample01.htm

我们注意到，尽管第一个模式使用的是字面量，第二个模式使用了 `RegExp` 构造函数，但它们的 `source` 属性是相同的。可见，`source` 属性保存的是规范形式的字符串，即字面量形式所用的字符串。

5.4.2 `RegExp` 实例方法

RegExp 对象的主要方法是 `exec()`，该方法是专门为捕获组而设计的。`exec()` 接受一个参数，即要应用模式的字符串，然后返回包含第一个匹配项信息的数组；或者在没有匹配项的情况下返回 `null`。返回的数组虽然是 `Array` 的实例，但包含两个额外的属性：`index` 和 `input`。其中，`index` 表示匹配项在字符串中的位置，而 `input` 表示应用正则表达式的字符串。在数组中，第一项是与整个模式匹配的字符串，其他项是与模式中的捕获组匹配的字符串（如果模式中没有捕获组，则该数组只包含一项）。请看下面的例子。

```
var text = "mom and dad and baby";
var pattern = /mom( and dad( and baby)?)?/gi;

var matches = pattern.exec(text);
alert(matches.index);      // 0
alert(matches.input);      // "mom and dad and baby"
alert(matches[0]);         // "mom and dad and baby"
alert(matches[1]);         // " and dad and baby"
alert(matches[2]);         // " and baby"
```

RegExpExecExample01.htm

这个例子中的模式包含两个捕获组。最内部的捕获组匹配"and baby"，而包含它的捕获组匹配"and dad"或者"and dad and baby"。当把字符串传入 exec() 方法中之后，发现了一个匹配项。因为整个字符串本身与模式匹配，所以返回的数组 matches 的 index 属性值为 0。数组中的第一项是匹配的整个字符串，第二项包含与第一个捕获组匹配的内容，第三项包含与第二个捕获组匹配的内容。

对于 exec() 方法而言，即使在模式中设置了全局标志（g），它每次也只会返回一个匹配项。在不设置全局标志的情况下，在同一个字符串上多次调用 exec() 将始终返回第一个匹配项的信息。而在设置全局标志的情况下，每次调用 exec() 则都会在字符串中继续查找新匹配项，如下面的例子所示。

```
var text = "cat, bat, sat, fat";
var pattern1 = /.at/;

var matches = pattern1.exec(text);
alert(matches.index);      //0
alert(matches[0]);         //cat
alert(pattern1.lastIndex); //0

matches = pattern1.exec(text);
alert(matches.index);      //0
alert(matches[0]);         //cat
alert(pattern1.lastIndex); //0

var pattern2 = /.at/g;

var matches = pattern2.exec(text);
alert(matches.index);      //0
alert(matches[0]);         //cat
alert(pattern2.lastIndex); //3
```

```
matches = pattern2.exec(text);
alert(matches.index);          //5
alert(matches[0]);             //bat
alert(pattern2.lastIndex);     //8
```

RegExpExecExample02.htm

这个例子中的第一个模式 pattern1 不是全局模式，因此每次调用 exec() 返回的都是第一个匹配项（"cat"）。而第二个模式 pattern2 是全局模式，因此每次调用 exec() 都会返回字符串中的下一个匹配项，直至搜索到字符串末尾为止。此外，还应该注意模式的 lastIndex 属性的变化情况。在全局匹配模式下，lastIndex 的值在每次调用 exec() 后都会增加，而在非全局模式下则始终保持不变。

 IE 的 JavaScript 实现在 lastIndex 属性上存在偏差，即使在非全局模式下，lastIndex 属性每次也会变化。

正则表达式的第二个方法是 test()，它接受一个字符串参数。在模式与该参数匹配的情况下返回 true；否则，返回 false。在只想知道目标字符串与某个模式是否匹配，但不需要知道其文本内容的情况下，使用这个方法非常方便。因此，test() 方法经常被用在 if 语句中，如下面的例子所示。

```
var text = "000-00-0000";
var pattern = /\d{3}-\d{2}-\d{4}/;

if (pattern.test(text)){
    alert("The pattern was matched.");
}
```

在这个例子中，我们使用正则表达式来测试了一个数字序列。如果输入的文本与模式匹配，则显示一条消息。这种用法经常出现在验证用户输入的情况下，因为我们只想知道输入是不是有效，至于它为什么无效就无关紧要了。

RegExp 实例继承的 toLocaleString() 和 toString() 方法都会返回正则表达式的字面量，与创建正则表达式的方式无关。例如：

```
var pattern = new RegExp("\\[bc\\]at", "gi");
alert(pattern.toString());        // /\[bc\]at/gi
alert(pattern.toLocaleString());  // /\[bc\]at/gi
```

RegExpToStringExample01.htm

即使上例中的模式是通过调用 RegExp 构造函数创建的，但 toLocaleString() 和 toString() 方法仍然会像它是以字面量形式创建的一样显示其字符串表示。

 正则表达式的 valueOf() 方法返回正则表达式本身。

5.4.3 RegExp 构造函数属性

RegExp 构造函数包含一些属性（这些属性在其他语言中被看成是静态属性）。这些属性适用于作用域中的所有正则表达式，并且基于所执行的最近一次正则表达式操作而变化。关于这些属性的另一个独特之处，就是可以通过两种方式访问它们。换句话说，这些属性分别有一个长属性名和一个短属性名（Opera 是例外，它不支持短属性名）。下表列出了 RegExp 构造函数的属性。

长属性名	短属性名	说　明
input	$_	最近一次要匹配的字符串。Opera未实现此属性
lastMatch	$&	最近一次的匹配项。Opera未实现此属性
lastParen	$+	最近一次匹配的捕获组。Opera未实现此属性
leftContext	$`	input字符串中lastMatch之前的文本
multiline	$*	布尔值，表示是否所有表达式都使用多行模式。IE和Opera未实现此属性
rightContext	$'	input字符串中lastMatch之后的文本

使用这些属性可以从 exec() 或 test() 执行的操作中提取出更具体的信息。请看下面的例子。

```
var text = "this has been a short summer";
var pattern = /(.)hort/g;

/*
 * 注意：Opera 不支持 input、lastMatch、lastParen 和 multiline 属性
 * Internet Explorer 不支持 multiline 属性
 */
if (pattern.test(text)){
    alert(RegExp.input);          // this has been a short summer
    alert(RegExp.leftContext);    // this has been a
    alert(RegExp.rightContext);   // summer
    alert(RegExp.lastMatch);      // short
    alert(RegExp.lastParen);      // s
    alert(RegExp.multiline);      // false
}
```

RegExpConstructorPropertiesExample01.htm

以上代码创建了一个模式，匹配任何一个字符后跟 hort，而且把第一个字符放在了一个捕获组中。RegExp 构造函数的各个属性返回了下列值：

❑ input 属性返回了原始字符串；

❑ leftContext 属性返回了单词 short 之前的字符串，而 rightContext 属性则返回了 short 之后的字符串；

❑ lastMatch 属性返回最近一次与整个正则表达式匹配的字符串，即 short；

❑ lastParen 属性返回最近一次匹配的捕获组，即例子中的 s。

如前所述，例子使用的长属性名都可以用相应的短属性名来代替。只不过，由于这些短属性名大都不是有效的 ECMAScript 标识符，因此必须通过方括号语法来访问它们，如下所示。

```
var text = "this has been a short summer";
var pattern = /(.)hort/g;

/*
 * 注意：Opera 不支持 input、lastMatch、lastParen 和 multiline 属性
 * Internet Explorer 不支持 multiline 属性
 */
```

```
if (pattern.test(text)){
    alert(RegExp.$_);              // this has been a short summer
    alert(RegExp["$`"]);           // this has been a
    alert(RegExp["$'"]);           // summer
    alert(RegExp["$&"]);           // short
    alert(RegExp["$+"]);           // s
    alert(RegExp["$*"]);           // false
}
```

RegExpConstructorPropertiesExample02.htm

除了上面介绍的几个属性之外，还有多达 9 个用于存储捕获组的构造函数属性。访问这些属性的语法是 RegExp.$1、RegExp.$2…RegExp.$9，分别用于存储第一、第二……第九个匹配的捕获组。在调用 exec() 或 test() 方法时，这些属性会被自动填充。然后，我们就可以像下面这样来使用它们。

```
var text = "this has been a short summer";
var pattern = /(..)or(.)/g;

if (pattern.test(text)){
    alert(RegExp.$1);        //sh
    alert(RegExp.$2);        //t
}
```

RegExpConstructorPropertiesExample03.htm

这里创建了一个包含两个捕获组的模式，并用该模式测试了一个字符串。即使 test() 方法只返回一个布尔值，但 RegExp 构造函数的属性$1 和$2 也会被匹配相应捕获组的字符串自动填充。

5.4.4　模式的局限性

尽管 ECMAScript 中的正则表达式功能还是比较完备的，但仍然缺少某些语言（特别是 Perl）所支持的高级正则表达式特性。下面列出了 ECMAScript 正则表达式不支持的特性（要了解更多相关信息，请访问 www.regular-expressions.info）。

❑ 匹配字符串开始和结尾的\A 和\Z 锚[①]
❑ 向后查找（lookbehind）[②]
❑ 并集和交集类
❑ 原子组（atomic grouping）
❑ Unicode 支持（单个字符除外，如\uFFFF）
❑ 命名的捕获组[③]
❑ s（single，单行）和 x（free-spacing，无间隔）匹配模式
❑ 条件匹配
❑ 正则表达式注释

即使存在这些限制，ECMAScript 正则表达式仍然是非常强大的，能够帮我们完成绝大多数模式匹配任务。

①但支持以插入符号（^）和美元符号（$）来匹配字符串的开始和结尾。
②但完全支持向前查找（lookahead）。
③但支持编号的捕获组。

5.5 **Function** 类型

说起来 ECMAScript 中什么最有意思，我想那莫过于函数了——而有意思的根源，则在于函数实际上是对象。每个函数都是 Function 类型的实例，而且都与其他引用类型一样具有属性和方法。由于函数是对象，因此函数名实际上也是一个指向函数对象的指针，不会与某个函数绑定。函数通常是使用函数声明语法定义的，如下面的例子所示。

```
function sum (num1, num2) {
    return num1 + num2;
}
```

这与下面使用函数表达式定义函数的方式几乎相差无几。

```
var sum = function(num1, num2){
    return num1 + num2;
};
```

以上代码定义了变量 sum 并将其初始化为一个函数。有读者可能会注意到，function 关键字后面没有函数名。这是因为在使用函数表达式定义函数时，没有必要使用函数名——通过变量 sum 即可以引用函数。另外，还要注意函数末尾有一个分号，就像声明其他变量时一样。

最后一种定义函数的方式是使用 Function 构造函数。Function 构造函数可以接收任意数量的参数，但最后一个参数始终都被看成是函数体，而前面的参数则枚举出了新函数的参数。来看下面的例子：

```
var sum = new Function("num1", "num2", "return num1 + num2"); // 不推荐
```

从技术角度讲，这是一个函数表达式。但是，我们不推荐读者使用这种方法定义函数，因为这种语法会导致解析两次代码（第一次是解析常规 ECMAScript 代码，第二次是解析传入构造函数中的字符串），从而影响性能。不过，这种语法对于理解"函数是对象，函数名是指针"的概念倒是非常直观的。

由于函数名仅仅是指向函数的指针，因此函数名与包含对象指针的其他变量没有什么不同。换句话说，一个函数可能会有多个名字，如下面的例子所示。

```
function sum(num1, num2){
    return num1 + num2;
}
alert(sum(10,10));         //20

var anotherSum = sum;
alert(anotherSum(10,10)); //20

sum = null;
alert(anotherSum(10,10)); //20
```

FunctionTypeExample01.htm

以上代码首先定义了一个名为 sum() 的函数，用于求两个值的和。然后，又声明了变量 anotherSum，并将其设置为与 sum 相等（将 sum 的值赋给 anotherSum）。注意，使用不带圆括号的函数名是访问函数指针，而非调用函数。此时，anotherSum 和 sum 就都指向了同一个函数，因此 anotherSum() 也可以被调用并返回结果。即使将 sum 设置为 null，让它与函数"断绝关系"，但仍然可以正常调用 anotherSum()。

5.5.1 没有重载（深入理解）

将函数名想象为指针，也有助于理解为什么 ECMAScript 中没有函数重载的概念。以下是曾在第 3 章使用过的例子。

```
function addSomeNumber(num){
    return num + 100;
}

function addSomeNumber(num) {
    return num + 200;
}

var result = addSomeNumber(100); //300
```

显然，这个例子中声明了两个同名函数，而结果则是后面的函数覆盖了前面的函数。以上代码实际上与下面的代码没有什么区别。

```
var addSomeNumber = function (num){
    return num + 100;
};

addSomeNumber = function (num) {
    return num + 200;
};

var result = addSomeNumber(100); //300
```

通过观察重写之后的代码，很容易看清楚到底是怎么回事儿——在创建第二个函数时，实际上覆盖了引用第一个函数的变量 addSomeNumber。

5.5.2 函数声明与函数表达式

本节到目前为止，我们一直没有对函数声明和函数表达式加以区别。而实际上，解析器在向执行环境中加载数据时，对函数声明和函数表达式并非一视同仁。解析器会率先读取函数声明，并使其在执行任何代码之前可用（可以访问）；至于函数表达式，则必须等到解析器执行到它所在的代码行，才会真正被解释执行。请看下面的例子。

```
alert(sum(10,10));
function sum(num1, num2){
    return num1 + num2;
}
```

FunctionDeclarationExample01.htm

以上代码完全可以正常运行。因为在代码开始执行之前，解析器就已经通过一个名为函数声明提升（function declaration hoisting）的过程，读取并将函数声明添加到执行环境中。对代码求值时，JavaScript 引擎在第一遍会声明函数并将它们放到源代码树的顶部。所以，即使声明函数的代码在调用它的代码后面，JavaScript 引擎也能把函数声明提升到顶部。如果像下面例子所示的，把上面的函数声明改为等价的函数表达式，就会在执行期间导致错误。

```
alert(sum(10,10));
var sum = function(num1, num2){
    return num1 + num2;
};
```

FunctionInitializationExample01.htm

以上代码之所以会在运行期间产生错误，原因在于函数位于一个初始化语句中，而不是一个函数声明。换句话说，在执行到函数所在的语句之前，变量 sum 中不会保存有对函数的引用；而且，由于第一行代码就会导致 "unexpected identifier"（意外标识符）错误，实际上也不会执行到下一行。

除了什么时候可以通过变量访问函数这一点区别之外，函数声明与函数表达式的语法其实是等价的。

> 也可以同时使用函数声明和函数表达式，例如 var sum = function sum(){}。不过，这种语法在 Safari 中会导致错误。

5.5.3 作为值的函数

因为 ECMAScript 中的函数名本身就是变量，所以函数也可以作为值来使用。也就是说，不仅可以像传递参数一样把一个函数传递给另一个函数，而且可以将一个函数作为另一个函数的结果返回。来看一看下面的函数。

```
function callSomeFunction(someFunction, someArgument){
    return someFunction(someArgument);
}
```

这个函数接受两个参数。第一个参数应该是一个函数，第二个参数应该是要传递给该函数的一个值。然后，就可以像下面的例子一样传递函数了。

```
function add10(num){
    return num + 10;
}

var result1 = callSomeFunction(add10, 10);
alert(result1);   //20

function getGreeting(name){
    return "Hello, " + name;
}

var result2 = callSomeFunction(getGreeting, "Nicholas");
alert(result2);    //"Hello, Nicholas"
```

FunctionAsAnArgumentExample01.htm

这里的 callSomeFunction() 函数是通用的，即无论第一个参数中传递进来的是什么函数，它都会返回执行第一个参数后的结果。还记得吧，要访问函数的指针而不执行函数的话，必须去掉函数名后面的那对大括号。因此上面例子中传递给 callSomeFunction() 的是 add10 和 getGreeting，而不是执行它们之后的结果。

当然，可以从一个函数中返回另一个函数，而且这也是极为有用的一种技术。例如，假设有一个对象数组，我们想要根据某个对象属性对数组进行排序。而传递给数组 sort() 方法的比较函数要接收两个参数，即要比较的值。可是，我们需要一种方式来指明按照哪个属性来排序。要解决这个问题，可以定义一个函数，它接收一个属性名，然后根据这个属性名来创建一个比较函数，下面就是这个函数的定义。

```javascript
function createComparisonFunction(propertyName) {

    return function(object1, object2){
        var value1 = object1[propertyName];
        var value2 = object2[propertyName];

        if (value1 < value2){
            return -1;
        } else if (value1 > value2){
            return 1;
        } else {
            return 0;
        }
    };
}
```

FunctionReturningFunctionExample01.htm

这个函数定义看起来有点复杂，但实际上无非就是在一个函数中嵌套了另一个函数，而且内部函数前面加了一个 return 操作符。在内部函数接收到 propertyName 参数后，它会使用方括号表示法来取得给定属性的值。取得了想要的属性值之后，定义比较函数就非常简单了。上面这个函数可以像在下面例子中这样使用。

```javascript
var data = [{name: "Zachary", age: 28}, {name: "Nicholas", age: 29}];

data.sort(createComparisonFunction("name"));
alert(data[0].name);  //Nicholas

data.sort(createComparisonFunction("age"));
alert(data[0].name);  //Zachary
```

这里，我们创建了一个包含两个对象的数组 data。其中，每个对象都包含一个 name 属性和一个 age 属性。在默认情况下，sort() 方法会调用每个对象的 toString() 方法以确定它们的次序；但得到的结果往往并不符合人类的思维习惯。因此，我们调用 createComparisonFunction("name") 方法创建了一个比较函数，以便按照每个对象的 name 属性值进行排序。而结果排在前面的第一项是 name 为 "Nicholas"，age 是 29 的对象。然后，我们又使用了 createComparisonFunction("age") 返回的比较函数，这次是按照对象的 age 属性排序。得到的结果是 name 值为 "Zachary"，age 值是 28 的对象排在了第一位。

5.5.4　函数内部属性

在函数内部，有两个特殊的对象：arguments 和 this。其中，arguments 在第 3 章曾经介绍过，它是一个类数组对象，包含着传入函数中的所有参数。虽然 arguments 的主要用途是保存函数参数，但这个对象还有一个名叫 callee 的属性，该属性是一个指针，指向拥有这个 arguments 对象的函数。请看下面这个非常经典的阶乘函数。

```
function factorial(num){
    if (num <=1) {
        return 1;
    } else {
        return num * factorial(num-1);
    }
}
```

定义阶乘函数一般都要用到递归算法；如上面的代码所示，在函数有名字，而且名字以后也不会变的情况下，这样定义没有问题。但问题是这个函数的执行与函数名 factorial 紧紧耦合在了一起。为了消除这种紧密耦合的现象，可以像下面这样使用 arguments.callee。

```
function factorial(num){
    if (num <=1) {
        return 1;
    } else {
        return num * arguments.callee(num-1);
    }
}
```

FunctionTypeArgumentsExample01.htm

在这个重写后的 factorial() 函数的函数体内，没有再引用函数名 factorial。这样，无论引用函数时使用的是什么名字，都可以保证正常完成递归调用。例如：

```
var trueFactorial = factorial;

factorial = function(){
    return 0;
};

alert(trueFactorial(5));     //120
alert(factorial(5));         //0
```

在此，变量 trueFactorial 获得了 factorial 的值，实际上是在另一个位置上保存了一个函数的指针。然后，我们又将一个简单地返回 0 的函数赋值给 factorial 变量。如果像原来的 factorial()那样不使用 arguments.callee，调用 trueFactorial() 就会返回 0。可是，在解除了函数体内的代码与函数名的耦合状态之后，trueFactorial() 仍然能够正常地计算阶乘；至于 factorial()，它现在只是一个返回 0 的函数。

函数内部的另一个特殊对象是 this，其行为与 Java 和 C#中的 this 大致类似。换句话说，this 引用的是函数执行的环境对象——或者也可以说是 this 值（当在网页的全局作用域中调用函数时，this 对象引用的就是 window）。来看下面的例子。

```
window.color = "red";
var o = { color: "blue" };

function sayColor(){
    alert(this.color);
}

sayColor();      //"red"

o.sayColor = sayColor;
o.sayColor();    //"blue"
```

FunctionTypeThisExample01.htm

　　上面这个函数 sayColor() 是在全局作用域中定义的，它引用了 this 对象。由于在调用函数之前，this 的值并不确定，因此 this 可能会在代码执行过程中引用不同的对象。当在全局作用域中调用 sayColor() 时，this 引用的是全局对象 window；换句话说，对 this.color 求值会转换成对 window.color 求值，于是结果就返回了 "red"。而当把这个函数赋给对象 o 并调用 o.sayColor() 时，this 引用的是对象 o，因此对 this.color 求值会转换成对 o.color 求值，结果就返回了 "blue"。

　　　　请读者一定要牢记，函数的名字仅仅是一个包含指针的变量而已。因此，即使是在不同的环境中执行，全局的 sayColor() 函数与 o.sayColor() 指向的仍然是同一个函数。

　　ECMAScript 5 也规范化了另一个函数对象的属性：caller。除了 Opera 的早期版本不支持，其他浏览器都支持这个 ECMAScript 3 并没有定义的属性。这个属性中保存着调用当前函数的函数的引用，如果是在全局作用域中调用当前函数，它的值为 null。例如：

```
function outer(){
    inner();
}

function inner(){
    alert(inner.caller);
}

outer();
```

FunctionTypeArgumentsCallerExample01.htm

　　以上代码会导致警告框中显示 outer() 函数的源代码。因为 outer() 调用了 inner()，所以 inner.caller 就指向 outer()。为了实现更松散的耦合，也可以通过 arguments.callee.caller 来访问相同的信息。

```
function outer(){
    inner();
}

function inner(){
    alert(arguments.callee.caller);
}

outer();
```

FunctionTypeArgumentsCallerExample02.htm

　　IE、Firefox、Chrome 和 Safari 的所有版本以及 Opera 9.6 都支持 caller 属性。

　　当函数在严格模式下运行时，访问 arguments.callee 会导致错误。ECMAScript 5 还定义了 arguments.caller 属性，但在严格模式下访问它也会导致错误，而在非严格模式下这个属性始终是 undefined。定义 arguments.callee 属性是为了分清 arguments.caller 和函数的 caller 属性。以上变化都是为了加强这门语言的安全性，这样第三方代码就不能在相同的环境里窥视其他代码了。

　　严格模式还有一个限制：不能为函数的 caller 属性赋值，否则会导致错误。

5.5.5　函数属性和方法

前面曾经提到过，ECMAScript 中的函数是对象，因此函数也有属性和方法。每个函数都包含两个属性：length 和 prototype。其中，length 属性表示函数希望接收的命名参数的个数，如下面的例子所示。

```
function sayName(name){
    alert(name);
}

function sum(num1, num2){
    return num1 + num2;
}

function sayHi(){
    alert("hi");
}

alert(sayName.length);      //1
alert(sum.length);          //2
alert(sayHi.length);        //0
```

FunctionTypeLengthPropertyExample01.htm

以上代码定义了 3 个函数，但每个函数接收的命名参数个数不同。首先，sayName() 函数定义了一个参数，因此其 length 属性的值为 1。类似地，sum() 函数定义了两个参数，结果其 length 属性中保存的值为 2。而 sayHi() 没有命名参数，所以其 length 值为 0。

在 ECMAScript 核心所定义的全部属性中，最耐人寻味的就要数 prototype 属性了。对于 ECMAScript 中的引用类型而言，prototype 是保存它们所有实例方法的真正所在。换句话说，诸如 toString() 和 valueOf() 等方法实际上都保存在 prototype 名下，只不过是通过各自对象的实例访问罢了。在创建自定义引用类型以及实现继承时，prototype 属性的作用是极为重要的（第 6 章将详细介绍）。在 ECMAScript 5 中，prototype 属性是不可枚举的，因此使用 for-in 无法发现。

每个函数都包含两个非继承而来的方法：apply() 和 call()。这两个方法的用途都是在特定的作用域中调用函数，实际上等于设置函数体内 this 对象的值。首先，apply() 方法接收两个参数：一个是在其中运行函数的作用域，另一个是参数数组。其中，第二个参数可以是 Array 的实例，也可以是 arguments 对象。例如：

```
function sum(num1, num2){
    return num1 + num2;
}

function callSum1(num1, num2){
    return sum.apply(this, arguments);      // 传入 arguments 对象
}

function callSum2(num1, num2){
    return sum.apply(this, [num1, num2]);   // 传入数组
}

alert(callSum1(10,10));   //20
alert(callSum2(10,10));   //20
```

FunctionTypeApplyMethodExample01.htm

在上面这个例子中，callSum1()在执行 sum()函数时传入了 this 作为 this 值（因为是在全局作用域中调用的，所以传入的就是 window 对象）和 arguments 对象。而 callSum2 同样也调用了 sum()函数，但它传入的则是 this 和一个参数数组。这两个函数都会正常执行并返回正确的结果。

在严格模式下，未指定环境对象而调用函数，则 this 值不会转型为 window。除非明确把函数添加到某个对象或者调用 apply()或 call()，否则 this 值将是 undefined。

call()方法与 apply()方法的作用相同，它们的区别仅在于接收参数的方式不同。对于 call()方法而言，第一个参数是 this 值没有变化，变化的是其余参数都直接传递给函数。换句话说，在使用 call()方法时，传递给函数的参数必须逐个列举出来，如下面的例子所示。

```
function sum(num1, num2){
    return num1 + num2;
}

function callSum(num1, num2){
    return sum.call(this, num1, num2);
}

alert(callSum(10,10));    //20
```

FunctionTypeCallMethodExample01.htm

在使用 call()方法的情况下，callSum()必须明确地传入每一个参数。结果与使用 apply()没有什么不同。至于是使用 apply()还是 call()，完全取决于你采取哪种给函数传递参数的方式最方便。如果你打算直接传入 arguments 对象，或者包含函数中先接收到的也是一个数组，那么使用 apply()肯定更方便；否则，选择 call()可能更合适。（在不给函数传递参数的情况下，使用哪个方法都无所谓。）

事实上，传递参数并非 apply()和 call()真正的用武之地；它们真正强大的地方是能够扩充函数赖以运行的作用域。下面来看一个例子。

```
window.color = "red";
var o = { color: "blue" };

function sayColor(){
    alert(this.color);
}

sayColor();               //red

sayColor.call(this);      //red
sayColor.call(window);    //red
sayColor.call(o);         //blue
```

FunctionTypeCallExample01.htm

这个例子是在前面说明 this 对象的示例基础上修改而成的。这一次，sayColor()也是作为全局函数定义的，而且当在全局作用域中调用它时，它确实会显示"red"——因为对 this.color 的求值会转换成对 window.color 的求值。而 sayColor.call(this) 和 sayColor.call(window)，则是两种显式地在全局作用域中调用函数的方式,结果当然都会显示"red"。但是,当运行 sayColor.call(o) 时, 函数的执行环境就不一样了,因为此时函数体内的 this 对象指向了 o,于是结果显示的是"blue"。

使用 call()（或 apply()）来扩充作用域的最大好处，就是对象不需要与方法有任何耦合关系。在前面例子的第一个版本中,我们是先将 sayColor() 函数放到了对象 o 中,然后再通过 o 来调用它的;而在这里重写的例子中, 就不需要先前那个多余的步骤了。

ECMAScript 5 还定义了一个方法: bind()。这个方法会创建一个函数的实例，其 this 值会被绑定到传给 bind() 函数的值。例如:

```
window.color = "red";
var o = { color: "blue" };

function sayColor(){
    alert(this.color);
}
var objectSayColor = sayColor.bind(o);
objectSayColor();      //blue
```

FunctionTypeBindMethodExample01.htm

在这里，sayColor() 调用 bind() 并传入对象 o, 创建了 objectSayColor() 函数。object-SayColor() 函数的 this 值等于 o,因此即使是在全局作用域中调用这个函数, 也会看到"blue"。这种技巧的优点请参考第 22 章。

支持 bind() 方法的浏览器有 IE9+、Firefox 4+、Safari 5.1+、Opera 12+和 Chrome。

每个函数继承的 toLocaleString() 和 toString() 方法始终都返回函数的代码。返回代码的格式则因浏览器而异——有的返回的代码与源代码中的函数代码一样，而有的则返回函数代码的内部表示, 即由解析器删除了注释并对某些代码作了改动后的代码。由于存在这些差异，我们无法根据这两个方法返回的结果来实现任何重要功能;不过，这些信息在调试代码时倒是很有用。另外一个继承的 valueOf() 方法同样也只返回函数代码。

5.6   基本包装类型

为了便于操作基本类型值，ECMAScript 还提供了 3 个特殊的引用类型: Boolean、Number 和 String。这些类型与本章介绍的其他引用类型相似，但同时也具有与各自的基本类型相应的特殊行为。实际上，每当读取一个基本类型值的时候，后台就会创建一个对应的基本包装类型的对象，从而让我们能够调用一些方法来操作这些数据。来看下面的例子。

```
var s1 = "some text";
var s2 = s1.substring(2);
```

这个例子中的变量 s1 包含一个字符串，字符串当然是基本类型值。而下一行调用了 s1 的 substring() 方法，并将返回的结果保存在了 s2 中。我们知道，基本类型值不是对象，因而从逻辑上讲它们不应该有方法（尽管如我们所愿，它们确实有方法）。其实，为了让我们实现这种直观的操作，后台已经自动完成了一系列的处理。当第二行代码访问 s1 时，访问过程处于一种读取模式，也就是要从内存中读取这个字符串的值。而在读取模式中访问字符串时，后台都会自动完成下列处理。

(1) 创建 String 类型的一个实例；

(2) 在实例上调用指定的方法；

(3) 销毁这个实例。

可以将以上三个步骤想象成是执行了下列 ECMAScript 代码。

```
var s1 = new String("some text");
var s2 = s1.substring(2);
s1 = null;
```

经过此番处理，基本的字符串值就变得跟对象一样了。而且，上面这三个步骤也分别适用于 Boolean 和 Number 类型对应的布尔值和数字值。

引用类型与基本包装类型的主要区别就是对象的生存期。使用 new 操作符创建的引用类型的实例，在执行流离开当前作用域之前都一直保存在内存中。而自动创建的基本包装类型的对象，则只存在于一行代码的执行瞬间，然后立即被销毁。这意味着我们不能在运行时为基本类型值添加属性和方法。来看下面的例子：

```
var s1 = "some text";
s1.color = "red";
alert(s1.color);    //undefined
```

在此，第二行代码试图为字符串 s1 添加一个 color 属性。但是，当第三行代码再次访问 s1 时，其 color 属性不见了。问题的原因就是第二行创建的 String 对象在执行第三行代码时已经被销毁了。第三行代码又创建自己的 String 对象，而该对象没有 color 属性。

当然，可以显式地调用 Boolean、Number 和 String 来创建基本包装类型的对象。不过，应该在绝对必要的情况下再这样做，因为这种做法很容易让人分不清自己是在处理基本类型还是引用类型的值。对基本包装类型的实例调用 typeof 会返回"object"，而且所有基本包装类型的对象在转换为布尔类型时值都是 true。

Object 构造函数也会像工厂方法一样，根据传入值的类型返回相应基本包装类型的实例。例如：

```
var obj = new Object("some text");
alert(obj instanceof String);    //true
```

把字符串传给 Object 构造函数，就会创建 String 的实例；而传入数值参数会得到 Number 的实例，传入布尔值参数就会得到 Boolean 的实例。

要注意的是，使用 new 调用基本包装类型的构造函数，与直接调用同名的转型函数是不一样的。例如：

```
var value = "25";
var number = Number(value);  //转型函数
alert(typeof number);        //"number"

var obj = new Number(value); //构造函数
alert(typeof obj);           //"object"
```

在这个例子中，变量 number 中保存的是基本类型的值 25，而变量 obj 中保存的是 Number 的实例。要了解有关转型函数的更多信息，请参考第 3 章。

尽管我们不建议显式地创建基本包装类型的对象，但它们操作基本类型值的能力还是相当重要的。而每个基本包装类型都提供了操作相应值的便捷方法。

5.6.1 Boolean 类型

Boolean 类型是与布尔值对应的引用类型。要创建 Boolean 对象，可以像下面这样调用 Boolean 构造函数并传入 true 或 false 值。

```
var booleanObject = new Boolean(true);
```

Boolean 类型的实例重写了 valueOf() 方法，返回基本类型值 true 或 false；重写了 toString() 方法，返回字符串 "true" 和 "false"。可是，Boolean 对象在 ECMAScript 中的用处不大，因为它经常会造成人们的误解。其中最常见的问题就是在布尔表达式中使用 Boolean 对象，例如：

```
var falseObject = new Boolean(false);
var result = falseObject && true;
alert(result);  //true

var falseValue = false;
result = falseValue && true;
alert(result);  //false
```

BooleanTypeExample01.htm

在这个例子中，我们使用 false 值创建了一个 Boolean 对象。然后，将这个对象与基本类型值 true 构成了逻辑与表达式。在布尔运算中，false && true 等于 false。可是，示例中的这行代码是对 falseObject 而不是对它的值（false）进行求值。前面讨论过，布尔表达式中的所有对象都会被转换为 true，因此 falseObject 对象在布尔表达式中代表的是 true。结果，true && true 当然就等于 true 了。

基本类型与引用类型的布尔值还有两个区别。首先，typeof 操作符对基本类型返回 "boolean"，而对引用类型返回 "object"。其次，由于 Boolean 对象是 Boolean 类型的实例，所以使用 instanceof 操作符测试 Boolean 对象会返回 true，而测试基本类型的布尔值则返回 false。例如：

```
alert(typeof falseObject);   //object
alert(typeof falseValue);    //boolean
alert(falseObject instanceof Boolean);  //true
alert(falseValue instanceof Boolean);   //false
```

理解基本类型的布尔值与 Boolean 对象之间的区别非常重要——当然，我们的建议是永远不要使用 Boolean 对象。

5.6.2 Number 类型

Number 是与数字值对应的引用类型。要创建 Number 对象，可以在调用 Number 构造函数时向其中传递相应的数值。下面是一个例子。

```
var numberObject = new Number(10);
```

NumberTypeExample01.htm

与 Boolean 类型一样，Number 类型也重写了 valueOf()、toLocaleString() 和 toString() 方法。重写后的 valueOf() 方法返回对象表示的基本类型的数值，另外两个方法则返回字符串形式的数值。我们在第 3 章还介绍过，可以为 `toString()` 方法传递一个表示基数的参数，告诉它返回几进制数值的字符串形式，如下面的例子所示。

```
var num = 10;
alert(num.toString());      //"10"
alert(num.toString(2));     //"1010"
alert(num.toString(8));     //"12"
alert(num.toString(10));    //"10"
alert(num.toString(16));    //"a"
```

NumberTypeExample01.htm

除了继承的方法之外，`Number` 类型还提供了一些用于将数值格式化为字符串的方法。

其中，`toFixed()` 方法会按照指定的小数位返回数值的字符串表示，例如：

```
var num = 10;
alert(num.toFixed(2));      //"10.00"
```

NumberTypeExample01.htm

这里给 `toFixed()` 方法传入了数值 2，意思是显示几位小数。于是，这个方法返回了 `"10.00"`，即以 0 填补了必要的小数位。如果数值本身包含的小数位比指定的还多，那么接近指定的最大小数位的值就会舍入，如下面的例子所示。

```
var num = 10.005;
alert(num.toFixed(2));      //"10.01"
```

能够自动舍入的特性，使得 `toFixed()` 方法很适合处理货币值。但需要注意的是，不同浏览器给这个方法设定的舍入规则可能会有所不同。在给 `toFixed()` 传入 0 的情况下，IE8 及之前版本不能正确舍入范围在 {(−0.94,−0.5],[0.5,0.94)} 之间的值。对于这个范围内的值，IE 会返回 0，而不是 −1 或 1；其他浏览器都能返回正确的值。IE9 修复了这个问题。

      `toFixed()` 方法可以表示带有 0 到 20 个小数位的数值。但这只是标准实现的范围，有些浏览器也可能支持更多位数。

另外可用于格式化数值的方法是 `toExponential()`，该方法返回以指数表示法（也称 e 表示法）表示的数值的字符串形式。与 `toFixed()` 一样，`toExponential()` 也接收一个参数，而且该参数同样也是指定输出结果中的小数位数。看下面的例子。

```
var num = 10;
alert(num.toExponential(1));    //"1.0e+1"
```

以上代码输出了 `"1.0e+1"`；不过，这么小的数值一般不必使用 e 表示法。如果你想得到表示某个数值的最合适的格式，就应该使用 `toPrecision()` 方法。

对于一个数值来说，`toPrecision()` 方法可能会返回固定大小（fixed）格式，也可能返回指数（exponential）格式；具体规则是看哪种格式最合适。这个方法接收一个参数，即表示数值的所有数字的位数（不包括指数部分）。请看下面的例子。

```
var num = 99;
alert(num.toPrecision(1));      //"1e+2"
alert(num.toPrecision(2));      //"99"
alert(num.toPrecision(3));      //"99.0"
```

NumberTypeExample01.htm

以上代码首先完成的任务是以一位数来表示 99，结果是"1e+2"，即 100。因为一位数无法准确地表示 99，因此 toPrecision() 就将它向上舍入为 100，这样就可以使用一位数来表示它了。而接下来的用两位数表示 99，当然还是"99"。最后，在想以三位数表示 99 时，toPrecision() 方法返回了"99.0"。实际上，toPrecision() 会根据要处理的数值决定到底是调用 toFixed() 还是调用 toExponential()。而这三个方法都可以通过向上或向下舍入，做到以最准确的形式来表示带有正确小数位的值。

> toPrecision() 方法可以表现 1 到 21 位小数。某些浏览器支持的范围更大，但这是典型实现的范围。

与 Boolean 对象类似，Number 对象也以后台方式为数值提供了重要的功能。但与此同时，我们仍然不建议直接实例化 Number 类型，而原因与显式创建 Boolean 对象一样。具体来讲，就是在使用 typeof 和 instanceof 操作符测试基本类型数值与引用类型数值时，得到的结果完全不同，如下面的例子所示。

```
var numberObject = new Number(10);
var numberValue = 10;
alert(typeof numberObject);      //"object"
alert(typeof numberValue);       //"number"
alert(numberObject instanceof Number);   //true
alert(numberValue instanceof Number);    //false
```

在使用 typeof 操作符测试基本类型数值时，始终会返回"number"，而在测试 Number 对象时，则会返回"object"。类似地，Number 对象是 Number 类型的实例，而基本类型的数值则不是。

5.6.3　String 类型

String 类型是字符串的对象包装类型，可以像下面这样使用 String 构造函数来创建。

```
var stringObject = new String("hello world");
```

StringTypeExample01.htm

String 对象的方法也可以在所有基本的字符串值中访问到。其中，继承的 valueOf()、toLocale-String() 和 toString() 方法，都返回对象所表示的基本字符串值。

String 类型的每个实例都有一个 length 属性，表示字符串中包含多个字符。来看下面的例子。

```
var stringValue = "hello world";
alert(stringValue.length);       //"11"
```

这个例子输出了字符串"hello world"中的字符数量，即"11"。应该注意的是，即使字符串中包含双字节字符（不是占一个字节的 ASCII 字符），每个字符也仍然算一个字符。

String 类型提供了很多方法，用于辅助完成对 ECMAScript 中字符串的解析和操作。

1. 字符方法

两个用于访问字符串中特定字符的方法是：charAt()和 charCodeAt()。这两个方法都接收一个参数，即基于 0 的字符位置。其中，charAt()方法以单字符字符串的形式返回给定位置的那个字符（ECMAScript 中没有字符类型）。例如：

```
var stringValue = "hello world";
alert(stringValue.charAt(1));    //"e"
```

字符串"hello world"位置 1 处的字符是"e"，因此调用 charAt(1)就返回了"e"。如果你想得到的不是字符而是字符编码，那么就要像下面这样使用 charCodeAt()了。

```
var stringValue = "hello world";
alert(stringValue.charCodeAt(1));    //输出"101"
```

这个例子输出的是"101"，也就是小写字母"e"的字符编码。

ECMAScript 5 还定义了另一个访问个别字符的方法。在支持此方法的浏览器中，可以使用方括号加数字索引来访问字符串中的特定字符，如下面的例子所示。

```
var stringValue = "hello world";
alert(stringValue[1]);    //"e"
```

使用方括号表示法访问个别字符的语法得到了 IE8 及 Firefox、Safari、Chrome 和 Opera 所有版本的支持。如果是在 IE7 及更早版本中使用这种语法，会返回 undefined 值（尽管根本不是特殊的 undefined 值）。

2. 字符串操作方法

下面介绍与操作字符串有关的几个方法。第一个就是 concat()，用于将一或多个字符串拼接起来，返回拼接得到的新字符串。先来看一个例子。

```
var stringValue = "hello ";
var result = stringValue.concat("world");
alert(result);              //"hello world"
alert(stringValue);         //"hello"
```

在这个例子中，通过 stringValue 调用 concat()方法返回的结果是"hello world"——但 stringValue 的值则保持不变。实际上，concat()方法可以接受任意多个参数，也就是说可以通过它拼接任意多个字符串。再看一个例子：

```
var stringValue = "hello ";
var result = stringValue.concat("world", "!");

alert(result);              //"hello world!"
alert(stringValue);         //"hello"
```

这个例子将"world"和"!"拼接到了"hello"的末尾。虽然 concat()是专门用来拼接字符串的方法，但实践中使用更多的还是加号操作符(+)。而且，使用加号操作符在大多数情况下都比使用concat()方法要简便易行（特别是在拼接多个字符串的情况下）。

ECMAScript 还提供了三个基于子字符串创建新字符串的方法：slice()、substr()和 substring()。这三个方法都会返回被操作字符串的一个子字符串，而且也都接受一或两个参数。第一个参数指定子字符串的开始位置，第二个参数（在指定的情况下）表示子字符串到哪里结束。具体来说，slice()和 substring()的第二个参数指定的是子字符串最后一个字符后面的位置。而 substr()的第二个参数指

定的则是返回的字符个数。如果没有给这些方法传递第二个参数，则将字符串的末尾作为结束位置。与
concat()方法一样，slice()、substr()和 substring()也不会修改字符串本身的值——它们只是
返回一个基本类型的字符串值，对原始字符串没有任何影响。请看下面的例子。

```
var stringValue = "hello world";
alert(stringValue.slice(3));            //"lo world"
alert(stringValue.substring(3));        //"lo world"
alert(stringValue.substr(3));           //"lo world"
alert(stringValue.slice(3, 7));         //"lo w"
alert(stringValue.substring(3,7));      //"lo w"
alert(stringValue.substr(3, 7));        //"lo worl"
```

StringTypeManipulationMethodsExample01.htm

这个例子比较了以相同方式调用 slice()、substr()和 substring()得到的结果，而且多数情
况下的结果是相同的。在只指定一个参数 3 的情况下，这三个方法都返回"lo world"，因为"hello"
中的第二个"l"处于位置3。而在指定两个参数 3 和 7 的情况下，slice()和 substring()返回"lo w"
（"world"中的"o"处于位置7，因此结果中不包含"o"），但 substr()返回"lo worl"，因为它的第二
个参数指定的是要返回的字符个数。

在传递给这些方法的参数是负值的情况下，它们的行为就不尽相同了。其中，slice()方法会将传
入的负值与字符串的长度相加，substr()方法将负的第一个参数加上字符串的长度，而将负的第二个
参数转换为 0。最后，substring()方法会把所有负值参数都转换为 0。下面来看例子。

```
var stringValue = "hello world";
alert(stringValue.slice(-3));           //"rld"
alert(stringValue.substring(-3));       //"hello world"
alert(stringValue.substr(-3));          //"rld"
alert(stringValue.slice(3, -4));        //"lo w"
alert(stringValue.substring(3, -4));    //"hel"
alert(stringValue.substr(3, -4));       //"" （空字符串）
```

StringTypeManipulationMethodsExample01.htm

这个例子清晰地展示了上述三个方法之间的不同行为。在给 slice()和 substr()传递一个负值
参数时，它们的行为相同。这是因为-3 会被转换为 8（字符串长度加参数 11+(−3)=8），实际上相当
于调用了 slice(8)和 substr(8)。但 substring()方法则返回了全部字符串，因为它将-3 转换
成了 0。

 IE 的 JavaScript 实现在处理向 substr()方法传递负值的情况时存在问题，它会
返回原始的字符串。IE9 修复了这个问题。

当第二个参数是负值时，这三个方法的行为各不相同。slice()方法会把第二个参数转换为 7，这
就相当于调用了 slice(3,7)，因此返回"lo w"。substring()方法会把第二个参数转换为 0，使调
用变成了 substring(3,0)，而由于这个方法会将较小的数作为开始位置，将较大的数作为结束位置，
因此最终相当于调用了 substring(0,3)。substr()也会将第二个参数转换为 0，这也就意味着返回
包含零个字符的字符串，也就是一个空字符串。

3. 字符串位置方法

有两个可以从字符串中查找子字符串的方法：indexOf()和lastIndexOf()。这两个方法都是从一个字符串中搜索给定的子字符串，然后返回子字符串的位置（如果没有找到该子字符串，则返回-1）。这两个方法的区别在于：indexOf()方法从字符串的开头向后搜索子字符串，而lastIndexOf()方法是从字符串的末尾向前搜索子字符串。还是来看一个例子吧。

```
var stringValue = "hello world";
alert(stringValue.indexOf("o"));          //4
alert(stringValue.lastIndexOf("o"));      //7
```

StringTypeLocationMethodsExample01.htm

子字符串"o"第一次出现的位置是4，即"hello"中的"o"；最后一次出现的位置是7，即"world"中的"o"。如果"o"在这个字符串中仅出现了一次，那么indexOf()和lastIndexOf()会返回相同的位置值。

这两个方法都可以接收可选的第二个参数，表示从字符串中的哪个位置开始搜索。换句话说，indexOf()会从该参数指定的位置向后搜索，忽略该位置之前的所有字符；而lastIndexOf()则会从指定的位置向前搜索，忽略该位置之后的所有字符。看下面的例子。

```
var stringValue = "hello world";
alert(stringValue.indexOf("o", 6));       //7
alert(stringValue.lastIndexOf("o", 6));   //4
```

在将第二个参数 6 传递给这两个方法之后，得到了与前面例子相反的结果。这一次，由于indexOf()是从位置6（字母"w"）开始向后搜索，结果在位置7找到了"o"，因此它返回7。而last-IndexOf()是从位置6开始向前搜索。结果找到了"hello"中的"o"，因此它返回4。在使用第二个参数的情况下，可以通过循环调用 indexOf()或 lastIndexOf()来找到所有匹配的子字符串，如下面的例子所示：

```
var stringValue = "Lorem ipsum dolor sit amet, consectetur adipisicing elit";
var positions = new Array();
var pos = stringValue.indexOf("e");

while(pos > -1){
    positions.push(pos);
    pos = stringValue.indexOf("e", pos + 1);
}

alert(positions);     //"3,24,32,35,52"
```

StringTypeLocationMethodsExample02.htm

这个例子通过不断增加 indexOf()方法开始查找的位置，遍历了一个长字符串。在循环之外，首先找到了"e"在字符串中的初始位置；而进入循环后，则每次都给 indexOf()传递上一次的位置加1。这样，就确保了每次新搜索都从上一次找到的子字符串的后面开始。每次搜索返回的位置依次被保存在数组 positions 中，以便将来使用。

4. trim()方法

ECMAScript 5 为所有字符串定义了 trim()方法。这个方法会创建一个字符串的副本，删除前置及后缀的所有空格，然后返回结果。例如：

```
var stringValue = "   hello world   ";
var trimmedStringValue = stringValue.trim();
alert(stringValue);          //"   hello world   "
alert(trimmedStringValue);   //"hello world"
```

由于 trim() 返回的是字符串的副本，所以原始字符串中的前置及后缀空格会保持不变。支持这个方法的浏览器有 IE9+、Firefox 3.5+、Safari 5+、Opera 10.5+ 和 Chrome。此外，Firefox 3.5+、Safari 5+ 和 Chrome 8+ 还支持非标准的 trimLeft() 和 trimRight() 方法，分别用于删除字符串开头和末尾的空格。

5. 字符串大小写转换方法

接下来我们要介绍的是一组与大小写转换有关的方法。ECMAScript 中涉及字符串大小写转换的方法有 4 个：toLowerCase()、toLocaleLowerCase()、toUpperCase() 和 toLocaleUpperCase()。其中，toLowerCase() 和 toUpperCase() 是两个经典的方法，借鉴自 java.lang.String 中的同名方法。而 toLocaleLowerCase() 和 toLocaleUpperCase() 方法则是针对特定地区的实现。对有些地区来说，针对地区的方法与其通用方法得到的结果相同，但少数语言（如土耳其语）会为 Unicode 大小写转换应用特殊的规则，这时候就必须使用针对地区的方法来保证实现正确的转换。以下是几个例子。

```
var stringValue = "hello world";
alert(stringValue.toLocaleUpperCase());  //"HELLO WORLD"
alert(stringValue.toUpperCase());        //"HELLO WORLD"
alert(stringValue.toLocaleLowerCase());  //"hello world"
alert(stringValue.toLowerCase());        //"hello world"
```

StringTypeCaseMethodExample01.htm

以上代码调用的 toLocaleUpperCase() 和 toUpperCase() 都返回了 "HELLO WORLD"，就像调用 toLocaleLowerCase() 和 toLowerCase() 都返回 "hello world" 一样。一般来说，在不知道自己的代码将在哪种语言环境中运行的情况下，还是使用针对地区的方法更稳妥一些。

6. 字符串的模式匹配方法

String 类型定义了几个用于在字符串中匹配模式的方法。第一个方法就是 match()，在字符串上调用这个方法，本质上与调用 RegExp 的 exec() 方法相同。match() 方法只接受一个参数，要么是一个正则表达式，要么是一个 RegExp 对象。来看下面的例子。

```
var text = "cat, bat, sat, fat";
var pattern = /.at/;

//与 pattern.exec(text) 相同
var matches = text.match(pattern);
alert(matches.index);        //0
alert(matches[0]);           //"cat"
alert(pattern.lastIndex);    //0
```

StringTypePatternMatchingExample01.htm

本例中的 match() 方法返回了一个数组；如果是调用 RegExp 对象的 exec() 方法并传递本例中的字符串作为参数，那么也会得到与此相同的数组：数组的第一项是与整个模式匹配的字符串，之后的每一项（如果有）保存着与正则表达式中的捕获组匹配的字符串。

另一个用于查找模式的方法是 `search()`。这个方法的唯一参数与 `match()` 方法的参数相同：由字符串或 `RegExp` 对象指定的一个正则表达式。`search()` 方法返回字符串中第一个匹配项的索引；如果没有找到匹配项，则返回-1。而且，`search()` 方法始终是从字符串开头向后查找模式。看下面的例子。

```
var text = "cat, bat, sat, fat";
var pos = text.search(/at/);
alert(pos);    //1
```

StringTypePatternMatchingExample01.htm

这个例子中的 `search()` 方法返回 1，即"at"在字符串中第一次出现的位置。

为了简化替换子字符串的操作，ECMAScript 提供了 `replace()` 方法。这个方法接受两个参数：第一个参数可以是一个 `RegExp` 对象或者一个字符串（这个字符串不会被转换成正则表达式），第二个参数可以是一个字符串或者一个函数。如果第一个参数是字符串，那么只会替换第一个子字符串。要想替换所有子字符串，唯一的办法就是提供一个正则表达式，而且要指定全局（g）标志，如下所示。

```
var text = "cat, bat, sat, fat";
var result = text.replace("at", "ond");
alert(result);     //"cond, bat, sat, fat"

result = text.replace(/at/g, "ond");
alert(result);     //"cond, bond, sond, fond"
```

StringTypePatternMatchingExample01.htm

在这个例子中，首先传入 `replace()` 方法的是字符串"at"和替换用的字符串"ond"。替换的结果是把"cat"变成了"cond"，但字符串中的其他字符并没有受到影响。然后，通过将第一个参数修改为带有全局标志的正则表达式，就将全部"at"都替换成了"ond"。

如果第二个参数是字符串，那么还可以使用一些特殊的字符序列，将正则表达式操作得到的值插入到结果字符串中。下表列出了 ECMAScript 提供的这些特殊的字符序列。

字符序列	替换文本
$$	$
$&	匹配整个模式的子字符串。与RegExp.lastMatch的值相同
$'	匹配的子字符串之前的子字符串。与RegExp.leftContext的值相同
$`	匹配的子字符串之后的子字符串。与RegExp.rightContext的值相同
$n	匹配第*n*个捕获组的子字符串，其中*n*等于0~9。例如，$1是匹配第一个捕获组的子字符串，$2是匹配第二个捕获组的子字符串，以此类推。如果正则表达式中没有定义捕获组，则使用空字符串
$nn	匹配第*nn*个捕获组的子字符串，其中*nn*等于01~99。例如，$01是匹配第一个捕获组的子字符串，$02是匹配第二个捕获组的子字符串，以此类推。如果正则表达式中没有定义捕获组，则使用空字符串

通过这些特殊的字符序列，可以使用最近一次匹配结果中的内容，如下面的例子所示。

```
var text = "cat, bat, sat, fat";
result = text.replace(/(.at)/g, "word ($1)");
alert(result);     //word (cat), word (bat), word (sat), word (fat)
```

StringTypePatternMatchingExample01.htm

　　在此，每个以"at"结尾的单词都被替换了，替换结果是"word"后跟一对圆括号，而圆括号中是被字符序列$1 所替换的单词。

　　replace()方法的第二个参数也可以是一个函数。在只有一个匹配项（即与模式匹配的字符串）的情况下，会向这个函数传递 3 个参数：模式的匹配项、模式匹配项在字符串中的位置和原始字符串。在正则表达式中定义了多个捕获组的情况下，传递给函数的参数依次是模式的匹配项、第一个捕获组的匹配项、第二个捕获组的匹配项……，但最后两个参数仍然分别是模式的匹配项在字符串中的位置和原始字符串。这个函数应该返回一个字符串，表示应该被替换的匹配项。使用函数作为 replace()方法的第二个参数可以实现更加精细的替换操作，请看下面这个例子。

```
function htmlEscape(text){
    return text.replace(/[<>"&]/g, function(match, pos, originalText){
        switch(match){
            case "<":
                return "&lt;";
            case ">":
                return "&gt;";
            case "&":
                return "&amp;";
            case "\"":
                return "&quot;";
        }
    });
}

alert(htmlEscape("<p class=\"greeting\">Hello world!</p>"));
//&lt;p class=&quot;greeting&quot;&gt;Hello world!&lt;/p&gt;
```

StringTypePatternMatchingExample01.htm

　　这里，我们为插入 HTML 代码定义了函数 htmlEscape()，这个函数能够转义 4 个字符：小于号、大于号、和号以及双引号。实现这种转义的最简单方式，就是使用正则表达式查找这几个字符，然后定义一个能够针对每个匹配的字符返回特定 HTML 实体的函数。

　　最后一个与模式匹配有关的方法是 split()，这个方法可以基于指定的分隔符将一个字符串分割成多个子字符串，并将结果放在一个数组中。分隔符可以是字符串，也可以是一个 RegExp 对象（这个方法不会将字符串看成正则表达式）。split()方法可以接受可选的第二个参数，用于指定数组的大小，以便确保返回的数组不会超过既定大小。请看下面的例子。

```
var colorText = "red,blue,green,yellow";
var colors1 = colorText.split(",");          //["red", "blue", "green", "yellow"]
var colors2 = colorText.split(",", 2);       //["red", "blue"]
var colors3 = colorText.split(/[^\,]+/);     //["", ",", ",", ",", ""]
```

StringTypePatternMatchingExample01.htm

　　在这个例子中，colorText 是逗号分隔的颜色名字符串。基于该字符串调用 split(",")会得到一个包含其中颜色名的数组，用于分割字符串的分隔符是逗号。为了将数组截短，让它只包含两项，可以为 split()方法传递第二个参数 2。最后，通过使用正则表达式，还可以取得包含逗号字符的数组。需要注意的是，在最后一次调用 split()返回的数组中，第一项和最后一项是两个空字符串。之所以会这样，是因为通过正则表达式指定的分隔符出现在了字符串的开头（即子字符串"red"）和末尾（即子字符串"yellow"）。

对 split() 中正则表达式的支持因浏览器而异。尽管对于简单的模式没有什么差别，但对于未发现匹配项以及带有捕获组的模式，匹配的行为就不大相同了。以下是几种常见的差别。

❑ IE8 及之前版本会忽略捕获组。ECMA-262 规定应该把捕获组拼接到结果数组中。IE9 能正确地在结果中包含捕获组。

❑ Firefox 3.6 及之前版本在捕获组未找到匹配项时，会在结果数组中包含空字符串；ECMA-262 规定没有匹配项的捕获组在结果数组中应该用 undefined 表示。

在正则表达式中使用捕获组时还有其他微妙的差别。在使用这种正则表达式时，一定要在各种浏览器下多做一些测试。

> 要了解关于 split() 方法以及捕获组的跨浏览器问题的更多讨论，请参考 Steven Levithan 的文章 "JavaScript split bugs: Fixed!"（http://blog.stevenlevithan.com/archives/cross-browser-split）。

7. localeCompare()方法

与操作字符串有关的最后一个方法是 localeCompare()，这个方法比较两个字符串，并返回下列值中的一个：

❑ 如果字符串在字母表中应该排在字符串参数之前，则返回一个负数（大多数情况下是-1，具体的值要视实现而定）；

❑ 如果字符串等于字符串参数，则返回 0；

❑ 如果字符串在字母表中应该排在字符串参数之后，则返回一个正数（大多数情况下是 1，具体的值同样要视实现而定）。

下面是几个例子。

```javascript
var stringValue = "yellow";
alert(stringValue.localeCompare("brick"));      //1
alert(stringValue.localeCompare("yellow"));     //0
alert(stringValue.localeCompare("zoo"));        //-1
```

StringTypeLocaleCompareExample01.htm

这个例子比较了字符串"yellow"和另外几个值："brick"、"yellow"和"zoo"。因为"brick"在字母表中排在"yellow"之前，所以 localeCompare()返回了 1；而"yellow"等于"yellow"，所以 localeCompare()返回了 0；最后，"zoo"在字母表中排在"yellow"后面，所以 localeCompare()返回了-1。再强调一次，因为 localeCompare()返回的数值取决于实现，所以最好是像下面例子所示的这样使用这个方法。

```javascript
function determineOrder(value) {
    var result = stringValue.localeCompare(value);
    if (result < 0){
        alert("The string 'yellow' comes before the string '" + value + "'.");
    } else if (result > 0) {
        alert("The string 'yellow' comes after the string '" + value + "'.");
    } else {
```

```
            alert("The string 'yellow' is equal to the string '" + value + "'.");
    }
}

determineOrder("brick");
determineOrder("yellow");
determineOrder("zoo");
```

StringTypeLocaleCompareExample01.htm

使用这种结构，就可以确保自己的代码在任何实现中都可以正确地运行了。

localeCompare() 方法比较与众不同的地方，就是实现所支持的地区（国家和语言）决定了这个方法的行为。比如，美国以英语作为 ECMAScript 实现的标准语言，因此 localeCompare() 就是区分大小写的，于是大写字母在字母表中排在小写字母前头就成为了一项决定性的比较规则。不过，在其他地区恐怕就不是这种情况了。

8. fromCharCode() 方法

另外，String 构造函数本身还有一个静态方法：fromCharCode()。这个方法的任务是接收一或多个字符编码，然后将它们转换成一个字符串。从本质上来看，这个方法与实例方法 charCodeAt() 执行的是相反的操作。来看一个例子：

```
alert(String.fromCharCode(104, 101, 108, 108, 111)); //"hello"
```

StringTypeFromCharCodeExample01.htm

在这里，我们给 fromCharCode() 传递的是字符串 "hello" 中每个字母的字符编码。

9. HTML 方法

早期的 Web 浏览器提供商觉察到了使用 JavaScript 动态格式化 HTML 的需求。于是，这些提供商就扩展了标准，实现了一些专门用于简化常见 HTML 格式化任务的方法。下表列出了这些 HTML 方法。不过，需要请读者注意的是，应该尽量不使用这些方法，因为它们创建的标记通常无法表达语义。

方　　法	输出结果
anchor(*name*)	<a name= "*name*">string</a>
big()	<big>*string*</big>
bold()	*string*
fixed()	<tt>*string*</tt>
fontcolor(*color*)	<font color="*color*">string</font>
fontsize(*size*)	<font size="*size*">*string*</font>
italics()	<i>*string*</i>
link(url)	<a href="*url*">*string*</a>
small()	<small>*string*</small>
strike()	<strike>*string*</strike>
sub()	_{*string*}
sup()	^{*string*}

5.7　单体内置对象

ECMA-262 对内置对象的定义是："由 ECMAScript 实现提供的、不依赖于宿主环境的对象，这些对象在 ECMAScript 程序执行之前就已经存在了。"意思就是说，开发人员不必显式地实例化内置对象，因为它们已经实例化了。前面我们已经介绍了大多数内置对象，例如 `Object`、`Array` 和 `String`。ECMA-262 还定义了两个单体内置对象：`Global` 和 `Math`。

5.7.1 `Global` 对象

　　`Global`（全局）对象可以说是 ECMAScript 中最特别的一个对象了，因为不管你从什么角度上看，这个对象都是不存在的。ECMAScript 中的 `Global` 对象在某种意义上是作为一个终极的 "兜底儿对象" 来定义的。换句话说，不属于任何其他对象的属性和方法，最终都是它的属性和方法。事实上，没有全局变量或全局函数；所有在全局作用域中定义的属性和函数，都是 `Global` 对象的属性。本书前面介绍过的那些函数，诸如 `isNaN()`、`isFinite()`、`parseInt()` 以及 `parseFloat()`，实际上全都是 `Global` 对象的方法。除此之外，`Global` 对象还包含其他一些方法。

1. URI 编码方法

　　`Global` 对象的 `encodeURI()` 和 `encodeURIComponent()` 方法可以对 URI（Uniform Resource Identifiers，通用资源标识符）进行编码，以便发送给浏览器。有效的 URI 中不能包含某些字符，例如空格。而这两个 URI 编码方法就可以对 URI 进行编码，它们用特殊的 UTF-8 编码替换所有无效的字符，从而让浏览器能够接受和理解。

　　其中，`encodeURI()` 主要用于整个 URI（例如，http://www.wrox.com/illegal value.htm），而 `encodeURIComponent()` 主要用于对 URI 中的某一段（例如前面 URI 中的 `illegal value.htm`）进行编码。它们的主要区别在于，`encodeURI()` 不会对本身属于 URI 的特殊字符进行编码，例如冒号、正斜杠、问号和井字号；而 `encodeURIComponent()` 则会对它发现的任何非标准字符进行编码。来看下面的例子。

```
var uri = "http://www.wrox.com/illegal value.htm#start";

//"http://www.wrox.com/illegal%20value.htm#start"
alert(encodeURI(uri));

//"http%3A%2F%2Fwww.wrox.com%2Fillegal%20value.htm%23start"
alert(encodeURIComponent(uri));
```

GlobalObjectURIEncodingExample01.htm

　　使用 `encodeURI()` 编码后的结果是除了空格之外的其他字符都原封不动，只有空格被替换成了 `%20`。而 `encodeURIComponent()` 方法则会使用对应的编码替换所有非字母数字字符。这也正是可以对整个 URI 使用 `encodeURI()`，而只能对附加在现有 URI 后面的字符串使用 `encodeURIComponent()` 的原因所在。

　　一般来说，我们使用 `encodeURIComponent()` 方法的时候要比使用 `encodeURI()` 更多，因为在实践中更常见的是对查询字符串参数而不是对基础 URI 进行编码。

　　与 `encodeURI()` 和 `encodeURIComponent()` 方法对应的两个方法分别是 `decodeURI()` 和 `decodeURIComponent()`。其中，`decodeURI()` 只能对使用 `encodeURI()` 替换的字符进行解码。例如，它可将 `%20` 替换成一个空格，但不会对 `%23` 作任何处理，因为 `%23` 表示井字号（#），而井字号不是使用 `encodeURI()` 替换的。同样地，`decodeURIComponent()` 能够解码使用 `encodeURIComponent()` 编码

的所有字符，即它可以解码任何特殊字符的编码。来看下面的例子：

```
var uri = "http%3A%2F%2Fwww.wrox.com%2Fillegal%20value.htm%23start";

//http%3A%2F%2Fwww.wrox.com%2Fillegal value.htm%23start
alert(decodeURI(uri));

//http://www.wrox.com/illegal value.htm#start
alert(decodeURIComponent(uri));
```

GlobalObjectURIDecodingExample01.htm

这里，变量 uri 包含着一个由 encodeURIComponent() 编码的字符串。在第一次调用 decodeURI() 输出的结果中，只有 %20 被替换成了空格。而在第二次调用 decodeURIComponent() 输出的结果中，所有特殊字符的编码都被替换成了原来的字符，得到了一个未经转义的字符串（但这个字符串并不是一个有效的 URI）。

> URI 方法 encodeURI()、encodeURIComponent()、decodeURI() 和 decode-URIComponent() 用于替代已经被 ECMA-262 第 3 版废弃的 escape() 和 unescape() 方法。URI 方法能够编码所有 Unicode 字符，而原来的方法只能正确地编码 ASCII 字符。因此在开发实践中，特别是在产品级的代码中，一定要使用 URI 方法，不要使用 escape() 和 unescape() 方法。

2. eval() 方法

现在，我们介绍最后一个——大概也是整个 ECMAScript 语言中最强大的一个方法：eval()。eval() 方法就像是一个完整的 ECMAScript 解析器，它只接受一个参数，即要执行的 ECMAScript（或 JavaScript）字符串。看下面的例子：

```
eval("alert('hi')");
```

这行代码的作用等价于下面这行代码：

```
alert("hi");
```

当解析器发现代码中调用 eval() 方法时，它会将传入的参数当作实际的 ECMAScript 语句来解析，然后把执行结果插入到原位置。通过 eval() 执行的代码被认为是包含该次调用的执行环境的一部分，因此被执行的代码具有与该执行环境相同的作用域链。这意味着通过 eval() 执行的代码可以引用在包含环境中定义的变量，举个例子：

```
var msg = "hello world";
eval("alert(msg)");     //"hello world"
```

可见，变量 msg 是在 eval() 调用的环境之外定义的，但其中调用的 alert() 仍然能够显示 "hello world"。这是因为上面第二行代码最终被替换成了一行真正的代码。同样地，我们也可以在 eval() 调用中定义一个函数，然后再在该调用的外部代码中引用这个函数：

```
eval("function sayHi() { alert('hi'); }");
sayHi();
```

显然，函数 sayHi() 是在 eval() 内部定义的。但由于对 eval() 的调用最终会被替换成定义函数的实际代码，因此可以在下一行调用 sayHi()。对于变量也一样：

```
eval("var msg = 'hello world'; ");
alert(msg);        //"hello world"
```

在 `eval()` 中创建的任何变量或函数都不会被提升，因为在解析代码的时候，它们被包含在一个字符串中；它们只在 `eval()` 执行的时候创建。

严格模式下，在外部访问不到 `eval()` 中创建的任何变量或函数，因此前面两个例子都会导致错误。同样，在严格模式下，为 `eval` 赋值也会导致错误：

```
"use strict";
eval = "hi";        //causes error
```

 能够解释代码字符串的能力非常强大，但也非常危险。因此在使用 `eval()` 时必须极为谨慎，特别是在用它执行用户输入数据的情况下。否则，可能会有恶意用户输入威胁你的站点或应用程序安全的代码（即所谓的**代码注入**）。

3. Global 对象的属性

`Global` 对象还包含一些属性，其中一部分属性已经在本书前面介绍过了。例如，特殊的值 `undefined`、`NaN` 以及 `Infinity` 都是 `Global` 对象的属性。此外，所有原生引用类型的构造函数，像 `Object` 和 `Function`，也都是 `Global` 对象的属性。下表列出了 `Global` 对象的所有属性。

属 性	说 明	属 性	说 明
undefined	特殊值undefined	Date	构造函数Date
NaN	特殊值NaN	RegExp	构造函数RegExp
Infinity	特殊值Infinity	Error	构造函数Error
Object	构造函数Object	EvalError	构造函数EvalError
Array	构造函数Array	RangeError	构造函数RangeError
Function	构造函数Function	ReferenceError	构造函数ReferenceError
Boolean	构造函数Boolean	SyntaxError	构造函数SyntaxError
String	构造函数String	TypeError	构造函数TypeError
Number	构造函数Number	URIError	构造函数URIError

ECMAScript 5 明确禁止给 `undefined`、`NaN` 和 `Infinity` 赋值，这样做即使在非严格模式下也会导致错误。

4. window 对象

ECMAScript 虽然没有指出如何直接访问 `Global` 对象，但 Web 浏览器都是将这个全局对象作为 `window` 对象的一部分加以实现的。因此，在全局作用域中声明的所有变量和函数，就都成为了 `window` 对象的属性。来看下面的例子。

```
var color = "red";

function sayColor(){
    alert(window.color);
}

window.sayColor();   //"red"
```

GlobalObjectWindowExample01.htm

这里定义了一个名为 color 的全局变量和一个名为 sayColor() 的全局函数。在 sayColor() 内部，我们通过 window.color 来访问 color 变量，以说明全局变量是 window 对象的属性。然后，又使用 window.sayColor() 来直接通过 window 对象调用这个函数，结果显示在了警告框中。

> JavaScript 中的 window 对象除了扮演 ECMAScript 规定的 Global 对象的角色外，还承担了很多别的任务。第 8 章在讨论浏览器对象模型时将详细介绍 window 对象。

另一种取得 Global 对象的方法是使用以下代码：

```
var global = function(){
    return this;
}();
```

以上代码创建了一个立即调用的函数表达式，返回 this 的值。如前所述，在没有给函数明确指定 this 值的情况下（无论是通过将函数添加为对象的方法，还是通过调用 call() 或 apply()），this 值等于 Global 对象。而像这样通过简单地返回 this 来取得 Global 对象，在任何执行环境下都是可行的。第 7 章将深入讨论函数表达式。

5.7.2 Math 对象

ECMAScript 还为保存数学公式和信息提供了一个公共位置，即 Math 对象。与我们在 JavaScript 直接编写的计算功能相比，Math 对象提供的计算功能执行起来要快得多。Math 对象中还提供了辅助完成这些计算的属性和方法。

1. Math 对象的属性

Math 对象包含的属性大都是数学计算中可能会用到的一些特殊值。下表列出了这些属性。

属 性	说 明
Math.E	自然对数的底数，即常量e的值
Math.LN10	10的自然对数
Math.LN2	2的自然对数
Math.LOG2E	以2为底e的对数
Math.LOG10E	以10为底e的对数
Math.PI	π的值
Math.SQRT1_2	1/2的平方根（即2的平方根的倒数）
Math.SQRT2	2的平方根

虽然讨论这些值的含义和用途超出了本书范围，但你确实可以随时使用它们。

2. min() 和 max() 方法

Math 对象还包含许多方法，用于辅助完成简单和复杂的数学计算。

其中，min() 和 max() 方法用于确定一组数值中的最小值和最大值。这两个方法都可以接收任意多个数值参数，如下面的例子所示。

```
var max = Math.max(3, 54, 32, 16);
alert(max);    //54

var min = Math.min(3, 54, 32, 16);
alert(min);    //3
```

MathObjectMinMaxExample01.htm

对于 3、54、32 和 16，`Math.max()` 返回 54，而 `Math.min()` 返回 3。这两个方法经常用于避免多余的循环和在 `if` 语句中确定一组数的最大值。

要找到数组中的最大或最小值，可以像下面这样使用 `apply()` 方法。

```
var values = [1, 2, 3, 4, 5, 6, 7, 8];
var max = Math.max.apply(Math, values);
```

这个技巧的关键是把 `Math` 对象作为 `apply()` 的第一个参数，从而正确地设置 `this` 值。然后，可以将任何数组作为第二个参数。

3. 舍入方法

下面来介绍将小数值舍入为整数的几个方法：`Math.ceil()`、`Math.floor()` 和 `Math.round()`。这三个方法分别遵循下列舍入规则：

- ❑ `Math.ceil()` 执行向上舍入，即它总是将数值向上舍入为最接近的整数；
- ❑ `Math.floor()` 执行向下舍入，即它总是将数值向下舍入为最接近的整数；
- ❑ `Math.round()` 执行标准舍入，即它总是将数值四舍五入为最接近的整数（这也是我们在数学课上学到的舍入规则）。

下面是使用这些方法的示例：

```
alert(Math.ceil(25.9));     //26
alert(Math.ceil(25.5));     //26
alert(Math.ceil(25.1));     //26

alert(Math.round(25.9));    //26
alert(Math.round(25.5));    //26
alert(Math.round(25.1));    //25

alert(Math.floor(25.9));    //25
alert(Math.floor(25.5));    //25
alert(Math.floor(25.1));    //25
```

MathObjectRoundingExample01.htm

对于所有介于 25 和 26（不包括 26）之间的数值，`Math.ceil()` 始终返回 26，因为它执行的是向上舍入。`Math.round()` 方法只在数值大于等于 25.5 时返回 26；否则返回 25。最后，`Math.floor()` 对所有介于 25 和 26（不包括 26）之间的数值都返回 25。

4. `random()` 方法

`Math.random()` 方法返回大于等于 0 小于 1 的一个随机数。对于某些站点来说，这个方法非常实用，因为可以利用它来随机显示一些名人名言和新闻事件。套用下面的公式，就可以利用 `Math.random()` 从某个整数范围内随机选择一个值。

```
值 = Math.floor(Math.random() * 可能值的总数 + 第一个可能的值)
```

公式中用到了 Math.floor() 方法，这是因为 Math.random() 总返回一个小数值。而用这个小数值乘以一个整数，然后再加上一个整数，最终结果仍然还是一个小数。举例来说，如果你想选择一个 1 到 10 之间的数值，可以像下面这样编写代码：

```
var num = Math.floor(Math.random() * 10 + 1);
```

MathObjectRandomExample01.htm

总共有 10 个可能的值（1 到 10），而第一个可能的值是 1。而如果想要选择一个介于 2 到 10 之间的值，就应该将上面的代码改成这样：

```
var num = Math.floor(Math.random() * 9 + 2);
```

MathObjectRandomExample02.htm

从 2 数到 10 要数 9 个数，因此可能值的总数就是 9，而第一个可能的值就是 2。多数情况下，其实都可以通过一个函数来计算可能值的总数和第一个可能的值，例如：

```
function selectFrom(lowerValue, upperValue) {
    var choices = upperValue - lowerValue + 1;
    return Math.floor(Math.random() * choices + lowerValue);
}

var num = selectFrom(2, 10);
alert(num);    // 介于 2 和 10 之间（包括 2 和 10）的一个数值
```

MathObjectRandomExample03.htm

函数 selectFrom() 接受两个参数：应该返回的最小值和最大值。而用最大值减最小值再加 1 得到了可能值的总数，然后它又把这些数值套用到了前面的公式中。这样，通过调用 selectFrom(2,10) 就可以得到一个介于 2 和 10 之间（包括 2 和 10）的数值了。利用这个函数，可以方便地从数组中随机取出一项，例如：

```
var colors = ["red", "green", "blue", "yellow", "black", "purple", "brown"];
var color = colors[selectFrom(0, colors.length-1)];
alert(color);  // 可能是数组中包含的任何一个字符串
```

MathObjectRandomExample03.htm

在这个例子中，传递给 selectFrom() 的第二个参数是数组的长度减 1，也就是数组中最后一项的位置。

5. 其他方法

Math 对象中还包含其他一些与完成各种简单或复杂计算有关的方法，但详细讨论其中每一个方法的细节及适用情形超出了本书的范围。下面我们就给出一个表格，其中列出了这些没有介绍到的 Math 对象的方法。

方　法	说　明	方　法	说　明
Math.abs(*num*)	返回 *num* 的绝对值	Math.asin(*x*)	返回 *x* 的反正弦值
Math.exp(*num*)	返回 *Math.E* 的 *num* 次幂	Math.atan(*x*)	返回 *x* 的反正切值
Math.log(*num*)	返回 *num* 的自然对数	Math.atan2(*y*,*x*)	返回 *y/x* 的反正切值
Math.pow(*num*,*power*)	返回 *num* 的 *power* 次幂	Math.cos(*x*)	返回 *x* 的余弦值
Math.sqrt(*num*)	返回 *num* 的平方根	Math.sin(*x*)	返回 *x* 的正弦值
Math.acos(*x*)	返回 *x* 的反余弦值	Math.tan(*x*)	返回 *x* 的正切值

虽然 ECMA-262 规定了这些方法，但不同实现可能会对这些方法采用不同的算法。毕竟，计算某个值的正弦、余弦和正切的方式多种多样。也正因为如此，这些方法在不同的实现中可能会有不同的精度。

5.8 小结

对象在 JavaScript 中被称为引用类型的值，而且有一些内置的引用类型可以用来创建特定的对象，现简要总结如下：

- 引用类型与传统面向对象程序设计中的类相似，但实现不同；
- Object 是一个基础类型，其他所有类型都从 Object 继承了基本的行为；
- Array 类型是一组值的有序列表，同时还提供了操作和转换这些值的功能；
- Date 类型提供了有关日期和时间的信息，包括当前日期和时间以及相关的计算功能；
- RegExp 类型是 ECMAScript 支持正则表达式的一个接口，提供了最基本的和一些高级的正则表达式功能。

函数实际上是 Function 类型的实例，因此函数也是对象；而这一点正是 JavaScript 最有特色的地方。由于函数是对象，所以函数也拥有方法，可以用来增强其行为。

因为有了基本包装类型，所以 JavaScript 中的基本类型值可以被当作对象来访问。三种基本包装类型分别是：Boolean、Number 和 String。以下是它们共同的特征：

- 每个包装类型都映射到同名的基本类型；
- 在读取模式下访问基本类型值时，就会创建对应的基本包装类型的一个对象，从而方便了数据操作；
- 操作基本类型值的语句一经执行完毕，就会立即销毁新创建的包装对象。

在所有代码执行之前，作用域中就已经存在两个内置对象：Global 和 Math。在大多数 ECMAScript 实现中都不能直接访问 Global 对象；不过，Web 浏览器实现了承担该角色的 window 对象。全局变量和函数都是 Global 对象的属性。Math 对象提供了很多属性和方法，用于辅助完成复杂的数学计算任务。

第**6**章

面向对象的程序设计

本章内容
- ❏ 理解对象属性
- ❏ 理解并创建对象
- ❏ 理解继承

面向对象（Object-Oriented，OO）的语言有一个标志，那就是它们都有类的概念，而通过类可以创建任意多个具有相同属性和方法的对象。前面提到过，ECMAScript 中没有类的概念，因此它的对象也与基于类的语言中的对象有所不同。

ECMA-262 把对象定义为："无序属性的集合，其属性可以包含基本值、对象或者函数。"严格来讲，这就相当于说对象是一组没有特定顺序的值。对象的每个属性或方法都有一个名字，而每个名字都映射到一个值。正因为这样（以及其他将要讨论的原因），我们可以把 ECMAScript 的对象想象成散列表：无非就是一组名值对，其中值可以是数据或函数。

每个对象都是基于一个引用类型创建的，这个引用类型可以是第 5 章讨论的原生类型，也可以是开发人员定义的类型。

6.1　理解对象

上一章曾经介绍过，创建自定义对象的最简单方式就是创建一个 Object 的实例，然后再为它添加属性和方法，如下所示。

```
var person = new Object();
person.name = "Nicholas";
person.age = 29;
person.job = "Software Engineer";

person.sayName = function(){
    alert(this.name);
};
```

CreatingObjectsExample01.htm

上面的例子创建了一个名为 person 的对象，并为它添加了三个属性（name、age 和 job）和一个方法（sayName()）。其中，sayName() 方法用于显示 this.name（将被解析为 person.name）的值。早期的 JavaScript 开发人员经常使用这个模式创建新对象。几年后，对象字面量成为创建这种对象的首选模式。前面的例子用对象字面量语法可以写成这样：

```
var person = {
    name: "Nicholas",
    age: 29,
    job: "Software Engineer",

    sayName: function(){
        alert(this.name);
    }
};
```

这个例子中的 person 对象与前面例子中的 person 对象是一样的，都有相同的属性和方法。这些属性在创建时都带有一些特征值（characteristic），JavaScript 通过这些特征值来定义它们的行为。

6.1.1 属性类型

ECMA-262 第 5 版在定义只有内部才用的特性（attribute）时，描述了属性（property）的各种特征。ECMA-262 定义这些特性是为了实现 JavaScript 引擎用的，因此在 JavaScript 中不能直接访问它们。为了表示特性是内部值，该规范把它们放在了两对儿方括号中，例如 [[Enumerable]]。尽管 ECMA-262 第 3 版的定义有些不同，但本书只参考第 5 版的描述。

ECMAScript 中有两种属性：数据属性和访问器属性。

1. 数据属性

数据属性包含一个数据值的位置。在这个位置可以读取和写入值。数据属性有 4 个描述其行为的特性。

- ❑ [[Configurable]]：表示能否通过 delete 删除属性从而重新定义属性，能否修改属性的特性，或者能否把属性修改为访问器属性。像前面例子中那样直接在对象上定义的属性，它们的这个特性默认值为 true。
- ❑ [[Enumerable]]：表示能否通过 for-in 循环返回属性。像前面例子中那样直接在对象上定义的属性，它们的这个特性默认值为 true。
- ❑ [[Writable]]：表示能否修改属性的值。像前面例子中那样直接在对象上定义的属性，它们的这个特性默认值为 true。
- ❑ [[Value]]：包含这个属性的数据值。读取属性值的时候，从这个位置读；写入属性值的时候，把新值保存在这个位置。这个特性的默认值为 undefined。

对于像前面例子中那样直接在对象上定义的属性，它们的 [[Configurable]]、[[Enumerable]] 和 [[Writable]] 特性都被设置为 true，而 [[Value]] 特性被设置为指定的值。例如：

```
var person = {
    name: "Nicholas"
};
```

这里创建了一个名为 name 的属性，为它指定的值是 "Nicholas"。也就是说，[[Value]] 特性将被设置为 "Nicholas"，而对这个值的任何修改都将反映在这个位置。

要修改属性默认的特性，必须使用 ECMAScript 5 的 Object.defineProperty() 方法。这个方法接收三个参数：属性所在的对象、属性的名字和一个描述符对象。其中，描述符（descriptor）对象的属性必须是：configurable、enumerable、writable 和 value。设置其中的一或多个值，可以修改对应的特性值。例如：

```
var person = {};
Object.defineProperty(person, "name", {
    writable: false,
    value: "Nicholas"
});

alert(person.name);    //"Nicholas"
person.name = "Greg";
alert(person.name);    //"Nicholas"
```

DataPropertiesExample01.htm

这个例子创建了一个名为 name 的属性，它的值"Nicholas"是只读的。这个属性的值是不可修改的，如果尝试为它指定新值，则在非严格模式下，赋值操作将被忽略；在严格模式下，赋值操作将会导致抛出错误。

类似的规则也适用于不可配置的属性。例如：

```
var person = {};
Object.defineProperty(person, "name", {
    configurable: false,
    value: "Nicholas"
});

alert(person.name);    //"Nicholas"
delete person.name;
alert(person.name);    //"Nicholas"
```

DataPropertiesExample02.htm

把 configurable 设置为 false，表示不能从对象中删除属性。如果对这个属性调用 delete，则在非严格模式下什么也不会发生，而在严格模式下会导致错误。而且，一旦把属性定义为不可配置的，就不能再把它变回可配置了。此时，再调用 Object.defineProperty()方法修改除 writable 之外的特性，都会导致错误：

```
var person = {};
Object.defineProperty(person, "name", {
    configurable: false,
    value: "Nicholas"
});

//抛出错误
Object.defineProperty(person, "name", {
    configurable: true,
    value: "Nicholas"
});
```

DataPropertiesExample03.htm

也就是说，可以多次调用 Object.defineProperty()方法修改同一个属性，但在把 configurable 特性设置为 false 之后就会有限制了。

在调用 Object.defineProperty()方法创建一个新的属性时，如果不指定，configurable、enumerable 和 writable 特性的默认值都是 false。如果调用 Object.defineProperty()方法只是修改已定义的属性的特性，则无此限制。多数情况下，可能都没有必要利用 Object.defineProperty()方法提供的这些高级功能。不过，理解这些概念对理解 JavaScript 对象却非常有用。

IE8 是第一个实现 `Object.defineProperty()` 方法的浏览器版本。然而，这个版本的实现存在诸多限制：只能在 DOM 对象上使用这个方法，而且只能创建访问器属性。由于实现不彻底，建议读者不要在 IE8 中使用 `Object.defineProperty()` 方法。

2. 访问器属性

访问器属性不包含数据值；它们包含一对儿 getter 和 setter 函数（不过，这两个函数都不是必需的）。在读取访问器属性时，会调用 getter 函数，这个函数负责返回有效的值；在写入访问器属性时，会调用 setter 函数并传入新值，这个函数负责决定如何处理数据。访问器属性有如下 4 个特性。

- ❑ [[Configurable]]：表示能否通过 delete 删除属性从而重新定义属性，能否修改属性的特性，或者能否把属性修改为数据属性。对于直接在对象上定义的属性，这个特性的默认值为 true。
- ❑ [[Enumerable]]：表示能否通过 for-in 循环返回属性。对于直接在对象上定义的属性，这个特性的默认值为 true。
- ❑ [[Get]]：在读取属性时调用的函数。默认值为 undefined。
- ❑ [[Set]]：在写入属性时调用的函数。默认值为 undefined。

访问器属性不能直接定义，必须使用 `Object.defineProperty()` 来定义。请看下面的例子。

```
var book = {
    _year: 2004,
    edition: 1
};

Object.defineProperty(book, "year", {
    get: function(){
        return this._year;
    },
    set: function(newValue){

        if (newValue > 2004) {
            this._year = newValue;
            this.edition += newValue - 2004;
        }
    }
});

book.year = 2005;
alert(book.edition);   //2
```

AccessorPropertiesExample01.htm

以上代码创建了一个 book 对象，并给它定义两个默认的属性：_year 和 edition。_year 前面的下划线是一种常用的记号，用于表示只能通过对象方法访问的属性。而访问器属性 year 则包含一个 getter 函数和一个 setter 函数。getter 函数返回_year 的值，setter 函数通过计算来确定正确的版本。因此，把 year 属性修改为 2005 会导致_year 变成 2005，而 edition 变为 2。这是使用访问器属性的常见方式，即设置一个属性的值会导致其他属性发生变化。

不一定非要同时指定 getter 和 setter。只指定 getter 意味着属性是不能写，尝试写入属性会被忽略。在严格模式下，尝试写入只指定了 getter 函数的属性会抛出错误。类似地，只指定 setter 函数的属性也不能读，否则在非严格模式下会返回 undefined，而在严格模式下抛出错误。

支持 ECMAScript 5 的这个方法的浏览器有 IE9+（IE8 只是部分实现）、Firefox 4+、Safari 5+、Opera 12+ 和 Chrome。在这个方法之前，要创建访问器属性，一般都使用两个非标准的方法：__defineGetter__() 和 __defineSetter__()。这两个方法最初是由 Firefox 引入的，后来 Safari 3、Chrome 1 和 Opera 9.5 也给出了相同的实现。使用这两个遗留的方法，可以像下面这样重写前面的例子。

```
var book = {
    _year: 2004,
    edition: 1
};

//定义访问器的旧有方法
book.__defineGetter__("year", function(){
    return this._year;
});

book.__defineSetter__("year", function(newValue){
    if (newValue > 2004) {
        this._year = newValue;
        this.edition += newValue - 2004;
    }
});

book.year = 2005;
alert(book.edition);   //2
```

AccessorPropertiesExample02.htm

在不支持 Object.defineProperty() 方法的浏览器中不能修改 [[Configurable]] 和 [[Enumerable]]。

6.1.2　定义多个属性

由于为对象定义多个属性的可能性很大，ECMAScript 5 又定义了一个 Object.defineProperties() 方法。利用这个方法可以通过描述符一次定义多个属性。这个方法接收两个对象参数：第一个对象是要添加和修改其属性的对象，第二个对象的属性与第一个对象中要添加或修改的属性一一对应。例如：

```
var book = {};

Object.defineProperties(book, {
    _year: {
        writable: true,
        value: 2004
    },

    edition: {
        writable: true,
        value: 1
    },

    year: {
        get: function(){
```

```
            return this._year;
        },

        set: function(newValue){
            if (newValue > 2004) {
                this._year = newValue;
                this.edition += newValue - 2004;
            }
        }
    }
});
```

MultiplePropertiesExample01.htm

以上代码在 book 对象上定义了两个数据属性（_year 和 edition）和一个访问器属性（year）。最终的对象与上一节中定义的对象相同。唯一的区别是这里的属性都是在同一时间创建的。

支持 Object.defineProperties() 方法的浏览器有 IE9+、Firefox 4+、Safari 5+、Opera 12+和 Chrome。

6.1.3 读取属性的特性

使用 ECMAScript 5 的 Object.getOwnPropertyDescriptor() 方法，可以取得给定属性的描述符。这个方法接收两个参数：属性所在的对象和要读取其描述符的属性名称。返回值是一个对象，如果是访问器属性，这个对象的属性有 configurable、enumerable、get 和 set；如果是数据属性，这个对象的属性有 configurable、enumerable、writable 和 value。例如：

```
var book = {};

Object.defineProperties(book, {
    _year: {
        value: 2004
    },

    edition: {
        value: 1
    },

    year: {
        get: function(){
            return this._year;
        },

        set: function(newValue){
            if (newValue > 2004) {
                this._year = newValue;
                this.edition += newValue - 2004;
            }
        }
    }
});

var descriptor = Object.getOwnPropertyDescriptor(book, "_year");
alert(descriptor.value);        //2004
alert(descriptor.configurable); //false
```

```
alert(typeof descriptor.get);        //"undefined"

var descriptor = Object.getOwnPropertyDescriptor(book, "year");
alert(descriptor.value);             //undefined
alert(descriptor.enumerable);        //false
alert(typeof descriptor.get);        //"function"
```

GetPropertyDescriptorExample01.htm

对于数据属性_year，value 等于最初的值，configurable 是 false，而 get 等于 undefined。对于访问器属性 year，value 等于 undefined，enumerable 是 false，而 get 是一个指向 getter 函数的指针。

在 JavaScript 中，可以针对任何对象——包括 DOM 和 BOM 对象，使用 Object.getOwnProperty-Descriptor()方法。支持这个方法的浏览器有 IE9+、Firefox 4+、Safari 5+、Opera 12+和 Chrome。

6.2 创建对象

虽然 Object 构造函数或对象字面量都可以用来创建单个对象，但这些方式有个明显的缺点：使用同一个接口创建很多对象，会产生大量的重复代码。为解决这个问题，人们开始使用工厂模式的一种变体。

6.2.1 工厂模式

工厂模式是软件工程领域一种广为人知的设计模式，这种模式抽象了创建具体对象的过程（本书后面还将讨论其他设计模式及其在 JavaScript 中的实现）。考虑到在 ECMAScript 中无法创建类，开发人员就发明了一种函数，用函数来封装以特定接口创建对象的细节，如下面的例子所示。

```
function createPerson(name, age, job){
    var o = new Object();
    o.name = name;
    o.age = age;
    o.job = job;
    o.sayName = function(){
        alert(this.name);
    };
    return o;
}

var person1 = createPerson("Nicholas", 29, "Software Engineer");
var person2 = createPerson("Greg", 27, "Doctor");
```

FactoryPatternExample01.htm

函数 createPerson()能够根据接受的参数来构建一个包含所有必要信息的 Person 对象。可以无数次地调用这个函数，而每次它都会返回一个包含三个属性一个方法的对象。工厂模式虽然解决了创建多个相似对象的问题，但却没有解决对象识别的问题（即怎样知道一个对象的类型）。随着 JavaScript 的发展，又一个新模式出现了。

6.2.2 构造函数模式

前几章介绍过，ECMAScript 中的构造函数可用来创建特定类型的对象。像 Object 和 Array 这样的原生构造函数，在运行时会自动出现在执行环境中。此外，也可以创建自定义的构造函数，从而定义自定义对象类型的属性和方法。例如，可以使用构造函数模式将前面的例子重写如下。

```
function Person(name, age, job){
    this.name = name;
    this.age = age;
    this.job = job;
    this.sayName = function(){
        alert(this.name);
    };
}

var person1 = new Person("Nicholas", 29, "Software Engineer");
var person2 = new Person("Greg", 27, "Doctor");
```

ConstructorPatternExample01.htm

在这个例子中，Person() 函数取代了 createPerson() 函数。我们注意到，Person() 中的代码除了与 createPerson() 中相同的部分外，还存在以下不同之处：

❑ 没有显式地创建对象；
❑ 直接将属性和方法赋给了 this 对象；
❑ 没有 return 语句。

此外，还应该注意到函数名 Person 使用的是大写字母 *P*。按照惯例，构造函数始终都应该以一个大写字母开头，而非构造函数则应该以一个小写字母开头。这个做法借鉴自其他 OO 语言，主要是为了区别于 ECMAScript 中的其他函数；因为构造函数本身也是函数，只不过可以用来创建对象而已。

要创建 Person 的新实例，必须使用 new 操作符。以这种方式调用构造函数实际上会经历以下 4 个步骤：

(1) 创建一个新对象；
(2) 将构造函数的作用域赋给新对象（因此 this 就指向了这个新对象）；
(3) 执行构造函数中的代码（为这个新对象添加属性）；
(4) 返回新对象。

在前面例子的最后，person1 和 person2 分别保存着 Person 的一个不同的实例。这两个对象都有一个 constructor（构造函数）属性，该属性指向 Person，如下所示。

```
alert(person1.constructor == Person);   //true
alert(person2.constructor == Person);   //true
```

对象的 constructor 属性最初是用来标识对象类型的。但是，提到检测对象类型，还是 instanceof 操作符要更可靠一些。我们在这个例子中创建的所有对象既是 Object 的实例，同时也是 Person 的实例，这一点通过 instanceof 操作符可以得到验证。

```
alert(person1 instanceof Object);   //true
alert(person1 instanceof Person);   //true
alert(person2 instanceof Object);   //true
alert(person2 instanceof Person);   //true
```

创建自定义的构造函数意味着将来可以将它的实例标识为一种特定的类型；而这正是构造函数模式胜过工厂模式的地方。在这个例子中，person1 和 person2 之所以同时是 Object 的实例，是因为所有对象均继承自 Object（详细内容稍后讨论）。

> 以这种方式定义的构造函数是定义在 Global 对象（在浏览器中是 window 对象）中的。第 8 章将详细讨论浏览器对象模型（BOM）。

1. 将构造函数当作函数

构造函数与其他函数的唯一区别，就在于调用它们的方式不同。不过，构造函数毕竟也是函数，不存在定义构造函数的特殊语法。任何函数，只要通过 new 操作符来调用，那它就可以作为构造函数；而任何函数，如果不通过 new 操作符来调用，那它跟普通函数也不会有什么两样。例如，前面例子中定义的 Person() 函数可以通过下列任何一种方式来调用。

```
// 当作构造函数使用
var person = new Person("Nicholas", 29, "Software Engineer");
person.sayName(); //"Nicholas"

// 作为普通函数调用
Person("Greg", 27, "Doctor"); // 添加到 window
window.sayName(); //"Greg"

// 在另一个对象的作用域中调用
var o = new Object();
Person.call(o, "Kristen", 25, "Nurse");
o.sayName(); //"Kristen"
```

ConstructorPatternExample02.htm

这个例子中的前两行代码展示了构造函数的典型用法，即使用 new 操作符来创建一个新对象。接下来的两行代码展示了不使用 new 操作符调用 Person() 会出现什么结果：属性和方法都被添加给 window 对象了。有读者可能还记得，当在全局作用域中调用一个函数时，this 对象总是指向 Global 对象（在浏览器中就是 window 对象）。因此，在调用完函数之后，可以通过 window 对象来调用 sayName() 方法，并且还返回了"Greg"。最后，也可以使用 call()（或者 apply()）在某个特殊对象的作用域中调用 Person() 函数。这里是在对象 o 的作用域中调用的，因此调用后 o 就拥有了所有属性和 sayName() 方法。

2. 构造函数的问题

构造函数模式虽然好用，但也并非没有缺点。使用构造函数的主要问题，就是每个方法都要在每个实例上重新创建一遍。在前面的例子中，person1 和 person2 都有一个名为 sayName() 的方法，但那两个方法不是同一个 Function 的实例。不要忘了——ECMAScript 中的函数是对象，因此每定义一个函数，也就是实例化了一个对象。从逻辑角度讲，此时的构造函数也可以这样定义。

```
function Person(name, age, job){
    this.name = name;
    this.age = age;
    this.job = job;
    this.sayName = new Function("alert(this.name)"); // 与声明函数在逻辑上是等价的
}
```

从这个角度上来看构造函数，更容易明白每个 Person 实例都包含一个不同的 Function 实例（以显示 name 属性）的本质。说明白些，以这种方式创建函数，会导致不同的作用域链和标识符解析，但创建 Function 新实例的机制仍然是相同的。因此，不同实例上的同名函数是不相等的，以下代码可以证明这一点。

```
alert(person1.sayName == person2.sayName);  //false
```

然而,创建两个完成同样任务的 Function 实例的确没有必要;况且有 this 对象在,根本不用在执行代码前就把函数绑定到特定对象上面。因此,大可像下面这样,通过把函数定义转移到构造函数外部来解决这个问题。

```
function Person(name, age, job){
    this.name = name;
    this.age = age;
    this.job = job;
    this.sayName = sayName;
}

function sayName(){
    alert(this.name);
}

var person1 = new Person("Nicholas", 29, "Software Engineer");
var person2 = new Person("Greg", 27, "Doctor");
```

ConstructorPatternExample03.htm

在这个例子中,我们把 sayName() 函数的定义转移到了构造函数外部。而在构造函数内部,我们将 sayName 属性设置成等于全局的 sayName 函数。这样一来,由于 sayName 包含的是一个指向函数的指针,因此 person1 和 person2 对象就共享了在全局作用域中定义的同一个 sayName() 函数。这样做确实解决了两个函数做同一件事的问题,可是新问题又来了:在全局作用域中定义的函数实际上只能被某个对象调用,这让全局作用域有点名不副实。而更让人无法接受的是:如果对象需要定义很多方法,那么就要定义很多个全局函数,于是我们这个自定义的引用类型就丝毫没有封装性可言了。好在,这些问题可以通过使用原型模式来解决。

6.2.3 原型模式

我们创建的每个函数都有一个 prototype(原型)属性,这个属性是一个指针,指向一个对象,而这个对象的用途是包含可以由特定类型的所有实例共享的属性和方法。如果按照字面意思来理解,那么 prototype 就是通过调用构造函数而创建的那个对象实例的原型对象。使用原型对象的好处是可以让所有对象实例共享它所包含的属性和方法。换句话说,不必在构造函数中定义对象实例的信息,而是可以将这些信息直接添加到原型对象中,如下面的例子所示。

```
function Person(){
}

Person.prototype.name = "Nicholas";
Person.prototype.age = 29;
Person.prototype.job = "Software Engineer";
Person.prototype.sayName = function(){
    alert(this.name);
};

var person1 = new Person();
person1.sayName();   //"Nicholas"

var person2 = new Person();
```

```
person2.sayName();    //"Nicholas"

alert(person1.sayName == person2.sayName);    //true
```

PrototypePatternExample01.htm

在此，我们将 sayName() 方法和所有属性直接添加到了 Person 的 prototype 属性中，构造函数变成了空函数。即使如此，也仍然可以通过调用构造函数来创建新对象，而且新对象还会具有相同的属性和方法。但与构造函数模式不同的是，新对象的这些属性和方法是由所有实例共享的。换句话说，person1 和 person2 访问的都是同一组属性和同一个 sayName() 函数。要理解原型模式的工作原理，必须先理解 ECMAScript 中原型对象的性质。

1. 理解原型对象

无论什么时候，只要创建了一个新函数，就会根据一组特定的规则为该函数创建一个 prototype 属性，这个属性指向函数的原型对象。在默认情况下，所有原型对象都会自动获得一个 constructor（构造函数）属性，这个属性是一个指向 prototype 属性所在函数的指针。就拿前面的例子来说，Person.prototype.constructor 指向 Person。而通过这个构造函数，我们还可继续为原型对象添加其他属性和方法。

创建了自定义的构造函数之后，其原型对象默认只会取得 constructor 属性；至于其他方法，则都是从 Object 继承而来的。当调用构造函数创建一个新实例后，该实例的内部将包含一个指针（内部属性），指向构造函数的原型对象。ECMA-262 第 5 版中管这个指针叫 [[Prototype]]。虽然在脚本中没有标准的方式访问 [[Prototype]]，但 Firefox、Safari 和 Chrome 在每个对象上都支持一个属性 __proto__；而在其他实现中，这个属性对脚本则是完全不可见的。不过，要明确的真正重要的一点就是，这个连接存在于实例与构造函数的原型对象之间，而不是存在于实例与构造函数之间。

以前面使用 Person 构造函数和 Person.prototype 创建实例的代码为例，图 6-1 展示了各个对象之间的关系。

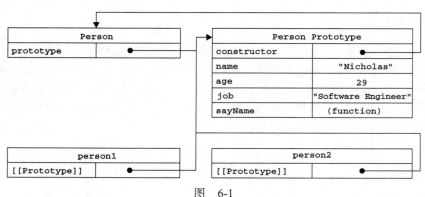

图　6-1

图 6-1 展示了 Person 构造函数、Person 的原型属性以及 Person 现有的两个实例之间的关系。在此，Person.prototype 指向了原型对象，而 Person.prototype.constructor 又指回了 Person。原型对象中除了包含 constructor 属性之外，还包括后来添加的其他属性。Person 的每个实例——person1 和 person2 都包含一个内部属性，该属性仅仅指向了 Person.prototype；换句话说，它们与构造函数没有直接的关系。此外，要格外注意的是，虽然这两个实例都不包含属性和方法，但我们却

可以调用 person1.sayName()。这是通过查找对象属性的过程来实现的。

虽然在所有实现中都无法访问到[[Prototype]]，但可以通过 isPrototypeOf()方法来确定对象之间是否存在这种关系。从本质上讲，如果[[Prototype]]指向调用 isPrototypeOf()方法的对象（Person.prototype），那么这个方法就返回 true，如下所示：

```
alert(Person.prototype.isPrototypeOf(person1));  //true
alert(Person.prototype.isPrototypeOf(person2));  //true
```

这里，我们用原型对象的 isPrototypeOf()方法测试了 person1 和 person2。因为它们内部都有一个指向 Person.prototype 的指针，因此都返回了 true。

ECMAScript 5增加了一个新方法，叫 Object.getPrototypeOf()，在所有支持的实现中，这个方法返回[[Prototype]]的值。例如：

```
alert(Object.getPrototypeOf(person1) == Person.prototype); //true
alert(Object.getPrototypeOf(person1).name); //"Nicholas"
```

这里的第一行代码只是确定 Object.getPrototypeOf()返回的对象实际就是这个对象的原型。第二行代码取得了原型对象中 name 属性的值，也就是"Nicholas"。使用 Object.getPrototypeOf()可以方便地取得一个对象的原型，而这在利用原型实现继承（本章稍后会讨论）的情况下是非常重要的。支持这个方法的浏览器有 IE9+、Firefox 3.5+、Safari 5+、Opera 12+和 Chrome。

每当代码读取某个对象的某个属性时，都会执行一次搜索，目标是具有给定名字的属性。搜索首先从对象实例本身开始。如果在实例中找到了具有给定名字的属性，则返回该属性的值；如果没有找到，则继续搜索指针指向的原型对象，在原型对象中查找具有给定名字的属性。如果在原型对象中找到了这个属性，则返回该属性的值。也就是说，在我们调用 person1.sayName()的时候，会先后执行两次搜索。首先，解析器会问："实例 person1 有 sayName 属性吗？"答："没有。"然后，它继续搜索，再问："person1 的原型有 sayName 属性吗？"答："有。"于是，它就读取那个保存在原型对象中的函数。当我们调用 person2.sayName()时，将会重现相同的搜索过程，得到相同的结果。而这正是多个对象实例共享原型所保存的属性和方法的基本原理。

 前面提到过，原型最初只包含 constructor 属性，而该属性也是共享的，因此可以通过对象实例访问。

虽然可以通过对象实例访问保存在原型中的值，但却不能通过对象实例重写原型中的值。如果我们在实例中添加了一个属性，而该属性与实例原型中的一个属性同名，那我们就在实例中创建该属性，该属性将会屏蔽原型中的那个属性。来看下面的例子。

```
function Person(){
}

Person.prototype.name = "Nicholas";
Person.prototype.age = 29;
Person.prototype.job = "Software Engineer";
Person.prototype.sayName = function(){
    alert(this.name);
};

var person1 = new Person();
```

```
var person2 = new Person();

person1.name = "Greg";
alert(person1.name);        //"Greg"——来自实例
alert(person2.name);        //"Nicholas"——来自原型
```

PrototypePatternExample02.htm

在这个例子中，person1 的 name 被一个新值给屏蔽了。但无论访问 person1.name 还是访问 person2.name 都能够正常地返回值，即分别是"Greg"（来自对象实例）和"Nicholas"（来自原型）。当在 alert()中访问 person1.name 时，需要读取它的值，因此就会在这个实例上搜索一个名为 name 的属性。这个属性确实存在，于是就返回它的值而不必再搜索原型了。当以同样的方式访问 person2.name 时，并没有在实例上发现该属性，因此就会继续搜索原型，结果在那里找到了 name 属性。

当为对象实例添加一个属性时，这个属性就会**屏蔽**原型对象中保存的同名属性；换句话说，添加这个属性只会阻止我们访问原型中的那个属性，但不会修改那个属性。即使将这个属性设置为 null，也只会在实例中设置这个属性，而不会恢复其指向原型的连接。不过，使用 delete 操作符则可以完全删除实例属性，从而让我们能够重新访问原型中的属性，如下所示。

```
function Person(){
}

Person.prototype.name = "Nicholas";
Person.prototype.age = 29;
Person.prototype.job = "Software Engineer";
Person.prototype.sayName = function(){
    alert(this.name);
};

var person1 = new Person();
var person2 = new Person();

person1.name = "Greg";
alert(person1.name);        //"Greg"——来自实例
alert(person2.name);        //"Nicholas"——来自原型

delete person1.name;
alert(person1.name);        //"Nicholas"——来自原型
```

PrototypePatternExample03.htm

在这个修改后的例子中，我们使用 delete 操作符删除了 person1.name，之前它保存的"Greg"值屏蔽了同名的原型属性。把它删除以后，就恢复了对原型中 name 属性的连接。因此，接下来再调用 person1.name 时，返回的就是原型中 name 属性的值了。

使用 hasOwnProperty()方法可以检测一个属性是存在于实例中，还是存在于原型中。这个方法（不要忘了它是从 Object 继承来的）只在给定属性存在于对象实例中时，才会返回 true。来看下面这个例子。

```
function Person(){
}

Person.prototype.name = "Nicholas";
Person.prototype.age = 29;
Person.prototype.job = "Software Engineer";
Person.prototype.sayName = function(){
```

```
        alert(this.name);
    };

    var person1 = new Person();
    var person2 = new Person();

    alert(person1.hasOwnProperty("name"));  //false

    person1.name = "Greg";
    alert(person1.name);        //"Greg"——来自实例
    alert(person1.hasOwnProperty("name"));  //true

    alert(person2.name);        //"Nicholas"——来自原型
    alert(person2.hasOwnProperty("name"));  //false

    delete person1.name;
    alert(person1.name);        //"Nicholas"——来自原型
    alert(person1.hasOwnProperty("name"));  //false
```

通过使用 hasOwnProperty() 方法，什么时候访问的是实例属性，什么时候访问的是原型属性就一清二楚了。调用 person1.hasOwnProperty("name")时，只有当 person1 重写 name 属性后才会返回 true，因为只有这时候 name 才是一个实例属性，而非原型属性。图 6-2 展示了上面例子在不同情况下的实现与原型的关系（为了简单起见，图中省略了与 Person 构造函数的关系）。

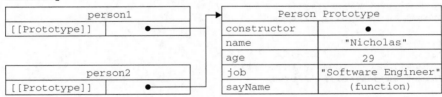

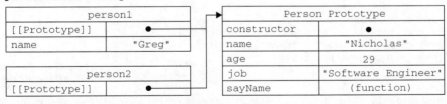

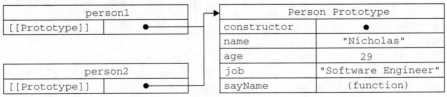

图　6-2

> ECMAScript 5 的 `Object.getOwnPropertyDescriptor()`方法只能用于实例属性,要取得原型属性的描述符,必须直接在原型对象上调用 `Object.getOwnProperty-Descriptor()`方法。

2. 原型与 `in` 操作符

有两种方式使用 `in` 操作符:单独使用和在 `for-in` 循环中使用。在单独使用时, `in` 操作符会在通过对象能够访问给定属性时返回 `true`, 无论该属性存在于实例中还是原型中。看一看下面的例子。

```
function Person(){
}

Person.prototype.name = "Nicholas";
Person.prototype.age = 29;
Person.prototype.job = "Software Engineer";
Person.prototype.sayName = function(){
    alert(this.name);
};

var person1 = new Person();
var person2 = new Person();

alert(person1.hasOwnProperty("name"));  //false
alert("name" in person1);  //true

person1.name = "Greg";
alert(person1.name);    //"Greg" ——来自实例
alert(person1.hasOwnProperty("name")); //true
alert("name" in person1);  //true

alert(person2.name);    //"Nicholas" ——来自原型
alert(person2.hasOwnProperty("name"));  //false
alert("name" in person2);  //true

delete person1.name;
alert(person1.name);    //"Nicholas" ——来自原型
alert(person1.hasOwnProperty("name"));  //false
alert("name" in person1);  //true
```

PrototypePatternExample04.htm

在以上代码执行的整个过程中, `name` 属性要么是直接在对象上访问到的, 要么是通过原型访问到的。因此, 调用`"name" in person1` 始终都返回 `true`, 无论该属性存在于实例中还是存在于原型中。同时使用 `hasOwnProperty()`方法和 `in` 操作符, 就可以确定该属性到底是存在于对象中, 还是存在于原型中, 如下所示。

```
function hasPrototypeProperty(object, name){
    return !object.hasOwnProperty(name) && (name in object);
}
```

由于 `in` 操作符只要通过对象能够访问到属性就返回 `true`, `hasOwnProperty()`只在属性存在于实例中时才返回 `true`, 因此只要 `in` 操作符返回 `true` 而 `hasOwnProperty()`返回 `false`, 就可以确定属性是原型中的属性。下面来看一看上面定义的函数 `hasPrototypeProperty()`的用法。

```
function Person(){
}

Person.prototype.name = "Nicholas";
Person.prototype.age = 29;
Person.prototype.job = "Software Engineer";
Person.prototype.sayName = function(){
    alert(this.name);
};

var person = new Person();
alert(hasPrototypeProperty(person, "name"));    //true

person.name = "Greg";
alert(hasPrototypeProperty(person, "name"));    //false
```

PrototypePatternExample05.htm

在这里，name 属性先是存在于原型中，因此 hasPrototypeProperty() 返回 true。当在实例中重写 name 属性后，该属性就存在于实例中了，因此 hasPrototypeProperty() 返回 false。即使原型中仍然有 name 属性，但由于现在实例中也有了这个属性，因此原型中的 name 属性就用不到了。

在使用 for-in 循环时，返回的是所有能够通过对象访问的、可枚举的（enumerated）属性，其中既包括存在于实例中的属性，也包括存在于原型中的属性。屏蔽了原型中不可枚举属性（即将 [[Enumerable]] 标记为 false 的属性）的实例属性也会在 for-in 循环中返回，因为根据规定，所有开发人员定义的属性都是可枚举的——只有在 IE8 及更早版本中例外。

IE 早期版本的实现中存在一个 bug，即屏蔽不可枚举属性的实例属性不会出现在 for-in 循环中。例如：

```
var o = {
    toString : function(){
        return "My Object";
    }
};

for (var prop in o){
    if (prop == "toString"){
        alert("Found toString");    //在 IE 中不会显示
    }
}
```

PrototypePatternExample06.htm

当以上代码运行时，应该会显示一个警告框，表明找到了 toString() 方法。这里的对象 o 定义了一个名为 toString() 的方法，该方法屏蔽了原型中（不可枚举）的 toString() 方法。在 IE 中，由于其实现认为原型的 toString() 方法被打上了值为 false 的 [[Enumerable]] 标记，因此应该跳过该属性，结果我们就不会看到警告框。该 bug 会影响默认不可枚举的所有属性和方法，包括：hasOwnProperty()、propertyIsEnumerable()、toLocaleString()、toString() 和 valueOf()。ECMAScript 5 也将 constructor 和 prototype 属性的 [[Enumerable]] 特性设置为 false，但并不是所有浏览器都照此实现。

要取得对象上所有可枚举的实例属性，可以使用 ECMAScript 5 的 Object.keys()方法。这个方法接收一个对象作为参数，返回一个包含所有可枚举属性的字符串数组。例如：

```
function Person(){
}

Person.prototype.name = "Nicholas";
Person.prototype.age = 29;
Person.prototype.job = "Software Engineer";
Person.prototype.sayName = function(){
    alert(this.name);
};

var keys = Object.keys(Person.prototype);
alert(keys);            //"name,age,job,sayName"

var p1 = new Person();
p1.name = "Rob";
p1.age = 31;
var p1keys = Object.keys(p1);
alert(p1keys);      //"name,age"
```

ObjectKeysExample01.htm

这里，变量 keys 中将保存一个数组，数组中是字符串"name"、"age"、"job"和"sayName"。这个顺序也是它们在 for-in 循环中出现的顺序。如果是通过 Person 的实例调用，则 Object.keys()返回的数组只包含"name"和"age"这两个实例属性。

如果你想要得到所有实例属性，无论它是否可枚举，都可以使用 Object.getOwnPropertyNames()方法。

```
var keys = Object.getOwnPropertyNames(Person.prototype);
alert(keys);     //"constructor,name,age,job,sayName"
```

ObjectPropertyNamesExample01.htm

注意结果中包含了不可枚举的 constructor 属性。Object.keys()和 Object.getOwnProperty-Names()方法都可以用来替代 for-in 循环。支持这两个方法的浏览器有 IE9+、Firefox 4+、Safari 5+、Opera 12+和 Chrome。

3. 更简单的原型语法

读者大概注意到了，前面例子中每添加一个属性和方法就要敲一遍 Person.prototype。为减少不必要的输入，也为了从视觉上更好地封装原型的功能，更常见的做法是用一个包含所有属性和方法的对象字面量来重写整个原型对象，如下面的例子所示。

```
function Person(){
}

Person.prototype = {
    name : "Nicholas",
    age : 29,
    job: "Software Engineer",
    sayName : function () {
        alert(this.name);
    }
};
```

PrototypePatternExample07.htm

在上面的代码中，我们将 Person.prototype 设置为等于一个以对象字面量形式创建的新对象。最终结果相同，但有一个例外：constructor 属性不再指向 Person 了。前面曾经介绍过，每创建一个函数，就会同时创建它的 prototype 对象，这个对象也会自动获得 constructor 属性。而我们在这里使用的语法，本质上完全重写了默认的 prototype 对象，因此 constructor 属性也就变成了新对象的 constructor 属性（指向 Object 构造函数），不再指向 Person 函数。此时，尽管 instanceof 操作符还能返回正确的结果，但通过 constructor 已经无法确定对象的类型了，如下所示。

```
var friend = new Person();

alert(friend instanceof Object);        //true
alert(friend instanceof Person);        //true
alert(friend.constructor == Person);    //false
alert(friend.constructor == Object);    //true
```

PrototypePatternExample07.htm

在此，用 instanceof 操作符测试 Object 和 Person 仍然返回 true，但 constructor 属性则等于 Object 而不等于 Person 了。如果 constructor 的值真的很重要，可以像下面这样特意将它设置回适当的值。

```
function Person(){
}

Person.prototype = {
    constructor : Person,
    name : "Nicholas",
    age : 29,
    job: "Software Engineer",
    sayName : function () {
        alert(this.name);
    }
};
```

PrototypePatternExample07.htm

以上代码特意包含了一个 constructor 属性，并将它的值设置为 Person，从而确保了通过该属性能够访问到适当的值。

注意，以这种方式重设 constructor 属性会导致它的[[Enumerable]]特性被设置为 true。默认情况下，原生的 constructor 属性是不可枚举的，因此如果你使用兼容 ECMAScript 5 的 JavaScript 引擎，可以试一试 Object.defineProperty()。

```
function Person(){
}

Person.prototype = {
    name : "Nicholas",
    age : 29,
    job : "Software Engineer",
    sayName : function () {
        alert(this.name);
    }
};
```

```
//重设构造函数，只适用于 ECMAScript 5 兼容的浏览器
Object.defineProperty(Person.prototype, "constructor", {
    enumerable: false,
    value: Person
});
```

4. 原型的动态性

由于在原型中查找值的过程是一次搜索，因此我们对原型对象所做的任何修改都能够立即从实例上反映出来——即使是先创建了实例后修改原型也照样如此。请看下面的例子。

```
var friend = new Person();

Person.prototype.sayHi = function(){
    alert("hi");
};

friend.sayHi();    //"hi" (没有问题!)
```

PrototypePatternExample09.htm

以上代码先创建了 Person 的一个实例，并将其保存在 friend 中。然后，下一条语句在 Person.prototype 中添加了一个方法 sayHi()。即使 friend 实例是在添加新方法之前创建的，但它仍然可以访问这个新方法。其原因可以归结为实例与原型之间的松散连接关系。当我们调用 friend.sayHi() 时，首先会在实例中搜索名为 sayHi 的属性，在没找到的情况下，会继续搜索原型。因为实例与原型之间的连接只不过是一个指针，而非一个副本，因此就可以在原型中找到新的 sayHi 属性并返回保存在那里的函数。

尽管可以随时为原型添加属性和方法，并且修改能够立即在所有对象实例中反映出来，但如果是重写整个原型对象，那么情况就不一样了。我们知道，调用构造函数时会为实例添加一个指向最初原型的 [[Prototype]] 指针，而把原型修改为另外一个对象就等于切断了构造函数与最初原型之间的联系。请记住：实例中的指针仅指向原型，而不指向构造函数。看下面的例子。

```
function Person(){
}

var friend = new Person();

Person.prototype = {
    constructor : Person,
    name : "Nicholas",
    age : 29,
    job : "Software Engineer",
    sayName : function () {
        alert(this.name);
    }
};

friend.sayName();    //error
```

PrototypePatternExample10.htm

在这个例子中，我们先创建了 Person 的一个实例，然后又重写了其原型对象。然后在调用 friend.sayName() 时发生了错误，因为 friend 指向的原型中不包含以该名字命名的属性。图 6-3 展

示了这个过程的内幕。

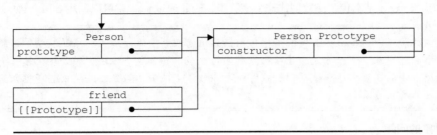

重写原型对象之前

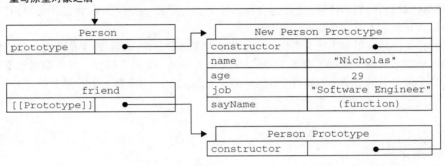

重写原型对象之后

图 6-3

从图 6-3 可以看出，重写原型对象切断了现有原型与任何之前已经存在的对象实例之间的联系；它们引用的仍然是最初的原型。

5. 原生对象的原型

原型模式的重要性不仅体现在创建自定义类型方面，就连所有原生的引用类型，都是采用这种模式创建的。所有原生引用类型（Object、Array、String，等等）都在其构造函数的原型上定义了方法。例如，在 Array.prototype 中可以找到 sort() 方法，而在 String.prototype 中可以找到 substring() 方法，如下所示。

```
alert(typeof Array.prototype.sort);          //"function"
alert(typeof String.prototype.substring);    //"function"
```

通过原生对象的原型，不仅可以取得所有默认方法的引用，而且也可以定义新方法。可以像修改自定义对象的原型一样修改原生对象的原型，因此可以随时添加方法。下面的代码就给基本包装类型 String 添加了一个名为 startsWith() 的方法。

```
String.prototype.startsWith = function (text) {
    return this.indexOf(text) == 0;
};

var msg = "Hello world!";
alert(msg.startsWith("Hello"));   //true
```

PrototypePatternExample11.htm

这里新定义的 startsWith() 方法会在传入的文本位于一个字符串开始时返回 true。既然方法被添加给了 String.prototype，那么当前环境中的所有字符串就都可以调用它。由于 msg 是字符串，而且后台会调用 String 基本包装函数创建这个字符串，因此通过 msg 就可以调用 startsWith() 方法。

> 尽管可以这样做，但我们不推荐在产品化的程序中修改原生对象的原型。如果因某个实现中缺少某个方法，就在原生对象的原型中添加这个方法，那么当在另一个支持该方法的实现中运行代码时，就可能会导致命名冲突。而且，这样做也可能会意外地重写原生方法。

6. 原型对象的问题

原型模式也不是没有缺点。首先，它省略了为构造函数传递初始化参数这一环节，结果所有实例在默认情况下都将取得相同的属性值。虽然这会在某种程度上带来一些不方便，但还不是原型的最大问题。原型模式的最大问题是由其共享的本性所导致的。

原型中所有属性是被很多实例共享的，这种共享对于函数非常合适。对于那些包含基本值的属性倒也说得过去，毕竟（如前面的例子所示），通过在实例上添加一个同名属性，可以隐藏原型中的对应属性。然而，对于包含引用类型值的属性来说，问题就比较突出了。来看下面的例子。

```
function Person(){
}

Person.prototype = {
    constructor: Person,
    name : "Nicholas",
    age : 29,
    job : "Software Engineer",
    friends : ["Shelby", "Court"],
    sayName : function () {
        alert(this.name);
    }
};

var person1 = new Person();
var person2 = new Person();

person1.friends.push("Van");

alert(person1.friends);    //"Shelby,Court,Van"
alert(person2.friends);    //"Shelby,Court,Van"
alert(person1.friends === person2.friends);  //true
```

PrototypePatternExample12.htm

在此，Person.prototype 对象有一个名为 friends 的属性，该属性包含一个字符串数组。然后，创建了 Person 的两个实例。接着，修改了 person1.friends 引用的数组，向数组中添加了一个字符串。由于 friends 数组存在于 Person.prototype 而非 person1 中，所以刚刚提到的修改也会通过 person2.friends（与 person1.friends 指向同一个数组）反映出来。假如我们的初衷就是像这样在所有实例中共享一个数组，那么对这个结果我没有话可说。可是，实例一般都是要有属于自己的全部属性的。而这个问题正是我们很少看到有人单独使用原型模式的原因所在。

6.2.4　组合使用构造函数模式和原型模式

创建自定义类型的最常见方式，就是组合使用构造函数模式与原型模式。构造函数模式用于定义实例属性，而原型模式用于定义方法和共享的属性。结果，每个实例都会有自己的一份实例属性的副本，但同时又共享着对方法的引用，最大限度地节省了内存。另外，这种混成模式还支持向构造函数传递参数；可谓是集两种模式之长。下面的代码重写了前面的例子。

```javascript
function Person(name, age, job){
    this.name = name;
    this.age = age;
    this.job = job;
    this.friends = ["Shelby", "Court"];
}

Person.prototype = {
    constructor : Person,
    sayName : function(){
        alert(this.name);
    }
}

var person1 = new Person("Nicholas", 29, "Software Engineer");
var person2 = new Person("Greg", 27, "Doctor");

person1.friends.push("Van");
alert(person1.friends);      //"Shelby,Count,Van"
alert(person2.friends);      //"Shelby,Count"
alert(person1.friends === person2.friends);    //false
alert(person1.sayName === person2.sayName);    //true
```

HybridPatternExample01.htm

在这个例子中，实例属性都是在构造函数中定义的，而由所有实例共享的属性 constructor 和方法 sayName() 则是在原型中定义的。而修改了 person1.friends（向其中添加一个新字符串），并不会影响到 person2.friends，因为它们分别引用了不同的数组。

这种构造函数与原型混成的模式，是目前在 ECMAScript 中使用最广泛、认同度最高的一种创建自定义类型的方法。可以说，这是用来定义引用类型的一种默认模式。

6.2.5　动态原型模式

有其他 OO 语言经验的开发人员在看到独立的构造函数和原型时，很可能会感到非常困惑。动态原型模式正是致力于解决这个问题的一个方案，它把所有信息都封装在了构造函数中，而通过在构造函数中初始化原型（仅在必要的情况下），又保持了同时使用构造函数和原型的优点。换句话说，可以通过检查某个应该存在的方法是否有效，来决定是否需要初始化原型。来看一个例子。

```javascript
function Person(name, age, job){

    //属性
    this.name = name;
    this.age = age;
    this.job = job;
```

```
//方法
if (typeof this.sayName != "function"){

    Person.prototype.sayName = function(){
        alert(this.name);
    };

}
}

var friend = new Person("Nicholas", 29, "Software Engineer");
friend.sayName();
```

DynamicPrototypeExample01.htm

注意构造函数代码中加粗的部分。这里只在 sayName() 方法不存在的情况下，才会将它添加到原型中。这段代码只会在初次调用构造函数时才会执行。此后，原型已经完成初始化，不需要再做什么修改了。不过要记住，这里对原型所做的修改，能够立即在所有实例中得到反映。因此，这种方法确实可以说非常完美。其中，if 语句检查的可以是初始化之后应该存在的任何属性或方法——不必用一大堆 if 语句检查每个属性和每个方法；只要检查其中一个即可。对于采用这种模式创建的对象，还可以使用 instanceof 操作符确定它的类型。

> 使用动态原型模式时，不能使用对象字面量重写原型。前面已经解释过了，如果在已经创建了实例的情况下重写原型，那么就会切断现有实例与新原型之间的联系。

6.2.6 寄生构造函数模式

通常，在前述的几种模式都不适用的情况下，可以使用寄生（parasitic）构造函数模式。这种模式的基本思想是创建一个函数，该函数的作用仅仅是封装创建对象的代码，然后再返回新创建的对象；但从表面上看，这个函数又很像是典型的构造函数。下面是一个例子。

```
function Person(name, age, job){
    var o = new Object();
    o.name = name;
    o.age = age;
    o.job = job;
    o.sayName = function(){
        alert(this.name);
    };
    return o;
}

var friend = new Person("Nicholas", 29, "Software Engineer");
friend.sayName();  //"Nicholas"
```

HybridFactoryPatternExample01.htm

在这个例子中，Person 函数创建了一个新对象，并以相应的属性和方法初始化该对象，然后又返回了这个对象。除了使用 new 操作符并把使用的包装函数叫做构造函数之外，这个模式跟工厂模式其实是一模一样的。构造函数在不返回值的情况下，默认会返回新对象实例。而通过在构造函数的末尾添加一个 return 语句，可以重写调用构造函数时返回的值。

　　这个模式可以在特殊的情况下用来为对象创建构造函数。假设我们想创建一个具有额外方法的特殊数组。由于不能直接修改 Array 构造函数，因此可以使用这个模式。

```javascript
function SpecialArray(){

    //创建数组
    var values = new Array();

    //添加值
    values.push.apply(values, arguments);

    //添加方法
    values.toPipedString = function(){
        return this.join("|");
    };

    //返回数组
    return values;
}

var colors = new SpecialArray("red", "blue", "green");
alert(colors.toPipedString()); //"red|blue|green"
```

HybridFactoryPatternExample02.htm

　　在这个例子中，我们创建了一个名叫 SpecialArray 的构造函数。在这个函数内部，首先创建了一个数组，然后 push()方法（用构造函数接收到的所有参数）初始化了数组的值。随后，又给数组实例添加了一个 toPipedString()方法，该方法返回以竖线分隔的数组值。最后，将数组以函数值的形式返回。接着，我们调用了 SpecialArray 构造函数，向其中传入了用于初始化数组的值，此后又调用了 toPipedString()方法。

　　关于寄生构造函数模式，有一点需要说明：首先，返回的对象与构造函数或者与构造函数的原型属性之间没有关系；也就是说，构造函数返回的对象与在构造函数外部创建的对象没有什么不同。为此，不能依赖 instanceof 操作符来确定对象类型。由于存在上述问题，我们建议在可以使用其他模式的情况下，不要使用这种模式。

6.2.7　稳妥构造函数模式

　　道格拉斯·克罗克福德（Douglas Crockford）发明了 JavaScript 中的**稳妥对象**（durable objects）这个概念。所谓稳妥对象，指的是没有公共属性，而且其方法也不引用 this 的对象。稳妥对象最适合在一些安全的环境中（这些环境中会禁止使用 this 和 new），或者在防止数据被其他应用程序（如 Mashup 程序）改动时使用。稳妥构造函数遵循与寄生构造函数类似的模式，但有两点不同：一是新创建对象的实例方法不引用 this；二是不使用 new 操作符调用构造函数。按照稳妥构造函数的要求，可以将前面的 Person 构造函数重写如下。

```javascript
function Person(name, age, job){

    //创建要返回的对象
    var o = new Object();
```

```
//可以在这里定义私有变量和函数

//添加方法
o.sayName = function(){
    alert(name);
};

//返回对象
return o;
}
```

注意，在以这种模式创建的对象中，除了使用 sayName() 方法之外，没有其他办法访问 name 的值。可以像下面使用稳妥的 Person 构造函数。

```
var friend = Person("Nicholas", 29, "Software Engineer");
friend.sayName();   //"Nicholas"
```

这样，变量 friend 中保存的是一个稳妥对象，而除了调用 sayName() 方法外，没有别的方式可以访问其数据成员。即使有其他代码会给这个对象添加方法或数据成员，但也不可能有别的办法访问传入到构造函数中的原始数据。稳妥构造函数模式提供的这种安全性，使得它非常适合在某些安全执行环境——例如，ADsafe（www.adsafe.org）和 Caja（http://code.google.com/p/google-caja/）提供的环境——下使用。

> 与寄生构造函数模式类似，使用稳妥构造函数模式创建的对象与构造函数之间也没有什么关系，因此 instanceof 操作符对这种对象也没有意义。

6.3 继承

继承是 OO 语言中的一个最为人津津乐道的概念。许多 OO 语言都支持两种继承方式：接口继承和实现继承。接口继承只继承方法签名，而实现继承则继承实际的方法。如前所述，由于函数没有签名，在 ECMAScript 中无法实现接口继承。ECMAScript 只支持实现继承，而且其实现继承主要是依靠原型链来实现的。

6.3.1 原型链

ECMAScript 中描述了**原型链**的概念，并将原型链作为实现继承的主要方法。其基本思想是利用原型让一个引用类型继承另一个引用类型的属性和方法。简单回顾一下构造函数、原型和实例的关系：每个构造函数都有一个原型对象，原型对象都包含一个指向构造函数的指针，而实例都包含一个指向原型对象的内部指针。那么，假如我们让原型对象等于另一个类型的实例，结果会怎么样呢？显然，此时的原型对象将包含一个指向另一个原型的指针，相应地，另一个原型中也包含着一个指向另一个构造函数的指针。假如另一个原型又是另一个类型的实例，那么上述关系依然成立，如此层层递进，就构成了实例与原型的链条。这就是所谓原型链的基本概念。

实现原型链有一种基本模式，其代码大致如下。

```
function SuperType(){
    this.property = true;
}
```

```
SuperType.prototype.getSuperValue = function(){
    return this.property;
};

function SubType(){
    this.subproperty = false;
}

//继承了 SuperType
SubType.prototype = new SuperType();

SubType.prototype.getSubValue = function (){
    return this.subproperty;
};

var instance = new SubType();
alert(instance.getSuperValue());        //true
```

PrototypeChainingExample01.htm

以上代码定义了两个类型：SuperType 和 SubType。每个类型分别有一个属性和一个方法。它们的主要区别是 SubType 继承了 SuperType，而继承是通过创建 SuperType 的实例，并将该实例赋给 SubType.prototype 实现的。实现的本质是重写原型对象，代之以一个新类型的实例。换句话说，原来存在于 SuperType 的实例中的所有属性和方法，现在也存在于 SubType.prototype 中了。在确立了继承关系之后，我们给 SubType.prototype 添加了一个方法，这样就在继承了 SuperType 的属性和方法的基础上又添加了一个新方法。这个例子中的实例以及构造函数和原型之间的关系如图 6-4 所示。

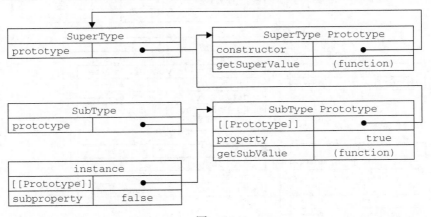

图   6-4

在上面的代码中，我们没有使用 SubType 默认提供的原型，而是给它换了一个新原型；这个新原型就是 SuperType 的实例。于是，新原型不仅具有作为一个 SuperType 的实例所拥有的全部属性和方法，而且其内部还有一个指针，指向了 SuperType 的原型。最终结果就是这样的：instance 指向 SubType 的原型，SubType 的原型又指向 SuperType 的原型。getSuperValue() 方法仍然还在 SuperType.prototype 中，但 property 则位于 SubType.prototype 中。这是因为 property 是一个实例属性，而 getSuperValue() 则是一个原型方法。既然 SubType.prototype 现在是 SuperType

的实例，那么 property 当然就位于该实例中了。此外，要注意 instance.constructor 现在指向的是 SuperType，这是因为原来 SubType.prototype 中的 constructor 被重写了的缘故①。

通过实现原型链，本质上扩展了本章前面介绍的原型搜索机制。读者大概还记得，当以读取模式访问一个实例属性时，首先会在实例中搜索该属性。如果没有找到该属性，则会继续搜索实例的原型。在通过原型链实现继承的情况下，搜索过程就得以沿着原型链继续向上。就拿上面的例子来说，调用 instance.getSuperValue() 会经历三个搜索步骤：1）搜索实例；2）搜索 SubType.prototype；3）搜索 SuperType.prototype，最后一步才会找到该方法。在找不到属性或方法的情况下，搜索过程总是要一环一环地前行到原型链末端才会停下来。

1. 别忘记默认的原型

事实上，前面例子中展示的原型链还少一环。我们知道，所有引用类型默认都继承了 Object，而这个继承也是通过原型链实现的。大家要记住，所有函数的默认原型都是 Object 的实例，因此默认原型都会包含一个内部指针，指向 Object.prototype。这也正是所有自定义类型都会继承 toString()、valueOf() 等默认方法的根本原因。所以，我们说上面例子展示的原型链中还应该包括另外一个继承层次。图 6-5 为我们展示了该例子中完整的原型链。

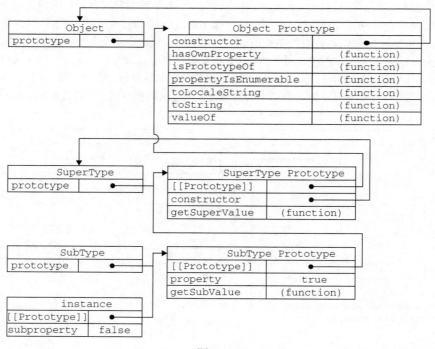

图　6-5

一句话，SubType 继承了 SuperType，而 SuperType 继承了 Object。当调用 instance.toString() 时，实际上调用的是保存在 Object.prototype 中的那个方法。

---

① 实际上，不是 SubType 的原型的 constructor 属性被重写了，而是 SubType 的原型指向了另一个对象——SuperType 的原型，而这个原型对象的 constructor 属性指向的是 SuperType。

2. 确定原型和实例的关系

可以通过两种方式来确定原型和实例之间的关系。第一种方式是使用 instanceof 操作符，只要用这个操作符来测试实例与原型链中出现过的构造函数，结果就会返回 true。以下几行代码就说明了这一点。

```
alert(instance instanceof Object);        //true
alert(instance instanceof SuperType);     //true
alert(instance instanceof SubType);       //true
```

PrototypeChainingExample01.htm

由于原型链的关系，我们可以说 instance 是 Object、SuperType 或 SubType 中任何一个类型的实例。因此，测试这三个构造函数的结果都返回了 true。

第二种方式是使用 isPrototypeOf() 方法。同样，只要是原型链中出现过的原型，都可以说是该原型链所派生的实例的原型，因此 isPrototypeOf() 方法也会返回 true，如下所示。

```
alert(Object.prototype.isPrototypeOf(instance));      //true
alert(SuperType.prototype.isPrototypeOf(instance));   //true
alert(SubType.prototype.isPrototypeOf(instance));     //true
```

PrototypeChainingExample01.htm

3. 谨慎地定义方法

子类型有时候需要覆盖超类型中的某个方法，或者需要添加超类型中不存在的某个方法。但不管怎样，给原型添加方法的代码一定要放在替换原型的语句之后。来看下面的例子。

```
function SuperType(){
    this.property = true;
}

SuperType.prototype.getSuperValue = function(){
    return this.property;
};

function SubType(){
    this.subproperty = false;
}

//继承了 SuperType
SubType.prototype = new SuperType();

//添加新方法
SubType.prototype.getSubValue = function (){
    return this.subproperty;
};

//重写超类型中的方法
SubType.prototype.getSuperValue = function (){
    return false;
};

var instance = new SubType();
alert(instance.getSuperValue());    //false
```

PrototypeChainingExample02.htm

在以上代码中，加粗的部分是两个方法的定义。第一个方法 getSubValue() 被添加到了 SubType 中。第二个方法 getSuperValue() 是原型链中已经存在的一个方法，但重写这个方法将会屏蔽原来的那个方法。换句话说，当通过 SubType 的实例调用 getSuperValue() 时，调用的就是这个重新定义的方法；但通过 SuperType 的实例调用 getSuperValue() 时，还会继续调用原来的那个方法。这里要格外注意的是，必须在用 SuperType 的实例替换原型之后，再定义这两个方法。

还有一点需要提醒读者，即在通过原型链实现继承时，不能使用对象字面量创建原型方法。因为这样做就会重写原型链，如下面的例子所示。

```
function SuperType(){
    this.property = true;
}

SuperType.prototype.getSuperValue = function(){
    return this.property;
};

function SubType(){
    this.subproperty = false;
}

//继承了 SuperType
SubType.prototype = new SuperType();

//使用字面量添加新方法，会导致上一行代码无效
SubType.prototype = {
    getSubValue : function (){
        return this.subproperty;
    },

    someOtherMethod : function (){
        return false;
    }
};

var instance = new SubType();
alert(instance.getSuperValue());    //error!
```

PrototypeChainingExample03.htm

以上代码展示了刚刚把 SuperType 的实例赋值给原型，紧接着又将原型替换成一个对象字面量而导致的问题。由于现在的原型包含的是一个 Object 的实例，而非 SuperType 的实例，因此我们设想中的原型链已经被切断——SubType 和 SuperType 之间已经没有关系了。

4. 原型链的问题

原型链虽然很强大，可以用它来实现继承，但它也存在一些问题。其中，最主要的问题来自包含引用类型值的原型。想必大家还记得，我们前面介绍过包含引用类型值的原型属性会被所有实例共享；而这也正是为什么要在构造函数中，而不是原型对象中定义属性的原因。在通过原型来实现继承时，原型实际上会变成另一个类型的实例。于是，原先的实例属性也就顺理成章地变成了现在的原型属性了。下列代码可以用来说明这个问题。

```
function SuperType(){
    this.colors = ["red", "blue", "green"];
```

```
}

function SubType(){
}

//继承了 SuperType
SubType.prototype = new SuperType();

var instance1 = new SubType();
instance1.colors.push("black");
alert(instance1.colors);        //"red,blue,green,black"

var instance2 = new SubType();
alert(instance2.colors);        //"red,blue,green,black"
```

PrototypeChainingExample04.htm

这个例子中的 SuperType 构造函数定义了一个 colors 属性,该属性包含一个数组(引用类型值)。SuperType 的每个实例都会有各自包含自己数组的 colors 属性。当 SubType 通过原型链继承了 SuperType 之后,SubType.prototype 就变成了 SuperType 的一个实例,因此它也拥有了一个它自己的 colors 属性——就跟专门创建了一个 SubType.prototype.colors 属性一样。但结果是什么呢?结果是 SubType 的所有实例都会共享这一个 colors 属性。而我们对 instance1.colors 的修改能够通过 instance2.colors 反映出来,就已经充分证实了这一点。

原型链的第二个问题是:在创建子类型的实例时,不能向超类型的构造函数中传递参数。实际上,应该说是没有办法在不影响所有对象实例的情况下,给超类型的构造函数传递参数。有鉴于此,再加上前面刚刚讨论过的由于原型中包含引用类型值所带来的问题,实践中很少会单独使用原型链。

6.3.2　借用构造函数

在解决原型中包含引用类型值所带来问题的过程中,开发人员开始使用一种叫做借用构造函数(constructor stealing)的技术(有时候也叫做伪造对象或经典继承)。这种技术的基本思想相当简单,即在子类型构造函数的内部调用超类型构造函数。别忘了,函数只不过是在特定环境中执行代码的对象,因此通过使用 apply() 和 call() 方法也可以在(将来)新创建的对象上执行构造函数,如下所示:

```
function SuperType(){
    this.colors = ["red", "blue", "green"];
}

function SubType(){
    //继承了 SuperType
    SuperType.call(this);
}

var instance1 = new SubType();
instance1.colors.push("black");
alert(instance1.colors);     //"red,blue,green,black"

var instance2 = new SubType();
alert(instance2.colors);     //"red,blue,green"
```

ConstructorStealingExample01.htm

代码中加粗的那一行代码 "借调" 了超类型的构造函数。通过使用 `call()` 方法（或 `apply()` 方法也可以），我们实际上是在（未来将要）新创建的 SubType 实例的环境下调用了 SuperType 构造函数。这样一来，就会在新 SubType 对象上执行 SuperType() 函数中定义的所有对象初始化代码。结果，SubType 的每个实例就都会具有自己的 colors 属性的副本了。

1. 传递参数

相对于原型链而言，借用构造函数有一个很大的优势，即可以在子类型构造函数中向超类型构造函数传递参数。看下面这个例子。

```
function SuperType(name){
    this.name = name;
}

function SubType(){
    //继承了 SuperType，同时还传递了参数
    SuperType.call(this, "Nicholas");

    //实例属性
    this.age = 29;
}

var instance = new SubType();
alert(instance.name);    //"Nicholas";
alert(instance.age);     //29
```

ConstructorStealingExample02.htm

以上代码中的 SuperType 只接受一个参数 name，该参数会直接赋给一个属性。在 SubType 构造函数内部调用 SuperType 构造函数时，实际上是为 SubType 的实例设置了 name 属性。为了确保 SuperType 构造函数不会重写子类型的属性，可以在调用超类型构造函数后，再添加应该在子类型中定义的属性。

2. 借用构造函数的问题

如果仅仅是借用构造函数，那么也将无法避免构造函数模式存在的问题——方法都在构造函数中定义，因此函数复用就无从谈起了。而且，在超类型的原型中定义的方法，对子类型而言也是不可见的，结果所有类型都只能使用构造函数模式。考虑到这些问题，借用构造函数的技术也是很少单独使用的。

6.3.3   组合继承

组合继承（combination inheritance），有时候也叫做伪经典继承，指的是将原型链和借用构造函数的技术组合到一块，从而发挥二者之长的一种继承模式。其背后的思路是使用原型链实现对原型属性和方法的继承，而通过借用构造函数来实现对实例属性的继承。这样，既通过在原型上定义方法实现了函数复用，又能够保证每个实例都有它自己的属性。下面来看一个例子。

```
function SuperType(name){
    this.name = name;
    this.colors = ["red", "blue", "green"];
}

SuperType.prototype.sayName = function(){
    alert(this.name);
```

```
};
function SubType(name, age){

    //继承属性
    SuperType.call(this, name);

    this.age = age;
}
//继承方法
SubType.prototype = new SuperType();
SubType.prototype.constructor = SubType;
SubType.prototype.sayAge = function(){
    alert(this.age);
};
var instance1 = new SubType("Nicholas", 29);
instance1.colors.push("black");
alert(instance1.colors);       //"red,blue,green,black"
instance1.sayName();           //"Nicholas";
instance1.sayAge();            //29

var instance2 = new SubType("Greg", 27);
alert(instance2.colors);       //"red,blue,green"
instance2.sayName();           //"Greg";
instance2.sayAge();            //27
```

CombinationInheritanceExample01.htm

在这个例子中，SuperType 构造函数定义了两个属性：name 和 colors。SuperType 的原型定义了一个方法 sayName()。SubType 构造函数在调用 SuperType 构造函数时传入了 name 参数，紧接着又定义了它自己的属性 age。然后，将 SuperType 的实例赋值给 SubType 的原型，然后又在该新原型上定义了方法 sayAge()。这样一来，就可以让两个不同的 SubType 实例既分别拥有自己属性——包括 colors 属性，又可以使用相同的方法了。

组合继承避免了原型链和借用构造函数的缺陷，融合了它们的优点，成为 JavaScript 中最常用的继承模式。而且，instanceof 和 isPrototypeOf() 也能够用于识别基于组合继承创建的对象。

6.3.4 原型式继承

道格拉斯·克罗克福德在 2006 年写了一篇文章，题为 Prototypal Inheritance in JavaScript （JavaScript 中的原型式继承）。在这篇文章中，他介绍了一种实现继承的方法，这种方法并没有使用严格意义上的构造函数。他的想法是借助原型可以基于已有的对象创建新对象，同时还不必因此创建自定义类型。为了达到这个目的，他给出了如下函数。

```
function object(o){
    function F(){}
    F.prototype = o;
    return new F();
}
```

在 object() 函数内部，先创建了一个临时性的构造函数，然后将传入的对象作为这个构造函数的原型，最后返回了这个临时类型的一个新实例。从本质上讲，object() 对传入其中的对象执行了一次浅复制。来看下面的例子。

```
var person = {
    name: "Nicholas",
    friends: ["Shelby", "Court", "Van"]
};

var anotherPerson = object(person);
anotherPerson.name = "Greg";
anotherPerson.friends.push("Rob");

var yetAnotherPerson = object(person);
yetAnotherPerson.name = "Linda";
yetAnotherPerson.friends.push("Barbie");

alert(person.friends);    //"Shelby,Court,Van,Rob,Barbie"
```

PrototypalInheritanceExample01.htm

　　克罗克福德主张的这种原型式继承，要求你必须有一个对象可以作为另一个对象的基础。如果有这么一个对象的话，可以把它传递给 object() 函数，然后再根据具体需求对得到的对象加以修改即可。在这个例子中，可以作为另一个对象基础的是 person 对象，于是我们把它传入到 object() 函数中，然后该函数就会返回一个新对象。这个新对象将 person 作为原型，所以它的原型中就包含一个基本类型值属性和一个引用类型值属性。这意味着 person.friends 不仅属于 person 所有，而且也会被 anotherPerson 以及 yetAnotherPerson 共享。实际上，这就相当于又创建了 person 对象的两个副本。

　　ECMAScript 5 通过新增 Object.create() 方法规范化了原型式继承。这个方法接收两个参数：一个用作新对象原型的对象和（可选的）一个为新对象定义额外属性的对象。在传入一个参数的情况下，Object.create() 与 object() 方法的行为相同。

```
var person = {
    name: "Nicholas",
    friends: ["Shelby", "Court", "Van"]
};

var anotherPerson = Object.create(person);
anotherPerson.name = "Greg";
anotherPerson.friends.push("Rob");

var yetAnotherPerson = Object.create(person);
yetAnotherPerson.name = "Linda";
yetAnotherPerson.friends.push("Barbie");

alert(person.friends); //"Shelby,Court,Van,Rob,Barbie"
```

PrototypalInheritanceExample02.htm

　　Object.create() 方法的第二个参数与 Object.defineProperties() 方法的第二个参数格式相同：每个属性都是通过自己的描述符定义的。以这种方式指定的任何属性都会覆盖原型对象上的同名属性。例如：

```
var person = {
    name: "Nicholas",
    friends: ["Shelby", "Court", "Van"]
};
```

```
var anotherPerson = Object.create(person, {
    name: {
        value: "Greg"
    }
});

alert(anotherPerson.name); //"Greg"
```

PrototypalInheritanceExample03.htm

支持 `Object.create()` 方法的浏览器有 IE9+、Firefox 4+、Safari 5+、Opera 12+和 Chrome。

在没有必要兴师动众地创建构造函数，而只想让一个对象与另一个对象保持类似的情况下，原型式继承是完全可以胜任的。不过别忘了，包含引用类型值的属性始终都会共享相应的值，就像使用原型模式一样。

6.3.5 寄生式继承

寄生式（parasitic）继承是与原型式继承紧密相关的一种思路，并且同样也是由克罗克福德推而广之的。寄生式继承的思路与寄生构造函数和工厂模式类似，即创建一个仅用于封装继承过程的函数，该函数在内部以某种方式来增强对象，最后再像真地是它做了所有工作一样返回对象。以下代码示范了寄生式继承模式。

```
function createAnother(original){
    var clone = object(original);    //通过调用函数创建一个新对象
    clone.sayHi = function(){        //以某种方式来增强这个对象
        alert("hi");
    };
    return clone;                    //返回这个对象
}
```

在这个例子中，`createAnother()` 函数接收了一个参数，也就是将要作为新对象基础的对象。然后，把这个对象（`original`）传递给 `object()` 函数，将返回的结果赋值给 `clone`。再为 `clone` 对象添加一个新方法 `sayHi()`，最后返回 `clone` 对象。可以像下面这样来使用 `createAnother()` 函数：

```
var person = {
    name: "Nicholas",
    friends: ["Shelby", "Court", "Van"]
};

var anotherPerson = createAnother(person);
anotherPerson.sayHi(); //"hi"
```

这个例子中的代码基于 `person` 返回了一个新对象——`anotherPerson`。新对象不仅具有 `person` 的所有属性和方法，而且还有自己的 `sayHi()` 方法。

在主要考虑对象而不是自定义类型和构造函数的情况下，寄生式继承也是一种有用的模式。前面示范继承模式时使用的 `object()` 函数不是必需的；任何能够返回新对象的函数都适用于此模式。

 　　使用寄生式继承来为对象添加函数，会由于不能做到函数复用而降低效率；这一点与构造函数模式类似。

6.3.6   寄生组合式继承

前面说过，组合继承是 JavaScript 最常用的继承模式；不过，它也有自己的不足。组合继承最大的问题就是无论什么情况下，都会调用两次超类型构造函数：一次是在创建子类型原型的时候，另一次是在子类型构造函数内部。没错，子类型最终会包含超类型对象的全部实例属性，但我们不得不在调用子类型构造函数时重写这些属性。再来看一看下面组合继承的例子。

```
function SuperType(name){
    this.name = name;
    this.colors = ["red", "blue", "green"];
}

SuperType.prototype.sayName = function(){
    alert(this.name);
};

function SubType(name, age){
    SuperType.call(this, name);            //第二次调用 SuperType()

    this.age = age;
}

SubType.prototype = new SuperType();        //第一次调用 SuperType()
SubType.prototype.constructor = SubType;
SubType.prototype.sayAge = function(){
    alert(this.age);
};
```

加粗字体的行中是调用 SuperType 构造函数的代码。在第一次调用 SuperType 构造函数时，SubType.prototype 会得到两个属性：name 和 colors；它们都是 SuperType 的实例属性，只不过现在位于 SubType 的原型中。当调用 SubType 构造函数时，又会调用一次 SuperType 构造函数，这一次又在新对象上创建了实例属性 name 和 colors。于是，这两个属性就屏蔽了原型中的两个同名属性。图 6-6 展示了上述过程。

如图 6-6 所示，有两组 name 和 colors 属性：一组在实例上，一组在 SubType 原型中。这就是调用两次 SuperType 构造函数的结果。好在我们已经找到了解决这个问题方法——寄生组合式继承。

所谓寄生组合式继承，即通过借用构造函数来继承属性，通过原型链的混成形式来继承方法。其背后的基本思路是：不必为了指定子类型的原型而调用超类型的构造函数，我们所需要的无非就是超类型原型的一个副本而已。本质上，就是使用寄生式继承来继承超类型的原型，然后再将结果指定给子类型的原型。寄生组合式继承的基本模式如下所示。

```
function inheritPrototype(subType, superType){
    var prototype = object(superType.prototype);     //创建对象
    prototype.constructor = subType;                 //增强对象
    subType.prototype = prototype;                   //指定对象
}
```

这个示例中的 inheritPrototype() 函数实现了寄生组合式继承的最简单形式。这个函数接收两个参数：子类型构造函数和超类型构造函数。在函数内部，第一步是创建超类型原型的一个副本。第二步是为创建的副本添加 constructor 属性，从而弥补因重写原型而失去的默认的 constructor 属性。最后一步，将新创建的对象（即副本）赋值给子类型的原型。这样，我们就可以用调用 inherit-Prototype() 函数的语句，去替换前面例子中为子类型原型赋值的语句了，例如：

```
function SuperType(name){
    this.name = name;
    this.colors = ["red", "blue", "green"];
}

SuperType.prototype.sayName = function(){
    alert(this.name);
};

function SubType(name, age){
    SuperType.call(this, name);

    this.age = age;
}

inheritPrototype(SubType, SuperType);

SubType.prototype.sayAge = function(){
    alert(this.age);
};
```

ParasiticCombinationInheritanceExample01.htm

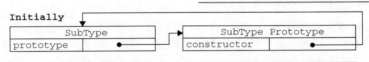

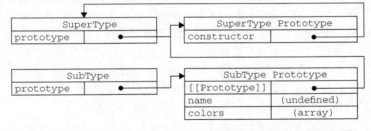

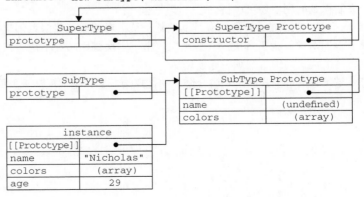

图 6-6

这个例子的高效率体现在它只调用了一次 SuperType 构造函数，并且因此避免了在 SubType. prototype 上面创建不必要的、多余的属性。与此同时，原型链还能保持不变；因此，还能够正常使用 instanceof 和 isPrototypeOf()。开发人员普遍认为寄生组合式继承是引用类型最理想的继承范式。

> YUI 的 YAHOO.lang.extend() 方法采用了寄生组合继承，从而让这种模式首次出现在了一个应用非常广泛的 JavaScript 库中。要了解有关 YUI 的更多信息，请访问 http://developer.yahoo.com/yui/。

6.4 小结

ECMAScript 支持面向对象（OO）编程，但不使用类或者接口。对象可以在代码执行过程中创建和增强，因此具有动态性而非严格定义的实体。在没有类的情况下，可以采用下列模式创建对象。

- ❑ 工厂模式，使用简单的函数创建对象，为对象添加属性和方法，然后返回对象。这个模式后来被构造函数模式所取代。
- ❑ 构造函数模式，可以创建自定义引用类型，可以像创建内置对象实例一样使用 new 操作符。不过，构造函数模式也有缺点，即它的每个成员都无法得到复用，包括函数。由于函数可以不局限于任何对象（即与对象具有松散耦合的特点），因此没有理由不在多个对象间共享函数。
- ❑ 原型模式，使用构造函数的 prototype 属性来指定那些应该共享的属性和方法。组合使用构造函数模式和原型模式时，使用构造函数定义实例属性，而使用原型定义共享的属性和方法。

JavaScript 主要通过原型链实现继承。原型链的构建是通过将一个类型的实例赋值给另一个构造函数的原型实现的。这样，子类型就能够访问超类型的所有属性和方法，这一点与基于类的继承很相似。原型链的问题是对象实例共享所有继承的属性和方法，因此不适宜单独使用。解决这个问题的技术是借用构造函数，即在子类型构造函数的内部调用超类型构造函数。这样就可以做到每个实例都具有自己的属性，同时还能保证只使用构造函数模式来定义类型。使用最多的继承模式是组合继承，这种模式使用原型链继承共享的属性和方法，而通过借用构造函数继承实例属性。

此外，还存在下列可供选择的继承模式。

- ❑ 原型式继承，可以在不必预先定义构造函数的情况下实现继承，其本质是执行对给定对象的浅复制。而复制得到的副本还可以得到进一步改造。
- ❑ 寄生式继承，与原型式继承非常相似，也是基于某个对象或某些信息创建一个对象，然后增强对象，最后返回对象。为了解决组合继承模式由于多次调用超类型构造函数而导致的低效率问题，可以将这个模式与组合继承一起使用。
- ❑ 寄生组合式继承，集寄生式继承和组合继承的优点与一身，是实现基于类型继承的最有效方式。

第 7 章

函数表达式

本章内容
- ☐ 函数表达式的特征
- ☐ 使用函数实现递归
- ☐ 使用闭包定义私有变量

函数表达式是 JavaScript 中的一个既强大又容易令人困惑的特性。第 5 章曾介绍过，定义函数的方式有两种：一种是函数声明，另一种就是函数表达式。函数声明的语法是这样的。

```
function functionName(arg0, arg1, arg2) {
    //函数体
}
```

首先是 `function` 关键字，然后是函数的名字，这就是指定函数名的方式。Firefox、Safari、Chrome 和 Opera 都给函数定义了一个非标准的 `name` 属性，通过这个属性可以访问到给函数指定的名字。这个属性的值永远等于跟在 `function` 关键字后面的标识符。

```
//只在 Firefox、Safari、Chrome 和 Opera 有效
alert(functionName.name);  //"functionName"
```

FunctionNameExample01.htm

关于函数声明，它的一个重要特征就是**函数声明提升**（function declaration hoisting），意思是在执行代码之前会先读取函数声明。这就意味着可以把函数声明放在调用它的语句后面。

```
sayHi();
function sayHi(){
    alert("Hi!");
}
```

FunctionDeclarationHoisting01.htm

这个例子不会抛出错误，因为在代码执行之前会先读取函数声明。

第二种创建函数的方式是使用函数表达式。函数表达式有几种不同的语法形式。下面是最常见的一种形式。

```
var functionName = function(arg0, arg1, arg2){
    //函数体
};
```

　　这种形式看起来好像是常规的变量赋值语句，即创建一个函数并将它赋值给变量 functionName。这种情况下创建的函数叫做**匿名函数**（anonymous function），因为 function 关键字后面没有标识符。（匿名函数有时候也叫**拉姆达函数**。）匿名函数的 name 属性是空字符串。

　　函数表达式与其他表达式一样，在使用前必须先赋值。以下代码会导致错误。

```
sayHi();      //错误: 函数还不存在
var sayHi = function(){
    alert("Hi!");
};
```

　　理解函数提升的关键，就是理解函数声明与函数表达式之间的区别。例如，执行以下代码的结果可能会让人意想不到。

```
//不要这样做!
if(condition){
    function sayHi(){
        alert("Hi!");
    }
} else {
    function sayHi(){
        alert("Yo!");
    }
}
```

FunctionDeclarationsErrorExample01.htm

　　表面上看，以上代码表示在 condition 为 true 时，使用一个 sayHi() 的定义；否则，就使用另一个定义。实际上，这在 ECMAScript 中属于无效语法，JavaScript 引擎会尝试修正错误，将其转换为合理的状态。但问题是浏览器尝试修正错误的做法并不一致。大多数浏览器会返回第二个声明，忽略 condition；Firefox 会在 condition 为 true 时返回第一个声明。因此这种使用方式很危险，不应该出现在你的代码中。不过，如果是使用函数表达式，那就没有什么问题了。

```
//可以这样做
var sayHi;

if(condition){
    sayHi = function(){
        alert("Hi!");
    };
} else {
    sayHi = function(){
        alert("Yo!");
    };
}
```

　　这个例子不会有什么意外，不同的函数会根据 condition 被赋值给 sayHi。

　　能够创建函数再赋值给变量，也就能够把函数作为其他函数的值返回。还记得第 5 章中的那个 createComparisonFunction() 函数吗：

```
function createComparisonFunction(propertyName) {

    return function(object1, object2){
        var value1 = object1[propertyName];
        var value2 = object2[propertyName];
```

```
        if (value1 < value2){
            return -1;
        } else if (value1 > value2){
            return 1;
        } else {
            return 0;
        }
    };
}
```

createComparisonFunction()就返回了一个匿名函数。返回的函数可能会被赋值给一个变量，或者以其他方式被调用；不过，在 createComparisonFunction()函数内部，它是匿名的。在把函数当成值来使用的情况下，都可以使用匿名函数。不过，这并不是匿名函数唯一的用途。

7.1 递归

递归函数是在一个函数通过名字调用自身的情况下构成的，如下所示。

```
function factorial(num){
    if (num <= 1){
        return 1;
    } else {
        return num * factorial(num-1);
    }
}
```

RecursionExample01.htm

7

这是一个经典的递归阶乘函数。虽然这个函数表面看来没什么问题，但下面的代码却可能导致它出错。

```
var anotherFactorial = factorial;
factorial = null;
alert(anotherFactorial(4)); //出错!
```

RecursionExample01.htm

以上代码先把 factorial()函数保存在变量 anotherFactorial 中，然后将 factorial 变量设置为 null，结果指向原始函数的引用只剩下一个。但在接下来调用 anotherFactorial()时，由于必须执行 factorial()，而 factorial 已经不再是函数，所以就会导致错误。在这种情况下，使用 arguments.callee 可以解决这个问题。

我们知道，arguments.callee 是一个指向正在执行的函数的指针，因此可以用它来实现对函数的递归调用，例如：

```
function factorial(num){
    if (num <= 1){
        return 1;
    } else {
        return num * arguments.callee(num-1);
    }
}
```

RecursionExample02.htm

加粗的代码显示，通过使用 `arguments.callee` 代替函数名，可以确保无论怎样调用函数都不会出问题。因此，在编写递归函数时，使用 `arguments.callee` 总比使用函数名更保险。

但在严格模式下，不能通过脚本访问 `arguments.callee`，访问这个属性会导致错误。不过，可以使用命名函数表达式来达成相同的结果。例如：

```
var factorial = (function f(num){
    if (num <= 1){
        return 1;
    } else {
        return num * f(num-1);
    }
});
```

以上代码创建了一个名为 `f()` 的命名函数表达式，然后将它赋值给变量 `factorial`。即便把函数赋值给了另一个变量，函数的名字 `f` 仍然有效，所以递归调用照样能正确完成。这种方式在严格模式和非严格模式下都行得通。

7.2   闭包

有不少开发人员总是搞不清**匿名函数**和**闭包**这两个概念，因此经常混用。**闭包**是指有权访问另一个函数作用域中的变量的函数。创建闭包的常见方式，就是在一个函数内部创建另一个函数，仍以前面的 `createComparisonFunction()` 函数为例，注意加粗的代码。

```
function createComparisonFunction(propertyName) {

    return function(object1, object2){
        var value1 = object1[propertyName];
        var value2 = object2[propertyName];

        if (value1 < value2){
            return -1;
        } else if (value1 > value2){
            return 1;
        } else {
            return 0;
        }
    };
}
```

在这个例子中，突出的那两行代码是内部函数（一个匿名函数）中的代码，这两行代码访问了外部函数中的变量 `propertyName`。即使这个内部函数被返回了，而且是在其他地方被调用了，但它仍然可以访问变量 `propertyName`。之所以还能够访问这个变量，是因为内部函数的作用域链中包含 `createComparisonFunction()` 的作用域。要彻底搞清楚其中的细节，必须从理解函数被调用的时候都会发生什么入手。

第 4 章介绍了作用域链的概念。而有关如何创建作用域链以及作用域链有什么作用的细节，对彻底理解闭包至关重要。当某个函数被调用时，会创建一个执行环境（execution context）及相应的作用域链。然后，使用 `arguments` 和其他命名参数的值来初始化函数的活动对象（activation object）。但在作用域链中，外部函数的活动对象始终处于第二位，外部函数的外部函数的活动对象处于第三位，……直至作为作用域链终点的全局执行环境。

在函数执行过程中，为读取和写入变量的值，就需要在作用域链中查找变量。来看下面的例子。

```
function compare(value1, value2){
    if (value1 < value2){
        return -1;
    } else if (value1 > value2){
        return 1;
    } else {
        return 0;
    }
}

var result = compare(5, 10);
```

以上代码先定义了 compare() 函数，然后又在全局作用域中调用了它。当调用 compare() 时，会创建一个包含 arguments、value1 和 value2 的活动对象。全局执行环境的变量对象（包含 result 和 compare）在 compare() 执行环境的作用域链中则处于第二位。图 7-1 展示了包含上述关系的 compare() 函数执行时的作用域链。

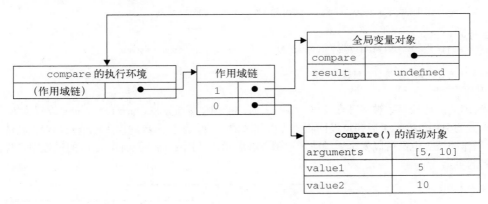

图　7-1

后台的每个执行环境都有一个表示变量的对象——变量对象。全局环境的变量对象始终存在，而像 compare() 函数这样的局部环境的变量对象，则只在函数执行的过程中存在。在创建 compare() 函数时，会创建一个预先包含全局变量对象的作用域链，这个作用域链被保存在内部的[[Scope]]属性中。当调用 compare() 函数时，会为函数创建一个执行环境，然后通过复制函数的[[Scope]]属性中的对象构建起执行环境的作用域链。此后，又有一个活动对象（在此作为变量对象使用）被创建并被推入执行环境作用域链的前端。对于这个例子中 compare() 函数的执行环境而言，其作用域链中包含两个变量对象：本地活动对象和全局变量对象。显然，作用域链本质上是一个指向变量对象的指针列表，它只引用但不实际包含变量对象。

无论什么时候在函数中访问一个变量时，就会从作用域链中搜索具有相应名字的变量。一般来讲，当函数执行完毕后，局部活动对象就会被销毁，内存中仅保存全局作用域（全局执行环境的变量对象）。但是，闭包的情况又有所不同。

在另一个函数内部定义的函数会将包含函数（即外部函数）的活动对象添加到它的作用域链中。因此，在 createComparisonFunction() 函数内部定义的匿名函数的作用域链中，实际上将会包含外部函数 createComparisonFunction() 的活动对象。图 7-2 展示了当下列代码执行时，包含函数与内部匿名函数的作用域链。

```
var compare = createComparisonFunction("name");
var result = compare({ name: "Nicholas" }, { name: "Greg" });
```

在匿名函数从 createComparisonFunction() 中被返回后，它的作用域链被初始化为包含 createComparisonFunction() 函数的活动对象和全局变量对象。这样，匿名函数就可以访问在 createComparisonFunction() 中定义的所有变量。更为重要的是，createComparisonFunction() 函数在执行完毕后，其活动对象也不会被销毁，因为匿名函数的作用域链仍然在引用这个活动对象。换句话说，当 createComparisonFunction() 函数返回后，其执行环境的作用域链会被销毁，但它的活动对象仍然会留在内存中；直到匿名函数被销毁后，createComparisonFunction() 的活动对象才会被销毁，例如：

```
//创建函数
var compareNames = createComparisonFunction("name");

//调用函数
var result = compareNames({ name: "Nicholas" }, { name: "Greg" });

//解除对匿名函数的引用（以便释放内存）
compareNames = null;
```

首先，创建的比较函数被保存在变量 compareNames 中。而通过将 compareNames 设置为等于 null 解除该函数的引用，就等于通知垃圾回收例程将其清除。随着匿名函数的作用域链被销毁，其他作用域（除了全局作用域）也都可以安全地销毁了。图 7-2 展示了调用 compareNames() 的过程中产生的作用域链之间的关系。

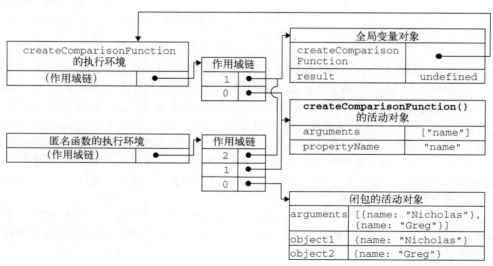

图   7-2

由于闭包会携带包含它的函数的作用域，因此会比其他函数占用更多的内存。过度使用闭包可能会导致内存占用过多，我们建议读者只在绝对必要时再考虑使用闭包。虽然像 V8 等优化后的 JavaScript 引擎会尝试回收被闭包占用的内存，但请大家还是要慎重使用闭包。

7.2.1 闭包与变量

　　作用域链的这种配置机制引出了一个值得注意的副作用，即闭包只能取得包含函数中任何变量的最后一个值。别忘了闭包所保存的是整个变量对象，而不是某个特殊的变量。下面这个例子可以清晰地说明这个问题。

```
function createFunctions(){
    var result = new Array();

    for (var i=0; i < 10; i++){
        result[i] = function(){
            return i;
        };
    }

    return result;
}
```

ClosureExample01.htm

7

　　这个函数会返回一个函数数组。表面上看，似乎每个函数都应该返自己的索引值，即位置 0 的函数返回 0，位置 1 的函数返回 1，以此类推。但实际上，每个函数都返回 10。因为每个函数的作用域链中都保存着 createFunctions() 函数的活动对象，所以它们引用的都是同一个变量 i。当 createFunctions() 函数返回后，变量 i 的值是 10，此时每个函数都引用着保存变量 i 的同一个变量对象，所以在每个函数内部 i 的值都是 10。但是，我们可以通过创建另一个匿名函数强制让闭包的行为符合预期，如下所示。

```
function createFunctions(){
    var result = new Array();

    for (var i=0; i < 10; i++){
        result[i] = function(num){
            return function(){
                return num;
            };
        }(i);
    }

    return result;
}
```

ClosureExample02.htm

在重写了前面的 `createFunctions()` 函数后，每个函数就会返回各自不同的索引值了。在这个版本中，我们没有直接把闭包赋值给数组，而是定义了一个匿名函数，并将立即执行该匿名函数的结果赋给数组。这里的匿名函数有一个参数 num，也就是最终的函数要返回的值。在调用每个匿名函数时，我们传入了变量 i。由于函数参数是按值传递的，所以就会将变量 i 的当前值复制给参数 num。而在这个匿名函数内部，又创建并返回了一个访问 num 的闭包。这样一来，result 数组中的每个函数都有自己 num 变量的一个副本，因此就可以返回各自不同的数值了。

7.2.2　关于 this 对象

在闭包中使用 this 对象也可能会导致一些问题。我们知道，this 对象是在运行时基于函数的执行环境绑定的：在全局函数中，this 等于 window，而当函数被作为某个对象的方法调用时，this 等于那个对象。不过，匿名函数的执行环境具有全局性，因此其 this 对象通常指向 window[①]。但有时候由于编写闭包的方式不同，这一点可能不会那么明显。下面来看一个例子。

```
var name = "The Window";

var object = {
    name : "My Object",

    getNameFunc : function(){
        return function(){
            return this.name;
        };
    }
};

alert(object.getNameFunc()());  //"The Window" (在非严格模式下)
```

ThisObjectExample01.htm

以上代码先创建了一个全局变量 name，又创建了一个包含 name 属性的对象。这个对象还包含一个方法——getNameFunc()，它返回一个匿名函数，而匿名函数又返回 this.name。由于 getNameFunc() 返回一个函数，因此调用 object.getNameFunc()() 就会立即调用它返回的函数，结果就是返回一个字符串。然而，这个例子返回的字符串是"The Window"，即全局 name 变量的值。为什么匿名函数没有取得其包含作用域（或外部作用域）的 this 对象呢？

前面曾经提到过，每个函数在被调用时都会自动取得两个特殊变量：this 和 arguments。内部函数在搜索这两个变量时，只会搜索到其活动对象为止，因此永远不可能直接访问外部函数中的这两个变量（这一点通过图 7-2 可以看得更清楚）。不过，把外部作用域中的 this 对象保存在一个闭包能够访问到的变量里，就可以让闭包访问该对象了，如下所示。

```
var name = "The Window";

var object = {
    name : "My Object",

    getNameFunc : function(){
```

---

① 当然，在通过 call() 或 apply() 改变函数执行环境的情况下，this 就会指向其他对象。

```
        var that = this;
        return function(){
            return that.name;
        };
    }
};

alert(object.getNameFunc()());  //"My Object"
```

ThisObjectExample02.htm

代码中突出的行展示了这个例子与前一个例子之间的不同之处。在定义匿名函数之前，我们把 this 对象赋值给了一个名叫 that 的变量。而在定义了闭包之后，闭包也可以访问这个变量，因为它是我们在包含函数中特意声明的一个变量。即使在函数返回之后，that 也仍然引用着 object，所以调用 object.getNameFunc()()就返回了"My Object"。

 this 和 arguments 也存在同样的问题。如果想访问作用域中的 arguments 对象，必须将对该对象的引用保存到另一个闭包能够访问的变量中。

在几种特殊情况下，this 的值可能会意外地改变。比如，下面的代码是修改前面例子的结果。

```
var name = "The Window";

var object = {
    name : "My Object",

    getName: function(){
        return this.name;
    }
};
```

这里的 getName()方法只简单地返回 this.name 的值。以下是几种调用 object.getName()的方式以及各自的结果。

```
object.getName();   //"My Object"
(object.getName)(); //"My Object"
(object.getName = object.getName)(); //"The Window"，在非严格模式下
```

ThisObjectExample03.htm

第一行代码跟平常一样调用了 object.getName()，返回的是"My Object"，因为 this.name 就是 object.name。第二行代码在调用这个方法前先给它加上了括号。虽然加上括号之后，就好像只是在引用一个函数，但 this 的值得到了维持，因为 object.getName 和(object.getName)的定义是相同的。第三行代码先执行了一条赋值语句，然后再调用赋值后的结果。因为这个赋值表达式的值是函数本身，所以 this 的值不能得到维持，结果就返回了"The Window"。

当然，你不大可能会像第二行和第三行代码一样调用这个方法。不过，这个例子有助于说明即使是语法的细微变化，都有可能意外改变 this 的值。

7.2.3 内存泄漏

由于 IE9 之前的版本对 JScript 对象和 COM 对象使用不同的垃圾收集例程（第 4 章曾经讨论过），

因此闭包在 IE 的这些版本中会导致一些特殊的问题。具体来说，如果闭包的作用域链中保存着一个 HTML 元素，那么就意味着该元素将无法被销毁。来看下面的例子。

```
function assignHandler(){
    var element = document.getElementById("someElement");
    element.onclick = function(){
        alert(element.id);
    };
}
```

以上代码创建了一个作为 element 元素事件处理程序的闭包，而这个闭包则又创建了一个循环引用（事件将在第 13 章讨论）。由于匿名函数保存了一个对 assignHandler() 的活动对象的引用，因此就会导致无法减少 element 的引用数。只要匿名函数存在，element 的引用数至少也是 1，因此它所占用的内存就永远不会被回收。不过，这个问题可以通过稍微改写一下代码来解决，如下所示。

```
function assignHandler(){
    var element = document.getElementById("someElement");
    var id = element.id;

    element.onclick = function(){
        alert(id);
    };

    element = null;
}
```

在上面的代码中，通过把 element.id 的一个副本保存在一个变量中，并且在闭包中引用该变量消除了循环引用。但仅仅做到这一步，还是不能解决内存泄漏的问题。必须要记住：闭包会引用包含函数的整个活动对象，而其中包含着 element。即使闭包不直接引用 element，包含函数的活动对象中也仍然会保存一个引用。因此，有必要把 element 变量设置为 null。这样就能够解除对 DOM 对象的引用，顺利地减少其引用数，确保正常回收其占用的内存。

7.3　模仿块级作用域

如前所述，JavaScript 没有块级作用域的概念。这意味着在块语句中定义的变量，实际上是在包含函数中而非语句中创建的，来看下面的例子。

```
function outputNumbers(count){
    for (var i=0; i < count; i++){
        alert(i);
    }
    alert(i);    //计数
}
```

BlockScopeExample01.htm

这个函数中定义了一个 for 循环，而变量 i 的初始值被设置为 0。在 Java、C++等语言中，变量 i 只会在 for 循环的语句块中有定义，循环一旦结束，变量 i 就会被销毁。可是在 JavaScript 中，变量 i 是定义在 ouputNumbers() 的活动对象中的，因此从它有定义开始，就可以在函数内部随处访问它。即使像下面这样错误地重新声明同一个变量，也不会改变它的值。

```
function outputNumbers(count){
    for (var i=0; i < count; i++){
        alert(i);
    }

    var i;          //重新声明变量
    alert(i);       //计数
}
```

BlockScopeExample02.htm

JavaScript 从来不会告诉你是否多次声明了同一个变量；遇到这种情况，它只会对后续的声明视而不见（不过，它会执行后续声明中的变量初始化）。匿名函数可以用来模仿块级作用域并避免这个问题。

用作块级作用域（通常称为**私有作用域**）的匿名函数的语法如下所示。

```
(function(){
    //这里是块级作用域
})();
```

以上代码定义并立即调用了一个匿名函数。将函数声明包含在一对圆括号中，表示它实际上是一个函数表达式。而紧随其后的另一对圆括号会立即调用这个函数。如果有读者感觉这种语法不太好理解，可以再看看下面这个例子。

```
var count = 5;
outputNumbers(count);
```

这里初始化了变量 count，将其值设置为 5。当然，这里的变量是没有必要的，因为可以把值直接传给函数。为了让代码更简洁，我们在调用函数时用 5 来代替变量 count，如下所示。

```
outputNumbers(5);
```

这样做之所以可行，是因为变量只不过是值的另一种表现形式，因此用实际的值替换变量没有问题。再看下面的例子。

```
var someFunction = function(){
    //这里是块级作用域
};
someFunction();
```

这个例子先定义了一个函数，然后立即调用了它。定义函数的方式是创建一个匿名函数，并把匿名函数赋值给变量 someFunction。而调用函数的方式是在函数名称后面添加一对圆括号，即 someFunction()。通过前面的例子我们知道，可以使用实际的值来取代变量 count，那在这里是不是也可以用函数的值直接取代函数名呢？然而，下面的代码却会导致错误。

```
function(){
    //这里是块级作用域
}();       //出错!
```

这段代码会导致语法错误，是因为 JavaScript 将 function 关键字当作一个函数声明的开始，而函数声明后面不能跟圆括号。然而，函数**表达式**的后面可以跟圆括号。要将函数声明转换成函数表达式，只要像下面这样给它加上一对圆括号即可。

```
(function(){
    //这里是块级作用域
})();
```

无论在什么地方，只要临时需要一些变量，就可以使用私有作用域，例如：

```
function outputNumbers(count){
    (function () {
        for (var i=0; i < count; i++){
            alert(i);
        }
    })();

    alert(i);    //导致一个错误!
}
```

BlockScopeExample03.htm

在这个重写后的 outputNumbers() 函数中，我们在 for 循环外部插入了一个私有作用域。在匿名函数中定义的任何变量，都会在执行结束时被销毁。因此，变量 i 只能在循环中使用，使用后即被销毁。而在私有作用域中能够访问变量 count，是因为这个匿名函数是一个闭包，它能够访问包含作用域中的所有变量。

这种技术经常在全局作用域中被用在函数外部，从而限制向全局作用域中添加过多的变量和函数。一般来说，我们都应该尽量少向全局作用域中添加变量和函数。在一个由很多开发人员共同参与的大型应用程序中，过多的全局变量和函数很容易导致命名冲突。而通过创建私有作用域，每个开发人员既可以使用自己的变量，又不必担心搞乱全局作用域。例如：

```
(function(){

    var now = new Date();
    if (now.getMonth() == 0 && now.getDate() == 1){
        alert("Happy new year!");
    }

})();
```

把上面这段代码放在全局作用域中，可以用来确定哪一天是 1 月 1 日；如果到了这一天，就会向用户显示一条祝贺新年的消息。其中的变量 now 现在是匿名函数中的局部变量，而我们不必在全局作用域中创建它。

 　　这种做法可以减少闭包占用的内存问题，因为没有指向匿名函数的引用。只要函数执行完毕，就可以立即销毁其作用域链了。

7.4　私有变量

严格来讲，JavaScript 中没有私有成员的概念；所有对象属性都是公有的。不过，倒是有一个私有变量的概念。任何在函数中定义的变量，都可以认为是私有变量，因为不能在函数的外部访问这些变量。私有变量包括函数的参数、局部变量和在函数内部定义的其他函数。来看下面的例子：

```
function add(num1, num2){
    var sum = num1 + num2;
    return sum;
}
```

在这个函数内部，有 3 个私有变量：num1、num2 和 sum。在函数内部可以访问这几个变量，但在函数外部则不能访问它们。如果在这个函数内部创建一个闭包，那么闭包通过自己的作用域链也可以访问这些变量。而利用这一点，就可以创建用于访问私有变量的公有方法。

我们把有权访问私有变量和私有函数的公有方法称为**特权方法**（privileged method）。有两种在对象上创建特权方法的方式。第一种是在构造函数中定义特权方法，基本模式如下。

```
function MyObject(){

    //私有变量和私有函数
    var privateVariable = 10;

    function privateFunction(){
        return false;
    }

    //特权方法
    this.publicMethod = function (){
        privateVariable++;
        return privateFunction();
    };
}
```

这个模式在构造函数内部定义了所有私有变量和函数。然后，又继续创建了能够访问这些私有成员的特权方法。能够在构造函数中定义特权方法，是因为特权方法作为闭包有权访问在构造函数中定义的所有变量和函数。对这个例子而言，变量 privateVariable 和函数 privateFunction() 只能通过特权方法 publicMethod() 来访问。在创建 MyObject 的实例后，除了使用 publicMethod() 这一个途径外，没有任何办法可以直接访问 privateVariable 和 privateFunction()。

利用私有和特权成员，可以隐藏那些不应该被直接修改的数据，例如：

```
function Person(name){

    this.getName = function(){
        return name;
    };

    this.setName = function (value) {
        name = value;
    };
}

var person = new Person("Nicholas");
alert(person.getName());    //"Nicholas"
person.setName("Greg");
alert(person.getName());    //"Greg"
```

PrivilegedMethodExample01.htm

以上代码的构造函数中定义了两个特权方法：getName() 和 setName()。这两个方法都可以在构造函数外部使用，而且都有权访问私有变量 name。但在 Person 构造函数外部，没有任何办法访问 name。由于这两个方法是在构造函数内部定义的，它们作为闭包能够通过作用域链访问 name。私有变量 name 在 Person 的每一个实例中都不相同，因为每次调用构造函数都会重新创建这两个方法。不过，在构造函数中定义特权方法也有一个缺点，那就是你必须使用构造函数模式来达到这个目的。第 6 章曾经讨论过，构造函数模式的缺点是针对每个实例都会创建同样一组新方法，而使用静态私有变量来实现特权方法就可以避免这个问题。

7.4.1 静态私有变量

通过在私有作用域中定义私有变量或函数，同样也可以创建特权方法，其基本模式如下所示。

```
(function(){

    //私有变量和私有函数
    var privateVariable = 10;

    function privateFunction(){
        return false;
    }

    //构造函数
    MyObject = function(){
    };

    //公有/特权方法
    MyObject.prototype.publicMethod = function(){
        privateVariable++;
        return privateFunction();
    };

})();
```

这个模式创建了一个私有作用域，并在其中封装了一个构造函数及相应的方法。在私有作用域中，首先定义了私有变量和私有函数，然后又定义了构造函数及其公有方法。公有方法是在原型上定义的，这一点体现了典型的原型模式。需要注意的是，这个模式在定义构造函数时并没有使用函数声明，而是使用了函数表达式。函数声明只能创建局部函数，但那并不是我们想要的。出于同样的原因，我们也没有在声明 MyObject 时使用 var 关键字。记住：初始化未经声明的变量，总是会创建一个全局变量。因此，MyObject 就成了一个全局变量，能够在私有作用域之外被访问到。但也要知道，在严格模式下给未经声明的变量赋值会导致错误。

这个模式与在构造函数中定义特权方法的主要区别，就在于私有变量和函数是由实例共享的。由于特权方法是在原型上定义的，因此所有实例都使用同一个函数。而这个特权方法，作为一个闭包，总是保存着对包含作用域的引用。来看一看下面的代码。

```
(function(){

    var name = "";

    Person = function(value){
        name = value;
    };

    Person.prototype.getName = function(){
        return name;
    };

    Person.prototype.setName = function (value){
```

```
        name = value;
    };
})();

var person1 = new Person("Nicholas");
alert(person1.getName());  //"Nicholas"
person1.setName("Greg");
alert(person1.getName());  //"Greg"

var person2 = new Person("Michael");
alert(person1.getName()); //"Michael"
alert(person2.getName()); //"Michael"
```

PrivilegedMethodExample02.htm

这个例子中的 Person 构造函数与 getName() 和 setName() 方法一样,都有权访问私有变量 name。在这种模式下,变量 name 就变成了一个静态的、由所有实例共享的属性。也就是说,在一个实例上调用 setName() 会影响所有实例。而调用 setName() 或新建一个 Person 实例都会赋予 name 属性一个新值。结果就是所有实例都会返回相同的值。

以这种方式创建静态私有变量会因为使用原型而增进代码复用,但每个实例都没有自己的私有变量。到底是使用实例变量,还是静态私有变量,最终还是要视你的具体需求而定。

> 多查找作用域链中的一个层次,就会在一定程度上影响查找速度。而这正是使用闭包和私有变量的一个显明的不足之处。

7.4.2 模块模式

前面的模式是用于为自定义类型创建私有变量和特权方法的。而道格拉斯所说的模块模式(module pattern)则是为单例创建私有变量和特权方法。所谓单例(singleton),指的就是只有一个实例的对象。按照惯例,JavaScript 是以对象字面量的方式来创建单例对象的。

```
var singleton = {
    name : value,
    method : function () {
        //这里是方法的代码
    }
};
```

模块模式通过为单例添加私有变量和特权方法能够使其得到增强,其语法形式如下:

```
var singleton = function(){

    //私有变量和私有函数
    var privateVariable = 10;

    function privateFunction(){
        return false;
    }
```

```
    //特权/公有方法和属性
    return {

        publicProperty: true,

        publicMethod : function(){
            privateVariable++;
            return privateFunction();
        }

    };
}();
```

　　这个模块模式使用了一个返回对象的匿名函数。在这个匿名函数内部，首先定义了私有变量和函数。然后，将一个对象字面量作为函数的值返回。返回的对象字面量中只包含可以公开的属性和方法。由于这个对象是在匿名函数内部定义的，因此它的公有方法有权访问私有变量和函数。从本质上来讲，这个对象字面量定义的是单例的公共接口。这种模式在需要对单例进行某些初始化，同时又需要维护其私有变量时是非常有用的，例如：

```
var application = function(){

    //私有变量和函数
    var components = new Array();

    //初始化
    components.push(new BaseComponent());

    //公共
    return {
        getComponentCount : function(){
            return components.length;
        },

        registerComponent : function(component){
            if (typeof component == "object"){
                components.push(component);
            }
        }
    };
}();
```

ModulePatternExample01.htm

　　在 Web 应用程序中，经常需要使用一个单例来管理应用程序级的信息。这个简单的例子创建了一个用于管理组件的 application 对象。在创建这个对象的过程中，首先声明了一个私有的 components 数组，并向数组中添加了一个 BaseComponent 的新实例（在这里不需要关心 BaseComponent 的代码，我们只是用它来展示初始化操作）。而返回对象的 getComponentCount() 和 registerComponent() 方法，都是有权访问数组 components 的特权方法。前者只是返回已注册的组件数目，后者用于注册新组件。

　　简言之，如果必须创建一个对象并以某些数据对其进行初始化，同时还要公开一些能够访问这些私有数据的方法，那么就可以使用模块模式。以这种模式创建的每个单例都是 Object 的实例，因为最终要通过一个对象字面量来表示它。事实上，这也没有什么；毕竟，单例通常都是作为全局对象存在的，我们不会将它传递给一个函数。因此，也就没有什么必要使用 instanceof 操作符来检查其对象类型了。

7.4.3　增强的模块模式

有人进一步改进了模块模式，即在返回对象之前加入对其增强的代码。这种增强的模块模式适合那些单例必须是某种类型的实例，同时还必须添加某些属性和（或）方法对其加以增强的情况。来看下面的例子。

```
var singleton = function(){

    //私有变量和私有函数
    var privateVariable = 10;

    function privateFunction(){
        return false;
    }

    //创建对象
    var object = new CustomType();

    //添加特权/公有属性和方法
    object.publicProperty = true;

    object.publicMethod = function(){
        privateVariable++;
        return privateFunction();
    };

    //返回这个对象
    return object;
}();
```

如果前面演示模块模式的例子中的 application 对象必须是 BaseComponent 的实例，那么就可以使用以下代码。

```
var application = function(){

    //私有变量和函数
    var components = new Array();

    //初始化
    components.push(new BaseComponent());

    //创建 application 的一个局部副本
    var app = new BaseComponent();

    //公共接口
    app.getComponentCount = function(){
        return components.length;
    };

    app.registerComponent = function(component){
        if (typeof component == "object"){
            components.push(component);
        }
    };

    //返回这个副本
```

```
    return app;
}();
```

ModuleAugmentationPatternExample01.htm

在这个重写后的应用程序（application）单例中，首先也是像前面例子中一样定义了私有变量。主要的不同之处在于命名变量 app 的创建过程，因为它必须是 BaseComponent 的实例。这个实例实际上是 application 对象的局部变量版。此后，我们又为 app 对象添加了能够访问私有变量的公有方法。最后一步是返回 app 对象，结果仍然是将它赋值给全局变量 application。

7.5　小结

在 JavaScript 编程中，函数表达式是一种非常有用的技术。使用函数表达式可以无须对函数命名，从而实现动态编程。匿名函数，也称为拉姆达函数，是一种使用 JavaScript 函数的强大方式。以下总结了函数表达式的特点。

- ❑ 函数表达式不同于函数声明。函数声明要求有名字，但函数表达式不需要。没有名字的函数表达式也叫做匿名函数。
- ❑ 在无法确定如何引用函数的情况下，递归函数就会变得比较复杂；
- ❑ 递归函数应该始终使用 arguments.callee 来递归地调用自身，不要使用函数名——函数名可能会发生变化。

当在函数内部定义了其他函数时，就创建了闭包。闭包有权访问包含函数内部的所有变量，原理如下。

- ❑ 在后台执行环境中，闭包的作用域链包含着它自己的作用域、包含函数的作用域和全局作用域。
- ❑ 通常，函数的作用域及其所有变量都会在函数执行结束后被销毁。
- ❑ 但是，当函数返回了一个闭包时，这个函数的作用域将会一直在内存中保存到闭包不存在为止。

使用闭包可以在 JavaScript 中模仿块级作用域（JavaScript 本身没有块级作用域的概念），要点如下。

- ❑ 创建并立即调用一个函数，这样既可以执行其中的代码，又不会在内存中留下对该函数的引用。
- ❑ 结果就是函数内部的所有变量都会被立即销毁——除非将某些变量赋值给了包含作用域（即外部作用域）中的变量。

闭包还可以用于在对象中创建私有变量，相关概念和要点如下。

- ❑ 即使 JavaScript 中没有正式的私有对象属性的概念，但可以使用闭包来实现公有方法，而通过公有方法可以访问在包含作用域中定义的变量。
- ❑ 有权访问私有变量的公有方法叫做特权方法。
- ❑ 可以使用构造函数模式、原型模式来实现自定义类型的特权方法，也可以使用模块模式、增强的模块模式来实现单例的特权方法。

JavaScript 中的函数表达式和闭包都是极其有用的特性，利用它们可以实现很多功能。不过，因为创建闭包必须维护额外的作用域，所以过度使用它们可能会占用大量内存。

第8章

BOM

本章内容
- ☐ 理解 window 对象——BOM 的核心
- ☐ 控制窗口、框架和弹出窗口
- ☐ 利用 location 对象中的页面信息
- ☐ 使用 navigator 对象了解浏览器

ECMAScript 是 JavaScript 的核心，但如果要在 Web 中使用 JavaScript，那么 BOM（浏览器对象模型）则无疑才是真正的核心。BOM 提供了很多对象，用于访问浏览器的功能，这些功能与任何网页内容无关。多年来，缺少事实上的规范导致 BOM 既有意思又有问题，因为浏览器提供商会按照各自的想法随意去扩展它。于是，浏览器之间共有的对象就成为了事实上的标准。这些对象在浏览器中得以存在，很大程度上是由于它们提供了与浏览器的互操作性。W3C 为了把浏览器中 JavaScript 最基本的部分标准化，已经将 BOM 的主要方面纳入了 HTML5 的规范中。

8.1 window 对象

BOM 的核心对象是 window，它表示浏览器的一个实例。在浏览器中，window 对象有双重角色，它既是通过 JavaScript 访问浏览器窗口的一个接口，又是 ECMAScript 规定的 Global 对象。这意味着在网页中定义的任何一个对象、变量和函数，都以 window 作为其 Global 对象，因此有权访问 parseInt() 等方法。

8.1.1 全局作用域

由于 window 对象同时扮演着 ECMAScript 中 Global 对象的角色，因此所有在全局作用域中声明的变量、函数都会变成 window 对象的属性和方法。来看下面的例子。

```
var age = 29;
function sayAge(){
    alert(this.age);
}

alert(window.age);     //29
sayAge();              //29
window.sayAge();       //29
```

我们在全局作用域中定义了一个变量 age 和一个函数 sayAge()，它们被自动归在了 window 对象名下。于是，可以通过 window.age 访问变量 age，可以通过 window.sayAge() 访问函数 sayAge()。

由于 sayAge() 存在于全局作用域中，因此 this.age 被映射到 window.age，最终显示的仍然是正确的结果。

抛开全局变量会成为 window 对象的属性不谈，定义全局变量与在 window 对象上直接定义属性还是有一点差别：全局变量不能通过 delete 操作符删除，而直接在 window 对象上的定义的属性可以。例如：

```
var age = 29;
window.color = "red";

//在 IE < 9 时抛出错误，在其他所有浏览器中都返回 false
delete window.age;

//在 IE < 9 时抛出错误，在其他所有浏览器中都返回 true
delete window.color; //returns true

alert(window.age);   //29
alert(window.color); //undefined
```

DeleteOperatorExample01.htm

刚才使用 var 语句添加的 window 属性有一个名为 [[Configurable]] 的特性，这个特性的值被设置为 false，因此这样定义的属性不可以通过 delete 操作符删除。IE8 及更早版本在遇到使用 delete 删除 window 属性的语句时，不管该属性最初是如何创建的，都会抛出错误，以示警告。IE9 及更高版本不会抛出错误。

另外，还要记住一件事：尝试访问未声明的变量会抛出错误，但是通过查询 window 对象，可以知道某个可能未声明的变量是否存在。例如：

```
//这里会抛出错误，因为 oldValue 未定义
var newValue = oldValue;

//这里不会抛出错误，因为这是一次属性查询
//newValue 的值是 undefined
var newValue = window.oldValue;
```

本章后面将要讨论的很多全局 JavaScript 对象（如 location 和 navigator）实际上都是 window 对象的属性。

> Windows Mobile 平台的 IE 浏览器不允许通过 window.property = value 之类的形式，直接在 window 对象上创建新的属性或方法。可是，在全局作用域中声明的所有变量和函数，照样会变成 window 对象的成员。

8.1.2 窗口关系及框架

如果页面中包含框架，则每个框架都拥有自己的 window 对象，并且保存在 frames 集合中。在 frames 集合中，可以通过数值索引（从 0 开始，从左至右，从上到下）或者框架名称来访问相应的 window 对象。每个 window 对象都有一个 name 属性，其中包含框架的名称。下面是一个包含框架的页面：

```
<html>
    <head>
        <title>Frameset Example</title>
    </head>
    <frameset rows="160,*">
        <frame src="frame.htm" name="topFrame">
        <frameset cols="50%,50%">
            <frame src="anotherframe.htm" name="leftFrame">
            <frame src="yetanotherframe.htm" name="rightFrame">
        </frameset>
    </frameset>
</html>
```

FramesetExample01.htm

以上代码创建了一个框架集，其中一个框架居上，两个框架居下。对这个例子而言，可以通过 window.frames[0]或者 window.frames["topFrame"]来引用上方的框架。不过，恐怕你最好使用 top 而非 window 来引用这些框架（例如，通过 top.frames[0]）。

我们知道，top 对象始终指向最高（最外）层的框架，也就是浏览器窗口。使用它可以确保在一个框架中正确地访问另一个框架。因为对于在一个框架中编写的任何代码来说，其中的 window 对象指向的都是那个框架的特定实例，而非最高层的框架。图 8-1 展示了在最高层窗口中，通过代码来访问前面例子中每个框架的不同方式。

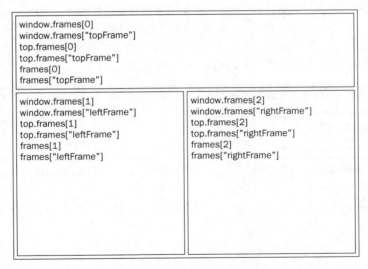

图　8-1

与 top 相对的另一个 window 对象是 parent。顾名思义，parent（父）对象始终指向当前框架的直接上层框架。在某些情况下，parent 有可能等于 top；但在没有框架的情况下，parent 一定等于 top（此时它们都等于 window）。再看下面的例子。

```
<html>
    <head>
        <title>Frameset Example</title>
```

```
    </head>
    <frameset rows="100,*">
        <frame src="frame.htm" name="topFrame">
        <frameset cols="50%,50%">
            <frame src="anotherframe.htm" name="leftFrame">
            <frame src="anotherframeset.htm" name="rightFrame">
        </frameset>
    </frameset>
</html>
```

frameset1.htm

这个框架集中的一个框架包含了另一个框架集，该框架集的代码如下所示。

```
<html>
    <head>
        <title>Frameset Example</title>
    </head>
    <frameset cols="50%,50%">
        <frame src="red.htm" name="redFrame">
        <frame src="blue.htm" name="blueFrame">
    </frameset>
</html>
```

anotherframeset.htm

浏览器在加载完第一个框架集以后，会继续将第二个框架集加载到 rightFrame 中。如果代码位于 redFrame（或 blueFrame）中，那么 parent 对象指向的就是 rightFrame。可是，如果代码位于 topFrame 中，则 parent 指向的是 top，因为 topFrame 的直接上层框架就是最外层框架。图 8-2 展示了在将前面例子加载到浏览器之后，不同 window 对象的值。

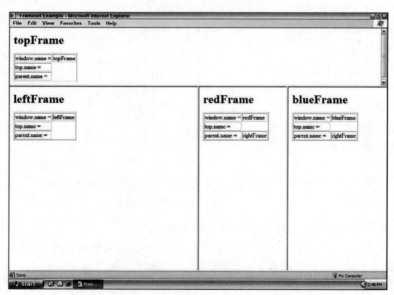

图   8-2

注意，除非最高层窗口是通过 window.open() 打开的（本章后面将会讨论），否则其 window 对象的 name 属性不会包含任何值。

与框架有关的最后一个对象是 self，它始终指向 window；实际上，self 和 window 对象可以互换使用。引入 self 对象的目的只是为了与 top 和 parent 对象对应起来，因此它不格外包含其他值。

所有这些对象都是 window 对象的属性，可以通过 window.parent、window.top 等形式来访问。同时，这也意味着可以将不同层次的 window 对象连缀起来，例如 window.parent.parent.frames[0]。

> 在使用框架的情况下，浏览器中会存在多个 Global 对象。在每个框架中定义的全局变量会自动成为框架中 window 对象的属性。由于每个 window 对象都包含原生类型的构造函数，因此每个框架都有一套自己的构造函数，这些构造函数一一对应，但并不相等。例如，top.Object 并不等于 top.frames[0].Object。这个问题会影响到对跨框架传递的对象使用 instanceof 操作符。

8.1.3 窗口位置

用来确定和修改 window 对象位置的属性和方法有很多。IE、Safari、Opera 和 Chrome 都提供了 screenLeft 和 screenTop 属性，分别用于表示窗口相对于屏幕左边和上边的位置。Firefox 则在 screenX 和 screenY 属性中提供相同的窗口位置信息，Safari 和 Chrome 也同时支持这两个属性。Opera 虽然也支持 screenX 和 screenY 属性，但与 screenLeft 和 screenTop 属性并不对应，因此建议大家不要在 Opera 中使用它们。使用下列代码可以跨浏览器取得窗口左边和上边的位置。

```
var leftPos = (typeof window.screenLeft == "number") ?
                    window.screenLeft : window.screenX;
var topPos = (typeof window.screenTop == "number") ?
                    window.screenTop : window.screenY;
```

WindowPositionExample01.htm

这个例子运用三元操作符首先确定 screenLeft 和 screenTop 属性是否存在，如果是（在 IE、Safari、Opera 和 Chrome 中），则取得这两个属性的值。如果不存在（在 Firefox 中），则取得 screenX 和 screenY 的值。

在使用这些值的过程中，还必须注意一些小问题。在 IE、Opera 中，screenLeft 和 screenTop 中保存的是从屏幕左边和上边到由 window 对象表示的页面可见区域的距离。换句话说，如果 window 对象是最外层对象，而且浏览器窗口紧贴屏幕最上端——即 y 轴坐标为 0，那么 screenTop 的值就是位于页面可见区域上方的浏览器工具栏的像素高度。但是，在 Chrome、Firefox 和 Safari 中，screenY 或 screenTop 中保存的是整个浏览器窗口相对于屏幕的坐标值，即在窗口的 y 轴坐标为 0 时返回 0。

更让人捉摸不透是，Firefox、Safari 和 Chrome 始终返回页面中每个框架的 top.screenX 和 top.screenY 值。即使在页面由于被设置了外边距而发生偏移的情况下，相对于 window 对象使用 screenX 和 screenY 每次也都会返回相同的值。而 IE 和 Opera 则会给出框架相对于屏幕边界的精确坐标值。

最终结果，就是无法在跨浏览器的条件下取得窗口左边和上边的精确坐标值。然而，使用 moveTo() 和 moveBy() 方法倒是有可能将窗口精确地移动到一个新位置。这两个方法都接收两个参数，其中

8

moveTo()接收的是新位置的 x 和 y 坐标值，而 moveBy()接收的是在水平和垂直方向上移动的像素数。下面来看几个例子：

```
//将窗口移动到屏幕左上角
window.moveTo(0,0);

//将窗口向下移动 100 像素
window.moveBy(0,100);

//将窗口移动到(200,300)
window.moveTo(200,300);

//将窗口向左移动 50 像素
window.moveBy(-50,0);
```

需要注意的是，这两个方法可能会被浏览器禁用；而且，在 Opera 和 IE 7（及更高版本）中默认就是禁用的。另外，这两个方法都不适用于框架，只能对最外层的 window 对象使用。

8.1.4　窗口大小

跨浏览器确定一个窗口的大小不是一件简单的事。IE9+、Firefox、Safari、Opera 和 Chrome 均为此提供了 4 个属性：innerWidth、innerHeight、outerWidth 和 outerHeight。在 IE9+、Safari 和 Firefox 中，outerWidth 和 outerHeight 返回浏览器窗口本身的尺寸（无论是从最外层的 window 对象还是从某个框架访问）。在 Opera 中，这两个属性的值表示页面视图容器[①]的大小。而 innerWidth 和 innerHeight 则表示该容器中页面视图区的大小（减去边框宽度）。在 Chrome 中，outerWidth、outerHeight 与 innerWidth、innerHeight 返回相同的值，即视口（viewport）大小而非浏览器窗口大小。

IE8 及更早版本没有提供取得当前浏览器窗口尺寸的属性；不过，它通过 DOM 提供了页面可见区域的相关信息。

在 IE、Firefox、Safari、Opera 和 Chrome 中，document.documentElement.clientWidth 和 document.documentElement.clientHeight 中保存了页面视口的信息。在 IE6 中，这些属性必须在标准模式下才有效；如果是混杂模式，就必须通过 document.body.clientWidth 和 document.body.clientHeight 取得相同信息。而对于混杂模式下的 Chrome，则无论通过 document.documentElement 还是 document.body 中的 clientWidth 和 clientHeight 属性，都可以取得视口的大小。

虽然最终无法确定浏览器窗口本身的大小，但却可以取得页面视口的大小，如下所示。

```
var pageWidth = window.innerWidth,
    pageHeight = window.innerHeight;

if (typeof pageWidth != "number"){
    if (document.compatMode == "CSS1Compat"){
        pageWidth = document.documentElement.clientWidth;
        pageHeight = document.documentElement.clientHeight;
    } else {
        pageWidth = document.body.clientWidth;
        pageHeight = document.body.clientHeight;
    }
}
```

WindowSizeExample01.htm

---

① 这里所谓的"页面视图容器"指的是 Opera 中单个标签页对应的浏览器窗口。

在以上代码中，我们首先将 window.innerWidth 和 window.innerHeight 的值分别赋给了 pageWidth 和 pageHeight。然后检查 pageWidth 中保存的是不是一个数值；如果不是，则通过检查 document.compatMode（这个属性将在第 10 章全面讨论）来确定页面是否处于标准模式。如果是，则分别使用 document.documentElement.clientWidth 和 document.documentElement.client-Height 的值。否则，就使用 document.body.clientWidth 和 document.body.clientHeight 的值。

对于移动设备，window.innerWidth 和 window.innerHeight 保存着可见视口，也就是屏幕上可见页面区域的大小。移动 IE 浏览器不支持这些属性，但通过 document.documentElement.client-Width 和 document.documentElement.clientHeihgt 提供了相同的信息。随着页面的缩放，这些值也会相应变化。

在其他移动浏览器中，document.documentElement 度量的是布局视口，即渲染后页面的实际大小（与可见视口不同，可见视口只是整个页面中的一小部分）。移动 IE 浏览器把布局视口的信息保存在 document.body.clientWidth 和 document.body.clientHeight 中。这些值不会随着页面缩放变化。

由于与桌面浏览器间存在这些差异，最好是先检测一下用户是否在使用移动设备，然后再决定使用哪个属性。

 有关移动设备视口的话题比较复杂，有很多非常规的情形，也有各种各样的建议。移动开发咨询师 Peter-Paul Koch 记述了他对这个问题的研究：http://t.cn/zOZs0Tz。如果你在做移动 Web 开发，推荐你读一读这篇文章。

另外，使用 resizeTo() 和 resizeBy() 方法可以调整浏览器窗口的大小。这两个方法都接收两个参数，其中 resizeTo() 接收浏览器窗口的新宽度和新高度，而 resizeBy() 接收新窗口与原窗口的宽度和高度之差。来看下面的例子。

```
//调整到 100×100
window.resizeTo(100, 100);

//调整到 200×150
window.resizeBy(100, 50);

//调整到 300×300
window.resizeTo(300, 300);
```

需要注意的是，这两个方法与移动窗口位置的方法类似，也有可能被浏览器禁用；而且，在 Opera 和 IE7（及更高版本）中默认就是禁用的。另外，这两个方法同样不适用于框架，而只能对最外层的 window 对象使用。

8.1.5　导航和打开窗口

使用 window.open() 方法既可以导航到一个特定的 URL，也可以打开一个新的浏览器窗口。这个方法可以接收 4 个参数：要加载的 URL、窗口目标、一个特性字符串以及一个表示新页面是否取代浏览器历史记录中当前加载页面的布尔值。通常只须传递第一个参数，最后一个参数只在不打开新窗口的情况下使用。

如果为 window.open() 传递了第二个参数，而且该参数是已有窗口或框架的名称，那么就会在具有该名称的窗口或框架中加载第一个参数指定的 URL。看下面的例子。

```
//等同于< a href="http://www.wrox.com" target="topFrame"></a>
window.open("http://www.wrox.com/", "topFrame");
```

调用这行代码，就如同用户单击了 href 属性为 http://www.wrox.com/，target 属性为"topFrame"的链接。如果有一个名叫"topFrame"的窗口或者框架，就会在该窗口或框架加载这个 URL；否则，就会创建一个新窗口并将其命名为"topFrame"。此外，第二个参数也可以是下列任何一个特殊的窗口名称：_self、_parent、_top 或_blank。

1. 弹出窗口

如果给 window.open()传递的第二个参数并不是一个已经存在的窗口或框架，那么该方法就会根据在第三个参数位置上传入的字符串创建一个新窗口或新标签页。如果没有传入第三个参数，那么就会打开一个带有全部默认设置（工具栏、地址栏和状态栏等）的新浏览器窗口（或者打开一个新标签页——根据浏览器设置）。在不打开新窗口的情况下，会忽略第三个参数。

第三个参数是一个逗号分隔的设置字符串，表示在新窗口中都显示哪些特性。下表列出了可以出现在这个字符串中的设置选项。

设　　置	值	说　　明
fullscreen	yes或no	表示浏览器窗口是否最大化。仅限IE
height	数值	表示新窗口的高度。不能小于100
left	数值	表示新窗口的左坐标。不能是负值
location	yes或no	表示是否在浏览器窗口中显示地址栏。不同浏览器的默认值不同。如果设置为no，地址栏可能会隐藏，也可能会被禁用（取决于浏览器）
menubar	yes或no	表示是否在浏览器窗口中显示菜单栏。默认值为no
resizable	yes或no	表示是否可以通过拖动浏览器窗口的边框改变其大小。默认值为no
scrollbars	yes或no	表示如果内容在视口中显示不下，是否允许滚动。默认值为no
status	yes或no	表示是否在浏览器窗口中显示状态栏。默认值为no
toolbar	yes或no	表示是否在浏览器窗口中显示工具栏。默认值为no
top	数值	表示新窗口的上坐标。不能是负值
width	数值	表示新窗口的宽度。不能小于100

表中所列的部分或全部设置选项，都可以通过逗号分隔的名值对列表来指定。其中，名值对以等号表示（注意，整个特性字符串中不允许出现空格），如下面的例子所示。

```
window.open("http://www.wrox.com/","wroxWindow",
            "height=400,width=400,top=10,left=10,resizable=yes");
```

这行代码会打开一个新的可以调整大小的窗口，窗口初始大小为 400×400 像素，并且距屏幕上沿和左边各 10 像素。

window.open()方法会返回一个指向新窗口的引用。引用的对象与其他 window 对象大致相似，但我们可以对其进行更多控制。例如，有些浏览器在默认情况下可能不允许我们针对主浏览器窗口调整大小或移动位置，但却允许我们针对通过 window.open()创建的窗口调整大小或移动位置。通过这个返回的对象，可以像操作其他窗口一样操作新打开的窗口，如下所示。

```
var wroxWin = window.open("http://www.wrox.com/","wroxWindow",
                        "height=400,width=400,top=10,left=10,resizable=yes");
```

```
//调整大小
wroxWin.resizeTo(500,500);
```

```
//移动位置
wroxWin.moveTo(100,100);
```

调用 close() 方法还可以关闭新打开的窗口。

```
wroxWin.close();
```

但是，这个方法仅适用于通过 window.open() 打开的弹出窗口。对于浏览器的主窗口，如果没有得到用户的允许是不能关闭它的。不过，弹出窗口倒是可以调用 top.close() 在不经用户允许的情况下关闭自己。弹出窗口关闭之后，窗口的引用仍然还在，但除了像下面这样检测其 closed 属性之外，已经没有其他用处了。

```
wroxWin.close();
alert(wroxWin.closed);  //true
```

新创建的 window 对象有一个 opener 属性，其中保存着打开它的原始窗口对象。这个属性只在弹出窗口中的最外层 window 对象（top）中有定义，而且指向调用 window.open() 的窗口或框架。例如：

```
var wroxWin = window.open("http://www.wrox.com/","wroxWindow",
                        "height=400,width=400,top=10,left=10,resizable=yes");
```

```
alert(wroxWin.opener == window);   //true
```

虽然弹出窗口中有一个指针指向打开它的原始窗口，但原始窗口中并没有这样的指针指向弹出窗口。窗口并不跟踪记录它们打开的弹出窗口，因此我们只能在必要的时候自己来手动实现跟踪。

有些浏览器（如 IE8 和 Chrome）会在独立的进程中运行每个标签页。当一个标签页打开另一个标签页时，如果两个 window 对象之间需要彼此通信，那么新标签页就不能运行在独立的进程中。在 Chrome 中，将新创建的标签页的 opener 属性设置为 null，即表示在单独的进程中运行新标签页，如下所示。

```
var wroxWin = window.open("http://www.wrox.com/","wroxWindow",
                        "height=400,width=400,top=10,left=10,resizable=yes");
```

```
wroxWin.opener = null;
```

将 opener 属性设置为 null 就是告诉浏览器新创建的标签页不需要与打开它的标签页通信，因此可以在独立的进程中运行。标签页之间的联系一旦切断，将没有办法恢复。

2. 安全限制

曾经有一段时间，广告商在网上使用弹出窗口达到了肆无忌惮的程度。他们经常把弹出窗口打扮成系统对话框的模样，引诱用户去点击其中的广告。由于看起来像是系统对话框，一般用户很难分辨是真是假。为了解决这个问题，有些浏览器开始在弹出窗口配置方面增加限制。

Windows XP SP2 中的 IE6 对弹出窗口施加了多方面的安全限制，包括不允许在屏幕之外创建弹出窗口、不允许将弹出窗口移动到屏幕以外、不允许关闭状态栏等。IE7 则增加了更多的安全限制，如不允许关闭地址栏、默认情况下不允许移动弹出窗口或调整其大小。Firefox 1 从一开始就不支持修改状态栏，因此无论给 window.open() 传入什么样的特性字符串，弹出窗口中都会无一例外地显示状态栏。后来的 Firefox 3 又强制始终在弹出窗口中显示地址栏。Opera 只会在主浏览器窗口中打开弹出窗口，但不允许它们出现在可能与系统对话框混淆的地方。

此外，有的浏览器只根据用户操作来创建弹出窗口。这样一来，在页面尚未加载完成时调用 window.open() 的语句根本不会执行，而且还可能会将错误消息显示给用户。换句话说，只能通过单击或者击键来打开弹出窗口。

对于那些不是用户有意打开的弹出窗口，Chrome 采取了不同的处理方式。它不会像其他浏览器那样简单地屏蔽这些弹出窗口，而是只显示它们的标题栏，并把它们放在浏览器窗口的右下角。

在打开计算机硬盘中的网页时，IE 会解除对弹出窗口的某些限制。但是在服务器上执行这些代码会受到对弹出窗口的限制。

3. 弹出窗口屏蔽程序

大多数浏览器都内置有弹出窗口屏蔽程序，而没有内置此类程序的浏览器，也可以安装 Yahoo! Toolbar 等带有内置屏蔽程序的实用工具。结果就是用户可以将绝大多数不想看到弹出窗口屏蔽掉。于是，在弹出窗口被屏蔽时，就应该考虑两种可能性。如果是浏览器内置的屏蔽程序阻止的弹出窗口，那么 window.open() 很可能会返回 null。此时，只要检测这个返回的值就可以确定弹出窗口是否被屏蔽了，如下面的例子所示。

```
var wroxWin = window.open("http://www.wrox.com", "_blank");
if (wroxWin == null){
    alert("The popup was blocked!");
}
```

如果是浏览器扩展或其他程序阻止的弹出窗口，那么 window.open() 通常会抛出一个错误。因此，要想准确地检测出弹出窗口是否被屏蔽，必须在检测返回值的同时，将对 window.open() 的调用封装在一个 try-catch 块中，如下所示。

```
var blocked = false;

try {
    var wroxWin = window.open("http://www.wrox.com", "_blank");
    if (wroxWin == null){
        blocked = true;
    }
} catch (ex){
    blocked = true;
}

if (blocked){
    alert("The popup was blocked!");
}
```

PopupBlockerExample01.htm

在任何情况下，以上代码都可以检测出调用 window.open() 打开的弹出窗口是不是被屏蔽了。但要注意的是，检测弹出窗口是否被屏蔽只是一方面，它并不会阻止浏览器显示与被屏蔽的弹出窗口有关的消息。

8.1.6　间歇调用和超时调用

JavaScript 是单线程语言，但它允许通过设置超时值和间歇时间值来调度代码在特定的时刻执行。前者是在指定的时间过后执行代码，而后者则是每隔指定的时间就执行一次代码。

超时调用需要使用 window 对象的 setTimeout() 方法，它接受两个参数：要执行的代码和以毫秒表示的时间（即在执行代码前需要等待多少毫秒）。其中，第一个参数可以是一个包含 JavaScript 代码的字符串（就和在 eval() 函数中使用的字符串一样），也可以是一个函数。例如，下面对 setTimeout() 的两次调用都会在一秒钟后显示一个警告框。

```
//不建议传递字符串!
setTimeout("alert('Hello world!') ", 1000);

//推荐的调用方式
setTimeout(function() {
    alert("Hello world!");
}, 1000);
```

TimeoutExample01.htm

虽然这两种调用方式都没有问题，但由于传递字符串可能导致性能损失，因此不建议以字符串作为第一个参数。

第二个参数是一个表示等待多长时间的毫秒数，但经过该时间后指定的代码不一定会执行。JavaScript 是一个单线程的解释器，因此一定时间内只能执行一段代码。为了控制要执行的代码，就有一个 JavaScript 任务队列。这些任务会按照将它们添加到队列的顺序执行。setTimeout() 的第二个参数告诉 JavaScript 再过多长时间把当前任务添加到队列中。如果队列是空的，那么添加的代码会立即执行；如果队列不是空的，那么它就要等前面的代码执行完了以后再执行。

调用 setTimeout() 之后，该方法会返回一个数值 ID，表示超时调用。这个超时调用 ID 是计划执行代码的唯一标识符，可以通过它来取消超时调用。要取消尚未执行的超时调用计划，可以调用 clearTimeout() 方法并将相应的超时调用 ID 作为参数传递给它，如下所示。

```
//设置超时调用
var timeoutId = setTimeout(function() {
    alert("Hello world!");
}, 1000);

//注意：把它取消
clearTimeout(timeoutId);
```

TimeoutExample02.htm

只要是在指定的时间尚未过去之前调用 clearTimeout()，就可以完全取消超时调用。前面的代码在设置超时调用之后马上又调用了 clearTimeout()，结果就跟什么也没有发生一样。

> 超时调用的代码都是在全局作用域中执行的，因此函数中 this 的值在非严格模式下指向 window 对象，在严格模式下是 undefined。

间歇调用与超时调用类似，只不过它会按照指定的时间间隔重复执行代码，直至间歇调用被取消或者页面被卸载。设置间歇调用的方法是 setInterval()，它接受的参数与 setTimeout() 相同：要执行的代码（字符串或函数）和每次执行之前需要等待的毫秒数。下面来看一个例子。

```
//不建议传递字符串!
setInterval ("alert('Hello world!') ", 10000);

//推荐的调用方式
setInterval (function() {
    alert("Hello world!");
}, 10000);
```

IntervalExample01.htm

调用 `setInterval()`方法同样也会返回一个间歇调用 ID，该 ID 可用于在将来某个时刻取消间歇调用。要取消尚未执行的间歇调用，可以使用 `clearInterval()`方法并传入相应的间歇调用 ID。取消间歇调用的重要性要远远高于取消超时调用，因为在不加干涉的情况下，间歇调用将会一直执行到页面卸载。以下是一个常见的使用间歇调用的例子。

```
var num = 0;
var max = 10;
var intervalId = null;

function incrementNumber() {
    num++;

    //如果执行次数达到了 max 设定的值，则取消后续尚未执行的调用
    if (num == max) {
        clearInterval(intervalId);
        alert("Done");
    }
}

intervalId = setInterval(incrementNumber, 500);
```

IntervalExample02.htm

在这个例子中，变量 `num` 每半秒钟递增一次，当递增到最大值时就会取消先前设定的间歇调用。这个模式也可以使用超时调用来实现，如下所示。

```
var num = 0;
var max = 10;

function incrementNumber() {
    num++;

    //如果执行次数未到达 max 设定的值，则设置另一次超时调用
    if (num < max) {
        setTimeout(incrementNumber, 500);
    } else {
        alert("Done");
    }
}

setTimeout(incrementNumber, 500);
```

TimeoutExample03.htm

可见，在使用超时调用时，没有必要跟踪超时调用 ID，因为每次执行代码之后，如果不再设置另一次超时调用，调用就会自行停止。一般认为，使用超时调用来模拟间歇调用的是一种最佳模式。在开发环境下，很少使用真正的间歇调用，原因是后一个间歇调用可能会在前一个间歇调用结束之前启动。而像前面示例中那样使用超时调用，则完全可以避免这一点。所以，最好不要使用间歇调用。

8.1.7　系统对话框

浏览器通过 alert()、confirm()和 prompt()方法可以调用系统对话框向用户显示消息。系统对话框与在浏览器中显示的网页没有关系，也不包含 HTML。它们的外观由操作系统及（或）浏览器设置决定，而不是由 CSS 决定。此外，通过这几个方法打开的对话框都是同步和模态的。也就是说，显示这些对话框的时候代码会停止执行，而关掉这些对话框后代码又会恢复执行。

本书各章经常会用到 alert()方法，这个方法接受一个字符串并将其显示给用户。具体来说，调用alert()方法的结果就是向用户显示一个系统对话框，其中包含指定的文本和一个 OK（"确定"）按钮。例如，alert("Hello world!")会在 Windows XP 系统的 IE 中生成如图 8-3 所示的对话框。

通常使用 alert()生成的"警告"对话框向用户显示一些他们无法控制的消息，例如错误消息。而用户只能在看完消息后关闭对话框。

第二种对话框是调用 confirm()方法生成的。从向用户显示消息的方面来看，这种"确认"对话框很像是一个"警告"对话框。但二者的主要区别在于"确认"对话框除了显示 OK 按钮外，还会显示一个 Cancel（"取消"）按钮，两个按钮可以让用户决定是否执行给定的操作。例如，confirm("Are you sure?")会显示如图 8-4 所示的确认对话框。

图　8-3

图　8-4

为了确定用户是单击了 OK 还是 Cancel，可以检查 confirm()方法返回的布尔值：true 表示单击了 OK，false 表示单击了 Cancel 或单击了右上角的 X 按钮。确认对话框的典型用法如下。

```
if (confirm("Are you sure?")) {
    alert("I'm so glad you're sure! ");
} else {
    alert("I'm sorry to hear you're not sure. ");
}
```

在这个例子中，第一行代码（if 条件语句）会向用户显示一个确认对话框。如果用户单击了 OK，则通过一个警告框向用户显示消息 I'm so glad you're sure!。如果用户单击的是 Cancel 按钮，则通过警告框显示 I'm sorry to hear you're not sure.。这种模式经常在用户想要执行删除操作的时候使用，例如删除电子邮件。

最后一种对话框是通过调用 prompt()方法生成的，这是一个"提示"框，用于提示用户输入一些文本。提示框中除了显示 OK 和 Cancel 按钮之外，还会显示一个文本输入域，以供用户在其中输入内容。prompt()方法接受两个参数：要显示给用户的文本提示和文本输入域的默认值（可以是一个空字符串）。

调用 prompt("What's your name?","Michael")会得到如图 8-5 所示的对话框。

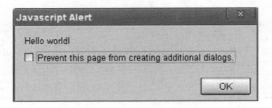

图 8-5

如果用户单击了 OK 按钮，则 prompt()返回文本输入域的值；如果用户单击了 Cancel 或没有单击 OK 而是通过其他方式关闭了对话框，则该方法返回 null。下面是一个例子。

```
var result = prompt("What is your name? ", "");
if (result !== null) {
    alert("Welcome, " + result);
}
```

综上所述，这些系统对话框很适合向用户显示消息并请用户作出决定。由于不涉及 HTML、CSS 或 JavaScript，因此它们是增强 Web 应用程序的一种便捷方式。

除了上述三种对话框之外，Google Chrome 浏览器还引入了一种新特性。如果当前脚本在执行过程中会打开两个或多个对话框，那么从第二个对话框开始，每个对话框中都会显示一个复选框，以便用户阻止后续的对话框显示，除非用户刷新页面（见图 8-6）。

图 8-6

如果用户勾选了其中的复选框，并且关闭了对话框，那么除非用户刷新页面，所有后续的系统对话框（包括警告框、确认框和提示框）都会被屏蔽。Chrome 没有就对话框是否显示向开发人员提供任何信息。由于浏览器会在空闲时重置对话框计数器，因此如果两次独立的用户操作分别打开两个警告框，那么这两个警告框中都不会显示复选框。而如果是同一次用户操作会生成两个警告框，那么第二个警告框中就会显示复选框。这个新特性出现以后，IE9 和 Firefox 4 也实现了它。

还有两个可以通过 JavaScript 打开的对话框，即"查找"和"打印"。这两个对话框都是异步显示的，能够将控制权立即交还给脚本。这两个对话框与用户通过浏览器菜单的"查找"和"打印"命令打开的对话框相同。而在 JavaScript 中则可以像下面这样通过 window 对象的 find()和 print()方法打开它们。

```
//显示"打印"对话框
window.print();

//显示"查找"对话框
window.find();
```

这两个方法同样不会就用户在对话框中的操作给出任何信息，因此它们的用处有限。另外，既然这两个对话框是异步显示的，那么 Chrome 的对话框计数器就不会将它们计算在内，所以它们也不会受用户禁用后续对话框显示的影响。

8.2　**location** 对象

location 是最有用的 BOM 对象之一，它提供了与当前窗口中加载的文档有关的信息，还提供了一些导航功能。事实上，location 对象是很特别的一个对象，因为它既是 window 对象的属性，也是 document 对象的属性；换句话说，window.location 和 document.location 引用的是同一个对象。location 对象的用处不只表现在它保存着当前文档的信息，还表现在它将 URL 解析为独立的片段，让开发人员可以通过不同的属性访问这些片段。下表列出了 location 对象的所有属性（注：省略了每个属性前面的 location 前缀）。

属 性 名	例　　子	说　　明
hash	"#contents"	返回URL中的hash（#号后跟零或多个字符），如果URL中不包含散列，则返回空字符串
host	"www.wrox.com:80"	返回服务器名称和端口号（如果有）
hostname	"www.wrox.com"	返回不带端口号的服务器名称
href	"http:www.wrox.com"	返回当前加载页面的完整URL。而location对象的toString()方法也返回这个值
pathname	"/WileyCDA/"	返回URL中的目录和（或）文件名
port	"8080"	返回URL中指定的端口号。如果URL中不包含端口号，则这个属性返回空字符串
protocol	"http:"	返回页面使用的协议。通常是http:或https:
search	"?q=javascript"	返回URL的查询字符串。这个字符串以问号开头

8.2.1　查询字符串参数

虽然通过上面的属性可以访问到 location 对象的大多数信息，但其中访问 URL 包含的查询字符串的属性并不方便。尽管 location.search 返回从问号到 URL 末尾的所有内容，但却没有办法逐个访问其中的每个查询字符串参数。为此，可以像下面这样创建一个函数，用以解析查询字符串，然后返回包含所有参数的一个对象：

```
function getQueryStringArgs(){

    //取得查询字符串并去掉开头的问号
    var qs = (location.search.length > 0 ? location.search.substring(1) : ""),

    //保存数据的对象
    args = {},

    //取得每一项
    items = qs.length ? qs.split("&") : [],
    item = null,
        name = null,
```

```
        value = null,

        //在 for 循环中使用
        i = 0,
        len = items.length;

    //逐个将每一项添加到 args 对象中
    for (i=0; i < len; i++){
        item = items[i].split("=");
        name = decodeURIComponent(item[0]);
        value = decodeURIComponent(item[1]);

        if (name.length) {
            args[name] = value;
        }
    }

    return args;
}
```

LocationExample01.htm

这个函数的第一步是先去掉查询字符串开头的问号。当然，前提是 location.search 中必须要包含一或多个字符。然后，所有参数将被保存在 args 对象中，该对象以字面量形式创建。接下来，根据和号（&）来分割查询字符串，并返回 name=value 格式的字符串数组。下面的 for 循环会迭代这个数组，然后再根据等于号分割每一项，从而返回第一项为参数名，第二项为参数值的数组。再使用 decodeURIComponent() 分别解码 name 和 value（因为查询字符串应该是被编码过的）。最后，将 name 作为 args 对象的属性，将 value 作为相应属性的值。下面给出了使用这个函数的示例。

```
//假设查询字符串是?q=javascript&num=10

var args = getQueryStringArgs();

alert(args["q"]);    //"javascript"
alert(args["num"]); //"10"
```

可见，每个查询字符串参数都成了返回对象的属性。这样就极大地方便了对每个参数的访问。

8.2.2 位置操作

使用 location 对象可以通过很多方式来改变浏览器的位置。首先，也是最常用的方式，就是使用 assign() 方法并为其传递一个 URL，如下所示。

```
location.assign("http://www.wrox.com");
```

这样，就可以立即打开新 URL 并在浏览器的历史记录中生成一条记录。如果是将 location.href 或 window.location 设置为一个 URL 值，也会以该值调用 assign() 方法。例如，下列两行代码与显式调用 assign() 方法的效果完全一样。

```
window.location = "http://www.wrox.com";
location.href = "http://www.wrox.com";
```

在这些改变浏览器位置的方法中，最常用的是设置 location.href 属性。

另外，修改location对象的其他属性也可以改变当前加载的页面。下面的例子展示了通过将hash、search、hostname、pathname 和 port 属性设置为新值来改变 URL。

```
//假设初始 URL 为 http://www.wrox.com/WileyCDA/

//将 URL 修改为"http://www.wrox.com/WileyCDA/#section1"
location.hash = "#section1";

//将 URL 修改为"http://www.wrox.com/WileyCDA/?q=javascript"
location.search = "?q=javascript";

//将 URL 修改为"http://www.yahoo.com/WileyCDA/"
location.hostname = "www.yahoo.com";

//将 URL 修改为"http://www.yahoo.com/mydir/"
location.pathname = "mydir";

//将 URL 修改为"http://www.yahoo.com:8080/WileyCDA/"
location.port = 8080;
```

每次修改 location 的属性（hash 除外），页面都会以新 URL 重新加载。

> 在 IE8、Firefox 1、Safari 2+、Opera 9+和 Chrome 中，修改 hash 的值会在浏览器的历史记录中生成一条新记录。在 IE 的早期版本中，hash 属性不会在用户单击"后退"和"前进"按钮时被更新，而只会在用户单击包含 hash 的 URL 时才会被更新。

当通过上述任何一种方式修改 URL 之后，浏览器的历史记录中就会生成一条新记录，因此用户通过单击"后退"按钮都会导航到前一个页面。要禁用这种行为，可以使用 replace()方法。这个方法只接受一个参数，即要导航到的 URL；结果虽然会导致浏览器位置改变，但不会在历史记录中生成新记录。在调用 replace()方法之后，用户不能回到前一个页面，来看下面的例子：

```
<!DOCTYPE html>
<html>
<head>
    <title>You won't be able to get back here</title>
</head>
    <body>
    <p>Enjoy this page for a second, because you won't be coming back here.</p>
    <script type="text/javascript">
        setTimeout(function () {
            location.replace("http://www.wrox.com/");
        }, 1000);
    </script>
</body>
</html>
```

LocationReplaceExample01.htm

如果将这个页面加载到浏览器中，浏览器就会在 1 秒钟后重新定向到 www.wrox.com。然后，"后退"按钮将处于禁用状态，如果不重新输入完整的 URL，则无法返回示例页面。

与位置有关的最后一个方法是 reload()，作用是重新加载当前显示的页面。如果调用 reload()时不传递任何参数，页面就会以最有效的方式重新加载。也就是说，如果页面自上次请求以来并没有改变过，页面就会从浏览器缓存中重新加载。如果要强制从服务器重新加载，则需要像下面这样为该方法传递参数 true。

```
location.reload();            //重新加载（有可能从缓存中加载）
location.reload(true);        //重新加载（从服务器重新加载）
```

位于 reload() 调用之后的代码可能会也可能不会执行，这要取决于网络延迟或系统资源等因素。为此，最好将 reload() 放在代码的最后一行。

8.3　navigator 对象

最早由 Netscape Navigator 2.0 引入的 navigator 对象，现在已经成为识别客户端浏览器的事实标准。虽然其他浏览器也通过其他方式提供了相同或相似的信息（例如，IE 中的 window.clientInfor-mation 和 Opera 中的 window.opera），但 navigator 对象却是所有支持 JavaScript 的浏览器所共有的。与其他 BOM 对象的情况一样，每个浏览器中的 navigator 对象也都有一套自己的属性。下表列出了存在于所有浏览器中的属性和方法，以及支持它们的浏览器版本。

属性或方法	说　　明	IE	Firefox	Safari/Chrome	Opera
appCodeName	浏览器的名称。通常都是Mozilla，即使在非Mozilla浏览器中也是如此	3.0+	1.0+	1.0+	7.0+
appMinorVersion	次版本信息	4.0+	–	–	9.5+
appName	完整的浏览器名称	3.0+	1.0+	1.0+	7.0+
appVersion	浏览器的版本。一般不与实际的浏览器版本对应	3.0+	1.0+	1.0+	7.0+
buildID	浏览器编译版本	–	2.0+	–	–
cookieEnabled	表示cookie是否启用	4.0+	1.0+	1.0+	7.0+
cpuClass	客户端计算机中使用的CPU类型（x86、68K、Alpha、PPC或Other）	4.0+	–	–	–
javaEnabled()	表示当前浏览器中是否启用了Java	4.0+	1.0+	1.0+	7.0+
language	浏览器的主语言	–	1.0+	1.0+	7.0+
mimeTypes	在浏览器中注册的MIME类型数组	4.0+	1.0+	1.0+	7.0+
onLine	表示浏览器是否连接到了因特网	4.0+	1.0+	–	9.5+
opsProfile	似乎早就不用了。查不到相关文档	4.0+	–	–	–
oscpu	客户端计算机的操作系统或使用的CPU	–	1.0+	–	–
platform	浏览器所在的系统平台	4.0+	1.0+	1.0+	7.0+
plugins	浏览器中安装的插件信息的数组	4.0+	1.0+	1.0+	7.0+
preference()	设置用户的首选项	–	1.5+	–	–
product	产品名称（如 Gecko）	–	1.0+	1.0+	–
productSub	关于产品的次要信息（如Gecko的版本）	–	1.0+	1.0+	–
register-ContentHandler()	针对特定的MIME类型将一个站点注册为处理程序	–	2.0+	–	–
register-ProtocolHandler()	针对特定的协议将一个站点注册为处理程序	–	2.0	–	–
securityPolicy	已经废弃。安全策略的名称。为了与Netscape Navigator 4向后兼容而保留下来	–	1.0+	–	–

（续）

属性或方法	说　明	IE	Firefox	Safari/Chrome	Opera
systemLanguage	操作系统的语言	4.0+	–	–	–
taintEnabled()	已经废弃。表示是否允许变量被修改（taint）。为了与Netscape Navigator 3向后兼容而保留下来	4.0+	1.0+	–	7.0+
userAgent	浏览器的用户代理字符串	3.0+	1.0+	1.0+	7.0+
userLanguage	操作系统的默认语言	4.0+	–	–	7.0+
userProfile	借以访问用户个人信息的对象	4.0+	–	–	–
vendor	浏览器的品牌	–	1.0+	1.0+	–
vendorSub	有关供应商的次要信息	–	1.0+	1.0+	–

表中的这些 navigator 对象的属性通常用于检测显示网页的浏览器类型（第 9 章会详细讨论）。

8.3.1 检测插件

检测浏览器中是否安装了特定的插件是一种最常见的检测例程。对于非 IE 浏览器，可以使用 plugins 数组来达到这个目的。该数组中的每一项都包含下列属性。

- □ name：插件的名字。
- □ description：插件的描述。
- □ filename：插件的文件名。
- □ length：插件所处理的 MIME 类型数量。

一般来说，name 属性中会包含检测插件必需的所有信息，但有时候也不完全如此。在检测插件时，需要像下面这样循环迭代每个插件并将插件的 name 与给定的名字进行比较。

```
//检测插件（在 IE 中无效）
function hasPlugin(name){
    name = name.toLowerCase();
    for (var i=0; i < navigator.plugins.length; i++){
        if (navigator.plugins[i].name.toLowerCase().indexOf(name) > -1){
            return true;
        }
    }

    return false;
}

//检测 Flash
alert(hasPlugin("Flash"));

//检测 QuickTime
alert(hasPlugin("QuickTime"));
```

PluginDetectionExample01.htm

这个 hasPlugin() 函数接受一个参数：要检测的插件名。第一步是将传入的名称转换为小写形式，以便于比较。然后，迭代 plugins 数组，通过 indexOf() 检测每个 name 属性，以确定传入的名称是否出现在字符串的某个地方。比较的字符串都使用小写形式可以避免因大小写不一致导致的错误。而传入的参数应该尽可能具体，以避免混淆。应该说，像 Flash 和 QuickTime 这样的字符串就比较具体了，不容易导致混淆。在 Firefox、Safari、Opera 和 Chrome 中可以使用这种方法来检测插件。

> 　　每个插件对象本身也是一个 MimeType 对象的数组，这些对象可以通过方括号语法来访问。每个 MimeType 对象有 4 个属性：包含 MIME 类型描述的 description、回指插件对象的 enabledPlugin、表示与 MIME 类型对应的文件扩展名的字符串 suffixes（以逗号分隔）和表示完整 MIME 类型字符串的 type。

检测 IE 中的插件比较麻烦，因为 IE 不支持 Netscape 式的插件。在 IE 中检测插件的唯一方式就是使用专有的 ActiveXObject 类型，并尝试创建一个特定插件的实例。IE 是以 COM 对象的方式实现插件的，而 COM 对象使用唯一标识符来标识。因此，要想检查特定的插件，就必须知道其 COM 标识符。例如，Flash 的标识符是 ShockwaveFlash.ShockwaveFlash。知道唯一标识符之后，就可以编写类似下面的函数来检测 IE 中是否安装相应插件了。

```
//检测 IE 中的插件
function hasIEPlugin(name){
    try {
        new ActiveXObject(name);
        return true;
    } catch (ex){
        return false;
    }
}

//检测 Flash
alert(hasIEPlugin("ShockwaveFlash.ShockwaveFlash"));

//检测 QuickTime
alert(hasIEPlugin("QuickTime.QuickTime"));
```

PluginDetectionExample02.htm

在这个例子中，函数 hasIEPlugin() 只接收一个 COM 标识符作为参数。在函数内部，首先会尝试创建一个 COM 对象的实例。之所以要在 try-catch 语句中进行实例化，是因为创建未知 COM 对象会导致抛出错误。这样，如果实例化成功，则函数返回 true；否则，如果抛出了错误，则执行 catch 块，结果就会返回 false。例子最后检测 IE 中是否安装了 Flash 和 QuickTime 插件。

鉴于检测这两种插件的方法差别太大，因此典型的做法是针对每个插件分别创建检测函数，而不是使用前面介绍的通用检测方法。来看下面的例子。

```
//检测所有浏览器中的 Flash
function hasFlash(){
    var result = hasPlugin("Flash");
    if (!result){
        result = hasIEPlugin("ShockwaveFlash.ShockwaveFlash");
    }
```

```
    return result;
}

//检测所有浏览器中的 QuickTime
function hasQuickTime(){
    var result = hasPlugin("QuickTime");
    if (!result){
        result = hasIEPlugin("QuickTime.QuickTime");
    }
    return result;
}

//检测 Flash
alert(hasFlash());

//检测 QuickTime
alert(hasQuickTime());
```

PluginDetectionExample03.htm

上面代码中定义了两个函数：hasFlash()和 hasQuickTime()。每个函数都是先尝试使用不针对 IE 的插件检测方法。如果返回了 false（在 IE 中会这样），那么再使用针对 IE 的插件检测方法。如果 IE 的插件检测方法再返回 false，则整个方法也将返回 false。只要任何一次检测返回 true，整个方法都会返回 true。

plugins 集合有一个名叫 refresh()的方法，用于刷新 plugins 以反映最新安装的插件。这个方法接收一个参数：表示是否应该重新加载页面的一个布尔值。如果将这个值设置为 true，则会重新加载包含插件的所有页面；否则，只更新 plugins 集合，不重新加载页面。

8.3.2 注册处理程序

Firefox 2 为 navigator 对象新增了 registerContentHandler()和 registerProtocolHandler()方法（这两个方法是在 HTML5 中定义的，相关内容将在第 22 章讨论）。这两个方法可以让一个站点指明它可以处理特定类型的信息。随着 RSS 阅读器和在线电子邮件程序的兴起，注册处理程序就为像使用桌面应用程序一样默认使用这些在线应用程序提供了一种方式。

其中，registerContentHandler()方法接收三个参数：要处理的 MIME 类型、可以处理该 MIME 类型的页面的 URL 以及应用程序的名称。举个例子，要将一个站点注册为处理 RSS 源的处理程序，可以使用如下代码。

```
navigator.registerContentHandler("application/rss+xml",
    "http://www.somereader.com?feed=%s", "Some Reader");
```

第一个参数是 RSS 源的 MIME 类型。第二个参数是应该接收 RSS 源 URL 的 URL，其中的%s 表示 RSS 源 URL，由浏览器自动插入。当下一次请求 RSS 源时，浏览器就会打开指定的 URL，而相应的 Web 应用程序将以适当方式来处理该请求。

Firefox 4 及之前版本只允许在 registerContentHandler() 方法中使用三个 MIME 类型：application/rss+xml、application/atom+xml 和 application/vnd.mozilla.maybe. feed。这三个 MIME 类型的作用都一样，即为 RSS 或 ATOM 新闻源（feed）注册处理程序。

　　类似的调用方式也适用于 registerProtocolHandler() 方法，它也接收三个参数：要处理的协议（例如，mailto 或 ftp）、处理该协议的页面的 URL 和应用程序的名称。例如，要想将一个应用程序注册为默认的邮件客户端，可以使用如下代码。

```
navigator.registerProtocolHandler("mailto",
    "http://www.somemailclient.com?cmd=%s", "Some Mail Client");
```

　　这个例子注册了一个 mailto 协议的处理程序，该程序指向一个基于 Web 的电子邮件客户端。同样，第二个参数仍然是处理相应请求的 URL，而 %s 则表示原始的请求。

　　Firefox 2 虽然实现了 registerProtocolHandler()，但该方法还不能用。Firefox 3 完整实现这个方法。

8.4　screen 对象

　　JavaScript 中有几个对象在编程中用处不大，而 screen 对象就是其中之一。screen 对象基本上只用来表明客户端的能力，其中包括浏览器窗口外部的显示器的信息，如像素宽度和高度等。每个浏览器中的 screen 对象都包含着各不相同的属性，下表列出了所有属性及支持相应属性的浏览器。

属　　性	说　　明	IE	Firefox	Safari/Chrome	Opera
availHeight	屏幕的像素高度减系统部件高度之后的值（只读）	√	√	√	√
availLeft	未被系统部件占用的最左侧的像素值（只读）		√	√	
availTop	未被系统部件占用的最上方的像素值（只读）		√	√	
availWidth	屏幕的像素宽度减系统部件宽度之后的值（只读）	√	√	√	√
bufferDepth	读、写用于呈现屏外位图的位数	√			
colorDepth	用于表现颜色的位数；多数系统都是32（只读）	√	√	√	
deviceXDPI	屏幕实际的水平DPI（只读）	√			
deviceYDPI	屏幕实际的垂直DPI（只读）	√			
fontSmooth-ingEnabled	表示是否启用了字体平滑（只读）	√			
height	屏幕的像素高度	√	√	√	√
left	当前屏幕距左边的像素距离		√		
logicalXDPI	屏幕逻辑的水平DPI（只读）	√			
logicalYDPI	屏幕逻辑的垂直DPI（只读）	√			
pixelDepth	屏幕的位深（只读）		√	√	√

（续）

属　　性	说　　明	IE	Firefox	Safari/Chrome	Opera
top	当前屏幕距上边的像素距离		√		
updateInterval	读、写以毫秒表示的屏幕刷新时间间隔	√			
width	屏幕的像素宽度	√	√	√	√

这些信息经常集中出现在测定客户端能力的站点跟踪工具中，但通常不会用于影响功能。不过，有时候也可能会用到其中的信息来调整浏览器窗口大小，使其占据屏幕的可用空间，例如：

```
window.resizeTo(screen.availWidth, screen.availHeight);
```

前面曾经提到过，许多浏览器都会禁用调整浏览器窗口大小的能力，因此上面这行代码不一定在所有环境下都有效。

涉及移动设备的屏幕大小时，情况有点不一样。运行 iOS 的设备始终会像是把设备竖着拿在手里一样，因此返回的值是 768×1024。而 Android 设备则会相应调用 screen.width 和 screen.height 的值。

8.5　**history** 对象

history 对象保存着用户上网的历史记录，从窗口被打开的那一刻算起。因为 history 是 window 对象的属性，因此每个浏览器窗口、每个标签页乃至每个框架，都有自己的 history 对象与特定的 window 对象关联。出于安全方面的考虑，开发人员无法得知用户浏览过的 URL。不过，借由用户访问过的页面列表，同样可以在不知道实际 URL 的情况下实现后退和前进。

使用 go() 方法可以在用户的历史记录中任意跳转，可以向后也可以向前。这个方法接受一个参数，表示向后或向前跳转的页面数的一个整数值。负数表示向后跳转（类似于单击浏览器的“后退”按钮），正数表示向前跳转（类似于单击浏览器的“前进”按钮）。来看下面的例子。

```
//后退一页
history.go(-1);

//前进一页
history.go(1);

//前进两页
history.go(2);
```

也可以给 go() 方法传递一个字符串参数，此时浏览器会跳转到历史记录中包含该字符串的第一个位置——可能后退，也可能前进，具体要看哪个位置最近。如果历史记录中不包含该字符串，那么这个方法什么也不做，例如：

```
//跳转到最近的 wrox.com 页面
history.go("wrox.com");

//跳转到最近的 nczonline.net 页面
history.go("nczonline.net");
```

另外，还可以使用两个简写方法 back() 和 forward() 来代替 go()。顾名思义，这两个方法可以模仿浏览器的“后退”和“前进”按钮。

8

```
//后退一页
history.back();
```

```
//前进一页
history.forward();
```

除了上述几个方法外，history 对象还有一个 length 属性，保存着历史记录的数量。这个数量包括所有历史记录，即所有向后和向前的记录。对于加载到窗口、标签页或框架中的第一个页面而言，history.length 等于 0。通过像下面这样测试该属性的值，可以确定用户是否一开始就打开了你的页面。

```
if (history.length == 0){
    //这应该是用户打开窗口后的第一个页面
}
```

虽然 history 并不常用，但在创建自定义的"后退"和"前进"按钮，以及检测当前页面是不是用户历史记录中的第一个页面时，还是必须使用它。

 当页面的 URL 改变时，就会生成一条历史记录。在 IE8 及更高版本、Opera、Firefox、Safari 3 及更高版本以及 Chrome 中，这里所说的改变包括 URL 中 hash 的变化（因此，设置 location.hash 会在这些浏览器中生成一条新的历史记录）。

8.6 小结

浏览器对象模型（BOM）以 window 对象为依托，表示浏览器窗口以及页面可见区域。同时，window 对象还是 ECMAScript 中的 Global 对象，因而所有全局变量和函数都是它的属性，且所有原生的构造函数及其他函数也都存在于它的命名空间下。本章讨论了下列 BOM 的组成部分。

- ❑ 在使用框架时，每个框架都有自己的 window 对象以及所有原生构造函数及其他函数的副本。每个框架都保存在 frames 集合中，可以通过位置或通过名称来访问。
- ❑ 有一些窗口指针，可以用来引用其他框架，包括父框架。
- ❑ top 对象始终指向最外围的框架，也就是整个浏览器窗口。
- ❑ parent 对象表示包含当前框架的框架，而 self 对象则回指 window。
- ❑ 使用 location 对象可以通过编程方式来访问浏览器的导航系统。设置相应的属性，可以逐段或整体性地修改浏览器的 URL。
- ❑ 调用 replace()方法可以导航到一个新 URL，同时该 URL 会替换浏览器历史记录中当前显示的页面。
- ❑ navigator 对象提供了与浏览器有关的信息。到底提供哪些信息，很大程度上取决于用户的浏览器；不过，也有一些公共的属性（如 userAgent）存在于所有浏览器中。

BOM 中还有两个对象：screen 和 history，但它们的功能有限。screen 对象中保存着与客户端显示器有关的信息，这些信息一般只用于站点分析。history 对象为访问浏览器的历史记录开了一个小缝隙，开发人员可以据此判断历史记录的数量，也可以在历史记录中向后或向前导航到任意页面。

第**9**章

客户端检测

本章内容
- ❏ 使用能力检测
- ❏ 用户代理检测的历史
- ❏ 选择检测方式

浏览器提供商虽然在实现公共接口方面投入了很多精力，但结果仍然是每一种浏览器都有各自的长处，也都有各自的缺点。即使是那些跨平台的浏览器，虽然从技术上看版本相同，也照样存在不一致性问题。面对普遍存在的不一致性问题，开发人员要么采取迁就各方的"最小公分母"策略，要么（也是更常见的）就得利用各种客户端检测方法，来突破或者规避种种局限性。

迄今为止，客户端检测仍然是 Web 开发领域中一个饱受争议的话题。一谈到这个话题，人们总会不约而同地提到浏览器应该支持一组最常用的公共功能。在理想状态下，确实应该如此。但是，在现实当中，浏览器之间的差异以及不同浏览器的"怪癖"（quirk），多得简直不胜枚举。因此，客户端检测除了是一种补救措施之外，更是一种行之有效的开发策略。

检测 Web 客户端的手段很多，而且各有利弊。但最重要的还是要知道，不到万不得已，就不要使用客户端检测。只要能找到更通用的方法，就应该优先采用更通用的方法。一言以蔽之，先设计最通用的方案，然后再使用特定于浏览器的技术增强该方案。

9.1 能力检测

最常用也最为人们广泛接受的客户端检测形式是**能力检测**（又称特性检测）。能力检测的目标不是识别特定的浏览器，而是识别浏览器的能力。采用这种方式不必顾及特定的浏览器如何如何，只要确定浏览器支持特定的能力，就可以给出解决方案。能力检测的基本模式如下：

```
if (object.propertyInQuestion){
    //使用 object.propertyInQuestion
}
```

举例来说，IE5.0 之前的版本不支持 document.getElementById()这个 DOM 方法。尽管可以使用非标准的 document.all 属性实现相同的目的，但 IE 的早期版本中确实不存在 document.get-ElementById()。于是，也就有了类似下面的能力检测代码：

```
function getElement(id){
    if (document.getElementById){
        return document.getElementById(id);
    } else if (document.all){
        return document.all[id];
```

```
    } else {
        throw new Error("No way to retrieve element!");
    }
}
```

这里的 getElement() 函数的用途是返回具有给定 ID 的元素。因为 document.getElementById()
是实现这一目的的标准方式，所以一开始就测试了这个方法。如果该函数存在（不是未定义），则使用
该函数。否则，就要继续检测 document.all 是否存在，如果是，则使用它。如果上述两个特性都不
存在（很有可能），则创建并抛出错误，表示这个函数无法使用。

要理解能力检测，首先必须理解两个重要的概念。如前所述，第一个概念就是先检测达成目的的最常
用的特性。对前面的例子来说，就是要先检测 document.getElementById()，后检测 document.all。
先检测最常用的特性可以保证代码最优化，因为在多数情况下都可以避免测试多个条件。

第二个重要的概念就是必须测试实际要用到的特性。一个特性存在，不一定意味着另一个特性也存
在。来看一个例子：

```
function getWindowWidth(){
    if (document.all){    //假设是 IE
        return document.documentElement.clientWidth; //错误的用法！！！
    } else {
        return window.innerWidth;
    }
}
```

这是一个错误使用能力检测的例子。getWindowWidth() 函数首先检查 document.all 是否存在，
如果是则返回 document.documentElement.clientWidth。第 8 章曾经讨论过，IE8 及之前版本确
实不支持 window.innerWidth 属性。但问题是 document.all 存在也不一定表示浏览器就是 IE。实
际上，也可能是 Opera；Opera 支持 document.all，也支持 window.innerWidth。

9.1.1　更可靠的能力检测

能力检测对于想知道某个特性是否会按照适当方式行事（而不仅仅是某个特性存在）非常有用。上
一节中的例子利用类型转换来确定某个对象成员是否存在，但这样你还是不知道该成员是不是你想要
的。来看下面的函数，它用来确定一个对象是否支持排序。

```
//不要这样做！这不是能力检测——只检测了是否存在相应的方法
function isSortable(object){
    return !!object.sort;
}
```

这个函数通过检测对象是否存在 sort() 方法，来确定对象是否支持排序。问题是，任何包含 sort
属性的对象也会返回 true。

```
var result = isSortable({ sort: true });
```

检测某个属性是否存在并不能确定对象是否支持排序。更好的方式是检测 sort 是不是一个函数。

```
//这样更好：检查 sort 是不是函数
function isSortable(object){
    return typeof object.sort == "function";
}
```

这里的 typeof 操作符用于确定 sort 的确是一个函数，因此可以调用它对数据进行排序。

在可能的情况下，要尽量使用 typeof 进行能力检测。特别是，宿主对象没有义务让 typeof 返回合理的值。最令人发指的事儿就发生在 IE 中。大多数浏览器在检测到 document.createElement() 存在时，都会返回 true。

```
//在 IE8 及之前版本中不行
function hasCreateElement(){
    return typeof document.createElement == "function";
}
```

在 IE8 及之前版本中，这个函数返回 false，因为 typeof document.createElement 返回的是 "object"，而不是"function"。如前所述，DOM 对象是宿主对象，IE 及更早版本中的宿主对象是通过 COM 而非 JScript 实现的。因此，document.createElement() 函数确实是一个 COM 对象，所以 typeof 才会返回"object"。IE9 纠正了这个问题，对所有 DOM 方法都返回"function"。

关于 typeof 的行为不标准，IE 中还可以举出例子来。ActiveX 对象（只有 IE 支持）与其他对象的行为差异很大。例如，不使用 typeof 测试某个属性会导致错误，如下所示。

```
//在 IE 中会导致错误
var xhr = new ActiveXObject("Microsoft.XMLHttp");
if (xhr.open){      //这里会发生错误
    //执行操作
}
```

像这样直接把函数作为属性访问会导致 JavaScript 错误。使用 typeof 操作符会更靠谱一点，但 IE 对 typeof xhr.open 会返回"unknown"。这就意味着，在浏览器环境下测试任何对象的某个特性是否存在，要使用下面这个函数。

```
//作者：Peter Michaux
function isHostMethod(object, property) {
  var t = typeof object[property];
  return t=='function' ||
         (!!(t=='object' && object[property])) ||
          t=='unknown';
}
```

可以像下面这样使用这个函数：

```
result = isHostMethod(xhr, "open");      //true
result = isHostMethod(xhr, "foo");       //false
```

目前使用 isHostMethod() 方法还是比较可靠的，因为它考虑到了浏览器的怪异行为。不过也要注意，宿主对象没有义务保持目前的实现方式不变，也不一定会模仿已有宿主对象的行为。所以，这个函数——以及其他类似函数，都不能百分之百地保证永远可靠。作为开发人员，必须对自己要使用某个功能的风险作出理性的估计。

要想深入了解围绕 JavaScript 中能力检测的一些观点，请参考 Peter Michaux 的文章 "Feature Detection: State of the Art Browser Scripting"，网址为 http://peter.michaux.ca/articles/feature-detection-state-of-the-art-browser-scripting。

9.1.2　能力检测，不是浏览器检测

检测某个或某几个特性并不能够确定浏览器。下面给出的这段代码（或与之差不多的代码）可以在许多网站中看到，这种"浏览器检测"代码就是错误地依赖能力检测的典型示例。

```
//错误! 还不够具体
var isFirefox = !!(navigator.vendor && navigator.vendorSub);

//错误! 假设过头了
var isIE = !!(document.all && document.uniqueID);
```

这两行代码代表了对能力检测的典型误用。以前，确实可以通过检测 `navigator.vendor` 和 `navigator.vendorSub` 来确定 Firefox 浏览器。但是，Safari 也依葫芦画瓢地实现了相同的属性。于是，这段代码就会导致人们作出错误的判断。为检测 IE，代码测试了 `document.all` 和 `document.uniqueID`。这就相当于假设 IE 将来的版本中仍然会继续存在这两个属性，同时还假设其他浏览器都不会实现这两个属性。最后，这两个检测都使用了双逻辑非操作符来得到布尔值（比先存储后访问的效果更好）。

实际上，根据浏览器不同将能力组合起来是更可取的方式。如果你知道自己的应用程序需要使用某些特定的浏览器特性，那么最好是一次性检测所有相关特性，而不要分别检测。看下面的例子。

```
//确定浏览器是否支持 Netscape 风格的插件
var hasNSPlugins = !!(navigator.plugins && navigator.plugins.length);

//确定浏览器是否具有 DOM1 级规定的能力
var hasDOM1 = !!(document.getElementById && document.createElement &&
                 document.getElementsByTagName);
```

CapabilitiesDetectionExample01.htm

以上例子展示了两个检测：一个检测浏览器是否支持 Netscapte 风格的插件；另一个检测浏览器是否具备 DOM1 级所规定的能力。得到的布尔值可以在以后继续使用，从而节省重新检测能力的时间。

> 在实际开发中，应该将能力检测作为确定下一步解决方案的依据，而不是用它来判断用户使用的是什么浏览器。

9.2　怪癖检测

与能力检测类似，**怪癖检测**（quirks detection）的目标是识别浏览器的特殊行为。但与能力检测确认浏览器支持什么能力不同，怪癖检测是想要知道浏览器存在什么缺陷（"怪癖"也就是 bug）。这通常需要运行一小段代码，以确定某一特性不能正常工作。例如，IE8 及更早版本中存在一个 bug，即如果某个实例属性与[[Enumerable]]标记为 `false` 的某个原型属性同名，那么该实例属性将不会出现在 `fon-in` 循环当中。可以使用如下代码来检测这种"怪癖"。

```
var hasDontEnumQuirk = function(){

    var o = { toString : function(){} };
    for (var prop in o){
```

```
        if (prop == "toString"){
            return false;
        }
    }

    return true;
}();
```

以上代码通过一个匿名函数来测试该"怪癖",函数中创建了一个带有 toString()方法的对象。在正确的 ECMAScript 实现中,toString 应该在 for-in 循环中作为属性返回。

另一个经常需要检测的"怪癖"是 Safari 3 以前版本会枚举被隐藏的属性。可以用下面的函数来检测该"怪癖"。

```
var hasEnumShadowsQuirk = function(){

    var o = { toString : function(){} };
    var count = 0;
    for (var prop in o){
        if (prop == "toString"){
            count++;
        }
    }

    return (count > 1);
}();
```

如果浏览器存在这个 bug,那么使用 for-in 循环枚举带有自定义的 toString()方法的对象,就会返回两个 toString 的实例。

一般来说,"怪癖"都是个别浏览器所独有的,而且通常被归为 bug。在相关浏览器的新版本中,这些问题可能会也可能不会被修复。由于检测"怪癖"涉及运行代码,因此我们建议仅检测那些对你有直接影响的"怪癖",而且最好在脚本一开始就执行此类检测,以便尽早解决问题。

9.3 用户代理检测

第三种,也是争议最大的一种客户端检测技术叫做**用户代理检测**。用户代理检测通过检测用户代理字符串来确定实际使用的浏览器。在每一次 HTTP 请求过程中,用户代理字符串是作为响应首部发送的,而且该字符串可以通过 JavaScript 的 navigator.userAgent 属性访问。在服务器端,通过检测用户代理字符串来确定用户使用的浏览器是一种常用而且广为接受的做法。而在客户端,用户代理检测一般被当作一种万不得已才用的做法,其优先级排在能力检测和(或)怪癖检测之后。

提到与用户代理字符串有关的争议,就不得不提到**电子欺骗**(spoofing)。所谓电子欺骗,就是指浏览器通过在自己的用户代理字符串加入一些错误或误导性信息,来达到欺骗服务器的目的。要弄清楚这个问题的来龙去脉,必须从 Web 问世初期用户代理字符串的发展讲起。

9.3.1   用户代理字符串的历史

HTTP 规范（包括 1.0 和 1.1 版）明确规定，浏览器应该发送简短的用户代理字符串，指明浏览器的名称和版本号。RFC 2616（即 HTTP 1.1 协议规范）是这样描述用户代理字符串的：

> "产品标识符常用于通信应用程序标识自身，由软件名和版本组成。使用产品标识符的大多数领域也允许列出作为应用程序主要部分的子产品，由空格分隔。按照惯例，产品要按照相应的重要程度依次列出，以便标识应用程序。"

上述规范进一步规定，用户代理字符串应该以一组产品的形式给出，字符串格式为：标识符/产品版本号。但是，现实中的用户代理字符串则绝没有如此简单。

1. 早期的浏览器

1993 年，美国 NCSA（National Center for Supercomputing Applications，国家超级计算机中心）发布了世界上第一款 Web 浏览器 Mosaic。这款浏览器的用户代理字符串非常简单，类似如下所示。

```
Mosaic/0.9
```

尽管这个字符串在不同操作系统和不同平台下会有所变化，但其基本格式还是简单明了的。正斜杠前面的文本表示产品名称（有时候会出现 NCSA Mosaic 或其他类似字样），而斜杠后面的文本是产品的版本号。

Netscape Communications 公司介入浏览器开发领域后，遂将自己产品的代号定名为 Mozilla（Mosaic Killer 的简写，意即 Mosaic 杀手）。该公司第一个公开发行版，Netscape Navigator 2 的用户代理字符串具有如下格式。

```
Mozilla/版本号 [语言] (平台; 加密类型)
```

Netscape 在坚持将产品名和版本号作为用户代理字符串开头的基础上，又在后面依次添加了下列信息。

- ❏ **语言**：即语言代码，表示应用程序针对哪种语言设计。
- ❏ **平台**：即操作系统和（或）平台，表示应用程序的运行环境。
- ❏ **加密类型**：即安全加密的类型。可能的值有 U（128 位加密）、I（40 位加密）和 N（未加密）。

典型的 Netscape Navigator 2 的用户代理字符串如下所示。

```
Mozilla/2.02 [fr] (WinNT; I)
```

这个字符串表示浏览器是 Netscape Navigator 2.02，为法语国家编译，运行在 Windows NT 平台下，加密类型为 40 位。那个时候，通过用户代理字符串中的产品名称，至少还能够轻易地确定用户使用的是什么浏览器。

2. Netscape Navigator 3 和 Internet Explorer 3

1996 年，Netscape Navigator 3 发布，随即超越 Mosaic 成为当时最流行的 Web 浏览器。而用户代理字符串只作了一些小的改变，删除了语言标记，同时允许添加操作系统或系统使用的 CPU 等可选信息。于是，格式变成如下所示。

```
Mozilla/版本号 (平台; 加密类型 [; 操作系统或CPU 说明])
```

运行在 Windows 系统下的 Netscape Navigator 3 的用户代理字符串大致如下。

```
Mozilla/3.0 (Win95; U)
```

这个字符串表示 Netscape Navigator 3 运行在 Windows 95 中，采用了 128 位加密技术。可见，在 Windows 系统中，字符串中的操作系统或 CPU 说明被省略了。

Netscape Navigator 3 发布后不久，微软也发布了其第一款赢得用户广泛认可的 Web 浏览器，即 Internet Explorer 3。由于 Netscape 浏览器在当时占绝对市场份额，许多服务器在提供网页之前都要专门检测该浏览器。如果用户通过 IE 打不开相关网页，那么这个新生的浏览器很可能就会夭折。于是，微软决定将 IE 的用户代理字符串修改成兼容 Netscape 的形式，结果如下：

```
Mozilla/2.0 (compatible; MSIE 版本号; 操作系统)
```

例如，Windows 95 平台下的 Internet Explorer 3.02 带有如下用户代理字符串：

```
Mozilla/2.0 (compatible; MSIE 3.02; Windows 95)
```

由于当时的大多数浏览器嗅探程序只检测用户代理字符串中的产品名称部分，结果 IE 就成功地将自己标识为 Mozilla，从而伪装成 Netscape Navigator。微软的这一做法招致了很多批评，因为它违反了浏览器标识的惯例。更不规范的是，IE 将真正的浏览器版本号插入到了字符串的中间。

字符串中另外一个有趣的地方是标识符 Mozilla 2.0（而不是 3.0）。毕竟，当时的主流版本是 3.0，改成 3.0 应该对微软更有利才对。但真正的谜底到现在还没有揭开——但很可能只是人为疏忽所致。

3. Netscape Communicator 4 和 IE4～IE8

1997 年 8 月，Netscapte Communicator 4 发布（这一版将浏览器名字中的 Navigator 换成了 Communicator）。Netscape 继续遵循了第 3 版时的用户代理字符串格式：

```
Mozilla/版本号 (平台; 加密类型 [; 操作系统或CPU 说明])
```

因此，Windows 98 平台中第 4 版的用户代理字符串如下所示：

```
Mozilla/4.0 (Win98; I)
```

Netscape 在发布补丁时，子版本号也会相应提高，用户代理字符串如下面的 4.79 版所示：

```
Mozilla/4.79 (Win98; I)
```

但是，微软在发布 Internet Explorer 4 时，顺便将用户代理字符串修改成了如下格式：

```
Mozilla/4.0 (compatible; MSIE 版本号; 操作系统)
```

换句话说，对于 Windows 98 中运行的 IE4 而言，其用户代理字符串为：

```
Mozilla/4.0 (compatible; MSIE 4.0; Windows 98)
```

经过此番修改，Mozilla 版本号就与实际的 IE 版本号一致了，为识别它们的第四代浏览器提供了方便。但令人遗憾的是，两者的一致性仅限于这一个版本。在 Internet Explorer 4.5 发布时（只针对 Macs），虽然 Mozilla 版本号还是 4，但 IE 版本号则改成了如下所示：

```
Mozilla/4.0 (compatible; MSIE 4.5; Mac_PowerPC)
```

此后，IE 的版本一直到 7 都沿袭了这个模式：

```
Mozilla/4.0 (compatible; MSIE 7.0; Windows NT 5.1)
```

而 IE8 的用户代理字符串中添加了呈现引擎（Trident）的版本号：

```
Mozilla/4.0 (compatible; MSIE 版本号; 操作系统; Trident/Trident 版本号)
```

9

例如：

```
Mozilla/4.0 (compatible; MSIE 8.0; Windows NT 5.1; Trident/4.0)
```

这个新增的 Trident 记号是为了让开发人员知道 IE8 是不是在兼容模式下运行。如果是，则 MSIE 的版本号会变成 7，但 Trident 及版本号还会留在用户代码字符串中：

```
Mozilla/4.0 (compatible; MSIE 7.0; Windows NT 5.1; Trident/4.0)
```

增加这个记号有助于分辨浏览器到底是 IE7（没有 Trident 记号），还是运行在兼容模式下的 IE8。

IE9 对字符串格式做了一点调整。Mozilla 版本号增加到了 5.0，而 Trident 的版本号也升到了 5.0。IE9 默认的用户代理字符串如下：

```
Mozilla/5.0 (compatible; MSIE 9.0; Windows NT 6.1; Trident/5.0)
```

如果 IE9 运行在兼容模式下，字符串中的 Mozilla 版本号和 MSIE 版本号会恢复旧的值，但 Trident 的版本号仍然是 5.0。例如，下面就是 IE9 运行在 IE7 兼容模式下的用户代理字符串：

```
Mozilla/4.0 (compatible; MSIE 7.0; Windows NT 6.1; Trident/5.0)
```

所有这些变化都是为了确保过去的用户代理检测脚本能够继续发挥作用，同时还能给新脚本提供更丰富的信息。

4. Gecko

Gecko 是 Firefox 的呈现引擎。当初的 Gecko 是作为通用 Mozilla 浏览器的一部分开发的，而第一个采用 Gecko 引擎的浏览器是 Netscape 6。为 Netscape 6 编写的一份规范中规定了未来版本中用户代理字符串的构成。这个新格式与 4.x 版本中相对简单的字符串相比，有着非常大的区别，如下所示：

```
Mozilla/Mozilla 版本号 (平台；加密类型；操作系统或CPU；语言；预先发行版本)
      Gecko/Gecko 版本号 应用程序或产品/应用程序或产品版本号
```

这个明显复杂了很多的用户代理字符串中蕴含很多新想法。下表列出了字符串中各项的用意。

字符串项	必需吗	说　明
Mozilla版本号	是	Mozilla的版本号
平台	是	浏览器运行的平台。可能的值包括Windows、Mac和X11（指Unix的X窗口系统）
加密类型	是	加密技术的类型：U表示128位、I表示40位、N表示未加密
操作系统或CPU	是	浏览器运行的操作系统或计算机系统使用的CPU。在Windows平台中，这一项指Windows的版本（如WinNT、Win95，等等）。如果平台是Macintosh，这一项指CPU（针对PowerPC的68K、PPC，或MacIntel）。如果平台是X11，这一项是Unix操作系统的名称，与使用Unix命令uname-sm得到的名称相同
语言	是	浏览器设计时所针对的目标用户语言
预先发行版本	否	最初用于表示Mozilla的预先发行版本，现在则用来表示Gecko呈现引擎的版本号
Gecko版本号	是	Gecko呈现引擎的版本号，但由yyyymmdd格式的日期表示
应用程序或产品	否	使用Gecko的产品名。可能是Netscape、Firefox等
应用程序或产品版本号	否	应用程序或产品的版本号；用于区分Mozilla版本号和Gecko版本号

为了帮助读者更好地理解 Gecko 的用户代理字符串，下面我们来看几个从基于 Gecko 的浏览器中取得的字符串。

Windows XP 下的 Netscape 6.21：

```
Mozilla/5.0 (Windows; U; Windows NT 5.1; en-US; rv:0.9.4) Gecko/20011128 Netscape6/6.2.1
```

Linux 下的 SeaMonkey 1.1a：

```
Mozilla/5.0 (X11; U; Linux i686; en-US; rv:1.8.1b2) Gecko/20060823 SeaMonkey/1.1a
```

Windows XP 下的 Firefox 2.0.0.11：

```
Mozilla/5.0 (Windows; U; Windows NT 5.1; en-US; rv:1.8.1.11) Gecko/20071127 Firefox/2.0.0.11
```

Mac OS X 下的 Camino 1.5.1：

```
Mozilla/5.0 (Macintosh; U; Intel Mac OS X; en; rv:1.8.1.6) Gecko/20070809 Camino/1.5.1
```

以上这些用户代理字符串都取自基于 Gecko 的浏览器（只是版本有所不同）。很多时候，检测特定的浏览器还不如搞清楚它是否基于 Gecko 更重要。每个字符串中的 Mozilla 版本都是 5.0，自从第一个基于 Gecko 的浏览器发布时修改成这个样子，至今就没有改变过；而且，看起来以后似乎也不会有什么变化。

随着 Firefox 4 发布，Mozilla 简化了这个用户代理字符串。主要改变包括以下几方面。

- 删除了"语言"记号（例如，前面例子中的"en-US"）。
- 在浏览器使用强加密（默认设置）时，不显示"加密类型"。也就是说，Mozilla 用户代理字符串中不会再出现"U"，而"I"和"N"还会照常出现。
- "平台"记号从 Windows 用户代理字符串中删除了，"操作系统或 CPU"中始终都包含"Windows"字符串。
- "Gecko 版本号"固定为"Gecko/20100101"。

最后，Firefox 4 用户代理字符串变成了下面这个样子：

```
Mozilla/5.0 (Windows NT 6.1; rv:2.0.1) Gecko/20100101 Firefox 4.0.1
```

5. WebKit

2003 年，Apple 公司宣布要发布自己的 Web 浏览器，名字定为 Safari。Safari 的呈现引擎叫 WebKit，是 Linux 平台中 Konqueror 浏览器的呈现引擎 KHTML 的一个分支。几年后，WebKit 独立出来成为了一个开源项目，专注于呈现引擎的开发。

这款新浏览器和呈现引擎的开发人员也遇到了与 Internet Explorer 3.0 类似的问题：如何确保这款浏览器不被流行的站点拒之门外？答案就是向用户代理字符串中放入足够多的信息，以便站点能够信任它与其他流行的浏览器是兼容的。于是，WebKit 的用户代理字符串就具备了如下格式：

```
Mozilla/5.0 (平台; 加密类型; 操作系统或CPU; 语言) AppleWebKit/AppleWebKit版本号
    (KHTML, like Gecko) Safari/Safari版本号
```

以下就是一个示例：

```
Mozilla/5.0 (Macintosh; U; PPC Mac OS X; en) AppleWebKit/124 (KHTML, like Gecko)
    Safari/125.1
```

显然，这又是一个很长的用户代理字符串。其中不仅包含了 Apple WebKit 的版本号，也包含了 Safari 的版本号。出于兼容性的考虑，有关人员很快就决定了将 Safari 标识为 Mozilla。至今，基于 WebKit 的

所有浏览器都将自己标识为 Mozilla 5.0，与基于 Gecko 的浏览器完全一样。但 Safari 的版本号则通常是浏览器的编译版本号，不一定与发布时的版本号对应。换句话说，虽然 Safari 1.25 的用户代理字符串中包含数字 125.1，但两者却不一一对应。

Safari 预发行 1.0 版用户代理字符串中最耐人寻味，也是最饱受诟病的部分就是字符串 "(KHTML, like Gecko)"。Apple 因此收到许多开发人员的反馈，他们认为这个字符串明显是在欺骗客户端和服务器，实际上是想让它们把 Safari 当成 Gecko（好像光添加 Mozilla/5.0 还嫌不够）。Apple 的回应与微软在 IE 的用户代理字符串遭到责难时如出一辙：Safari 与 Mozilla 兼容，因此网站不应该将 Safari 用户拒之门外，否则用户就会认为自己的浏览器不受支持。

到了 Safari 3.0 发布时，其用户代理字符串又稍微变长了一点。下面这个新增的 Version 记号一直到现在都被用来标识 Safari 实际的版本号：

```
Mozilla/5.0 (Macintosh; U; PPC Mac OS X; en) AppleWebKit/522.15.5 (KHTML, like
    Gecko) Version/3.0.3 Safari/522.15.5
```

需要注意的是，这个变化只在 Safari 中有，在 WebKit 中没有。换句话说，其他基于 WebKit 的浏览器可能没有这个变化。一般来说，确定浏览器是否基于 WebKit 要比确定它是不是 Safari 更有价值，就像针对 Gecko 一样。

6. Konqueror

与 KDE Linux 集成的 Konqueror，是一款基于 KHTML 开源呈现引擎的浏览器。尽管 Konqueror 只能在 Linux 中使用，但它也有数量可观的用户。为确保最大限度的兼容性，Konqueror 效仿 IE 选择了如下用户代理字符串格式：

```
Mozilla/5.0 (compatible; Konqueror/ 版本号; 操作系统或CPU )
```

不过，为了与 WebKit 的用户代理字符串的变化保持一致，Konqueror 3.2 又有了变化，以如下格式将自己标识为 KHTML：

```
Mozilla/5.0 (compatible; Konqueror/ 版本号; 操作系统或CPU) KHTML/ KHTML 版本号 (like Gecko)
```

下面是一个例子：

```
Mozilla/5.0 (compatible; Konqueror/3.5; SunOS) KHTML/3.5.0 (like Gecko)
```

其中，Konqueror 与 KHTML 的版本号比较一致，即使有差别也很小，例如 Konqueror 3.5 使用 KHTML 3.5.1。

7. Chrome

谷歌公司的 Chrome 浏览器以 WebKit 作为呈现引擎，但使用了不同的 JavaScript 引擎。在 Chrome 0.2 这个最初的 beta 版中，用户代理字符串完全取自 WebKit，只添加了一段表示 Chrome 版本号的信息，格式如下：

```
Mozilla/5.0 ( 平台; 加密类型; 操作系统或CPU; 语言) AppleWebKit/AppleWebKit 版本号 (KHTML,
    like Gecko) Chrome/ Chrome 版本号 Safari/ Safari 版本
```

Chrome 7 的完整的用户代理字符串如下：

```
Mozilla/5.0 (Windows; U; Windows NT 5.1; en-US) AppleWebKit/534.7 (KHTML,
    like Gecko) Chrome/7.0.517.44 Safari/534.7
```

其中，WebKit 版本与 Safari 版本看起来似乎始终会保持一致，尽管没有十分的把握。

8. Opera

仅就用户代理字符串而言，Opera 应该是最有争议的一款浏览器了。Opera 默认的用户代理字符串是所有现代浏览器中最合理的——正确地标识了自身及其版本号。在 Opera 8.0 之前，其用户代理字符串采用如下格式：

```
Opera/版本号 (操作系统或CPU; 加密类型) [语言]
```

Windows XP 中的 Opera 7.54 会显示下面的用户代理字符串：

```
Opera/7.54 (Windows NT 5.1; U) [en]
```

Opera 8 发布后，用户代理字符串的"语言"部分被移到圆括号内，以便更好地与其他浏览器匹配，如下所示：

```
Opera/版本号 (操作系统或CPU; 加密类型; 语言)
```

Windows XP 中的 Opera 8 会显示下面的用户代理字符串：

```
Opera/8.0 (Windows NT 5.1; U; en)
```

默认情况下，Opera 会以上面这种简单的格式返回一个用户代理字符串。目前来看，Opera 也是主要浏览器中唯一一个使用产品名和版本号来完全彻底地标识自身的浏览器。可是，与其他浏览器一样，Opera 在使用自己的用户代理字符串时也遇到了问题。即使技术上正确，但因特网上仍然有不少浏览器嗅探代码，只钟情于报告 Mozilla 产品名的那些用户代理字符串。另外还有相当数量的代码则只对 IE 或 Gecko 感兴趣。Opera 没有选择通过修改自身的用户代理字符串来迷惑嗅探代码，而是干脆选择通过修改自身的用户代理字符串将自身标识为一个完全不同的浏览器。

Opera 9 以后，出现了两种修改用户代理字符串的方式。一种方式是将自身标识为另外一个浏览器，如 Firefox 或者 IE。在这种方式下，用户代理字符串就如同 Firefox 或 IE 的用户代理字符串一样，只不过末尾追加了字符串 Opera 及 Opera 的版本号。下面是一个例子：

```
Mozilla/5.0 (Windows NT 5.1; U; en; rv:1.8.1) Gecko/20061208 Firefox/2.0.0 Opera 9.50

Mozilla/4.0 (compatible; MSIE 6.0; Windows NT 5.1; en) Opera 9.50
```

第一个字符串将 Opera 9.5 标识为 Firefox 2，同时带有 Opera 版本信息。第二个字符串将 Opera 9.5 标识为 IE6，也包含了 Opera 版本信息。这两个用户代理字符串可以通过针对 Firefox 或 IE 的大多数测试，不过还是为识别 Opera 留下了余地。

Opera 标识自身的另一种方式，就是把自己装扮成 Firefox 或 IE。在这种隐瞒真实身份的情况下，用户代理字符串实际上与其他浏览器返回的相同——既没有 Opera 字样，也不包含 Opera 版本信息。换句话说，在启用了身份隐瞒功能的情况下，无法将 Opera 和其他浏览器区别开来。另外，由于 Opera 喜欢在不告知用户的情况下针对站点来设置用户代理字符串，因此问题就更复杂化了。例如，打开 My Yahoo!站点（http://my.yahoo.com）会自动导致 Opera 将自己装扮成 Firefox。如此一来，要想识别 Opera 就难上加难了。

 在 Opera 7 以前的版本中，Opera 会解析 Windows 操作系统字符串的含义。例如，Windows NT 5.1 实际上就是 Windows XP，因此 Opera 会在用户代理字符串中包含 Windows XP 而非 Windows NT 5.1。为了与其他浏览器更兼容，Opera 7 开始包含正式的操作系统版本，而非解析后的版本。

Opera 10 对代理字符串进行了修改。现在的格式是：

```
Opera/9.80 (操作系统或CPU；加密类型；语言) Presto/Presto版本号 Version/版本号
```

注意，初始的版本号 Opera/9.80 是固定不变的。实际并没有 Opera 9.8，但工程师们担心写得不好的浏览器嗅探脚本会将 Opera/10.0 错误的解释为 Opera 1，而不是 Opera 10。因此，Opera 10 又增加了 Presto 记号（Presto 是 Opera 的呈现引擎）和 Version 记号，后者用以保存实际的版本号。以下是 Windows7 中 Opera 10.63 的用户代理字符串：

```
Opera/9.80 (Windows NT 6.1; U; en) Presto/2.6.30 Version/10.63
```

9. iOS 和 Android

移动操作系统 iOS 和 Android 默认的浏览器都基于 WebKit，而且都像它们的桌面版一样，共享相同的基本用户代理字符串格式。iOS 设备的基本格式如下：

```
Mozilla/5.0 (平台；加密类型；操作系统或CPU like Mac OS X；语言)
    AppleWebKit/AppleWebKit版本号 (KHTML, like Gecko) Version/浏览器版本号
    Mobile/移动版本号 Safari/Safari版本号
```

注意用于辅助确定 Mac 操作系统的"like Mac OS X"和额外的 Mobile 记号。一般来说，Mobile 记号的版本号（移动版本号）没什么用，主要是用来确定 WebKit 是移动版，而非桌面版。而平台则可能是"iPhone"、"iPod"或"iPad"。例如：

```
Mozilla/5.0 (iPhone; U; CPU iPhone OS 3_0 like Mac OS X; en-us)
    AppleWebKit/528.18 (KHTML, like Gecko) Version/4.0 Mobile/7A341 Safari/528.16
```

在 iOS 3 之前，用户代理字符串中不会出现操作系统版本号。

Android 浏览器中的默认格式与 iOS 的格式相似，没有移动版本号（但有 Mobile 记号）。例如：

```
Mozilla/5.0 (Linux; U; Android 2.2; en-us; Nexus One Build/FRF91)
    AppleWebKit/533.1 (KHTML, like Gecko) Version/4.0 Mobile Safari/533.1
```

这是 Google Nexus One 手机的用户代理字符串。不过，其他 Android 设备的模式也一样。

9.3.2 用户代理字符串检测技术

考虑到历史原因以及现代浏览器中用户代理字符串的使用方式，通过用户代理字符串来检测特定的浏览器并不是一件轻松的事。因此，首先要确定的往往是你需要多么具体的浏览器信息。一般情况下，知道呈现引擎和最低限度的版本就足以决定正确的操作方法了。例如，我们不推荐使用下列代码：

```
if (isIE6 || isIE7) { //不推荐!!!
    //代码
}
```

这个例子是想要在浏览器为 IE6 或 IE7 时执行相应代码。这种代码其实是很脆弱的，因为它要依据特定的版本来决定做什么。如果是 IE8 怎么办呢？只要 IE 有新版本出来，就必须更新这些代码。不过，像下面这样使用相对版本号则可以避免此问题：

```
if (ieVer >=6){
    //代码
}
```

这个例子首先检测 IE 的版本号是否至少等于 6，如果是则执行相应操作。这样就可以确保相应的代码将来照样能够起作用。我们下面的浏览器检测脚本就将本着这种思路来编写。

1. 识别呈现引擎

如前所述,确切知道浏览器的名字和版本号不如确切知道它使用的是什么呈现引擎。如果 Firefox、Camino 和 Netscape 都使用相同版本的 Gecko,那它们一定支持相同的特性。类似地,不管是什么浏览器,只要它跟 Safari 3 使用的是同一个版本的 WebKit,那么该浏览器也就跟 Safari 3 具备同样的功能。因此,我们要编写的脚本将主要检测五大呈现引擎:IE、Gecko、WebKit、KHTML 和 Opera。

为了不在全局作用域中添加多余的变量,我们将使用模块增强模式来封装检测脚本。检测脚本的基本代码结构如下所示:

```
var client = function(){

    var engine = {

    //呈现引擎
        ie: 0,
        gecko: 0,
        webkit: 0,
        khtml: 0,
        opera: 0,

        //具体的版本号
        ver: null
    };

    //在此检测呈现引擎、平台和设备

    return {
        engine : engine
    };
}();
```

这里声明了一个名为 client 的全局变量,用于保存相关信息。匿名函数内部定义了一个局部变量 engine,它是一个包含默认设置的对象字面量。在这个对象字面量中,每个呈现引擎都对应着一个属性,属性的值默认为 0。如果检测到了哪个呈现引擎,那么就以浮点数值形式将该引擎的版本号写入相应的属性。而呈现引擎的完整版本(是一个字符串),则被写入 ver 属性。作这样的区分可以支持像下面这样编写代码:

```
if (client.engine.ie) { //如果是 IE, client.ie 的值应该大于 0
    //针对 IE 的代码
} else if (client.engine.gecko > 1.5){
    if (client.engine.ver == "1.8.1"){
        //针对这个版本执行某些操作
    }
}
```

在检测到一个呈现引擎之后,其 client.engine 中对应的属性将被设置为一个大于 0 的值,该值可以转换成布尔值 true。这样,就可以在 if 语句中检测相应的属性,以确定当前使用的呈现引擎,连具体的版本号都不必考虑。鉴于每个属性都包含一个浮点数值,因此有可能丢失某些版本信息。例如,将字符串"1.8.1"传入 parseFloat()后会得到数值 1.8。不过,在必要的时候可以检测 ver 属性,该属性中会保存完整的版本信息。

要正确地识别呈现引擎,关键是检测顺序要正确。由于用户代理字符串存在诸多不一致的地方,如果检测顺序不对,很可能会导致检测结果不正确。为此,第一步就是识别 Opera,因为它的用户代理字符串有可能完全模仿其他浏览器。我们不相信 Opera，是因为（任何情况下）其用户代理字符串（都）不会将自己标识为 Opera。

要识别 Opera，必须得检测 window.opera 对象。Opera 5 及更高版本中都有这个对象，用以保存与浏览器相关的标识信息以及与浏览器直接交互。在 Opera 7.6 及更高版本中，调用 version() 方法可以返回一个表示浏览器版本的字符串，而这也是确定 Opera 版本号的最佳方式。要检测更早版本的 Opera，可以直接检查用户代理字符串，因为那些版本还不支持隐瞒身份。不过，2007 底 Opera 的最高版本已经是 9.5 了，所以不太可能有人还在使用 7.6 之前的版本。那么，检测呈现引擎代码的第一步，就是编写如下代码：

```
if (window.opera){
    engine.ver = window.opera.version();
    engine.opera = parseFloat(engine.ver);
}
```

这里，将版本的字符串表示保存在了 engine.ver 中，将浮点数值表示的版本保存在了 engine.opera 中。如果浏览器是 Opera，测试 window.opera 就会返回 true；否则，就要看看是其他的什么浏览器了。

应该放在第二位检测的呈现引擎是 WebKit。因为 WebKit 的用户代理字符串中包含 "Gecko" 和 "KHTML" 这两个子字符串，所以如果首先检测它们，很可能会得出错误的结论。

不过，WebKit 的用户代理字符串中的 "AppleWebKit" 是独一无二的，因此检测这个字符串最合适。下面就是检测该字符串的示例代码：

```
var ua = navigator.userAgent;

if (window.opera){
    engine.ver = window.opera.version();
    engine.opera = parseFloat(engine.ver);
} else if (/AppleWebKit\/(\S+)/.test(ua)){
    engine.ver = RegExp["$1"];
    engine.webkit = parseFloat(engine.ver);
}
```

代码首先将用户代理字符串保存在变量 ua 中。然后通过正则表达式来测试其中是否包含字符串 "AppleWebKit"，并使用捕获组来取得版本号。由于实际的版本号中可能会包含数字、小数点和字母，所以捕获组中使用了表示非空格的特殊字符（\s）。用户代理字符串中的版本号与下一部分的分隔符是一个空格，因此这个模式可以保证捕获所有版本信息。test() 方法基于用户代理字符串运行正则表达式。如果返回 true，就将捕获的版本号保存在 engine.ver 中，而将版本号的浮点表示保存在 engine.webkit 中。WebKit 版本与 Safari 版本的详细对应情况如下表所示。

Safari版本号	最低限度的WebKit版本号	Safari版本号	最低限度的WebKit版本号
1.0至1.0.2	85.7	1.3	312.1
1.0.3	85.8.2	1.3.1	312.5
1.1至1.1.1	100	1.3.2	312.8
1.2.2	125.2	2.0	412
1.2.3	125.4	2.0.1	412.7
1.2.4	125.5.5	2.0.2	416.11

（续）

Safari版本号	最低限度的WebKit版本号	Safari版本号	最低限度的WebKit版本号
2.0.3	417.9	3.0.4	523.10
2.0.4	418.8	3.1	525

 有时候，Safari 版本并不会与 WebKit 版本严格地一一对应，也可能会存在某些小版本上的差异。这个表中只是列出了最可能的 WebKit 版本，但不保证精确。

接下来要测试的呈现引擎是 KHTML。同样，KHTML 的用户代理字符串中也包含"Gecko"，因此在排除 KHTML 之前，我们无法准确检测基于 Gecko 的浏览器。KHTML 的版本号与 WebKit 的版本号在用户代理字符串中的格式差不多，因此可以使用类似的正则表达式。此外，由于 Konqueror 3.1 及更早版本中不包含 KHTML 的版本，故而就要使用 Konqueror 的版本来代替。下面就是相应的检测代码。

```
var ua = navigator.userAgent;

if (window.opera){
    engine.ver = window.opera.version();
    engine.opera = parseFloat(engine.ver);
} else if (/AppleWebKit\/(\S+)/.test(ua)){
    engine.ver = RegExp["$1"];
    engine.webkit = parseFloat(engine.ver);
} else if (/KHTML\/(\S+)/.test(ua) || /Konqueror\/([^;]+)/.test(ua)){
    engine.ver = RegExp["$1"];
    engine.khtml = parseFloat(engine.ver);
}
```

与前面一样，由于 KHTML 的版本号与后继的标记之间有一个空格，因此仍然要使用特殊的非空格字符来取得与版本有关的所有字符。然后，将字符串形式的版本信息保存在 engine.ver 中，将浮点数值形式的版本保存在 engin.khtml 中。如果 KHTML 不在用户代理字符串中，那么就要匹配 Konqueror 后跟一个斜杠，再后跟不包含分号的所有字符。

在排除了 WebKit 和 KHTML 之后，就可以准确地检测 Gecko 了。但是，在用户代理字符串中，Gecko 的版本号不会出现在字符串"Gecko"的后面，而是会出现在字符串"rv:"的后面。这样，我们就必须使用一个比前面复杂一些的正则表达式，如下所示。

```
var ua = navigator.userAgent;

if (window.opera){
    engine.ver = window.opera.version();
    engine.opera = parseFloat(engine.ver);
} else if (/AppleWebKit\/(\S+)/.test(ua)){
    engine.ver = RegExp["$1"];
    engine.webkit = parseFloat(engine.ver);
} else if (/KHTML\/(\S+)/.test(ua)) {
    engine.ver = RegExp["$1"];
    engine.khtml = parseFloat(engine.ver);
} else if (/rv:([^\)]+)\) Gecko\/\d{8}/.test(ua)){
    engine.ver = RegExp["$1"];
    engine.gecko = parseFloat(engine.ver);
}
```

Gecko 的版本号位于字符串 "rv:" 与一个闭括号之间，因此为了提取出这个版本号，正则表达式要查找所有不是闭括号的字符，还要查找字符串 "Gecko/" 后跟 8 个数字。如果上述模式匹配，就提取出版本号并将其保存在相应的属性中。Gecko 版本号与 Firefox 版本号的对应关系如下表所示。

Firefox版本号	最低限度的Gecko版本号	Firefox版本号	最低限度的Gecko版本号
1.0	1.7.5	3.5	1.9.1
1.5	1.8.0	3.6	1.9.2
2.0	1.8.1	4.0	2.0.0
3.0	1.9.0		

  与 Safari 跟 WebKit 一样，Firefox 与 Gecko 的版本号也不一定严格对应。

最后一个要检测的呈现引擎就是 IE 了。IE 的版本号位于字符串 "MSIE" 的后面、一个分号的前面，因此相应的正则表达式非常简单，如下所示：

```
var ua = navigator.userAgent;

if (window.opera){
    engine.ver = window.opera.version();
    engine.opera = parseFloat(engine.ver);
} else if (/AppleWebKit\/(\S+)/.test(ua)){
    engine.ver = RegExp["$1"];
    engine.webkit = parseFloat(engine.ver);
} else if (/KHTML\/(\S+)/.test(ua)) {
    engine.ver = RegExp["$1"];
    engine.khtml = parseFloat(engine.ver);
} else if (/rv:([^\)]+)\) Gecko\/\d{8}/.test(ua)){
    engine.ver = RegExp["$1"];
    engine.gecko = parseFloat(engine.ver);
} else if (/MSIE ([^;]+)/.test(ua)){
    engine.ver = RegExp["$1"];
    engine.ie = parseFloat(engine.ver);
}
```

以上呈现引擎检测脚本的最后一部分，就是在正则表达式中使用取反的字符类来取得不是分号的所有字符。IE 通常会保证以标准浮点数值形式给出其版本号，但有时候也不一定。因此，取反的字符类 [^;] 可以确保取得多个小数点以及任何可能的字符。

2. 识别浏览器

大多数情况下，识别了浏览器的呈现引擎就足以为我们采取正确的操作提供依据了。可是，只有呈现引擎还不能说明存在所需的 JavaScript 功能。苹果公司的 Safari 浏览器和谷歌公司的 Chrome 浏览器都使用 WebKit 作为呈现引擎，但它们的 JavaScript 引擎却不一样。在这两款浏览器中，client.webkit 都会返回非 0 值，但仅知道这一点恐怕还不够。对于它们，有必要像下面这样为 client 对象再添加一些新的属性。

```
var client = function(){

    var engine = {
```

```
        //呈现引擎
        ie: 0,
        gecko: 0,
        webkit: 0,
        khtml: 0,
        opera: 0,

        //具体的版本
        ver: null
    };

    var browser = {

        //浏览器
        ie: 0,
        firefox: 0,
        safari: 0,
        konq: 0,
        opera: 0,
        chrome: 0,

        //具体的版本
        ver: null
    };

    //在此检测呈现引擎、平台和设备

    return {
        engine: engine,
        browser: browser
    };

}();
```

代码中又添加了私有变量 browser，用于保存每个主要浏览器的属性。与 engine 变量一样，除了当前使用的浏览器，其他属性的值将保持为 0；如果是当前使用的浏览器，则这个属性中保存的是浮点数值形式的版本号。同样，ver 属性中在必要时将会包含字符串形式的浏览器完整版本号。由于大多数浏览器与其呈现引擎密切相关，所以下面示例中检测浏览器的代码与检测呈现引擎的代码是混合在一起的。

```
//检测呈现引擎及浏览器
var ua = navigator.userAgent;
if (window.opera){
    engine.ver = browser.ver = window.opera.version();
    engine.opera = browser.opera = parseFloat(engine.ver);
} else if (/AppleWebKit\/(\S+)/.test(ua)){
    engine.ver = RegExp["$1"];
    engine.webkit = parseFloat(engine.ver);

    //确定是 Chrome 还是 Safari
    if (/Chrome\/(\S+)/.test(ua)){
        browser.ver = RegExp["$1"];
        browser.chrome = parseFloat(browser.ver);
    } else if (/Version\/(\S+)/.test(ua)){
        browser.ver = RegExp["$1"];
        browser.safari = parseFloat(browser.ver);
    } else {
        //近似地确定版本号
        var safariVersion = 1;
```

```
        if (engine.webkit < 100){
            safariVersion = 1;
        } else if (engine.webkit < 312){
            safariVersion = 1.2;
        } else if (engine.webkit < 412){
            safariVersion = 1.3;
        } else {
            safariVersion = 2;
        }

        browser.safari = browser.ver = safariVersion;
    }
} else if (/KHTML\/(\S+)/.test(ua) || /Konqueror\/([^;]+)/.test(ua)){
    engine.ver = browser.ver = RegExp["$1"];
    engine.khtml = browser.konq = parseFloat(engine.ver);
} else if (/rv:([^\)]+)\) Gecko\/\d{8}/.test(ua)){
    engine.ver = RegExp["$1"];
    engine.gecko = parseFloat(engine.ver);

    //确定是不是Firefox
    if (/Firefox\/(\S+)/.test(ua)){
        browser.ver = RegExp["$1"];
        browser.firefox = parseFloat(browser.ver);
    }
} else if (/MSIE ([^;]+)/.test(ua)){
    engine.ver = browser.ver = RegExp["$1"];
    engine.ie = browser.ie = parseFloat(engine.ver);
}
```

对 Opera 和 IE 而言，`browser` 对象中的值等于 `engine` 对象中的值。对 Konqueror 而言，`browser.konq` 和 `browser.ver` 属性分别等于 `engine.khtml` 和 `engine.ver` 属性。

为了检测 Chrome 和 Safari，我们在检测引擎的代码中添加了 **if** 语句。提取 Chrome 的版本号时，需要查找字符串`"Chrome/"`并取得该字符串后面的数值。而提取 Safari 的版本号时，则需要查找字符串`"Version/"`并取得其后的数值。由于这种方式仅适用于 Safari 3 及更高版本，因此需要一些备用的代码，将 WebKit 的版本号近似地映射为 Safari 的版本号（参见上一小节中的表格）。

在检测 Firefox 的版本时，首先要找到字符串`"Firefox/"`，然后提取出该字符串后面的数值（即版本号）。当然，只有呈现引擎被判别为 Gecko 时才会这样做。

有了上面这些代码之后，我们就可以编写下面的逻辑。

```
if (client.engine.webkit) { //if it's WebKit
    if (client.browser.chrome){
        //执行针对 Chrome 的代码
    } else if (client.browser.safari){
        //执行针对 Safari 的代码
    }
} else if (client.engine.gecko){
    if (client.browser.firefox){
        //执行针对 Firefox 的代码
    } else {
        //执行针对其他 Gecko 浏览器的代码
    }
}
```

3. 识别平台

很多时候，只要知道呈现引擎就足以编写出适当的代码了。但在某些条件下，平台可能是必须关注的问题。那些具有各种平台版本的浏览器（如 Safari、Firefox 和 Opera）在不同的平台下可能会有不同的问题。目前的三大主流平台是 Windows、Mac 和 Unix（包括各种 Linux）。为了检测这些平台，还需要像下面这样再添加一个新对象。

```
var client = function(){

    var engine = {

        //呈现引擎
        ie: 0,
        gecko: 0,
        webkit: 0,
        khtml: 0,
        opera: 0,

        //具体的版本号
        ver: null
    };

    var browser = {

        //浏览器
        ie: 0,
        firefox: 0,
        safari: 0,
        konq: 0,
        opera: 0,
        chrome: 0,

        //具体的版本号
        ver: null
    };

    var system = {
        win: false,
        mac: false,
        x11: false
    };

    //在此检测呈现引擎、平台和设备

    return {
        engine: engine,
        browser: browser,
        system: system
    };

}();
```

显然，上面的代码中又添加了一个包含 3 个属性的新变量 system。其中，win 属性表示是否为 Windows 平台，mac 表示 Mac，而 x11 表示 Unix。与呈现引擎不同，在不能访问操作系统或版本的情况下，平台信息通常是很有限的。对这三个平台而言，浏览器一般只报告 Windows 版本。为此，新变量 system 的每个属性最初都保存着布尔值 false，而不是像呈现引擎属性那样保存着数字值。

在确定平台时，检测 navigator.platform 要比检测用户代理字符串更简单，后者在不同浏览器中会给出不同的平台信息。而 navigator.platform 属性可能的值包括 "Win32"、"Win64"、

"MacPPC"、"MacIntel"、"X11"和"Linux i686"，这些值在不同的浏览器中都是一致的。检测平台的代码非常直观，如下所示：

```
var p = navigator.platform;
system.win = p.indexOf("Win") == 0;
system.mac = p.indexOf("Mac") == 0;
system.x11 = (p.indexOf("X11") == 0)      || (p.indexOf("Linux") == 0);
```

以上代码使用 indexOf() 方法来查找平台字符串的开始位置。虽然"Win32"是当前浏览器唯一支持的 Windows 字符串，但随着向 64 位 Windows 架构的迁移，将来很可能会出现"Win64"平台信息值。为了对此有所准备，检测平台的代码中查找的只是字符串"Win"的开始位置。而检测 Mac 平台的方式也类似，同样是考虑到了 MacPPC 和 MacIntel。在检测 Unix 时，则同时检查了字符串"X11"和"Linux"在平台字符串中的开始位置，从而确保了代码能够向前兼容其他变体。

> 　　Gecko 的早期版本在所有 Windows 平台中都返回字符串"Windows"，在所有 Mac 平台中则都返回字符串"Macintosh"。不过，这都是 Firefox 1 发布以前的事了，Firefox 1 确定了 navigator.platform 的值。

4. 识别 Windows 操作系统

在 Windows 平台下，还可以从用户代理字符串中进一步取得具体的操作系统信息。在 Windows XP 之前，Windows 有两种版本，分别针对家庭用户和商业用户。针对家庭用户的版本分别是 Windows 95、98 和 Windows ME。而针对商业用户的版本则一直叫做 Window NT，最后由于市场原因改名为 Windows 2000。这两个产品线后来又合并成一个由 Windows NT 发展而来的公共的代码基，代表产品就是 Windows XP。随后，微软在 Windows XP 基础上又构建了 Windows Vista。

只有了解这些信息，才能搞清楚用户代理字符串中 Windows 操作系统的具体版本。下表列出了不同浏览器在表示不同的 Windows 操作系统时给出的不同字符串。

Windows版本	IE 4+	Gecko	Opera < 7	Opera 7+	WebKit
95	"Windows 95"	"Win95"	"Windows 95"	"Windows 95"	n/a
98	"Windows 98"	"Win98"	"Windows 98"	"Windows 98"	n/a
NT 4.0	"Windows NT"	"WinNT4.0"	"Windows NT 4.0"	"Windows NT 4.0"	n/a
2000	"Windows NT 5.0"	"Windows NT 5.0"	"Windows 2000"	"Windows NT 5.0"	n/a
ME	"Win 9x 4.90"	"Win 9x 4.90"	"Windows ME"	"Win 9x 4.90"	n/a
XP	"Windows NT 5.1"	"Windows NT 5.1"	"Windows XP"	"Windows NT 5.1"	"Windows NT 5.1"
Vista	"Windows NT 6.0"	"Windows NT 6.0"	n/a	"Windows NT 6.0"	"Windows NT 6.0"
7	"Windows NT 6.1"	"Windows NT 6.1"	n/a	"Windows NT 6.1"	"Windows NT 6.1"

由于用户代理字符串中的 Windows 操作系统版本表示方法各异，因此检测代码并不十分直观。好在，从 Windows 2000 开始，表示操作系统的字符串大部分都还相同，只有版本号有变化。为了检测不同的 Windows 操作系统，必须要使用正则表达式。由于使用 Opera 7 之前版本的用户已经不多了，因此我们可以忽略这部分浏览器。

第一步就是匹配 Windows 95 和 Windows 98 这两个字符串。对这两个字符串，只有 Gecko 与其他浏览器不同，即没有"dows"，而且"Win"与版本号之间没有空格。要匹配这个模式，可以使用下面这个简单的正则表达式。

```
/Win(?:dows )?([^do]{2})/
```

这个正则表达式中的捕获组会返回操作系统的版本。由于版本可能是任何两个字符编码（例如 95、98、9x、NT、ME 及 XP），因此要使用两个非空格字符。

Gecko 在表示 Windows NT 时会在末尾添加"4.0"，与其查找实际的字符串，不如像下面这样查找小数值更合适。

```
/Win(?:dows )?([^do]{2})(\d+\.\d+)?/
```

这样，正则表达式中就包含了第二个捕获组，用于取得 NT 的版本号。由于该版本号对于 Windows 95 和 Windows 98 而言是不存在的，所以必须设置为可选。这个模式与 Opera 表示 Windows NT 的字符串之间唯一的区别，就是"NT"与"4.0"之间的空格，这在模式中很容易添加。

```
/Win(?:dows )?([^do]{2})\s?(\d+\.\d+)?/
```

经过一番修改之后，这个正则表达式也可以成功地匹配 Windows ME、Windows XP 和 Windows Vista 的字符串了。具体来说，第一个捕获组将会匹配 95、98、9x、NT、ME 或 XP。第二个捕获组则只针对 Windows ME 及所有 Windows NT 的变体。这个信息可以作为具体的操作系统信息保存在 system.win 属性中，如下所示。

```
if (system.win){
    if (/Win(?:dows )?([^do]{2})\s?(\d+\.\d+)?/.test(ua)){
        if (RegExp["$1"] == "NT"){
            switch(RegExp["$2"]){
                case "5.0":
                    system.win = "2000";
                    break;
                case "5.1":
                    system.win = "XP";
                    break;
                case "6.0":
                    system.win = "Vista";
                    break;
                case "6.1":
                    system.win = "7";
                    break;
                default:
                    system.win = "NT";
                    break;
            }
        } else if (RegExp["$1"] == "9x"){
            system.win = "ME";
        } else {
            system.win = RegExp["$1"];
        }
    }
}
```

9

如果 system.win 的值为 true,那么就使用这个正则表达式从用户代理字符串中提取具体的信息。鉴于 Windows 将来的某个版本也许不能使用这个方法来检测,所以第一步应该先检测用户代理字符串是否与这个模式匹配。在模式匹配的情况下,第一个捕获组中可能会包含"95"、"98"、"9x"或"NT"。如果这个值是"NT",可以将 system.win 设置为相应操作系统的字符串;如果是"9x",那么 system.win 就要设置成"ME";如果是其他值,则将所捕获的值直接赋给 system.win。有了这些检测平台的代码后,我们就可以编写如下代码。

```
if (client.system.win){
    if (client.system.win == "XP") {
        //说明是 XP
    } else if (client.system.win == "Vista"){
        //说明是 Vista
    }
}
```

由于非空字符串会转换为布尔值 true,因此可以将 client.system.win 作为布尔值用在 if 语句中。而在需要更多有关操作系统的信息时,则可以使用其中保存的字符串值。

5. 识别移动设备

2006 年到 2007 年,移动设备中 Web 浏览器的应用呈爆炸性增长。四大主要浏览器都推出了手机版和在其他设备中运行的版本。要检测相应的设备,第一步是为要检测的所有移动设备添加属性,如下所示。

```
var client = function(){

    var engine = {

        //呈现引擎
        ie: 0,
        gecko: 0,
        webkit: 0,
        khtml: 0,
        opera: 0,

        //具体的版本号
        ver: null
    };

    var browser = {

        //浏览器
        ie: 0,
        firefox: 0,
        safari: 0,
        konq: 0,
        opera: 0,
        chrome: 0,

        //具体的版本号
        ver: null
    };

    var system = {
        win: false,
        mac: false,
```

```
        x11: false,

        //移动设备
        iphone: false,
        ipod: false,
        ipad: false,
        ios: false,
        android: false,
        nokiaN: false,
        winMobile: false      };

    //在此检测呈现引擎、平台和设备

    return {
        engine: engine,
        browser: browser,
        system: system
    };

}();
```

然后,通常简单地检测字符串"iPhone"、"iPod"和"iPad",就可以分别设置相应属性的值了。

```
system.iphone = ua.indexOf("iPhone") > -1;
system.ipod = ua.indexOf("iPod") > -1;
system.ipad = ua.indexOf("iPad") > -1;
```

除了知道iOS设备,最好还能知道iOS的版本号。在iOS 3之前,用户代理字符串中只包含"CPU like Mac OS",后来iPhone中又改成"CPU iPhone OS 3_0 like Mac OS X",iPad中又改成"CPU OS 3_2 like Mac OS X"。也就是说,检测iOS需要正则表达式反映这些变化。

```
//检测 iOS 版本
if (system.mac && ua.indexOf("Mobile") > -1){
    if (/CPU (?:iPhone )?OS (\d+_\d+)/.test(ua)){
        system.ios = parseFloat(RegExp.$1.replace("_", "."));
    } else {
        system.ios = 2;  //不能真正检测出来,所以只能猜测
    }
}
```

检查系统是不是Mac OS、字符串中是否存在"Mobile",可以保证无论是什么版本,system.ios 中都不会是0。然后,再使用正则表达式确定是否存在iOS的版本号。如果有,将system.ios设置为表示版本号的浮点值;否则,将版本设置为2。(因为没有办法确定到底是什么版本,所以设置为更早的版本比较稳妥。)

检测Android操作系统也很简单,也就是搜索字符串"Android"并取得紧随其后的版本号。

```
//检测 Android 版本
if (/Android (\d+\.\d+)/.test(ua)){
    system.android = parseFloat(RegExp.$1);
}
```

由于所有版本的 Android 都有版本值,因此这个正则表达式可以精确地检测所有版本,并将 system.android 设置为正确的值。

诺基亚N系列手机使用的也是WebKit,其用户代理字符串与其他基于WebKit的手机很相似,例如:

```
Mozilla/5.0 (SymbianOS/9.2; U; Series60/3.1 NokiaN95/11.0.026; Profile MIDP-2.0
    Configuration/CLDC-1.1) AppleWebKit/413 (KHTML, like Gecko) Safari/413
```

虽然诺基亚 N 系列手机在用户代理字符串中声称使用的是"Safari"，但实际上并不是 Safari，尽管确实是基于 WebKit 引擎。只要像下面检测一下用户代理字符串中是否存在"NokiaN"，就足以确定是不是该系列的手机了。

```
system.nokiaN = ua.indexOf("NokiaN") > -1;
```

在了解这些设备信息的基础上，就可以通过下列代码来确定用户使用的是什么设备中的 WebKit 来访问网页：

```
if (client.engine.webkit){
    if (client.system. iOS){
        //iOS 手机的内容
    } else if (client.system.android){
        //Android 手机的内容
    } else if (client.system.nokiaN){
        //诺基亚手机的内容
    }
}
```

最后一种主要的移动设备平台是 Windows Mobile（也称为 Windows CE），用于 Pocket PC 和 Smartphone 中。由于从技术上说这些平台都属于 Windows 平台，因此 Windows 平台和操作系统都会返回正确的值。对于 Windows Mobile 5.0 及以前版本，这两种设备的用户代理字符串非常相似，如下所示：

```
Mozilla/4.0 (compatible; MSIE 4.01; Windows CE; PPC; 240x320)
Mozilla/4.0 (compatible; MSIE 4.01; Windows CE; Smartphone; 176x220)
```

第一个来自 Pocket PC 中的移动 Internet Explorer 4.01，第二个来自 Smartphone 中的同一个浏览器。当 Windows 操作系统检测脚本检测这两个字符串时，system.win 将被设置为"CE"，因此在检测 Windows Mobile 时可以使用这个值：

```
system.winMobile = (system.win == "CE");
```

不建议测试字符串中的"PPC"或"Smartphone"，因为在 Windows Mobile 5.0 以后版本的浏览器中，这些记号已经被移除了。不过，一般情况下，只知道某个设备使用的是 Windows Mobile 也就足够了。

Windows Phone 7 的用户代理字符串稍有改进，基本格式如下：

```
Mozilla/4.0 (compatible; MSIE 7.0; Windows Phone OS 7.0; Trident/3.1; IEMobile/7.0)
    Asus;Galaxy6
```

其中，Windows 操作符的标识符与已往完全不同，因此在这个用户代理中 client.system.win 等于"Ph"。从中可以取得有关系统的更多信息：

```
//windows mobile
if (system.win == "CE"){
    system.winMobile = system.win;
} else if (system.win == "Ph"){
    if(/Windows Phone OS (\d+.\d+)/.test(ua)){;
        system.win = "Phone";
        system.winMobile = parseFloat(RegExp["$1"]);
    }
}
```

如果 system.win 的值是"CE"，就说明是老版本的 Windows Mobile，因此 system.winMobile 会被设置为相同的值（只能知道这个信息）。如果 system.win 的值是"Ph"，那么这个设备就可能是

Windows Phone 7 或更新版本。因此就用正则表达式来测试格式并提取版本号，将 `system.win` 的值重置为`"Phone"`，而将 `system.winMobile` 设置为版本号。

6. 识别游戏系统

除了移动设备之外，视频游戏系统中的 Web 浏览器也开始日益普及。任天堂 Wii 和 Playstation 3 或者内置 Web 浏览器，或者提供了浏览器下载。Wii 中的浏览器实际上是定制版的 Opera，是专门为 Wii Remote 设计的。Playstation 的浏览器是自己开发的，没有基于前面提到的任何呈现引擎。这两个浏览器中的用户代理字符串如下所示：

```
Opera/9.10 (Nintendo Wii;U; ; 1621; en)
Mozilla/5.0 (PLAYSTATION 3; 2.00)
```

第一个字符串来自运行在 Wii 中的 Opera，它忠实地继承了 Opera 最初的用户代理字符串格式（Wii 上的 Opera 不具备隐瞒身份的能力）。第二个字符串来自 Playstation3，虽然它为了兼容性而将自己标识为 Mozilla 5.0，但并没有给出太多信息。而且，设备名称居然全部使用了大写字母，让人觉得很奇怪；强烈希望将来的版本能够改变这种情况。

在检测这些设备以前，我们必须先为 `client.system` 中添加适当的属性，如下所示：

```
var client = function(){

    var engine = {

        //呈现引擎
        ie: 0,
        gecko: 0,
        webkit: 0,
        khtml: 0,
        opera: 0,

        //具体的版本号
        ver: null
    };

    var browser = {

        //浏览器
        ie: 0,
        firefox: 0,
        safari: 0,
        konq: 0,
        opera: 0,
        chrome: 0,

        //具体的版本号
        ver: null
    };

    var system = {
        win: false,
        mac: false,
        x11: false,

        //移动设备
        iphone: false,
        ipod: false,
```

```
            ipad: false,
            ios: false,
            android: false,
            nokiaN: false,
            winMobile: false,

            //游戏系统
            wii: false,
            ps: false
        };

        //在此检测呈现引擎、平台和设备

        return {
            engine: engine,
            browser: browser,
            system: system
        };

    }();
```

检测前述游戏系统的代码如下：

```
system.wii = ua.indexOf("Wii") > -1;
system.ps = /playstation/i.test(ua);
```

对于 Wii，只要检测字符串 "Wii" 就够了，而其他代码将发现这是一个 Opera 浏览器，并将正确的版本号保存在 client.browser.opera 中。对于 Playstation，我们则使用正则表达式来以不区分大小写的方式测试用户代理字符串。

9.3.3 完整的代码

以下是完整的用户代理字符串检测脚本，包括检测呈现引擎、平台、Windows 操作系统、移动设备和游戏系统。

```
var client = function(){

    //呈现引擎
    var engine = {
        ie: 0,
        gecko: 0,
        webkit: 0,
        khtml: 0,
        opera: 0,

        //完整的版本号
        ver: null
    };

    //浏览器
    var browser = {

        //主要浏览器
        ie: 0,
        firefox: 0,
        safari: 0,
        konq: 0,
        opera: 0,
```

```
        chrome: 0,

        //具体的版本号
        ver: null
};


//平台、设备和操作系统
var system = {
        win: false,
        mac: false,
        x11: false,

        //移动设备
        iphone: false,
        ipod: false,
        ipad: false,
        ios: false,
        android: false,
        nokiaN: false,
        winMobile: false,

        //游戏系统
        wii: false,
        ps: false
};

//检测呈现引擎和浏览器
var ua = navigator.userAgent;
if (window.opera){
        engine.ver = browser.ver = window.opera.version();
        engine.opera = browser.opera = parseFloat(engine.ver);
} else if (/AppleWebKit\/(\S+)/.test(ua)){
        engine.ver = RegExp["$1"];
        engine.webkit = parseFloat(engine.ver);

        //确定是 Chrome 还是 Safari
        if (/Chrome\/(\S+)/.test(ua)){
            browser.ver = RegExp["$1"];
            browser.chrome = parseFloat(browser.ver);
        } else if (/Version\/(\S+)/.test(ua)){
            browser.ver = RegExp["$1"];
            browser.safari = parseFloat(browser.ver);
        } else {
            //近似地确定版本号
            var safariVersion = 1;
            if (engine.webkit < 100){
                safariVersion = 1;
            } else if (engine.webkit < 312){
                safariVersion = 1.2;
            } else if (engine.webkit < 412){
                safariVersion = 1.3;
            } else {
                safariVersion = 2;
            }

            browser.safari = browser.ver = safariVersion;
        }
```

```
} else if (/KHTML\/(\S+)/.test(ua) || /Konqueror\/([^;]+)/.test(ua)){
    engine.ver = browser.ver = RegExp["$1"];
    engine.khtml = browser.konq = parseFloat(engine.ver);
} else if (/rv:([^\)]+)\) Gecko\/\d{8}/.test(ua)){
    engine.ver = RegExp["$1"];
    engine.gecko = parseFloat(engine.ver);

    //确定是不是 Firefox
    if (/Firefox\/(\S+)/.test(ua)){
        browser.ver = RegExp["$1"];
        browser.firefox = parseFloat(browser.ver);
    }
} else if (/MSIE ([^;]+)/.test(ua)){
    engine.ver = browser.ver = RegExp["$1"];
    engine.ie = browser.ie = parseFloat(engine.ver);
}

//检测浏览器
browser.ie = engine.ie;
browser.opera = engine.opera;


//检测平台
var p = navigator.platform;
system.win = p.indexOf("Win") == 0;
system.mac = p.indexOf("Mac") == 0;
system.x11 = (p == "X11") || (p.indexOf("Linux") == 0);

//检测 Windows 操作系统
if (system.win){
    if (/Win(?:dows )?([^do]{2})\s?(\d+\.\d+)?/.test(ua)){
        if (RegExp["$1"] == "NT"){
            switch(RegExp["$2"]){
                case "5.0":
                    system.win = "2000";
                    break;
                case "5.1":
                    system.win = "XP";
                    break;
                case "6.0":
                    system.win = "Vista";
                    break;
                case "6.1":
                    system.win = "7";
                    break;
                default:
                    system.win = "NT";
                    break;
            }
        } else if (RegExp["$1"] == "9x"){
            system.win = "ME";
        } else {
            system.win = RegExp["$1"];
        }
    }
}

//移动设备
```

```
system.iphone = ua.indexOf("iPhone") > -1;
system.ipod = ua.indexOf("iPod") > -1;
system.ipad = ua.indexOf("iPad") > -1;
system.nokiaN = ua.indexOf("NokiaN") > -1;

//windows mobile
if (system.win == "CE"){
    system.winMobile = system.win;
} else if (system.win == "Ph"){
    if(/Windows Phone OS (\d+.\d+)/.test(ua)){;
        system.win = "Phone";
        system.winMobile = parseFloat(RegExp["$1"]);
    }
}

//检测 iOS 版本
if (system.mac && ua.indexOf("Mobile") > -1){
    if (/CPU (?:iPhone )?OS (\d+_\d+)/.test(ua)){
        system.ios = parseFloat(RegExp.$1.replace("_", "."));
    } else {
        system.ios = 2; //不能真正检测出来，所以只能猜测
    }
}

//检测 Android 版本
if (/Android (\d+\.\d+)/.test(ua)){
    system.android = parseFloat(RegExp.$1);
}

//游戏系统
system.wii = ua.indexOf("Wii") > -1;
system.ps = /playstation/i.test(ua);

//返回这些对象
return {
    engine:      engine,
    browser:     browser,
    system:      system
};

}();
```

client.js

9.3.4 使用方法

我们在前面已经强调过了，用户代理检测是客户端检测的最后一个选择。只要可能，都应该优先采用能力检测和怪癖检测。用户代理检测一般适用于下列情形。

❏ 不能直接准确地使用能力检测或怪癖检测。例如，某些浏览器实现了为将来功能预留的存根（stub）函数。在这种情况下，仅测试相应的函数是否存在还得不到足够的信息。

❏ 同一款浏览器在不同平台下具备不同的能力。这时候，可能就有必要确定浏览器位于哪个平台下。

❑ 为了跟踪分析等目的需要知道确切的浏览器。

9.4　小结

客户端检测是 JavaScript 开发中最具争议的一个话题。由于浏览器间存在差别，通常需要根据不同浏览器的能力分别编写不同的代码。有不少客户端检测方法，但下列是最经常使用的。

❑ **能力检测**：在编写代码之前先检测特定浏览器的能力。例如，脚本在调用某个函数之前，可能要先检测该函数是否存在。这种检测方法将开发人员从考虑具体的浏览器类型和版本中解放出来，让他们把注意力集中到相应的能力是否存在上。能力检测无法精确地检测特定的浏览器和版本。

❑ **怪癖检测**：怪癖实际上是浏览器实现中存在的 bug，例如早期的 WebKit 中就存在一个怪癖，即它会在 for-in 循环中返回被隐藏的属性。怪癖检测通常涉及到运行一小段代码，然后确定浏览器是否存在某个怪癖。由于怪癖检测与能力检测相比效率更低，因此应该只在某个怪癖会干扰脚本运行的情况下使用。怪癖检测无法精确地检测特定的浏览器和版本。

❑ **用户代理检测**：通过检测用户代理字符串来识别浏览器。用户代理字符串中包含大量与浏览器有关的信息，包括浏览器、平台、操作系统及浏览器版本。用户代理字符串有过一段相当长的发展历史，在此期间，浏览器提供商试图通过在用户代理字符串中添加一些欺骗性信息，欺骗网站相信自己的浏览器是另外一种浏览器。用户代理检测需要特殊的技巧，特别是要注意 Opera 会隐瞒其用户代理字符串的情况。即便如此，通过用户代理字符串仍然能够检测出浏览器所用的呈现引擎以及所在的平台，包括移动设备和游戏系统。

在决定使用哪种客户端检测方法时，一般应优先考虑使用能力检测。怪癖检测是确定应该如何处理代码的第二选择。而用户代理检测则是客户端检测的最后一种方案，因为这种方法对用户代理字符串具有很强的依赖性。

第 **10** 章

DOM

本章内容
- 理解包含不同层次节点的 DOM
- 使用不同的节点类型
- 克服浏览器兼容性问题及各种陷阱

DOM（文档对象模型）是针对 HTML 和 XML 文档的一个 API（应用程序编程接口）。DOM 描绘了一个层次化的节点树，允许开发人员添加、移除和修改页面的某一部分。DOM 脱胎于 Netscape 及微软公司创始的 DHTML（动态 HTML），但现在它已经成为表现和操作页面标记的真正的跨平台、语言中立的方式。

1998 年 10 月 DOM 1 级规范成为 W3C 的推荐标准，为基本的文档结构及查询提供了接口。本章主要讨论与浏览器中的 HTML 页面相关的 DOM1 级的特性和应用，以及 JavaScript 对 DOM1 级的实现。IE、Firefox、Safari、Chrome 和 Opera 都非常完善地实现了 DOM。

 注意，IE 中的所有 DOM 对象都是以 COM 对象的形式实现的。这意味着 IE 中的 DOM 对象与原生 JavaScript 对象的行为或活动特点并不一致。本章将较多地谈及这些差异。

10.1 节点层次

DOM 可以将任何 HTML 或 XML 文档描绘成一个由多层节点构成的结构。节点分为几种不同的类型，每种类型分别表示文档中不同的信息及（或）标记。每个节点都拥有各自的特点、数据和方法，另外也与其他节点存在某种关系。节点之间的关系构成了层次，而所有页面标记则表现为一个以特定节点为根节点的树形结构。以下面的 HTML 为例：

```
<html>
    <head>
        <title>Sample Page</title>
    </head>
    <body>
        <p>Hello World!</p>
    </body>
</html>
```

可以将这个简单的 HTML 文档表示为一个层次结构，如图 10-1 所示。

文档节点是每个文档的根节点。在这个例子中，文档节点只有一个子节点，即<html>元素，我们称之为**文档元素**。文档元素是文档的最外层元素，文档中的其他所有元素都包含在文档元素中。每个文档只能有一个文档元素。在 HTML 页面中，文档元素始终都是<html>元素。在 XML 中，没有预定义的元素，因此任何元素都可能成为文档元素。

　　每一段标记都可以通过树中的一个节点来表示：HTML 元素通过元素节点表示，特性（attribute）通过特性节点表示，文档类型通过文档类型节点表示，而注释则通过注释节点表示。总共有 12 种节点类型，这些类型都继承自一个基类型。

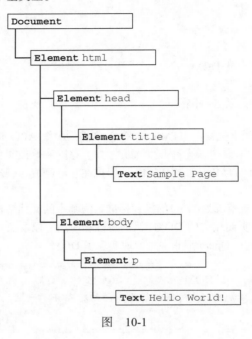

图　10-1

10.1.1　**Node** 类型

　　DOM1 级定义了一个 Node 接口，该接口将由 DOM 中的所有节点类型实现。这个 Node 接口在 JavaScript 中是作为 Node 类型实现的；除了 IE 之外，在其他所有浏览器中都可以访问到这个类型。JavaScript 中的所有节点类型都继承自 Node 类型，因此所有节点类型都共享着相同的基本属性和方法。

　　每个节点都有一个 nodeType 属性，用于表明节点的类型。节点类型由在 Node 类型中定义的下列 12 个数值常量来表示，任何节点类型必居其一：

❑ Node.ELEMENT_NODE(1)；

❑ Node.ATTRIBUTE_NODE(2)；

❑ Node.TEXT_NODE(3)；

❑ Node.CDATA_SECTION_NODE(4)；

❑ Node.ENTITY_REFERENCE_NODE(5)；

❑ Node.ENTITY_NODE(6)；

❑ Node.PROCESSING_INSTRUCTION_NODE(7)；

❑ Node.COMMENT_NODE(8)；

❑ Node.DOCUMENT_NODE(9)；

❑ Node.DOCUMENT_TYPE_NODE(10)；

❑ Node.DOCUMENT_FRAGMENT_NODE(11)；

❑ Node.NOTATION_NODE(12)。

通过比较上面这些常量，可以很容易地确定节点的类型，例如：

```
if (someNode.nodeType == Node.ELEMENT_NODE){    //在 IE 中无效
    alert("Node is an element.");
}
```

这个例子比较了 someNode.nodeType 与 Node.ELEMENT_NODE 常量。如果二者相等，则意味着 someNode 确实是一个元素。然而，由于 IE 没有公开 Node 类型的构造函数，因此上面的代码在 IE 中会导致错误。为了确保跨浏览器兼容，最好还是将 nodeType 属性与数字值进行比较，如下所示：

```
if (someNode.nodeType == 1){     //适用于所有浏览器
    alert("Node is an element.");
}
```

并不是所有节点类型都受到 Web 浏览器的支持。开发人员最常用的就是元素和文本节点。本章后面将详细讨论每个节点类型的受支持情况及使用方法。

1. nodeName 和 nodeValue 属性

要了解节点的具体信息，可以使用 nodeName 和 nodeValue 这两个属性。这两个属性的值完全取决于节点的类型。在使用这两个值以前，最好是像下面这样先检测一下节点的类型。

```
if (someNode.nodeType == 1){
    value = someNode.nodeName;     //nodeName 的值是元素的标签名
}
```

在这个例子中，首先检查节点类型，看它是不是一个元素。如果是，则取得并保存 nodeName 的值。对于元素节点，nodeName 中保存的始终都是元素的标签名，而 nodeValue 的值则始终为 null。

2. 节点关系

文档中所有的节点之间都存在这样或那样的关系。节点间的各种关系可以用传统的家族关系来描述，相当于把文档树比喻成家谱。在 HTML 中，可以将<body>元素看成是<html>元素的子元素；相应地，也就可以将<html>元素看成是<body>元素的父元素。而<head>元素，则可以看成是<body>元素的同胞元素，因为它们都是同一个父元素<html>的直接子元素。

每个节点都有一个 childNodes 属性，其中保存着一个 NodeList 对象。NodeList 是一种类数组对象，用于保存一组有序的节点，可以通过位置来访问这些节点。请注意，虽然可以通过方括号语法来访问 NodeList 的值，而且这个对象也有 length 属性，但它并不是 Array 的实例。NodeList 对象的独特之处在于，它实际上是基于 DOM 结构动态执行查询的结果，因此 DOM 结构的变化能够自动反映在 NodeList 对象中。我们常说，NodeList 是有生命、有呼吸的对象，而不是在我们第一次访问它们的某个瞬间拍摄下来的一张快照。

下面的例子展示了如何访问保存在 NodeList 中的节点——可以通过方括号，也可以使用 item() 方法。

```
var firstChild = someNode.childNodes[0];
var secondChild = someNode.childNodes.item(1);
var count = someNode.childNodes.length;
```

无论使用方括号还是使用 item() 方法都没有问题，但使用方括号语法看起来与访问数组相似，因此颇受一些开发人员的青睐。另外，要注意 length 属性表示的是访问 NodeList 的那一刻，其中包含的节点数量。我们在本书前面介绍过，对 arguments 对象使用 Array.prototype.slice() 方法可以将其转换为数组。而采用同样的方法，也可以将 NodeList 对象转换为数组。来看下面的例子：

```
//在 IE8 及之前版本中无效
var arrayOfNodes = Array.prototype.slice.call(someNode.childNodes,0);
```

除 IE8 及更早版本之外，这行代码能在任何浏览器中运行。由于 IE8 及更早版本将 NodeList 实现为一个 COM 对象，而我们不能像使用 JScript 对象那样使用这种对象，因此上面的代码会导致错误。要想在 IE 中将 NodeList 转换为数组，必须手动枚举所有成员。下列代码在所有浏览器中都可以运行：

```
function convertToArray(nodes){
    var array = null;
    try {
        array = Array.prototype.slice.call(nodes, 0); //针对非 IE 浏览器
    } catch (ex) {
        array = new Array();
        for (var i=0, len=nodes.length; i < len; i++){
            array.push(nodes[i]);
        }
    }

    return array;
}
```

这个 convertToArray() 函数首先尝试了创建数组的最简单方式。如果导致了错误（说明是在 IE8 及更早版本中），则通过 try-catch 块来捕获错误，然后手动创建数组。这是另一种检测怪癖的形式。

每个节点都有一个 parentNode 属性，该属性指向文档树中的父节点。包含在 childNodes 列表中的所有节点都具有相同的父节点，因此它们的 parentNode 属性都指向同一个节点。此外，包含在 childNodes 列表中的每个节点相互之间都是同胞节点。通过使用列表中每个节点的 previousSibling 和 nextSibling 属性，可以访问同一列表中的其他节点。列表中第一个节点的 previousSibling 属性值为 null，而列表中最后一个节点的 nextSibling 属性的值同样也为 null，如下面的例子所示：

```
if (someNode.nextSibling === null){
    alert("Last node in the parent's childNodes list.");
} else if (someNode.previousSibling === null){
    alert("First node in the parent's childNodes list.");
}
```

当然，如果列表中只有一个节点，那么该节点的 nextSibling 和 previousSibling 都为 null。

父节点与其第一个和最后一个子节点之间也存在特殊关系。父节点的 firstChild 和 lastChild 属性分别指向其 childNodes 列表中的第一个和最后一个节点。其中，someNode.firstChild 的值始终等于 someNode.childNodes[0]，而 someNode.lastChild 的值始终等于 someNode.childNodes[someNode.childNodes.length-1]。在只有一个子节点的情况下，firstChild 和 lastChild 指向同一个节点。如果没有子节点，那么 firstChild 和 lastChild 的值均为 null。明确这些关系能够对我们查找和访问文档结构中的节点提供极大的便利。图 10-2 形象地展示了上述关系。

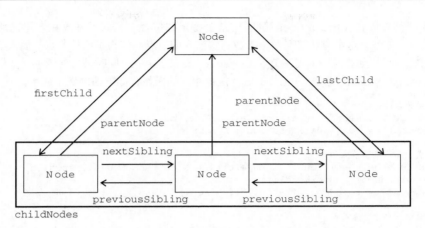

图 10-2

在反映这些关系的所有属性当中，childNodes 属性与其他属性相比更方便一些，因为只须使用简单的关系指针，就可以通过它访问文档树中的任何节点。另外，hasChildNodes() 也是一个非常有用的方法，这个方法在节点包含一或多个子节点的情况下返回 true；应该说，这是比查询 childNodes 列表的 length 属性更简单的方法。

所有节点都有的最后一个属性是 ownerDocument，该属性指向表示整个文档的文档节点。这种关系表示的是任何节点都属于它所在的文档，任何节点都不能同时存在于两个或更多个文档中。通过这个属性，我们可以不必在节点层次中通过层层回溯到达顶端，而是可以直接访问文档节点。

 虽然所有节点类型都继承自 Node，但并不是每种节点都有子节点。本章后面将会讨论不同节点类型之间的差异。

3. 操作节点

因为关系指针都是只读的，所以 DOM 提供了一些操作节点的方法。其中，最常用的方法是 appendChild()，用于向 childNodes 列表的末尾添加一个节点。添加节点后，childNodes 的新增节点、父节点及以前的最后一个子节点的关系指针都会相应地得到更新。更新完成后，appendChild() 返回新增的节点。来看下面的例子：

```
var returnedNode = someNode.appendChild(newNode);
alert(returnedNode == newNode);          //true
alert(someNode.lastChild == newNode);    //true
```

如果传入到 appendChild() 中的节点已经是文档的一部分了，那结果就是将该节点从原来的位置转移到新位置。即使可以将 DOM 树看成是由一系列指针连接起来的，但任何 DOM 节点也不能同时出现在文档中的多个位置上。因此，如果在调用 appendChild() 时传入了父节点的第一个子节点，那么该节点就会成为父节点的最后一个子节点，如下面的例子所示。

```
//someNode 有多个子节点
var returnedNode = someNode.appendChild(someNode.firstChild);
alert(returnedNode == someNode.firstChild);    //false
alert(returnedNode == someNode.lastChild);     //true
```

10

如果需要把节点放在 childNodes 列表中某个特定的位置上，而不是放在末尾，那么可以使用 insertBefore() 方法。这个方法接受两个参数：要插入的节点和作为参照的节点。插入节点后，被插入的节点会变成参照节点的前一个同胞节点（previousSibling），同时被方法返回。如果参照节点是 null，则 insertBefore() 与 appendChild() 执行相同的操作，如下面的例子所示。

```
//插入后成为最后一个子节点
returnedNode = someNode.insertBefore(newNode, null);
alert(newNode == someNode.lastChild);   //true

//插入后成为第一个子节点
var returnedNode = someNode.insertBefore(newNode, someNode.firstChild);
alert(returnedNode == newNode);          //true
alert(newNode == someNode.firstChild);  //true

//插入到最后一个子节点前面
returnedNode = someNode.insertBefore(newNode, someNode.lastChild);
alert(newNode == someNode.childNodes[someNode.childNodes.length-2]); //true
```

前面介绍的 appendChild() 和 insertBefore() 方法都只插入节点，不会移除节点。而下面要介绍的 replaceChild() 方法接受的两个参数是：要插入的节点和要替换的节点。要替换的节点将由这个方法返回并从文档树中被移除，同时由要插入的节点占据其位置。来看下面的例子。

```
//替换第一个子节点
var returnedNode = someNode.replaceChild(newNode, someNode.firstChild);

//替换最后一个子节点
returnedNode = someNode.replaceChild(newNode, someNode.lastChild);
```

在使用 replaceChild() 插入一个节点时，该节点的所有关系指针都会从被它替换的节点复制过来。尽管从技术上讲，被替换的节点仍然还在文档中，但它在文档中已经没有了自己的位置。

如果只想移除而非替换节点，可以使用 removeChild() 方法。这个方法接受一个参数，即要移除的节点。被移除的节点将成为方法的返回值，如下面的例子所示。

```
//移除第一个子节点
var formerFirstChild = someNode.removeChild(someNode.firstChild);

//移除最后一个子节点
var formerLastChild = someNode.removeChild(someNode.lastChild);
```

与使用 replaceChild() 方法一样，通过 removeChild() 移除的节点仍然为文档所有，只不过在文档中已经没有了自己的位置。

前面介绍的四个方法操作的都是某个节点的子节点，也就是说，要使用这几个方法必须先取得父节点（使用 parentNode 属性）。另外，并不是所有类型的节点都有子节点，如果在不支持子节点的节点上调用了这些方法，将会导致错误发生。

4. 其他方法

有两个方法是所有类型的节点都有的。第一个就是 cloneNode()，用于创建调用这个方法的节点的一个完全相同的副本。cloneNode() 方法接受一个布尔值参数，表示是否执行深复制。在参数为 true 的情况下，执行深复制，也就是复制节点及其整个子节点树；在参数为 false 的情况下，执行浅复制，即只复制节点本身。复制后返回的节点副本属于文档所有，但并没有为它指定父节点。因此，这个节点副本就成为了一个“孤儿”，除非通过 appendChild()、insertBefore() 或 replaceChild() 将它添加到文档中。例如，假设有下面的 HTML 代码。

```
<ul>
    <li>item 1</li>
    <li>item 2</li>
    <li>item 3</li>
</ul>
```

如果我们已经将<ul>元素的引用保存在了变量 myList 中，那么通常下列代码就可以看出使用 cloneNode()方法的两种模式。

```
var deepList = myList.cloneNode(true);
alert(deepList.childNodes.length);     //3 (IE < 9) 或7 (其他浏览器)

var shallowList = myList.cloneNode(false);
alert(shallowList.childNodes.length);  //0
```

在这个例子中，deepList 中保存着一个对 myList 执行深复制得到的副本。因此，deepList 中包含 3 个列表项，每个列表项中都包含文本。而变量 shallowList 中保存着对 myList 执行浅复制得到的副本，因此它不包含子节点。deepList.childNodes.length 中的差异主要是因为 IE8 及更早版本与其他浏览器处理空白字符的方式不一样。IE9 之前的版本不会为空白符创建节点。

   cloneNode()方法不会复制添加到 DOM 节点中的 JavaScript 属性，例如事件处理程序等。这个方法只复制特性、（在明确指定的情况下也复制）子节点，其他一切都不会复制。IE 在此存在一个 bug，即它会复制事件处理程序，所以我们建议在复制之前最好先移除事件处理程序。

我们要介绍的最后一个方法是 normalize()，这个方法唯一的作用就是处理文档树中的文本节点。由于解析器的实现或 DOM 操作等原因，可能会出现文本节点不包含文本，或者接连出现两个文本节点的情况。当在某个节点上调用这个方法时，就会在该节点的后代节点中查找上述两种情况。如果找到了空文本节点，则删除它；如果找到相邻的文本节点，则将它们合并为一个文本节点。本章后面还将进一步讨论这个方法。

10.1.2 Document 类型

JavaScript 通过 Document 类型表示文档。在浏览器中，document 对象是 HTMLDocument（继承自 Document 类型）的一个实例，表示整个 HTML 页面。而且，document 对象是 window 对象的一个属性，因此可以将其作为全局对象来访问。Document 节点具有下列特征：

- ❑ nodeType 的值为 9；
- ❑ nodeName 的值为"#document"；
- ❑ nodeValue 的值为 null；
- ❑ parentNode 的值为 null；
- ❑ ownerDocument 的值为 null；
- ❑ 其子节点可能是一个 DocumentType（最多一个）、Element（最多一个）、ProcessingInstruction 或 Comment。

10

Document 类型可以表示 HTML 页面或者其他基于 XML 的文档。不过，最常见的应用还是作为 HTMLDocument 实例的 document 对象。通过这个文档对象，不仅可以取得与页面有关的信息，而且还能操作页面的外观及其底层结构。

> 在 Firefox、Safari、Chrome 和 Opera 中，可以通过脚本访问 Document 类型的构造函数和原型。但在所有浏览器中都可以访问 HTMLDocument 类型的构造函数和原型，包括 IE8 及后续版本。

1. 文档的子节点

虽然 DOM 标准规定 Document 节点的子节点可以是 DocumentType、Element、ProcessingInstruction 或 Comment，但还有两个内置的访问其子节点的快捷方式。第一个就是 documentElement 属性，该属性始终指向 HTML 页面中的 <html> 元素。另一个就是通过 childNodes 列表访问文档元素，但通过 documentElement 属性则能更快捷、更直接地访问该元素。以下面这个简单的页面为例。

```
<html>
    <body>

    </body>
</html>
```

这个页面在经过浏览器解析后，其文档中只包含一个子节点，即 <html> 元素。可以通过 documentElement 或 childNodes 列表来访问这个元素，如下所示。

```
var html = document.documentElement;       //取得对<html>的引用
alert(html === document.childNodes[0]);    //true
alert(html === document.firstChild);       //true
```

这个例子说明，documentElement、firstChild 和 childNodes[0] 的值相同，都指向 <html> 元素。

作为 HTMLDocument 的实例，document 对象还有一个 body 属性，直接指向 <body> 元素。因为开发人员经常要使用这个元素，所以 document.body 在 JavaScript 代码中出现的频率非常高，其用法如下。

```
var body = document.body;     //取得对<body>的引用
```

所有浏览器都支持 document.documentElement 和 document.body 属性。

Document 另一个可能的子节点是 DocumentType。通常将 <!DOCTYPE> 标签看成一个与文档其他部分不同的实体，可以通过 doctype 属性（在浏览器中是 document.doctype）来访问它的信息。

```
var doctype = document.doctype;        //取得对<!DOCTYPE>的引用
```

浏览器对 document.doctype 的支持差别很大，可以给出如下总结。

- ❏ IE8 及之前版本：如果存在文档类型声明，会将其错误地解释为一个注释并把它当作 Comment 节点；而 document.doctype 的值始终为 null。
- ❏ IE9+ 及 Firefox：如果存在文档类型声明，则将其作为文档的第一个子节点；document.doctype 是一个 DocumentType 节点，也可以通过 document.firstChild 或 document.childNodes[0] 访问同一个节点。
- ❏ Safari、Chrome 和 Opera：如果存在文档类型声明，则将其解析，但不作为文档的子节点。document.doctype 是一个 DocumentType 节点，但该节点不会出现在 document.childNodes 中。

由于浏览器对 document.doctype 的支持不一致，因此这个属性的用处很有限。

从技术上说，出现在<html>元素外部的注释应该算是文档的子节点。然而，不同的浏览器在是否解析这些注释以及能否正确处理它们等方面，也存在很大差异。以下面简单的 HTML 页面为例。

```
<!--第一条注释 -->
<html>
    <body>

    </body>
</html>
<!--第二条注释 -->
```

看起来这个页面应该有 3 个子节点：注释、<html>元素、注释。从逻辑上讲，我们会认为 document.childNodes 中应该包含与这 3 个节点对应的 3 项。但是，现实中的浏览器在处理位于<html>外部的注释方面存在如下差异。

- ❑ IE8 及之前版本、Safari 3.1 及更高版本、Opera 和 Chrome 只为第一条注释创建节点，不为第二条注释创建节点。结果，第一条注释就会成为 document.childNodes 中的第一个子节点。
- ❑ IE9 及更高版本会将第一条注释创建为 document.childNodes 中的一个注释节点，也会将第二条注释创建为 document.childNodes 中的注释子节点。
- ❑ Firefox 以及 Safari 3.1 之前的版本会完全忽略这两条注释。

同样，浏览器间的这种不一致性也导致了位于<html>元素外部的注释没有什么用处。

多数情况下，我们都用不着在 document 对象上调用 appendChild()、removeChild()和 replaceChild()方法，因为文档类型（如果存在的话）是只读的，而且它只能有一个元素子节点（该节点通常早就已经存在了）。

2. 文档信息

作为 HTMLDocument 的一个实例，document 对象还有一些标准的 Document 对象所没有的属性。这些属性提供了 document 对象所表现的网页的一些信息。其中第一个属性就是 title，包含着<title>元素中的文本——显示在浏览器窗口的标题栏或标签页上。通过这个属性可以取得当前页面的标题，也可以修改当前页面的标题并反映在浏览器的标题栏中。修改 title 属性的值会改变<title>元素。来看下面的例子。

```
//取得文档标题
var originalTitle = document.title;

//设置文档标题
document.title = "New page title";
```

接下来要介绍的 3 个属性都与对网页的请求有关，它们是 URL、domain 和 referrer。URL 属性中包含页面完整的 URL（即地址栏中显示的 URL），domain 属性中只包含页面的域名，而 referrer 属性中则保存着链接到当前页面的那个页面的 URL。在没有来源页面的情况下，referrer 属性中可能会包含空字符串。所有这些信息都存在于请求的 HTTP 头部，只不过是通过这些属性让我们能够在 JavaScript 中访问它们而已，如下面的例子所示。

```
//取得完整的 URL
var url = document.URL;

//取得域名
```

```
var domain = document.domain;

//取得来源页面的 URL
var referrer = document.referrer;
```

URL 与 domain 属性是相互关联的。例如，如果 document.URL 等于 http://www.wrox.com/WileyCDA/，那么 document.domain 就等于 www.wrox.com。

在这 3 个属性中，只有 domain 是可以设置的。但由于安全方面的限制，也并非可以给 domain 设置任何值。如果 URL 中包含一个子域名，例如 p2p.wrox.com，那么就只能将 domain 设置为"wrox.com"（URL 中包含"www"，如 www.wrox.com 时，也是如此）。不能将这个属性设置为 URL 中不包含的域，如下面的例子所示。

```
//假设页面来自 p2p.wrox.com 域

document.domain = "wrox.com";          // 成功

document.domain = "nczonline.net";     // 出错!
```

当页面中包含来自其他子域的框架或内嵌框架时，能够设置 document.domain 就非常方便了。由于跨域安全限制，来自不同子域的页面无法通过 JavaScript 通信。而通过将每个页面的 document.domain 设置为相同的值，这些页面就可以互相访问对方包含的 JavaScript 对象了。例如，假设有一个页面加载自 www.wrox.com，其中包含一个内嵌框架，框架内的页面加载自 p2p.wrox.com。由于 document.domain 字符串不一样，内外两个页面之间无法相互访问对方的 JavaScript 对象。但如果将这两个页面的 document.domain 值都设置为"wrox.com"，它们之间就可以通信了。

浏览器对 domain 属性还有一个限制，即如果域名一开始是"松散的"（loose），那么不能将它再设置为"紧绷的"（tight）。换句话说，在将 document.domain 设置为"wrox.com"之后，就不能再将其设置回"p2p.wrox.com"，否则将会导致错误，如下面的例子所示。

```
//假设页面来自于 p2p.wrox.com 域

document.domain = "wrox.com";          //松散的（成功）

document.domain = "p2p.wrox.com";      //紧绷的（出错!）
```

所有浏览器中都存在这个限制，但 IE8 是实现这一限制的最早的 IE 版本。

3. 查找元素

说到最常见的 DOM 应用，恐怕就要数取得特定的某个或某组元素的引用，然后再执行一些操作了。取得元素的操作可以使用 document 对象的几个方法来完成。其中，Document 类型为此提供了两个方法：getElementById()和 getElementsByTagName()。

第一个方法，getElementById()，接收一个参数：要取得的元素的 ID。如果找到相应的元素则返回该元素，如果不存在带有相应 ID 的元素，则返回 null。注意，这里的 ID 必须与页面中元素的 id 特性（attribute）严格匹配，包括大小写。以下面的元素为例。

```
<div id="myDiv">Some text</div>
```

可以使用下面的代码取得这个元素：

```
var div = document.getElementById("myDiv");          //取得<div>元素的引用
```

但是，下面的代码在除 IE7 及更早版本之外的所有浏览器中都将返回 null。

```
var div = document.getElementById("mydiv");          //无效的 ID（在 IE7 及更早版本中可以）
```

IE8 及较低版本不区分 ID 的大小写，因此"myDiv"和"mydiv"会被当作相同的元素 ID。

如果页面中多个元素的 ID 值相同，getElementById() 只返回文档中第一次出现的元素。IE7 及较低版本还为此方法添加了一个有意思的"怪癖"：name 特性与给定 ID 匹配的表单元素（<input>、<textarea>、<button>及<select>）也会被该方法返回。如果有哪个表单元素的 name 特性等于指定的 ID，而且该元素在文档中位于带有给定 ID 的元素前面，那么 IE 就会返回那个表单元素。来看下面的例子。

```
<input type="text" name="myElement" value="Text field">
<div id="myElement">A div</div>
```

基于这段 HTML 代码，在 IE7 中调用 document.getElementById("myElement")，结果会返回<input>元素；而在其他所有浏览器中，都会返回对<div>元素的引用。为了避免 IE 中存在的这个问题，最好的办法是不让表单字段的 name 特性与其他元素的 ID 相同。

另一个常用于取得元素引用的方法是 getElementsByTagName()。这个方法接受一个参数，即要取得元素的标签名，而返回的是包含零或多个元素的 NodeList。在 HTML 文档中，这个方法会返回一个 HTMLCollection 对象，作为一个"动态"集合，该对象与 NodeList 非常类似。例如，下列代码会取得页面中所有的<img>元素，并返回一个 HTMLCollection。

```
var images = document.getElementsByTagName("img");
```

这行代码会将一个 HTMLCollection 对象保存在 images 变量中。与 NodeList 对象类似，可以使用方括号语法或 item() 方法来访问 HTMLCollection 对象中的项。而这个对象中元素的数量则可以通过其 length 属性取得，如下面的例子所示。

```
alert(images.length);          //输出图像的数量
alert(images[0].src);          //输出第一个图像元素的 src 特性
alert(images.item(0).src);     //输出第一个图像元素的 src 特性
```

HTMLCollection 对象还有一个方法，叫做 namedItem()，使用这个方法可以通过元素的 name 特性取得集合中的项。例如，假设上面提到的页面中包含如下<img>元素：

```
<img src="myimage.gif" name="myImage">
```

那么就可以通过如下方式从 images 变量中取得这个<img>元素：

```
var myImage = images.namedItem("myImage");
```

在提供按索引访问项的基础上，HTMLCollection 还支持按名称访问项，这就为我们取得实际想要的元素提供了便利。而且，对命名的项也可以使用方括号语法来访问，如下所示：

```
var myImage = images["myImage"];
```

对 HTMLCollection 而言，我们可以向方括号中传入数值或字符串形式的索引值。在后台，对数值索引就会调用 item()，而对字符串索引就会调用 namedItem()。

要想取得文档中的所有元素，可以向 getElementsByTagName() 中传入"*"。在 JavaScript 及 CSS 中，星号（*）通常表示"全部"。下面看一个例子。

```
var allElements = document.getElementsByTagName("*");
```

仅此一行代码返回的 `HTMLCollection` 中，就包含了整个页面中的所有元素——按照它们出现的先后顺序。换句话说，第一项是<html>元素，第二项是<head>元素，以此类推。由于 IE 将注释(`Comment`)实现为元素（ `Element` ），因此在 IE 中调用 `getElementsByTagName("*")` 将会返回所有注释节点。

 虽然标准规定标签名需要区分大小写，但为了最大限度地与既有 HTML 页面兼容，传给 `getElementsByTagName()` 的标签名是不需要区分大小写的。但对于 XML 页面而言（包括 XHTML ）， `getElementsByTagName()` 方法就会区分大小写。

第三个方法，也是只有 `HTMLDocument` 类型才有的方法，是 `getElementsByName()`。顾名思义，这个方法会返回带有给定 name 特性的所有元素。最常使用 `getElementsByName()` 方法的情况是取得单选按钮；为了确保发送给浏览器的值正确无误，所有单选按钮必须具有相同的 name 特性，如下面的例子所示。

```
<fieldset>
    <legend>Which color do you prefer?</legend>
    <ul>
        <li><input type="radio" value="red" name="color" id="colorRed">
            <label for="colorRed">Red</label></li>
        <li><input type="radio" value="green" name="color" id="colorGreen">
            <label for="colorGreen">Green</label></li>
        <li><input type="radio" value="blue" name="color" id="colorBlue">
            <label for="colorBlue">Blue</label></li>
    </ul>
</fieldset>
```

如这个例子所示，其中所有单选按钮的 name 特性值都是"color"，但它们的 ID 可以不同。ID 的作用在于将<label>元素应用到每个单选按钮，而 name 特性则用以确保三个值中只有一个被发送给浏览器。这样，我们就可以使用如下代码取得所有单选按钮：

```
var radios = document.getElementsByName("color");
```

与 `getElementsByTagName()` 类似， `getElementsByName()` 方法返回一个 `NodeList`。但是，对于这里的单选按钮来说， `namedItem()` 方法则只会取得第一项（因为每一项的 name 特性都相同）。

4. 特殊集合

除了属性和方法，document 对象还有一些特殊的集合。这些集合都是 `HTMLCollection` 对象，为访问文档常用的部分提供了快捷方式，包括：

❏ `document.anchors`，包含文档中所有带 name 特性的<a>元素；

❏ `document.applets`，包含文档中所有的<applet>元素，因为不再推荐使用<applet>元素，所以这个集合已经不建议使用了；

❏ `document.forms`，包含文档中所有的<form>元素，与 `document.getElementsByTagName("form")` 得到的结果相同；

❏ `document.images`，包含文档中所有的<img>元素，与 `document.getElementsByTagName("img")` 得到的结果相同；

❏ `document.links`，包含文档中所有带 href 特性的<a>元素。

这个特殊集合始终都可以通过 `HTMLDocument` 对象访问到，而且，与 `HTMLCollection` 对象类似，集合中的项也会随着当前文档内容的更新而更新。

5. DOM 一致性检测

由于 DOM 分为多个级别，也包含多个部分，因此检测浏览器实现了 DOM 的哪些部分就十分必要了。document.implementation 属性就是为此提供相应信息和功能的对象，与浏览器对 DOM 的实现直接对应。DOM1 级只为 document.implementation 规定了一个方法，即 hasFeature()。这个方法接受两个参数：要检测的 DOM 功能的名称及版本号。如果浏览器支持给定名称和版本的功能，则该方法返回 true，如下面的例子所示：

```
var hasXmlDom = document.implementation.hasFeature("XML", "1.0");
```

下表列出了可以检测的不同的值及版本号。

功　　能	版　本　号	说　　明
Core	1.0、2.0、3.0	基本的DOM，用于描述表现文档的节点树
XML	1.0、2.0、3.0	Core的XML扩展，添加了对CDATA、处理指令及实体的支持
HTML	1.0、2.0	XML的HTML扩展，添加了对HTML特有元素及实体的支持
Views	2.0	基于某些样式完成文档的格式化
StyleSheets	2.0	将样式表关联到文档
CSS	2.0	对层叠样式表1级的支持
CSS2	2.0	对层叠样式表2级的支持
Events	2.0、3.0	常规的DOM事件
UIEvents	2.0、3.0	用户界面事件
MouseEvents	2.0、3.0	由鼠标引发的事件（click、mouseover等）
MutationEvents	2.0、3.0	DOM树变化时引发的事件
HTMLEvents	2.0	HTML4.01事件
Range	2.0	用于操作DOM树中某个范围的对象和方法
Traversal	2.0	遍历DOM树的方法
LS	3.0	文件与DOM树之间的同步加载和保存
LS-Async	3.0	文件与DOM树之间的异步加载和保存
Validation	3.0	在确保有效的前提下修改DOM树的方法

尽管使用 hasFeature() 确实方便，但也有缺点。因为实现者可以自行决定是否与 DOM 规范的不同部分保持一致。事实上，要想让 hasFearture() 方法针对所有值都返回 true 很容易，但返回 true 有时候也不意味着实现与规范一致。例如，Safari 2.x 及更早版本会在没有完全实现某些 DOM 功能的情况下也返回 true。为此，我们建议多数情况下，在使用 DOM 的某些特殊的功能之前，最好除了检测 hasFeature() 之外，还同时使用能力检测。

6. 文档写入

有一个 document 对象的功能已经存在很多年了，那就是将输出流写入到网页中的能力。这个能力体现在下列 4 个方法中：write()、writeln()、open() 和 close()。其中，write() 和 writeln() 方法都接受一个字符串参数，即要写入到输出流中的文本。write() 会原样写入，而 writeln() 则会在字符串的末尾添加一个换行符（\n）。在页面被加载的过程中，可以使用这两个方法向页面中动态地加入内容，如下面的例子所示。

```
<html>
<head>
    <title>document.write() Example</title>
</head>
<body>
    <p>The current date and time is:
    <script type="text/javascript">
        document.write("<strong>" + (new Date()).toString() + "</strong>");
    </script>
    </p>
</body>
</html>
```

DocumentWriteExample01.htm

这个例子展示了在页面加载过程中输出当前日期和时间的代码。其中，日期被包含在一个<strong>元素中，就像在 HTML 页面中包含普通的文本一样。这样做会创建一个 DOM 元素，而且可以在将来访问该元素。通过 write()和 writeln()输出的任何 HTML 代码都将如此处理。

此外，还可以使用 write()和 writeln()方法动态地包含外部资源，例如 JavaScript 文件等。在包含 JavaScript 文件时，必须注意不能像下面的例子那样直接包含字符串"</script>"，因为这会导致该字符串被解释为脚本块的结束，它后面的代码将无法执行。

```
<html>
<head>
    <title>document.write() Example 2</title>
</head>
<body>
    <script type="text/javascript">
        document.write("<script type=\"text/javascript\" src=\"file.js\">" +
            "</script>");
    </script>
</body>
</html>
```

DocumentWriteExample02.htm

即使这个文件看起来没错，但字符串"</script>"将被解释为与外部的<script>标签匹配，结果文本");将会出现在页面中。为避免这个问题，只需加入转义字符\即可；第 2 章也曾经提及这个问题，解决方案如下。

```
<html>
<head>
    <title>document.write() Example 3</title>
</head>
<body>
    <script type="text/javascript">
        document.write("<script type=\"text/javascript\" src=\"file.js\">" +
            "<\/script>");
    </script>
</body>
</html>
```

DocumentWriteExample03.htm

字符串"<\/script>"不会被当作外部<script>标签的关闭标签，因而页面中也就不会出现多余的内容了。

前面的例子使用 document.write()在页面被呈现的过程中直接向其中输出了内容。如果在文档加载结束后再调用 document.write()，那么输出的内容将会重写整个页面，如下面的例子所示：

```
<html>
<head>
    <title>document.write() Example 4</title>
</head>
<body>
    <p>This is some content that you won't get to see because it will be overwritten.</p>
    <script type="text/javascript">
        window.onload = function(){
            document.write("Hello world!");
        };
    </script>
</body>
</html>
```

DocumentWriteExample04.htm

在这个例子中，我们使用了 window.onload 事件处理程序（事件将在第 13 章讨论），等到页面完全加载之后延迟执行函数。函数执行之后，字符串"Hello world!"会重写整个页面内容。

方法 open()和 close()分别用于打开和关闭网页的输出流。如果是在页面加载期间使用 write()或 writeln()方法，则不需要用到这两个方法。

 　　严格型 XHTML 文档不支持文档写入。对于那些按照 application/xml+xhtml 内容类型提供的页面，这两个方法也同样无效。

10.1.3 **Element** 类型

除了 Document 类型之外，Element 类型就要算是 Web 编程中最常用的类型了。Element 类型用于表现 XML 或 HTML 元素，提供了对元素标签名、子节点及特性的访问。Element 节点具有以下特征：

❑ nodeType 的值为 1；
❑ nodeName 的值为元素的标签名；
❑ nodeValue 的值为 null；
❑ parentNode 可能是 Document 或 Element；
❑ 其子节点可能是 Element、Text、Comment、ProcessingInstruction、CDATASection 或 EntityReference。

要访问元素的标签名，可以使用 nodeName 属性，也可以使用 tagName 属性；这两个属性会返回相同的值（使用后者主要是为了清晰起见）。以下面的元素为例：

```
<div id="myDiv"></div>
```

可以像下面这样取得这个元素及其标签名：

```
var div = document.getElementById("myDiv");
alert(div.tagName);      //"DIV"
alert(div.tagName == div.nodeName); //true
```

这里的元素标签名是 div，它拥有一个值为"myDiv"的 ID。可是，div.tagName 实际上输出的是 "DIV"而非"div"。在 HTML 中，标签名始终都以全部大写表示；而在 XML（有时候也包括 XHTML）中，标签名则始终会与源代码中的保持一致。假如你不确定自己的脚本将会在 HTML 还是 XML 文档中执行，最好是在比较之前将标签名转换为相同的大小写形式，如下面的例子所示：

```
if (element.tagName == "div"){ //不能这样比较，很容易出错!
    //在此执行某些操作
}

if (element.tagName.toLowerCase() == "div"){ //这样最好（适用于任何文档）
    //在此执行某些操作
}
```

这个例子展示了围绕 tagName 属性的两次比较操作。第一次比较非常容易出错，因为其代码在 HTML 文档中不管用。第二次比较将标签名转换成了全部小写，是我们推荐的做法，因为这种做法适用于 HTML 文档，也适用于 XML 文档。

 　　可以在任何浏览器中通过脚本访问 Element 类型的构造函数及原型，包括 IE8 及之前版本。在 Safari 2 之前版本和 Opera 8 之前的版本中，不能访问 Element 类型的构造函数。

1. HTML 元素

所有 HTML 元素都由 HTMLElement 类型表示，不是直接通过这个类型，也是通过它的子类型来表示。HTMLElement 类型直接继承自 Element 并添加了一些属性。添加的这些属性分别对应于每个 HTML 元素中都存在的下列标准特性。

- ❏ id，元素在文档中的唯一标识符。
- ❏ title，有关元素的附加说明信息，一般通过工具提示条显示出来。
- ❏ lang，元素内容的语言代码，很少使用。
- ❏ dir，语言的方向，值为"ltr"（left-to-right，从左至右）或"rtl"（right-to-left，从右至左），也很少使用。
- ❏ className，与元素的 class 特性对应，即为元素指定的 CSS 类。没有将这个属性命名为 class，是因为 class 是 ECMAScript 的保留字（有关保留字的信息，请参见第 1 章）。

上述这些属性都可以用来取得或修改相应的特性值。以下面的 HTML 元素为例：

```
<div id="myDiv" class="bd" title="Body text" lang="en" dir="ltr"></div>
```

HTMLElementsExample01.htm

元素中指定的所有信息，都可以通过下列 JavaScript 代码取得：

```
var div = document.getElementById("myDiv");
alert(div.id);              //"myDiv"
alert(div.className);       //"bd"
alert(div.title);           //"Body text"
alert(div.lang);            //"en"
alert(div.dir);             //"ltr"
```

当然，像下面这样通过为每个属性赋予新的值，也可以修改对应的每个特性：

```
div.id = "someOtherId";
div.className = "ft";
div.title = "Some other text";
div.lang = "fr";
div.dir ="rtl";
```

　　并不是对所有属性的修改都会在页面中直观地表现出来。对 `id` 或 `lang` 的修改对用户而言是透明不可见的（假设没有基于它们的值设置的 CSS 样式），而对 `title` 的修改则只会在鼠标移动到这个元素之上时才会显示出来。对 `dir` 的修改会在属性被重写的那一刻，立即影响页面中文本的左、右对齐方式。修改 `className` 时，如果新类关联了与此前不同的 CSS 样式，那么就会立即应用新的样式。

　　前面提到过，所有 HTML 元素都是由 `HTMLElement` 或者其更具体的子类型来表示的。下表列出了所有 HTML 元素以及与之关联的类型（以斜体印刷的元素表示已经不推荐使用了）。注意，表中的这些类型在 Opera、Safari、Chrome 和 Firefox 中都可以通过 JavaScript 访问，但在 IE8 之前的版本中不能通过 JavaScript 访问。

元　　素	类　　型	元　　素	类　　型
A	HTMLAnchorElement	EM	HTMLElement
ABBR	HTMLElement	FIELDSET	HTMLFieldSetElement
ACRONYM	HTMLElement	*FONT*	*HTMLFontElement*
ADDRESS	HTMLElement	FORM	HTMLFormElement
APPLET	*HTMLAppletElement*	FRAME	HTMLFrameElement
AREA	HTMLAreaElement	FRAMESET	HTMLFrameSetElement
B	HTMLElement	H1	HTMLHeadingElement
BASE	HTMLBaseElement	H2	HTMLHeadingElement
BASEFONT	*HTMLBaseFontElement*	H3	HTMLHeadingElement
BDO	HTMLElement	H4	HTMLHeadingElement
BIG	HTMLElement	H5	HTMLHeadingElement
BLOCKQUOTE	HTMLQuoteElement	H6	HTMLHeadingElement
BODY	HTMLBodyElement	HEAD	HTMLHeadElement
BR	HTMLBRElement	HR	HTMLHRElement
BUTTON	HTMLButtonElement	HTML	HTMLHtmlElement
CAPTION	HTMLTableCaptionElement	I	HTMLElement
CENTER	*HTMLElement*	IFRAME	HTMLIFrameElement
CITE	HTMLElement	IMG	HTMLImageElement
CODE	HTMLElement	INPUT	HTMLInputElement
COL	HTMLTableColElement	INS	HTMLModElement
COLGROUP	HTMLTableColElement	*ISINDEX*	*HTMLIsIndexElement*
DD	HTMLElement	KBD	HTMLElement
DEL	HTMLModElement	LABEL	HTMLLabelElement
DFN	HTMLElement	LEGEND	HTMLLegendElement
DIR	*HTMLDirectoryElement*	LI	HTMLLIElement
DIV	HTMLDivElement	LINK	HTMLLinkElement
DL	HTMLDListElement	MAP	HTMLMapElement
DT	HTMLElement	*MENU*	*HTMLMenuElement*

10

（续）

元　素	类　型	元　素	类　型
META	HTMLMetaElement	STRONG	HTMLElement
NOFRAMES	HTMLElement	STYLE	HTMLStyleElement
NOSCRIPT	HTMLElement	SUB	HTMLElement
OBJECT	HTMLObjectElement	SUP	HTMLElement
OL	HTMLOListElement	TABLE	HTMLTableElement
OPTGROUP	HTMLOptGroupElement	TBODY	HTMLTableSectionElement
OPTION	HTMLOptionElement	TD	HTMLTableCellElement
P	HTMLParagraphElement	TEXTAREA	HTMLTextAreaElement
PARAM	HTMLParamElement	TFOOT	HTMLTableSectionElement
PRE	HTMLPreElement	TH	HTMLTableCellElement
Q	HTMLQuoteElement	THEAD	HTMLTableSectionElement
S	*HTMLElement*	TITLE	HTMLTitleElement
SAMP	HTMLElement	TR	HTMLTableRowElement
SCRIPT	HTMLScriptElement	TT	HTMLElement
SELECT	HTMLSelectElement	*U*	*HTMLElement*
SMALL	HTMLElement	UL	HTMLUListElement
SPAN	HTMLElement	VAR	HTMLElement
STRIKE	*HTMLElement*		

表中的每一种类型都有与之相关的特性和方法。本书将会讨论其中很多类型。

2. 取得特性

每个元素都有一或多个特性，这些特性的用途是给出相应元素或其内容的附加信息。操作特性的 DOM 方法主要有三个，分别是 getAttribute()、setAttribute()和 removeAttribute()。这三个方法可以针对任何特性使用，包括那些以 HTMLElement 类型属性的形式定义的特性。来看下面的例子：

```
var div = document.getElementById("myDiv");
alert(div.getAttribute("id"));          //"myDiv"
alert(div.getAttribute("class"));       //"bd"
alert(div.getAttribute("title"));       //"Body text"
alert(div.getAttribute("lang"));        //"en"
alert(div.getAttribute("dir"));         //"ltr"
```

注意，传递给 getAttribute()的特性名与实际的特性名相同。因此要想得到 class 特性值，应该传入"class"而不是"className"，后者只有在通过对象属性访问特性时才用。如果给定名称的特性不存在，getAttribute()返回 null。

通过 getAttribute()方法也可以取得自定义特性（即标准 HTML 语言中没有的特性）的值，以下面的元素为例：

```
<div id="myDiv" my_special_attribute="hello!"></div>
```

这个元素包含一个名为 my_special_attribute 的自定义特性，它的值是"hello!"。可以像取得其他特性一样取得这个值，如下所示：

```
var value = div.getAttribute("my_special_attribute");
```

不过，特性的名称是不区分大小写的，即"ID"和"id"代表的都是同一个特性。另外也要注意，根据 HTML5 规范，自定义特性应该加上 data-前缀以便验证。

任何元素的所有特性，也都可以通过 DOM 元素本身的属性来访问。当然，HTMLElement 也会有 5 个属性与相应的特性一一对应。不过，只有公认的（非自定义的）特性才会以属性的形式添加到 DOM 对象中。以下面的元素为例：

```
<div id="myDiv" align="left" my_special_attribute="hello!"></div>
```

因为 id 和 align 在 HTML 中是<div>的公认特性，因此该元素的 DOM 对象中也将存在对应的属性。不过，自定义特性 my_special_attribute 在 Safari、Opera、Chrome 及 Firefox 中是不存在的；但 IE 却会为自定义特性也创建属性，如下面的例子所示：

```
alert(div.id);                          //"myDiv"
alert(div.my_special_attribute);        //undefined (IE 除外)
alert(div.align);                       //"left"
```

ElementAttributesExample02.htm

有两类特殊的特性，它们虽然有对应的属性名，但属性的值与通过 getAttribute()返回的值并不相同。第一类特性就是 style，用于通过 CSS 为元素指定样式。在通过 getAttribute()访问时，返回的 style 特性值中包含的是 CSS 文本，而通过属性来访问它则会返回一个对象。由于 style 属性是用于以编程方式访问元素样式的（本章后面讨论），因此并没有直接映射到 style 特性。

第二类与众不同的特性是 onclick 这样的事件处理程序。当在元素上使用时，onclick 特性中包含的是 JavaScript 代码，如果通过 getAttribute()访问，则会返回相应代码的字符串。而在访问 onclick 属性时，则会返回一个 JavaScript 函数（如果未在元素中指定相应特性，则返回 null）。这是因为 onclick 及其他事件处理程序属性本身就应该被赋予函数值。

由于存在这些差别，在通过 JavaScript 以编程方式操作 DOM 时，开发人员经常不使用 getAttribute()，而是只使用对象的属性。只有在取得自定义特性值的情况下，才会使用 getAttribute()方法。

在 IE7 及以前版本中，通过 getAttribute()方法访问 style 特性或 onclick 这样的事件处理特性时，返回的值与属性的值相同。换句话说，getAttribute("style")返回一个对象，而 getAttribute("onclick")返回一个函数。虽然 IE8 已经修复了这个 bug，但不同 IE 版本间的不一致性，也是导致开发人员不使用 getAttribute()访问 HTML 特性的一个原因。

3. 设置特性

与 getAttribute()对应的方法是 setAttribute()，这个方法接受两个参数：要设置的特性名和值。如果特性已经存在，setAttribute()会以指定的值替换现有的值；如果特性不存在，setAttribute()则创建该属性并设置相应的值。来看下面的例子：

```
div.setAttribute("id", "someOtherId");
div.setAttribute("class", "ft");
div.setAttribute("title", "Some other text");
div.setAttribute("lang","fr");
div.setAttribute("dir", "rtl");
```

ElementAttributesExample01.htm

10

通过 setAttribute()方法既可以操作 HTML 特性也可以操作自定义特性。通过这个方法设置的特性名会被统一转换为小写形式，即"ID"最终会变成"id"。

因为所有特性都是属性，所以直接给属性赋值可以设置特性的值，如下所示。

```
div.id = "someOtherId";
div.align = "left";
```

不过，像下面这样为 DOM 元素添加一个自定义的属性，该属性不会自动成为元素的特性。

```
div.mycolor = "red";
alert(div.getAttribute("mycolor")); //null (IE 除外)
```

这个例子添加了一个名为 mycolor 的属性并将它的值设置为"red"。在大多数浏览器中，这个属性都不会自动变成元素的特性，因此想通过 getAttribute()取得同名特性的值，结果会返回 null。可是，自定义属性在 IE 中会被当作元素的特性，反之亦然。

　　　　在 IE7 及以前版本中，setAttribute()存在一些异常行为。通过这个方法设置 class 和 style 特性，没有任何效果，而使用这个方法设置事件处理程序特性时也一样。尽管到了 IE8 才解决这些问题，但我们还是推荐通过属性来设置特性。

要介绍的最后一个方法是 removeAttribute()，这个方法用于彻底删除元素的特性。调用这个方法不仅会清除特性的值，而且也会从元素中完全删除特性，如下所示：

```
div.removeAttribute("class");
```

这个方法并不常用，但在序列化 DOM 元素时，可以通过它来确切地指定要包含哪些特性。

　　　　IE6 及以前版本不支持 removeAttribute()。

4. attributes 属性

Element 类型是使用 attributes 属性的唯一一个 DOM 节点类型。attributes 属性中包含一个 NamedNodeMap，与 NodeList 类似，也是一个"动态"的集合。元素的每一个特性都由一个 Attr 节点表示，每个节点都保存在 NamedNodeMap 对象中。NamedNodeMap 对象拥有下列方法。

- ❑ getNamedItem(name)：返回 nodeName 属性等于 name 的节点；
- ❑ removeNamedItem(name)：从列表中移除 nodeName 属性等于 name 的节点；
- ❑ setNamedItem(node)：向列表中添加节点，以节点的 nodeName 属性为索引；
- ❑ item(pos)：返回位于数字 pos 位置处的节点。

attributes 属性中包含一系列节点，每个节点的 nodeName 就是特性的名称，而节点的 nodeValue 就是特性的值。要取得元素的 id 特性，可以使用以下代码。

```
var id = element.attributes.getNamedItem("id").nodeValue;
```

以下是使用方括号语法通过特性名称访问节点的简写方式。

```
var id = element.attributes["id"].nodeValue;
```

也可以使用这种语法来设置特性的值，即先取得特性节点，然后再将其 nodeValue 设置为新值，如下所示。

```
element.attributes["id"].nodeValue = "someOtherId";
```

调用 removeNamedItem()方法与在元素上调用 removeAttribute()方法的效果相同——直接删除具有给定名称的特性。下面的例子展示了两个方法间唯一的区别，即 removeNamedItem()返回表示被删除特性的 Attr 节点。

```
var oldAttr = element.attributes.removeNamedItem("id");
```

最后，setNamedItem()是一个很不常用的方法，通过这个方法可以为元素添加一个新特性，为此需要为它传入一个特性节点，如下所示。

```
element.attributes.setNamedItem(newAttr);
```

一般来说，由于前面介绍的 attributes 的方法不够方便，因此开发人员更多的会使用 getAttribute()、removeAttribute()和 setAttribute()方法。

不过，如果想要遍历元素的特性，attributes 属性倒是可以派上用场。在需要将 DOM 结构序列化为 XML 或 HTML 字符串时，多数都会涉及遍历元素特性。以下代码展示了如何迭代元素的每一个特性，然后将它们构造成 *name="value" name="value"*这样的字符串格式。

```
function outputAttributes(element){
    var pairs = new Array(),
        attrName,
        attrValue,
        i,
        len;

    for (i=0, len=element.attributes.length; i < len; i++){
        attrName = element.attributes[i].nodeName;
        attrValue = element.attributes[i].nodeValue;
        pairs.push(attrName + "=\"" + attrValue + "\"");
    }
    return pairs.join(" ");
}
```

ElementAttributesExample03.htm

这个函数使用了一个数组来保存名值对，最后再以空格为分隔符将它们拼接起来（这是序列化长字符串时的一种常用技巧）。通过 attributes.length 属性，for 循环会遍历每个特性，将特性的名称和值输出为字符串。关于以上代码的运行结果，以下是两点必要的说明。

❑ 针对 attributes 对象中的特性，不同浏览器返回的顺序不同。这些特性在 XML 或 HTML 代码中出现的先后顺序，不一定与它们出现在 attributes 对象中的顺序一致。

❑ IE7 及更早的版本会返回 HTML 元素中所有可能的特性，包括没有指定的特性。换句话说，返回 100 多个特性的情况会很常见。

针对 IE7 及更早版本中存在的问题，可以对上面的函数加以改进，让它只返回指定的特性。每个特性节点都有一个名为 specified 的属性，这个属性的值如果为 true，则意味着要么是在 HTML 中指定了相应特性，要么是通过 setAttribute()方法设置了该特性。在 IE 中，所有未设置过的特性的该属性值都为 false，而在其他浏览器中根本不会为这类特性生成对应的特性节点（因此，在这些浏览器中，任何特性节点的 specified 值始终为 true）。改进后的代码如下所示。

```
function outputAttributes(element){
    var pairs = new Array(),
        attrName,
        attrValue,
        i,
        len;

    for (i=0, len=element.attributes.length; i < len; i++){
        attrName = element.attributes[i].nodeName;
        attrValue = element.attributes[i].nodeValue;
        if (element.attributes[i].specified) {
            pairs.push(attrName + "=\"" + attrValue + "\"");
        }
    }
    return pairs.join(" ");
}
```

ElementAttributesExample04.htm

这个经过改进的函数可以确保即使在 IE7 及更早的版本中，也会只返回指定的特性。

5. 创建元素

使用 document.createElement() 方法可以创建新元素。这个方法只接受一个参数，即要创建元素的标签名。这个标签名在 HTML 文档中不区分大小写，而在 XML（包括 XHTML）文档中，则是区分大小写的。例如，使用下面的代码可以创建一个<div>元素。

```
var div = document.createElement("div");
```

在使用 createElement() 方法创建新元素的同时，也为新元素设置了 ownerDocument 属性。此时，还可以操作元素的特性，为它添加更多子节点，以及执行其他操作。来看下面的例子。

```
div.id = "myNewDiv";
div.className = "box";
```

在新元素上设置这些特性只是给它们赋予了相应的信息。由于新元素尚未被添加到文档树中，因此设置这些特性不会影响浏览器的显示。要把新元素添加到文档树，可以使用 appendChild()、insertBefore() 或 replaceChild() 方法。下面的代码会把新创建的元素添加到文档的<body>元素中。

```
document.body.appendChild(div);
```

CreateElementExample01.htm

一旦将元素添加到文档树中，浏览器就会立即呈现该元素。此后，对这个元素所作的任何修改都会实时反映在浏览器中。

在 IE 中可以以另一种方式使用 createElement()，即为这个方法传入完整的元素标签，也可以包含属性，如下面的例子所示。

```
var div = document.createElement("<div id=\"myNewDiv\" class=\"box\"></div >");
```

这种方式有助于避开在 IE7 及更早版本中动态创建元素的某些问题。下面是已知的一些这类问题。

❑ 不能设置动态创建的<iframe>元素的 name 特性。

❑ 不能通过表单的 reset() 方法重设动态创建的<input>元素（第 13 章将讨论 reset() 方法）。

❑ 动态创建的 type 特性值为"reset"的<button>元素重设不了表单。

❑ 动态创建的一批 name 相同的单选按钮彼此毫无关系。name 值相同的一组单选按钮本来应该用于表示同一选项的不同值，但动态创建的一批这种单选按钮之间却没有这种关系。

上述所有问题都可以通过在 createElement() 中指定完整的 HTML 标签来解决，如下面的例子所示。

```
if (client.browser.ie && client.browser.ie <=7){

    //创建一个带 name 特性的 iframe 元素
    var iframe = document.createElement("<iframe name=\"myframe\"></iframe>");

    //创建 input 元素
    var input = document.createElement("<input type=\"checkbox\">");

    //创建 button 元素
    var button = document.createElement("<button type=\"reset\"></button>");

    //创建单选按钮
    var radio1 = document.createElement("<input type=\"radio\" name=\"choice\" " +
        "value=\"1\">");
    var radio2 = document.createElement("<input type=\"radio\" name=\"choice\" " +
        "value=\"2\">");
}
```

与使用 createElement() 的惯常方式一样，这样的用法也会返回一个 DOM 元素的引用。可以将这个引用添加到文档中，也可以对其加以增强。但是，由于这样的用法要求使用浏览器检测，因此我们建议只在需要避开 IE 及更早版本中上述某个问题的情况下使用。其他浏览器都不支持这种用法。

6. 元素的子节点

元素可以有任意数目的子节点和后代节点，因为元素可以是其他元素的子节点。元素的 childNodes 属性中包含了它的所有子节点，这些子节点有可能是元素、文本节点、注释或处理指令。不同浏览器在看待这些节点方面存在显著的不同，以下面的代码为例。

```
<ul id="myList">
    <li>Item 1</li>
    <li>Item 2</li>
    <li>Item 3</li>
</ul>
```

如果是 IE 来解析这些代码，那么<ul>元素会有 3 个子节点，分别是 3 个<li>元素。但如果是在其他浏览器中，<ul>元素都会有 7 个元素，包括 3 个<li>元素和 4 个文本节点（表示<li>元素之间的空白符）。如果像下面这样将元素间的空白符删除，那么所有浏览器都会返回相同数目的子节点。

```
<ul id="myList"><li>Item 1</li><li>Item 2</li><li>Item 3</li></ul>
```

对于这段代码，<ul>元素在任何浏览器中都会包含 3 个子节点。如果需要通过 childNodes 属性遍历子节点，那么一定不要忘记浏览器间的这一差别。这意味着在执行某项操作以前，通常都要先检查一下 nodeTpye 属性，如下面的例子所示。

```
for (var i=0, len=element.childNodes.length; i < len; i++){
    if (element.childNodes[i].nodeType == 1){
        //执行某些操作
    }
}
```

10

　　这个例子会循环遍历特定元素的每一个子节点，然后只在子节点的 nodeType 等于 1（表示是元素节点）的情况下，才会执行某些操作。

　　如果想通过某个特定的标签名取得子节点或后代节点该怎么办呢？实际上，元素也支持 getElementsByTagName() 方法。在通过元素调用这个方法时，除了搜索起点是当前元素之外，其他方面都跟通过 document 调用这个方法相同，因此结果只会返回当前元素的后代。例如，要想取得前面 `<ul>` 元素中包含的所有 `<li>` 元素，可以使用下列代码。

```
var ul = document.getElementById("myList");
var items = ul.getElementsByTagName("li");
```

　　要注意的是，这里 `<ul>` 的后代中只包含直接子元素。不过，如果它包含更多层次的后代元素，那么各个层次中包含的 `<li>` 元素也都会返回。

10.1.4　Text 类型

　　文本节点由 Text 类型表示，包含的是可以照字面解释的纯文本内容。纯文本中可以包含转义后的 HTML 字符，但不能包含 HTML 代码。Text 节点具有以下特征：

- ❑ nodeType 的值为 3；
- ❑ nodeName 的值为 "#text"；
- ❑ nodeValue 的值为节点所包含的文本；
- ❑ parentNode 是一个 Element；
- ❑ 不支持（没有）子节点。

　　可以通过 nodeValue 属性或 data 属性访问 Text 节点中包含的文本，这两个属性中包含的值相同。对 nodeValue 的修改也会通过 data 反映出来，反之亦然。使用下列方法可以操作节点中的文本。

- ❑ appendData(*text*)：将 *text* 添加到节点的末尾。
- ❑ deleteData(*offset*, *count*)：从 *offset* 指定的位置开始删除 *count* 个字符。
- ❑ insertData(*offset*, *text*)：在 *offset* 指定的位置插入 *text*。
- ❑ replaceData(*offset*, *count*, *text*)：用 *text* 替换从 *offset* 指定的位置开始到 *offset*+ *count* 为止处的文本。
- ❑ splitText(*offset*)：从 *offset* 指定的位置将当前文本节点分成两个文本节点。
- ❑ substringData(*offset*, *count*)：提取从 *offset* 指定的位置开始到 *offset*+*count* 为止处的字符串。

　　除了这些方法之外，文本节点还有一个 length 属性，保存着节点中字符的数目。而且，nodeValue.length 和 data.length 中也保存着同样的值。

　　在默认情况下，每个可以包含内容的元素最多只能有一个文本节点，而且必须确实有内容存在。来看几个例子。

```
<!-- 没有内容，也就没有文本节点 -->
<div></div>

<!-- 有空格，因而有一个文本节点 -->
<div> </div>

<!-- 有内容，因而有一个文本节点 -->
<div>Hello World!</div>
```

上面代码给出的第一个<div>元素没有内容，因此也就不存在文本节点。开始与结束标签之间只要存在内容，就会创建一个文本节点。因此，第二个<div>元素中虽然只包含一个空格，但仍然有一个文本子节点；文本节点的 nodeValue 值是一个空格。第三个<div>也有一个文本节点，其 nodeValue 的值为"Hello World!"。可以使用以下代码来访问这些文本子节点。

```
var textNode = div.firstChild;     //或者 div.childNodes[0]
```

在取得了文本节点的引用后，就可以像下面这样来修改它了。

```
div.firstChild.nodeValue = "Some other message";
```

TextNodeExample01.htm

如果这个文本节点当前存在于文档树中，那么修改文本节点的结果就会立即得到反映。另外，在修改文本节点时还要注意，此时的字符串会经过 HTML（或 XML，取决于文档类型）编码。换句话说，小于号、大于号或引号都会像下面的例子一样被转义。

```
//输出结果是"Some &lt;strong&gt;other&lt;/strong&gt; message"
div.firstChild.nodeValue = "Some <strong>other</strong> message";
```

TextNodeExample02.htm

应该说，这是在向 DOM 文档中插入文本之前，先对其进行 HTML 编码的一种有效方式。

> 在 IE8、Firefox、Safari、Chrome 和 Opera 中，可以通过脚本访问 Text 类型的构造函数和原型。

1. 创建文本节点

可以使用 document.createTextNode()创建新文本节点，这个方法接受一个参数——要插入节点中的文本。与设置已有文本节点的值一样，作为参数的文本也将按照 HTML 或 XML 的格式进行编码。

```
var textNode = document.createTextNode("<strong>Hello</strong> world!");
```

在创建新文本节点的同时，也会为其设置 ownerDocument 属性。不过，除非把新节点添加到文档树中已经存在的节点中，否则我们不会在浏览器窗口中看到新节点。下面的代码会创建一个<div>元素并向其中添加一条消息。

```
var element = document.createElement("div");
element.className = "message";

var textNode = document.createTextNode("Hello world!");
element.appendChild(textNode);

document.body.appendChild(element);
```

TextNodeExample03.htm

这个例子创建了一个新<div>元素并为它指定了值为"message"的 class 特性。然后，又创建了一个文本节点，并将其添加到前面创建的元素中。最后一步，就是将这个元素添加到了文档的<body>元素中，这样就可以在浏览器中看到新创建的元素和文本节点了。

10

一般情况下，每个元素只有一个文本子节点。不过，在某些情况下也可能包含多个文本子节点，如下面的例子所示。

```
var element = document.createElement("div");
element.className = "message";

var textNode = document.createTextNode("Hello world!");
element.appendChild(textNode);

var anotherTextNode = document.createTextNode("Yippee!");
element.appendChild(anotherTextNode);

document.body.appendChild(element);
```

TextNodeExample04.htm

如果两个文本节点是相邻的同胞节点，那么这两个节点中的文本就会连起来显示，中间不会有空格。

2. 规范化文本节点

DOM 文档中存在相邻的同胞文本节点很容易导致混乱，因为分不清哪个文本节点表示哪个字符串。另外，DOM 文档中出现相邻文本节点的情况也不在少数，于是就催生了一个能够将相邻文本节点合并的方法。这个方法是由 Node 类型定义的（因而在所有节点类型中都存在），名叫 normalize()。如果在一个包含两个或多个文本节点的父元素上调用 normalize() 方法，则会将所有文本节点合并成一个节点，结果节点的 nodeValue 等于将合并前每个文本节点的 nodeValue 值拼接起来的值。来看一个例子。

```
var element = document.createElement("div");
element.className = "message";

var textNode = document.createTextNode("Hello world!");
element.appendChild(textNode);

var anotherTextNode = document.createTextNode("Yippee!");
element.appendChild(anotherTextNode);

document.body.appendChild(element);

alert(element.childNodes.length);      //2

element.normalize();
alert(element.childNodes.length);      //1
alert(element.firstChild.nodeValue);     // "Hello world!Yippee!"
```

TextNodeExample05.htm

浏览器在解析文档时永远不会创建相邻的文本节点。这种情况只会作为执行 DOM 操作的结果出现。

　在某些情况下，执行 normalize() 方法会导致 IE6 崩溃。不过，在 IE6 后来的补丁中，可能已经修复了这个问题（未经证实）。IE7 及更高版本中不存在这个问题。

3. 分割文本节点

Text 类型提供了一个作用与 normalize() 相反的方法：splitText()。这个方法会将一个文本节点分成两个文本节点，即按照指定的位置分割 nodeValue 值。原来的文本节点将包含从开始到指定位置之前的内容，新文本节点将包含剩下的文本。这个方法会返回一个新文本节点，该节点与原节点的 parentNode 相同。来看下面的例子。

```javascript
var element = document.createElement("div");
element.className = "message";

var textNode = document.createTextNode("Hello world!");
element.appendChild(textNode);

document.body.appendChild(element);

var newNode = element.firstChild.splitText(5);
alert(element.firstChild.nodeValue);    //"Hello"
alert(newNode.nodeValue);               //" world!"
alert(element.childNodes.length);       //2
```

TextNodeExample06.htm

在这个例子中，包含"Hello world!"的文本节点被分割为两个文本节点，从位置 5 开始。位置 5 是"Hello"和"world!"之间的空格，因此原来的文本节点将包含字符串"Hello"，而新文本节点将包含文本"world!"（包含空格）。

分割文本节点是从文本节点中提取数据的一种常用 DOM 解析技术。

10.1.5　Comment 类型

注释在 DOM 中是通过 Comment 类型来表示的。Comment 节点具有下列特征：

- ❑ nodeType 的值为 8；
- ❑ nodeName 的值为"#comment"；
- ❑ nodeValue 的值是注释的内容；
- ❑ parentNode 可能是 Document 或 Element；
- ❑ 不支持（没有）子节点。

Comment 类型与 Text 类型继承自相同的基类，因此它拥有除 splitText() 之外的所有字符串操作方法。与 Text 类型相似，也可以通过 nodeValue 或 data 属性来取得注释的内容。

注释节点可以通过其父节点来访问，以下面的代码为例。

```html
<div id="myDiv"><!--A comment --></div>
```

在此，注释节点是<div>元素的一个子节点，因此可以通过下面的代码来访问它。

```javascript
var div = document.getElementById("myDiv");
var comment = div.firstChild;
alert(comment.data);     //"A comment"
```

CommentNodeExample01.htm

10

另外，使用 document.createComment() 并为其传递注释文本也可以创建注释节点，如下面的例子所示。

```
var comment = document.createComment("A comment");
```

显然，开发人员很少会创建和访问注释节点，因为注释节点对算法鲜有影响。此外，浏览器也不会识别位于</html>标签后面的注释。如果要访问注释节点，一定要保证它们是<html>元素的后代（即位于<html>和</html>之间）。

　　在 Firefox、Safari、Chrome 和 Opera 中，可以访问 Comment 类型的构造函数和原型。在 IE8 中，注释节点被视作标签名为 "!" 的元素。也就是说，使用 getElementsByTagName() 可以取得注释节点。尽管 IE9 没有把注释当成元素，但它仍然通过一个名为 HTMLCommentElement 的构造函数来表示注释。

10.1.6　CDATASection 类型

CDATASection 类型只针对基于 XML 的文档，表示的是 CDATA 区域。与 Comment 类似，CDATASection 类型继承自 Text 类型，因此拥有除 splitText() 之外的所有字符串操作方法。CDATASection 节点具有下列特征：

- ❏ nodeType 的值为 4；
- ❏ nodeName 的值为 "#cdata-section"；
- ❏ nodeValue 的值是 CDATA 区域中的内容；
- ❏ parentNode 可能是 Document 或 Element；
- ❏ 不支持（没有）子节点。

CDATA 区域只会出现在 XML 文档中，因此多数浏览器都会把 CDATA 区域错误地解析为 Comment 或 Element。以下面的代码为例：

```
<div id="myDiv"><![CDATA[This is some content.]]></div>
```

这个例子中的<div>元素应该包含一个 CDATASection 节点。可是，四大主流浏览器无一能够这样解析它。即使对于有效的 XHTML 页面，浏览器也没有正确地支持嵌入的 CDATA 区域。

在真正的 XML 文档中，可以使用 document.createCDataSection() 来创建 CDATA 区域，只需为其传入节点的内容即可。

　　在 Firefox、Safari、Chrome 和 Opera 中，可以访问 CDATASection 类型的构造函数和原型。IE9 及之前版本不支持这个类型。

10.1.7　DocumentType 类型

DocumentType 类型在 Web 浏览器中并不常用，仅有 Firefox、Safari 和 Opera 支持它[①]。Document-

---

① Chrome 4.0 也支持 DocumentType 类型。

Type 包含着与文档的 doctype 有关的所有信息，它具有下列特征：

- ❑ nodeType 的值为 10；
- ❑ nodeName 的值为 doctype 的名称；
- ❑ nodeValue 的值为 null；
- ❑ parentNode 是 Document；
- ❑ 不支持（没有）子节点。

在 DOM1 级中，DocumentType 对象不能动态创建，而只能通过解析文档代码的方式来创建。支持它的浏览器会把 DocumentType 对象保存在 document.doctype 中。DOM1 级描述了 DocumentType 对象的 3 个属性：name、entities 和 notations。其中，name 表示文档类型的名称；entities 是由文档类型描述的实体的 NamedNodeMap 对象；notations 是由文档类型描述的符号的 NamedNodeMap 对象。通常，浏览器中的文档使用的都是 HTML 或 XHTML 文档类型，因而 entities 和 notations 都是空列表（列表中的项来自行内文档类型声明）。但不管怎样，只有 name 属性是有用的。这个属性中保存的是文档类型的名称，也就是出现在<!DOCTYPE 之后的文本。以下面严格型 HTML 4.01 的文档类型声明为例：

```
<!DOCTYPE HTML PUBLIC "-//W3C//DTD HTML 4.01//EN"
  "http://www.w3.org/TR/html4/strict.dtd">
```

DocumentType 的 name 属性中保存的就是"HTML"：

```
alert(document.doctype.name);        //"HTML"
```

IE 及更早版本不支持 DocumentType，因此 document.doctype 的值始终都等于 null。可是，这些浏览器会把文档类型声明错误地解释为注释，并且为它创建一个注释节点。IE9 会给 document.doctype 赋正确的对象，但仍然不支持访问 DocumentType 类型。

10.1.8　DocumentFragment 类型

在所有节点类型中，只有 DocumentFragment 在文档中没有对应的标记。DOM 规定文档片段（document fragment）是一种"轻量级"的文档，可以包含和控制节点，但不会像完整的文档那样占用额外的资源。DocumentFragment 节点具有下列特征：

- ❑ nodeType 的值为 11；
- ❑ nodeName 的值为"#document-fragment"；
- ❑ nodeValue 的值为 null；
- ❑ parentNode 的值为 null；
- ❑ 子节点可以是 Element、ProcessingInstruction、Comment、Text、CDATASection 或 EntityReference。

虽然不能把文档片段直接添加到文档中，但可以将它作为一个"仓库"来使用，即可以在里面保存将来可能会添加到文档中的节点。要创建文档片段，可以使用 document.createDocumentFragment()方法，如下所示：

```
var fragment = document.createDocumentFragment();
```

文档片段继承了 Node 的所有方法，通常用于执行那些针对文档的 DOM 操作。如果将文档中的节点添加到文档片段中，就会从文档树中移除该节点，也不会从浏览器中再看到该节点。添加到文档片段中的新节点同样也不属于文档树。可以通过 appendChild() 或 insertBefore() 将文档片段中内容添加到文档中。在将文档片段作为参数传递给这两个方法时，实际上只会将文档片段的所有子节点添加到相应位置上；文档片段本身永远不会成为文档树的一部分。来看下面的 HTML 示例代码：

```
<ul id="myList"></ul>
```

假设我们想为这个<ul>元素添加 3 个列表项。如果逐个地添加列表项，将会导致浏览器反复渲染（呈现）新信息。为避免这个问题，可以像下面这样使用一个文档片段来保存创建的列表项，然后再一次性将它们添加到文档中。

```
var fragment = document.createDocumentFragment();
var ul = document.getElementById("myList");
var li = null;

for (var i=0; i < 3; i++){
    li = document.createElement("li");
    li.appendChild(document.createTextNode("Item " + (i+1)));
    fragment.appendChild(li);
}

ul.appendChild(fragment);
```

DocumentFragmentExample01.htm

在这个例子中，我们先创建一个文档片段并取得了对<ul>元素的引用。然后，通过 for 循环创建 3 个列表项，并通过文本表示它们的顺序。为此，需要分别创建<li>元素、创建文本节点，再把文本节点添加到<li>元素。接着使用 appendChild() 将<li>元素添加到文档片段中。循环结束后，再调用 appendChild() 并传入文档片段，将所有列表项添加到<ul>元素中。此时，文档片段的所有子节点都被删除并转移到了<ul>元素中。

10.1.9　Attr 类型

元素的特性在 DOM 中以 Attr 类型来表示。在所有浏览器中（包括 IE8），都可以访问 Attr 类型的构造函数和原型。从技术角度讲，特性就是存在于元素的 attributes 属性中的节点。特性节点具有下列特征：

- ❑ nodeType 的值为 2；
- ❑ nodeName 的值是特性的名称；
- ❑ nodeValue 的值是特性的值；
- ❑ parentNode 的值为 null；
- ❑ 在 HTML 中不支持（没有）子节点；
- ❑ 在 XML 中子节点可以是 Text 或 EntityReference。

尽管它们也是节点，但特性却不被认为是 DOM 文档树的一部分。开发人员最常使用的是 getAttribute()、setAttribute() 和 removeAttribute() 方法，很少直接引用特性节点。

Attr 对象有 3 个属性：name、value 和 specified。其中，name 是特性名称（与 nodeName 的值相同），value 是特性的值（与 nodeValue 的值相同），而 specified 是一个布尔值，用以区别特性是在代码中指定的，还是默认的。

使用 document.createAttribute() 并传入特性的名称可以创建新的特性节点。例如，要为元素添加 align 特性，可以使用下列代码：

```
var attr = document.createAttribute("align");
attr.value = "left";
element.setAttributeNode(attr);
alert(element.attributes["align"].value);          //"left"
alert(element.getAttributeNode("align").value);  //"left"
alert(element.getAttribute("align"));            //"left"
```

AttrExample01.htm

这个例子创建了一个新的特性节点。由于在调用 createAttribute() 时已经为 name 属性赋了值，所以后面就不必给它赋值了。之后，又把 value 属性的值设置为"left"。为了将新创建的特性添加到元素中，必须使用元素的 setAttributeNode() 方法。添加特性之后，可以通过下列任何方式访问该特性：attributes 属性、getAttributeNode() 方法以及 getAttribute() 方法。其中，attributes 和 getAttributeNode() 都会返回对应特性的 Attr 节点，而 getAttribute() 则只返回特性的值。

> 我们并不建议直接访问特性节点。实际上，使用 getAttribute()、setAttribute() 和 removeAttribute() 方法远比操作特性节点更为方便。

10.2　DOM 操作技术

很多时候，DOM 操作都比较简明，因此用 JavaScript 生成那些通常原本是用 HTML 代码生成的内容并不麻烦。不过，也有一些时候，操作 DOM 并不像表面上看起来那么简单。由于浏览器中充斥着隐藏的陷阱和不兼容问题，用 JavaScript 代码处理 DOM 的某些部分要比处理其他部分更复杂一些。

10.2.1　动态脚本

使用<script>元素可以向页面中插入 JavaScript 代码，一种方式是通过其 src 特性包含外部文件，另一种方式就是用这个元素本身来包含代码。而这一节要讨论的动态脚本，指的是在页面加载时不存在，但将来的某一时刻通过修改 DOM 动态添加的脚本。跟操作 HTML 元素一样，创建动态脚本也有两种方式：插入外部文件和直接插入 JavaScript 代码。

动态加载的外部 JavaScript 文件能够立即运行，比如下面的<script>元素：

```
<script type="text/javascript" src="client.js"></script>
```

这个<script>元素包含了第 9 章的客户端检测脚本。而创建这个节点的 DOM 代码如下所示：

```
var script = document.createElement("script");
script.type = "text/javascript";
```

```
script.src = "client.js";
document.body.appendChild(script);
```

显然，这里的 DOM 代码如实反映了相应的 HTML 代码。不过，在执行最后一行代码把<script>元素添加到页面中之前，是不会下载外部文件的。也可以把这个元素添加到<head>元素中，效果相同。整个过程可以使用下面的函数来封装：

```
function loadScript(url){
    var script = document.createElement("script");
    script.type = "text/javascript";
    script.src = url;
    document.body.appendChild(script);
}
```

然后，就可以通过调用这个函数来加载外部的 JavaScript 文件了：

```
loadScript("client.js");
```

加载完成后，就可以在页面中的其他地方使用这个脚本了。问题只有一个：怎么知道脚本加载完成呢？遗憾的是，并没有什么标准方式来探知这一点。不过，与此相关的一些事件倒是可以派上用场，但要取决于所用的浏览器，详细讨论请见第 13 章。

另一种指定 JavaScript 代码的方式是行内方式，如下面的例子所示：

```
<script type="text/javascript">
    function sayHi(){
        alert("hi");
    }
</script>
```

从逻辑上讲，下面的 DOM 代码是有效的：

```
var script = document.createElement("script");
script.type = "text/javascript";
script.appendChild(document.createTextNode("function sayHi(){alert('hi');}"));
document.body.appendChild(script);
```

在 Firefox、Safari、Chrome 和 Opera 中，这些 DOM 代码可以正常运行。但在 IE 中，则会导致错误。IE 将<script>视为一个特殊的元素，不允许 DOM 访问其子节点。不过，可以使用<script>元素的 text 属性来指定 JavaScript 代码，像下面的例子这样：

```
var script = document.createElement("script");
script.type = "text/javascript";
script.text = "function sayHi(){alert('hi');}";
document.body.appendChild(script);
```

DynamicScriptExample01.htm

经过这样修改之后的代码可以在 IE、Firefox、Opera 和 Safari 3 及之后版本中运行。Safari 3.0 之前的版本虽然不能正确地支持 text 属性，但却允许使用文本节点技术来指定代码。如果需要兼容早期版本的 Safari，可以使用下列代码：

```
var script = document.createElement("script");
script.type = "text/javascript";
var code = "function sayHi(){alert('hi');}";
```

```
try {
    script.appendChild(document.createTextNode (code));
} catch (ex){
    script.text = code;
}
document.body.appendChild(script);
```

这里，首先尝试标准的 DOM 文本节点方法，因为除了 IE（在 IE 中会导致抛出错误），所有浏览器都支持这种方式。如果这行代码抛出了错误，那么说明是 IE，于是就必须使用 text 属性了。整个过程可以用以下函数来表示：

```
function loadScriptString(code){
    var script = document.createElement("script");
    script.type = "text/javascript";
    try {
        script.appendChild(document.createTextNode(code));
    } catch (ex){
        script.text = code;
    }
    document.body.appendChild(script);
}
```

下面是调用这个函数的示例：

```
loadScriptString("function sayHi(){alert('hi');}");
```

DynamicScriptExample02.htm

以这种方式加载的代码会在全局作用域中执行，而且当脚本执行后将立即可用。实际上，这样执行代码与在全局作用域中把相同的字符串传递给 eval()是一样的。

10.2.2 动态样式

能够把 CSS 样式包含到 HTML 页面中的元素有两个。其中，<link>元素用于包含来自外部的文件，而<style>元素用于指定嵌入的样式。与动态脚本类似，所谓动态样式是指在页面刚加载时不存在的样式；动态样式是在页面加载完成后动态添加到页面中的。

我们以下面这个典型的<link>元素为例：

```
<link rel="stylesheet" type="text/css" href="styles.css">
```

使用 DOM 代码可以很容易地动态创建出这个元素：

```
var link = document.createElement("link");
link.rel = "stylesheet";
link.type = "text/css";
link.href = "styles.css";
var head = document.getElementsByTagName("head")[0];
head.appendChild(link);
```

以上代码在所有主流浏览器中都可以正常运行。需要注意的是，必须将<link>元素添加到<head>而不是<body>元素，才能保证在所有浏览器中的行为一致。整个过程可以用以下函数来表示：

```
function loadStyles(url){
    var link = document.createElement("link");
```

10

```
link.rel = "stylesheet";
link.type = "text/css";
link.href = url;
var head = document.getElementsByTagName("head")[0];
head.appendChild(link);
}
```

调用 loadStyles() 函数的代码如下所示：

```
loadStyles("styles.css");
```

加载外部样式文件的过程是异步的，也就是加载样式与执行 JavaScript 代码的过程没有固定的次序。一般来说，知不知道样式已经加载完成并不重要；不过，也存在几种利用事件来检测这个过程是否完成的技术，这些技术将在第 13 章讨论。

另一种定义样式的方式是使用<style>元素来包含嵌入式 CSS，如下所示：

```
<style type="text/css">
body {
    background-color: red;
}
</style>
```

按照相同的逻辑，下列 DOM 代码应该是有效的：

```
var style = document.createElement("style");
style.type = "text/css";
style.appendChild(document.createTextNode("body{background-color:red}"));
var head = document.getElementsByTagName("head")[0];
head.appendChild(style);
```

DynamicStyleExample01.htm

以上代码可以在 Firefox、Safari、Chrome 和 Opera 中运行，在 IE 中则会报错。IE 将<style>视为一个特殊的、与<script>类似的节点，不允许访问其子节点。事实上，IE 此时抛出的错误与向<script>元素添加子节点时抛出的错误相同。解决 IE 中这个问题的办法，就是访问元素的 styleSheet 属性，该属性又有一个 cssText 属性，可以接受 CSS 代码（第 13 章将进一步讨论这两个属性），如下面的例子所示。

```
var style = document.createElement("style");
style.type = "text/css";
try{
    style.appendChild(document.createTextNode("body{background-color:red}"));
} catch (ex){
    style.styleSheet.cssText = "body{background-color:red}";
}
var head = document.getElementsByTagName("head")[0];
head.appendChild(style);
```

与动态添加嵌入式脚本类似，重写后的代码使用了 try-catch 语句来捕获 IE 抛出的错误，然后再使用针对 IE 的特殊方式来设置样式。因此，通用的解决方案如下。

```
function loadStyleString(css){
    var style = document.createElement("style");
```

```
        style.type = "text/css";
        try{
            style.appendChild(document.createTextNode(css));
        } catch (ex){
            style.styleSheet.cssText = css;
        }
        var head = document.getElementsByTagName("head")[0];
        head.appendChild(style);
}
```

DynamicStyleExample02.htm

调用这个函数的示例如下：

```
loadStyleString("body{background-color:red}");
```

这种方式会实时地向页面中添加样式，因此能够马上看到变化。

> 如果专门针对 IE 编写代码，务必小心使用 `styleSheet.cssText` 属性。在重用同一个`<style>`元素并再次设置这个属性时，有可能会导致浏览器崩溃。同样，将 `cssText` 属性设置为空字符串也可能导致浏览器崩溃。我们希望 IE 中的这个 bug 能够在将来被修复。

10.2.3 操作表格

`<table>`元素是 HTML 中最复杂的结构之一。要想创建表格，一般都必须涉及表示表格行、单元格、表头等方面的标签。由于涉及的标签多，因而使用核心 DOM 方法创建和修改表格往往都免不了要编写大量的代码。假设我们要使用 DOM 来创建下面的 HTML 表格。

```
<table border="1" width="100%">
    <tbody>
        <tr>
            <td>Cell 1,1</td>
            <td>Cell 2,1</td>
        </tr>
        <tr>
            <td>Cell 1,2</td>
            <td>Cell 2,2</td>
        </tr>
    </tbody>
</table>
```

要使用核心 DOM 方法创建这些元素，得需要像下面这么多的代码：

```
//创建 table
var table = document.createElement("table");
table.border = 1;
table.width = "100%";

//创建 tbody
var tbody = document.createElement("tbody");
```

```
table.appendChild(tbody);

//创建第一行
var row1 = document.createElement("tr");
tbody.appendChild(row1);
var cell1_1 = document.createElement("td");
cell1_1.appendChild(document.createTextNode("Cell 1,1"));
row1.appendChild(cell1_1);
var cell2_1 = document.createElement("td");
cell2_1.appendChild(document.createTextNode("Cell 2,1"));
row1.appendChild(cell2_1);

//创建第二行
var row2 = document.createElement("tr");
tbody.appendChild(row2);
var cell1_2 = document.createElement("td");
cell1_2.appendChild(document.createTextNode("Cell 1,2"));
row2.appendChild(cell1_2);
var cell2_2= document.createElement("td");
cell2_2.appendChild(document.createTextNode("Cell 2,2"));
row2.appendChild(cell2_2);

//将表格添加到文档主体中
document.body.appendChild(table);
```

显然，DOM 代码很长，还有点不太好懂。为了方便构建表格，HTML DOM 还为<table>、<tbody>和<tr>元素添加了一些属性和方法。

为<table>元素添加的属性和方法如下。

❑ caption：保存着对<caption>元素（如果有）的指针。

❑ tBodies：是一个<tbody>元素的 HTMLCollection。

❑ tFoot：保存着对<tfoot>元素（如果有）的指针。

❑ tHead：保存着对<thead>元素（如果有）的指针。

❑ rows：是一个表格中所有行的 HTMLCollection。

❑ createTHead()：创建<thead>元素，将其放到表格中，返回引用。

❑ createTFoot()：创建<tfoot>元素，将其放到表格中，返回引用。

❑ createCaption()：创建<caption>元素，将其放到表格中，返回引用。

❑ deleteTHead()：删除<thead>元素。

❑ deleteTFoot()：删除<tfoot>元素。

❑ deleteCaption()：删除<caption>元素。

❑ deleteRow(pos)：删除指定位置的行。

❑ insertRow(pos)：向 rows 集合中的指定位置插入一行。

为<tbody>元素添加的属性和方法如下。

❑ rows：保存着<tbody>元素中行的 HTMLCollection。

❑ deleteRow(pos)：删除指定位置的行。

❑ insertRow(pos)：向 rows 集合中的指定位置插入一行，返回对新插入行的引用。

为<tr>元素添加的属性和方法如下。

❑ cells：保存着<tr>元素中单元格的 HTMLCollection。

❑ deleteCell(*pos*)：删除指定位置的单元格。

❑ insertCell(*pos*)：向 cells 集合中的指定位置插入一个单元格，返回对新插入单元格的引用。

使用这些属性和方法，可以极大地减少创建表格所需的代码数量。例如，使用这些属性和方法可以将前面的代码重写如下（加阴影的部分是重写后的代码）。

```
//创建 table
var table = document.createElement("table");
table.border = 1;
table.width = "100%";

//创建 tbody
var tbody = document.createElement("tbody");
table.appendChild(tbody);

//创建第一行
tbody.insertRow(0);
tbody.rows[0].insertCell(0);
tbody.rows[0].cells[0].appendChild(document.createTextNode("Cell 1,1"));
tbody.rows[0].insertCell(1);
tbody.rows[0].cells[1].appendChild(document.createTextNode("Cell 2,1"));

//创建第二行
tbody.insertRow(1);
tbody.rows[1].insertCell(0);
tbody.rows[1].cells[0].appendChild(document.createTextNode("Cell 1,2"));
tbody.rows[1].insertCell(1);
tbody.rows[1].cells[1].appendChild(document.createTextNode("Cell 2,2"));

//将表格添加到文档主体中
document.body.appendChild(table);
```

在这次的代码中，创建<table>和<tbody>的代码没有变化。不同的是创建两行的部分，其中使用了 HTML DOM 定义的表格属性和方法。在创建第一行时，通过<tbody>元素调用了 insertRow()方法，传入了参数 0——表示应该将插入的行放在什么位置上。执行这一行代码后，就会自动创建一行并将其插入到<tbody>元素的位置 0 上，因此就可以马上通过 tbody.rows[0]来引用新插入的行。

创建单元格的方式也十分相似，即通过<tr>元素调用 insertCell()方法并传入放置单元格的位置。然后，就可以通过 tbody.rows[0].cells[0]来引用新插入的单元格，因为新创建的单元格被插入到了这一行的位置 0 上。

总之，使用这些属性和方法创建表格的逻辑性更强，也更容易看懂，尽管技术上这两套代码都是正确的。

10.2.4　使用 NodeList

理解 NodeList 及其"近亲"NamedNodeMap 和 HTMLCollection，是从整体上透彻理解 DOM 的关键所在。这三个集合都是"动态的"；换句话说，每当文档结构发生变化时，它们都会得到更新。因此，它们始终都会保存着最新、最准确的信息。从本质上说，所有 NodeList 对象都是在访问 DOM 文档时实时运行的查询。例如，下列代码会导致无限循环：

```
var divs = document.getElementsByTagName("div"),
    i,
    div;

for (i=0; i < divs.length; i++){
    div = document.createElement("div");
    document.body.appendChild(div);
}
```

第一行代码会取得文档中所有<div>元素的 HTMLCollection。由于这个集合是"动态的",因此只要有新<div>元素被添加到页面中,这个元素也会被添加到该集合中。浏览器不会将创建的所有集合都保存在一个列表中,而是在下一次访问集合时再更新集合。结果,在遇到上例中所示的循环代码时,就会导致一个有趣的问题。每次循环都要对条件 i < divs.length 求值,意味着会运行取得所有<div>元素的查询。考虑到循环体每次都会创建一个新<div>元素并将其添加到文档中,因此divs.length 的值在每次循环后都会递增。既然 i 和 divs.length 每次都会同时递增,结果它们的值永远也不会相等。

如果想要迭代一个 NodeList,最好是使用 length 属性初始化第二个变量,然后将迭代器与该变量进行比较,如下面的例子所示:

```
var divs = document.getElementsByTagName("div"),
    i,
    len,
    div;

for (i=0, len=divs.length; i < len; i++){
    div = document.createElement("div");
    document.body.appendChild(div);
}
```

这个例子中初始化了第二个变量 len。由于 len 中保存着对 divs.length 在循环开始时的一个快照,因此就会避免上一个例子中出现的无限循环问题。在本章演示迭代 NodeList 对象的例子中,使用的都是这种更为保险的方式。

一般来说,应该尽量减少访问 NodeList 的次数。因为每次访问 NodeList,都会运行一次基于文档的查询。所以,可以考虑将从 NodeList 中取得的值缓存起来。

10.3 小结

DOM 是语言中立的 API,用于访问和操作 HTML 和 XML 文档。DOM1 级将 HTML 和 XML 文档形象地看作一个层次化的节点树,可以使用 JavaScript 来操作这个节点树,进而改变底层文档的外观和结构。

DOM 由各种节点构成,简要总结如下。

❑ 最基本的节点类型是 Node,用于抽象地表示文档中一个独立的部分;所有其他类型都继承自Node。

❑ Document 类型表示整个文档,是一组分层节点的根节点。在 JavaScript 中,document 对象是Document 的一个实例。使用 document 对象,有很多种方式可以查询和取得节点。

❑ Element 节点表示文档中的所有 HTML 或 XML 元素,可以用来操作这些元素的内容和特性。

❑ 另外还有一些节点类型,分别表示文本内容、注释、文档类型、CDATA 区域和文档片段。

　　访问 DOM 的操作在多数情况下都很直观，不过在处理<script>和<style>元素时还是存在一些复杂性。由于这两个元素分别包含脚本和样式信息，因此浏览器通常会将它们与其他元素区别对待。这些区别导致了在针对这些元素使用 innerHTML 时，以及在创建新元素时的一些问题。

　　理解 DOM 的关键，就是理解 DOM 对性能的影响。DOM 操作往往是 JavaScript 程序中开销最大的部分，而因访问 NodeList 导致的问题为最多。NodeList 对象都是"动态的"，这就意味着每次访问 NodeList 对象，都会运行一次查询。有鉴于此，最好的办法就是尽量减少 DOM 操作。

10

第 **11** 章

DOM 扩展

本章内容
- ❑ 理解 Selectors API
- ❑ 使用 HTML5 DOM 扩展
- ❑ 了解专有的 DOM 扩展

尽管 DOM 作为 API 已经非常完善了，但为了实现更多的功能，仍然会有一些标准或专有的扩展。2008 年之前，浏览器中几乎所有的 DOM 扩展都是专有的。此后，W3C 着手将一些已经成为事实标准的专有扩展标准化并写入规范当中。

对 DOM 的两个主要的扩展是 Selectors API（选择符 API）和 HTML5。这两个扩展都源自开发社区，而将某些常见做法及 API 标准化一直是众望所归。此外，还有一个不那么引人瞩目的 Element Traversal（元素遍历）规范，为 DOM 添加了一些属性。虽然前述两个主要规范（特别是 HTML5）已经涵盖了大量的 DOM 扩展，但专有扩展依然存在。本章也会介绍专有的 DOM 扩展。

11.1 选择符 API

众多 JavaScript 库中最常用的一项功能，就是根据 CSS 选择符选择与某个模式匹配的 DOM 元素。实际上，jQuery（www.jquery.com）的核心就是通过 CSS 选择符查询 DOM 文档取得元素的引用，从而抛开了 getElementById() 和 getElementsByTagName()。

Selectors API（www.w3.org/TR/selectors-api/）是由 W3C 发起制定的一个标准，致力于让浏览器原生支持 CSS 查询。所有实现这一功能的 JavaScript 库都会写一个基础的 CSS 解析器，然后再使用已有的 DOM 方法查询文档并找到匹配的节点。尽管库开发人员在不知疲倦地改进这一过程的性能，但到头来都只能通过运行 JavaScript 代码来完成查询操作。而把这个功能变成原生 API 之后，解析和树查询操作可以在浏览器内部通过编译后的代码来完成，极大地改善了性能。

Selectors API Level 1 的核心是两个方法：querySelector() 和 querySelectorAll()。在兼容的浏览器中，可以通过 Document 及 Element 类型的实例调用它们。目前已完全支持 Selectors API Level 1 的浏览器有 IE 8+、Firefox 3.5+、Safari 3.1+、Chrome 和 Opera 10+。

11.1.1 **querySelector()** 方法

querySelector() 方法接收一个 CSS 选择符，返回与该模式匹配的第一个元素，如果没有找到匹配的元素，返回 null。请看下面的例子。

```
//取得 body 元素
var body = document.querySelector("body");

//取得 ID 为"myDiv"的元素
var myDiv = document.querySelector("#myDiv");

//取得类为"selected"的第一个元素
var selected = document.querySelector(".selected");

//取得类为"button"的第一个图像元素
var img = document.body.querySelector("img.button");
```

SelectorsAPIExample01.htm

通过 Document 类型调用 querySelector()方法时，会在文档元素的范围内查找匹配的元素。而通过 Element 类型调用 querySelector()方法时，只会在该元素后代元素的范围内查找匹配的元素。

CSS 选择符可以简单也可以复杂，视情况而定。如果传入了不被支持的选择符，querySelector()会抛出错误。

11.1.2　**querySelectorAll()** 方法

querySelectorAll()方法接收的参数与 querySelector()方法一样，都是一个 CSS 选择符，但返回的是所有匹配的元素而不仅仅是一个元素。这个方法返回的是一个 NodeList 的实例。

具体来说，返回的值实际上是带有所有属性和方法的 NodeList，而其底层实现则类似于一组元素的快照，而非不断对文档进行搜索的动态查询。这样实现可以避免使用 NodeList 对象通常会引起的大多数性能问题。

只要传给 querySelectorAll()方法的 CSS 选择符有效，该方法都会返回一个 NodeList 对象，而不管找到多少匹配的元素。如果没有找到匹配的元素，NodeList 就是空的。

与 querySelector()类似，能够调用 querySelectorAll()方法的类型包括 Document、DocumentFragment 和 Element。下面是几个例子。

```
//取得某<div>中的所有<em>元素 (类似于 getElementsByTagName("em"))
var ems = document.getElementById("myDiv").querySelectorAll("em");

//取得类为"selected"的所有元素
var selecteds = document.querySelectorAll(".selected");

//取得所有<p>元素中的所有<strong>元素
var strongs = document.querySelectorAll("p strong");
```

SelectorsAPIExample02.htm

要取得返回的 NodeList 中的每一个元素，可以使用 item()方法，也可以使用方括号语法，比如：

```
var i, len, strong;
for (i=0, len=strongs.length; i < len; i++){
    strong = strongs[i];    //或者 strongs.item(i)
    strong.className = "important";
}
```

同样与 querySelector()类似，如果传入了浏览器不支持的选择符或者选择符中有语法错误，querySelectorAll()会抛出错误。

11.1.3 **matchesSelector()**方法

Selectors API Level 2 规范为 Element 类型新增了一个方法 matchesSelector()。这个方法接收一个参数，即 CSS 选择符，如果调用元素与该选择符匹配，返回 true；否则，返回 false。看例子。

```
if (document.body.matchesSelector("body.page1")){
    //true
}
```

在取得某个元素引用的情况下，使用这个方法能够方便地检测它是否会被 querySelector()或 querySelectorAll()方法返回。

截至 2011 年年中，还没有浏览器支持 matchesSelector()方法；不过，也有一些实验性的实现。IE 9+通过 msMatchesSelector()支持该方法，Firefox 3.6+通过 mozMatchesSelector()支持该方法，Safari 5+和 Chrome 通过 webkitMatchesSelector()支持该方法。因此，如果你想使用这个方法，最好是编写一个包装函数。

```
function matchesSelector(element, selector){
    if (element.matchesSelector){
        return element.matchesSelector(selector);
    } else if (element.msMatchesSelector){
        return element.msMatchesSelector(selector);
    } else if (element.mozMatchesSelector){
        return element.mozMatchesSelector(selector);
    } else if (element.webkitMatchesSelector){
        return element.webkitMatchesSelector(selector);
    } else {
        throw new Error("Not supported.");
    }
}

if (matchesSelector(document.body, "body.page1")){
    //执行操作
}
```

SelectorsAPIExample03.htm

11.2 元素遍历

对于元素间的空格，IE9 及之前版本不会返回文本节点，而其他所有浏览器都会返回文本节点。这样，就导致了在使用 childNodes 和 firstChild 等属性时的行为不一致。为了弥补这一差异，而同时又保持 DOM 规范不变，Element Traversal 规范（www.w3.org/TR/ElementTraversal/）新定义了一组属性。

Element Traversal API 为 DOM 元素添加了以下 5 个属性。

- ❑ childElementCount：返回子元素（不包括文本节点和注释）的个数。
- ❑ firstElementChild：指向第一个子元素；firstChild 的元素版。
- ❑ lastElementChild：指向最后一个子元素；lastChild 的元素版。
- ❑ previousElementSibling：指向前一个同辈元素；previousSibling 的元素版。
- ❑ nextElementSibling：指向后一个同辈元素；nextSibling 的元素版。

支持的浏览器为 DOM 元素添加了这些属性，利用这些元素不必担心空白文本节点，从而可以更方便地查找 DOM 元素了。

下面来看一个例子。过去，要跨浏览器遍历某元素的所有子元素，需要像下面这样写代码。

```
var i,
    len,
    child = element.firstChild;
while(child != element.lastChild){
    if (child.nodeType == 1){    //检查是不是元素
        processChild(child);
    }
    child = child.nextSibling;
}
```

而使用 Element Traversal 新增的元素，代码会更简洁。

```
var i,
    len,
    child = element.firstElementChild;
while(child != element.lastElementChild){
    processChild(child);    //已知其是元素
    child = child.nextElementSibling;
}
```

支持 Element Traversal 规范的浏览器有 IE 9+、Firefox 3.5+、Safari 4+、Chrome 和 Opera 10+。

11.3　HTML5

对于传统 HTML 而言，HTML5 是一个叛逆。所有之前的版本对 JavaScript 接口的描述都不过三言两语，主要篇幅都用于定义标记，与 JavaScript 相关的内容一概交由 DOM 规范去定义。

而 HTML5 规范则围绕如何使用新增标记定义了大量 JavaScript API。其中一些 API 与 DOM 重叠，定义了浏览器应该支持的 DOM 扩展。

　　　因为 HTML5 涉及的面非常广，本节只讨论与 DOM 节点相关的内容。HTML5 的其他相关内容将在本书其他章节中穿插介绍。

11.3.1　与类相关的扩充

HTML4 在 Web 开发领域得到广泛采用后导致了一个很大的变化，即 class 属性用得越来越多，一方面可以通过它为元素添加样式，另一方面还可以用它表示元素的语义。于是，自然就有很多 JavaScript 代码会来操作 CSS 类，比如动态修改类或者搜索文档中具有给定类或给定的一组类的元素，等等。为了让开发人员适应并增加对 class 属性的新认识，HTML5 新增了很多 API，致力于简化 CSS 类的用法。

1. getElementsByClassName()方法

HTML5 添加的 getElementsByClassName()方法是最受人欢迎的一个方法，可以通过 document 对象及所有 HTML 元素调用该方法。这个方法最早出现在 JavaScript 库中，是通过既有的 DOM 功能实现的，而原生的实现具有极大的性能优势。

getElementsByClassName()方法接收一个参数，即一个包含一或多个类名的字符串，返回带有指定类的所有元素的 NodeList。传入多个类名时，类名的先后顺序不重要。来看下面的例子。

11

```
//取得所有类中包含"username"和"current"的元素，类名的先后顺序无所谓
var allCurrentUsernames = document.getElementsByClassName("username current");
```

```
//取得 ID 为"myDiv"的元素中带有类名"selected"的所有元素
var selected = document.getElementById("myDiv").getElementsByClassName("selected");
```

调用这个方法时，只有位于调用元素子树中的元素才会返回。在 document 对象上调用 getElementsByClassName() 始终会返回与类名匹配的所有元素，在元素上调用该方法就只会返回后代元素中匹配的元素。

使用这个方法可以更方便地为带有某些类的元素添加事件处理程序，从而不必再局限于使用 ID 或标签名。不过别忘了，因为返回的对象是 NodeList，所以使用这个方法与使用 getElementsByTagName() 以及其他返回 NodeList 的 DOM 方法都具有同样的性能问题。

支持 getElementsByClassName() 方法的浏览器有 IE 9+、Firefox 3+、Safari 3.1+、Chrome 和 Opera 9.5+。

2. classList 属性

在操作类名时，需要通过 className 属性添加、删除和替换类名。因为 className 中是一个字符串，所以即使只修改字符串一部分，也必须每次都设置整个字符串的值。比如，以下面的 HTML 代码为例。

```
<div class="bd user disabled">...</div>
```

这个<div>元素一共有三个类名。要从中删除一个类名，需要把这三个类名拆开，删除不想要的那个，然后再把其他类名拼成一个新字符串。请看下面的例子。

```
//删除"user"类

//首先，取得类名字符串并拆分成数组
var classNames = div.className.split(/\s+/);

//找到要删的类名
var pos = -1,
    i,
    len;
for (i=0, len=classNames.length; i < len; i++){
    if (classNames[i] == "user"){
        pos = i;
        break;
    }
}

//删除类名
classNames.splice(i,1);

//把剩下的类名拼成字符串并重新设置
div.className = classNames.join(" ");
```

为了从<div>元素的 class 属性中删除"user"，以上这些代码都是必需的。必须得通过类似的算法替换类名并确认元素中是否包含该类名。添加类名可以通过拼接字符串完成，但必须要通过检测确定不会多次添加相同的类名。很多 JavaScript 库都实现了这个方法，以简化这些操作。

HTML5 新增了一种操作类名的方式，可以让操作更简单也更安全，那就是为所有元素添加 classList 属性。这个 classList 属性是新集合类型 DOMTokenList 的实例。与其他 DOM 集合类似，

DOMTokenList 有一个表示自己包含多少元素的 length 属性，而要取得每个元素可以使用 item() 方法，也可以使用方括号语法。此外，这个新类型还定义如下方法。

- □ add(*value*)：将给定的字符串值添加到列表中。如果值已经存在，就不添加了。
- □ contains(*value*)：表示列表中是否存在给定的值，如果存在则返回 true，否则返回 false。
- □ remove(*value*)：从列表中删除给定的字符串。
- □ toggle(*value*)：如果列表中已经存在给定的值，删除它；如果列表中没有给定的值，添加它。

这样，前面那么多行代码用下面这一行代码就可以代替了：

```
div.classList.remove("user");
```

以上代码能够确保其他类名不受此次修改的影响。其他方法也能极大地减少类似基本操作的复杂性，如下面的例子所示。

```
//删除"disabled"类
div.classList.remove("disabled");

//添加"current"类
div.classList.add("current");

//切换"user"类
div.classList.toggle("user");

//确定元素中是否包含既定的类名
if (div.classList.contains("bd") && !div.classList.contains("disabled")){
    //执行操作
}

//迭代类名
for (var i=0, len=div.classList.length; i < len; i++){
    doSomething(div.classList[i]);
}
```

有了 classList 属性，除非你需要全部删除所有类名，或者完全重写元素的 class 属性，否则也就用不到 className 属性了。

支持 classList 属性的浏览器有 Firefox 3.6+ 和 Chrome。

11.3.2 焦点管理

HTML5 也添加了辅助管理 DOM 焦点的功能。首先就是 document.activeElement 属性，这个属性始终会引用 DOM 中当前获得了焦点的元素。元素获得焦点的方式有页面加载、用户输入（通常是通过按 Tab 键）和在代码中调用 focus() 方法。来看几个例子。

```
var button = document.getElementById("myButton");
button.focus();
alert(document.activeElement === button);   //true
```

默认情况下，文档刚刚加载完成时，document.activeElement 中保存的是 document.body 元素的引用。文档加载期间，document.activeElement 的值为 null。

另外就是新增了 document.hasFocus() 方法，这个方法用于确定文档是否获得了焦点。

```
var button = document.getElementById("myButton");
```

```
button.focus();
alert(document.hasFocus());  //true
```

通过检测文档是否获得了焦点，可以知道用户是不是正在与页面交互。

查询文档获知哪个元素获得了焦点，以及确定文档是否获得了焦点，这两个功能最重要的用途是提高 Web 应用的无障碍性。无障碍 Web 应用的一个主要标志就是恰当的焦点管理，而确切地知道哪个元素获得了焦点是一个极大的进步，至少我们不用再像过去那样靠猜测了。

实现了这两个属性的浏览器的包括 IE 4+、Firefox 3+、Safari 4+、Chrome 和 Opera 8+。

11.3.3 **HTMLDocument** 的变化

HTML5 扩展了 `HTMLDocument`，增加了新的功能。与 HTML5 中新增的其他 DOM 扩展类似，这些变化同样基于那些已经得到很多浏览器完美支持的专有扩展。所以，尽管这些扩展被写入标准的时间相对不长，但很多浏览器很早就已经支持这些功能了。

1. **readyState** 属性

IE4 最早为 `document` 对象引入了 `readyState` 属性。然后，其他浏览器也都陆续添加这个属性，最终 HTML5 把这个属性纳入了标准当中。`Document` 的 `readyState` 属性有两个可能的值：

❑ `loading`，正在加载文档；

❑ `complete`，已经加载完文档。

使用 `document.readyState` 的最恰当方式，就是通过它来实现一个指示文档已经加载完成的指示器。在这个属性得到广泛支持之前，要实现这样一个指示器，必须借助 `onload` 事件处理程序设置一个标签，表明文档已经加载完毕。`document.readyState` 属性的基本用法如下。

```
if (document.readyState == "complete"){
    //执行操作
}
```

支持 `readyState` 属性的浏览器有 IE4+、Firefox 3.6+、Safari、Chrome 和 Opera 9+。

2. 兼容模式

自从 IE6 开始区分渲染页面的模式是标准的还是混杂的，检测页面的兼容模式就成为浏览器的必要功能。IE 为此给 `document` 添加了一个名为 `compatMode` 的属性，这个属性就是为了告诉开发人员浏览器采用了哪种渲染模式。就像下面例子中所展示的那样，在标准模式下，`document.compatMode` 的值等于 `"CSS1Compat"`，而在混杂模式下，`document.compatMode` 的值等于 `"BackCompat"`。

```
if (document.compatMode == "CSS1Compat"){
    alert("Standards mode");
} else {
    alert("Quirks mode");
}
```

后来，陆续实现这个属性的浏览器有 Firefox、Safari 3.1+、Opera 和 Chrome。最终，HTML5 也把这个属性纳入标准，对其实现做出了明确规定。

3. **head** 属性

作为对 `document.body` 引用文档的`<body>`元素的补充，HTML5 新增了 `document.head` 属性，引用文档的`<head>`元素。要引用文档的`<head>`元素，可以结合使用这个属性和另一种后备方法。

```
var head = document.head || document.getElementsByTagName("head")[0];
```

如果可用，就使用 document.head，否则仍然使用 getElementsByTagName() 方法。

实现 document.head 属性的浏览器包括 Chrome 和 Safari 5。

11.3.4 字符集属性

HTML5 新增了几个与文档字符集有关的属性。其中，charset 属性表示文档中实际使用的字符集，也可以用来指定新字符集。默认情况下，这个属性的值为"UTF-16"，但可以通过<meta>元素、响应头部或直接设置 charset 属性修改这个值。来看一个例子。

```
alert(document.charset); //"UTF-16"
document.charset = "UTF-8";
```

另一个属性是 defaultCharset，表示根据默认浏览器及操作系统的设置，当前文档默认的字符集应该是什么。如果文档没有使用默认的字符集，那 charset 和 defaultCharset 属性的值可能会不一样，例如：

```
if (document.charset != document.defaultCharset){
    alert("Custom character set being used.");
}
```

通过这两个属性可以得到文档使用的字符编码的具体信息，也能对字符编码进行准确地控制。运行适当的情况下，可以保证让用户正常查看页面或使用应用。

支持 document.charset 属性的浏览器有 IE、Safari、Opera 和 Chrome。Firefox 支持 document.Characterset。支持 document.defaultCharset 属性的浏览器有 IE、Safari 和 Chrome。

11.3.5 自定义数据属性

HTML5 规定可以为元素添加非标准的属性，但要添加前缀 data-，目的是为元素提供与渲染无关的信息，或者提供语义信息。这些属性可以任意添加、随便命名，只要以 data- 开头即可。来看一个例子。

```
<div id="myDiv" data-appId="12345" data-myname="Nicholas"></div>
```

添加了自定义属性之后，可以通过元素的 dataset 属性来访问自定义属性的值。dataset 属性的值是 DOMStringMap 的一个实例，也就是一个名值对儿的映射。在这个映射中，每个 data-name 形式的属性都会有一个对应的属性，只不过属性名没有 data- 前缀（比如，自定义属性是 data-myname，那映射中对应的属性就是 myname）。还是看一个例子吧。

```
//本例中使用的方法仅用于演示

var div = document.getElementById("myDiv");

//取得自定义属性的值
var appId = div.dataset.appId;
var myName = div.dataset.myname;

//设置值
div.dataset.appId = 23456;
div.dataset.myname = "Michael";

//有没有"myname"值呢？
if (div.dataset.myname){
```

```
      alert("Hello, " + div.dataset.myname);
}
```

如果需要给元素添加一些不可见的数据以便进行其他处理，那就要用到自定义数据属性。在跟踪链接或混搭应用中，通过自定义数据属性能方便地知道点击来自页面中的哪个部分。

在编写本书时，支持自定义数据属性的浏览器有 Firefox 6+和 Chrome。

11.3.6　插入标记

虽然 DOM 为操作节点提供了细致入微的控制手段，但在需要给文档插入大量新 HTML 标记的情况下，通过 DOM 操作仍然非常麻烦，因为不仅要创建一系列 DOM 节点，而且还要小心地按照正确的顺序把它们连接起来。相对而言，使用插入标记的技术，直接插入 HTML 字符串不仅更简单，速度也更快。以下与插入标记相关的 DOM 扩展已经纳入了 HTML5 规范。

1. innerHTML 属性

在读模式下，innerHTML 属性返回与调用元素的所有子节点（包括元素、注释和文本节点）对应的 HTML 标记。在写模式下，innerHTML 会根据指定的值创建新的 DOM 树，然后用这个 DOM 树完全替换调用元素原先的所有子节点。下面是一个例子。

```
<div id="content">
    <p>This is a <strong>paragraph</strong> with a list following it.</p>
    <ul>
        <li>Item 1</li>
        <li>Item 2</li>
        <li>Item 3</li>
    </ul>
</div>
```

对于上面的<div>元素来说，它的 innerHTML 属性会返回如下字符串。

```
<p>This is a <strong>paragraph</strong> with a list following it.</p>
<ul>
    <li>Item 1</li>
    <li>Item 2</li>
    <li>Item 3</li>
</ul>
```

但是，不同浏览器返回的文本格式会有所不同。IE 和 Opera 会将所有标签转换为大写形式，而 Safari、Chrome 和 Firefox 则会原原本本地按照原先文档中（或指定这些标签时）的格式返回 HTML，包括空格和缩进。不要指望所有浏览器返回的 innerHTML 值完全相同。

在写模式下，innerHTML 的值会被解析为 DOM 子树，替换调用元素原来的所有子节点。因为它的值被认为是 HTML，所以其中的所有标签都会按照浏览器处理 HTML 的标准方式转换为元素（同样，这里的转换结果也因浏览器而异）。如果设置的值仅是文本而没有 HTML 标签，那么结果就是设置纯文本，如下所示。

```
div.innerHTML = "Hello world!";
```

为 innerHTML 设置的包含 HTML 的字符串值与解析后 innerHTML 的值大不相同。来看下面的例子。

```
div.innerHTML = "Hello & welcome, <b>\"reader\"!</b>";
```

以上操作得到的结果如下：

```
<div id="content">Hello &amp; welcome, <b>&quot;reader&quot;!</b></div>
```

设置了 innerHTML 之后，可以像访问文档中的其他节点一样访问新创建的节点。

 　　为 innerHTML 设置 HTML 字符串后，浏览器会将这个字符串解析为相应的 DOM 树。因此设置了 innerHTML 之后，再从中读取 HTML 字符串，会得到与设置时不一样的结果。原因在于返回的字符串是根据原始 HTML 字符串创建的 DOM 树经过序列化之后的结果。

使用 innerHTML 属性也有一些限制。比如，在大多数浏览器中，通过 innerHTML 插入<script>元素并不会执行其中的脚本。IE8 及更早版本是唯一能在这种情况下执行脚本的浏览器，但必须满足一些条件。一是必须为<script>元素指定 defer 属性，二是<script>元素必须位于（微软所谓的）"有作用域的元素"（scoped element）之后。<script>元素被认为是 "无作用域的元素"（NoScope element），也就是在页面中看不到的元素，与<style>元素或注释类似。如果通过 innerHTML 插入的字符串开头就是一个 "无作用域的元素"，那么 IE 会在解析这个字符串前先删除该元素。换句话说，以下代码达不到目的：

```
div.innerHTML = "<script defer>alert('hi');<\/script>"; //无效
```

此时，innerHTML 字符串一开始（而且整个）就是一个 "无作用域的元素"，所以这个字符串会变成空字符串。如果想插入这段脚本，必须在前面添加一个 "有作用域的元素"，可以是一个文本节点，也可以是一个没有结束标签的元素如<input>。例如，下面这几行代码都可以正常执行：

```
div.innerHTML = "_<script defer>alert('hi');<\/script>";
div.innerHTML = "<div> </div><script defer>alert('hi');<\/script>";
div.innerHTML = "<input type=\"hidden\"><script defer>alert('hi');<\/script>";
```

第一行代码会在<script>元素前插入一个文本节点。事后，为了不影响页面显示，你可能需要移除这个文本节点。第二行代码采用的方法类似，只不过使用的是一个包含非换行空格的<div>元素。如果仅仅插入一个空的<div>元素，还是不行；必须要包含一点儿内容，浏览器才会创建文本节点。同样，为了不影响页面布局，恐怕还得移除这个节点。第三行代码使用的是一个隐藏的<input>域，也能达到相同的效果。不过，由于隐藏的<input>域不影响页面布局，因此这种方式在大多数情况下都是首选。

大多数浏览器都支持以直观的方式通过 innerHTML 插入<style>元素，例如：

```
div.innerHTML = "<style type=\"text/css\">body {background-color: red; }</style>";
```

但在 IE8 及更早版本中，<style>也是一个 "没有作用域的元素"，因此必须像下面这样给它前置一个 "有作用域的元素"：

```
div.innerHTML = "_<style type=\"text/css\">body {background-color: red; }</style>";
div.removeChild(div.firstChild);
```

并不是所有元素都支持 innerHTML 属性。不支持 innerHTML 的元素有：<col>、<colgroup>、<frameset>、<head>、<html>、<style>、<table>、<tbody>、<thead>、<tfoot>和<tr>。此外，在 IE8 及更早版本中，<title>元素也没有 innerHTML 属性。

> Firefox 对在内容类型为 application/xhtml+xml 的 XHTML 文档中设置 innerHTML 有严格的限制。在 XHTML 文档中使用 innerHTML 时，XHTML 代码必须完全符合要求。如果代码格式不正确，设置 innerHTML 将会静默地失败。

无论什么时候，只要使用 innerHTML 从外部插入 HTML，都应该首先以可靠的方式处理 HTML。IE8 为此提供了 window.toStaticHTML() 方法，这个方法接收一个参数，即一个 HTML 字符串；返回一个经过无害处理后的版本——从源 HTML 中删除所有脚本节点和事件处理程序属性。下面就是一个例子：

```
var text = "<a href=\"#\" onclick=\"alert('hi')\">Click Me</a>";
var sanitized = window.toStaticHTML(text);   //Internet Explorer 8 only
alert(sanitized);    //"<a href=\"#\">Click Me</a>"
```

这个例子将一个 HTML 链接字符串传给了 toStaticHTML() 方法，得到的无害版本中去掉了 onclick 属性。虽然目前只有 IE8 原生支持这个方法，但我们还是建议读者在通过 innerHTML 插入代码之前，尽可能先手工检查一下其中的文本内容。

2. outerHTML 属性

在读模式下，outerHTML 返回调用它的元素及所有子节点的 HTML 标签。在写模式下，outerHTML 会根据指定的 HTML 字符串创建新的 DOM 子树，然后用这个 DOM 子树完全替换调用元素。下面是一个例子。

```
<div id="content">
    <p>This is a <strong>paragraph</strong> with a list following it.</p>
    <ul>
        <li>Item 1</li>
        <li>Item 2</li>
        <li>Item 3</li>
    </ul>
</div>
```

OuterHTMLExample01.htm

如果在 <div> 元素上调用 outerHTML，会返回与上面相同的代码，包括 <div> 本身。不过，由于浏览器解析和解释 HTML 标记的不同，结果也可能会有所不同。（这里的不同与使用 innerHTML 属性时存在的差异性质是一样的。）

使用 outerHTML 属性以下面这种方式设置值：

```
div.outerHTML = "<p>This is a paragraph.</p>";
```

这行代码完成的操作与下面这些 DOM 脚本代码一样：

```
var p = document.createElement("p");
p.appendChild(document.createTextNode("This is a paragraph."));
div.parentNode.replaceChild(p, div);
```

结果，就是新创建的 <p> 元素会取代 DOM 树中的 <div> 元素。

支持 outerHTML 属性的浏览器有 IE4+、Safari 4+、Chrome 和 Opera 8+。Firefox 7 及之前版本都不支持 outerHTML 属性。

3. insertAdjacentHTML()方法

插入标记的最后一个新增方式是 insertAdjacentHTML() 方法。这个方法最早也是在 IE 中出现的，它接收两个参数：插入位置和要插入的 HTML 文本。第一个参数必须是下列值之一：

- ❑ "beforebegin"，在当前元素之前插入一个紧邻的同辈元素；
- ❑ "afterbegin"，在当前元素之下插入一个新的子元素或在第一个子元素之前再插入新的子元素；
- ❑ "beforeend"，在当前元素之下插入一个新的子元素或在最后一个子元素之后再插入新的子元素；
- ❑ "afterend"，在当前元素之后插入一个紧邻的同辈元素。

注意，这些值都必须是小写形式。第二个参数是一个 HTML 字符串（与 innerHTML 和 outerHTML 的值相同），如果浏览器无法解析该字符串，就会抛出错误。以下是这个方法的基本用法示例。

```
//作为前一个同辈元素插入
element.insertAdjacentHTML("beforebegin", "<p>Hello world!</p>");

//作为第一个子元素插入
element.insertAdjacentHTML("afterbegin", "<p>Hello world!</p>");

//作为最后一个子元素插入
element.insertAdjacentHTML("beforeend", "<p>Hello world!</p>");

//作为后一个同辈元素插入
element.insertAdjacentHTML("afterend", "<p>Hello world!</p>");
```

支持 insertAdjacentHTML() 方法的浏览器有 IE、Firefox 8+、Safari、Opera 和 Chrome。

4. 内存与性能问题

使用本节介绍的方法替换子节点可能会导致浏览器的内存占用问题，尤其是在 IE 中，问题更加明显。在删除带有事件处理程序或引用了其他 JavaScript 对象子树时，就有可能导致内存占用问题。假设某个元素有一个事件处理程序（或者引用了一个 JavaScript 对象作为属性），在使用前述某个属性将该元素从文档树中删除后，元素与事件处理程序（或 JavaScript 对象）之间的绑定关系在内存中并没有一并删除。如果这种情况频繁出现，页面占用的内存数量就会明显增加。因此，在使用 innerHTML、outerHTML 属性和 insertAdjacentHTML() 方法时，最好先手工删除要被替换的元素的所有事件处理程序和 JavaScript 对象属性（第 13 章将进一步讨论事件处理程序）。

不过，使用这几个属性——特别是使用 innerHTML，仍然还是可以为我们提供很多便利的。一般来说，在插入大量新 HTML 标记时，使用 innerHTML 属性与通过多次 DOM 操作先创建节点再指定它们之间的关系相比，效率要高得多。这是因为在设置 innerHTML 或 outerHTML 时，就会创建一个 HTML 解析器。这个解析器是在浏览器级别的代码（通常是 C++编写的）基础上运行的，因此比执行 JavaScript 快得多。不可避免地，创建和销毁 HTML 解析器也会带来性能损失，所以最好能够将设置 innerHTML 或 outerHTML 的次数控制在合理的范围内。例如，下列代码使用 innerHTML 创建了很多列表项：

```
for (var i=0, len=values.length; i < len; i++){
    ul.innerHTML += "<li>" + values[i] + "</li>"; //要避免这种频繁操作！！
}
```

这种每次循环都设置一次 innerHTML 的做法效率很低。而且，每次循环还要从 innerHTML 中读取一次信息，就意味着每次循环要访问两次 innerHTML。最好的做法是单独构建字符串，然后再一次性地将结果字符串赋值给 innerHTML，像下面这样：

```
var itemsHtml = "";
```

11

```
for (var i=0, len=values.length; i < len; i++){
    itemsHtml += "<li>" + values[i] + "</li>";
}
ul.innerHTML = itemsHtml;
```

这个例子的效率要高得多，因为它只对 innerHTML 执行了一次赋值操作。

11.3.7　scrollIntoView()方法

如何滚动页面也是 DOM 规范没有解决的一个问题。为了解决这个问题，浏览器实现了一些方法，以方便开发人员更好地控制页面滚动。在各种专有方法中，HTML5 最终选择了 scrollIntoView()作为标准方法。

scrollIntoView()可以在所有 HTML 元素上调用，通过滚动浏览器窗口或某个容器元素，调用元素就可以出现在视口中。如果给这个方法传入 true 作为参数，或者不传入任何参数，那么窗口滚动之后会让调用元素的顶部与视口顶部尽可能平齐。如果传入 false 作为参数，调用元素会尽可能全部出现在视口中，（可能的话，调用元素的底部会与视口底部平齐。）不过顶部不一定平齐，例如：

```
//让元素可见
document.forms[0].scrollIntoView();
```

当页面发生变化时，一般会用这个方法来吸引用户的注意力。实际上，为某个元素设置焦点也会导致浏览器滚动并显示出获得焦点的元素。

支持 scrollIntoView()方法的浏览器有 IE、Firefox、Safari 和 Opera。

11.4　专有扩展

虽然所有浏览器开发商都知晓坚持标准的重要性，但在发现某项功能缺失时，这些开发商都会一如既往地向 DOM 中添加专有扩展，以弥补功能上的不足。表面上看，这种各行其事的做法似乎不太好，但实际上专有扩展为 Web 开发领域提供了很多重要的功能，这些功能最终都在 HTML5 规范中得到了标准化。

即便如此，仍然还有大量专有的 DOM 扩展没有成为标准。但这并不是说它们将来不会被写进标准，而只是说在编写本书的时候，它们还是专有功能，而且只得到了少数浏览器的支持。

11.4.1　文档模式

IE8 引入了一个新的概念叫"文档模式"（document mode）。页面的文档模式决定了可以使用什么功能。换句话说，文档模式决定了你可以使用哪个级别的 CSS，可以在 JavaScript 中使用哪些 API，以及如何对待文档类型（doctype）。到了 IE9，总共有以下 4 种文档模式：

- ❑ IE5：以混杂模式渲染页面（IE5 的默认模式就是混杂模式）。IE8 及更高版本中的新功能都无法使用。
- ❑ IE7：以 IE7 标准模式渲染页面。IE8 及更高版本中的新功能都无法使用。
- ❑ IE8：以 IE8 标准模式渲染页面。IE8 中的新功能都可以使用，因此可以使用 Selectors API、更多 CSS2 级选择符和某些 CSS3 功能，还有一些 HTML5 的功能。不过 IE9 中的新功能无法使用。
- ❑ IE9：以 IE9 标准模式渲染页面。IE9 中的新功能都可以使用，比如 ECMAScript 5、完整的 CSS3 以及更多 HTML5 功能。这个文档模式是最高级的模式。

要理解 IE8 及更高版本的工作原理，必须理解文档模式。

要强制浏览器以某种模式渲染页面，可以使用 HTTP 头部信息 X-UA-Compatible，或通过等价的 <meta> 标签来设置：

```
<meta http-equiv="X-UA-Compatible" content="IE=IEVersion">
```

注意，这里 IE 的版本（IEVersion）有以下一些不同的值，而且这些值并不一定与上述 4 种文档模式对应。

- ❑ Edge：始终以最新的文档模式来渲染页面。忽略文档类型声明。对于 IE8，始终保持以 IE8 标准模式渲染页面。对于 IE9，则以 IE9 标准模式渲染页面。
- ❑ EmulateIE9：如果有文档类型声明，则以 IE9 标准模式渲染页面，否则将文档模式设置为 IE5。
- ❑ EmulateIE8：如果有文档类型声明，则以 IE8 标准模式渲染页面，否则将文档模式设置为 IE5。
- ❑ EmulateIE7：如果有文档类型声明，则以 IE7 标准模式渲染页面，否则将文档模式设置为 IE5。
- ❑ 9：强制以 IE9 标准模式渲染页面，忽略文档类型声明。
- ❑ 8：强制以 IE8 标准模式渲染页面，忽略文档类型声明。
- ❑ 7：强制以 IE7 标准模式渲染页面，忽略文档类型声明。
- ❑ 5：强制将文档模式设置为 IE5，忽略文档类型声明。

比如，要想让文档模式像在 IE7 中一样，可以使用下面这行代码：

```
<meta http-equiv="X-UA-Compatible" content="IE=EmulateIE7">
```

如果不打算考虑文档类型声明，而直接使用 IE7 标准模式，那么可以使用下面这行代码：

```
<meta http-equiv="X-UA-Compatible" content="IE=7">
```

没有规定说必须在页面中设置 X-UA-Compatible。默认情况下，浏览器会通过文档类型声明来确定是使用最佳的可用文档模式，还是使用混杂模式。

通过 document.documentMode 属性可以知道给定页面使用的是什么文档模式。这个属性是 IE8 中新增的，它会返回使用的文档模式的版本号（在 IE9 中，可能返回的版本号为 5、7、8、9）：

```
var mode = document.documentMode;
```

知道页面采用的是什么文档模式，有助于理解页面的行为方式。无论在什么文档模式下，都可以访问这个属性。

11.4.2 children 属性

由于 IE9 之前的版本与其他浏览器在处理文本节点中的空白符时有差异，因此就出现了 children 属性。这个属性是 HTMLCollection 的实例，只包含元素中同样还是元素的子节点。除此之外，children 属性与 childNodes 没有什么区别，即在元素只包含元素子节点时，这两个属性的值相同。下面是访问 children 属性的示例代码：

```
var childCount = element.children.length;
var firstChild = element.children[0];
```

支持 children 属性的浏览器有 IE5、Firefox 3.5、Safari 2（但有 bug）、Safari 3（完全支持）、Opera8 和 Chrome（所有版本）。IE8 及更早版本的 children 属性中也会包含注释节点，但 IE9 之后的版本则只返回元素节点。

11

11.4.3　contains()方法

在实际开发中，经常需要知道某个节点是不是另一个节点的后代。IE 为此率先引入了 contains() 方法，以便不通过在 DOM 文档树中查找即可获得这个信息。调用 contains()方法的应该是祖先节点，也就是搜索开始的节点，这个方法接收一个参数，即要检测的后代节点。如果被检测的节点是后代节点，该方法返回 true；否则，返回 false。以下是一个例子：

```
alert(document.documentElement.contains(document.body));    //true
```

这个例子测试了<body>元素是不是<html>元素的后代，在格式正确的 HTML 页面中，以上代码返回 true。支持 contains()方法的浏览器有 IE、Firefox 9+、Safari、Opera 和 Chrome。

使用 DOM Level 3 compareDocumentPosition()也能够确定节点间的关系。支持这个方法的浏览器有 IE9+、Firefox、Safari、Opera 9.5+和 Chrome。如前所述，这个方法用于确定两个节点间的关系，返回一个表示该关系的位掩码（ bitmask）。下表列出了这个位掩码的值。

掩码	节点关系
1	无关（给定的节点不在当前文档中）
2	居前（给定的节点在DOM树中位于参考节点之前）
4	居后（给定的节点在DOM树中位于参考节点之后）
8	包含（给定的节点是参考节点的祖先）
16	被包含（给定的节点是参考节点的后代）

为模仿 contains()方法，应该关注的是掩码 16。可以对 compareDocumentPosition()的结果执行按位与，以确定参考节点（调用 compareDocumentPosition()方法的当前节点）是否包含给定的节点（传入的节点）。来看下面的例子：

```
var result = document.documentElement.compareDocumentPosition(document.body);
alert(!!(result & 16));
```

执行上面的代码后，结果会变成 20（表示"居后"的 4 加上表示"被包含"的 16）。对掩码 16 执行按位操作会返回一个非零数值，而两个逻辑非操作符会将该数值转换成布尔值。

使用一些浏览器及能力检测，就可以写出如下所示的一个通用的 contains 函数：

```
function contains(refNode, otherNode){
    if (typeof refNode.contains == "function" &&
            (!client.engine.webkit || client.engine.webkit >= 522)){
        return refNode.contains(otherNode);
    } else if (typeof refNode.compareDocumentPosition == "function"){
        return !!(refNode.compareDocumentPosition(otherNode) & 16);
    } else {
        var node = otherNode.parentNode;
        do {
            if (node === refNode){
                return true;
            } else {
                node = node.parentNode;
            }
        } while (node !== null);
```

```
        return false;
    }
}
```

ContainsExample02.htm

这个函数组合使用了三种方式来确定一个节点是不是另一个节点的后代。函数的第一个参数是参考节点，第二个参数是要检查的节点。在函数体内，首先检测 refNode 中是否存在 contains() 方法（能力检测）。这一部分代码还检查了当前浏览器所用的 WebKit 版本号。如果方法存在而且不是 WebKit（!client.engine.webkit），则继续执行代码。否则，如果浏览器是 WebKit 且至少是 Safari 3（WebKit 版本号为 522 或更高），那么也可以继续执行代码。在 WebKit 版本号小于 522 的 Safari 浏览器中，contains() 方法不能正常使用。

接下来检查是否存在 compareDocumentPosition() 方法，而函数的最后一步则是自 otherNode 开始向上遍历 DOM 结构，以递归方式取得 parentNode，并检查其是否与 refNode 相等。在文档树的顶端，parentNode 的值等于 null，于是循环结束。这是针对旧版本 Safari 设计的一个后备策略。

11.4.4　插入文本

前面介绍过，IE 原来专有的插入标记的属性 innerHTML 和 outerHTML 已经被 HTML5 纳入规范。但另外两个插入文本的专有属性则没有这么好的运气。这两个没有被 HTML5 看中的属性是 innerText 和 outerText。

1. **innerText** 属性

通过 innertText 属性可以操作元素中包含的所有文本内容，包括子文档树中的文本。在通过 innerText 读取值时，它会按照由浅入深的顺序，将子文档树中的所有文本拼接起来。在通过 innerText 写入值时，结果会删除元素的所有子节点，插入包含相应文本值的文本节点。来看下面这个 HTML 代码示例。

```html
<div id="content">
    <p>This is a <strong>paragraph</strong> with a list following it.</p>
    <ul>
        <li>Item 1</li>
        <li>Item 2</li>
        <li>Item 3</li>
    </ul>
</div>
```

InnerTextExample01.htm

对于这个例子中的 <div> 元素而言，其 innerText 属性会返回下列字符串：

```
This is a paragraph with a list following it.
Item 1
Item 2
Item 3
```

由于不同浏览器处理空白符的方式不同，因此输出的文本可能会也可能不会包含原始 HTML 代码中的缩进。

使用 innerText 属性设置这个 <div> 元素的内容，则只需一行代码：

```
div.innerText = "Hello world!";
```

InnerTextExample02.htm

执行这行代码后，页面的 HTML 代码就会变成如下所示。

```
<div id="content">Hello world!</div>
```

设置 innerText 属性移除了先前存在的所有子节点，完全改变了 DOM 子树。此外，设置 innerText 属性的同时，也对文本中存在的 HTML 语法字符（小于号、大于号、引号及和号）进行了编码。再看一个例子。

```
div.innerText = "Hello & welcome, <b>\"reader\"!</b>";
```

InnerTextExample03.htm

运行以上代码之后，会得到如下所示的结果。

```
<div id="content">Hello &amp; welcome, &lt;b&gt;&quot;reader&quot;!&lt;/b&gt;</div>
```

设置 innerText 永远只会生成当前节点的一个子文本节点，而为了确保只生成一个子文本节点，就必须要对文本进行 HTML 编码。利用这一点，可以通过 innerText 属性过滤掉 HTML 标签。方法是将 innerText 设置为等于 innerText，这样就可以去掉所有 HTML 标签，比如：

```
div.innerText = div.innerText;
```

执行这行代码后，就用原来的文本内容替换了容器元素中的所有内容（包括子节点，因而也就去掉了 HTML 标签）。

支持 innerText 属性的浏览器包括 IE4+、Safari 3+、Opera 8+和 Chrome。Firefox 虽然不支持 innerText，但支持作用类似的 textContent 属性。textContent 是 DOM Level 3 规定的一个属性，其他支持 textContent 属性的浏览器还有 IE9+、Safari 3+、Opera 10+和 Chrome。为了确保跨浏览器兼容，有必要编写一个类似于下面的函数来检测可以使用哪个属性。

```
function getInnerText(element){
    return (typeof element.textContent == "string") ?
        element.textContent : element.innerText;
}

function setInnerText(element, text){
    if (typeof element.textContent == "string"){
        element.textContent = text;
    } else {
        element.innerText = text;
    }
}
```

InnerTextExample05.htm

这两个函数都接收一个元素作为参数，然后检查这个元素是不是有 textContent 属性。如果有，那么 typeof element.textContent 应该是"string"；如果没有，那么这两个函数就会改为使用 innerText。可以像下面这样调用这两个函数。

```
setInnerText(div, "Hello world!");
alert(getInnerText(div));     //"Hello world!"
```

使用这两个函数可以确保在不同的浏览器中使用正确的属性。

 实际上，innerText 与 textContent 返回的内容并不完全一样。比如，innerText 会忽略行内的样式和脚本，而 textContent 则会像返回其他文本一样返回行内的样式和脚本代码。避免跨浏览器兼容问题的最佳途径，就是从不包含行内样式或行内脚本的 DOM 子树副本或 DOM 片段中读取文本。

2. outerText 属性

除了作用范围扩大到了包含调用它的节点之外，outerText 与 innerText 基本上没有多大区别。在读取文本值时，outerText 与 innerText 的结果完全一样。但在写模式下，outerText 就完全不同了：outerText 不只是替换调用它的元素的子节点，而是会替换整个元素（包括子节点）。比如：

```
div.outerText = "Hello world!";
```

这行代码实际上相当于如下两行代码：

```
var text = document.createTextNode("Hello world!");
div.parentNode.replaceChild(text, div);
```

本质上，新的文本节点会完全取代调用 outerText 的元素。此后，该元素就从文档中被删除，无法访问。

支持 outerText 属性的浏览器有 IE4+、Safari 3+、Opera 8+和 Chrome。由于这个属性会导致调用它的元素不存在，因此并不常用。我们也建议读者尽可能不要使用这个属性。

11.4.5　滚动

如前所述，HTML5 之前的规范并没有就与页面滚动相关的 API 做出任何规定。但 HTML5 在将 scrollIntoView()纳入规范之后，仍然还有其他几个专有方法可以在不同的浏览器中使用。下面列出的几个方法都是对 HTMLElement 类型的扩展，因此在所有元素中都可以调用。

❑ scrollIntoViewIfNeeded(*alignCenter*)：只在当前元素在视口中不可见的情况下，才滚动浏览器窗口或容器元素，最终让它可见。如果当前元素在视口中可见，这个方法什么也不做。如果将可选的 *alignCenter* 参数设置为 true,则表示尽量将元素显示在视口中部(垂直方向)。Safari 和 Chrome 实现了这个方法。

❑ scrollByLines(*lineCount*)：将元素的内容滚动指定的行高，*lineCount* 值可以是正值，也可以是负值。Safari 和 Chrome 实现了这个方法。

❑ scrollByPages(*pageCount*)：将元素的内容滚动指定的页面高度，具体高度由元素的高度决定。Safari 和 Chrome 实现了这个方法。

希望大家要注意的是，scrollIntoView()和 scrollIntoViewIfNeeded()的作用对象是元素的容器，而 scrollByLines()和 scrollByPages()影响的则是元素自身。下面还是来看几个示例吧。

```
//将页面主体滚动 5 行
document.body.scrollByLines(5);
```

```
//在当前元素不可见的时候，让它进入浏览器的视口
document.images[0].scrollIntoViewIfNeeded();
```

```
//将页面主体往回滚动 1 页
document.body.scrollByPages(-1);
```

由于 scrollIntoView() 是唯一一个所有浏览器都支持的方法，因此还是这个方法最常用。

11.5　小结

虽然 DOM 为与 XML 及 HTML 文档交互制定了一系列核心 API，但仍然有几个规范对标准的 DOM 进行了扩展。这些扩展中有很多原来是浏览器专有的，但后来成为了事实标准，于是其他浏览器也都提供了相同的实现。本章介绍的三个这方面的规范如下。

- Selectors API，定义了两个方法，让开发人员能够基于 CSS 选择符从 DOM 中取得元素，这两个方法是 querySelector() 和 querySelectorAll()。
- Element Traversal，为 DOM 元素定义了额外的属性，让开发人员能够更方便地从一个元素跳到另一个元素。之所以会出现这个扩展，是因为浏览器处理 DOM 元素间空白符的方式不一样。
- HTML5，为标准的 DOM 定义了很多扩展功能。其中包括在 innerHTML 属性这样的事实标准基础上提供的标准定义，以及为管理焦点、设置字符集、滚动页面而规定的扩展 API。

虽然目前 DOM 扩展的数量还不多，但随着 Web 技术的发展，相信一定还会涌现出更多扩展来。很多浏览器都在试验专有的扩展，而这些扩展一旦获得认可，就能成为"伪"标准，甚至会被收录到规范的更新版本中。

第12章

DOM2 和 DOM3

本章内容

❑ DOM2 和 DOM3 的变化
❑ 操作样式的 DOM API
❑ DOM 遍历与范围

D OM1 级主要定义的是 HTML 和 XML 文档的底层结构。DOM2 和 DOM3 级则在这个结构的基础上引入了更多的交互能力，也支持了更高级的 XML 特性。为此，DOM2 和 DOM3 级分为许多模块（模块之间具有某种关联），分别描述了 DOM 的某个非常具体的子集。这些模块如下。

❑ DOM2 级核心（DOM Level 2 Core）：在 1 级核心基础上构建，为节点添加了更多方法和属性。
❑ DOM2 级视图（DOM Level 2 Views）：为文档定义了基于样式信息的不同视图。
❑ DOM2 级事件（DOM Level 2 Events）：说明了如何使用事件与 DOM 文档交互。
❑ DOM2 级样式（DOM Level 2 Style）：定义了如何以编程方式来访问和改变 CSS 样式信息。
❑ DOM2 级遍历和范围（DOM Level 2 Traversal and Range）：引入了遍历 DOM 文档和选择其特定部分的新接口。
❑ DOM2 级 HTML（DOM Level 2 HTML）：在 1 级 HTML 基础上构建，添加了更多属性、方法和新接口。

本章探讨除"DOM2 级事件"之外的所有模块，"DOM2 级事件"模块将在第 13 章进行全面讲解。

 DOM3 级又增加了"XPath"模块和"加载与保存"（Load and Save）模块。这些模块将在第 18 章讨论。

12.1 DOM 变化

DOM2 级和 3 级的目的在于扩展 DOM API，以满足操作 XML 的所有需求，同时提供更好的错误处理及特性检测能力。从某种意义上讲，实现这一目的的很大程度意味着对命名空间的支持。"DOM2 级核心"没有引入新类型，它只是在 DOM1 级的基础上通过增加新方法和新属性来增强了既有类型。"DOM3 级核心"同样增强了既有类型，但也引入了一些新类型。

类似地，"DOM2 级视图"和"DOM2 级 HTML"模块也增强了 DOM 接口，提供了新的属性和方法。由于这两个模块很小，因此我们将把它们与"DOM2 级核心"放在一起，讨论基本 JavaScript 对象的变化。可以通过下列代码来确定浏览器是否支持这些 DOM 模块。

```
var supportsDOM2Core = document.implementation.hasFeature("Core", "2.0");
var supportsDOM3Core = document.implementation.hasFeature("Core", "3.0");
var supportsDOM2HTML = document.implementation.hasFeature("HTML", "2.0");
var supportsDOM2Views = document.implementation.hasFeature("Views", "2.0");
var supportsDOM2XML = document.implementation.hasFeature("XML", "2.0");
```

　　本章只讨论那些已经有浏览器实现的部分，任何浏览器都没有实现的部分将不作讨论。

12.1.1　针对 XML 命名空间的变化

有了 XML 命名空间，不同 XML 文档的元素就可以混合在一起，共同构成格式良好的文档，而不必担心发生命名冲突。从技术上说，HTML 不支持 XML 命名空间，但 XHTML 支持 XML 命名空间。因此，本节给出的都是 XHTML 的示例。

命名空间要使用 xmlns 特性来指定。XHTML 的命名空间是 http://www.w3.org/1999/xhtml，在任何格式良好 XHTML 页面中，都应该将其包含在<html>元素中，如下面的例子所示。

```
<html xmlns="http://www.w3.org/1999/xhtml">
    <head>
        <title>Example XHTML page</title>
    </head>
    <body>
        Hello world!
    </body>
</html>
```

对这个例子而言，其中的所有元素默认都被视为 XHTML 命名空间中的元素。要想明确地为 XML 命名空间创建前缀，可以使用 xmlns 后跟冒号，再后跟前缀，如下所示。

```
<xhtml:html xmlns:xhtml="http://www.w3.org/1999/xhtml">
    <xhtml:head>
        <xhtml:title>Example XHTML page</xhtml:title>
    </xhtml:head>
    <xhtml:body>
        Hello world!
    </xhtml:body>
</xhtml:html>
```

这里为 XHTML 的命名空间定义了一个名为 xhtml 的前缀，并要求所有 XHTML 元素都以该前缀开头。有时候为了避免不同语言间的冲突，也需要使用命名空间来限定特性，如下面的例子所示。

```
<xhtml:html xmlns:xhtml="http://www.w3.org/1999/xhtml">
    <xhtml:head>
        <xhtml:title>Example XHTML page</xhtml:title>
    </xhtml:head>
    <xhtml:body xhtml:class="home">
        Hello world!
    </xhtml:body>
</xhtml:html>
```

这个例子中的特性 class 带有一个 xhtml 前缀。在只基于一种语言编写 XML 文档的情况下，命名空间实际上也没有什么用。不过，在混合使用两种语言的情况下，命名空间的用处就非常大了。来看一看下面这个混合了 XHTML 和 SVG 语言的文档：

```
<html xmlns="http://www.w3.org/1999/xhtml">
    <head>
        <title>Example XHTML page</title>
    </head>
    <body>
        <svg xmlns="http://www.w3.org/2000/svg" version="1.1"
            viewBox="0 0 100 100" style="width:100%; height:100%">
            <rect x="0" y="0" width="100" height="100" style="fill:red"/>
        </svg>
    </body>
</html>
```

在这个例子中，通过设置命名空间，将<svg>标识为了与包含文档无关的元素。此时，<svg>元素的所有子元素，以及这些元素的所有特性，都被认为属于 http://www.w3.org/2000/svg 命名空间。即使这个文档从技术上说是一个 XHTML 文档，但因为有了命名空间，其中的 SVG 代码也仍然是有效的。

对于类似这样的文档来说，最有意思的事发生在调用方法操作文档节点的情况下。例如，在创建一个元素时，这个元素属于哪个命名空间呢？在查询一个特殊标签名时，应该将结果包含在哪个命名空间中呢？"DOM2 级核心"通过为大多数 DOM1 级方法提供特定于命名空间的版本解决了这个问题。

1. `Node` 类型的变化

在 DOM2 级中，`Node` 类型包含下列特定于命名空间的属性。

❏ `localName`：不带命名空间前缀的节点名称。

❏ `namespaceURI`：命名空间 URI 或者（在未指定的情况下是）`null`。

❏ `prefix`：命名空间前缀或者（在未指定的情况下是）`null`。

当节点使用了命名空间前缀时，其 `nodeName` 等于`prefix+":"+ localName`。以下面的文档为例：

```
<html xmlns="http://www.w3.org/1999/xhtml">
    <head>
        <title>Example XHTML page</title>
    </head>
    <body>
        <s:svg xmlns:s="http://www.w3.org/2000/svg" version="1.1"
            viewBox="0 0 100 100" style="width:100%; height:100%">
            <s:rect x="0" y="0" width="100" height="100" style="fill:red"/>
        </s:svg>
    </body>
</html>
```

NamespaceExample.xml

对于<html>元素来说，它的 `localName` 和 `tagName` 是"html"，`namespaceURI` 是"http://www.w3.org/1999/xhtml"，而 `prefix` 是 null。对于<s:svg>元素而言，它的 `localName` 是"svg"，`tagName` 是"s:svg"，`namespaceURI` 是"http://www.w3.org/2000/svg"，而 `prefix` 是"s"。

DOM3 级在此基础上更进一步，又引入了下列与命名空间有关的方法。

❏ `isDefaultNamespace(namespaceURI)`：在指定的 `namespaceURI` 是当前节点的默认命名空间的情况下返回 `true`。

❏ `lookupNamespaceURI(prefix)`：返回给定 `prefix` 的命名空间。

❏ `lookupPrefix(namespaceURI)`：返回给定 `namespaceURI` 的前缀。

针对前面的例子，可以执行下列代码：

```
alert(document.body.isDefaultNamespace("http://www.w3.org/1999/xhtml")); //true
```

```
//假设 svg 中包含着对<s:svg>的引用
alert(svg.lookupPrefix("http://www.w3.org/2000/svg")); //"s"
alert(svg.lookupNamespaceURI("s")); //"http://www.w3.org/2000/svg
```

在取得了一个节点，但不知道该节点与文档其他元素之间关系的情况下，这些方法是很有用的。

2. Document 类型的变化

DOM2 级中的 Document 类型也发生了变化，包含了下列与命名空间有关的方法。

- ❑ createElementNS(*namespaceURI*, *tagName*)：使用给定的 *tagName* 创建一个属于命名空间 *namespaceURI* 的新元素。
- ❑ createAttributeNS(*namespaceURI*, *attributeName*)：使用给定的 *attributeName* 创建一个属于命名空间 namespaceURI 的新特性。
- ❑ getElementsByTagNameNS(*namespaceURI*, *tagName*)：返回属于命名空间 *namespaceURI* 的 *tagName* 元素的 NodeList。

使用这些方法时需要传入表示命名空间的 URI（而不是命名空间前缀），如下面的例子所示。

```
//创建一个新的 SVG 元素
var svg = document.createElementNS("http://www.w3.org/2000/svg","svg");
```

```
//创建一个属于某个命名空间的新特性
var att = document.createAttributeNS("http://www.somewhere.com", "random");
```

```
//取得所有 XHTML 元素
var elems = document.getElementsByTagNameNS("http://www.w3.org/1999/xhtml", "*");
```

只有在文档中存在两个或多个命名空间时，这些与命名空间有关的方法才是必需的。

3. Element 类型的变化

"DOM2 级核心"中有关 Element 的变化，主要涉及操作特性。新增的方法如下。

- ❑ getAttributeNS(*namespaceURI*,*localName*)：取得属于命名空间 *namespaceURI* 且名为 *localName* 的特性。
- ❑ getAttributeNodeNS(*namespaceURI*,*localName*)：取得属于命名空间 *namespaceURI* 且名为 *localName* 的特性节点。
- ❑ getElementsByTagNameNS(*namespaceURI*, *tagName*)：返回属于命名空间 *namespaceURI* 的 *tagName* 元素的 NodeList。
- ❑ hasAttributeNS(*namespaceURI*,*localName*)：确定当前元素是否有一个名为 *localName* 的特性，而且该特性的命名空间是 *namespaceURI*。注意，"DOM2 级核心"也增加了一个 hasAttribute()方法，用于不考虑命名空间的情况。
- ❑ removeAttriubteNS(*namespaceURI*,*localName*)：删除属于命名空间 *namespaceURI* 且名为 *localName* 的特性。
- ❑ setAttributeNS(*namespaceURI*,*qualifiedName*,*value*)：设置属于命名空间 *namespace-URI* 且名为 *qualifiedName* 的特性的值为 *value*。
- ❑ setAttributeNodeNS(*attNode*)：设置属于命名空间 *namespaceURI* 的特性节点。

除了第一个参数之外，这些方法与 DOM1 级中相关方法的作用相同；第一个参数始终都是一个命名空间 URI。

4. NamedNodeMap 类型的变化

NamedNodeMap 类型也新增了下列与命名空间有关的方法。由于特性是通过 NamedNodeMap 表示的，因此这些方法多数情况下只针对特性使用。

- □ getNamedItemNS(*namespaceURI,localName*)：取得属于命名空间 *namespaceURI* 且名为 *localName* 的项。
- □ removeNamedItemNS(*namespaceURI,localName*)：移除属于命名空间 *namespaceURI* 且名为 *localName* 的项。
- □ setNamedItemNS(*node*)：添加 *node*，这个节点已经事先指定了命名空间信息。

由于一般都是通过元素访问特性，所以这些方法很少使用。

12.1.2　其他方面的变化

DOM 的其他部分在"DOM2 级核心"中也发生了一些变化。这些变化与 XML 命名空间无关，而是更倾向于确保 API 的可靠性及完整性。

1. DocumentType 类型的变化

DocumentType 类型新增了 3 个属性：publicId、systemId 和 internalSubset。其中，前两个属性表示的是文档类型声明中的两个信息段，这两个信息段在 DOM1 级中是没有办法访问到的。以下面的 HTML 文档类型声明为例。

```
<!DOCTYPE HTML PUBLIC "-//W3C//DTD HTML 4.01//EN"
    "http://www.w3.org/TR/html4/strict.dtd">
```

对这个文档类型声明而言，publicId 是"-//W3C//DTD HTML 4.01//EN"，而 systemId 是"http://www.w3.org/TR/html4/strict.dtd"。在支持 DOM2 级的浏览器中，应该可以运行下列代码。

```
alert(document.doctype.publicId);
alert(document.doctype.systemId);
```

实际上，很少需要在网页中访问此类信息。

最后一个属性 internalSubset，用于访问包含在文档类型声明中的额外定义，以下面的代码为例。

```
<!DOCTYPE html PUBLIC "-//W3C//DTD XHTML 1.0 Strict//EN"
"http://www.w3.org/TR/xhtml1/DTD/xhtml1-strict.dtd"
[<!ELEMENT name (#PCDATA)>] >
```

访问 document.doctype.internalSubset 将得到"<!ELEMENT name (#PCDATA)>"。这种内部子集（internal subset）在 HTML 中极少用到，在 XML 中可能会更常见一些。

2. Document 类型的变化

Document 类型的变化中唯一与命名空间无关的方法是 importNode()。这个方法的用途是从一个文档中取得一个节点，然后将其导入到另一个文档，使其成为这个文档结构的一部分。需要注意的是，每个节点都有一个 ownerDocument 属性，表示所属的文档。如果调用 appendChild() 时传入的节点属于不同的文档（ownerDocument 属性的值不一样），则会导致错误。但在调用 importNode() 时传入不同文档的节点则会返回一个新节点，这个新节点的所有权归当前文档所有。

说起来，importNode() 方法与 Element 的 cloneNode() 方法非常相似，它接受两个参数：要复

12

制的节点和一个表示是否复制子节点的布尔值。返回的结果是原来节点的副本，但能够在当前文档中使用。来看下面的例子：

```
var newNode = document.importNode(oldNode, true); //导入节点及其所有子节点
document.body.appendChild(newNode);
```

这个方法在 HTML 文档中并不常用，在 XML 文档中用得比较多（更多讨论请参见第 18 章）。

"DOM2 级视图"模块添加了一个名为 defaultView 的属性，其中保存着一个指针，指向拥有给定文档的窗口（或框架）。除此之外，"视图"规范没有提供什么时候其他视图可用的信息，因而这是唯一一个新增的属性。除 IE 之外的所有浏览器都支持 defaultView 属性。在 IE 中有一个等价的属性名叫 parentWindow（Opera 也支持这个属性）。因此，要确定文档的归属窗口，可以使用以下代码。

```
var parentWindow = document.defaultView || document.parentWindow;
```

除了上述一个方法和一个属性之外，"DOM2 级核心"还为 document.implementation 对象规定了两个新方法：createDocumentType() 和 createDocument()。前者用于创建一个新的 DocumentType 节点，接受 3 个参数：文档类型名称、publicId、systemId。例如，下列代码会创建一个新的 HTML 4.01 Strict 文档类型。

```
var doctype = document.implementation.createDocumentType("html",
                "-//W3C//DTD HTML 4.01//EN",
                "http://www.w3.org/TR/html4/strict.dtd");
```

由于既有文档的文档类型不能改变，因此 createDocumentType() 只在创建新文档时有用；创建新文档时需要用到 createDocument() 方法。这个方法接受 3 个参数：针对文档中元素的 namespaceURI、文档元素的标签名、新文档的文档类型。下面这行代码将会创建一个空的新 XML 文档。

```
var doc = document.implementation.createDocument("", "root", null);
```

这行代码会创建一个没有命名空间的新文档，文档元素为<root>，而且没有指定文档类型。要想创建一个 XHTML 文档，可以使用以下代码。

```
var doctype = document.implementation.createDocumentType("html",
                " -//W3C//DTD XHTML 1.0 Strict//EN",
                "http://www.w3.org/TR/xhtml1/DTD/xhtml1-strict.dtd");

var doc = document.implementation.createDocument("http://www.w3.org/1999/xhtml",
                "html", doctype);
```

这样，就创建了一个带有适当命名空间和文档类型的新 XHTML 文档。不过，新文档当前只有文档元素<html>，剩下的所有元素都需要继续添加。

"DOM2 级 HTML"模块也为 document.implementation 新增了一个方法，名叫 createHTML-Document()。这个方法的用途是创建一个完整的 HTML 文档，包括<html>、<head>、<title>和<body>元素。这个方法只接受一个参数，即新创建文档的标题（放在<title>元素中的字符串），返回新的 HTML 文档，如下所示：

```
var htmldoc = document.implementation.createHTMLDocument("New Doc");
alert(htmldoc.title);               //"New Doc"
alert(typeof htmldoc.body);         //"object"
```

CreateHTMLDocumentExample.htm

通过调用 createHTMLDocument() 创建的这个文档，是 HTMLDocument 类型的实例，因而具有该类型的所有属性和方法，包括 title 和 body 属性。只有 Opera 和 Safari 支持这个方法。

3. Node 类型的变化

Node 类型中唯一与命名空间无关的变化，就是添加了 isSupported() 方法。与 DOM1 级为 document.implementation 引入的 hasFeature() 方法类似，isSupported() 方法用于确定当前节点具有什么能力。这个方法也接受相同的两个参数：特性名和特性版本号。如果浏览器实现了相应特性，而且能够基于给定节点执行该特性，isSupported() 就返回 true。来看一个例子：

```
if (document.body.isSupported("HTML", "2.0")){
    //执行只有"DOM2 级 HTML"才支持的操作
}
```

由于不同实现在决定对什么特性返回 true 或 false 时并不一致，这个方法同样也存在与 hasFeature() 方法相同的问题。为此，我们建议在确定某个特性是否可用时，最好还是使用能力检测。

DOM3 级引入了两个辅助比较节点的方法：isSameNode() 和 isEqualNode()。这两个方法都接受一个节点参数，并在传入节点与引用的节点相同或相等时返回 true。所谓相同，指的是两个节点引用的是同一个对象。所谓相等，指的是两个节点是相同的类型，具有相等的属性（nodeName、nodeValue，等等），而且它们的 attributes 和 childNodes 属性也相等（相同位置包含相同的值）。来看一个例子。

```
var div1 = document.createElement("div");
div1.setAttribute("class", "box");

var div2 = document.createElement("div");
div2.setAttribute("class", "box");

alert(div1.isSameNode(div1));  //true
alert(div1.isEqualNode(div2)); //true
alert(div1.isSameNode(div2));  //false
```

这里创建了两个具有相同特性的 <div> 元素。这两个元素相等，但不相同。

DOM3 级还针对为 DOM 节点添加额外数据引入了新方法。其中，setUserData() 方法会将数据指定给节点，它接受 3 个参数：要设置的键、实际的数据（可以是任何数据类型）和处理函数。以下代码可以将数据指定给一个节点。

```
document.body.setUserData("name", "Nicholas", function(){});
```

然后，使用 getUserData() 并传入相同的键，就可以取得该数据，如下所示：

```
var value = document.body.getUserData("name");
```

传入 setUserData() 中的处理函数会在带有数据的节点被复制、删除、重命名或引入一个文档时调用，因而你可以事先决定在上述操作发生时如何处理用户数据。处理函数接受 5 个参数：表示操作类型的数值（1 表示复制，2 表示导入，3 表示删除，4 表示重命名）、数据键、数据值、源节点和目标节点。在删除节点时，源节点是 null；除在复制节点时，目标节点均为 null。在函数内部，你可以决定如何存储数据。来看下面的例子。

```
var div = document.createElement("div");
div.setUserData("name", "Nicholas", function(operation, key, value, src, dest){
    if (operation == 1){
        dest.setUserData(key, value, function(){});   }
```

12

```
});

var newDiv = div.cloneNode(true);
alert(newDiv.getUserData("name"));        //"Nicholas"
```

UserDataExample.htm

这里，先创建了一个<div>元素，然后又为它添加了一些数据（用户数据）。在使用 cloneNode()
复制这个元素时，就会调用处理函数，从而将数据自动复制到了副本节点。结果在通过副本节点调用
getUserData()时，就会返回与原始节点中包含的相同的值。

4. 框架的变化

框架和内嵌框架分别用 HTMLFrameElement 和 HTMLIFrameElement 表示，它们在 DOM2 级中都有
了一个新属性，名叫 contentDocument。这个属性包含一个指针，指向表示框架内容的文档对象。在此
之前，无法直接通过元素取得这个文档对象（只能使用 frames 集合）。可以像下面这样使用这个属性。

```
var iframe = document.getElementById("myIframe");
var iframeDoc = iframe.contentDocument;        //在 IE8 以前的版本中无效
```

IFrameElementExample.htm

由于 contentDocument 属性是 Document 类型的实例，因此可以像使用其他 HTML 文档一样使
用它，包括所有属性和方法。Opera、Firefox、Safari 和 Chrome 支持这个属性。IE8 之前不支持框架中
的 contentDocument 属性，但支持一个名叫 contentWindow 的属性，该属性返回框架的 window 对
象，而这个 window 对象又有一个 document 属性。因此，要想在上述所有浏览器中访问内嵌框架的文
档对象，可以使用下列代码。

```
var iframe = document.getElementById("myIframe");
var iframeDoc = iframe.contentDocument || iframe.contentWindow.document;
```

IFrameElementExample2.htm

所有浏览器都支持 contentWindow 属性。

> 访问框架或内嵌框架的文档对象要受到跨域安全策略的限制。如果某个框架中的
> 页面来自其他域或不同子域，或者使用了不同的协议，那么要访问这个框架的文档对
> 象就会导致错误。

12.2 样式

在 HTML 中定义样式的方式有 3 种：通过<link/>元素包含外部样式表文件、使用<style/>元素
定义嵌入式样式，以及使用 style 特性定义针对特定元素的样式。"DOM2 级样式"模块围绕这 3 种应用
样式的机制提供了一套 API。要确定浏览器是否支持 DOM2 级定义的 CSS 能力，可以使用下列代码。

```
var supportsDOM2CSS = document.implementation.hasFeature("CSS", "2.0");
var supportsDOM2CSS2 = document.implementation.hasFeature("CSS2", "2.0");
```

12.2.1 访问元素的样式

任何支持 style 特性的 HTML 元素在 JavaScript 中都有一个对应的 style 属性。这个 style 对象是 CSSStyleDeclaration 的实例，包含着通过 HTML 的 style 特性指定的所有样式信息，但不包含与外部样式表或嵌入样式表经层叠而来的样式。在 style 特性中指定的任何 CSS 属性都将表现为这个 style 对象的相应属性。对于使用短划线（分隔不同的词汇，例如 background-image）的 CSS 属性名，必须将其转换成驼峰大小写形式，才能通过 JavaScript 来访问。下表列出了几个常见的 CSS 属性及其在 style 对象中对应的属性名。

CSS属性	JavaScript属性
background-image	style.backgroundImage
color	style.color
display	style.display
font-family	style.fontFamily

多数情况下，都可以通过简单地转换属性名的格式来实现转换。其中一个不能直接转换的 CSS 属性就是 float。由于 float 是 JavaScript 中的保留字，因此不能用作属性名。"DOM2 级样式"规范规定样式对象上相应的属性名应该是 cssFloat；Firefox、Safari、Opera 和 Chrome 都支持这个属性，而 IE 支持的则是 styleFloat。

只要取得一个有效的 DOM 元素的引用，就可以随时使用 JavaScript 为其设置样式。以下是几个例子。

```
var myDiv = document.getElementById("myDiv");

//设置背景颜色
myDiv.style.backgroundColor = "red";

//改变大小
myDiv.style.width = "100px";
myDiv.style.height = "200px";

//指定边框
myDiv.style.border = "1px solid black";
```

在以这种方式改变样式时，元素的外观会自动被更新。

 在标准模式下，所有度量值都必须指定一个度量单位。在混杂模式下，可以将 style.width 设置为"20"，浏览器会假设它是"20px"；但在标准模式下，将 style.width 设置为"20"会导致被忽略——因为没有度量单位。在实践中，最好始终都指定度量单位。

通过 style 对象同样可以取得在 style 特性中指定的样式。以下面的 HTML 代码为例。

```
<div id="myDiv" style="background-color:blue; width:10px; height:25px"></div>
```

在 style 特性中指定的样式信息可以通过下列代码取得。

```
alert(myDiv.style.backgroundColor);          //"blue"
alert(myDiv.style.width);                    //"10px"
alert(myDiv.style.height);                   //"25px"
```

如果没有为元素设置 style 特性，那么 style 对象中可能会包含一些默认的值，但这些值并不能准确地反映该元素的样式信息。

1. DOM 样式属性和方法

"DOM2 级样式"规范还为 style 对象定义了一些属性和方法。这些属性和方法在提供元素的 style 特性值的同时，也可以修改样式。下面列出了这些属性和方法。

- ❑ cssText：如前所述，通过它能够访问到 style 特性中的 CSS 代码。
- ❑ length：应用给元素的 CSS 属性的数量。
- ❑ parentRule：表示 CSS 信息的 CSSRule 对象。本节后面将讨论 CSSRule 类型。
- ❑ getPropertyCSSValue(*propertyName*)：返回包含给定属性值的 CSSValue 对象。
- ❑ getPropertyPriority(*propertyName*)：如果给定的属性使用了!important 设置，则返回 "important"；否则，返回空字符串。
- ❑ getPropertyValue(*propertyName*)：返回给定属性的字符串值。
- ❑ item(*index*)：返回给定位置的 CSS 属性的名称。
- ❑ removeProperty(*propertyName*)：从样式中删除给定属性。
- ❑ setProperty(*propertyName,value,priority*)：将给定属性设置为相应的值，并加上优先权标志（"important"或者一个空字符串）。

通过 cssText 属性可以访问 style 特性中的 CSS 代码。在读取模式下，cssText 返回浏览器对 style 特性中 CSS 代码的内部表示。在写入模式下，赋给 cssText 的值会重写整个 style 特性的值；也就是说，以前通过 style 特性指定的样式信息都将丢失。例如，如果通过 style 特性为元素设置了边框，然后再以不包含边框的规则重写 cssText，那么就会抹去元素上的边框。下面是使用 cssText 属性的一个例子。

```
myDiv.style.cssText = "width: 25px; height: 100px; background-color: green";
alert(myDiv.style.cssText);
```

设置 cssText 是为元素应用多项变化最快捷的方式，因为可以一次性地应用所有变化。

设计 length 属性的目的，就是将其与 item()方法配套使用，以便迭代在元素中定义的 CSS 属性。在使用 length 和 item()时，style 对象实际上就相当于一个集合，都可以使用方括号语法来代替 item()来取得给定位置的 CSS 属性，如下面的例子所示。

```
for (var i=0, len=myDiv.style.length; i < len; i++){
    alert(myDiv.style[i]); //或者 myDiv.style.item(i)
}
```

无论是使用方括号语法还是使用 item()方法，都可以取得 CSS 属性名（"background-color"，不是"backgroundColor"）。然后，就可以在 getPropertyValue()中使用取得的属性名进一步取得属性的值，如下所示。

```
var prop, value, i, len;
for (i=0, len=myDiv.style.length; i < len; i++){
    prop = myDiv.style[i];     //或者 myDiv.style.item(i)
    value = myDiv.style.getPropertyValue(prop);
    alert(prop + " : " + value);
}
```

getPropertyValue()方法取得的始终都是 CSS 属性值的字符串表示。如果你需要更多信息，可以使用 getPropertyCSSValue()方法，它返回一个包含两个属性的 CSSValue 对象，这两个属性分别是：`cssText` 和 `cssValueType`。其中，`cssText` 属性的值与 `getPropertyValue()` 返回的值相同，而 `cssValueType` 属性则是一个数值常量，表示值的类型：0 表示继承的值，1 表示基本的值，2 表示值列表，3 表示自定义的值。以下代码既输出 CSS 属性值，也输出值的类型。

```
var prop, value, i, len;
for (i=0, len=myDiv.style.length; i < len; i++){
    prop = myDiv.style[i]; //或者 myDiv.style.item(i)
    value = myDiv.style.getPropertyCSSValue(prop);
    alert(prop + " : " + value.cssText + " (" + value.cssValueType + ")");
}
```

DOMStyleObjectExample.htm

在实际开发中，`getPropertyCSSValue()` 使用得比 `getPropertyValue()` 少得多。IE9+、Safarie 3+ 以及 Chrome 支持这个方法。Firefox 7 及之前版本也提供这个访问，但调用总返回 `null`。

要从元素的样式中移除某个 CSS 属性，需要使用 `removeProperty()` 方法。使用这个方法移除一个属性，意味着将会为该属性应用默认的样式（从其他样式表经层叠而来）。例如，要移除通过 `style` 特性设置的 `border` 属性，可以使用下面的代码。

```
myDiv.style.removeProperty("border");
```

在不确定某个给定的 CSS 属性拥有什么默认值的情况下，就可以使用这个方法。只要移除相应的属性，就可以为元素应用默认值。

 除非另有说明，本节讨论的属性和方法都得到了 IE9+、Firefox、Safari、Opera 9+ 以及 Chrome 的支持。

2. 计算的样式

虽然 `style` 对象能够提供支持 `style` 特性的任何元素的样式信息，但它不包含那些从其他样式表层叠而来并影响到当前元素的样式信息。"DOM2 级样式"增强了 `document.defaultView`，提供了 `getComputedStyle()` 方法。这个方法接受两个参数：要取得计算样式的元素和一个伪元素字符串（例如 `":after"`）。如果不需要伪元素信息，第二个参数可以是 `null`。`getComputedStyle()` 方法返回一个 `CSSStyleDeclaration` 对象（与 `style` 属性的类型相同），其中包含当前元素的所有计算的样式。以下面这个 HTML 页面为例。

```
<!DOCTYPE html>
<html>
<head>
    <title>Computed Styles Example</title>
    <style type="text/css">
        #myDiv {
            background-color: blue;
            width: 100px;
            height: 200px;
        }
    </style>
</head>
<body>
    <div id="myDiv" style="background-color: red; border: 1px solid black"></div>
</body>
</html>
```

ComputedStylesExample.htm

应用给这个例子中<div>元素的样式一方面来自嵌入式样式表（<style>元素中的样式），另一方面来自其 style 特性。但是，style 特性中设置了 backgroundColor 和 border，没有设置 width 和 height，后者是通过样式表规则应用的。以下代码可以取得这个元素计算后的样式。

```
var myDiv = document.getElementById("myDiv");
var computedStyle = document.defaultView.getComputedStyle(myDiv, null);

alert(computedStyle.backgroundColor);  // "red"
alert(computedStyle.width);            // "100px"
alert(computedStyle.height);           // "200px"
alert(computedStyle.border);           // 在某些浏览器中是"1px solid black"
```

ComputedStylesExample.htm

在这个元素计算后的样式中，背景颜色的值是"red"，宽度值是"100px"，高度值是"200px"。我们注意到，背景颜色不是"blue"，因为这个样式在自身的 style 特性中已经被覆盖了。边框属性可能会也可能不会返回样式表中实际的 border 规则（Opera 会返回，但其他浏览器不会）。存在这个差别的原因是不同浏览器解释综合（rollup）属性（如 border）的方式不同，因为设置这种属性实际上会涉及很多其他属性。在设置 border 时，实际上是设置了四个边的边框宽度、颜色、样式属性（border-left-width、border-top-color、border-bottom-style，等等）。因此，即使 computedStyle.border 不会在所有浏览器中都返回值，但 computedStyle.borderLeftWidth 会返回值。

> 　　需要注意的是，即使有些浏览器支持这种功能，但表示值的方式可能会有所区别。例如，Firefox 和 Safari 会将所有颜色转换成 RGB 格式（例如红色是 rgb(255,0,0)）。因此，在使用 getComputedStyle()方法时，最好多在几种浏览器中测试一下。

IE 不支持 getComputedStyle()方法，但它有一种类似的概念。在 IE 中，每个具有 style 属性的元素还有一个 currentStyle 属性。这个属性是 CSSStyleDeclaration 的实例，包含当前元素全部计算后的样式。取得这些样式的方式也差不多，如下面的例子所示。

```
var myDiv = document.getElementById("myDiv");
var computedStyle = myDiv.currentStyle;

alert(computedStyle.backgroundColor);          //"red"
alert(computedStyle.width);                    //"100px"
alert(computedStyle.height);                   //"200px"
alert(computedStyle.border);                   //undefined
```

IEComputedStylesExample.htm

与 DOM 版本的方式一样，IE 也没有返回 border 样式，因为这是一个综合属性。

无论在哪个浏览器中，最重要的一条是要记住所有计算的样式都是只读的；不能修改计算后样式对象中的 CSS 属性。此外，计算后的样式也包含属于浏览器内部样式表的样式信息，因此任何具有默认值的 CSS 属性都会表现在计算后的样式中。例如，所有浏览器中的 visibility 属性都有一个默认值，但这个值会因实现而异。在默认情况下，有的浏览器将 visibility 属性设置为"visible"，而有的浏览器则将其设置为"inherit"。换句话说，不能指望某个 CSS 属性的默认值在不同浏览器中是相同的。如果你需要元素具有某个特定的默认值，应该手工在样式表中指定该值。

12.2.2 操作样式表

CSSStyleSheet 类型表示的是样式表，包括通过<link>元素包含的样式表和在<style>元素中定义的样式表。有读者可能记得，这两个元素本身分别是由 HTMLLinkElement 和 HTMLStyleElement 类型表示的。但是，CSSStyleSheet 类型相对更加通用一些，它只表示样式表，而不管这些样式表在 HTML 中是如何定义的。此外，上述两个针对元素的类型允许修改 HTML 特性，但 CSSStyleSheet 对象则是一套只读的接口（有一个属性例外）。使用下面的代码可以确定浏览器是否支持 DOM2 级样式表。

```
var supportsDOM2StyleSheets =
                document.implementation.hasFeature("StyleSheets", "2.0");
```

CSSStyleSheet 继承自 StyleSheet，后者可以作为一个基础接口来定义非 CSS 样式表。从 StyleSheet 接口继承而来的属性如下。

- □ disabled：表示样式表是否被禁用的布尔值。这个属性是可读/写的，将这个值设置为 true 可以禁用样式表。
- □ href：如果样式表是通过<link>包含的，则是样式表的 URL；否则，是 null。
- □ media：当前样式表支持的所有媒体类型的集合。与所有 DOM 集合一样，这个集合也有一个 length 属性和一个 item() 方法。也可以使用方括号语法取得集合中特定的项。如果集合是空列表，表示样式表适用于所有媒体。在 IE 中，media 是一个反映<link>和<style>元素 media 特性值的字符串。
- □ ownerNode：指向拥有当前样式表的节点的指针，样式表可能是在 HTML 中通过<link>或<style>引入的（在 XML 中可能是通过处理指令引入的）。如果当前样式表是其他样式表通过 @import 导入的，则这个属性值为 null。IE 不支持这个属性。
- □ parentStyleSheet：在当前样式表是通过@import 导入的情况下，这个属性是一个指向导入它的样式表的指针。
- □ title：ownerNode 中 title 属性的值。
- □ type：表示样式表类型的字符串。对 CSS 样式表而言，这个字符串是"text/css"。

除了 disabled 属性之外，其他属性都是只读的。在支持以上所有这些属性的基础上，CSSStyleSheet 类型还支持下列属性和方法：

- □ cssRules：样式表中包含的样式规则的集合。IE 不支持这个属性，但有一个类似的 rules 属性。
- □ ownerRule：如果样式表是通过@import 导入的，这个属性就是一个指针，指向表示导入的规则；否则，值为 null。IE 不支持这个属性。
- □ deleteRule(index)：删除 cssRules 集合中指定位置的规则。IE 不支持这个方法，但支持一个类似的 removeRule() 方法。
- □ insertRule(rule,index)：向 cssRules 集合中指定的位置插入 rule 字符串。IE 不支持这个方法，但支持一个类似的 addRule() 方法。

应用于文档的所有样式表是通过 document.styleSheets 集合来表示的。通过这个集合的 length 属性可以获知文档中样式表的数量，而通过方括号语法或 item() 方法可以访问每一个样式表。来看一个例子。

```
var sheet = null;
for (var i=0, len=document.styleSheets.length; i < len; i++){
```

```
    sheet = document.styleSheets[i];
    alert(sheet.href);
}
```

StyleSheetsExample.htm

以上代码可以输出文档中使用的每一个样式表的 `href` 属性（`<style>`元素包含的样式表没有 `href` 属性）。

不同浏览器的 `document.styleSheets` 返回的样式表也不同。所有浏览器都会包含`<style>`元素和 `rel` 特性被设置为`"stylesheet"`的`<link>`元素引入的样式表。IE 和 Opera 也包含 `rel` 特性被设置为`"alternate stylesheet"`的`<link>`元素引入的样式表。

也可以直接通过`<link>`或`<style>`元素取得 `CSSStyleSheet` 对象。DOM 规定了一个包含 `CSSStyleSheet` 对象的属性，名叫 `sheet`；除了 IE，其他浏览器都支持这个属性。IE 支持的是 `styleSheet` 属性。要想在不同浏览器中都能取得样式表对象，可以使用下列代码。

```
function getStyleSheet(element){
    return element.sheet || element.styleSheet;
}

//取得第一个<link>元素引入的样式表
var link = document.getElementsByTagName("link")[0];
var sheet = getStyleSheet(link);
```

StyleSheetsExample2.htm

这里的 `getStyleSheet()` 返回的样式表对象与 `document.styleSheets` 集合中的样式表对象相同。

1. CSS 规则

`CSSRule` 对象表示样式表中的每一条规则。实际上，`CSSRule` 是一个供其他多种类型继承的基类型，其中最常见的就是 `CSSStyleRule` 类型，表示样式信息（其他规则还有@import、@font-face、@page 和@charset，但这些规则很少有必要通过脚本来访问）。`CSSStyleRule` 对象包含下列属性。

❑ `cssText`：返回整条规则对应的文本。由于浏览器对样式表的内部处理方式不同，返回的文本可能会与样式表中实际的文本不一样；Safari 始终都会将文本转换成全部小写。IE 不支持这个属性。

❑ `parentRule`：如果当前规则是导入的规则，这个属性引用的就是导入规则；否则，这个值为 `null`。IE 不支持这个属性。

❑ `parentStyleSheet`：当前规则所属的样式表。IE 不支持这个属性。

❑ `selectorText`：返回当前规则的选择符文本。由于浏览器对样式表的内部处理方式不同，返回的文本可能会与样式表中实际的文本不一样（例如，Safari 3 之前的版本始终会将文本转换成全部小写）。在 Firefox、Safari、Chrome 和 IE 中这个属性是只读的。Opera 允许修改 `selectorText`。

❑ `style`：一个 `CSSStyleDeclaration` 对象，可以通过它设置和取得规则中特定的样式值。

❑ `type`：表示规则类型的常量值。对于样式规则，这个值是 1。IE 不支持这个属性。

其中三个最常用的属性是 `cssText`、`selectorText` 和 `style`。`cssText` 属性与 `style.cssText` 属性类似，但并不相同。前者包含选择符文本和围绕样式信息的花括号，后者只包含样式信息（类似于元素的 `style.cssText`）。此外，`cssText` 是只读的，而 `style.cssText` 也可以被重写。

大多数情况下，仅使用 style 属性就可以满足所有操作样式规则的需求了。这个对象就像每个元素上的 style 属性一样，可以通过它读取和修改规则中的样式信息。以下面的 CSS 规则为例。

```
div.box {
    background-color: blue;
    width: 100px;
    height: 200px;
}
```

CSSRulesExample.htm

假设这条规则位于页面中的第一个样式表中，而且这个样式表中只有这一条样式规则，那么通过下列代码可以取得这条规则的各种信息。

```
var sheet = document.styleSheets[0];
var rules = sheet.cssRules || sheet.rules;        //取得规则列表
var rule = rules[0];                              //取得第一条规则
alert(rule.selectorText);                         //"div.box"
alert(rule.style.cssText);                        //完整的 CSS 代码
alert(rule.style.backgroundColor);                //"blue"
alert(rule.style.width);                          //"100px"
alert(rule.style.height);                         //"200px"
```

CSSRulesExample.htm

使用这种方式，可以像确定元素的行内样式信息一样，确定与规则相关的样式信息。与使用元素的方式一样，在这种方式下也可以修改样式信息，如下面的例子所示。

```
var sheet = document.styleSheets[0];
var rules = sheet.cssRules || sheet.rules;        //取得规则列表
var rule = rules[0];                              //取得第一条规则
rule.style.backgroundColor = "red"
```

CSSRulesExample.htm

必须要注意的是，以这种方式修改规则会影响页面中适用于该规则的所有元素。换句话说，如果有两个带有 box 类的<div>元素，那么这两个元素都会应用修改后的样式。

2. 创建规则

DOM 规定，要向现有样式表中添加新规则，需要使用 insertRule()方法。这个方法接受两个参数：规则文本和表示在哪里插入规则的索引。下面是一个例子。

```
sheet.insertRule("body { background-color: silver }", 0); //DOM 方法
```

这个例子插入的规则会改变元素的背景颜色。插入的规则将成为样式表中的第一条规则（插入到了位置 0）——规则的次序在确定层叠之后应用到文档的规则时至关重要。Firefox、Safari、Opera 和 Chrome 都支持 insertRule()方法。

IE8 及更早版本支持一个类似的方法，名叫 addRule()，也接收两必选参数：选择符文本和 CSS 样式信息；一个可选参数：插入规则的位置。在 IE 中插入与前面例子相同的规则，可使用如下代码。

```
sheet.addRule("body", "background-color: silver", 0); //仅对 IE 有效
```

有关这个方法的规定中说，最多可以使用 addRule()添加 4 095 条样式规则。超出这个上限的调用将会导致错误。

12

要以跨浏览器的方式向样式表中插入规则，可以使用下面的函数。这个函数接受 4 个参数：要向其中添加规则的样式表以及与 addRule() 相同的 3 个参数，如下所示。

```
function insertRule(sheet, selectorText, cssText, position){
    if (sheet.insertRule){
        sheet.insertRule(selectorText + "{" + cssText + "}", position);
    } else if (sheet.addRule){
        sheet.addRule(selectorText, cssText, position);
    }
}
```

CSSRulesExample2.htm

下面是调用这个函数的示例代码。

```
insertRule(document.styleSheets[0], "body", "background-color: silver", 0);
```

虽然可以像这样来添加规则，但随着要添加规则的增多，这种方法就会变得非常繁琐。因此，如果要添加的规则非常多，我们建议还是采用第 10 章介绍过的动态加载样式表的技术。

3. 删除规则

从样式表中删除规则的方法是 deleteRule()，这个方法接受一个参数：要删除的规则的位置。例如，要删除样式表中的第一条规则，可以使用以下代码。

```
sheet.deleteRule(0);     //DOM 方法
```

IE 支持的类似方法叫 removeRule()，使用方法相同，如下所示：

```
sheet.removeRule(0);      //仅对 IE 有效
```

下面是一个能够跨浏览器删除规则的函数。第一个参数是要操作的样式表，第二个参数是要删除的规则的索引。

```
function deleteRule(sheet, index){
    if (sheet.deleteRule){
        sheet.deleteRule(index);
    } else if (sheet.removeRule){
        sheet.removeRule(index);
    }
}
```

CSSRulesExample2.htm

调用这个函数的方式如下。

```
deleteRule(document.styleSheets[0], 0);
```

与添加规则相似，删除规则也不是实际 Web 开发中常见的做法。考虑到删除规则可能会影响 CSS 层叠的效果，因此请大家慎重使用。

12.2.3　元素大小

本节介绍的属性和方法并不属于 "DOM2 级样式" 规范，但却与 HTML 元素的样式息息相关。DOM 中没有规定如何确定页面中元素的大小。IE 为此率先引入了一些属性，以便开发人员使用。目前，所有主要的浏览器都已经支持这些属性。

1. 偏移量

首先要介绍的属性涉及**偏移量**（offset dimension），包括元素在屏幕上占用的所有可见的空间。元素的可见大小由其高度、宽度决定，包括所有内边距、滚动条和边框大小（注意，不包括外边距）。通过下列 4 个属性可以取得元素的偏移量。

- ❑ offsetHeight：元素在垂直方向上占用的空间大小，以像素计。包括元素的高度、（可见的）水平滚动条的高度、上边框高度和下边框高度。
- ❑ offsetWidth：元素在水平方向上占用的空间大小，以像素计。包括元素的宽度、（可见的）垂直滚动条的宽度、左边框宽度和右边框宽度。
- ❑ offsetLeft：元素的左外边框至包含元素的左内边框之间的像素距离。
- ❑ offsetTop：元素的上外边框至包含元素的上内边框之间的像素距离。

其中，offsetLeft 和 offsetTop 属性与包含元素有关，包含元素的引用保存在 offsetParent 属性中。offsetParent 属性不一定与 parentNode 的值相等。例如，<td>元素的 offsetParent 是作为其祖先元素的<table>元素，因为<table>是在 DOM 层次中距<td>最近的一个具有大小的元素。图 12-1 形象地展示了上面几个属性表示的不同大小。

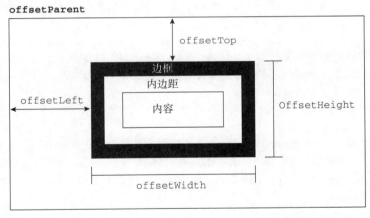

图　12-1

要想知道某个元素在页面上的偏移量，将这个元素的 offsetLeft 和 offsetTop 与其 offsetParent 的相同属性相加，如此循环直至根元素，就可以得到一个基本准确的值。以下两个函数就可以用于分别取得元素的左和上偏移量。

```
function getElementLeft(element){
    var actualLeft = element.offsetLeft;
    var current = element.offsetParent;

    while (current !== null){
        actualLeft += current.offsetLeft;
        current = current.offsetParent;
    }

    return actualLeft;
}
```

```
function getElementTop(element){
    var actualTop = element.offsetTop;
    var current = element.offsetParent;

    while (current !== null){
        actualTop += current. offsetTop;
        current = current.offsetParent;
    }

    return actualTop;
}
```

OffsetDimensionsExample.htm

这两个函数利用 offsetParent 属性在 DOM 层次中逐级向上回溯,将每个层次中的偏移量属性合计到一块。对于简单的 CSS 布局的页面,这两函数可以得到非常精确的结果。对于使用表格和内嵌框架布局的页面,由于不同浏览器实现这些元素的方式不同,因此得到的值就不太精确了。一般来说,页面中的所有元素都会被包含在几个<div>元素中,而这些<div>元素的 offsetParent 又是<body>元素,所以 getElementLeft() 与 getElementTop() 会返回与 offsetLeft 和 offsetTop 相同的值。

 　　所有这些偏移量属性都是只读的,而且每次访问它们都需要重新计算。因此,应该尽量避免重复访问这些属性;如果需要重复使用其中某些属性的值,可以将它们保存在局部变量中,以提高性能。

2. 客户区大小

元素的**客户区大小**（client dimension）,指的是元素内容及其内边距所占据的空间大小。有关客户区大小的属性有两个:clientWidth 和 clientHeight。其中,clientWidth 属性是元素内容区宽度加上左右内边距宽度;clientHeight 属性是元素内容区高度加上上下内边距高度。图 12-2 形象地说明了这些属性表示的大小。

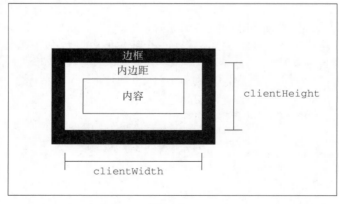

图　12-2

从字面上看，客户区大小就是元素内部的空间大小，因此滚动条占用的空间不计算在内。最常用到这些属性的情况，就是像第 8 章讨论的确定浏览器视口大小的时候。如下面的例子所示，要确定浏览器视口大小，可以使用 document.documentElement 或 document.body（在 IE7 之前的版本中）的 clientWidth 和 clientHeight。

```
function getViewport(){
    if (document.compatMode == "BackCompat"){
        return {
            width: document.body.clientWidth,
            height: document.body.clientHeight
        };
    } else {
        return {
            width: document.documentElement.clientWidth,
            height: document.documentElement.clientHeight
        };
    }
}
```

这个函数首先检查 document.compatMode 属性，以确定浏览器是否运行在混杂模式。Safari 3.1 之前的版本不支持这个属性，因此就会自动执行 else 语句。Chrome、Opera 和 Firefox 大多数情况下都运行在标准模式下，因此它们也会前进到 else 语句。这个函数会返回一个对象，包含两个属性：width 和 height；表示浏览器视口（<html>或<body>元素）的大小。

> 与偏移量相似，客户区大小也是只读的，也是每次访问都要重新计算的。

3. 滚动大小

最后要介绍的是**滚动大小**（scroll dimension），指的是包含滚动内容的元素的大小。有些元素（例如 <html>元素），即使没有执行任何代码也能自动地添加滚动条；但另外一些元素，则需要通过 CSS 的 overflow 属性进行设置才能滚动。以下是 4 个与滚动大小相关的属性。

❑ scrollHeight：在没有滚动条的情况下，元素内容的总高度。
❑ scrollWidth：在没有滚动条的情况下，元素内容的总宽度。
❑ scrollLeft：被隐藏在内容区域左侧的像素数。通过设置这个属性可以改变元素的滚动位置。
❑ scrollTop：被隐藏在内容区域上方的像素数。通过设置这个属性可以改变元素的滚动位置。
图 12-3 展示了这些属性代表的大小。

scrollWidth 和 scrollHeight 主要用于确定元素内容的实际大小。例如，通常认为<html>元素是在 Web 浏览器的视口中滚动的元素（IE6 之前版本运行在混杂模式下时是<body>元素）。因此，带有垂直滚动条的页面总高度就是 document.documentElement.scrollHeight。

对于不包含滚动条的页面而言，scrollWidth 和 scrollHeight 与 clientWidth 和 clientHeight 之间的关系并不十分清晰。在这种情况下，基于 document.documentElement 查看这些属性会在不同浏览器间发现一些不一致性问题，如下所述。

❑ Firefox 中这两组属性始终都是相等的，但大小代表的是文档内容区域的实际尺寸，而非视口的尺寸。
❑ Opera、Safari 3.1 及更高版本、Chrome 中的这两组属性是有差别的，其中 scrollWidth 和 scrollHeight 等于视口大小，而 clientWidth 和 clientHeight 等于文档内容区域的大小。

❑ IE（在标准模式）中的这两组属性不相等，其中 `scrollWidth` 和 `scrollHeight` 等于文档内容区域的大小，而 `clientWidth` 和 `clientHeight` 等于视口大小。

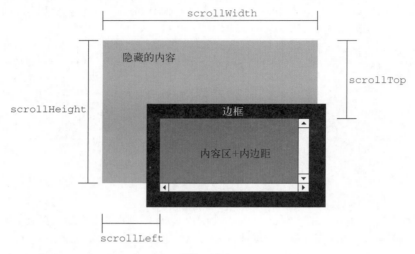

图　12-3

在确定文档的总高度时（包括基于视口的最小高度时），必须取得 `scrollWidth/clientWidth` 和 `scrollHeight/clientHeight` 中的最大值，才能保证在跨浏览器的环境下得到精确的结果。下面就是这样一个例子。

```
var docHeight = Math.max(document.documentElement.scrollHeight,
                         document.documentElement.clientHeight);
var docWidth = Math.max(document.documentElement.scrollWidth,
                        document.documentElement.clientWidth);
```

注意，对于运行在混杂模式下的 IE，则需要用 `document.body` 代替 `document.document-Element`。

通过 `scrollLeft` 和 `scrollTop` 属性既可以确定元素当前滚动的状态，也可以设置元素的滚动位置。在元素尚未被滚动时，这两个属性的值都等于 0。如果元素被垂直滚动了，那么 `scrollTop` 的值会大于 0，且表示元素上方不可见内容的像素高度。如果元素被水平滚动了，那么 `scrollLeft` 的值会大于 0，且表示元素左侧不可见内容的像素宽度。这两个属性都是可以设置的，因此将元素的 `scrollLeft` 和 `scrollTop` 设置为 0，就可以重置元素的滚动位置。下面这个函数会检测元素是否位于顶部，如果不是就将其回滚到顶部。

```
function scrollToTop(element){
    if (element.scrollTop != 0){
        element.scrollTop = 0;
    }
}
```

这个函数既取得了 `scrollTop` 的值，也设置了它的值。

4. 确定元素大小

IE、Firefox 3+、Safari 4+、Opera 9.5 及 Chrome 为每个元素都提供了一个 `getBoundingClientRect()` 方法。这个方法返回会一个矩形对象，包含 4 个属性：`left`、`top`、`right` 和 `bottom`。这些属性给出了

元素在页面中相对于视口的位置。但是，浏览器的实现稍有不同。IE8 及更早版本认为文档的左上角坐标是(2, 2)，而其他浏览器包括 IE9 则将传统的(0,0)作为起点坐标。因此，就需要在一开始检查一下位于(0,0)处的元素的位置，在 IE8 及更早版本中，会返回(2,2)，而在其他浏览器中会返回(0,0)。来看下面的函数：

```
function getBoundingClientRect(element){
    if (typeof arguments.callee.offset != "number"){
        var scrollTop = document.documentElement.scrollTop;
        var temp = document.createElement("div");
        temp.style.cssText = "position:absolute;left:0;top:0;";
        document.body.appendChild(temp);
        arguments.callee.offset = -temp.getBoundingClientRect().top - scrollTop;
        document.body.removeChild(temp);
        temp = null;
    }

    var rect = element.getBoundingClientRect();
    var offset = arguments.callee.offset;

    return {
        left: rect.left + offset,
        right: rect.right + offset,
        top: rect.top + offset,
        bottom: rect.bottom + offset
    };
}
```

GetBoundingClientRectExample.htm

这个函数使用了它自身的属性来确定是否要对坐标进行调整。第一步是检测属性是否有定义，如果没有就定义一个。最终的 offset 会被设置为新元素上坐标的负值，实际上就是在 IE 中设置为-2，在 Firefox 和 Opera 中设置为-0。为此，需要创建一个临时的元素，将其位置设置在(0,0)，然后再调用其 getBoundingClientRect()。而之所以要减去视口的 scrollTop，是为了防止调用这个函数时窗口被滚动了。这样编写代码，就无需每次调用这个函数都执行两次 getBoundingClientRect()了。接下来，再在传入的元素上调用这个方法并基于新的计算公式创建一个对象。

对于不支持 getBoundingClientRect()的浏览器，可以通过其他手段取得相同的信息。一般来说，right 和 left 的差值与 offsetWidth 的值相等，而 bottom 和 top 的差值与 offsetHeight 相等。而且，left 和 top 属性大致等于使用本章前面定义的 getElementLeft()和 getElementTop()函数取得的值。综合上述，就可以创建出下面这个跨浏览器的函数：

```
function getBoundingClientRect(element){

    var scrollTop = document.documentElement.scrollTop;
    var scrollLeft = document.documentElement.scrollLeft;

    if (element.getBoundingClientRect){
        if (typeof arguments.callee.offset != "number"){
            var temp = document.createElement("div");
            temp.style.cssText = "position:absolute;left:0;top:0;";
            document.body.appendChild(temp);
            arguments.callee.offset = -temp.getBoundingClientRect().top - scrollTop;
            document.body.removeChild(temp);
```

```
            temp = null;
        }

        var rect = element.getBoundingClientRect();
        var offset = arguments.callee.offset;

        return {
            left: rect.left + offset,
            right: rect.right + offset,
            top: rect.top + offset,
            bottom: rect.bottom + offset

        };
    } else {

        var actualLeft = getElementLeft(element);
        var actualTop = getElementTop(element);

        return {
            left: actualLeft - scrollLeft,
            right: actualLeft + element.offsetWidth - scrollLeft,
            top: actualTop - scrollTop,
            bottom: actualTop + element.offsetHeight - scrollTop
        }
    }
}
```

GetBoundingClientRectExample.htm

这个函数在 `getBoundingClientRect()` 有效时，就使用这个原生方法，而在这个方法无效时则使用默认的计算公式。在某些情况下，这个函数返回的值可能会有所不同，例如使用表格布局或使用滚动元素的情况下。

 由于这里使用了 `arguments.callee`，所以这个方法不能在严格模式下使用。

12.3   遍历

"DOM2 级遍历和范围" 模块定义了两个用于辅助完成顺序遍历 DOM 结构的类型：`NodeIterator` 和 `TreeWalker`。这两个类型能够基于给定的起点对 DOM 结构执行深度优先（depth-first）的遍历操作。在与 DOM 兼容的浏览器中（Firefox 1 及更高版本、Safari 1.3 及更高版本、Opera 7.6 及更高版本、Chrome 0.2 及更高版本），都可以访问到这些类型的对象。IE 不支持 DOM 遍历。使用下列代码可以检测浏览器对 DOM2 级遍历能力的支持情况。

```
var supportsTraversals = document.implementation.hasFeature("Traversal", "2.0");
var supportsNodeIterator = (typeof document.createNodeIterator == "function");
var supportsTreeWalker = (typeof document.createTreeWalker == "function");
```

如前所述，DOM 遍历是深度优先的 DOM 结构遍历，也就是说，移动的方向至少有两个（取决于使用的遍历类型）。遍历以给定节点为根，不可能向上超出 DOM 树的根节点。以下面的 HTML 页面为例。

```
<!DOCTYPE html>
<html>
    <head>
        <title>Example</title>
    </head>
    <body>
        <p><b>Hello</b> world!</p>
    </body>
</html>
```

图 12-4 展示了这个页面的 DOM 树。

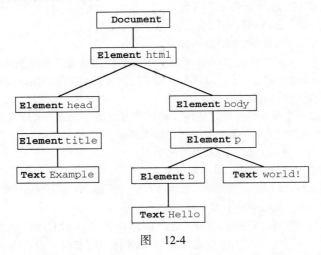

图 12-4

任何节点都可以作为遍历的根节点。如果假设<body>元素为根节点，那么遍历的第一步就是访问<p>元素，然后再访问同为<body>元素后代的两个文本节点。不过，这次遍历永远不会到达<html>、<head>元素，也不会到达不属于<body>元素子树的任何节点。而以 document 为根节点的遍历则可以访问到文档中的全部节点。图 12-5 展示了对以 document 为根节点的 DOM 树进行深度优先遍历的先后顺序。

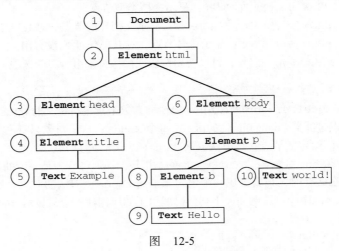

图 12-5

从 document 开始依序向前，访问的第一个节点是 document，访问的最后一个节点是包含 "world!"的文本节点。从文档最后的文本节点开始，遍历可以反向移动到 DOM 树的顶端。此时，访问的第一个节点是包含"Hello"的文本节点，访问的最后一个节点是 document 节点。NodeIterator 和 TreeWalker 都以这种方式执行遍历。

12.3.1　NodeIterator

NodeIterator 类型是两者中比较简单的一个，可以使用 document.createNodeIterator() 方法创建它的新实例。这个方法接受下列 4 个参数。

- ❑ root：想要作为搜索起点的树中的节点。
- ❑ whatToShow：表示要访问哪些节点的数字代码。
- ❑ filter：是一个 NodeFilter 对象，或者一个表示应该接受还是拒绝某种特定节点的函数。
- ❑ entityReferenceExpansion：布尔值，表示是否要扩展实体引用。这个参数在 HTML 页面中没有用，因为其中的实体引用不能扩展。

whatToShow 参数是一个位掩码，通过应用一或多个过滤器（filter）来确定要访问哪些节点。这个参数的值以常量形式在 NodeFilter 类型中定义，如下所示。

- ❑ NodeFilter.SHOW_ALL：显示所有类型的节点。
- ❑ NodeFilter.SHOW_ELEMENT：显示元素节点。
- ❑ NodeFilter.SHOW_ATTRIBUTE：显示特性节点。由于 DOM 结构原因，实际上不能使用这个值。
- ❑ NodeFilter.SHOW_TEXT：显示文本节点。
- ❑ NodeFilter.SHOW_CDATA_SECTION：显示 CDATA 节点。对 HTML 页面没有用。
- ❑ NodeFilter.SHOW_ENTITY_REFERENCE：显示实体引用节点。对 HTML 页面没有用。
- ❑ NodeFilter.SHOW_ENTITYE：显示实体节点。对 HTML 页面没有用。
- ❑ NodeFilter.SHOW_PROCESSING_INSTRUCTION：显示处理指令节点。对 HTML 页面没有用。
- ❑ NodeFilter.SHOW_COMMENT：显示注释节点。
- ❑ NodeFilter.SHOW_DOCUMENT：显示文档节点。
- ❑ NodeFilter.SHOW_DOCUMENT_TYPE：显示文档类型节点。
- ❑ NodeFilter.SHOW_DOCUMENT_FRAGMENT：显示文档片段节点。对 HTML 页面没有用。
- ❑ NodeFilter.SHOW_NOTATION：显示符号节点。对 HTML 页面没有用。

除了 NodeFilter.SHOW_ALL 之外，可以使用按位或操作符来组合多个选项，如下面的例子所示：

```
var whatToShow = NodeFilter.SHOW_ELEMENT | NodeFilter.SHOW_TEXT;
```

可以通过 createNodeIterator() 方法的 filter 参数来指定自定义的 NodeFilter 对象，或者指定一个功能类似节点过滤器（node filter）的函数。每个 NodeFilter 对象只有一个方法，即 acceptNode()；如果应该访问给定的节点，该方法返回 NodeFilter.FILTER_ACCEPT，如果不应该访问给定的节点，该方法返回 NodeFilter.FILTER_SKIP。由于 NodeFilter 是一个抽象的类型，因此不能直接创建它的实例。在必要时，只要创建一个包含 acceptNode() 方法的对象，然后将这个对象传入 createNodeIterator() 中即可。例如，下列代码展示了如何创建一个只显示<p>元素的节点迭代器。

```
var filter = {
    acceptNode: function(node){
        return node.tagName.toLowerCase() == "p" ?
```

```
                NodeFilter.FILTER_ACCEPT :
                NodeFilter.FILTER_SKIP;
        }
};
var iterator = document.createNodeIterator(root, NodeFilter.SHOW_ELEMENT,
                filter, false);
```

第三个参数也可以是一个与 acceptNode() 方法类似的函数, 如下所示。

```
var filter = function(node){
        return node.tagName.toLowerCase() == "p" ?
            NodeFilter.FILTER_ACCEPT :
            NodeFilter.FILTER_SKIP;
};
var iterator = document.createNodeIterator(root, NodeFilter.SHOW_ELEMENT,
                filter, false);
```

一般来说, 这就是在 JavaScript 中使用这个方法的形式, 这种形式比较简单, 而且也跟其他的 JavaScript 代码很相似。如果不指定过滤器, 那么应该在第三个参数的位置上传入 null。

下面的代码创建了一个能够访问所有类型节点的简单的 NodeIterator。

```
var iterator = document.createNodeIterator(document, NodeFilter.SHOW_ALL,
                null, false);
```

NodeIterator 类型的两个主要方法是 nextNode() 和 previousNode()。顾名思义, 在深度优先的 DOM 子树遍历中, nextNode() 方法用于向前前进一步, 而 previousNode() 用于向后后退一步。在刚刚创建的 NodeIterator 对象中, 有一个内部指针指向根节点, 因此第一次调用 nextNode() 会返回根节点。当遍历到 DOM 子树的最后一个节点时, nextNode() 返回 null。previousNode() 方法的工作机制类似。当遍历到 DOM 子树的最后一个节点, 且 previousNode() 返回根节点之后, 再次调用它就会返回 null。

以下面的 HTML 片段为例。

```
<div id="div1">
    <p><b>Hello</b> world!</p>
    <ul>
        <li>List item 1</li>
        <li>List item 2</li>
        <li>List item 3</li>
    </ul>
</div>
```

NodeIteratorExample1.htm

假设我们想要遍历 <div> 元素中的所有元素, 那么可以使用下列代码。

```
var div = document.getElementById("div1");
var iterator = document.createNodeIterator(div, NodeFilter.SHOW_ELEMENT,
                null, false);
var node = iterator.nextNode();
while (node !== null) {
    alert(node.tagName);           //输出标签名
    node = iterator.nextNode();
}
```

12

NodeIteratorExample1.htm

在这个例子中，第一次调用 `nextNode()` 返回`<p>`元素。因为在到达 DOM 子树末端时 `nextNode()` 返回 null，所以这里使用了 while 语句在每次循环时检查对 `nextNode()` 的调用是否返回了 null。执行上面的代码会显示如下标签名：

```
DIV
P
B
UL
LI
LI
LI
```

也许用不着显示那么多信息，你只想返回遍历中遇到的`<li>`元素。很简单，只要使用一个过滤器即可，如下面的例子所示。

```
var div = document.getElementById("div1");
var filter = function(node){
    return node.tagName.toLowerCase() == "li" ?
        NodeFilter.FILTER_ACCEPT :
        NodeFilter.FILTER_SKIP;
};

var iterator = document.createNodeIterator(div, NodeFilter.SHOW_ELEMENT,
                    filter, false);

var node = iterator.nextNode();
while (node !== null) {
    alert(node.tagName);        //输出标签名
    node = iterator.nextNode();
}
```

NodeIteratorExample2.htm

在这个例子中，迭代器只会返回`<li>`元素。

由于 `nextNode()` 和 `previousNode()` 方法都基于 NodeIterator 在 DOM 结构中的内部指针工作，所以 DOM 结构的变化会反映在遍历的结果中。

 Firefox 3.5 之前的版本没有实现 `createNodeIterator()` 方法，但却支持下一节要讨论的 `createTreeWalker()` 方法。

12.3.2 **TreeWalker**

TreeWalker 是 NodeIterator 的一个更高级的版本。除了包括 `nextNode()` 和 `previousNode()` 在内的相同的功能之外，这个类型还提供了下列用于在不同方向上遍历 DOM 结构的方法。

- ❑ `parentNode()`：遍历到当前节点的父节点；
- ❑ `firstChild()`：遍历到当前节点的第一个子节点；
- ❑ `lastChild()`：遍历到当前节点的最后一个子节点；
- ❑ `nextSibling()`：遍历到当前节点的下一个同辈节点；
- ❑ `previousSibling()`：遍历到当前节点的上一个同辈节点。

创建 `TreeWalker` 对象要使用 `document.createTreeWalker()` 方法，这个方法接受的 4 个参数与 `document.createNodeIterator()` 方法相同：作为遍历起点的根节点、要显示的节点类型、过滤器和一个表示是否扩展实体引用的布尔值。由于这两个创建方法很相似，所以很容易用 `TreeWalker` 来代替 `NodeIterator`，如下面的例子所示。

```
var div = document.getElementById("div1");
var filter = function(node){
    return node.tagName.toLowerCase() == "li"?
        NodeFilter.FILTER_ACCEPT :
        NodeFilter.FILTER_SKIP;
};

var walker= document.createTreeWalker(div, NodeFilter.SHOW_ELEMENT,
                filter, false);

var node = walker.nextNode();
while (node !== null) {
    alert(node.tagName);          //输出标签名
    node = walker.nextNode();
}
```

TreeWalkerExample1.htm

在这里，`filter` 可以返回的值有所不同。除了 `NodeFilter.FILTER_ACCEPT` 和 `NodeFilter.FILTER_SKIP` 之外，还可以使用 `NodeFilter.FILTER_REJECT`。在使用 `NodeIterator` 对象时，`NodeFilter.FILTER_SKIP` 与 `NodeFilter.FILTER_REJECT` 的作用相同：跳过指定的节点。但在使用 `TreeWalker` 对象时，`NodeFilter.FILTER_SKIP` 会跳过相应节点继续前进到子树中的下一个节点，而 `NodeFilter.FILTER_REJECT` 则会跳过相应节点及该节点的整个子树。例如，将前面例子中的 `NodeFilter.FILTER_SKIP` 修改成 `NodeFilter.FILTER_REJECT`，结果就是不会访问任何节点。这是因为第一个返回的节点是 `<div>`，它的标签名不是 `"li"`，于是就会返回 `NodeFilter.FILTER_REJECT`，这意味着遍历会跳过整个子树。在这个例子中，`<div>` 元素是遍历的根节点，于是结果就会停止遍历。

当然，`TreeWalker` 真正强大的地方在于能够在 DOM 结构中沿任何方向移动。使用 `TreeWalker` 遍历 DOM 树，即使不定义过滤器，也可以取得所有 `<li>` 元素，如下面的代码所示。

```
var div = document.getElementById("div1");
var walker = document.createTreeWalker(div, NodeFilter.SHOW_ELEMENT, null, false);

walker.firstChild();                   //转到<p>
walker.nextSibling();                  //转到<ul>

var node = walker.firstChild();        //转到第一个<li>
while (node !== null) {
    alert(node.tagName);
    node = walker.nextSibling();
}
```

TreeWalkerExample2.htm

因为我们知道 `<li>` 元素在文档结构中的位置，所以可以直接定位到那里，即使用 `firstChild()` 转到 `<p>` 元素，使用 `nextSibling()` 转到 `<ul>` 元素，然后再使用 `firstChild()` 转到第一个 `<li>` 元素。注意，此处 `TreeWalker` 只返回元素（由传入到 `createTreeWalker()` 的第二个参数决定）。因此，可以放心地使用 `nextSibling()` 访问每一个 `<li>` 元素，直至这个方法最后返回 `null`。

TreeWalker 类型还有一个属性，名叫 currentNode，表示任何遍历方法在上一次遍历中返回的节点。通过设置这个属性也可以修改遍历继续进行的起点，如下面的例子所示。

```
var node = walker.nextNode();
alert(node === walker.currentNode);        //true
walker.currentNode = document.body;        //修改起点
```

与 NodeIterator 相比，TreeWalker 类型在遍历 DOM 时拥有更大的灵活性。由于 IE 中没有对应的类型和方法，所以使用遍历的跨浏览器解决方案非常少见。

12.4 范围

为了让开发人员更方便地控制页面，"DOM2 级遍历和范围"模块定义了"范围"（range）接口。通过范围可以选择文档中的一个区域，而不必考虑节点的界限（选择在后台完成，对用户是不可见的）。在常规的 DOM 操作不能更有效地修改文档时，使用范围往往可以达到目的。Firefox、Opera、Safari 和 Chrome 都支持 DOM 范围。IE 以专有方式实现了自己的范围特性。

12.4.1 DOM 中的范围

DOM2 级在 Document 类型中定义了 createRange() 方法。在兼容 DOM 的浏览器中，这个方法属于 document 对象。使用 hasFeature() 或者直接检测该方法，都可以确定浏览器是否支持范围。

```
var supportsRange = document.implementation.hasFeature("Range", "2.0");
var alsoSupportsRange = (typeof document.createRange == "function");
```

如果浏览器支持范围，那么就可以使用 createRange() 来创建 DOM 范围，如下所示：

```
var range = document.createRange();
```

与节点类似，新创建的范围也直接与创建它的文档关联在一起，不能用于其他文档。创建了范围之后，接下来就可以使用它在后台选择文档中的特定部分。而创建范围并设置了其位置之后，还可以针对范围的内容执行很多种操作，从而实现对底层 DOM 树的更精细的控制。

每个范围由一个 Range 类型的实例表示，这个实例拥有很多属性和方法。下列属性提供了当前范围在文档中的位置信息。

❑ startContainer：包含范围起点的节点（即选区中第一个节点的父节点）。

❑ startOffset：范围在 startContainer 中起点的偏移量。如果 startContainer 是文本节点、注释节点或 CDATA 节点，那么 startOffset 就是范围起点之前跳过的字符数量。否则，startOffset 就是范围中第一个子节点的索引。

❑ endContainer：包含范围终点的节点（即选区中最后一个节点的父节点）。

❑ endOffset：范围在 endContainer 中终点的偏移量（与 startOffset 遵循相同的取值规则）。

❑ commonAncestorContainer：startContainer 和 endContainer 共同的祖先节点在文档树中位置最深的那个。

在把范围放到文档中特定的位置时，这些属性都会被赋值。

1. 用 DOM 范围实现简单选择

要使用范围来选择文档中的一部分，最简的方式就是使用 selectNode() 或 selectNodeContents()。这两个方法都接受一个参数，即一个 DOM 节点，然后使用该节点中的信息来填充范围。其中，

`selectNode()`方法选择整个节点，包括其子节点；而 `selectNodeContents()`方法则只选择节点的子节点。以下面的 HTML 代码为例。

```
<!DOCTYPE html>
<html>
    <body>
        <p id="p1"><b>Hello</b> world!</p>
    </body>
</html>
```

我们可以使用下列代码来创建范围：

```
var range1 = document.createRange(),
    range2 = document.createRange(),
    p1 = document.getElementById("p1");
range1.selectNode(p1);
range2.selectNodeContents(p1);
```

DOMRangeExample.htm

这里创建的两个范围包含文档中不同的部分：range1 包含<p/>元素及其所有子元素，而 range2 包含<b/>元素、文本节点"Hello"和文本节点"world!"（如图 12-6 所示）。

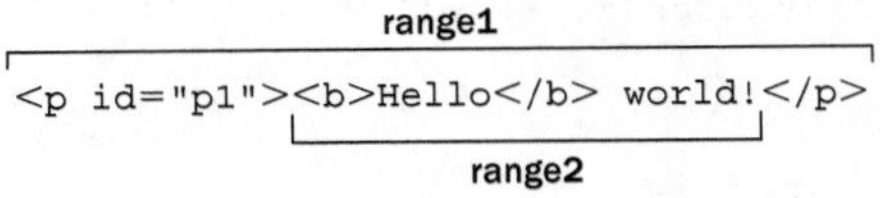

range1
<p id="p1"><b>Hello</b> world!</p>
range2

图 12-6

在调用 `selectNode()`时，`startContainer`、`endContainer` 和 `commonAncestorContainer` 都等于传入节点的父节点，也就是这个例子中的 `document.body`。而 `startOffset` 属性等于给定节点在其父节点的 `childNodes` 集合中的索引（在这个例子中是 1——因为兼容 DOM 的浏览器将空格算作一个文本节点），`endOffset` 等于 `startOffset` 加 1（因为只选择了一个节点）。

在调用 `selectNodeContents()`时，`startContainer`、`endContainer` 和 commonAncestorContainer 等于传入的节点，即这个例子中的<p>元素。而 `startOffset` 属性始终等于 0，因为范围从给定节点的第一个子节点开始。最后，`endOffset` 等于子节点的数量（`node.childNodes.length`），在这个例子中是 2。

此外，为了更精细地控制将哪些节点包含在范围中，还可以使用下列方法。

❑ `setStartBefore(refNode)`：将范围的起点设置在 *refNode* 之前，因此 *refNode* 也就是范围选区中的第一个子节点。同时会将 `startContainer` 属性设置为 *refNode.parentNode*，将 `startOffset` 属性设置为 *refNode* 在其父节点的 *childNodes* 集合中的索引。

❑ `setStartAfter(refNode)`：将范围的起点设置在 *refNode* 之后，因此 *refNode* 也就不在范围之内了，其下一个同辈节点才是范围选区中的第一个子节点。同时会将 `startContainer` 属性设置为 *refNode.parentNode*，将 `startOffset` 属性设置为 *refNode* 在其父节点的 childNodes 集合中的索引加 1。

❑ `setEndBefore(refNode)`：将范围的终点设置在 *refNode* 之前，因此 *refNode* 也就不在范围之内了，其上一个同辈节点才是范围选区中的最后一个子节点。同时会将 `endContainer` 属性

12

设置为 *refNode.parentNode*，将 endOffset 属性设置为 *refNode* 在其父节点的 *childNodes* 集合中的索引。

❑ setEndAfter(*refNode*)：将范围的终点设置在 *refNode* 之后，因此 *refNode* 也就是范围选区中的最后一个子节点。同时会将 endContainer 属性设置为 *refNode.parentNode*，将 endOffset 属性设置为 *refNode* 在其父节点的 *childNodes* 集合中的索引加 1。

在调用这些方法时，所有属性都会自动为你设置好。不过，要想创建复杂的范围选区，也可以直接指定这些属性的值。

2. 用 DOM 范围实现复杂选择

要创建复杂的范围就得使用 setStart() 和 setEnd() 方法。这两个方法都接受两个参数：一个参照节点和一个偏移量值。对 setStart() 来说，参照节点会变成 startContainer，而偏移量值会变成 startOffset。对于 setEnd() 来说，参照节点会变成 endContainer，而偏移量值会变成 endOffset。

可以使用这两个方法来模仿 selectNode() 和 selectNodeContents()。来看下面的例子：

```
var range1 = document.createRange(),
    range2 = document.createRange(),
    p1 = document.getElementById("p1");
    p1Index = -1;
    i, len;
for (i=0, len=p1.parentNode.childNodes.length; i < len; i++) {
    if (p1.parentNode.childNodes[i] == p1) {
        p1Index = i;
        break;
    }
}

range1.setStart(p1.parentNode, p1Index);
range1.setEnd(p1.parentNode, p1Index + 1);
range2.setStart(p1, 0);
range2.setEnd(p1, p1.childNodes.length);
```

DOMRangeExample2.htm

显然，要选择这个节点（使用 range1），就必须确定当前节点（p1）在其父节点的 childNodes 集合中的索引。而要选择这个节点的内容（使用 range2），也不必计算什么；只要通过 setStart() 和 setEnd() 设置默认值即可。模仿 selectNode() 和 selectNodeContents() 并不是 setStart() 和 setEnd() 的主要用途，它们更胜一筹的地方在于能够选择节点的一部分。

假设你只想选择前面 HTML 示例代码中从"Hello"的"llo"到"world!"的"o"——很容易做到。第一步是取得所有节点的引用，如下面的例子所示：

```
var p1 = document.getElementById("p1"),
    helloNode = p1.firstChild.firstChild,
    worldNode = p1.lastChild;
```

DOMRangeExample3.htm

实际上，"Hello"文本节点是\<p>元素的孙子节点，因为它本身是\<b>元素的一个子节点。因此，p1.firstChild 取得的是\<b>，而 p1.firstChild.firstChild 取得的才是这个文本节点。"world!"文本节点是\<p>元素的第二个子节点（也是最后一个子节点），因此可以使用 p1.lastChild 取得该节点。然后，必须在创建范围时指定相应的起点和终点，如下面的例子所示。

```
var range = document.createRange();
range.setStart(helloNode, 2);
range.setEnd(worldNode, 3);
```

DOMRangeExample3.htm

因为这个范围的选区应该从"Hello"中"e"的后面开始，所以在 setStart() 中传入 helloNode 的同时，传入了偏移量 2（即"e"的下一个位置；"H"的位置是 0）。设置选区的终点时，在 setEnd() 中传入 worldNode 的同时传入了偏移量 3，表示选区之外的第一个字符的位置，这个字符是"r"，它的位置是 3（位置 0 上还有一个空格）。如图 12-7 所示。

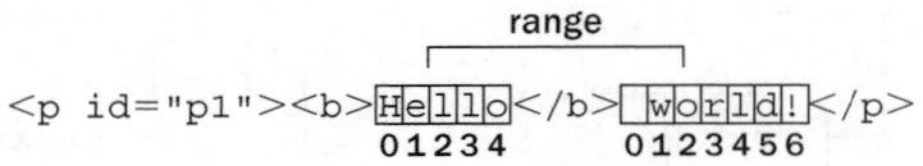

range

`<p id="p1"><b>`Hello`</b>` world!`</p>`

01234 0123456

图　12-7

由于 helloNode 和 worldNode 都是文本节点，因此它们分别变成了新建范围的 startContainer 和 endContainer。此时 startOffset 和 endOffset 分别用以确定两个节点所包含的文本中的位置，而不是用以确定子节点的位置（就像传入的参数为元素节点时那样）。此时的 commonAncestor-Container 是`<p>`元素，也就是同时包含这两个节点的第一个祖先元素。

当然，仅仅是选择了文档中的某一部分用处并不大。但重要的是，选择之后才可以对选区进行操作。

3. 操作 DOM 范围中的内容

在创建范围时，内部会为这个范围创建一个文档片段，范围所属的全部节点都被添加到了这个文档片段中。为了创建这个文档片段，范围内容的格式必须正确有效。在前面的例子中，我们创建的选区分别开始和结束于两个文本节点的内部，因此不能算是格式良好的 DOM 结构，也就无法通过 DOM 来表示。但是，范围知道自身缺少哪些开标签和闭标签，它能够重新构建有效的 DOM 结构以便我们对其进行操作。

对于前面的例子而言，范围经过计算知道选区中缺少一个开始的`<b>`标签，因此就会在后台动态加入一个该标签，同时还会在前面加入一个表示结束的`</b>`标签以结束"He"。于是，修改后的 DOM 就变成了如下所示。

```
<p><b>He</b><b>llo</b> world!</p>
```

另外，文本节点"world!"也被拆分为两个文本节点，一个包含"wo"，另一个包含"rld!"。最终的 DOM 树如图 12-8 所示，右侧是表示范围的文档片段的内容。

像这样创建了范围之后，就可以使用各种方法对范围的内容进行操作了（注意，表示范围的内部文档片段中的所有节点，都只是指向文档中相应节点的指针）。

第一个方法，也是最容易理解的方法，就是 deleteContents()。这个方法能够从文档中删除范围所包含的内容。例如：

```
var p1 = document.getElementById("p1"),
    helloNode = p1.firstChild.firstChild,
    worldNode = p1.lastChild,
    range = document.createRange();
```

```
range.setStart(helloNode, 2);
range.setEnd(worldNode, 3);

range.deleteContents();
```

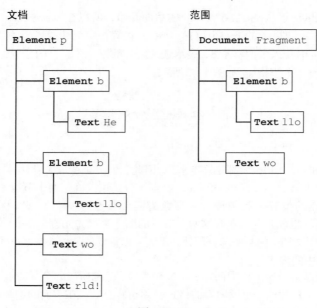

图   12-8

执行以上代码后，页面中会显示如下 HTML 代码：

```
<p><b>He</b>rld!</p>
```

由于范围选区在修改底层 DOM 结构时能够保证格式良好，因此即使内容被删除了，最终的 DOM
结构依旧是格式良好的。

与 deleteContents() 方法相似，extractContents() 也会从文档中移除范围选区。但这两个方
法的区别在于，extractContents() 会返回范围的文档片段。利用这个返回的值，可以将范围的内容
插入到文档中的其他地方。如下面的例子所示：

```
var p1 = document.getElementById("p1"),
    helloNode = p1.firstChild.firstChild,
    worldNode = p1.lastChild,
    range = document.createRange();

range.setStart(helloNode, 2);
range.setEnd(worldNode, 3);

var fragment = range.extractContents();
p1.parentNode.appendChild(fragment);
```

在这个例子中，我们将提取出来的文档片段添加到了文档<body>元素的末尾。（记住，在将文档片段传入 appendChild()方法中时，添加到文档中的只是片段的子节点，而非片段本身。）结果得到如下HTML 代码：

```
<p><b>He</b>rld!</p>
<b>llo</b> wo
```

还一种做法，即使用 cloneContents()创建范围对象的一个副本，然后在文档的其他地方插入该副本。如下面的例子所示：

```
var p1 = document.getElementById("p1"),
    helloNode = p1.firstChild.firstChild,
    worldNode = p1.lastChild,
    range = document.createRange();

range.setStart(helloNode, 2);
range.setEnd(worldNode, 3);

var fragment = range.cloneContents();
p1.parentNode.appendChild(fragment);
```

DOMRangeExample6.htm

这个方法与 extractContents()非常类似，因为它们都返回文档片段。它们的主要区别在于，cloneContents()返回的文档片段包含的是范围中节点的副本，而不是实际的节点。执行上面的操作后，页面中的 HTML 代码应该如下所示：

```
<p><b>Hello</b> world!</p>
<b>llo</b> wo
```

有一点请读者注意，那就是在调用上面介绍的方法之前，拆分的节点并不会产生格式良好的文档片段。换句话说，原始的 HTML 在 DOM 被修改之前会始终保持不变。

4. 插入 DOM 范围中的内容

利用范围，可以删除或复制内容，还可以像前面介绍的那样操作范围中的内容。使用 insertNode()方法可以向范围选区的开始处插入一个节点。假设我们想在前面例子中的 HTML 前面插入以下 HTML代码：

```
<span style="color: red">Inserted text</span>
```

那么，就可以使用下列代码：

```
var p1 = document.getElementById("p1"),
    helloNode = p1.firstChild.firstChild,
    worldNode = p1.lastChild,
    range = document.createRange();

range.setStart(helloNode, 2);
range.setEnd(worldNode, 3);

var span = document.createElement("span");
span.style.color = "red";
span.appendChild(document.createTextNode("Inserted text"));
range.insertNode(span);
```

DOMRangeExample7.htm

运行以上 JavaScript 代码，就会得到如下 HTML 代码：

```
<p id="p1"><b>He<span style="color: red">Inserted text</span>llo</b> world</p>
```

注意，<span>正好被插入到了"Hello"中的"llo"前面，而该位置就是范围选区的开始位置。还要注意的是，由于这里没有使用上一节介绍的方法，结果原始的 HTML 并没有添加或删除<b>元素。使用这种技术可以插入一些帮助提示信息，例如在打开新窗口的链接旁边插入一幅图像。

除了向范围内部插入内容之外，还可以环绕范围插入内容，此时就要使用 surroundContents()方法。这个方法接受一个参数，即环绕范围内容的节点。在环绕范围插入内容时，后台会执行下列步骤。

(1) 提取出范围中的内容（类似执行 extractContent()）；
(2) 将给定节点插入到文档中原来范围所在的位置上；
(3) 将文档片段的内容添加到给定节点中。
可以使用这种技术来突出显示网页中的某些词句，例如下列代码：

```
var p1 = document.getElementById("p1"),
    helloNode = p1.firstChild.firstChild,
    worldNode = p1.lastChild,
    range = document.createRange();

range.selectNode(helloNode);

var span = document.createElement("span");
span.style.backgroundColor = "yellow";
range.surroundContents(span);
```

DOMRangeExample8.htm

会给范围选区加上一个黄色的背景。得到的 HTML 代码如下所示：

```
<p><b><span style="background-color:yellow">Hello</span></b> world!</p>
```

为了插入<span>，范围必须包含整个 DOM 选区（不能仅仅包含选中的 DOM 节点）。

5. 折叠 DOM 范围

所谓**折叠范围**，就是指范围中未选择文档的任何部分。可以用文本框来描述折叠范围的过程。假设文本框中有一行文本，你用鼠标选择了其中一个完整的单词。然后，你单击鼠标左键，选区消失，而光标则落在了其中两个字母之间。同样，在折叠范围时，其位置会落在文档中的两个部分之间，可能是范围选区的开始位置，也可能是结束位置。图 12-9 展示了折叠范围时发生的情形。

使用 collapse()方法来折叠范围，这个方法接受一个参数，一个布尔值，表示要折叠到范围的哪一端。参数 true 表示折叠到范围的起点，参数 false 表示折叠到范围的终点。要确定范围已经折叠完毕，可以检查 collapsed 属性，如下所示：

```
range.collapse(true);          //折叠到起点
alert(range.collapsed);        //输出 true
```

```
<p id="p1"><b>Hello</b> world!</p>
```

原始范围

```
<p id="p1"><b>Hello</b> world!</p>
```

折叠到开始位置

```
<p id="p1"><b>Hello</b> world!</p>
```

折叠到结束位置

图 12-9

检测某个范围是否处于折叠状态，可以帮我们确定范围中的两个节点是否紧密相邻。例如，对于下面的 HTML 代码：

```
<p id="p1">Paragraph 1</p><p id="p2">Paragraph 2</p>
```

如果我们不知道其实际构成（比如说，这行代码是动态生成的），那么可以像下面这样创建一个范围。

```
var p1 = document.getElementById("p1"),
    p2 = document.getElementById("p2"),
    range = document.createRange();
range.setStartAfter(p1);
range.setEndBefore(p2);
alert(range.collapsed);        //输出 true
```

在这个例子中，新创建的范围是折叠的，因为 p1 的后面和 p2 的前面什么也没有。

6. 比较 DOM 范围

在有多个范围的情况下，可以使用 compareBoundaryPoints() 方法来确定这些范围是否有公共的边界（起点或终点）。这个方法接受两个参数：表示比较方式的常量值和要比较的范围。表示比较方式的常量值如下所示。

- ❑ Range.START_TO_START(0)：比较第一个范围和第二个范围的起点；
- ❑ Range.START_TO_END(1)：比较第一个范围的起点和第二个范围的终点；
- ❑ Range.END_TO_END(2)：比较第一个范围和第二个范围的终点；
- ❑ Range.END_TO_START(3)：比较第一个范围的终点和第一个范围的起点。

compareBoundaryPoints() 方法可能的返回值如下：如果第一个范围中的点位于第二个范围中的点之前，返回 -1；如果两个点相等，返回 0；如果第一个范围中的点位于第二个范围中的点之后，返回 1。来看下面的例子。

```
var range1 = document.createRange();
var range2 = document.createRange();
var p1 = document.getElementById("p1");

range1.selectNodeContents(p1);
range2.selectNodeContents(p1);
range2.setEndBefore(p1.lastChild);

alert(range1.compareBoundaryPoints(Range.START_TO_START, range2));    //0
alert(range1.compareBoundaryPoints(Range.END_TO_END, range2));        //1
```

12

DOMRangeExample9.htm

在这个例子中,两个范围的起点实际上是相同的,因为它们的起点都是由 `selectNodeContents()` 方法设置的默认值来指定的。因此,第一次比较返回 0。但是,`range2` 的终点由于调用 `setEndBefore()` 已经改变了,结果是 `range1` 的终点位于 `range2` 的终点后面（见图 12-10）,因此第二次比较返回 1。

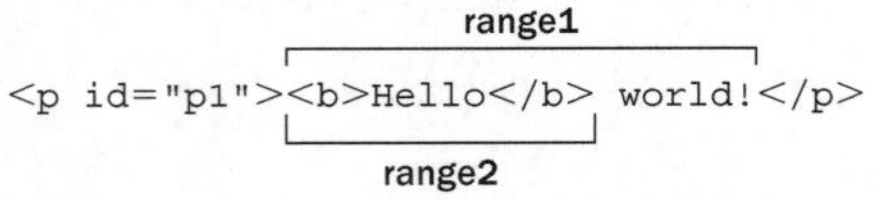

```
            range1
<p id="p1"><b>Hello</b> world!</p>
            range2
```

图　12-10

7. 复制 DOM 范围

可以使用 `cloneRange()` 方法复制范围。这个方法会创建调用它的范围的一个副本。

```
var newRange = range.cloneRange();
```

新创建的范围与原来的范围包含相同的属性,而修改它的端点不会影响原来的范围。

8. 清理 DOM 范围

在使用完范围之后,最好是调用 `detach()` 方法,以便从创建范围的文档中分离出该范围。调用 `detach()` 之后,就可以放心地解除对范围的引用,从而让垃圾回收机制回收其内存了。来看下面的例子。

```
range.detach();          //从文档中分离
range = null;            //解除引用
```

在使用范围的最后再执行这两个步骤是我们推荐的方式。一旦分离范围,就不能再恢复使用了。

12.4.2　IE8 及更早版本中的范围

虽然 IE9 支持 DOM 范围,但 IE8 及之前版本不支持 DOM 范围。不过,IE8 及早期版本支持一种类似的概念,即**文本范围**（text range）。文本范围是 IE 专有的特性,其他浏览器都不支持。顾名思义,文本范围处理的主要是文本（不一定是 DOM 节点）。通过 `<body>`、`<button>`、`<input>` 和 `<textarea>` 等这几个元素,可以调用 `createTextRange()` 方法来创建文本范围。以下是一个例子:

```
var range = document.body.createTextRange();
```

像这样通过 `document` 创建的范围可以在页面中的任何地方使用（通过其他元素创建的范围则只能在相应的元素中使用）。与 DOM 范围类似,使用 IE 文本范围的方式也有很多种。

1. 用 IE 范围实现简单的选择

选择页面中某一区域的最简单方式,就是使用范围的 `findText()` 方法。这个方法会找到第一次出现的给定文本,并将范围移过来以环绕该文本。如果没有找到文本,这个方法返回 `false`；否则返回 `true`。同样,仍然以下面的 HTML 代码为例。

```
<p id="p1"><b>Hello</b> world!</p>
```

要选择`"Hello"`,可以使用下列代码。

```
var range = document.body.createTextRange();
var found = range.findText("Hello");
```

在执行完第二行代码之后，文本"Hello"就被包围在范围之内了。为此，可以检查范围的 text 属性来确认（这个属性返回范围中包含的文本），或者也可以检查 findText() 的返回值——在找到了文本的情况下返回值为 true。例如：

```
alert(found);            //true
alert(range.text);       //"Hello"
```

还可以为 findText() 传入另一个参数，即一个表示向哪个方向继续搜索的数值。负值表示应该从当前位置向后搜索，而正值表示应该从当前位置向前搜索。因此，要查找文档中前两个"Hello"的实例，应该使用下列代码。

```
var found = range.findText("Hello");
var foundAgain = range.findText("Hello", 1);
```

IE 中与 DOM 中的 selectNode() 方法最接近的方法是 moveToElementText()，这个方法接受一个 DOM 元素，并选择该元素的所有文本，包括 HTML 标签。下面是一个例子。

```
var range = document.body.createTextRange();
var p1 = document.getElementById("p1");
range.moveToElementText(p1);
```

IERangeExample2.htm

在文本范围中包含 HTML 的情况下，可以使用 htmlText 属性取得范围的全部内容，包括 HTML 和文本，如下面的例子所示。

```
alert(range.htmlText);
```

IE 的范围没有任何属性可以随着范围选区的变化而动态更新。不过，其 parentElement() 方法倒是与 DOM 的 commonAncestorContainer 属性类似。

```
var ancestor = range.parentElement();
```

这样得到的父元素始终都可以反映文本选区的父节点。

2. 使用 IE 范围实现复杂的选择

在 IE 中创建复杂范围的方法，就是以特定的增量向四周移动范围。为此，IE 提供了 4 个方法：move()、moveStart()、moveEnd() 和 expand()。这些方法都接受两个参数：移动单位和移动单位的数量。其中，移动单位是下列一种字符串值。

- ❑ "character"：逐个字符地移动。
- ❑ "word"：逐个单词（一系列非空格字符）地移动。
- ❑ "sentence"：逐个句子（一系列以句号、问号或叹号结尾的字符）地移动。
- ❑ "textedit"：移动到当前范围选区的开始或结束位置。

通过 moveStart() 方法可以移动范围的起点，通过 moveEnd() 方法可以移动范围的终点，移动的幅度由单位数量指定，如下面的例子所示。

```
range.moveStart("word", 2);       //起点移动 2 个单词
range.moveEnd("character", 1);    //终点移动 1 个字符
```

12

使用 expand() 方法可以将范围规范化。换句话说，expand() 方法的作用是将任何部分选择的文本全部选中。例如，当前选择的是一个单词中间的两个字符，调用 expand("word") 可以将整个单词都包含在范围之内。

而 move() 方法则首先会折叠当前范围（让起点和终点相等），然后再将范围移动指定的单位数量，如下面的例子所示。

```
range.move("character", 5);        //移动 5 个字符
```

调用 move() 之后，范围的起点和终点相同，因此必须再使用 moveStart() 或 moveEnd() 创建新的选区。

3. 操作 IE 范围中的内容

在 IE 中操作范围中的内容可以使用 text 属性或 pasteHTML() 方法。如前所述，通过 text 属性可以取得范围中的内容文本；但是，也可以通过这个属性设置范围中的内容文本。来看一个例子。

```
var range = document.body.createTextRange();
range.findText("Hello");
range.text = "Howdy";
```

如果仍以前面的 Hello World 代码为例，执行以上代码后的 HTML 代码如下。

```
<p id="p1"><b>Howdy</b> world!</p>
```

注意，在设置 text 属性的情况下，HTML 标签保持不变。

要向范围中插入 HTML 代码，就得使用 pasteHTML() 方法，如下面的例子所示。

```
var range = document.body.createTextRange();
range.findText("Hello");
range.pasteHTML("<em>Howdy</em>");
```

IERangeExample3.htm

执行这些代码后，会得到如下 HTML。

```
<p id="p1"><b><em>Howdy</em></b> world!</p>
```

不过，在范围中包含 HTML 代码时，不应该使用 pasteHTML()，因为这样很容易导致不可预料的结果——很可能是格式不正确的 HTML。

4. 折叠 IE 范围

IE 为范围提供的 collapse() 方法与相应的 DOM 方法用法一样：传入 true 把范围折叠到起点，传入 false 把范围折叠到终点。例如：

```
range.collapse(true);        //折叠到起点
```

可惜的是，没有对应的 collapsed 属性让我们知道范围是否已经折叠完毕。为此，必须使用 boundingWidth 属性，该属性返回范围的宽度（以像素为单位）。如果 boundingWidth 属性等于 0，就说明范围已经折叠了：

```
var isCollapsed = (range.boundingWidth == 0);
```

此外，还有 boundingHeight、boundingLeft 和 boundingTop 等属性，虽然它们都不像 boundingWidth 那么有用，但也可以提供一些有关范围位置的信息。

5. 比较 IE 范围

IE 中的 compareEndPoints() 方法与 DOM 范围的 compareBoundaryPoints() 方法类似。这个方法接受两个参数：比较的类型和要比较的范围。比较类型的取值范围是下列几个字符串值：

"StartToStart"、"StartToEnd"、"EndToEnd"和"EndToStart"。这几种比较类型与比较 DOM 范围时使用的几个值是相同的。

同样与 DOM 类似的是，compareEndPoints()方法也会按照相同的规则返回值，即如果第一个范围的边界位于第二个范围的边界前面，返回-1；如果二者边界相同，返回 0；如果第一个范围的边界位于第二个范围的边界后面，返回 1。仍以前面的 Hello World 代码为例，下列代码将创建两个范围，一个选择"Hello world!"（包括<b>标签），另一个选择"Hello"。

```
var range1 = document.body.createTextRange();
var range2 = document.body.createTextRange();

range1.findText("Hello world!");
range2.findText("Hello");

alert(range1.compareEndPoints("StartToStart", range2));      //0
alert(range1.compareEndPoints("EndToEnd", range2));          //1
```

IERangeExample5.htm

由于这两个范围共享同一个起点，所以使用 compareEndPoints()比较起点返回 0。而 range1 的终点在 range2 的终点后面，所以 compareEndPoints()返回 1。

IE 中还有两个方法，也是用于比较范围的：isEqual()用于确定两个范围是否相等，inRange() 用于确定一个范围是否包含另一个范围。下面是相应的示例。

```
var range1 = document.body.createTextRange();
var range2 = document.body.createTextRange();
range1.findText("Hello World");
range2.findText("Hello");
alert("range1.isEqual(range2): " + range1.isEqual(range2));   //false
alert("range1.inRange(range2):" + range1.inRange(range2));    //true
```

IERangeExample6.htm

这个例子使用了与前面相同的范围来示范这两个方法。由于这两个范围的终点不同，所以它们不相等，调用 isEqual()返回 false。由于 range2 实际位于 range1 内部，它的终点位于后者的终点之前、起点之后，所以 range2 被包含在 range1 内部，调用 inRange()返回 true。

6. 复制 IE 范围

在 IE 中使用 duplicate()方法可以复制文本范围，结果会创建原范围的一个副本，如下面的例子所示。

```
var newRange = range.duplicate();
```

新创建的范围会带有与原范围完全相同的属性。

12.5 小结

DOM2 级规范定义了一些模块，用于增强 DOM1 级。"DOM2 级核心"为不同的 DOM 类型引入了一些与 XML 命名空间有关的方法。这些变化只在使用 XML 或 XHTML 文档时才有用；对于 HTML 文档没有实际意义。除了与 XML 命名空间有关的方法外，"DOM2 级核心"还定义了以编程方式创建 Document 实例的方法，也支持了创建 DocumentType 对象。

12

"DOM2 级样式"模块主要针对操作元素的样式信息而开发，其特性简要总结如下。

❑ 每个元素都有一个关联的 style 对象，可以用来确定和修改行内的样式。

❑ 要确定某个元素的计算样式（包括应用给它的所有 CSS 规则），可以使用 getComputedStyle() 方法。

❑ IE 不支持 getComputedStyle() 方法，但为所有元素都提供了能够返回相同信息 currentStyle 属性。

❑ 可以通过 document.styleSheets 集合访问样式表。

❑ 除 IE 之外的所有浏览器都支持针对样式表的这个接口，IE 也为几乎所有相应的 DOM 功能提供了自己的一套属性和方法。

"DOM2 级遍历和范围"模块提供了与 DOM 结构交互的不同方式，简要总结如下。

❑ 遍历即使用 NodeIterator 或 TreeWalker 对 DOM 执行深度优先的遍历。

❑ NodeIterator 是一个简单的接口，只允许以一个节点的步幅前后移动。而 TreeWalker 在提供相同功能的同时，还支持在 DOM 结构的各个方向上移动，包括父节点、同辈节点和子节点等方向。

❑ 范围是选择 DOM 结构中特定部分，然后再执行相应操作的一种手段。

❑ 使用范围选区可以在删除文档中某些部分的同时，保持文档结构的格式良好，或者复制文档中的相应部分。

❑ IE8 及更早版本不支持"DOM2 级遍历和范围"模块，但它提供了一个专有的文本范围对象，可以用来完成简单的基于文本的范围操作。IE9 完全支持 DOM 遍历。

第**13**章

事　件

本章内容
- ❑ 理解事件流
- ❑ 使用事件处理程序
- ❑ 不同的事件类型

JavaScript 与 HTML 之间的交互是通过**事件**实现的。事件，就是文档或浏览器窗口中发生的一些特定的交互瞬间。可以使用**侦听器**（或处理程序）来预订事件，以便事件发生时执行相应的代码。这种在传统软件工程中被称为观察员模式的模型，支持页面的行为（JavaScript 代码）与页面的外观（HTML 和 CSS 代码）之间的松散耦合。

事件最早是在 IE3 和 Netscape Navigator 2 中出现的，当时是作为分担服务器运算负载的一种手段。在 IE4 和 Navigator 4 发布时，这两种浏览器都提供了相似但不相同的 API，这些 API 并存经过了好几个主要版本。DOM2 级规范开始尝试以一种符合逻辑的方式来标准化 DOM 事件。IE9、Firefox、Opera、Safari 和 Chrome 全都已经实现了"DOM2 级事件"模块的核心部分。IE8 是最后一个仍然使用其专有事件系统的主要浏览器。

浏览器的事件系统相对比较复杂。尽管所有主要浏览器已经实现了"DOM2 级事件"，但这个规范本身并没有涵盖所有事件类型。浏览器对象模型（BOM）也支持一些事件，这些事件与文档对象模型（DOM）事件之间的关系并不十分清晰，因为 BOM 事件长期没有规范可以遵循（HTML5 后来给出了详细的说明）。随着 DOM3 级的出现，增强后的 DOM 事件 API 变得更加繁琐。使用事件有时相对简单，有时则非常复杂，难易程度会因你的需求而不同。不过，有关事件的一些核心概念是一定要理解的。

13.1　事件流

当浏览器发展到第四代时（IE4 及 Netscape Communicator 4），浏览器开发团队遇到了一个很有意思的问题：页面的哪一部分会拥有某个特定的事件？要明白这个问题问的是什么，可以想象画在一张纸上的一组同心圆。如果你把手指放在圆心上，那么你的手指指向的不是一个圆，而是纸上的所有圆。两家公司的浏览器开发团队在看待浏览器事件方面还是一致的。如果你单击了某个按钮，他们都认为单击事件不仅仅发生在按钮上。换句话说，在单击按钮的同时，你也单击了按钮的容器元素，甚至也单击了整个页面。

事件流描述的是从页面中接收事件的顺序。但有意思的是，IE 和 Netscape 开发团队居然提出了差不多是完全相反的事件流的概念。IE 的事件流是事件冒泡流，而 Netscape Communicator 的事件流是事件捕获流。

13.1.1 事件冒泡

　　IE 的事件流叫做**事件冒泡**（event bubbling），即事件开始时由最具体的元素（文档中嵌套层次最深的那个节点）接收，然后逐级向上传播到较为不具体的节点（文档）。以下面的 HTML 页面为例：

```
<!DOCTYPE html>
<html>
<head>
    <title>Event Bubbling Example</title>
</head>
<body>
    <div id="myDiv">Click Me</div>
</body>
</html>
```

如果你单击了页面中的 `<div>` 元素，那么这个 `click` 事件会按照如下顺序传播：

(1) `<div>`

(2) `<body>`

(3) `<html>`

(4) `document`

也就是说，`click` 事件首先在 `<div>` 元素上发生，而这个元素就是我们单击的元素。然后，`click` 事件沿 DOM 树向上传播，在每一级节点上都会发生，直至传播到 `document` 对象。图 13-1 展示了事件冒泡的过程。

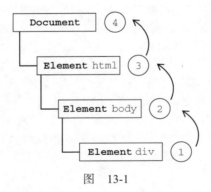

图　13-1

　　所有现代浏览器都支持事件冒泡，但在具体实现上还是有一些差别。IE5.5 及更早版本中的事件冒泡会跳过 `<html>` 元素（从 `<body>` 直接跳到 `document`）。IE9、Firefox、Chrome 和 Safari 则将事件一直冒泡到 `window` 对象。

13.1.2 事件捕获

　　Netscape Communicator 团队提出的另一种事件流叫做**事件捕获**（event capturing）。事件捕获的思想是不太具体的节点应该更早接收到事件，而最具体的节点应该最后接收到事件。事件捕获的用意在于在事件到达预定目标之前捕获它。如果仍以前面的 HTML 页面作为演示事件捕获的例子，那么单击 `<div>` 元素就会以下列顺序触发 `click` 事件。

　　(1) `document`

(2) `<html>`

(3) `<body>`

(4) `<div>`

在事件捕获过程中，`document` 对象首先接收到 `click` 事件，然后事件沿 DOM 树依次向下，一直传播到事件的实际目标，即`<div>`元素。图 13-2 展示了事件捕获的过程。

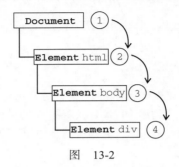

图　13-2

虽然事件捕获是 Netscape Communicator 唯一支持的事件流模型，但 IE9、Safari、Chrome、Opera 和 Firefox 目前也都支持这种事件流模型。尽管"DOM2 级事件"规范要求事件应该从 `document` 对象开始传播，但这些浏览器都是从 `window` 对象开始捕获事件的。

由于老版本的浏览器不支持，因此很少有人使用事件捕获。我们也建议读者放心地使用事件冒泡，在有特殊需要时再使用事件捕获。

13.1.3　DOM 事件流

"DOM2 级事件"规定的事件流包括三个阶段：事件捕获阶段、处于目标阶段和事件冒泡阶段。首先发生的是事件捕获，为截获事件提供了机会。然后是实际的目标接收到事件。最后一个阶段是冒泡阶段，可以在这个阶段对事件做出响应。以前面简单的 HTML 页面为例，单击`<div>`元素会按照图13-3所示顺序触发事件。

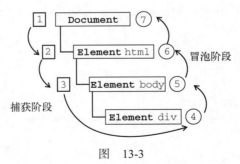

图　13-3

在 DOM 事件流中，实际的目标（`<div>`元素）在捕获阶段不会接收到事件。这意味着在捕获阶段，事件从 `document` 到`<html>`再到`<body>`后就停止了。下一个阶段是"处于目标"阶段，于是事件在`<div>`上发生，并在事件处理（后面将会讨论这个概念）中被看成冒泡阶段的一部分。然后，冒泡阶段发生，事件又传播回文档。

13

多数支持 DOM 事件流的浏览器都实现了一种特定的行为；即使"DOM2 级事件"规范明确要求捕获阶段不会涉及事件目标，但 IE9、Safari、Chrome、Firefox 和 Opera 9.5 及更高版本都会在捕获阶段触发事件对象上的事件。结果，就是有两个机会在目标对象上面操作事件。

> IE9、Opera、Firefox、Chrome 和 Safari 都支持 DOM 事件流；IE8 及更早版本不支持 DOM 事件流。

13.2　事件处理程序

事件就是用户或浏览器自身执行的某种动作。诸如 `click`、`load` 和 `mouseover`，都是事件的名字。而响应某个事件的函数就叫做**事件处理程序**（或**事件侦听器**）。事件处理程序的名字以 `"on"` 开头，因此 `click` 事件的事件处理程序就是 `onclick`，`load` 事件的事件处理程序就是 `onload`。为事件指定处理程序的方式有好几种。

13.2.1　HTML 事件处理程序

某个元素支持的每种事件，都可以使用一个与相应事件处理程序同名的 HTML 特性来指定。这个特性的值应该是能够执行的 JavaScript 代码。例如，要在按钮被单击时执行一些 JavaScript，可以像下面这样编写代码：

```
<input type="button" value="Click Me" onclick="alert('Clicked')" />
```

当单击这个按钮时，就会显示一个警告框。这个操作是通过指定 `onclick` 特性并将一些 JavaScript 代码作为它的值来定义的。由于这个值是 JavaScript，因此不能在其中使用未经转义的 HTML 语法字符，例如和号（&）、双引号（""）、小于号（<）或大于号（>）。为了避免使用 HTML 实体，这里使用了单引号。如果想要使用双引号，那么就要将代码改写成如下所示：

```
<input type="button" value="Click Me" onclick="alert(&quot;Clicked&quot;)" />
```

在 HTML 中定义的事件处理程序可以包含要执行的具体动作，也可以调用在页面其他地方定义的脚本，如下面的例子所示：

```
<script type="text/javascript">
    function showMessage(){
        alert("Hello world!");
    }
</script>
<input type="button" value="Click Me" onclick="showMessage()" />
```

HTMLEventHandlerExample01.htm

在这个例子中，单击按钮就会调用 `showMessage()` 函数。这个函数是在一个独立的 `<script>` 元素中定义的，当然也可以被包含在一个外部文件中。事件处理程序中的代码在执行时，有权访问全局作用域中的任何代码。

这样指定事件处理程序具有一些独到之处。首先，这样会创建一个封装着元素属性值的函数。这个函数中有一个局部变量 `event`，也就是事件对象（本章稍后讨论）：

```
<!-- 输出 "click" -->
<input type="button" value="Click Me" onclick="alert(event.type)">
```

通过 event 变量，可以直接访问事件对象，你不用自己定义它，也不用从函数的参数列表中读取。在这个函数内部，this 值等于事件的目标元素，例如：

```
<!-- 输出 "Click Me" -->
<input type="button" value="Click Me" onclick="alert(this.value)">
```

关于这个动态创建的函数，另一个有意思的地方是它扩展作用域的方式。在这个函数内部，可以像访问局部变量一样访问 document 及该元素本身的成员。这个函数使用 with 像下面这样扩展作用域：

```
function(){
    with(document){
        with(this){
            //元素属性值
        }
    }
}
```

如此一来，事件处理程序要访问自己的属性就简单多了。下面这行代码与前面的例子效果相同：

```
<!-- 输出 "Click Me" -->
<input type="button" value="Click Me" onclick="alert(value)">
```

如果当前元素是一个表单输入元素，则作用域中还会包含访问表单元素（父元素）的入口，这个函数就变成了如下所示：

```
function(){
    with(document){
        with(this.form){
            with(this){
                //元素属性值
            }
        }
    }
}
```

实际上，这样扩展作用域的方式，无非就是想让事件处理程序无需引用表单元素就能访问其他表单字段。例如：

```
<form method="post">
    <input type="text" name="username" value="">
    <input type="button" value="Echo Username" onclick="alert(username.value)">
</form>
```

HTMLEventHandlerExample04.htm

在这个例子中，单击按钮会显示文本框中的文本。值得注意的是，这里直接引用了 username 元素。

不过，在 HTML 中指定事件处理程序有两个缺点。首先，存在一个时差问题。因为用户可能会在 HTML 元素一出现在页面上就触发相应的事件，但当时的事件处理程序有可能尚不具备执行条件。以前

13

面的例子来说明，假设 showMessage() 函数是在按钮下方、页面的最底部定义的。如果用户在页面解析 showMessage() 函数之前就单击了按钮，就会引发错误。为此，很多 HTML 事件处理程序都会被封装在一个 try-catch 块中，以便错误不会浮出水面，如下面的例子所示：

```
<input type="button" value="Click Me" onclick="try{showMessage();}catch(ex){}">
```

这样，如果在 showMessage() 函数有定义之前单击了按钮，用户将不会看到 JavaScript 错误，因为在浏览器有机会处理错误之前，错误就被捕获了。

另一个缺点是，这样扩展事件处理程序的作用域链在不同浏览器中会导致不同结果。不同 JavaScript 引擎遵循的标识符解析规则略有差异，很可能会在访问非限定对象成员时出错。

通过 HTML 指定事件处理程序的最后一个缺点是 HTML 与 JavaScript 代码紧密耦合。如果要更换事件处理程序，就要改动两个地方：HTML 代码和 JavaScript 代码。而这正是许多开发人员摒弃 HTML 事件处理程序，转而使用 JavaScript 指定事件处理程序的原因所在。

> 要了解关于 HTML 事件处理程序缺点的更多信息，请参考 Garrett Smith 的文章 "Event Handler Scope"（www.jibbering.com/faq/names/event_handler.html）。

13.2.2　DOM0 级事件处理程序

通过 JavaScript 指定事件处理程序的传统方式，就是将一个函数赋值给一个事件处理程序属性。这种为事件处理程序赋值的方法是在第四代 Web 浏览器中出现的，而且至今仍然为所有现代浏览器所支持。原因一是简单，二是具有跨浏览器的优势。要使用 JavaScript 指定事件处理程序，首先必须取得一个要操作的对象的引用。

每个元素（包括 window 和 document）都有自己的事件处理程序属性，这些属性通常全部小写，例如 onclick。将这种属性的值设置为一个函数，就可以指定事件处理程序，如下所示：

```
var btn = document.getElementById("myBtn");
btn.onclick = function(){
    alert("Clicked");
};
```

在此，我们通过文档对象取得了一个按钮的引用，然后为它指定了 onclick 事件处理程序。但要注意，在这些代码运行以前不会指定事件处理程序，因此如果这些代码在页面中位于按钮后面，就有可能在一段时间内怎么单击都没有反应。

使用 DOM0 级方法指定的事件处理程序被认为是元素的方法。因此，这时候的事件处理程序是在元素的作用域中运行；换句话说，程序中的 this 引用当前元素。来看一个例子。

```
var btn = document.getElementById("myBtn");
btn.onclick = function(){
    alert(this.id);    //"myBtn"
};
```

DOMLevel0EventHandlerExample01.htm

单击按钮显示的是元素的 ID，这个 ID 是通过 this.id 取得的。不仅仅是 ID，实际上可以在事件处理程序中通过 this 访问元素的任何属性和方法。以这种方式添加的事件处理程序会在事件流的冒泡阶段被处理。

也可以删除通过 DOM0 级方法指定的事件处理程序，只要像下面这样将事件处理程序属性的值设置为 null 即可：

```
btn.onclick = null;        //删除事件处理程序
```

将事件处理程序设置为 null 之后，再单击按钮将不会有任何动作发生。

 　　如果你使用 HTML 指定事件处理程序，那么 onclick 属性的值就是一个包含着在同名 HTML 特性中指定的代码的函数。而将相应的属性设置为 null，也可以删除以这种方式指定的事件处理程序。

13.2.3　DOM2 级事件处理程序

"DOM2 级事件"定义了两个方法，用于处理指定和删除事件处理程序的操作：addEventListener() 和 removeEventListener()。所有 DOM 节点中都包含这两个方法，并且它们都接受 3 个参数：要处理的事件名、作为事件处理程序的函数和一个布尔值。最后这个布尔值参数如果是 true，表示在捕获阶段调用事件处理程序；如果是 false，表示在冒泡阶段调用事件处理程序。

要在按钮上为 click 事件添加事件处理程序，可以使用下列代码：

```
var btn = document.getElementById("myBtn");
btn.addEventListener("click", function(){
    alert(this.id);
}, false);
```

上面的代码为一个按钮添加了 onclick 事件处理程序，而且该事件会在冒泡阶段被触发（因为最后一个参数是 false）。与 DOM0 级方法一样，这里添加的事件处理程序也是在其依附的元素的作用域中运行。使用 DOM2 级方法添加事件处理程序的主要好处是可以添加多个事件处理程序。来看下面的例子。

```
var btn = document.getElementById("myBtn");
btn.addEventListener("click", function(){
    alert(this.id);
}, false);
btn.addEventListener("click", function(){
    alert("Hello world!");
}, false);
```

DOMLevel2EventHandlerExample01.htm

这里为按钮添加了两个事件处理程序。这两个事件处理程序会按照添加它们的顺序触发，因此首先会显示元素的 ID，其次会显示"Hello world!"消息。

通过 addEventListener() 添加的事件处理程序只能使用 removeEventListener() 来移除；移除时传入的参数与添加处理程序时使用的参数相同。这也意味着通过 addEventListener() 添加的匿名函数将无法移除，如下面的例子所示。

```
var btn = document.getElementById("myBtn");
btn.addEventListener("click", function(){
    alert(this.id);
```

```
}, false);

//这里省略了其他代码

btn.removeEventListener("click", function(){ //没有用！
    alert(this.id);
}, false);
```

在这个例子中，我们使用 addEventListener()添加了一个事件处理程序。虽然调用 remove-EventListener()时看似使用了相同的参数，但实际上，第二个参数与传入 addEventListener()中的那一个是完全不同的函数。而传入 removeEventListener()中的事件处理程序函数必须与传入addEventListener()中的相同，如下面的例子所示。

```
var btn = document.getElementById("myBtn");
var handler = function(){
    alert(this.id);
};
btn.addEventListener("click", handler, false);

//这里省略了其他代码

btn.removeEventListener("click", handler, false); //有效！
```

DOMLevel2EventHandlerExample01.htm

重写后的这个例子没有问题，是因为在 addEventListener()和 removeEventListener()中使用了相同的函数。

大多数情况下，都是将事件处理程序添加到事件流的冒泡阶段，这样可以最大限度地兼容各种浏览器。最好只在需要在事件到达目标之前截获它的时候将事件处理程序添加到捕获阶段。如果不是特别需要，我们不建议在事件捕获阶段注册事件处理程序。

> IE9、Firefox、Safari、Chrome 和 Opera 支持 DOM2 级事件处理程序。

13.2.4   IE 事件处理程序

IE 实现了与 DOM 中类似的两个方法：attachEvent()和 detachEvent()。这两个方法接受相同的两个参数：事件处理程序名称与事件处理程序函数。由于 IE8 及更早版本只支持事件冒泡，所以通过attachEvent()添加的事件处理程序都会被添加到冒泡阶段。

要使用 attachEvent()为按钮添加一个事件处理程序，可以使用以下代码。

```
var btn = document.getElementById("myBtn");
btn.attachEvent("onclick", function(){
    alert("Clicked");
});
```

IEEventHandlerExample01.htm

注意，attachEvent()的第一个参数是"onclick"，而非 DOM 的 addEventListener()方法中的"click"。

在 IE 中使用 attachEvent() 与使用 DOM0 级方法的主要区别在于事件处理程序的作用域。在使用 DOM0 级方法的情况下，事件处理程序会在其所属元素的作用域内运行；在使用 attachEvent() 方法的情况下，事件处理程序会在全局作用域中运行，因此 this 等于 window。来看下面的例子：

```
var btn = document.getElementById("myBtn");
btn.attachEvent("onclick", function(){
    alert(this === window);    //true
});
```

在编写跨浏览器的代码时，牢记这一区别非常重要。

与 addEventListener() 类似，attachEvent() 方法也可以用来为一个元素添加多个事件处理程序。来看下面的例子。

```
var btn = document.getElementById("myBtn");
btn.attachEvent("onclick", function(){
    alert("Clicked");
});
btn.attachEvent("onclick", function(){
    alert("Hello world!");
});
```

IEEventHandlerExample01.htm

这里调用了两次 attachEvent()，为同一个按钮添加了两个不同的事件处理程序。不过，与 DOM 方法不同的是，这些事件处理程序不是以添加它们的顺序执行，而是以相反的顺序被触发。单击这个例子中的按钮，首先看到的是 "Hello world!"，然后才是 "Clicked"。

使用 attachEvent() 添加的事件可以通过 detachEvent() 来移除，条件是必须提供相同的参数。与 DOM 方法一样，这也意味着添加的匿名函数将不能被移除。不过，只要能够将对相同函数的引用传给 detachEvent()，就可以移除相应的事件处理程序。例如：

```
var btn = document.getElementById("myBtn");
var handler = function(){
    alert("Clicked");
};
btn.attachEvent("onclick", handler);

//这里省略了其他代码

btn.detachEvent("onclick", handler);
```

IEEventHandlerExample02.htm

这个例子将保存在变量 handler 中的函数作为事件处理程序。因此，后面的 detachEvent() 可以使用相同的函数来移除事件处理程序。

 支持 IE 事件处理程序的浏览器有 IE 和 Opera。

13.2.5 跨浏览器的事件处理程序

为了以跨浏览器的方式处理事件，不少开发人员会使用能够隔离浏览器差异的 JavaScript 库，还有一些开发人员会自己开发最合适的事件处理的方法。自己编写代码其实也不难，只要恰当地使用能力检

13

测即可（能力检测在第 9 章介绍过）。要保证处理事件的代码能在大多数浏览器下一致地运行，只需关注冒泡阶段。

第一个要创建的方法是 addHandler()，它的职责是视情况分别使用 DOM0 级方法、DOM2 级方法或 IE 方法来添加事件。这个方法属于一个名叫 EventUtil 的对象，本书将使用这个对象来处理浏览器间的差异。addHandler() 方法接受 3 个参数：要操作的元素、事件名称和事件处理程序函数。

与 addHandler() 对应的方法是 removeHandler()，它也接受相同的参数。这个方法的职责是移除之前添加的事件处理程序——无论该事件处理程序是采取什么方式添加到元素中的，如果其他方法无效，默认采用 DOM0 级方法。

EventUtil 的用法如下所示。

```javascript
var EventUtil = {

    addHandler: function(element, type, handler){
        if (element.addEventListener){
            element.addEventListener(type, handler, false);
        } else if (element.attachEvent){
            element.attachEvent("on" + type, handler);
        } else {
            element["on" + type] = handler;
        }
    },
    removeHandler: function(element, type, handler){
        if (element.removeEventListener){
            element.removeEventListener(type, handler, false);
        } else if (element.detachEvent){
            element.detachEvent("on" + type, handler);
        } else {
            element["on" + type] = null;
        }
    }

};
```

EventUtil.js

这两个方法首先都会检测传入的元素中是否存在 DOM2 级方法。如果存在 DOM2 级方法，则使用该方法：传入事件类型、事件处理程序函数和第三个参数 false（表示冒泡阶段）。如果存在的是 IE 的方法，则采取第二种方案。注意，为了在 IE8 及更早版本中运行，此时的事件类型必须加上 "on" 前缀。最后一种可能就是使用 DOM0 级方法（在现代浏览器中，应该不会执行这里的代码）。此时，我们使用的是方括号语法来将属性名指定为事件处理程序，或者将属性设置为 null。

可以像下面这样使用 EventUtil 对象：

```javascript
var btn = document.getElementById("myBtn");
var handler = function(){
    alert("Clicked");
};
EventUtil.addHandler(btn, "click", handler);

//这里省略了其他代码

EventUtil.removeHandler(btn, "click", handler);
```

CrossBrowserEventHandlerExample01.htm

addHandler()和 removeHandler()没有考虑到所有的浏览器问题，例如在 IE 中的作用域问题。不过，使用它们添加和移除事件处理程序还是足够了。此外还要注意，DOM0 级对每个事件只支持一个事件处理程序。好在，只支持 DOM0 级的浏览器已经没有那么多了，因此这对你而言应该不是什么问题。

13.3 事件对象

在触发 DOM 上的某个事件时，会产生一个事件对象 event，这个对象中包含着所有与事件有关的信息。包括导致事件的元素、事件的类型以及其他与特定事件相关的信息。例如，鼠标操作导致的事件对象中，会包含鼠标位置的信息，而键盘操作导致的事件对象中，会包含与按下的键有关的信息。所有浏览器都支持 event 对象，但支持方式不同。

13.3.1 DOM 中的事件对象

兼容 DOM 的浏览器会将一个 event 对象传入到事件处理程序中。无论指定事件处理程序时使用什么方法（DOM0 级或 DOM2 级），都会传入 event 对象。来看下面的例子。

```
var btn = document.getElementById("myBtn");
btn.onclick = function(event){
    alert(event.type);      //"click"
};
btn.addEventListener("click", function(event){
    alert(event.type);      //"click"
}, false);
```

这个例子中的两个事件处理程序都会弹出一个警告框，显示由 event.type 属性表示的事件类型。这个属性始终都会包含被触发的事件类型，例如 "click"（与传入 addEventListener() 和 removeEventListener() 中的事件类型一致）。

在通过 HTML 特性指定事件处理程序时，变量 event 中保存着 event 对象。请看下面的例子。

```
<input type="button" value="Click Me" onclick="alert(event.type)"/>
```

以这种方式提供 event 对象，可以让 HTML 特性事件处理程序与 JavaScript 函数执行相同的操作。

event 对象包含与创建它的特定事件有关的属性和方法。触发的事件类型不一样，可用的属性和方法也不一样。不过，所有事件都会有下表列出的成员。

属性/方法	类　　型	读/写	说　　明
bubbles	Boolean	只读	表明事件是否冒泡
cancelable	Boolean	只读	表明是否可以取消事件的默认行为
currentTarget	Element	只读	其事件处理程序当前正在处理事件的那个元素
defaultPrevented	Boolean	只读	为 true 表示已经调用了 preventDefault()（DOM3 级事件中新增）
detail	Integer	只读	与事件相关的细节信息
eventPhase	Integer	只读	调用事件处理程序的阶段：1 表示捕获阶段，2 表示"处于目标"，3 表示冒泡阶段

13

（续）

属性/方法	类　型	读/写	说　明
preventDefault()	Function	只读	取消事件的默认行为。如果cancelable是true，则可以使用这个方法
stopImmediatePropagation()	Function	只读	取消事件的进一步捕获或冒泡，同时阻止任何事件处理程序被调用（DOM3级事件中新增）
stopPropagation()	Function	只读	取消事件的进一步捕获或冒泡。如果bubbles为true，则可以使用这个方法
target	Element	只读	事件的目标
trusted	Boolean	只读	为true表示事件是浏览器生成的。为false表示事件是由开发人员通过JavaScript创建的（DOM3级事件中新增）
type	String	只读	被触发的事件的类型
view	AbstractView	只读	与事件关联的抽象视图。等同于发生事件的window对象

在事件处理程序内部，对象 this 始终等于 currentTarget 的值，而 target 则只包含事件的实际目标。如果直接将事件处理程序指定给了目标元素，则 this、currentTarget 和 target 包含相同的值。来看下面的例子。

```
var btn = document.getElementById("myBtn");
btn.onclick = function(event){
    alert(event.currentTarget === this);      //true
    alert(event.target === this);             //true
};
```

DOMEventObjectExample01.htm

这个例子检测了 currentTarget 和 target 与 this 的值。由于 click 事件的目标是按钮，因此这三个值是相等的。如果事件处理程序存在于按钮的父节点中（例如 document.body），那么这些值是不相同的。再看下面的例子。

```
document.body.onclick = function(event){
    alert(event.currentTarget === document.body);      //true
    alert(this === document.body);                     //true
    alert(event.target === document.getElementById("myBtn"));    //true
};
```

DOMEventObjectExample02.htm

当单击这个例子中的按钮时，this 和 currentTarget 都等于 document.body，因为事件处理程序是注册到这个元素上的。然而，target 元素却等于按钮元素，因为它是 click 事件真正的目标。由于按钮上并没有注册事件处理程序，结果 click 事件就冒泡到了 document.body，在那里事件才得到了处理。

在需要通过一个函数处理多个事件时，可以使用 type 属性。例如：

```
var btn = document.getElementById("myBtn");
var handler = function(event){
```

```
        switch(event.type){
            case "click":
                alert("Clicked");
                break;

            case "mouseover":
                event.target.style.backgroundColor = "red";
                break;

            case "mouseout":
                event.target.style.backgroundColor = "";
                break;
        }
    };

    btn.onclick = handler;
    btn.onmouseover = handler;
    btn.onmouseout = handler;
```

DOMEventObjectExample03.htm

这个例子定义了一个名为 handler 的函数,用于处理 3 种事件:click、mouseover 和 mouseout。当单击按钮时,会出现一个与前面例子中一样的警告框。当按钮移动到按钮上面时,背景颜色应该会变成红色,而当鼠标移动出按钮的范围时,背景颜色应该会恢复为默认值。这里通过检测 event.type 属性,让函数能够确定发生了什么事件,并执行相应的操作。

要阻止特定事件的默认行为,可以使用 preventDefault()方法。例如,链接的默认行为就是在被单击时会导航到其 href 特性指定的 URL。如果你想阻止链接导航这一默认行为,那么通过链接的 onclick 事件处理程序可以取消它,如下面的例子所示。

```
var link = document.getElementById("myLink");
link.onclick = function(event){
    event.preventDefault();
};
```

DOMEventObjectExample04.htm

只有 cancelable 属性设置为 true 的事件,才可以使用 preventDefault()来取消其默认行为。

另外,stopPropagation()方法用于立即停止事件在 DOM 层次中的传播,即取消进一步的事件捕获或冒泡。例如,直接添加到一个按钮的事件处理程序可以调用 stopPropagation(),从而避免触发注册在 document.body 上面的事件处理程序,如下面的例子所示。

```
var btn = document.getElementById("myBtn");
btn.onclick = function(event){
    alert("Clicked");
    event.stopPropagation();
};

document.body.onclick = function(event){
    alert("Body clicked");
};
```

DOMEventObjectExample05.htm

对于这个例子而言，如果不调用 `stopPropagation()`，就会在单击按钮时出现两个警告框。可是，由于 `click` 事件根本不会传播到 `document.body`，因此就不会触发注册在这个元素上的 `onclick` 事件处理程序。

事件对象的 `eventPhase` 属性，可以用来确定事件当前正位于事件流的哪个阶段。如果是在捕获阶段调用的事件处理程序，那么 `eventPhase` 等于 1；如果事件处理程序处于目标对象上，则 `event-Phase` 等于 2；如果是在冒泡阶段调用的事件处理程序，`eventPhase` 等于 3。这里要注意的是，尽管"处于目标"发生在冒泡阶段，但 `eventPhase` 仍然一直等于 2。来看下面的例子。

```
var btn = document.getElementById("myBtn");
btn.onclick = function(event){
    alert(event.eventPhase); //2
};

document.body.addEventListener("click", function(event){
    alert(event.eventPhase); //1
}, true);

document.body.onclick = function(event){
    alert(event.eventPhase); //3
};
```

DOMEventObjectExample06.htm

当单击这个例子中的按钮时，首先执行的事件处理程序是在捕获阶段触发的添加到 `document.body` 中的那一个，结果会弹出一个警告框显示表示 `eventPhase` 的 1。接着，会触发在按钮上注册的事件处理程序，此时的 `eventPhase` 值为 2。最后一个被触发的事件处理程序，是在冒泡阶段执行的添加到 `document.body` 上的那一个，显示 `eventPhase` 的值为 3。而当 `eventPhase` 等于 2 时，`this`、`target` 和 `currentTarget` 始终都是相等的。

 只有在事件处理程序执行期间，**event** 对象才会存在；一旦事件处理程序执行完成，**event** 对象就会被销毁。

13.3.2　IE 中的事件对象

与访问 DOM 中的 `event` 对象不同，要访问 IE 中的 `event` 对象有几种不同的方式，取决于指定事件处理程序的方法。在使用 DOM0 级方法添加事件处理程序时，`event` 对象作为 `window` 对象的一个属性存在。来看下面的例子。

```
var btn = document.getElementById("myBtn");
btn.onclick = function(){
    var event = window.event;
    alert(event.type);       //"click"
};
```

在此，我们通过 `window.event` 取得了 `event` 对象，并检测了被触发事件的类型（IE 中的 `type` 属性与 DOM 中的 `type` 属性是相同的）。可是，如果事件处理程序是使用 `attachEvent()` 添加的，那么就会有一个 `event` 对象作为参数被传入事件处理程序函数中，如下所示。

```
var btn = document.getElementById("myBtn");
btn.attachEvent("onclick", function(event){
    alert(event.type);      //"click"
});
```

在像这样使用 attachEvent() 的情况下，也可以通过 window 对象来访问 event 对象，就像使用 DOM0 级方法时一样。不过为方便起见，同一个对象也会作为参数传递。

如果是通过 HTML 特性指定的事件处理程序，那么还可以通过一个名叫 event 的变量来访问 event 对象（与 DOM 中的事件模型相同）。再看一个例子。

```
<input type="button" value="Click Me" onclick="alert(event.type)">
```

IE 的 event 对象同样也包含与创建它的事件相关的属性和方法。其中很多属性和方法都有对应的或者相关的 DOM 属性和方法。与 DOM 的 event 对象一样，这些属性和方法也会因为事件类型的不同而不同，但所有事件对象都会包含下表所列的属性和方法。

属性/方法	类　　型	读/写	说　　明
cancelBubble	Boolean	读/写	默认值为false，但将其设置为true就可以取消事件冒泡（与DOM中的stopPropagation()方法的作用相同）
returnValue	Boolean	读/写	默认值为true，但将其设置为false就可以取消事件的默认行为（与DOM中的preventDefault()方法的作用相同）
srcElement	Element	只读	事件的目标（与DOM中的target属性相同）
type	String	只读	被触发的事件的类型

因为事件处理程序的作用域是根据指定它的方式来确定的，所以不能认为 this 会始终等于事件目标。故而，最好还是使用 event.srcElement 比较保险。例如：

```
var btn = document.getElementById("myBtn");
btn.onclick = function(){
    alert(window.event.srcElement === this);    //true
};

btn.attachEvent("onclick", function(event){
    alert(event.srcElement === this);           //false
});
```

IEEventObjectExample01.htm

在第一个事件处理程序中（使用 DOM0 级方法指定的），srcElement 属性等于 this，但在第二个事件处理程序中，这两者的值不相同。

如前所述，returnValue 属性相当于 DOM 中的 preventDefault() 方法，它们的作用都是取消给定事件的默认行为。只要将 returnValue 设置为 false，就可以阻止默认行为。来看下面的例子。

```
var link = document.getElementById("myLink");
link.onclick = function(){
    window.event.returnValue = false;
};
```

IEEventObjectExample02.htm

13

这个例子在onclick事件处理程序中使用returnValue达到了阻止链接默认行为的目的。与DOM不同的是，在此没有办法确定事件是否能被取消。

相应地，cancelBubble属性与DOM中的stopPropagation()方法作用相同，都是用来停止事件冒泡的。由于IE不支持事件捕获，因而只能取消事件冒泡；但stopPropagatioin()可以同时取消事件捕获和冒泡。例如：

```
var btn = document.getElementById("myBtn");
btn.onclick = function(){
    alert("Clicked");
    window.event.cancelBubble = true;
};

document.body.onclick = function(){
    alert("Body clicked");
};
```

IEEventObjectExample03.htm

通过在 onclick 事件处理程序中将 cancelBubble 设置为 true，就可阻止事件通过冒泡而触发 document.body 中注册的事件处理程序。结果，在单击按钮之后，只会显示一个警告框。

13.3.3   跨浏览器的事件对象

虽然 DOM 和 IE 中的 event 对象不同，但基于它们之间的相似性依旧可以拿出跨浏览器的方案来。IE 中 event 对象的全部信息和方法 DOM 对象中都有，只不过实现方式不一样。不过，这种对应关系让实现两种事件模型之间的映射非常容易。可以对前面介绍的 EventUtil 对象加以增强，添加如下方法以求同存异。

```
var EventUtil = {

    addHandler: function(element, type, handler){
        //省略的代码
    },

    getEvent: function(event){
        return event ? event : window.event;
    },

    getTarget: function(event){
        return event.target || event.srcElement;
    },

    preventDefault: function(event){
        if (event.preventDefault){
            event.preventDefault();
        } else {
            event.returnValue = false;
        }
    },

    removeHandler: function(element, type, handler){
        //省略的代码
    },

    stopPropagation: function(event){
```

```
            if (event.stopPropagation){
                event.stopPropagation();
            } else {
                event.cancelBubble = true;
            }
        }
    };
```

EventUtil.js

以上代码显示，我们为 EventUtil 添加了 4 个新方法。第一个是 getEvent()，它返回对 event 对象的引用。考虑到 IE 中事件对象的位置不同，可以使用这个方法来取得 event 对象，而不必担心指定事件处理程序的方式。在使用这个方法时，必须假设有一个事件对象传入到事件处理程序中，而且要把该变量传给这个方法，如下所示。

```
btn.onclick = function(event){
    event = EventUtil.getEvent(event);
};
```

CrossBrowserEventObjectExample01.htm

在兼容 DOM 的浏览器中，event 变量只是简单地传入和返回。而在 IE 中，event 参数是未定义的（undefined），因此就会返回 window.event。将这一行代码添加到事件处理程序的开头，就可以确保随时都能使用 event 对象，而不必担心用户使用的是什么浏览器。

第二个方法是 getTarget()，它返回事件的目标。在这个方法内部，会检测 event 对象的 target 属性，如果存在则返回该属性的值；否则，返回 srcElement 属性的值。可以像下面这样使用这个方法。

```
btn.onclick = function(event){
    event = EventUtil.getEvent(event);
    var target = EventUtil.getTarget(event);
};
```

CrossBrowserEventObjectExample01.htm

第三个方法是 preventDefault()，用于取消事件的默认行为。在传入 event 对象后，这个方法会检查是否存在 preventDefault()方法，如果存在则调用该方法。如果 preventDefault()方法不存在，则将 returnValue 设置为 false。下面是使用这个方法的例子。

```
var link = document.getElementById("myLink");
link.onclick = function(event){
    event = EventUtil.getEvent(event);
    EventUtil.preventDefault(event);
};
```

CrossBrowserEventObjectExample02.htm

以上代码可以确保在所有浏览器中单击该链接都不会打开另一个页面。首先，使用 EventUtil.getEvent()取得 event 对象，然后将其传入到 EventUtil.preventDefault()以取消默认行为。

第四个方法是 stopPropagation()，其实现方式类似。首先尝试使用 DOM 方法阻止事件流，否则就使用 cancelBubble 属性。下面看一个例子。

13

```
var btn = document.getElementById("myBtn");
btn.onclick = function(event){
    alert("Clicked");
    event = EventUtil.getEvent(event);
    EventUtil.stopPropagation(event);
};

document.body.onclick = function(event){
    alert("Body clicked");
};
```

CrossBrowserEventObjectExample03.htm

在此，首先使用 `EventUtil.getEvent()` 取得了 `event` 对象，然后又将其传入到 `EventUtil.stopPropagation()`。别忘了由于 IE 不支持事件捕获，因此这个方法在跨浏览器的情况下，也只能用来阻止事件冒泡。

13.4　事件类型

Web 浏览器中可能发生的事件有很多类型。如前所述，不同的事件类型具有不同的信息，而 "DOM3 级事件" 规定了以下几类事件。

- ❑ UI（User Interface，用户界面）事件，当用户与页面上的元素交互时触发；
- ❑ 焦点事件，当元素获得或失去焦点时触发；
- ❑ 鼠标事件，当用户通过鼠标在页面上执行操作时触发；
- ❑ 滚轮事件，当使用鼠标滚轮（或类似设备）时触发；
- ❑ 文本事件，当在文档中输入文本时触发；
- ❑ 键盘事件，当用户通过键盘在页面上执行操作时触发；
- ❑ 合成事件，当为 IME（Input Method Editor，输入法编辑器）输入字符时触发；
- ❑ 变动（mutation）事件，当底层 DOM 结构发生变化时触发。
- ❑ 变动名称事件，当元素或属性名变动时触发。此类事件已经被废弃，没有任何浏览器实现它们，因此本章不做介绍。

除了这几类事件之外，HTML5 也定义了一组事件，而有些浏览器还会在 DOM 和 BOM 中实现其他专有事件。这些专有的事件一般都是根据开发人员需求定制的，没有什么规范，因此不同浏览器的实现有可能不一致。

DOM3 级事件模块在 DOM2 级事件模块基础上重新定义了这些事件，也添加了一些新事件。包括 IE9 在内的所有主流浏览器都支持 DOM2 级事件。IE9 也支持 DOM3 级事件。

13.4.1　UI 事件

UI 事件指的是那些不一定与用户操作有关的事件。这些事件在 DOM 规范出现之前，都是以这种或那种形式存在的，而在 DOM 规范中保留是为了向后兼容。现有的 UI 事件如下。

- ❑ `DOMActivate`：表示元素已经被用户操作（通过鼠标或键盘）激活。这个事件在 DOM3 级事件中被废弃，但 Firefox 2+ 和 Chrome 支持它。考虑到不同浏览器实现的差异，不建议使用这个事件。

❑ load：当页面完全加载后在 window 上面触发，当所有框架都加载完毕时在框架集上面触发，当图像加载完毕时在 `<img>` 元素上面触发，或者当嵌入的内容加载完毕时在 `<object>` 元素上面触发。

❑ unload：当页面完全卸载后在 window 上面触发，当所有框架都卸载后在框架集上面触发，或者当嵌入的内容卸载完毕后在 `<object>` 元素上面触发。

❑ abort：在用户停止下载过程时，如果嵌入的内容没有加载完，则在 `<object>` 元素上面触发。

❑ error：当发生 JavaScript 错误时在 window 上面触发，当无法加载图像时在 `<img>` 元素上面触发，当无法加载嵌入内容时在 `<object>` 元素上面触发，或者当有一或多个框架无法加载时在框架集上面触发。第 17 章将继续讨论这个事件。

❑ select：当用户选择文本框（`<input>` 或 `<textarea>`）中的一或多个字符时触发。第 14 章将继续讨论这个事件。

❑ resize：当窗口或框架的大小变化时在 window 或框架上面触发。

❑ scroll：当用户滚动带滚动条的元素中的内容时，在该元素上面触发。`<body>` 元素中包含所加载页面的滚动条。

多数这些事件都与 window 对象或表单控件相关。

除了 DOMActivate 之外，其他事件在 DOM2 级事件中都归为 HTML 事件（DOMActivate 在 DOM2 级中仍然属于 UI 事件）。要确定浏览器是否支持 DOM2 级事件规定的 HTML 事件，可以使用如下代码：

```
var isSupported = document.implementation.hasFeature("HTMLEvents", "2.0");
```

注意，只有根据"DOM2 级事件"实现这些事件的浏览器才会返回 true。而以非标准方式支持这些事件的浏览器则会返回 false。要确定浏览器是否支持"DOM3 级事件"定义的事件，可以使用如下代码：

```
var isSupported = document.implementation.hasFeature("UIEvent", "3.0");
```

1. load 事件

JavaScript 中最常用的一个事件就是 load。当页面完全加载后（包括所有图像、JavaScript 文件、CSS 文件等外部资源），就会触发 window 上面的 load 事件。有两种定义 onload 事件处理程序的方式。第一种方式是使用如下所示的 JavaScript 代码：

```
EventUtil.addHandler(window, "load", function(event){
    alert("Loaded!");
});
```

LoadEventExample01.htm

这是通过 JavaScript 来指定事件处理程序的方式，使用了本章前面定义的跨浏览器的 EventUtil 对象。与添加其他事件一样，这里也给事件处理程序传入了一个 event 对象。这个 event 对象中不包含有关这个事件的任何附加信息，但在兼容 DOM 的浏览器中，event.target 属性的值会被设置为 document，而 IE 并不会为这个事件设置 srcElement 属性。

第二种指定 onload 事件处理程序的方式是为 `<body>` 元素添加一个 onload 特性，如下面的例子所示：

```
<!DOCTYPE html>
<html>
<head>
```

```
    <title>Load Event Example</title>
</head>
<body onload="alert('Loaded!')">

</body>
</html>
```

LoadEventExample02.htm

一般来说，在 window 上面发生的任何事件都可以在<body>元素中通过相应的特性来指定，因为在 HTML 中无法访问 window 元素。实际上，这只是为了保证向后兼容的一种权宜之计，但所有浏览器都能很好地支持这种方式。我们建议读者尽可能使用 JavaScript 方式。

 　　　根据"DOM2 级事件"规范，应该在 **document** 而非 **window** 上面触发 **load** 事件。但是，所有浏览器都在 **window** 上面实现了该事件，以确保向后兼容。

图像上面也可以触发 load 事件，无论是在 DOM 中的图像元素还是 HTML 中的图像元素。因此，可以在 HTML 中为任何图像指定 onload 事件处理程序，例如：

```
<img src="smile.gif" onload="alert('Image loaded.')">
```

LoadEventExample03.htm

这样，当例子中的图像加载完毕后就会显示一个警告框。同样的功能也可以使用 JavaScript 来实现，例如：

```
var image = document.getElementById("myImage");
EventUtil.addHandler(image, "load", function(event){
    event = EventUtil.getEvent(event);
    alert(EventUtil.getTarget(event).src);
});
```

LoadEventExample04.htm

这里，使用 JavaScript 指定了 onload 事件处理程序。同时也传入了 event 对象，尽管它也不包含什么有用的信息。不过，事件的目标是<img>元素，因此可以通过 src 属性访问并显示该信息。

在创建新的<img>元素时，可以为其指定一个事件处理程序，以便图像加载完毕后给出提示。此时，最重要的是要在指定 src 属性之前先指定事件，如下面的例子所示。

```
EventUtil.addHandler(window, "load", function(){
    var image = document.createElement("img");
    EventUtil.addHandler(image, "load", function(event){
        event = EventUtil.getEvent(event);
        alert(EventUtil.getTarget(event).src);
    });
    document.body.appendChild(image);
    image.src = "smile.gif";
});
```

LoadEventExample05.htm

在这个例子中，首先为 window 指定了 onload 事件处理程序。原因在于，我们是想向 DOM 中添加一个新元素，所以必须确定页面已经加载完毕——如果在页面加载前操作 document.body 会导致错误。然后，创建了一个新的图像元素，并设置了其 onload 事件处理程序。最后又将这个图像添加到页面中，还设置了它的 src 属性。这里有一点需要格外注意：新图像元素不一定要从添加到文档后才开始下载，只要设置了 src 属性就会开始下载。

同样的功能也可以通过使用 DOM0 级的 Image 对象实现。在 DOM 出现之前，开发人员经常使用 Image 对象在客户端预先加载图像。可以像使用<img>元素一样使用 Image 对象，只不过无法将其添加到 DOM 树中。下面来看一个例子。

```
EventUtil.addHandler(window, "load", function(){
    var image = new Image();
    EventUtil.addHandler(image, "load", function(event){
        alert("Image loaded!");
    });
    image.src = "smile.gif";
});
```

LoadEventExample06.htm

在此，我们使用 Image 构造函数创建了一个新图像的实例，然后又为它指定了事件处理程序。有的浏览器将 Image 对象实现为<img>元素，但并非所有浏览器都如此，所以最好将它们区别对待。

在不属于 DOM 文档的图像（包括未添加到文档的**<img>**元素和 **Image** 对象）上触发 **load** 事件时，IE8 及之前版本不会生成 **event** 对象。IE9 修复了这个问题。

还有一些元素也以非标准的方式支持 load 事件。在 IE9+、Firefox、Opera、Chrome 和 Safari 3+及更高版本中，<script>元素也会触发 load 事件，以便开发人员确定动态加载的 JavaScript 文件是否加载完毕。与图像不同，只有在设置了<script>元素的 src 属性并将该元素添加到文档后，才会开始下载 JavaScript 文件。换句话说，对于<script>元素而言，指定 src 属性和指定事件处理程序的先后顺序就不重要了。以下代码展示了怎样为<script>元素指定事件处理程序。

```
EventUtil.addHandler(window, "load", function(){
    var script = document.createElement("script");
    EventUtil.addHandler(script, "load", function(event){
        alert("Loaded");
    });
    script.src = "example.js";
    document.body.appendChild(script);

});
```

LoadEventExample07.htm

这个例子使用了跨浏览器的 EventUtil 对象为新创建的<script>元素指定了 onload 事件处理程序。此时，大多数浏览器中 event 对象的 target 属性引用的都是<script>节点，而在 Firefox 3 之前的版本中，引用的则是 document。IE8 及更早版本不支持<script>元素上的 load 事件。

IE 和 Opera 还支持<link>元素上的 load 事件，以便开发人员确定样式表是否加载完毕。例如：

13

```
EventUtil.addHandler(window, "load", function(){
    var link = document.createElement("link");
    link.type = "text/css";
    link.rel= "stylesheet";
    EventUtil.addHandler(link, "load", function(event){
        alert("css loaded");
    });
    link.href = "example.css";
    document.getElementsByTagName("head")[0].appendChild(link);
});
```

LoadEventExample07.htm

与<script>节点类似，在未指定 href 属性并将<link>元素添加到文档之前也不会开始下载样式表。

2. unload 事件

与 load 事件对应的是 unload 事件，这个事件在文档被完全卸载后触发。只要用户从一个页面切换到另一个页面，就会发生 unload 事件。而利用这个事件最多的情况是清除引用，以避免内存泄漏。与 load 事件类似，也有两种指定 onunload 事件处理程序的方式。第一种方式是使用 JavaScript，如下所示：

```
EventUtil.addHandler(window, "unload", function(event){
    alert("Unloaded");
});
```

此时生成的 event 对象在兼容 DOM 的浏览器中只包含 target 属性（值为 document）。IE8 及之前版本则为这个事件对象提供了 srcElement 属性。

指定事件处理程序的第二种方式，也是为<body>元素添加一个特性（与 load 事件相似），如下面的例子所示：

```
<!DOCTYPE html>
<html>
<head>
    <title>Unload Event Example</title>
</head>
<body onunload="alert('Unloaded!')">

</body>
</html>
```

UnloadEventExample01.htm

无论使用哪种方式，都要小心编写 onunload 事件处理程序中的代码。既然 unload 事件是在一切都被卸载之后才触发，那么在页面加载后存在的那些对象，此时就不一定存在了。此时，操作 DOM 节点或者元素的样式就会导致错误。

> 根据"DOM2 级事件"，应该在<body>元素而非 window 对象上面触发 unload 事件。不过，所有浏览器都在 window 上实现了 unload 事件，以确保向后兼容。

3. resize 事件

当浏览器窗口被调整到一个新的高度或宽度时，就会触发 resize 事件。这个事件在 window（窗口）上面触发，因此可以通过 JavaScript 或者<body>元素中的 onresize 特性来指定事件处理程序。如前所述，我们还是推荐使用如下所示的 JavaScript 方式：

```
EventUtil.addHandler(window, "resize", function(event){
    alert("Resized");
});
```

与其他发生在 window 上的事件类似，在兼容 DOM 的浏览器中，传入事件处理程序中的 event 对象有一个 target 属性，值为 document；而 IE8 及之前版本则未提供任何属性。

关于何时会触发 resize 事件，不同浏览器有不同的机制。IE、Safari、Chrome 和 Opera 会在浏览器窗口变化了 1 像素时就触发 resize 事件，然后随着变化不断重复触发。Firefox 则只会在用户停止调整窗口大小时才会触发 resize 事件。由于存在这个差别，应该注意不要在这个事件的处理程序中加入大计算量的代码，因为这些代码有可能被频繁执行，从而导致浏览器反应明显变慢。

 浏览器窗口最小化或最大化时也会触发 **resize** 事件。

4. scroll 事件

虽然 scroll 事件是在 window 对象上发生的，但它实际表示的则是页面中相应元素的变化。在混杂模式下，可以通过<body>元素的 scrollLeft 和 scrollTop 来监控到这一变化；而在标准模式下，除 Safari 之外的所有浏览器都会通过<html>元素来反映这一变化（Safari 仍然基于<body>跟踪滚动位置），如下面的例子所示：

```
EventUtil.addHandler(window, "scroll", function(event){
    if (document.compatMode == "CSS1Compat"){
        alert(document.documentElement.scrollTop);
    } else {
        alert(document.body.scrollTop);
    }
});
```

ScrollEventExample01.htm

以上代码指定的事件处理程序会输出页面的垂直滚动位置——根据呈现模式不同使用了不同的元素。由于 Safari 3.1 之前的版本不支持 document.compatMode，因此旧版本的浏览器就会满足第二个条件。

与 resize 事件类似，scroll 事件也会在文档被滚动期间重复被触发，所以有必要尽量保持事件处理程序的代码简单。

13.4.2 焦点事件

焦点事件会在页面元素获得或失去焦点时触发。利用这些事件并与 document.hasFocus()方法及 document.activeElement 属性配合，可以知晓用户在页面上的行踪。有以下 6 个焦点事件。

- ❑ blur：在元素失去焦点时触发。这个事件不会冒泡；所有浏览器都支持它。
- ❑ DOMFocusIn：在元素获得焦点时触发。这个事件与 HTML 事件 focus 等价，但它冒泡。只有 Opera 支持这个事件。DOM3 级事件废弃了 DOMFocusIn，选择了 focusin。
- ❑ DOMFocusOut：在元素失去焦点时触发。这个事件是 HTML 事件 blur 的通用版本。只有 Opera 支持这个事件。DOM3 级事件废弃了 DOMFocusOut，选择了 focusout。

13

❏ focus：在元素获得焦点时触发。这个事件不会冒泡；所有浏览器都支持它。
❏ focusin：在元素获得焦点时触发。这个事件与 HTML 事件 focus 等价，但它冒泡。支持这个
事件的浏览器有 IE5.5+、Safari 5.1+、Opera 11.5+和 Chrome。
❏ focusout：在元素失去焦点时触发。这个事件是 HTML 事件 blur 的通用版本。支持这个事件
的浏览器有 IE5.5+、Safari 5.1+、Opera 11.5+和 Chrome。

这一类事件中最主要的两个是 focus 和 blur，它们都是 JavaScript 早期就得到所有浏览器支持的
事件。这些事件的最大问题是它们不冒泡。因此，IE 的 focusin 和 focusout 与 Opera 的 DOMFocusIn
和 DOMFocusOut 才会发生重叠。IE 的方式最后被 DOM3 级事件采纳为标准方式。

当焦点从页面中的一个元素移动到另一个元素，会依次触发下列事件：

(1) focusout 在失去焦点的元素上触发；

(2) focusin 在获得焦点的元素上触发；

(3) blur 在失去焦点的元素上触发；

(4) DOMFocusOut 在失去焦点的元素上触发；

(5) focus 在获得焦点的元素上触发；

(6) DOMFocusIn 在获得焦点的元素上触发。

其中，blur、DOMFocusOut 和 focusout 的事件目标是失去焦点的元素；而 focus、DOMFocusIn
和 focusin 的事件目标是获得焦点的元素。

要确定浏览器是否支持这些事件，可以使用如下代码：

```
var isSupported = document.implementation.hasFeature("FocusEvent", "3.0");
```

　　　　即使 **focus** 和 **blur** 不冒泡，也可以在捕获阶段侦听到它们。Peter-Paul Koch 就此
写过一篇非常棒的文章：www.quirksmode.org/blog/archives/2008/04/delegating_the.html。

13.4.3　鼠标与滚轮事件

鼠标事件是 Web 开发中最常用的一类事件，毕竟鼠标还是最主要的定位设备。DOM3 级事件中定
义了 9 个鼠标事件，简介如下。

❏ click：在用户单击主鼠标按钮（一般是左边的按钮）或者按下回车键时触发。这一点对确保
易访问性很重要，意味着 onclick 事件处理程序既可以通过键盘也可以通过鼠标执行。

❏ dblclick：在用户双击主鼠标按钮（一般是左边的按钮）时触发。从技术上说，这个事件并不
是 DOM2 级事件规范中规定的，但鉴于它得到了广泛支持，所以 DOM3 级事件将其纳入了标准。

❏ mousedown：在用户按下了任意鼠标按钮时触发。不能通过键盘触发这个事件。

❏ mouseenter：在鼠标光标从元素外部首次移动到元素范围之内时触发。这个事件不冒泡，而且
在光标移动到后代元素上不会触发。DOM2 级事件并没有定义这个事件，但 DOM3 级事件将它
纳入了规范。IE、Firefox 9+和 Opera 支持这个事件。

❏ mouseleave：在位于元素上方的鼠标光标移动到元素范围之外时触发。这个事件不冒泡，而且
在光标移动到后代元素上不会触发。DOM2 级事件并没有定义这个事件，但 DOM3 级事件将它
纳入了规范。IE、Firefox 9+和 Opera 支持这个事件。

❏ mousemove：当鼠标指针在元素内部移动时重复地触发。不能通过键盘触发这个事件。

❏ mouseout：在鼠标指针位于一个元素上方，然后用户将其移入另一个元素时触发。又移入的另一个元素可能位于前一个元素的外部，也可能是这个元素的子元素。不能通过键盘触发这个事件。

❏ mouseover：在鼠标指针位于一个元素外部，然后用户将其首次移入另一个元素边界之内时触发。不能通过键盘触发这个事件。

❏ mouseup：在用户释放鼠标按钮时触发。不能通过键盘触发这个事件。

页面上的所有元素都支持鼠标事件。除了 mouseenter 和 mouseleave，所有鼠标事件都会冒泡，也可以被取消，而取消鼠标事件将会影响浏览器的默认行为。取消鼠标事件的默认行为还会影响其他事件，因为鼠标事件与其他事件是密不可分的关系。

只有在同一个元素上相继触发 mousedown 和 mouseup 事件，才会触发 click 事件；如果 mousedown 或 mouseup 中的一个被取消，就不会触发 click 事件。类似地，只有触发两次 click 事件，才会触发一次 dblclick 事件。如果有代码阻止了连续两次触发 click 事件（可能是直接取消 click 事件，也可能通过取消 mousedown 或 mouseup 间接实现），那么就不会触发 dblclick 事件了。这 4 个事件触发的顺序始终如下：

(1) mousedown
(2) mouseup
(3) click
(4) mousedown
(5) mouseup
(6) click
(7) dblclick

显然，click 和 dblclick 事件都会依赖于其他先行事件的触发；而 mousedown 和 mouseup 则不受其他事件的影响。

IE8 及之前版本中的实现有一个小 bug，因此在双击事件中，会跳过第二个 mousedown 和 click 事件，其顺序如下：

(1) mousedown
(2) mouseup
(3) click
(4) mouseup
(5) dblclick

IE9 修复了这个 bug，之后顺序就正确了。

使用以下代码可以检测浏览器是否支持以上 DOM2 级事件（除 dbclick、mouseenter 和 mouseleave 之外）：

```
var isSupported = document.implementation.hasFeature("MouseEvents", "2.0");
```

要检测浏览器是否支持上面的所有事件，可以使用以下代码：

```
var isSupported = document.implementation.hasFeature("MouseEvent", "3.0")
```

注意，DOM3 级事件的 feature 名是"MouseEvent"，而非"MouseEvents"。

鼠标事件中还有一类滚轮事件。而说是一类事件，其实就是一个 mousewheel 事件。这个事件跟踪鼠标滚轮，类似于 Mac 的触控板。

13

1. 客户区坐标位置

鼠标事件都是在浏览器视口中的特定位置上发生的。这个位置信息保存在事件对象的 `clientX` 和 `clientY` 属性中。所有浏览器都支持这两个属性，它们的值表示事件发生时鼠标指针在视口中的水平和垂直坐标。图 13-4 展示了视口中客户区坐标位置的含义。

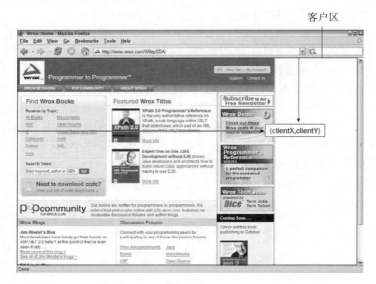

图　13-4

可以使用类似下列代码取得鼠标事件的客户端坐标信息：

```javascript
var div = document.getElementById("myDiv");
EventUtil.addHandler(div, "click", function(event){
    event = EventUtil.getEvent(event);
    alert("Client coordinates: " + event.clientX + "," + event.clientY);
});
```

ClientCoordinatesExample01.htm

这里为一个`<div>`元素指定了 `onclick` 事件处理程序。当用户单击这个元素时，就会看到事件的客户端坐标信息。注意，这些值中不包括页面滚动的距离，因此这个位置并不表示鼠标在页面上的位置。

2. 页面坐标位置

通过客户区坐标能够知道鼠标是在视口中什么位置发生的，而页面坐标通过事件对象的 `pageX` 和 `pageY` 属性，能告诉你事件是在页面中的什么位置发生的。换句话说，这两个属性表示鼠标光标在页面中的位置，因此坐标是从页面本身而非视口的左边和顶边计算的。

以下代码可以取得鼠标事件在页面中的坐标：

```javascript
var div = document.getElementById("myDiv");
EventUtil.addHandler(div, "click", function(event){
    event = EventUtil.getEvent(event);
    alert("Page coordinates: " + event.pageX + "," + event.pageY);
});
```

PageCoordinatesExample01.htm

在页面没有滚动的情况下，`pageX` 和 `pageY` 的值与 `clientX` 和 `clientY` 的值相等。

IE8 及更早版本不支持事件对象上的页面坐标，不过使用客户区坐标和滚动信息可以计算出来。这时候需要用到 `document.body`（混杂模式）或 `document.documentElement`（标准模式）中的 `scrollLeft` 和 `scrollTop` 属性。计算过程如下所示：

```
var div = document.getElementById("myDiv");
EventUtil.addHandler(div, "click", function(event){
    event = EventUtil.getEvent(event);
    var pageX = event.pageX,
        pageY = event.pageY;

    if (pageX === undefined){
        pageX = event.clientX + (document.body.scrollLeft ||
                document.documentElement.scrollLeft);
    }

    if (pageY === undefined){
        pageY = event.clientY + (document.body.scrollTop ||
                document.documentElement.scrollTop);
    }

    alert("Page coordinates: " + pageX + "," + pageY);
});
```

PageCoordinatesExample01.htm

3. 屏幕坐标位置

鼠标事件发生时，不仅会有相对于浏览器窗口的位置，还有一个相对于整个电脑屏幕的位置。而通过 `screenX` 和 `screenY` 属性就可以确定鼠标事件发生时鼠标指针相对于整个屏幕的坐标信息。图 13-5 展示了浏览器中屏幕坐标的含义。

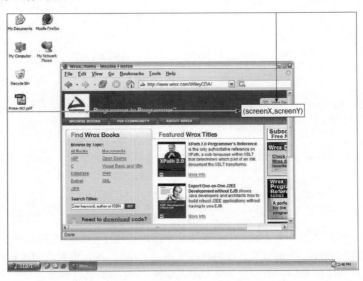

图 13-5

可以使用类似下面的代码取得鼠标事件的屏幕坐标：

```
var div = document.getElementById("myDiv");
EventUtil.addHandler(div, "click", function(event){
    event = EventUtil.getEvent(event);
    alert("Screen coordinates: " + event.screenX + "," + event.screenY);
});
```

ScreenCoordinatesExample01.htm

与前一个例子类似，这里也是为<div>元素指定了一个 onclick 事件处理程序。当这个元素被单击时，就会显示出事件的屏幕坐标信息了。

4. 修改键

虽然鼠标事件主要是使用鼠标来触发的，但在按下鼠标时键盘上的某些键的状态也可以影响到所要采取的操作。这些修改键就是 Shift、Ctrl、Alt 和 Meta（在 Windows 键盘中是 Windows 键，在苹果机中是 Cmd 键），它们经常被用来修改鼠标事件的行为。DOM 为此规定了 4 个属性，表示这些修改键的状态：shiftKey、ctrlKey、altKey 和 metaKey。这些属性中包含的都是布尔值，如果相应的键被按下了，则值为 true，否则值为 false。当某个鼠标事件发生时，通过检测这几个属性就可以确定用户是否同时按下了其中的键。来看下面的例子。

```
var div = document.getElementById("myDiv");
EventUtil.addHandler(div, "click", function(event){
    event = EventUtil.getEvent(event);
    var keys = new Array();

    if (event.shiftKey){
        keys.push("shift");
    }

    if (event.ctrlKey){
        keys.push("ctrl");
    }

    if (event.altKey){
        keys.push("alt");
    }

    if (event.metaKey){
        keys.push("meta");
    }

    alert("Keys: " + keys.join(","));

});
```

ModifierKeysExample01.htm

在这个例子中，我们通过一个 onclick 事件处理程序检测了不同修改键的状态。数组 keys 中包含着被按下的修改键的名称。换句话说，如果有属性值为 true，就会将对应修改键的名称添加到 keys 数组中。在事件处理程序的最后，有一个警告框将检测到的键的信息显示给用户。

IE9、Firefox、Safari、Chrome 和 Opera 都支持这 4 个键。IE8 及之前版本不支持 **metaKey** 属性。

5. 相关元素

在发生 mouseover 和 mouseout 事件时，还会涉及更多的元素。这两个事件都会涉及把鼠标指针从一个元素的边界之内移动到另一个元素的边界之内。对 mouseover 事件而言，事件的主目标是获得光标的元素，而相关元素就是那个失去光标的元素。类似地，对 mouseout 事件而言，事件的主目标是失去光标的元素，而相关元素则是获得光标的元素。来看下面的例子。

```html
<!DOCTYPE html>
<html>
<head>
    <title>Related Elements Example</title>
</head>
<body>
    <div id="myDiv" style="background-color:red;height:100px;width:100px;"></div>
</body>
</html>
```

RelatedElementsExample01.htm

　　这个例子会在页面上显示一个<div>元素。如果鼠标指针一开始位于这个<div>元素上，然后移出了这个元素，那么就会在<div>元素上触发 mouseout 事件，相关元素就是<body>元素。与此同时，<body>元素上面会触发 mouseover 事件，而相关元素变成了<div>。

　　DOM 通过 event 对象的 relatedTarget 属性提供了相关元素的信息。这个属性只对于 mouseover 和 mouseout 事件才包含值；对于其他事件，这个属性的值是 null。IE8 及之前版本不支持 relatedTarget 属性，但提供了保存着同样信息的不同属性。在 mouseover 事件触发时，IE 的 fromElement 属性中保存了相关元素；在 mouseout 事件触发时，IE 的 toElement 属性中保存着相关元素。（IE9 支持所有这些属性。）可以把下面这个跨浏览器取得相关元素的方法添加到 EventUtil 对象中。

```javascript
var EventUtil = {

    //省略了其他代码

    getRelatedTarget: function(event){
        if (event.relatedTarget){
            return event.relatedTarget;
        } else if (event.toElement){
            return event.toElement;
        } else if (event.fromElement){
            return event.fromElement;
        } else {
            return null;
        }
    },

    //省略了其他代码

};
```

EventUtil.js

13

与以前添加的跨浏览器方法一样，这个方法也使用了特性检测来确定返回哪个值。可以像下面这样使用 `EventUtil.getRelatedTarget()` 方法：

```
var div = document.getElementById("myDiv");
EventUtil.addHandler(div, "mouseout", function(event){
    event = EventUtil.getEvent(event);
    var target = EventUtil.getTarget(event);
    var relatedTarget = EventUtil.getRelatedTarget(event);
    alert("Moused out of " + target.tagName + " to " + relatedTarget.tagName);
});
```

RelatedElementsExample01.htm

这个例子为`<div>`元素的 `mouseout` 事件注册了一个事件处理程序。当事件触发时，会有一个警告框显示鼠标移出和移入的元素信息。

6. 鼠标按钮

只有在主鼠标按钮被单击（或键盘回车键被按下）时才会触发 `click` 事件，因此检测按钮的信息并不是必要的。但对于 `mousedown` 和 `mouseup` 事件来说，则在其 `event` 对象存在一个 `button` 属性，表示按下或释放的按钮。DOM 的 `button` 属性可能有如下 3 个值：`0` 表示主鼠标按钮，`1` 表示中间的鼠标按钮（鼠标滚轮按钮），`2` 表示次鼠标按钮。在常规的设置中，主鼠标按钮就是鼠标左键，而次鼠标按钮就是鼠标右键。

IE8 及之前版本也提供了 `button` 属性，但这个属性的值与 DOM 的 `button` 属性有很大差异。

- `0`：表示没有按下按钮。
- `1`：表示按下了主鼠标按钮。
- `2`：表示按下了次鼠标按钮。
- `3`：表示同时按下了主、次鼠标按钮。
- `4`：表示按下了中间的鼠标按钮。
- `5`：表示同时按下了主鼠标按钮和中间的鼠标按钮。
- `6`：表示同时按下了次鼠标按钮和中间的鼠标按钮。
- `7`：表示同时按下了三个鼠标按钮。

不难想见，DOM 模型下的 `button` 属性比 IE 模型下的 `button` 属性更简单也更为实用，因为同时按下多个鼠标按钮的情形十分罕见。最常见的做法就是将 IE 模型规范化为 DOM 方式，毕竟除 IE8 及更早版本之外的其他浏览器都原生支持 DOM 模型。而对主、中、次按钮的映射并不困难，只要将 IE 的其他选项分别转换成如同按下这三个按键中的一个即可（同时将主按钮作为优先选取的对象）。换句话说，IE 中返回的 `5` 和 `7` 会被转换成 DOM 模型中的 `0`。

由于单独使用能力检测无法确定差异（两种模型有同名的 `button` 属性），因此必须另辟蹊径。我们知道，支持 DOM 版鼠标事件的浏览器可以通过 `hasFeature()` 方法来检测，所以可以再为 EventUtil 对象添加如下 `getButton()` 方法。

```
var EventUtil = {

    //省略了其他代码

    getButton: function(event){
        if (document.implementation.hasFeature("MouseEvents", "2.0")){
            return event.button;
```

```
        } else {
            switch(event.button){
                case 0:
                case 1:
                case 3:
                case 5:
                case 7:
                    return 0;
                case 2:
                case 6:
                    return 2;
                case 4:
                    return 1;
            }
        }
    },

    //省略了其他代码

};
```

EventUtil.js

通过检测`"MouseEvents"`这个特性，就可以确定 event 对象中存在的 button 属性中是否包含正确的值。如果测试失败，说明是 IE，就必须对相应的值进行规范化。以下是使用该方法的示例。

```
var div = document.getElementById("myDiv");
EventUtil.addHandler(div, "mousedown", function(event){
    event = EventUtil.getEvent(event);
    alert(EventUtil.getButton(event));
});
```

ButtonExample01.htm

在这个例子中，我们为一个`<div>`元素添加了一个 onmousedown 事件处理程序。当在这个元素上按下鼠标按钮时，会有警告框显示按钮的代码。

> 在使用 **onmouseup** 事件处理程序时，**button** 的值表示释放的是哪个按钮。此外，如果不是按下或释放了主鼠标按钮，Opera 不会触发 mouseup 或 mousedown 事件。

7. 更多的事件信息

"DOM2 级事件"规范在 event 对象中还提供了 detail 属性，用于给出有关事件的更多信息。对于鼠标事件来说，detail 中包含了一个数值，表示在给定位置上发生了多少次单击。在同一个元素上相继地发生一次 mousedown 和一次 mouseup 事件算作一次单击。detail 属性从 1 开始计数，每次单击发生后都会递增。如果鼠标在 mousedown 和 mouseup 之间移动了位置，则 detail 会被重置为 0。

IE 也通过下列属性为鼠标事件提供了更多信息。

❑ altLeft：布尔值，表示是否按下了 Alt 键。如果 altLeft 的值为 true，则 altKey 的值也为 true。

❑ ctrlLeft：布尔值，表示是否按下了 Ctrl 键。如果 ctrlLeft 的值为 true，则 ctrlKey 的值也为 true。

13

- ❑ offsetX：光标相对于目标元素边界的 x 坐标。
- ❑ offsetY：光标相对于目标元素边界的 y 坐标。
- ❑ shiftLeft：布尔值，表示是否按下了 Shift 键。如果 shiftLeft 的值为 true，则 shiftKey 的值也为 true。

这些属性的用处并不大，原因一方面是只有 IE 支持它们，另一方是它们提供的信息要么没有什么价值，要么可以通过其他方式计算得来。

8. 鼠标滚轮事件

IE 6.0 首先实现了 mousewheel 事件。此后，Opera、Chrome 和 Safari 也都实现了这个事件。当用户通过鼠标滚轮与页面交互、在垂直方向上滚动页面时（无论向上还是向下），就会触发 mousewheel 事件。这个事件可以在任何元素上面触发，最终会冒泡到 document（IE8）或 window（IE9、Opera、Chrome 及 Safari）对象。与 mousewheel 事件对应的 event 对象除包含鼠标事件的所有标准信息外，还包含一个特殊的 wheelDelta 属性。当用户向前滚动鼠标滚轮时，wheelDelta 是 120 的倍数；当用户向后滚动鼠标滚轮时，wheelDelta 是 –120 的倍数。图 13-6 展示了这个属性。

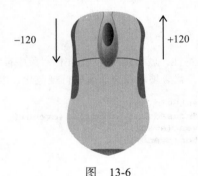

−120   +120

图　13-6

将 mousewheel 事件处理程序指定给页面中的任何元素或 document 对象，即可处理鼠标滚轮的交互操作。来看下面的例子。

```
EventUtil.addHandler(document, "mousewheel", function(event){
    event = EventUtil.getEvent(event);
    alert(event.wheelDelta);
});
```

这个例子会在发生 mousewheel 事件时显示 wheelDelta 的值。多数情况下，只要知道鼠标滚轮滚动的方向就够了，而这通过检测 wheelDelta 的正负号就可以确定。

有一点要注意：在 Opera 9.5 之前的版本中，wheelDelta 值的正负号是颠倒的。如果你打算支持早期的 Opera 版本，就需要使用浏览器检测技术来确定实际的值，如下面的例子所示。

```
EventUtil.addHandler(document, "mousewheel", function(event){
    event = EventUtil.getEvent(event);
    var delta = (client.engine.opera && client.engine.opera < 9.5 ?
                -event.wheelDelta : event.wheelDelta);
    alert(delta);
});
```

MouseWheelEventExample01.htm

以上代码使用第 9 章创建的 `client` 对象检测了浏览器是不是早期版本的 Opera。

 由于 **mousewheel** 事件非常流行，而且所有浏览器都支持它，所以 HTML 5 也加入了该事件。

Firefox 支持一个名为 `DOMMouseScroll` 的类似事件，也是在鼠标滚轮滚动时触发。与 `mousewheel` 事件一样，`DOMMouseScroll` 也被视为鼠标事件，因而包含与鼠标事件有关的所有属性。而有关鼠标滚轮的信息则保存在 `detail` 属性中，当向前滚动鼠标滚轮时，这个属性的值是 –3 的倍数，当向后滚动鼠标滚轮时，这个属性的值是 3 的倍数。图 13-7 展示了这个属性。

图　13-7

可以将 `DOMMouseScroll` 事件添加到页面中的任何元素，而且该事件会冒泡到 `window` 对象。因此，可以像下面这样针对这个事件来添加事件处理程序。

```
EventUtil.addHandler(window, "DOMMouseScroll", function(event){
    event = EventUtil.getEvent(event);
    alert(event.detail);
});
```

DOMMouseScrollEventExample01.htm

这个简单的事件处理程序会在鼠标滚轮滚动时显示 `detail` 属性的值。

若要给出跨浏览器环境下的解决方案，第一步就是创建一个能够取得鼠标滚轮增量值（delta）的方法。下面是我们添加到 `EventUtil` 对象中的这个方法。

```
var EventUtil = {

    //省略了其他代码

    getWheelDelta: function(event){
        if (event.wheelDelta){
            return (client.engine.opera && client.engine.opera < 9.5 ?
                    -event.wheelDelta : event.wheelDelta);
        } else {
            return -event.detail * 40;
        }
```

13

```
    },

    //省略了其他代码
};
```

EventUtil.js

这里，getWheelDelta()方法首先检测了事件对象是否包含 wheelDelta 属性，如果是则通过浏览器检测代码确定正确的值。如果 wheelDelta 不存在，则假设相应的值保存在 detail 属性中。由于 Firefox 的值有所不同，因此首先要将这个值的符号反向，然后再乘以 40，就可以保证与其他浏览器的值相同了。有了这个方法之后，就可以将相同的事件处理程序指定给 mousewheel 和 DOMMouse-Scroll 事件了，例如：

```
(function(){

    function handleMouseWheel(event){
        event = EventUtil.getEvent(event);
        var delta = EventUtil.getWheelDelta(event);
        alert(delta);
    }

    EventUtil.addHandler(document, "mousewheel", handleMouseWheel);
    EventUtil.addHandler(document, "DOMMouseScroll", handleMouseWheel);

})();
```

CrossBrowserMouseWheelExample01.htm

我们将相关代码放在了一个私有作用域中，从而不会让新定义的函数干扰全局作用域。这里定义的 handleMouseWheel()函数可以用作两个事件的处理程序（如果指定的事件不存在，则为该事件指定处理程序的代码就会静默地失败）。由于使用了 EventUtil.getWheelDelta()方法，我们定义的这个事件处理程序函数可以适用于任何一种情况。

9. 触摸设备

iOS 和 Android 设备的实现非常特别，因为这些设备没有鼠标。在面向 iPhone 和 iPod 中的 Safari 开发时，要记住以下几点。

❑ 不支持 dblclick 事件。双击浏览器窗口会放大画面，而且没有办法改变该行为。

❑ 轻击可单击元素会触发 mousemove 事件。如果此操作会导致内容变化，将不再有其他事件发生；如果屏幕没有因此变化，那么会依次发生 mousedown、mouseup 和 click 事件。轻击不可单击的元素不会触发任何事件。可单击的元素是指那些单击可产生默认操作的元素（如链接），或者那些已经被指定了 onclick 事件处理程序的元素。

❑ mousemove 事件也会触发 mouseover 和 mouseout 事件。

❑ 两个手指放在屏幕上且页面随手指移动而滚动时会触发 mousewheel 和 scroll 事件。

10. 无障碍性问题

如果你的 Web 应用程序或网站要确保残疾人特别是那些使用屏幕阅读器的人都能访问，那么在使用鼠标事件时就要格外小心。前面提到过，可以通过键盘上的回车键来触发 click 事件，但其他鼠标事件却无法通过键盘来触发。为此，我们不建议使用 click 之外的其他鼠标事件来展示功能或引发代码执行。因为这样会给盲人或视障用户造成极大不便。以下是在使用鼠标事件时应当注意的几个易访问性问题。

❑ 使用 click 事件执行代码。有人指出通过 onmousedown 执行代码会让人觉得速度更快,对视力正常的人来说这是没错的。但是,在屏幕阅读器中,由于无法触发 mousedown 事件,结果就会造成代码无法执行。

❑ 不要使用 onmouseover 向用户显示新的选项。原因同上,屏幕阅读器无法触发这个事件。如果确实非要通过这种方式来显示新选项,可以考虑添加显示相同信息的键盘快捷方式。

❑ 不要使用 dblclick 执行重要的操作。键盘无法触发这个事件。

遵照以上提示可以极大地提升残疾人在访问你的 Web 应用程序或网站时的易访问性。

要了解如何在网页中实现无障碍访问的内容,请访问 www.webaim.org 和 http://yaccessibilityblog.com/。

13.4.4 键盘与文本事件

用户在使用键盘时会触发键盘事件。"DOM2 级事件"最初规定了键盘事件,但在最终定稿之前又删除了相应的内容。结果,对键盘事件的支持主要遵循的是 DOM0 级。

"DOM3 级事件"为键盘事件制定了规范,IE9 率先完全实现了该规范。其他浏览器也在着手实现这一标准,但仍然有很多遗留的问题。

有 3 个键盘事件,简述如下。

❑ keydown:当用户按下键盘上的任意键时触发,而且如果按住不放的话,会重复触发此事件。

❑ keypress:当用户按下键盘上的字符键时触发,而且如果按住不放的话,会重复触发此事件。按下 Esc 键也会触发这个事件。Safari 3.1 之前的版本也会在用户按下非字符键时触发 keypress 事件。

❑ keyup:当用户释放键盘上的键时触发。

虽然所有元素都支持以上 3 个事件,但只有在用户通过文本框输入文本时才最常用到。

只有一个文本事件:textInput。这个事件是对 keypress 的补充,用意是在将文本显示给用户之前更容易拦截文本。在文本插入文本框之前会触发 textInput 事件。

在用户按了一下键盘上的字符键时,首先会触发 keydown 事件,然后紧跟着是 keypress 事件,最后会触发 keyup 事件。其中,keydown 和 keypress 都是在文本框发生变化之前被触发的;而 keyup 事件则是在文本框已经发生变化之后被触发的。如果用户按下了一个字符键不放,就会重复触发 keydown 和 keypress 事件,直到用户松开该键为止。

如果用户按下的是一个非字符键,那么首先会触发 keydown 事件,然后就是 keyup 事件。如果按住这个非字符键不放,那么就会一直重复触发 keydown 事件,直到用户松开这个键,此时会触发 keyup 事件。

键盘事件与鼠标事件一样,都支持相同的修改键。而且,键盘事件的事件对象中也有 shiftKey、ctrlKey、altKey 和 metaKey 属性。IE 不支持 metaKey。

13

1. 键码

　　在发生 keydown 和 keyup 事件时，event 对象的 keyCode 属性中会包含一个代码，与键盘上一个特定的键对应。对数字字母字符键，keyCode 属性的值与 ASCII 码中对应小写字母或数字的编码相同。因此，数字键 7 的 keyCode 值为 55，而字母 A 键的 keyCode 值为 65——与 Shift 键的状态无关。DOM 和 IE 的 event 对象都支持 keyCode 属性。请看下面这个例子：

```
var textbox = document.getElementById("myText");
EventUtil.addHandler(textbox, "keyup", function(event){
    event = EventUtil.getEvent(event);
    alert(event.keyCode);
});
```

KeyUpEventExample01.htm

　　在这个例子中，用户每次在文本框中按键触发 keyup 事件时，都会显示 keyCode 的值。下表列出了所有非字符键的键码。

键	键　码	键	键　码
退格（Backspace）	8	数字小键盘1	97
制表（Tab）	9	数字小键盘2	98
回车（Enter）	13	数字小键盘3	99
上档（Shift）	16	数字小键盘4	100
控制（Ctrl）	17	数字小键盘5	101
Alt	18	数字小键盘6	102
暂停/中断（Pause/Break）	19	数字小键盘7	103
大写锁定（Caps Lock）	20	数字小键盘8	104
退出（Esc）	27	数字小键盘9	105
上翻页（Page Up）	33	数字小键盘+	107
下翻页（Page Down）	34	数字小键盘及大键盘上的-	109
结尾（End）	35	数字小键盘 .	110
开头（Home）	36	数字小键盘 /	111
左箭头（Left Arrow）	37	F1	112
上箭头（Up Arrow）	38	F2	113
右箭头（Right Arrow）	39	F3	114
下箭头（Down Arrow）	40	F4	115
插入（Ins）	45	F5	116
删除（Del）	46	F6	117
左Windows键	91	F7	118
右Windows键	92	F8	119
上下文菜单键	93	F9	120
数字小键盘0	96	F10	121

（续）

键	键 码	键	键 码
F11	122	正斜杠	191
F12	123	沉音符（`）	192
数字锁（Num Lock）	144	等于	61
滚动锁（Scroll Lock）	145	左方括号	219
分号（IE/Safari/Chrome中）	186	反斜杠（\）	220
分号（Opera/FF中）	59	右方括号	221
小于	188	单引号	222
大于	190		

无论 keydown 或 keyup 事件都会存在的一些特殊情况。在 Firefox 和 Opera 中，按分号键时 keyCode 值为 59，也就是 ASCII 中分号的编码；但 IE 和 Safari 返回 186，即键盘中按键的键码。

2. 字符编码

发生 keypress 事件意味着按下的键会影响到屏幕中文本的显示。在所有浏览器中，按下能够插入或删除字符的键都会触发 keypress 事件；按下其他键能否触发此事件因浏览器而异。由于截止到 2008 年，尚无浏览器实现"DOM3 级事件"规范，所以浏览器之间的键盘事件并没有多大的差异。

IE9、Firefox、Chrome 和 Safari 的 event 对象都支持一个 charCode 属性，这个属性只有在发生 keypress 事件时才包含值，而且这个值是按下的那个键所代表字符的 ASCII 编码。此时的 keyCode 通常等于 0 或者也可能等于所按键的键码。IE8 及之前版本和 Opera 则是在 keyCode 中保存字符的 ASCII 编码。要想以跨浏览器的方式取得字符编码，必须首先检测 charCode 属性是否可用，如果不可用则使用 keyCode，如下面的例子所示。

```
var EventUtil = {

    //省略的代码

    getCharCode: function(event){
        if (typeof event.charCode == "number"){
            return event.charCode;
        } else {
            return event.keyCode;
        }
    },

    //省略的代码

};
```

EventUtil.js

这个方法首先检测 charCode 属性是否包含数值（在不支持这个属性的浏览器中，值为 undefined），如果是，则返回该值。否则，就返回 keyCode 属性值。下面是使用这个方法的示例。

```
var textbox = document.getElementById("myText");
EventUtil.addHandler(textbox, "keypress", function(event){
    event = EventUtil.getEvent(event);
```

```
    alert(EventUtil.getCharCode(event));
});
```

在取得了字符编码之后，就可以使用 `String.fromCharCode()`将其转换成实际的字符。

3. DOM3 级变化

尽管所有浏览器都实现了某种形式的键盘事件，DOM3 级事件还是做出了一些改变。比如，DOM3
级事件中的键盘事件，不再包含 `charCode` 属性，而是包含两个新属性：`key` 和 `char`。

其中，`key` 属性是为了取代 `keyCode` 而新增的，它的值是一个字符串。在按下某个字符键时，`key`
的值就是相应的文本字符（如 "k" 或 "M"）；在按下非字符键时，`key` 的值是相应键的名（如 "Shift"
或 "Down"）。而 `char` 属性在按下字符键时的行为与 `key` 相同，但在按下非字符键时值为 `null`。

IE9 支持 `key` 属性，但不支持 `char` 属性。Safari 5 和 Chrome 支持名为 `keyIdentifier` 的属性，
在按下非字符键（例如 Shift）的情况下与 `key` 的值相同。对于字符键，`keyIdentifier` 返回一个格式
类似 "U+0000" 的字符串，表示 Unicode 值。

```
var textbox = document.getElementById("myText");
EventUtil.addHandler(textbox, "keypress", function(event){
    event = EventUtil.getEvent(event);
    var identifier = event.key || event.keyIdentifier;
    if (identifier){
        alert(identifi er);
    }
});
```

由于存在跨浏览器问题，因此本书不推荐使用 `key`、`keyIdentifier` 或 `char`。

DOM3 级事件还添加了一个名为 `location` 的属性，这是一个数值，表示按下了什么位置上的键：
0 表示默认键盘，1 表示左侧位置（例如左位的 Alt 键），2 表示右侧位置（例如右侧的 Shift 键），3 表示
数字小键盘，4 表示移动设备键盘（也就是虚拟键盘），5 表示手柄（如任天堂 Wii 控制器）。IE9 支持这
个属性。Safari 和 Chrome 支持名为 `keyLocation` 的等价属性，但即有 bug——值始终是 0，除非按下
了数字键盘（此时，值为 3）；否则，不会是 1、2、4、5。

```
var textbox = document.getElementById("myText");
EventUtil.addHandler(textbox, "keypress", function(event){
    event = EventUtil.getEvent(event);
    var loc = event.location || event.keyLocation;
    if (loc){
        alert(loc);
    }
});
```

与 `key` 属性一样，支持 `location` 的浏览器也不多，所以在跨浏览器开发中不推荐使用。

最后是给 `event` 对象添加了 `getModifierState()`方法。这个方法接收一个参数，即等于 Shift、
Control、AltGraph 或 Meta 的字符串，表示要检测的修改键。如果指定的修改键是活动的（也就是
处于被按下的状态），这个方法返回 `true`，否则返回 `false`。

```
var textbox = document.getElementById("myText");
EventUtil.addHandler(textbox, "keypress", function(event){
    event = EventUtil.getEvent(event);
    if (event.getModifierState){
        alert(event.getModifierState("Shift"));
    }
});
```

DOMLevel3LocationGetModifierStateExample01.htm

实际上，通过 event 对象的 shiftKey、altKey、ctrlKey 和 metaKey 属性已经可以取得类似的属性了。IE9 是唯一支持 getModifierState() 方法的浏览器。

4. textInput 事件

"DOM3 级事件"规范中引入了一个新事件，名叫 textInput。根据规范，当用户在可编辑区域中输入字符时，就会触发这个事件。这个用于替代 keypress 的 textInput 事件的行为稍有不同。区别之一就是任何可以获得焦点的元素都可以触发 keypress 事件，但只有可编辑区域才能触发 textInput 事件。区别之二是 textInput 事件只会在用户按下能够输入实际字符的键时才会被触发，而 keypress 事件则在按下那些能够影响文本显示的键时也会触发（例如退格键）。

由于 textInput 事件主要考虑的是字符，因此它的 event 对象中还包含一个 data 属性，这个属性的值就是用户输入的字符（而非字符编码）。换句话说，用户在没有按上档键的情况下按下了 S 键，data 的值就是"s"，而如果在按住上档键时按下该键，data 的值就是"S"。

以下是一个使用 textInput 事件的例子：

```
var textbox = document.getElementById("myText");
EventUtil.addHandler(textbox, "textInput", function(event){
    event = EventUtil.getEvent(event);
    alert(event.data);
});
```

TextInputEventExample01.htm

在这个例子中，插入到文本框中的字符会通过一个警告框显示出来。

另外，event 对象上还有一个属性，叫 inputMethod，表示把文本输入到文本框中的方式。

❏ 0，表示浏览器不确定是怎么输入的。

❏ 1，表示是使用键盘输入的。

❏ 2，表示文本是粘贴进来的。

❏ 3，表示文本是拖放进来的。

❏ 4，表示文本是使用 IME 输入的。

❏ 5，表示文本是通过在表单中选择某一项输入的。

❏ 6，表示文本是通过手写输入的（比如使用手写笔）。

❏ 7，表示文本是通过语音输入的。

❏ 8，表示文本是通过几种方法组合输入的。

❏ 9，表示文本是通过脚本输入的。

使用这个属性可以确定文本是如何输入到控件中的，从而可以验证其有效性。支持 textInput 属性的浏览器有 IE9+、Safari 和 Chrome。只有 IE 支持 inputMethod 属性。

13

5. 设备中的键盘事件

任天堂 Wii 会在用户按下 Wii 遥控器上的按键时触发键盘事件。尽管没有办法访问 Wii 遥控器中的所有按键，但还是有一些键可以触发键盘事件。图 13-6 展示了一些键的键码，通过这些键码可以知道用户按下了哪个键。

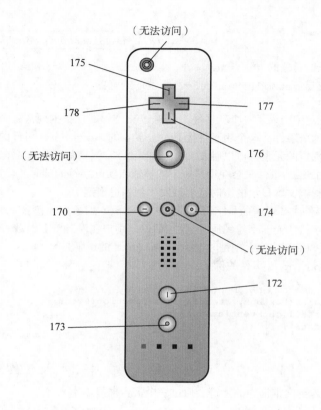

图   13-8

当用户按下十字键盘（键码为 175～178）、减号（170）、加号（174）、1（172）或 2（173）键时就会触发键盘事件。但没有办法得知用户是否按下了电源开关、A、B 或主页键。

iOS 版 Safari 和 Android 版 WebKit 在使用屏幕键盘时会触发键盘事件。

13.4.5   复合事件

复合事件（composition event）是 DOM3 级事件中新添加的一类事件，用于处理 IME 的输入序列。IME（Input Method Editor，输入法编辑器）可以让用户输入在物理键盘上找不到的字符。例如，使用拉丁文键盘的用户通过 IME 照样能输入日文字符。IME 通常需要同时按住多个键，但最终只输入一个字符。复合事件就是针对检测和处理这种输入而设计的。有以下三种复合事件。

❑ compositionstart：在 IME 的文本复合系统打开时触发，表示要开始输入了。

❏ compositionupdate：在向输入字段中插入新字符时触发。

❏ compositionend：在 IME 的文本复合系统关闭时触发，表示返回正常键盘输入状态。

复合事件与文本事件在很多方面都很相似。在触发复合事件时，目标是接收文本的输入字段。但它比文本事件的事件对象多一个属性 data，其中包含以下几个值中的一个：

❏ 如果在 compositionstart 事件发生时访问，包含正在编辑的文本（例如，已经选中的需要马上替换的文本）；

❏ 如果在 compositionupdate 事件发生时访问，包含正插入的新字符；

❏ 如果在 compositionend 事件发生时访问，包含此次输入会话中插入的所有字符。

与文本事件一样，必要时可以利用复合事件来筛选输入。可以像下面这样使用它们：

```
var textbox = document.getElementById("myText");
EventUtil.addHandler(textbox, "compositionstart", function(event){
    event = EventUtil.getEvent(event);
    alert(event.data);
});

EventUtil.addHandler(textbox, "compositionupdate", function(event){
    event = EventUtil.getEvent(event);
    alert(event.data);
});

EventUtil.addHandler(textbox, "compositionend", function(event){
    event = EventUtil.getEvent(event);
    alert(event.data);
});
```

CompositionEventsExample01.htm

IE9+是到 2011 年唯一支持复合事件的浏览器。由于缺少支持，对于需要开发跨浏览器应用的开发人员，它的用处不大。要确定浏览器是否支持复合事件，可以使用以下代码：

```
var isSupported = document.implementation.hasFeature("CompositionEvent", "3.0");
```

13.4.6　变动事件

DOM2 级的变动（mutation）事件能在 DOM 中的某一部分发生变化时给出提示。变动事件是为 XML 或 HTML DOM 设计的，并不特定于某种语言。DOM2 级定义了如下变动事件。

❏ DOMSubtreeModified：在 DOM 结构中发生任何变化时触发。这个事件在其他任何事件触发后都会触发。

❏ DOMNodeInserted：在一个节点作为子节点被插入到另一个节点中时触发。

❏ DOMNodeRemoved：在节点从其父节点中被移除时触发。

❏ DOMNodeInsertedIntoDocument：在一个节点被直接插入文档或通过子树间接插入文档之后触发。这个事件在 DOMNodeInserted 之后触发。

❏ DOMNodeRemovedFromDocument：在一个节点被直接从文档中移除或通过子树间接从文档中移除之前触发。这个事件在 DOMNodeRemoved 之后触发。

❏ DOMAttrModified：在特性被修改之后触发。

❏ DOMCharacterDataModified：在文本节点的值发生变化时触发。

使用下列代码可以检测出浏览器是否支持变动事件：

```
var isSupported = document.implementation.hasFeature("MutationEvents", "2.0");
```

IE8 及更早版本不支持任何变动事件。下表列出了不同浏览器对不同变动事件的支持情况。

事　件	Opera 9+	Firefox 3+	Safari 3+及Chrome	IE9+
DOMSubtreeModified	–	支持	支持	支持
DOMNodeInserted	支持	支持	支持	支持
DOMNodeRemoved	支持	支持	支持	支持

由于 DOM3 级事件模块作废了很多变动事件，所以本节只介绍那些将来仍然会得到支持的事件。

1. 删除节点

在使用 removeChild() 或 replaceChild() 从 DOM 中删除节点时，首先会触发 DOMNodeRemoved 事件。这个事件的目标（event.target）是被删除的节点，而 event.relatedNode 属性中包含着对目标节点父节点的引用。在这个事件触发时，节点尚未从其父节点删除，因此其 parentNode 属性仍然指向父节点（与 event.relatedNode 相同）。这个事件会冒泡，因而可以在 DOM 的任何层次上面处理它。

如果被移除的节点包含子节点，那么在其所有子节点以及这个被移除的节点上会相继触发 DOMNodeRemovedFromDocument 事件。但这个事件不会冒泡，所以只有直接指定给其中一个子节点的事件处理程序才会被调用。这个事件的目标是相应的子节点或者那个被移除的节点，除此之外 event 对象中不包含其他信息。

紧随其后触发的是 DOMSubtreeModified 事件。这个事件的目标是被移除节点的父节点；此时的 event 对象也不会提供与事件相关的其他信息。

为了理解上述事件的触发过程，下面我们就以一个简单的 HTML 页面为例。

```
<! DOCTYPE html>
<html>
<head>
    <title>Node Removal Events Example</title>
</head>
<body>
    <ul id="myList">
        <li>Item 1</li>
        <li>Item 2</li>
        <li>Item 3</li>
    </ul>
</body>
</html>
```

在这个例子中，我们假设要移除<ul>元素。此时，就会依次触发以下事件。

(1) 在<ul>元素上触发 DOMNodeRemoved 事件。relatedNode 属性等于 document.body。

(2) 在<ul>元素上触发 DOMNodeRemovedFromDocument 事件。

(3) 在身为<ul>元素子节点的每个<li>元素及文本节点上触发 DOMNodeRemovedFromDocument 事件。

(4) 在 document.body 上触发 DOMSubtreeModified 事件，因为<ul>元素是 document.body 的直接子元素。

运行下列代码可以验证以上事件发生的顺序。

```
EventUtil.addHandler(window, "load", function(event){
    var list = document.getElementById("myList");

    EventUtil.addHandler(document, "DOMSubtreeModified", function(event){
        alert(event.type);
        alert(event.target);
    });
    EventUtil.addHandler(document, "DOMNodeRemoved", function(event){
        alert(event.type);
        alert(event.target);
        alert(event.relatedNode);
    });
    EventUtil.addHandler(list.firstChild, "DOMNodeRemovedFromDocument", function(event){
        alert(event.type);
        alert(event.target);
    });

    list.parentNode.removeChild(list);
});
```

以上代码为 document 添加了针对 DOMSubtreeModified 和 DOMNodeRemoved 事件的处理程序，以便在页面上处理这些事件。由于 DOMNodeRemovedFromDocument 不会冒泡，所以我们将针对它的事件处理程序直接添加给了<ul>元素的第一个子节点（在兼容 DOM 的浏览器中是一个文本节点）。在设置了以上事件处理程序后，代码从文档中移除了<ul>元素。

2. 插入节点

在使用 appendChild()、replaceChild()或 insertBefore()向 DOM 中插入节点时，首先会触发 DOMNodeInserted 事件。这个事件的目标是被插入的节点，而 event.relatedNode 属性中包含一个对父节点的引用。在这个事件触发时，节点已经被插入到了新的父节点中。这个事件是冒泡的，因此可以在 DOM 的各个层次上处理它。

紧接着，会在新插入的节点上面触发 DOMNodeInsertedIntoDocument 事件。这个事件不冒泡，因此必须在插入节点之前为它添加这个事件处理程序。这个事件的目标是被插入的节点，除此之外 event 对象中不包含其他信息。

最后一个触发的事件是 DOMSubtreeModified，触发于新插入节点的父节点。

我们仍以前面的 HTML 文档为例，可以通过下列 JavaScript 代码来验证上述事件的触发顺序。

```
EventUtil.addHandler(window, "load", function(event){
    var list = document.getElementById("myList");
    var item = document.createElement("li");
    item.appendChild(document.createTextNode("Item 4"));

    EventUtil.addHandler(document, "DOMSubtreeModified", function(event){
        alert(event.type);
        alert(event.target);
    });
    EventUtil.addHandler(document, "DOMNodeInserted", function(event){
        alert(event.type);
        alert(event.target);
        alert(event.relatedNode);
    });
    EventUtil.addHandler(item, "DOMNodeInsertedIntoDocument", function(event){
        alert(event.type);
```

13

```
            alert(event.target);
    });

    list.appendChild(item);
});
```

以上代码首先创建了一个包含文本"Item 4"的新<li>元素。由于 DOMSubtreeModified 和
DOMNodeInserted 事件是冒泡的，所以把它们的事件处理程序添加到了文档中。在将列表项插入到其
父节点之前，先将 DOMNodeInsertedIntoDocument 事件的事件处理程序添加给它。最后一步就是使
用 appendChild()来添加这个列表项；此时，事件开始依次被触发。首先是在新<li>元素项上触发
DOMNodeInserted 事件，其 relatedNode 是<ul>元素。然后是触发新<li>元素上的 DOMNode-
InsertedIntoDocument 事件，最后触发的是<ul>元素上的 DOMSubtreeModified 事件。

13.4.7 HTML5 事件

DOM 规范没有涵盖所有浏览器支持的所有事件。很多浏览器出于不同的目的——满足用户需求或
解决特殊问题，还实现了一些自定义的事件。HTML5 详尽列出了浏览器应该支持的所有事件。本节只
讨论其中得到浏览器完善支持的事件，但并非全部事件。（其他事件会在本书其他章节讨论。）

1. contextmenu 事件

Windows 95 在 PC 中引入了上下文菜单的概念，即通过单击鼠标右键可以调出上下文菜单。不久，
这个概念也被引入了 Web 领域。为了实现上下文菜单，开发人员面临的主要问题是如何确定应该显示
上下文菜单（在 Windows 中，是右键单击；在 Mac 中，是 Ctrl+单击），以及如何屏蔽与该操作关联的
默认上下文菜单。为解决这个问题，就出现了 contextmenu 这个事件，用以表示何时应该显示上下文
菜单，以便开发人员取消默认的上下文菜单而提供自定义的菜单。

由于 contextmenu 事件是冒泡的，因此可以为 document 指定一个事件处理程序，用以处理页面
中发生的所有此类事件。这个事件的目标是发生用户操作的元素。在所有浏览器中都可以取消这个事件：
在兼容 DOM 的浏览器中，使用 event.preventDefalut()；在 IE 中，将 event.returnValue 的值
设置为 false。因为 contextmenu 事件属于鼠标事件，所以其事件对象中包含与光标位置有关的所有
属性。通常使用 contextmenu 事件来显示自定义的上下文菜单，而使用 onclick 事件处理程序来隐
藏该菜单。以下面的 HTML 页面为例。

```
<!DOCTYPE html>
<html>
<head>
    <title>ContextMenu Event Example</title>
</head>
<body>
    <div id="myDiv">Right click or Ctrl+click me to get a custom context menu.
        Click anywhere else to get the default context menu.</div>
    <ul id="myMenu" style="position:absolute;visibility:hidden;background-color:
        silver">
        <li><a href="http://www.nczonline.net">Nicholas' site</a></li>
        <li><a href="http://www.wrox.com">Wrox site</a></li>
        <li><a href="http://www.yahoo.com">Yahoo!</a></li>
    </ul>
</body>
</html>
```

ContextMenuEventExample01.htm

这里的<div>元素包含一个自定义的上下文菜单。其中，<ul>元素作为自定义上下文菜单，并且在初始时是隐藏的。实现这个例子的 JavaScript 代码如下所示。

```
EventUtil.addHandler(window, "load", function(event){
    var div = document.getElementById("myDiv");

    EventUtil.addHandler(div, "contextmenu", function(event){
        event = EventUtil.getEvent(event);
        EventUtil.preventDefault(event);

        var menu = document.getElementById("myMenu");
        menu.style.left = event.clientX + "px";
        menu.style.top = event.clientY + "px";
        menu.style.visibility = "visible";
    });

    EventUtil.addHandler(document, "click", function(event){
        document.getElementById("myMenu").style.visibility = "hidden";
    });
});
```

ContextMenuEventExample01.htm

在这个例子中，我们为<div>元素添加了 oncontextmenu 事件的处理程序。这个事件处理程序首先会取消默认行为，以保证不显示浏览器默认的上下文菜单。然后，再根据 event 对象 clientX 和 clientY 属性的值，来确定放置<ul>元素的位置。最后一步就是通过将 visibility 属性设置为 "visible"来显示自定义上下文菜单。另外，还为 document 添加了一个 onclick 事件处理程序，以便用户能够通过鼠标单击来隐藏菜单（单击也是隐藏系统上下文菜单的默认操作）。

虽然这个例子很简单，但它却展示了 Web 上所有自定义上下文菜单的基本结构。只需为这个例子中的上下文菜单添加一些 CSS 样式，就可以得到非常棒的效果。

支持 contextmenu 事件的浏览器有 IE、Firefox、Safari、Chrome 和 Opera 11+。

2. beforeunload 事件

之所以有发生在 window 对象上的 beforeunload 事件，是为了让开发人员有可能在页面卸载前阻止这一操作。这个事件会在浏览器卸载页面之前触发，可以通过它来取消卸载并继续使用原有页面。但是，不能彻底取消这个事件，因为那就相当于让用户无法离开当前页面了。为此，这个事件的意图是将控制权交给用户。显示的消息会告知用户页面行将被卸载（正因为如此才会显示这个消息），询问用户是否真的要关闭页面，还是希望继续留下来（见图 13-9）。

图 13-9

为了显示这个弹出对话框，必须将 event.returnValue 的值设置为要显示给用户的字符串（对IE 及 Firefox 而言），同时作为函数的值返回（对 Safari 和 Chrome 而言），如下面的例子所示。

```
EventUtil.addHandler(window, "beforeunload", function(event){
    event = EventUtil.getEvent(event);
    var message = "I'm really going to miss you if you go.";
    event.returnValue = message;
    return message;
});
```

BeforeUnloadEventExample01.htm

IE 和 Firefox、Safari 和 Chrome 都支持 `beforeunload` 事件，也都会弹出这个对话框询问用户是否真想离开。Opera 11 及之前的版本不支持 `beforeunload` 事件。

3. `DOMContentLoaded` 事件

如前所述，`window` 的 `load` 事件会在页面中的一切都加载完毕时触发，但这个过程可能会因为要加载的外部资源过多而颇费周折。而 `DOMContentLoaded` 事件则在形成完整的 DOM 树之后就会触发，不理会图像、JavaScript 文件、CSS 文件或其他资源是否已经下载完毕。与 `load` 事件不同，`DOMContentLoaded` 支持在页面下载的早期添加事件处理程序，这也就意味着用户能够尽早地与页面进行交互。

要处理 `DOMContentLoaded` 事件，可以为 `document` 或 `window` 添加相应的事件处理程序（尽管这个事件会冒泡到 `window`，但它的目标实际上是 `document`）。来看下面的例子。

```
EventUtil.addHandler(document, "DOMContentLoaded", function(event){
    alert("Content loaded");
});
```

DOMContentLoadedEventExample01.htm

`DOMContentLoaded` 事件对象不会提供任何额外的信息（其 `target` 属性是 `document`）。

IE9+、Firefox、Chrome、Safari 3.1+和 Opera 9+都支持 `DOMContentLoaded` 事件，通常这个事件既可以添加事件处理程序，也可以执行其他 DOM 操作。这个事件始终都会在 `load` 事件之前触发。

对于不支持 `DOMContentLoaded` 的浏览器，我们建议在页面加载期间设置一个时间为 0 毫秒的超时调用，如下面的例子所示。

```
setTimeout(function(){
    //在此添加事件处理程序
}, 0);
```

这段代码的实际意思就是："在当前 JavaScript 处理完成后立即运行这个函数。"在页面下载和构建期间，只有一个 JavaScript 处理过程，因此超时调用会在该过程结束时立即触发。至于这个时间与 `DOMContentLoaded` 被触发的时间能否同步，主要还是取决于用户使用的浏览器和页面中的其他代码。为了确保这个方法有效，必须将其作为页面中的第一个超时调用；即便如此，也还是无法保证在所有环境中该超时调用一定会早于 `load` 事件被触发。

4. `readystatechange` 事件

IE 为 DOM 文档中的某些部分提供了 `readystatechange` 事件。这个事件的目的是提供与文档或元素的加载状态有关的信息，但这个事件的行为有时候也很难预料。支持 `readystatechange` 事件的每个对象都有一个 `readyState` 属性，可能包含下列 5 个值中的一个。

❑ `uninitialized`（未初始化）：对象存在但尚未初始化。

- ❑ loading（正在加载）：对象正在加载数据。
- ❑ loaded（加载完毕）：对象加载数据完成。
- ❑ interactive（交互）：可以操作对象了，但还没有完全加载。
- ❑ complete（完成）：对象已经加载完毕。

这些状态看起来很直观，但并非所有对象都会经历 readyState 的这几个阶段。换句话说，如果某个阶段不适用某个对象，则该对象完全可能跳过该阶段；并没有规定哪个阶段适用于哪个对象。显然，这意味着 readystatechange 事件经常会少于 4 次，而 readyState 属性的值也不总是连续的。

对于 document 而言，值为"interactive"的 readyState 会在与 DOMContentLoaded 大致相同的时刻触发 readystatechange 事件。此时，DOM 树已经加载完毕，可以安全地操作它了，因此就会进入交互（interactive）阶段。但与此同时，图像及其他外部文件不一定可用。下面来看一段处理 readystatechange 事件的代码。

```
EventUtil.addHandler(document, "readystatechange", function(event){
    if (document.readyState == "interactive"){
        alert("Content loaded");
    }
});
```

这个事件的 event 对象不会提供任何信息，也没有目标对象。

在与 load 事件一起使用时，无法预测两个事件触发的先后顺序。在包含较多或较大的外部资源的页面中，会在 load 事件触发之前先进入交互阶段；而在包含较少或较小的外部资源的页面中，则很难说 readystatechange 事件会发生在 load 事件前面。

让问题变得更复杂的是，交互阶段可能会早于也可能会晚于完成阶段出现，无法确保顺序。在包含较多外部资源的页面中，交互阶段更有可能早于完成阶段出现；而在页面中包含较少外部资源的情况下，完成阶段先于交互阶段出现的可能性更大。因此，为了尽可能抢到先机，有必要同时检测交互和完成阶段，如下面的例子所示。

```
EventUtil.addHandler(document, "readystatechange", function(event){
    if (document.readyState == "interactive" || document.readyState == "complete"){
        EventUtil.removeHandler(document, "readystatechange", arguments.callee);
        alert("Content loaded");
    }
});
```

对于上面的代码来说，当 readystatechange 事件触发时，会检测 document.readyState 的值，看当前是否已经进入交互阶段或完成阶段。如果是，则移除相应的事件处理程序以免在其他阶段再执行。注意，由于事件处理程序使用的是匿名函数，因此这里使用了 arguments.callee 来引用该函数。然后，会显示一个警告框，说明内容已经加载完毕。这样编写代码可以达到与使用 DOMContentLoaded 十分相近的效果。

支持 readystatechange 事件的浏览器有 IE、Firefox 4+和 Opera。

 　　虽然使用 readystatechange 可以十分近似地模拟 DOMContentLoaded 事件，但它们本质上还是不同的。在不同页面中，load 事件与 readystatechange 事件并不能保证以相同的顺序触发。

13

另外， <script>（在 IE 和 Opera 中）和<link>（仅 IE 中）元素也会触发 readystatechange 事件，可以用来确定外部的 JavaScript 和 CSS 文件是否已经加载完成。与在其他浏览器中一样，除非把动态创建的元素添加到页面中，否则浏览器不会开始下载外部资源。基于元素触发的 readystatechange 事件也存在同样的问题，即 readyState 属性无论等于"loaded"还是"complete"都可以表示资源已经可用。有时候，readyState 会停在"loaded"阶段而永远不会"完成"；有时候，又会跳过"loaded"阶段而直接"完成"。于是，还需要像对待 document 一样采取相同的编码方式。例如，下面展示了一段加载外部 JavaScript 文件的代码。

```
EventUtil.addHandler(window, "load", function(){
    var script = document.createElement("script");

    EventUtil.addHandler(script, "readystatechange", function(event){
        event = EventUtil.getEvent(event);
        var target = EventUtil.getTarget(event);

        if (target.readyState == "loaded" || target.readyState == "complete"){
            EventUtil.removeHandler(target, "readystatechange", arguments. callee);
            alert("Script Loaded");
        }
    });
    script.src = "example.js";
    document.body.appendChild(script);
});
```

ReadyStateChangeEventExample01.htm

这个例子为新创建的<script>节点指定了一个事件处理程序。事件的目标是该节点本身，因此当触发 readystatechange 事件时，要检测目标的 readyState 属性是不是等于"loaded"或"complete"。如果进入了其中任何一个阶段，则移除事件处理程序（以防止被执行两次），并显示一个警告框。与此同时，就可以执行已经加载完毕的外部文件中的函数了。

同样的编码方式也适用于通过<link>元素加载 CSS 文件的情况，如下面的例子所示。

```
EventUtil.addHandler(window, "load", function(){
    var link = document.createElement("link");
    link.type = "text/css";
    link.rel = "stylesheet";

    EventUtil.addHandler(link, "readystatechange", function(event){
        event = EventUtil.getEvent(event);
        var target = EventUtil.getTarget(event);

        if (target.readyState == "loaded" || target.readyState == "complete"){
            EventUtil.removeHandler(target, "readystatechange", arguments. callee);
            alert("CSS Loaded");
        }
    });

    link.href = "example.css";
    document.getElementsByTagName("head")[0].appendChild(link);
});
```

ReadyStateChangeEventExample02.htm

同样，最重要的是要一并检测 `readyState` 的两个状态，并在调用了一次事件处理程序后就将其移除。

5. pageshow 和 pagehide 事件

Firefox 和 Opera 有一个特性，名叫"往返缓存"（back-forward cache，或 bfcache），可以在用户使用浏览器的"后退"和"前进"按钮时加快页面的转换速度。这个缓存中不仅保存着页面数据，还保存了 DOM 和 JavaScript 的状态；实际上是将整个页面都保存在了内存里。如果页面位于 bfcache 中，那么再次打开该页面时就不会触发 `load` 事件。尽管由于内存中保存了整个页面的状态，不触发 `load` 事件也不应该会导致什么问题，但为了更形象地说明 bfcache 的行为，Firefox 还是提供了一些新事件。

第一个事件就是 `pageshow`，这个事件在页面显示时触发，无论该页面是否来自 bfcache。在重新加载的页面中，`pageshow` 会在 `load` 事件触发后触发；而对于 bfcache 中的页面，`pageshow` 会在页面状态完全恢复的那一刻触发。另外要注意的是，虽然这个事件的目标是 `document`，但必须将其事件处理程序添加到 `window`。来看下面的例子。

```
(function(){
    var showCount = 0;

    EventUtil.addHandler(window, "load", function(){
        alert("Load fired");
    });

    EventUtil.addHandler(window, "pageshow", function(){
        showCount++;
        alert("Show has been fired " + showCount + " times.");
    });
})();
```

这个例子使用了私有作用域，以防止变量 `showCount` 进入全局作用域。当页面首次加载完成时，`showCount` 的值为 0。此后，每当触发 `pageshow` 事件，`showCount` 的值就会递增并通过警告框显示出来。如果你在离开包含以上代码的页面之后，又单击"后退"按钮返回该页面，就会看到 `showCount` 每次递增的值。这是因为该变量的状态，乃至整个页面的状态，都被保存在了内存中，当你返回这个页面时，它们的状态得到了恢复。如果你单击了浏览器的"刷新"按钮，那么 `showCount` 的值就会被重置为 0，因为页面已经完全重新加载了。

除了通常的属性之外，`pageshow` 事件的 event 对象还包含一个名为 `persisted` 的布尔值属性。如果页面被保存在了 bfcache 中，则这个属性的值为 `true`；否则，这个属性的值为 `false`。可以像下面这样在事件处理程序中检测这个属性。

```
(function(){
    var showCount = 0;

    EventUtil.addHandler(window, "load", function(){
        alert("Load fired");
    });

    EventUtil.addHandler(window, "pageshow", function(event){
        showCount++;
        alert("Show has been fired " + showCount +
            " times. Persisted? " + event.persisted);
    });
})();
```

PageShowEventExample01.htm

13

通过检测 persisted 属性，就可以根据页面在 bfcache 中的状态来确定是否需要采取其他操作。

与 pageshow 事件对应的是 pagehide 事件，该事件会在浏览器卸载页面的时候触发，而且是在 unload 事件之前触发。与 pageshow 事件一样，pagehide 在 document 上面触发，但其事件处理程序必须要添加到 window 对象。这个事件的 event 对象也包含 persisted 属性，不过其用途稍有不同。来看下面的例子。

```
EventUtil.addHandler(window, "pagehide", function(event){
    alert("Hiding. Persisted? " + event.persisted);
});
```

PageShowEventExample01.htm

有时候，可能需要在 pagehide 事件触发时根据 persisted 的值采取不同的操作。对于 pageshow 事件，如果页面是从 bfcache 中加载的，那么 persisted 的值就是 true；对于 pagehide 事件，如果页面在卸载之后会被保存在 bfcache 中，那么 persisted 的值也会被设置为 true。因此，当第一次触发 pageshow 时，persisted 的值一定是 false，而在第一次触发 pagehide 时，persisted 就会变成 true（除非页面不会被保存在 bfcache 中）。

支持 pageshow 和 pagehide 事件的浏览器有 Firefox、Safari 5+、Chrome 和 Opera。IE9 及之前版本不支持这两个事件。

> 指定了 onunload 事件处理程序的页面会被自动排除在 bfcache 之外，即使事件处理程序是空的。原因在于，onunload 最常用于撤销在 onload 中所执行的操作，而跳过 onload 后再次显示页面很可能就会导致页面不正常。

6. hashchange 事件

HTML5 新增了 hashchange 事件，以便在 URL 的参数列表（及 URL 中 "#" 号后面的所有字符串）发生变化时通知开发人员。之所以新增这个事件，是因为在 Ajax 应用中，开发人员经常要利用 URL 参数列表来保存状态或导航信息。

必须要把 hashchange 事件处理程序添加给 window 对象，然后 URL 参数列表只要变化就会调用它。此时的 event 对象应该额外包含两个属性：oldURL 和 newURL。这两个属性分别保存着参数列表变化前后的完整 URL。例如：

```
EventUtil.addHandler(window, "hashchange", function(event){
    alert("Old URL: " + event.oldURL + "\nNew URL: " + event.newURL);
});
```

HashChangeEventExample01.htm

支持 hashchange 事件的浏览器有 IE8+、Firefox 3.6+、Safari 5+、Chrome 和 Opera 10.6+。在这些浏览器中，只有 Firefox 6+、Chrome 和 Opera 支持 oldURL 和 newURL 属性。为此，最好是使用 location 对象来确定当前的参数列表。

```
EventUtil.addHandler(window, "hashchange", function(event){
    alert("Current hash: " + location.hash);
});
```

使用以下代码可以检测浏览器是否支持 hashchange 事件：

```
var isSupported = ("onhashchange" in window); //这里有bug
```

如果 IE8 是在 IE7 文档模式下运行，即使功能无效它也会返回 true。为解决这个问题，可以使用以下这个更稳妥的检测方式：

```
var isSupported = ("onhashchange" in window) && (document.documentMode ===
                  undefined || document.documentMode > 7);
```

13.4.8 设备事件

智能手机和平板电脑的普及，为用户与浏览器交互引入了一种新的方式，而一类新事件也应运而生。设备事件（device event）可以让开发人员确定用户在怎样使用设备。W3C 从 2011 年开始着手制定一份关于设备事件的新草案（http://dev.w3.org/geo/api/spec-source-orientation.html），以涵盖不断增长的设备类型并为它们定义相关的事件。本节会同时讨论这份草案中涉及的 API 和特定于浏览器开发商的事件。

1. orientationchange 事件

苹果公司为移动 Safari 中添加了 orientationchange 事件，以便开发人员能够确定用户何时将设备由横向查看模式切换为纵向查看模式。移动 Safari 的 window.orientation 属性中可能包含 3 个值：0 表示肖像模式，90 表示向左旋转的横向模式（"主屏幕" 按钮在右侧），-90 表示向右旋转的横向模式（"主屏幕" 按钮在左侧）。相关文档中还提到一个值，即 180 表示 iPhone 头朝下；但这种模式至今尚未得到支持。图 13-10 展示了 window.orientation 的每个值的含义。

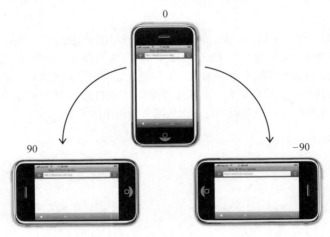

图 13-10

只要用户改变了设备的查看模式，就会触发 orientationchange 事件。此时的 event 对象不包含任何有价值的信息，因为唯一相关的信息可以通过 window.orientation 访问到。下面是使用这个事件的典型示例。

```
EventUtil.addHandler(window, "load", function(event){
    var div = document.getElementById("myDiv");
    div.innerHTML = "Current orientation is " + window.orientation;
```

```
EventUtil.addHandler(window, "orientationchange", function(event){
    div.innerHTML = "Current orientation is " + window.orientation;
});
});
```

OrientationChangeEventExample01.htm

在这个例子中，当触发 load 事件时会显示最初的方向信息。然后，添加了处理 orientationchange 事件的处理程序。只要发生这个事件，就会有表示新方向的信息更新页面中的消息。

所有 iOS 设备都支持 orientationchange 事件和 window.orientation 属性。

> 由于可以将 orientationchange 看成 window 事件，所以也可以通过指定 <body> 元素的 onorientationchange 特性来指定事件处理程序。

2. MozOrientation 事件

Firefox 3.6 为检测设备的方向引入了一个名为 MozOrientation 的新事件。（前缀 Moz 表示这是特定于浏览器开发商的事件，不是标准事件。）当设备的加速计检测到设备方向改变时，就会触发这个事件。但这个事件与 iOS 中的 orientationchange 事件不同，该事件只能提供一个平面的方向变化。由于 MozOrientation 事件是在 window 对象上触发的，所以可以使用以下代码来处理。

```
EventUtil.addHandler(window, "MozOrientation", function(event){
    //响应事件
});
```

此时的 event 对象包含三个属性：x、y 和 z。这几个属性的值都介于 1 到-1 之间，表示不同坐标轴上的方向。在静止状态下，x 值为 0，y 值为 0，z 值为 1（表示设备处于竖直状态）。如果设备向右倾斜，x 值会减小；反之，向左倾斜，x 值会增大。类似地，如果设备向远离用户的方向倾斜，y 值会减小，向接近用户的方向倾斜，y 值会增大。z 轴检测垂直加速度度，1 表示静止不动，在设备移动时值会减小。（失重状态下值为 0。）以下是输出这三个值的一个简单的例子。

```
EventUtil.addHandler(window, "MozOrientation", function(event){
    var output = document.getElementById("output");
    output.innerHTML = "X=" + event.x + ", Y=" + event.y + ", Z=" + event.z +"<br>";
});
```

MozOrientationEventExample01.htm

只有带加速计的设备才支持 MozOrientation 事件，包括 Macbook、Lenovo Thinkpad、Windows Mobile 和 Android 设备。请大家注意，这是一个实验性 API，将来可能会变（可能会被其他事件取代）。

3. deviceorientation 事件

本质上，DeviceOrientation Event 规范定义的 deviceorientation 事件与 MozOrientation 事件类似。它也是在加速计检测到设备方向变化时在 window 对象上触发，而且具有与 MozOrientation 事件相同的支持限制。不过，deviceorientation 事件的意图是告诉开发人员设备在空间中朝向哪儿，而不是如何移动。

设备在三维空间中是靠 x、y 和 z 轴来定位的。当设备静止放在水平表面上时，这三个值都是 0。x 轴方向是从左往右，y 轴方向是从下往上，z 轴方向是从后往前（参见图 13-11）。

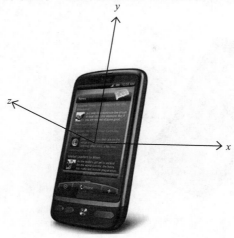

图 13-11

触发 deviceorientation 事件时，事件对象中包含着每个轴相对于设备静止状态下发生变化的信息。事件对象包含以下 5 个属性。

❑ alpha：在围绕 z 轴旋转时（即左右旋转时），y 轴的度数差；是一个介于 0 到 360 之间的浮点数。

❑ beta：在围绕 x 轴旋转时（即前后旋转时），z 轴的度数差；是一个介于–180 到 180 之间的浮点数。

❑ gamma：在围绕 y 轴旋转时（即扭转设备时），z 轴的度数差；是一个介于–90 到 90 之间的浮点数。

❑ absolute：布尔值，表示设备是否返回一个绝对值。

❑ compassCalibrated：布尔值，表示设备的指南针是否校准过。

图 13-12 是 alpha、beta 和 gamma 值含义的示意图。

下面是一个输出 alpha、beta 和 gamma 值的例子。

```
EventUtil.addHandler(window, "deviceorientation", function(event){
    var output = document.getElementById("output");
    output.innerHTML = "Alpha=" + event.alpha + ", Beta=" + event.beta +
                        ", Gamma=" + event.gamma + "<br>";
});
```

DeviceOrientationEventExample01.htm

通过这些信息，可以响应设备的方向，重新排列或修改屏幕上的元素。要响应设备方向的改变而旋转元素，可以参考如下代码。

```
EventUtil.addHandler(window, "deviceorientation", function(event){
    var arrow = document.getElementById("arrow");
    arrow.style.webkitTransform = "rotate(" + Math.round(event.alpha) + "deg)";
});
```

DeviceOrientationEventExample01.htm

13

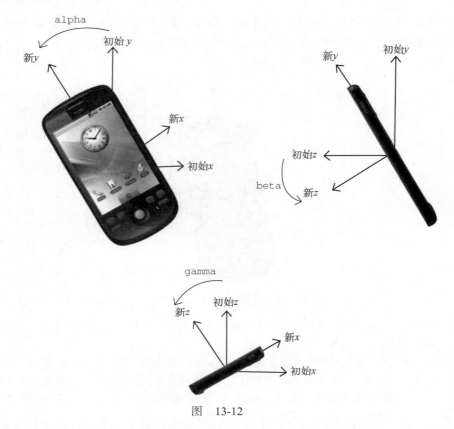

图 13-12

这个例子只能在移动 WebKit 浏览器中运行，因为它使用了专有的 webkitTransform 属性（即 CSS 标准属性 transform 的临时版）。元素 "arrow" 会随着 event.alpha 值的变化而旋转，给人一种指南针的感觉。为了保证旋转平滑，这里的 CSS3 变换使用了舍入之后的值。

到 2011 年，支持 deviceorientation 事件的浏览器有 iOS 4.2+ 中的 Safari、Chrome 和 Android 版 WebKit。

4. devicemotion 事件

DeviceOrientation Event 规范还定义了一个 devicemotion 事件。这个事件是要告诉开发人员设备什么时候移动，而不仅仅是设备方向如何改变。例如，通过 devicemotion 能够检测到设备是不是正在往下掉，或者是不是被走着的人拿在手里。

触发 devicemotion 事件时，事件对象包含以下属性。

❑ acceleration：一个包含 x、y 和 z 属性的对象，在不考虑重力的情况下，告诉你在每个方向上的加速度。

❑ accelerationIncludingGravity：一个包含 x、y 和 z 属性的对象，在考虑 z 轴自然重力加速度的情况下，告诉你在每个方向上的加速度。

❑ interval：以毫秒表示的时间值，必须在另一个 devicemotion 事件触发前传入。这个值在每个事件中应该是一个常量。

❑ rotationRate：一个包含表示方向的 alpha、beta 和 gamma 属性的对象。

如果读取不到 acceleration、accelerationIncludingGravity 和 rotationRate 值，则它们的值为 null。因此，在使用这三个属性之前，应该先检测确定它们的值不是 null。例如：

```
EventUtil.addHandler(window, "devicemotion", function(event){
    var output = document.getElementById("output");
    if (event.rotationRate !== null){
        output.innerHTML += "Alpha=" + event.rotationRate.alpha + ", Beta=" +
                            event.rotationRate.beta + ", Gamma=" +
                            event.rotationRate.gamma;
    }
});
```

DeviceMotionEventExample01.htm

与 deviceorientation 事件类似，只有 iOS 4.2+中的 Safari、Chrome 和 Android 版 WebKit 实现了 devicemotion 事件。

13.4.9 触摸与手势事件

iOS 版 Safari 为了向开发人员传达一些特殊信息，新增了一些专有事件。因为 iOS 设备既没有鼠标也没有键盘，所以在为移动 Safari 开发交互性网页时，常规的鼠标和键盘事件根本不够用。随着 Android 中的 WebKit 的加入，很多这样的专有事件变成了事实标准，导致 W3C 开始制定 Touch Events 规范（参见 https://dvcs.w3.org/hg/webevents/raw-file/tip/touchevents.html）。以下介绍的事件只针对触摸设备。

1. 触摸事件

包含 iOS 2.0 软件的 iPhone 3G 发布时，也包含了一个新版本的 Safari 浏览器。这款新的移动 Safari 提供了一些与触摸（touch）操作相关的新事件。后来，Android 上的浏览器也实现了相同的事件。触摸事件会在用户手指放在屏幕上面时、在屏幕上滑动时或从屏幕上移开时触发。具体来说，有以下几个触摸事件。

❑ touchstart：当手指触摸屏幕时触发；即使已经有一个手指放在了屏幕上也会触发。

❑ touchmove：当手指在屏幕上滑动时连续地触发。在这个事件发生期间，调用 preventDefault() 可以阻止滚动。

❑ touchend：当手指从屏幕上移开时触发。

❑ touchcancel：当系统停止跟踪触摸时触发。关于此事件的确切触发时间，文档中没有明确说明。

上面这几个事件都会冒泡，也都可以取消。虽然这些触摸事件没有在 DOM 规范中定义，但它们却是以兼容 DOM 的方式实现的。因此，每个触摸事件的 event 对象都提供了在鼠标事件中常见的属性：bubbles、cancelable、view、clientX、clientY、screenX、screenY、detail、altKey、shiftKey、ctrlKey 和 metaKey。

除了常见的 DOM 属性外，触摸事件还包含下列三个用于跟踪触摸的属性。

❑ touches：表示当前跟踪的触摸操作的 Touch 对象的数组。

❑ targetTouchs：特定于事件目标的 Touch 对象的数组。

❑ changeTouches：表示自上次触摸以来发生了什么改变的 Touch 对象的数组。

每个 Touch 对象包含下列属性。

13

❑ clientX：触摸目标在视口中的 x 坐标。

❑ clientY：触摸目标在视口中的 y 坐标。

❑ identifier：标识触摸的唯一 ID。

❑ pageX：触摸目标在页面中的 x 坐标。

❑ pageY：触摸目标在页面中的 y 坐标。

❑ screenX：触摸目标在屏幕中的 x 坐标。

❑ screenY：触摸目标在屏幕中的 y 坐标。

❑ target：触摸的 DOM 节点目标。

使用这些属性可以跟踪用户对屏幕的触摸操作。来看下面的例子。

```
function handleTouchEvent(event){

    //只跟踪一次触摸
    if (event.touches.length == 1){

        var output = document.getElementById("output");
        switch(event.type){
            case "touchstart":
                output.innerHTML = "Touch started (" + event.touches[0].clientX +
                                    "," + event.touches[0].clientY + ")";
                break;
            case "touchend":
                output.innerHTML += "<br>Touch ended (" +
                                    event.changedTouches[0].clientX + "," +
                                    event.changedTouches[0].clientY + ")";
                break;
            case "touchmove":
                event.preventDefault();   //阻止滚动
                output.innerHTML += "<br>Touch moved (" +
                                    event.changedTouches[0].clientX + "," +
                                    event.changedTouches[0].clientY + ")";
                break;
        }
    }
}

EventUtil.addHandler(document, "touchstart", handleTouchEvent);
EventUtil.addHandler(document, "touchend", handleTouchEvent);
EventUtil.addHandler(document, "touchmove", handleTouchEvent);
```

TouchEventsExample01.htm

以上代码会跟踪屏幕上发生的一次触摸操作。为简单起见，只会在有一次活动触摸操作的情况下输出信息。当 touchstart 事件发生时，会将触摸的位置信息输出到<div>元素中。当 touchmove 事件发生时，会取消其默认行为，阻止滚动（触摸移动的默认行为是滚动页面），然后输出触摸操作的变化信息。而 touchend 事件则会输出有关触摸操作的最终信息。注意，在 touchend 事件发生时，touches 集合中就没有任何 Touch 对象了，因为不存在活动的触摸操作；此时，就必须转而使用 changeTouchs 集合。

这些事件会在文档的所有元素上面触发，因而可以分别操作页面的不同部分。在触摸屏幕上的元素时，这些事件（包括鼠标事件）发生的顺序如下：

(1) touchstart

(2) mouseover

(3) mousemove（一次）

(4) mousedown

(5) mouseup

(6) click

(7) touchend

支持触摸事件的浏览器包括 iOS 版 Safari、Android 版 WebKit、bada 版 Dolfin、OS6+中的 BlackBerry WebKit、Opera Mobile 10.1+和 LG 专有 OS 中的 Phantom 浏览器。目前只有 iOS 版 Safari 支持多点触摸。桌面版 Firefox 6+和 Chrome 也支持触摸事件。

2. 手势事件

iOS 2.0 中的 Safari 还引入了一组手势事件。当两个手指触摸屏幕时就会产生手势，手势通常会改变显示项的大小，或者旋转显示项。有三个手势事件，分别介绍如下。

❑ gesturestart：当一个手指已经按在屏幕上而另一个手指又触摸屏幕时触发。

❑ gesturechange：当触摸屏幕的任何一个手指的位置发生变化时触发。

❑ gestureend：当任何一个手指从屏幕上面移开时触发。

只有两个手指都触摸到事件的接收容器时才会触发这些事件。在一个元素上设置事件处理程序，意味着两个手指必须同时位于该元素的范围之内，才能触发手势事件（这个元素就是目标）。由于这些事件冒泡，所以将事件处理程序放在文档上也可以处理所有手势事件。此时，事件的目标就是两个手指都位于其范围内的那个元素。

触摸事件和手势事件之间存在某种关系。当一个手指放在屏幕上时，会触发 touchstart 事件。如果另一个手指又放在了屏幕上，则会先触发 gesturestart 事件，随后触发基于该手指的 touchstart 事件。如果一个或两个手指在屏幕上滑动，将会触发 gesturechange 事件。但只要有一个手指移开，就会触发 gestureend 事件，紧接着又会触发基于该手指的 touchend 事件。

与触摸事件一样，每个手势事件的 event 对象都包含着标准的鼠标事件属性：bubbles、cancelable、view、clientX、clientY、screenX、screenY、detail、altKey、shiftKey、ctrlKey 和 metaKey。此外，还包含两个额外的属性：rotation 和 scale。其中，rotation 属性表示手指变化引起的旋转角度，负值表示逆时针旋转，正值表示顺时针旋转（该值从 0 开始）。而 scale 属性表示两个手指间距离的变化情况（例如向内收缩会缩短距离）；这个值从 1 开始，并随距离拉大而增长，随距离缩短而减小。

下面是使用手势事件的一个示例。

```
function handleGestureEvent(event){
    var output = document.getElementById("output");
    switch(event.type){
        case "gesturestart":
            output.innerHTML = "Gesture started (rotation=" + event.rotation +
                                ",scale=" + event.scale + ")";
            break;
        case "gestureend":
            output.innerHTML += "<br>Gesture ended (rotation=" + event.rotation +
                                ",scale=" + event.scale + ")";
            break;
        case "gesturechange":
```

```
                output.innerHTML += "<br>Gesture changed (rotation=" + event.rotation +
                                    ",scale=" + event.scale + ")";
                break;
        }
    }

document.addEventListener("gesturestart", handleGestureEvent, false);
document.addEventListener("gestureend", handleGestureEvent, false);
document.addEventListener("gesturechange", handleGestureEvent, false);
```

GestureEventsExample01.htm

与前面演示触摸事件的例子一样，这里的代码只是将每个事件都关联到同一个函数中，然后通过该函数输出每个事件的相关信息。

 触摸事件也会返回 **rotation** 和 **scale** 属性，但这两个属性只会在两个手指与屏幕保持接触时才会发生变化。一般来说，使用基于两个手指的手势事件，要比管理触摸事件中的所有交互要容易得多。

13.5   内存和性能

由于事件处理程序可以为现代 Web 应用程序提供交互能力，因此许多开发人员会不分青红皂白地向页面中添加大量的处理程序。在创建 GUI 的语言(如 C#)中，为 GUI 中的每个按钮添加一个 onclick 事件处理程序是司空见惯的事，而且这样做也不会导致什么问题。可是在 JavaScript 中，添加到页面上的事件处理程序数量将直接关系到页面的整体运行性能。导致这一问题的原因是多方面的。首先，每个函数都是对象，都会占用内存；内存中的对象越多，性能就越差。其次，必须事先指定所有事件处理程序而导致的 DOM 访问次数，会延迟整个页面的交互就绪时间。事实上，从如何利用好事件处理程序的角度出发，还是有一些方法能够提升性能的。

13.5.1   事件委托

对 "事件处理程序过多" 问题的解决方案就是**事件委托**。事件委托利用了事件冒泡，只指定一个事件处理程序，就可以管理某一类型的所有事件。例如，click 事件会一直冒泡到 document 层次。也就是说，我们可以为整个页面指定一个 onclick 事件处理程序，而不必给每个可单击的元素分别添加事件处理程序。以下面的 HTML 代码为例。

```
<ul id="myLinks">
    <li id="goSomewhere">Go somewhere</li>
    <li id="doSomething">Do something</li>
    <li id="sayHi">Say hi</li>
</ul>
```

EventDelegationExample01.htm

其中包含 3 个被单击后会执行操作的列表项。按照传统的做法，需要像下面这样为它们添加 3 个事件处理程序。

```
var item1 = document.getElementById("goSomewhere");
var item2 = document.getElementById("doSomething");
var item3 = document.getElementById("sayHi");

EventUtil.addHandler(item1, "click", function(event){
    location.href = "http://www.wrox.com";
});

EventUtil.addHandler(item2, "click", function(event){
    document.title = "I changed the document's title";
});

EventUtil.addHandler(item3, "click", function(event){
    alert("hi");
});
```

如果在一个复杂的 Web 应用程序中，对所有可单击的元素都采用这种方式，那么结果就会有数不清的代码用于添加事件处理程序。此时，可以利用事件委托技术解决这个问题。使用事件委托，只需在 DOM 树中尽量最高的层次上添加一个事件处理程序，如下面的例子所示。

```
var list = document.getElementById("myLinks");

EventUtil.addHandler(list, "click", function(event){
    event = EventUtil.getEvent(event);
    var target = EventUtil.getTarget(event);

    switch(target.id){
        case "doSomething":
            document.title = "I changed the document's title";
            break;

        case "goSomewhere":
            location.href = "http://www.wrox.com";
            break;

        case "sayHi":
            alert("hi");
            break;
    }
});
```

EventDelegationExample01.htm

在这段代码里，我们使用事件委托只为<ul>元素添加了一个 onclick 事件处理程序。由于所有列表项都是这个元素的子节点，而且它们的事件会冒泡，所以单击事件最终会被这个函数处理。我们知道，事件目标是被单击的列表项，故而可以通过检测 id 属性来决定采取适当的操作。与前面未使用事件委托的代码比一比，会发现这段代码的事前消耗更低，因为只取得了一个 DOM 元素，只添加了一个事件处理程序。虽然对用户来说最终的结果相同，但这种技术需要占用的内存更少。所有用到按钮的事件（多数鼠标事件和键盘事件）都适合采用事件委托技术。

如果可行的话，也可以考虑为 document 对象添加一个事件处理程序，用以处理页面上发生的某种特定类型的事件。这样做与采取传统的做法相比具有如下优点。

❏ document 对象很快就可以访问,而且可以在页面生命周期的任何时点上为它添加事件处理程序(无需等待 DOMContentLoaded 或 load 事件)。换句话说,只要可单击的元素呈现在页面上,就可以立即具备适当的功能。

❏ 在页面中设置事件处理程序所需的时间更少。只添加一个事件处理程序所需的 DOM 引用更少,所花的时间也更少。

❏ 整个页面占用的内存空间更少,能够提升整体性能。

最适合采用事件委托技术的事件包括 click、mousedown、mouseup、keydown、keyup 和 keypress。虽然 mouseover 和 mouseout 事件也冒泡,但要适当处理它们并不容易,而且经常需要计算元素的位置。(因为当鼠标从一个元素移到其子节点时,或者当鼠标移出该元素时,都会触发 mouseout 事件。)

13.5.2　移除事件处理程序

每当将事件处理程序指定给元素时,运行中的浏览器代码与支持页面交互的 JavaScript 代码之间就会建立一个连接。这种连接越多,页面执行起来就越慢。如前所述,可以采用事件委托技术,限制建立的连接数量。另外,在不需要的时候移除事件处理程序,也是解决这个问题的一种方案。内存中留有那些过时不用的"空事件处理程序"(dangling event handler),也是造成 Web 应用程序内存与性能问题的主要原因。

在两种情况下,可能会造成上述问题。第一种情况就是从文档中移除带有事件处理程序的元素时。这可能是通过纯粹的 DOM 操作,例如使用 removeChild() 和 replaceChild() 方法,但更多地是发生在使用 innerHTML 替换页面中某一部分的时候。如果带有事件处理程序的元素被 innerHTML 删除了,那么原来添加到元素中的事件处理程序极有可能无法被当作垃圾回收。来看下面的例子。

```
<div id="myDiv">
    <input type="button" value="Click Me" id="myBtn">
</div>
<script type="text/javascript">
    var btn = document.getElementById("myBtn");
    btn.onclick = function(){

        //先执行某些操作

        document.getElementById("myDiv").innerHTML = "Processing..."; //麻烦了!
    };
</script>
```

这里,有一个按钮被包含在 <div> 元素中。为避免双击,单击这个按钮时就将按钮移除并替换成一条消息;这是网站设计中非常流行的一种做法。但问题在于,当按钮被从页面中移除时,它还带着一个事件处理程序呢。在 <div> 元素上设置 innerHTML 可以把按钮移走,但事件处理程序仍然与按钮保持着引用关系。有的浏览器(尤其是 IE)在这种情况下不会作出恰当地处理,它们很有可能会将对元素和对事件处理程序的引用都保存在内存中。如果你知道某个元素即将被移除,那么最好手工移除事件处理程序,如下面的例子所示。

```
<div id="myDiv">
    <input type="button" value="Click Me" id="myBtn">
</div>
<script type="text/javascript">
    var btn = document.getElementById("myBtn");
```

```
btn.onclick = function(){

    //先执行某些操作

    btn.onclick = null;        //移除事件处理程序
    document.getElementById("myDiv").innerHTML = "Processing...";
};
</script>
```

在此，我们在设置<div>的 innerHTML 属性之前，先移除了按钮的事件处理程序。这样就确保了内存可以被再次利用，而从 DOM 中移除按钮也做到了干净利索。

注意，在事件处理程序中删除按钮也能阻止事件冒泡。目标元素在文档中是事件冒泡的前提。

> 采用事件委托也有助于解决这个问题。如果事先知道将来有可能使用 **innerHTML** 替换掉页面中的某一部分，那么就可以不直接把事件处理程序添加到该部分的元素中。而通过把事件处理程序指定给较高层次的元素，同样能够处理该区域中的事件。

导致"空事件处理程序"的另一种情况，就是卸载页面的时候。毫不奇怪，IE8 及更早版本在这种情况下依然是问题最多的浏览器，尽管其他浏览器或多或少也有类似的问题。如果在页面被卸载之前没有清理干净事件处理程序，那它们就会滞留在内存中。每次加载完页面再卸载页面时（可能是在两个页面间来回切换，也可以是单击了"刷新"按钮），内存中滞留的对象数目就会增加，因为事件处理程序占用的内存并没有被释放。

一般来说，最好的做法是在页面卸载之前，先通过 onunload 事件处理程序移除所有事件处理程序。在此，事件委托技术再次表现出它的优势——需要跟踪的事件处理程序越少，移除它们就越容易。对这种类似撤销的操作，我们可以把它想象成：只要是通过 onload 事件处理程序添加的东西，最后都要通过 onunload 事件处理程序将它们移除。

> 不要忘了，使用 **onunload** 事件处理程序意味着页面不会被缓存在 bfcache 中。如果你在意这个问题，那么就只能在 IE 中通过 **onunload** 来移除事件处理程序了。

13.6 模拟事件

事件，就是网页中某个特别值得关注的瞬间。事件经常由用户操作或通过其他浏览器功能来触发。但很少有人知道，也可以使用 JavaScript 在任意时刻来触发特定的事件，而此时的事件就如同浏览器创建的事件一样。也就是说，这些事件该冒泡还会冒泡，而且照样能够导致浏览器执行已经指定的处理它们的事件处理程序。在测试 Web 应用程序，模拟触发事件是一种极其有用的技术。DOM2 级规范为此规定了模拟特定事件的方式，IE9、Opera、Firefox、Chrome 和 Safari 都支持这种方式。IE 有它自己模拟事件的方式。

13.6.1 DOM 中的事件模拟

可以在 document 对象上使用 createEvent()方法创建 event 对象。这个方法接收一个参数，即表示要创建的事件类型的字符串。在 DOM2 级中，所有这些字符串都使用英文复数形式，而在 DOM3

级中都变成了单数。这个字符串可以是下列几字符串之一。

- ❑ UIEvents：一般化的 UI 事件。鼠标事件和键盘事件都继承自 UI 事件。DOM3 级中是 UIEvent。
- ❑ MouseEvents：一般化的鼠标事件。DOM3 级中是 MouseEvent。
- ❑ MutationEvents：一般化的 DOM 变动事件。DOM3 级中是 MutationEvent。
- ❑ HTMLEvents：一般化的 HTML 事件。没有对应的 DOM3 级事件（HTML 事件被分散到其他类别中）。

要注意的是，"DOM2 级事件"并没有专门规定键盘事件，后来的"DOM3 级事件"中才正式将其作为一种事件给出规定。IE9 是目前唯一支持 DOM3 级键盘事件的浏览器。不过，在其他浏览器中，在现有方法的基础上，可以通过几种方式来模拟键盘事件。

在创建了 event 对象之后，还需要使用与事件有关的信息对其进行初始化。每种类型的 event 对象都有一个特殊的方法，为它传入适当的数据就可以初始化该 event 对象。不同类型的这个方法的名字也不相同，具体要取决于 createEvent() 中使用的参数。

模拟事件的最后一步就是触发事件。这一步需要使用 dispatchEvent() 方法，所有支持事件的 DOM 节点都支持这个方法。调用 dispatchEvent() 方法时，需要传入一个参数，即表示要触发事件的 event 对象。触发事件之后，该事件就跻身"官方事件"之列了，因而能够照样冒泡并引发相应事件处理程序的执行。

1. 模拟鼠标事件

创建新的鼠标事件对象并为其指定必要的信息，就可以模拟鼠标事件。创建鼠标事件对象的方法是为 createEvent() 传入字符串 "MouseEvents"。返回的对象有一个名为 initMouseEvent() 方法，用于指定与该鼠标事件有关的信息。这个方法接收 15 个参数，分别与鼠标事件中每个典型的属性一一对应；这些参数的含义如下。

- ❑ type（字符串）：表示要触发的事件类型，例如 "click"。
- ❑ bubbles（布尔值）：表示事件是否应该冒泡。为精确地模拟鼠标事件，应该把这个参数设置为 true。
- ❑ cancelable（布尔值）：表示事件是否可以取消。为精确地模拟鼠标事件，应该把这个参数设置为 true。
- ❑ view（AbstractView）：与事件关联的视图。这个参数几乎总是要设置为 document.defaultView。
- ❑ detail（整数）：与事件有关的详细信息。这个值一般只有事件处理程序使用，但通常都设置为 0。
- ❑ screenX（整数）：事件相对于屏幕的 X 坐标。
- ❑ screenY（整数）：事件相对于屏幕的 Y 坐标。
- ❑ clientX（整数）：事件相对于视口的 X 坐标。
- ❑ clientY（整数）：事件想对于视口的 Y 坐标。
- ❑ ctrlKey（布尔值）：表示是否按下了 Ctrl 键。默认值为 false。
- ❑ altKey（布尔值）：表示是否按下了 Alt 键。默认值为 false。
- ❑ shiftKey（布尔值）：表示是否按下了 Shift 键。默认值为 false。
- ❑ metaKey（布尔值）：表示是否按下了 Meta 键。默认值为 false。
- ❑ button（整数）：表示按下了哪一个鼠标键。默认值为 0。
- ❑ relatedTarget（对象）：表示与事件相关的对象。这个参数只在模拟 mouseover 或 mouseout 时使用。

显而易见，initMouseEvent()方法的这些参数是与鼠标事件的 event 对象所包含的属性一一对应的。其中，前 4 个参数对正确地激发事件至关重要，因为浏览器要用到这些参数；而剩下的所有参数只有在事件处理程序中才会用到。当把 event 对象传给 dispatchEvent()方法时，这个对象的 target 属性会自动设置。下面，我们就通过一个例子来了解如何模拟对按钮的单击事件。

```
var btn = document.getElementById("myBtn");

//创建事件对象
var event = document.createEvent("MouseEvents");

//初始化事件对象
event.initMouseEvent("click", true, true, document.defaultView, 0, 0, 0, 0, 0,
                     false, false, false, false, 0, null);

//触发事件
btn.dispatchEvent(event);
```

SimulateDOMClickExample01.htm

在兼容 DOM 的浏览器中，也可以通过相同的方式来模拟其他鼠标事件（例如 dblclick）。

2. 模拟键盘事件

前面曾经提到过，"DOM2 级事件"中没有就键盘事件作出规定，因此模拟键盘事件并没有现成的思路可循。"DOM2 级事件"的草案中本来包含了键盘事件，但在定稿之前又被删除了；Firefox 根据其草案实现了键盘事件。需要提请大家注意的是，"DOM3 级事件"中的键盘事件与曾包含在"DOM2 级事件"草案中的键盘事件有很大区别。

DOM3 级规定，调用 createEvent()并传入"KeyboardEvent"就可以创建一个键盘事件。返回的事件对象会包含一个 initKeyboardEvent()方法，这个方法接收下列参数。

- ❑ type（字符串）：表示要触发的事件类型，如"keydown"。
- ❑ bubbles（布尔值）：表示事件是否应该冒泡。为精确模拟鼠标事件，应该设置为 true。
- ❑ cancelable（布尔值）：表示事件是否可以取消。为精确模拟鼠标事件，应该设置为 true。
- ❑ view（AbstractView）：与事件关联的视图。这个参数几乎总是要设置为 document.defaultView。
- ❑ key（布尔值）：表示按下的键的键码。
- ❑ location（整数）：表示按下了哪里的键。0 表示默认的主键盘，1 表示左，2 表示右，3 表示数字键盘，4 表示移动设备（即虚拟键盘），5 表示手柄。
- ❑ modifiers（字符串）：空格分隔的修改键列表，如"Shift"。
- ❑ repeat（整数）：在一行中按了这个键多少次。

由于 DOM3 级不提倡使用 keypress 事件，因此只能利用这种技术来模拟 keydown 和 keyup 事件。

```
var textbox = document.getElementById("myTextbox"),
    event;

//以 DOM3 级方式创建事件对象
if (document.implementation.hasFeature("KeyboardEvents", "3.0")){
    event = document.createEvent("KeyboardEvent");

    //初始化事件对象
    event.initKeyboardEvent("keydown", true, true, document.defaultView, "a",
```

```
                                        0, "Shift", 0);
}

//触发事件
textbox.dispatchEvent(event);
```

这个例子模拟的是按住 Shift 的同时又按下 A 键。在使用 document.createEvent ("KeyboardEvent")之前，应该先检测浏览器是否支持 DOM3 级事件；其他浏览器返回一个非标准的 KeyboardEvent 对象。

在 Firefox 中，调用 createEvent()并传入"KeyEvents"就可以创建一个键盘事件。返回的事件对象会包含一个 initKeyEvent()方法，这个方法接受下列 10 个参数。

- □ type（字符串）：表示要触发的事件类型，如"keydown"。
- □ bubbles（布尔值）：表示事件是否应该冒泡。为精确模拟鼠标事件，应该设置为 true。
- □ cancelable（布尔值）：表示事件是否可以取消。为精确模拟鼠标事件，应该设置为 true。
- □ view（AbstractView）：与事件关联的视图。这个参数几乎总是要设置为 document.default-View。
- □ ctrlKey（布尔值）：表示是否按下了 Ctrl 键。默认值为 false。
- □ altKey（布尔值）：表示是否按下了 Alt 键。默认值为 false。
- □ shiftKey（布尔值）：表示是否按下了 Shift 键。默认值为 false。
- □ metaKey（布尔值）：表示是否按下了 Meta 键。默认值为 false。
- □ keyCode（整数）：被按下或释放的键的键码。这个参数对 keydown 和 keyup 事件有用，默认值为 0。
- □ charCode（整数）：通过按键生成的字符的 ASCII 编码。这个参数对 keypress 事件有用，默认值为 0。

将创建的 event 对象传入到 dispatchEvent()方法就可以触发键盘事件，如下面的例子所示。

```
//只适用于 Firefox
var textbox = document.getElementById("myTextbox")

//创建事件对象
var event = document.createEvent("KeyEvents");

//初始化事件对象
event.initKeyEvent("keypress", true, true, document.defaultView, false, false,
                   false, false, 65, 65);

//触发事件
textbox.dispatchEvent(event);
```

在 Firefox 中运行上面的代码，会在指定的文本框中输入字母 A。同样，也可以依此模拟 keyup 和 keydown 事件。

在其他浏览器中，则需要创建一个通用的事件，然后再向事件对象中添加键盘事件特有的信息。例如：

```
var textbox = document.getElementById("myTextbox");

//创建事件对象
var event = document.createEvent("Events");

//初始化事件对象
event.initEvent(type, bubbles, cancelable);
event.view = document.defaultView;
event.altKey = false;
event.ctrlKey = false;
event.shiftKey = false;
event.metaKey = false;
event.keyCode = 65;
event.charCode = 65;

//触发事件
textbox.dispatchEvent(event);
```

以上代码首先创建了一个通用事件，然后调用 initEvent()对其进行初始化，最后又为其添加了键盘事件的具体信息。在此必须要使用通用事件，而不能使用 UI 事件，因为 UI 事件不允许向 event 对象中再添加新属性（Safari 除外）。像这样模拟事件虽然会触发键盘事件，但却不会向文本框中写入文本，这是由于无法精确模拟键盘事件所造成的。

3. 模拟其他事件

虽然鼠标事件和键盘事件是在浏览器中最经常模拟的事件，但有时候同样需要模拟变动事件和 HTML 事件。要模拟变动事件，可以使用 createEvent("MutationEvents") 创建一个包含 initMutationEvent() 方法的变动事件对象。这个方法接受的参数包括：type、bubbles、cancelable、relatedNode、prevValue、newValue、attrName 和 attrChange。下面来看一个模拟变动事件的例子。

```
var event = document.createEvent("MutationEvents");
event.initMutationEvent("DOMNodeInserted", true, false, someNode, "","","",0);
target.dispatchEvent(event);
```

以上代码模拟了 DOMNodeInserted 事件。其他变动事件也都可以照这个样子来模拟，只要改一改参数就可以了。

要模拟 HTML 事件，同样需要先创建一个 event 对象——通过 createEvent("HTMLEvents")，然后再使用这个对象的 initEvent() 方法来初始化它即可，如下面的例子所示。

```
var event = document.createEvent("HTMLEvents");
event.initEvent("focus", true, false);
target.dispatchEvent(event);
```

这个例子展示了如何在给定目标上模拟 focus 事件。模拟其他 HTML 事件的方法也是这样。

 浏览器中很少使用变动事件和 HTML 事件，因为使用它们会受到一些限制。

4. 自定义 DOM 事件

DOM3 级还定义了"自定义事件"。自定义事件不是由 DOM 原生触发的，它的目的是让开发人员创建自己的事件。要创建新的自定义事件，可以调用 createEvent("CustomEvent")。返回的对象有一个名为 initCustomEvent() 的方法，接收如下 4 个参数。

❑ type（字符串）：触发的事件类型，例如"keydown"。

❑ bubbles（布尔值）：表示事件是否应该冒泡。

❑ cancelable（布尔值）：表示事件是否可以取消。

❑ detail（对象）：任意值，保存在 event 对象的 detail 属性中。

可以像分派其他事件一样在 DOM 中分派创建的自定义事件对象。例如：

```
var div = document.getElementById("myDiv"),
    event;

EventUtil.addHandler(div, "myevent", function(event){
    alert("DIV: " + event.detail);
});
EventUtil.addHandler(document, "myevent", function(event){
    alert("DOCUMENT: " + event.detail);
});

if (document.implementation.hasFeature("CustomEvents", "3.0")){
    event = document.createEvent("CustomEvent");
    event.initCustomEvent("myevent", true, false, "Hello world!");
    div.dispatchEvent(event);
}
```

SimulateDOMCustomEventExample01.htm

这个例子创建了一个冒泡事件"myevent"。而 event.detail 的值被设置成了一个简单的字符串，然后在<div>元素和 document 上侦听这个事件。因为 initCustomEvent()方法已经指定这个事件应该冒泡，所以浏览器会负责将事件向上冒泡到 document。

支持自定义 DOM 事件的浏览器有 IE9+和 Firefox 6+。

13.6.2   IE 中的事件模拟

在 IE8 及之前版本中模拟事件与在 DOM 中模拟事件的思路相似：先创建 event 对象，然后为其指定相应的信息，然后再使用该对象来触发事件。当然，IE 在实现每个步骤时都采用了不一样的方式。

调用 document.createEventObject()方法可以在 IE 中创建 event 对象。但与 DOM 方式不同的是，这个方法不接受参数，结果会返回一个通用的 event 对象。然后，你必须手工为这个对象添加所有必要的信息（没有方法来辅助完成这一步骤）。最后一步就是在目标上调用 fireEvent()方法，这个方法接受两个参数：事件处理程序的名称和 event 对象。在调用 fireEvent()方法时，会自动为 event 对象添加 srcElement 和 type 属性；其他属性则都是必须通过手工添加的。换句话说，模拟任何 IE 支持的事件都采用相同的模式。例如，下面的代码模拟了在一个按钮上触发 click 事件过程。

```
var btn = document.getElementById("myBtn");

//创建事件对象
var event = document.createEventObject();

//初始化事件对象
event.screenX = 100;
event.screenY = 0;
event.clientX = 0;
event.clientY = 0;
event.ctrlKey = false;
event.altKey = false;
```

```
event.shiftKey = false;
event.button = 0;

//触发事件
btn.fireEvent("onclick", event);
```

这个例子先创建了一个 event 对象，然后又用一些信息对其进行了初始化。注意，这里可以为对象随意添加属性，不会有任何限制——即使添加的属性 IE8 及更早版本并不支持也无所谓。在此添加的属性对事件没有什么影响，因为只有事件处理程序才会用到它们。

采用相同的模式也可以模拟触发 keypress 事件，如下面的例子所示。

```
var textbox = document.getElementById("myTextbox");

//创建事件对象
var event = document.createEventObject();

//初始化事件对象
event.altKey = false;
event.ctrlKey = false;
event.shiftKey = false;
event.keyCode = 65;

//触发事件
textbox.fireEvent("onkeypress", event);
```

由于鼠标事件、键盘事件以及其他事件的 event 对象并没有什么不同，所以可以使用通用对象来触发任何类型的事件。不过，正如在 DOM 中模拟键盘事件一样，运行这个例子也不会因模拟了 keypress 而在文本框中看到任何字符，即使触发了事件处理程序也没有用。

13.7 小结

事件是将 JavaScript 与网页联系在一起的主要方式。"DOM3 级事件"规范和 HTML5 定义了常见的大多数事件。即使有规范定义了基本事件，但很多浏览器仍然在规范之外实现了自己的专有事件，从而为开发人员提供更多掌握用户交互的手段。有些专有事件与特定设备关联，例如移动 Safari 中的 orientationchange 事件就是特定关联 iOS 设备的。

在使用事件时，需要考虑如下一些内存与性能方面的问题。

❑ 有必要限制一个页面中事件处理程序的数量，数量太多会导致占用大量内存，而且也会让用户感觉页面反应不够灵敏。
❑ 建立在事件冒泡机制之上的事件委托技术，可以有效地减少事件处理程序的数量。
❑ 建议在浏览器卸载页面之前移除页面中的所有事件处理程序。

可以使用 JavaScript 在浏览器中模拟事件。"DOM2 级事件"和"DOM3 级事件"规范规定了模拟事件的方法，为模拟各种有定义的事件提供了方便。此外，通过组合使用一些技术，还可以在某种程度上模拟键盘事件。IE8 及之前版本同样支持事件模拟，只不过模拟的过程有些差异。

事件是 JavaScript 中最重要的主题之一，深入理解事件的工作机制以及它们对性能的影响至关重要。

13

第14章

表单脚本

本章内容
- ❑ 理解表单
- ❑ 文本框验证与交互
- ❑ 使用其他表单控制

JavaScript 最初的一个应用，就是分担服务器处理表单的责任，打破处处依赖服务器的局面。尽管目前的 Web 和 JavaScript 已经有了长足的发展，但 Web 表单的变化并不明显。由于 Web 表单没有为许多常见任务提供现成的解决手段，很多开发人员不仅会在验证表单时使用 JavaScirpt，而且还增强了一些标准表单控件的默认行为。

14.1 表单的基础知识

在 HTML 中，表单是由<form>元素来表示的，而在 JavaScript 中，表单对应的则是 HTMLForm-Element 类型。HTMLFormElement 继承了 HTMLElement，因而与其他 HTML 元素具有相同的默认属性。不过，HTMLFormElement 也有它自己下列独有的属性和方法。

- ❑ acceptCharset：服务器能够处理的字符集；等价于 HTML 中的 accept-charset 特性。
- ❑ action：接受请求的 URL；等价于 HTML 中的 action 特性。
- ❑ elements：表单中所有控件的集合（HTMLCollection）。
- ❑ enctype：请求的编码类型；等价于 HTML 中的 enctype 特性。
- ❑ length：表单中控件的数量。
- ❑ method：要发送的 HTTP 请求类型，通常是"get"或"post"；等价于 HTML 的 method 特性。
- ❑ name：表单的名称；等价于 HTML 的 name 特性。
- ❑ reset()：将所有表单域重置为默认值。
- ❑ submit()：提交表单。
- ❑ target：用于发送请求和接收响应的窗口名称；等价于 HTML 的 target 特性。

取得<form>元素引用的方式有好几种。其中最常见的方式就是将它看成与其他元素一样，并为其添加 id 特性，然后再像下面这样使用 getElementById()方法找到它。

```
var form = document.getElementById("form1");
```

其次，通过 document.forms 可以取得页面中所有的表单。在这个集合中，可以通过数值索引或 name 值来取得特定的表单，如下面的例子所示。

```
var firstForm = document.forms[0];          //取得页面中的第一个表单
var myForm = document.forms["form2"];        //取得页面中名称为"form2"的表单
```

另外，在较早的浏览器或者那些支持向后兼容的浏览器中，也会把每个设置了 name 特性的表单作为属性保存在 document 对象中。例如，通过 document.form2 可以访问到名为"form2"的表单。不过，我们不推荐使用这种方式：一是容易出错，二是将来的浏览器可能会不支持。

注意，可以同时为表单指定 id 和 name 属性，但它们的值不一定相同。

14.1.1 提交表单

用户单击提交按钮或图像按钮时，就会提交表单。使用<input>或<button>都可以定义提交按钮，只要将其 type 特性的值设置为"submit"即可，而图像按钮则是通过将<input>的 type 特性值设置为"image"来定义的。因此，只要我们单击以下代码生成的按钮，就可以提交表单。

```
<!-- 通用提交按钮 -->
<input type="submit" value="Submit Form">

<!-- 自定义提交按钮 -->
<button type="submit">Submit Form</button>

<!-- 图像按钮 -->
<input type="image" src="graphic.gif">
```

只要表单中存在上面列出的任何一种按钮，那么在相应表单控件拥有焦点的情况下，按回车键就可以提交该表单。（textarea 是一个例外，在文本区中回车会换行。）如果表单里没有提交按钮，按回车键不会提交表单。

以这种方式提交表单时，浏览器会在将请求发送给服务器之前触发 submit 事件。这样，我们就有机会验证表单数据，并据以决定是否允许表单提交。阻止这个事件的默认行为就可以取消表单提交。例如，下列代码会阻止表单提交。

```
var form = document.getElementById("myForm");
EventUtil.addHandler(form, "submit", function(event){

    //取得事件对象
    event = EventUtil.getEvent(event);

    //阻止默认事件
    EventUtil.preventDefault(event);
});
```

这里使用了第 13 章定义的 EventUtil 对象，以便跨浏览器处理事件。调用 preventDefault()方法阻止了表单提交。一般来说，在表单数据无效而不能发送给服务器时，可以使用这一技术。

在 JavaScript 中，以编程方式调用 submit()方法也可以提交表单。而且，这种方式无需表单包含提交按钮，任何时候都可以正常提交表单。来看一个例子。

```
var form = document.getElementById("myForm");
```

```
//提交表单
form.submit();
```

在以调用 submit()方法的形式提交表单时，不会触发 submit 事件，因此要记得在调用此方法之前先验证表单数据。

提交表单时可能出现的最大问题，就是重复提交表单。在第一次提交表单后，如果长时间没有反应，用户可能会变得不耐烦。这时候，他们也许会反复单击提交按钮。结果往往很麻烦（因为服务器要处理重复的请求），或者会造成错误（如果用户是下订单，那么可能会多订好几份）。解决这一问题的办法有两个：在第一次提交表单后就禁用提交按钮，或者利用 onsubmit 事件处理程序取消后续的表单提交操作。

14.1.2 重置表单

在用户单击重置按钮时，表单会被重置。使用 type 特性值为"reset"的<input>或<button>都可以创建重置按钮，如下面的例子所示。

```
<!-- 通用重置按钮 -->
<input type="reset" value="Reset Form">

<!-- 自定义重置按钮 -->
<button type="reset">Reset Form</button>
```

这两个按钮都可以用来重置表单。在重置表单时，所有表单字段都会恢复到页面刚加载完毕时的初始值。如果某个字段的初始值为空，就会恢复为空；而带有默认值的字段，也会恢复为默认值。

用户单击重置按钮重置表单时，会触发 reset 事件。利用这个机会，我们可以在必要时取消重置操作。例如，下面展示了阻止重置表单的代码。

```
var form = document.getElementById("myForm");
EventUtil.addHandler(form, "reset", function(event){

    //取得事件对象
    event = EventUtil.getEvent(event);

    //阻止表单重置
    EventUtil.preventDefault(event);
});
```

与提交表单一样，也可以通过 JavaScript 来重置表单，如下面的例子所示。

```
var form = document.getElementById("myForm");

//重置表单
form.reset();
```

与调用 submit()方法不同，调用 reset()方法会像单击重置按钮一样触发 reset 事件。

> 在 Web 表单设计中，重置表单通常意味着对已经填写的数据不满意。重置表单经常会导致用户摸不着头脑，如果意外地触发了表单重置事件，那么用户甚至会很恼火。事实上，重置表单的需求是很少见的。更常见的做法是提供一个取消按钮，让用户能够回到前一个页面，而不是不分青红皂白地重置表单中的所有值。

14.1.3 表单字段

可以像访问页面中的其他元素一样，使用原生 DOM 方法访问表单元素。此外，每个表单都有

elements 属性，该属性是表单中所有表单元素（字段）的集合。这个 elements 集合是一个有序列表，其中包含着表单中的所有字段，例如`<input>`、`<textarea>`、`<button>`和`<fieldset>`。每个表单字段在 elements 集合中的顺序，与它们出现在标记中的顺序相同，可以按照位置和 name 特性来访问它们。下面来看一个例子。

```
var form = document.getElementById("form1");

//取得表单中的第一个字段
var field1 = form.elements[0];

//取得名为"textbox1"的字段
var field2 = form.elements["textbox1"];

//取得表单中包含的字段的数量
var fieldCount = form.elements.length;
```

如果有多个表单控件都在使用一个 name（如单选按钮），那么就会返回以该 name 命名的一个 NodeList。例如，以下面的 HTML 代码片段为例。

```
<form method="post" id="myForm">
    <ul>
        <li><input type="radio" name="color" value="red">Red</li>
        <li><input type="radio" name="color" value="green">Green</li>
        <li><input type="radio" name="color" value="blue">Blue</li>
    </ul>
</form>
```

FormFieldsExample01.htm

在这个 HTML 表单中，有 3 个单选按钮，它们的 name 都是"color"，意味着这 3 个字段是一起的。在访问 elements["color"]时，就会返回一个 NodeList，其中包含这 3 个元素；不过，如果访问 elements[0]，则只会返回第一个元素。来看下面的例子。

```
var form = document.getElementById("myForm");

var colorFields = form.elements["color"];
alert(colorFields.length);  //3

var firstColorField = colorFields[0];
var firstFormField = form.elements[0];
alert(firstColorField === firstFormField);   //true
```

FormFieldsExample01.htm

以上代码显示，通过 form.elements[0]访问到的第一个表单字段，与包含在 form.elements["color"]中的第一个元素相同。

　　也可以通过访问表单的属性来访问元素，例如 form[0]可以取得第一个表单字段，而 form["color"]则可以取得第一个命名字段。这些属性与通过 elements 集合访问到的元素是相同的。但是，我们应该尽可能使用 elements，通过表单属性访问元素只是为了与旧浏览器向后兼容而保留的一种过渡方式。

1. 共有的表单字段属性

除了<fieldset>元素之外，所有表单字段都拥有相同的一组属性。由于<input>类型可以表示多种表单字段，因此有些属性只适用于某些字段，但还有一些属性是所有字段所共有的。表单字段共有的属性如下。

- ❑ disabled：布尔值，表示当前字段是否被禁用。
- ❑ form：指向当前字段所属表单的指针；只读。
- ❑ name：当前字段的名称。
- ❑ readOnly：布尔值，表示当前字段是否只读。
- ❑ tabIndex：表示当前字段的切换（tab）序号。
- ❑ type：当前字段的类型，如"checkbox"、"radio"，等等。
- ❑ value：当前字段将被提交给服务器的值。对文件字段来说，这个属性是只读的，包含着文件在计算机中的路径。

除了 form 属性之外，可以通过 JavaScript 动态修改其他任何属性。来看下面的例子：

```
var form = document.getElementById("myForm");
var field = form.elements[0];

//修改 value 属性
field.value = "Another value";

//检查 form 属性的值
alert(field.form === form);    //true

//把焦点设置到当前字段
field.focus();

//禁用当前字段
field.disabled = true;

//修改 type 属性（不推荐，但对<input>来说是可行的）
field.type = "checkbox";
```

能够动态修改表单字段属性，意味着我们可以在任何时候，以任何方式来动态操作表单。例如，很多用户可能会重复单击表单的提交按钮。在涉及信用卡消费时，这就是个问题：因为会导致费用翻番。为此，最常见的解决方案，就是在第一次单击后就禁用提交按钮。只要侦听 submit 事件，并在该事件发生时禁用提交按钮即可。以下就是这样一个例子。

```
//避免多次提交表单
EventUtil.addHandler(form, "submit", function(event){
    event = EventUtil.getEvent(event);
    var target = EventUtil.getTarget(event);

    //取得提交按钮
    var btn = target.elements["submit-btn"];

    //禁用它
    btn.disabled = true;
});
```

FormFieldsExample02.htm

以上代码为表单的 submit 事件添加了一个事件处理程序。事件触发后，代码取得了提交按钮并将其 disabled 属性设置为 true。注意，不能通过 onclick 事件处理程序来实现这个功能，原因是不同浏览器之间存在"时差"：有的浏览器会在触发表单的 submit 事件之前触发 click 事件，而有的浏览器则相反。对于先触发 click 事件的浏览器，意味着会在提交发生之前禁用按钮，结果永远都不会提交表单。因此，最好是通过 submit 事件来禁用提交按钮。不过，这种方式不适合表单中不包含提交按钮的情况；如前所述，只有在包含提交按钮的情况下，才有可能触发表单的 submit 事件。

除了 <fieldset> 之外，所有表单字段都有 type 属性。对于 <input> 元素，这个值等于 HTML 特性 type 的值。对于其他元素，这个 type 属性的值如下表所列。

说　明	HTML示例	type属性的值
单选列表	`<select>...</select>`	`"select-one"`
多选列表	`<select multiple>...</select>`	`"select-multiple"`
自定义按钮	`<button>...</button>`	`"submit"`
自定义非提交按钮	`<button type="button">...</button>`	`"button"`
自定义重置按钮	`<button type="reset">...</buton>`	`"reset"`
自定义提交按钮	`<button type="submit">...</buton>`	`"submit"`

此外，<input> 和 <button> 元素的 type 属性是可以动态修改的，而 <select> 元素的 type 属性则是只读的。

2. 共有的表单字段方法

每个表单字段都有两个方法：focus() 和 blur()。其中，focus() 方法用于将浏览器的焦点设置到表单字段，即激活表单字段，使其可以响应键盘事件。例如，接收到焦点的文本框会显示插入符号，随时可以接收输入。使用 focus() 方法，可以将用户的注意力吸引到页面中的某个部位。例如，在页面加载完毕后，将焦点转移到表单中的第一个字段。为此，可以侦听页面的 load 事件，并在该事件发生时在表单的第一个字段上调用 focus() 方法，如下面的例子所示。

```
EventUtil.addHandler(window, "load", function(event){
    document.forms[0].elements[0].focus();
});
```

要注意的是，如果第一个表单字段是一个 <input> 元素，且其 type 特性的值为 "hidden"，那么以上代码会导致错误。另外，如果使用 CSS 的 display 和 visibility 属性隐藏了该字段，同样也会导致错误。

HTML5 为表单字段新增了一个 autofocus 属性。在支持这个属性的浏览器中，只要设置这个属性，不用 JavaScript 就能自动把焦点移动到相应字段。例如：

```
<input type="text" autofocus>
```

为了保证前面的代码在设置 autofocus 的浏览器中正常运行，必须先检测是否设置了该属性，如果设置了，就不用再调用 focus() 了。

```
EventUtil.addHandler(window, "load", function(event){
    var element = document.forms[0].elements[0];
```

```
if (element.autofocus !== true){
    element.focus(); console.log("JS focus");
}
});
```

FocusExample01.htm

因为 autofocus 是一个布尔值属性，所以在支持的浏览器中它的值应该是 true。（在不支持的浏览器中，它的值将是空字符串。）为此，上面的代码只有在 autofocus 不等于 true 的情况下才会调用 focus()，从而保证向前兼容。支持 autofocus 属性的浏览器有 Firefox 4+、Safari 5+、Chrome 和 Opera 9.6。

> 在默认情况下，只有表单字段可以获得焦点。对于其他元素而言，如果先将其 tabIndex 属性设置为-1，然后再调用 focus() 方法，也可以让这些元素获得焦点。只有 Opera 不支持这种技术。

与 focus() 方法相对的是 blur() 方法，它的作用是从元素中移走焦点。在调用 blur() 方法时，并不会把焦点转移到某个特定的元素上；仅仅是将焦点从调用这个方法的元素上面移走而已。在早期 Web 开发中，那时候的表单字段还没有 readonly 特性，因此就可以使用 blur() 方法来创建只读字段。现在，虽然需要使用 blur() 的场合不多了，但必要时还可以使用的。用法如下：

```
document.forms[0].elements[0].blur();
```

3. 共有的表单字段事件

除了支持鼠标、键盘、更改和 HTML 事件之外，所有表单字段都支持下列 3 个事件。

- ❑ blur：当前字段失去焦点时触发。
- ❑ change：对于<input>和<textarea>元素，在它们失去焦点且 value 值改变时触发；对于 <select>元素，在其选项改变时触发。
- ❑ focus：当前字段获得焦点时触发。

当用户改变了当前字段的焦点，或者我们调用了 blur() 或 focus() 方法时，都可以触发 blur 和 focus 事件。这两个事件在所有表单字段中都是相同的。但是，change 事件在不同表单控件中触发的次数会有所不同。对于<input>和<textarea>元素，当它们从获得焦点到失去焦点且 value 值改变时，才会触发 change 事件。对于<select>元素，只要用户选择了不同的选项，就会触发 change 事件；换句话说，不失去焦点也会触发 change 事件。

通常，可以使用 focus 和 blur 事件来以某种方式改变用户界面，要么是向用户给出视觉提示，要么是向界面中添加额外的功能（例如，为文本框显示一个下拉选项菜单）。而 change 事件则经常用于验证用户在字段中输入的数据。例如，假设有一个文本框，我们只允许用户输入数值。此时，可以利用 focus 事件修改文本框的背景颜色，以便更清楚地表明这个字段获得了焦点。可以利用 blur 事件恢复文本框的背景颜色，利用 change 事件在用户输入了非数值字符时再次修改背景颜色。下面就给出了实现上述功能的代码。

```
var textbox = document.forms[0].elements[0];

EventUtil.addHandler(textbox, "focus", function(event){
    event = EventUtil.getEvent(event);
```

```
        var target = EventUtil.getTarget(event);

        if (target.style.backgroundColor != "red"){
            target.style.backgroundColor = "yellow";
        }
    });

    EventUtil.addHandler(textbox, "blur", function(event){
        event = EventUtil.getEvent(event);
        var target = EventUtil.getTarget(event);

        if (/[^\d]/.test(target.value)){
            target.style.backgroundColor = "red";
        } else {
            target.style.backgroundColor = "";
        }
    });

    EventUtil.addHandler(textbox, "change", function(event){
        event = EventUtil.getEvent(event);
        var target = EventUtil.getTarget(event);

        if (/[^\d]/.test(target.value)){
            target.style.backgroundColor = "red";
        } else {
            target.style.backgroundColor = "";
        }
    });
```

FormFieldEventsExample01.htm

在此，onfocus 事件处理程序将文本框的背景颜色修改为黄色，以清楚地表明当前字段已经激活。随后，onblur 和 onchange 事件处理程序则会在发现非数值字符时，将文本框背景颜色修改为红色。为了测试用户输入的是不是非数值，这里针对文本框的 value 属性使用了简单的正则表达式。而且，为确保无论文本框的值如何变化，验证规则始终如一，onblur 和 onchange 事件处理程序中使用了相同的正则表达式。

> 关于 blur 和 change 事件的关系，并没有严格的规定。在某些浏览器中，blur 事件会先于 change 事件发生；而在其他浏览器中，则恰好相反。为此，不能假定这两个事件总会以某种顺序依次触发，这一点要特别注意。

14.2 文本框脚本

在 HTML 中，有两种方式来表现文本框：一种是使用<input>元素的单行文本框，另一种是使用<textarea>的多行文本框。这两个控件非常相似，而且多数时候的行为也差不多。不过，它们之间仍然存在一些重要的区别。

要表现文本框，必须将<input>元素的 type 特性设置为"text"。而通过设置 size 特性，可以指定文本框中能够显示的字符数。通过 value 特性，可以设置文本框的初始值，而 maxlength 特性则用于指定文本框可以接受的最大字符数。如果要创建一个文本框，让它能够显示 25 个字符，但输入不能超过 50 个字符，可以使用以下代码：

```
<input type="text" size="25" maxlength="50" value="initial value">
```

相对而言,<textarea>元素则始终会呈现为一个多行文本框。要指定文本框的大小,可以使用 rows 和 cols 特性。其中, rows 特性指定的是文本框的字符行数,而 cols 特性指定的是文本框的字符列数 (类似于<input>元素的 size 特性)。与<input>元素不同, <textarea>的初始值必须要放在 <textarea>和</textarea>之间,如下面的例子所示。

```
<textarea rows="25" cols="5">initial value</textarea>
```

另一个与<input>的区别在于,不能在 HTML 中给<textarea>指定最大字符数。

无论这两种文本框在标记中有什么区别,但它们都会将用户输入的内容保存在 value 属性中。可以通过这个属性读取和设置文本框的值,如下面的例子所示:

```
var textbox = document.forms[0].elements["textbox1"];
alert(textbox.value);

textbox.value = "Some new value";
```

我们建议读者像上面这样使用 value 属性读取或设置文本框的值,不建议使用标准的 DOM 方法。换句话说,不要使用 setAttribute()设置<input>元素的 value 特性,也不要去修改<textarea>元素的第一个子节点。原因很简单:对 value 属性所作的修改,不一定会反映在 DOM 中。因此,在处理文本框的值时,最好不要使用 DOM 方法。

14.2.1   选择文本

上述两种文本框都支持 select()方法,这个方法用于选择文本框中的所有文本。在调用 select() 方法时,大多数浏览器(Opera 除外)都会将焦点设置到文本框中。这个方法不接受参数,可以在任何时候被调用。下面来看一个例子。

```
var textbox = document.forms[0].elements["textbox1"];
textbox.select();
```

在文本框获得焦点时选择其所有文本,这是一种非常常见的做法,特别是在文本框包含默认值的时候。因为这样做可以让用户不必一个一个地删除文本。下面展示了实现这一操作的代码。

```
EventUtil.addHandler(textbox, "focus", function(event){
    event = EventUtil.getEvent(event);
    var target = EventUtil.getTarget(event);

    target.select();
});
```

TextboxSelectExample01.htm

将上面的代码应用到文本框之后,只要文本框获得焦点,就会选择其中所有的文本。这种技术能够较大幅度地提升表单的易用性。

1. 选择(select)事件

与 select()方法对应的,是一个 select 事件。在选择了文本框中的文本时,就会触发 select 事件。不过,到底什么时候触发 select 事件,还会因浏览器而异。在 IE9+、Opera、Firefox、Chrome 和 Safari 中,只有用户选择了文本(而且要释放鼠标),才会触发 select 事件。而在 IE8 及更早版本中,只要用户选择了一个字母（不必释放鼠标），就会触发 select 事件。另外，在调用 select() 方法时也会触发 select 事件。下面是一个简单的例子。

```
var textbox = document.forms[0].elements["textbox1"];
EventUtil.addHandler(textbox, "select", function(event){
    var alert("Text selected" + textbox.value);
});
```

SelectEventExample01.htm

2. 取得选择的文本

虽然通过 select 事件我们可以知道用户什么时候选择了文本，但仍然不知道用户选择了什么文本。HTML5 通过一些扩展方案解决了这个问题，以便更顺利地取得选择的文本。该规范采取的办法是添加两个属性：selectionStart 和 selectionEnd。这两个属性中保存的是基于 0 的数值，表示所选文本的范围（即文本选区开头和结尾的偏移量）。因此，要取得用户在文本框中选择的文本，可以使用如下代码。

```
function getSelectedText(textbox){
    return textbox.value.substring(textbox.selectionStart, textbox.selectionEnd);
}
```

因为 substring() 方法基于字符串的偏移量执行操作，所以将 selectionStart 和 selectionEnd 直接传给它就可以取得选中的文本。

IE9+、Firefox、Safari、Chrome 和 Opera 都支持这两个属性。IE8 及之前版本不支持这两个属性，而是提供了另一种方案。

IE8 及更早的版本中有一个 document.selection 对象，其中保存着用户在整个文档范围内选择的文本信息；也就是说，无法确定用户选择的是页面中哪个部位的文本。不过，在与 select 事件一起使用的时候，可以假定是用户选择了文本框中的文本，因而触发了该事件。要取得选择的文本，首先必须创建一个范围（第 12 章讨论过），然后再将文本从其中提取出来，如下面的例子所示。

```
function getSelectedText(textbox){
    if (typeof textbox.selectionStart == "number"){
        return textbox.value.substring(textbox.selectionStart,
                                        textbox.selectionEnd);
    } else if (document.selection){
        return document.selection.createRange().text;
    }
}
```

TextboxGetSelectedTextExample01.htm

这里修改了前面的函数，包括了在 IE 中取得选择文本的代码。注意，调用 document.selection 时，不需要考虑 textbox 参数。

3. 选择部分文本

HTML5 也为选择文本框中的部分文本提供了解决方案，即最早由 Firefox 引入的 setSelectionRange() 方法。现在除 select() 方法之外，所有文本框都有一个 setSelectionRange() 方法。这个方法接收两个参数：要选择的第一个字符的索引和要选择的最后一个字符之后的字符的索引（类似于 substring() 方法的两个参数）。来看一个例子。

```
textbox.value = "Hello world!"

//选择所有文本
textbox.setSelectionRange(0, textbox.value.length);  //"Hello world!"

//选择前 3 个字符
textbox.setSelectionRange(0, 3);  //"Hel"

//选择第 4 到第 6 个字符
textbox.setSelectionRange(4, 7);  //"o w"
```

要看到选择的文本，必须在调用 setSelectionRange() 之前或之后立即将焦点设置到文本框。IE9、Firefox、Safari、Chrome 和 Opera 支持这种方案。

IE8 及更早版本支持使用范围（第 12 章讨论过）选择部分文本。要选择文本框中的部分文本，必须首先使用 IE 在所有文本框上提供的 createTextRange() 方法创建一个范围，并将其放在恰当的位置上。然后，再使用 moveStart() 和 moveEnd() 这两个范围方法将范围移动到位。不过，在调用这两个方法以前，还必须使用 collapse() 将范围折叠到文本框的开始位置。此时，moveStart() 将范围的起点和终点移动到了相同的位置，只要再给 moveEnd() 传入要选择的字符总数即可。最后一步，就是使用范围的 select() 方法选择文本，如下面的例子所示。

```
textbox.value = "Hello world!";

var range = textbox.createTextRange();

//选择所有文本
range.collapse(true);
range.moveStart("character", 0);
range.moveEnd("character", textbox.value.length);  //"Hello world!"
range.select();

//选择前 3 个字符
range.collapse(true);
range.moveStart("character", 0);
range.moveEnd("character", 3);
range.select();                          //"Hel"

//选择第 4 到第 6 个字符
range.collapse(true);
range.moveStart("character", 4);
range.moveEnd("character", 3);
range.select();                          //"o w"
```

与在其他浏览器中一样，要想在文本框中看到文本被选择的效果，必须让文本框获得焦点。

为了实现跨浏览器编程，可以将上述两种方案组合起来，如下面的例子所示。

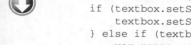

```
function selectText(textbox, startIndex, stopIndex){
    if (textbox.setSelectionRange){
        textbox.setSelectionRange(startIndex, stopIndex);
    } else if (textbox.createTextRange){
        var range = textbox.createTextRange();
        range.collapse(true);
        range.moveStart("character", startIndex);
        range.moveEnd("character", stopIndex - startIndex);
        range.select();
    }
```

```
        textbox.focus();
    }
```

TextboxPartialSelectionExample01.htm

这个 selectText() 函数接收三个参数：要操作的文本框、要选择文本中第一个字符的索引和要选择文本中最后一个字符之后的索引。首先，函数测试了文本框是否包含 setSelectionRange() 方法。如果有，则使用该方法。否则，检测文本框是否支持 createTextRange() 方法。如果支持，则通过创建范围来实现选择。最后一步，就是为文本框设置焦点，以便用户看到文本框中选择的文本。可以像下面这样使用 selectText() 方法。

```
textbox.value = "Hello world!"

//选择所有文本
selectText(textbox, 0, textbox.value.length);  //"Hello world!"

//选择前 3 个字符
selectText(textbox, 0, 3);         //"Hel"

//选择第 4 到第 6 个字符
selectText(textbox, 4, 7);         //"o w"
```

选择部分文本的技术在实现高级文本输入框时很有用，例如提供自动完成建议的文本框就可以使用这种技术。

14.2.2　过滤输入

我们经常会要求用户在文本框中输入特定的数据，或者输入特定格式的数据。例如，必须包含某些字符，或者必须匹配某种模式。由于文本框在默认情况下没有提供多少验证数据的手段，因此必须使用 JavaScript 来完成此类过滤输入的操作。而综合运用事件和 DOM 手段，就可以将普通的文本框转换成能够理解用户输入数据的功能型控件。

1. 屏蔽字符

有时候，我们需要用户输入的文本中包含或不包含某些字符。例如，电话号码中不能包含非数值字符。如前所述，响应向文本框中插入字符操作的是 keypress 事件。因此，可以通过阻止这个事件的默认行为来屏蔽此类字符。在极端的情况下，可以通过下列代码屏蔽所有按键操作。

```
EventUtil.addHandler(textbox, "keypress", function(event){
    event = EventUtil.getEvent(event);
    EventUtil.preventDefault(event);
});
```

运行以上代码后，由于所有按键操作都将被屏蔽，结果会导致文本框变成只读的。如果只想屏蔽特定的字符，则需要检测 keypress 事件对应的字符编码，然后再决定如何响应。例如，下列代码只允许用户输入数值。

```
EventUtil.addHandler(textbox, "keypress", function(event){
    event = EventUtil.getEvent(event);
    var target = EventUtil.getTarget(event);
    var charCode = EventUtil.getCharCode(event);

    if (!/\d/.test(String.fromCharCode(charCode))){
```

```
        EventUtil.preventDefault(event);
    }
});
```

在这个例子中，我们使用 EventUtil.getCharCode() 实现了跨浏览器取得字符编码。然后，使用 String.fromCharCode() 将字符编码转换成字符串，再使用正则表达式 /\d/ 来测试该字符串，从而确定用户输入的是不是数值。如果测试失败，那么就使用 EventUtil.preventDefault() 屏蔽按键事件。结果，文本框就会忽略所有输入的非数值。

虽然理论上只应该在用户按下字符键时才触发 keypress 事件，但有些浏览器也会对其他键触发此事件。Firefox 和 Safari（3.1 版本以前）会对向上键、向下键、退格键和删除键触发 keypress 事件；Safari 3.1 及更新版本则不会对这些键触发 keypress 事件。这意味着，仅考虑到屏蔽不是数值的字符还不够，还要避免屏蔽这些极为常用和必要的键。所幸的是，要检测这些键并不困难。在 Firefox 中，所有由非字符键触发的 keypress 事件对应的字符编码为 0，而在 Safari 3 以前的版本中，对应的字符编码全部为 8。为了让代码更通用，只要不屏蔽那些字符编码小于 10 的键即可。故而，可以将上面的函数重写成如下所示。

```
EventUtil.addHandler(textbox, "keypress", function(event){
    event = EventUtil.getEvent(event);
    var target = EventUtil.getTarget(event);
    var charCode = EventUtil.getCharCode(event);

    if (!/\d/.test(String.fromCharCode(charCode)) && charCode > 9){
        EventUtil.preventDefault(event);
    }
});
```

这样，我们的事件处理程序就可以适用所有浏览器了，即可以屏蔽非数值字符，但不屏蔽那些也会触发 keypress 事件的基本按键。

除此之外，还有一个问题需要处理：复制、粘贴及其他操作还要用到 Ctrl 键。在除 IE 之外的所有浏览器中，前面的代码也会屏蔽 Ctrl+C、Ctrl+V，以及其他使用 Ctrl 的组合键。因此，最后还要添加一个检测条件，以确保用户没有按下 Ctrl 键，如下面的例子所示。

```
EventUtil.addHandler(textbox, "keypress", function(event){
    event = EventUtil.getEvent(event);
    var target = EventUtil.getTarget(event);
    var charCode = EventUtil.getCharCode(event);

    if (!/\d/.test(String.fromCharCode(charCode)) && charCode > 9 &&
            !event.ctrlKey){
        EventUtil.preventDefault(event);
    }
});
```

TextboxInputFilteringExample01.htm

经过最后一点修改，就可以确保文本框的行为完全正常了。在这个例子的基础上加以修改和调整，就可以将同样的技术运用于放过和屏蔽任何输入文本框的字符。

2. 操作剪贴板

IE 是第一个支持与剪贴板相关事件，以及通过 JavaScript 访问剪贴板数据的浏览器。IE 的实现成为了事实上的标准，不仅 Safari 2、Chrome 和 Firefox 3 也都支持类似的事件和剪贴板访问（Opera 不支持通过 JavaScript 访问剪贴板），HTML 5 后来也把剪贴板事件纳入了规范。下列就是 6 个剪贴板事件。

- ❑ beforecopy：在发生复制操作前触发。
- ❑ copy：在发生复制操作时触发。
- ❑ beforecut：在发生剪切操作前触发。
- ❑ cut：在发生剪切操作时触发。
- ❑ beforepaste：在发生粘贴操作前触发。
- ❑ paste：在发生粘贴操作时触发。

由于没有针对剪贴板操作的标准，这些事件及相关对象会因浏览器而异。在 Safari、Chrome 和 Firefox 中，beforecopy、beforecut 和 beforepaste 事件只会在显示针对文本框的上下文菜单（预期将发生剪贴板事件）的情况下触发。但是，IE 则会在触发 copy、cut 和 paste 事件之前先行触发这些事件。至于 copy、cut 和 paste 事件，只要是在上下文菜单中选择了相应选项，或者使用了相应的键盘组合键，所有浏览器都会触发它们。

在实际的事件发生之前，通过 beforecopy、beforecut 和 beforepaste 事件可以在向剪贴板发送数据，或者从剪贴板取得数据之前修改数据。不过，取消这些事件并不会取消对剪贴板的操作——只有取消 copy、cut 和 paste 事件，才能阻止相应操作发生。

要访问剪贴板中的数据，可以使用 clipboardData 对象：在 IE 中，这个对象是 window 对象的属性；而在 Firefox 4+、Safari 和 Chrome 中，这个对象是相应 event 对象的属性。但是，在 Firefox、Safari 和 Chorme 中，只有在处理剪贴板事件期间 clipboardData 对象才有效，这是为了防止对剪贴板的未授权访问；在 IE 中，则可以随时访问 clipboardData 对象。为了确保跨浏览器兼容性，最好只在发生剪贴板事件期间使用这个对象。

这个 clipboardData 对象有三个方法：getData()、setData()和 clearData()。其中，getData()用于从剪贴板中取得数据，它接受一个参数，即要取得的数据的格式。在 IE 中，有两种数据格式："text"和"URL"。在 Firefox、Safari 和 Chrome 中，这个参数是一种 MIME 类型；不过，可以用"text"代表"text/plain"。

类似地，setData()方法的第一个参数也是数据类型，第二个参数是要放在剪贴板中的文本。对于第一个参数，IE 照样支持"text"和"URL"，而 Safari 和 Chrome 仍然只支持 MIME 类型。但是，与getData()方法不同的是，Safari 和 Chrome 的 setData()方法不能识别"text"类型。这两个浏览器在成功将文本放到剪贴板中后，都会返回 true；否则，返回 false。为了弥合这些差异，我们可以向EventUtil 中再添加下列方法。

```
var EventUtil = {

    //省略的代码

    getClipboardText: function(event){
        var clipboardData = (event.clipboardData || window.clipboardData);
        return clipboardData.getData("text");
    },

    //省略的代码

    setClipboardText: function(event, value){
        if (event.clipboardData){
            return event.clipboardData.setData("text/plain", value);
```

```
    } else if (window.clipboardData){
        return window.clipboardData.setData("text", value);
    }
},

//省略的代码
};
```

EventUtil.js

这里的 getClipboardText()方法相对简单；它只要确定 clipboardData 对象的位置，然后再以"text"类型调用 getData()方法即可。相应地，setClipboardText()方法则要稍微复杂一些。在取得 clipboardData 对象之后，需要根据不同的浏览器实现为 setData()传入不同的类型（对于 Safari 和 Chrome，是"text/plain"；对于 IE，是"text"）。

在需要确保粘贴到文本框中的文本中包含某些字符，或者符合某种格式要求时，能够访问剪贴板是非常有用的。例如，如果一个文本框只接受数值，那么就必须检测粘贴过来的值，以确保有效。在 paste 事件中，可以确定剪贴板中的值是否有效，如果无效，就可以像下面示例中那样，取消默认的行为。

```
EventUtil.addHandler(textbox, "paste", function(event){
    event = EventUtil.getEvent(event);
    var text = EventUtil.getClipboardText(event);

    if (!/^\d*$/.test(text)){
        EventUtil.preventDefault(event);
    }
});
```

TextboxClipboardExample01.htm

在这里，onpaste 事件处理程序可以确保只有数值才会被粘贴到文本框中。如果剪贴板的值与正则表达式不匹配，则会取消粘贴操作。Firefox、Safari 和 Chrome 只允许在 onpaste 事件处理程序中访问 getData()方法。

由于并非所有浏览器都支持访问剪贴板，所以更简单的做法是屏蔽一或多个剪贴板操作。在支持 copy、cut 和 paste 事件的浏览器中（IE、Safari、Chrome 和 Firefox 3 及更高版本），很容易阻止这些事件的默认行为。在 Opera 中，则需要阻止那些会触发这些事件的按键操作，同时还要阻止在文本框中显示上下文菜单。

14.2.3   自动切换焦点

使用 JavaScript 可以从多个方面增强表单字段的易用性。其中，最常见的一种方式就是在用户填写完当前字段时，自动将焦点切换到下一个字段。通常，在自动切换焦点之前，必须知道用户已经输入了既定长度的数据（例如电话号码）。例如，美国的电话号码通常会分为三部分：区号、局号和另外 4 位数字。为取得完整的电话号码，很多网页中都会提供下列 3 个文本框：

```
<input type="text" name="tel1" id="txtTel1" maxlength="3">
<input type="text" name="tel2" id="txtTel2" maxlength="3">
<input type="text" name="tel3" id="txtTel3" maxlength="4">
```

TextboxTabForwardExample01.htm

为增强易用性，同时加快数据输入，可以在前一个文本框中的字符达到最大数量后，自动将焦点切换到下一个文本框。换句话说，用户在第一个文本框中输入了 3 个数字之后，焦点就会切换到第二个文本框，再输入 3 个数字，焦点又会切换到第三个文本框。这种"自动切换焦点"的功能，可以通过下列代码实现：

```
(function(){

    function tabForward(event){
        event = EventUtil.getEvent(event);
        var target = EventUtil.getTarget(event);

        if (target.value.length == target.maxLength){
            var form = target.form;

            for (var i=0, len=form.elements.length; i < len; i++) {
                if (form.elements[i] == target) {
                    if (form.elements[i+1]){
                        form.elements[i+1].focus();
                    }
                    return;
                }
            }
        }
    }

    var textbox1 = document.getElementById("txtTel1");
    var textbox2 = document.getElementById("txtTel2");
    var textbox3 = document.getElementById("txtTel3");

    EventUtil.addHandler(textbox1, "keyup", tabForward);
    EventUtil.addHandler(textbox2, "keyup", tabForward);
    EventUtil.addHandler(textbox3, "keyup", tabForward);

}))();
```

TextboxTabForwardExample01.htm

开始的 tabForward() 函数是实现"自动切换焦点"的关键所在。这个函数通过比较用户输入的值与文本框的 maxlength 特性，可以确定是否已经达到最大长度。如果这两个值相等（因为浏览器最终会强制它们相等，因此用户绝不会多输入字符），则需要查找表单字段集合，直至找到下一个文本框。找到下一个文本框之后，则将焦点切换到该文本框。然后，我们把这个函数指定为每个文本框的 onkeyup 事件处理程序。由于 keyup 事件会在用户输入了新字符之后触发，所以此时是检测文本框中内容长度的最佳时机。这样一来，用户在填写这个简单的表单时，就不必再通过按制表键切换表单字段和提交表单了。

不过请记住，这些代码只适用于前面给出的标记，而且没有考虑隐藏字段。

14.2.4　HTML5 约束验证 API

为了在将表单提交到服务器之前验证数据，HTML5 新增了一些功能。有了这些功能，即便 JavaScript 被禁用或者由于种种原因未能加载，也可以确保基本的验证。换句话说，浏览器自己会根据标记中的规则执行验证，然后自己显示适当的错误消息（完全不用 JavaScript 插手）。当然，这个功能只有在支持 HTML5 这部分内容的浏览器中才有效，这些浏览器有 Firefox 4+、Safari 5+、Chrome 和 Opera 10+。

只有在某些情况下表单字段才能进行自动验证。具体来说，就是要在 HTML 标记中为特定的字段指定一些约束，然后浏览器才会自动执行表单验证。

1. 必填字段

第一种情况是在表单字段中指定了 required 属性，如下面的例子所示：

```
<input type="text" name="username" required>
```

任何标注有 required 的字段，在提交表单时都不能空着。这个属性适用于<input>、<textarea>和<select>字段（Opera 11 及之前版本还不支持<select>的 required 属性）。在 JavaScript 中，通过对应的 required 属性，可以检查某个表单字段是否为必填字段。

```
var isUsernameRequired = document.forms[0].elements["username"].required;
```

另外，使用下面这行代码可以测试浏览器是否支持 required 属性。

```
var isRequiredSupported = "required" in document.createElement("input");
```

以上代码通过特性检测来确定新创建的<input>元素中是否存在 required 属性。

对于空着的必填字段，不同浏览器有不同的处理方式。Firefox 4 和 Opera 11 会阻止表单提交并在相应字段下方弹出帮助框，而 Safari（5 之前）和 Chrome（9 之前）则什么也不做，而且也不阻止表单提交。

2. 其他输入类型

HTML5 为<input>元素的 type 属性又增加了几个值。这些新的类型不仅能反映数据类型的信息，而且还能提供一些默认的验证功能。其中，"email"和"url"是两个得到支持最多的类型，各浏览器也都为它们增加了定制的验证机制。例如：

```
<input type="email" name ="email">
<input type="url" name="homepage">
```

顾名思义，"email"类型要求输入的文本必须符合电子邮件地址的模式，而"url"类型要求输入的文本必须符合 URL 的模式。不过，本节前面提到的浏览器在恰当地匹配模式方面都存在问题。最明显的是"-@-"会被当成一个有效的电子邮件地址。浏览器开发商还在解决这些问题。

要检测浏览器是否支持这些新类型，可以在 JavaScript 创建一个<input>元素，然后将 type 属性设置为"email"或"url"，最后再检测这个属性的值。不支持它们的旧版本浏览器会自动将未知的值设置为"text"，而支持的浏览器则会返回正确的值。例如：

```
var input = document.createElement("input");
input.type = "email";

var isEmailSupported = (input.type == "email");
```

要注意的是，如果不给<input>元素设置 required 属性，那么空文本框也会验证通过。另一方面，设置特定的输入类型并不能阻止用户输入无效的值，只是应用某些默认的验证而已。

3. 数值范围

除了"email"和"url"，HTML5 还定义了另外几个输入元素。这几个元素都要求填写某种基于数字的值："number"、"range"、"datetime"、"datetime-local"、"date"、"month"、"week"，还有"time"。浏览器对这几个类型的支持情况并不好，因此如果真想选用的话，要特别小心。目前，浏览器开发商主要关注更好的跨平台兼容性以及更多的逻辑功能。因此，本节介绍的内容某种程度上有些超前，不一定马上就能在实际开发中使用。

对所有这些数值类型的输入元素，可以指定 min 属性（最小的可能值）、max 属性（最大的可能值）和 step 属性（从 min 到 max 的两个刻度间的差值）。例如，想让用户只能输入 0 到 100 的值，而且这个值必须是 5 的倍数，可以这样写代码：

```
<input type="number" min="0" max="100" step="5" name="count">
```

在不同的浏览器中，可能会也可能不会看到能够自动递增和递减的数值调节按钮（向上和向下按钮）。

以上这些属性在 JavaScript 中都能通过对应的元素访问（或修改）。此外，还有两个方法：stepUp() 和 stepDown()，都接收一个可选的参数：要在当前值基础上加上或减去的数值。（默认是加或减 1。）这两个方法还没有得到任何浏览器支持，但下面的例子演示了它们的用法。

```
input.stepUp();        //加 1
input.stepUp(5);       //加 5
input.stepDown();      //减 1
input.stepDown(10);    //减 10
```

4. 输入模式

HTML5 为文本字段新增了 pattern 属性。这个属性的值是一个正则表达式，用于匹配文本框中的值。例如，如果只想允许在文本字段中输入数值，可以像下面的代码一样应用约束：

```
<input type="text" pattern="\d+" name="count">
```

注意，模式的开头和末尾不用加^和$符号（假定已经有了）。这两个符号表示输入的值必须从头到尾都与模式匹配。

与其他输入类型相似，指定 pattern 也不能阻止用户输入无效的文本。这个模式应用给值，浏览器来判断值是有效，还是无效。在 JavaScript 中可以通过 pattern 属性访问模式。

```
var pattern = document.forms[0].elements["count"].pattern;
```

使用以下代码可以检测浏览器是否支持 pattern 属性。

```
var isPatternSupported = "pattern" in document.createElement("input");
```

5. 检测有效性

使用 checkValidity() 方法可以检测表单中的某个字段是否有效。所有表单字段都有个方法，如果字段的值有效，这个方法返回 true，否则返回 false。字段的值是否有效的判断依据是本节前面介绍过的那些约束。换句话说，必填字段中如果没有值就是无效的，而字段中的值与 pattern 属性不匹配也是无效的。例如：

```
if (document.forms[0].elements[0].checkValidity()){
    //字段有效，继续
} else {
    //字段无效
}
```

要检测整个表单是否有效，可以在表单自身调用 checkValidity() 方法。如果所有表单字段都有效，这个方法返回 true；即使有一个字段无效，这个方法也会返回 false。

```
if(document.forms[0].checkValidity()){
    //表单有效，继续
} else {
    //表单无效
}
```

与 checkValidity() 方法简单地告诉你字段是否有效相比，validity 属性则会告诉你为什么字段有效或无效。这个对象中包含一系列属性，每个属性会返回一个布尔值。

- ❑ customError：如果设置了 setCustomValidity()，则为 true，否则返回 false。
- ❑ patternMismatch：如果值与指定的 pattern 属性不匹配，返回 true。
- ❑ rangeOverflow：如果值比 max 值大，返回 true。
- ❑ rangeUnderflow：如果值比 min 值小，返回 true。
- ❑ stepMisMatch：如果 min 和 max 之间的步长值不合理，返回 true。
- ❑ tooLong：如果值的长度超过了 maxlength 属性指定的长度，返回 true。有的浏览器（如 Firefox 4）会自动约束字符数量，因此这个值可能永远都返回 false。
- ❑ typeMismatch：如果值不是"mail"或"url"要求的格式，返回 true。
- ❑ valid：如果这里的其他属性都是 false，返回 true。checkValidity() 也要求相同的值。
- ❑ valueMissing：如果标注为 required 的字段中没有值，返回 true。

因此，要想得到更具体的信息，就应该使用 validity 属性来检测表单的有效性。下面是一个例子。

```
if (input.validity && !input.validity.valid){
    if (input.validity.valueMissing){
        alert("Please specify a value.")
    } else if (input.validity.typeMismatch){
        alert("Please enter an email address.");
    } else {
        alert("Value is invalid.");
    }
}
```

6. 禁用验证

通过设置 novalidate 属性，可以告诉表单不进行验证。

```
<form method="post" action="signup.php" novalidate>
    <!--这里插入表单元素-->
</form>
```

在 JavaScript 中使用 noValidate 属性可以取得或设置这个值，如果这个属性存在，值为 true，如果不存在，值为 false。

```
document.forms[0].noValidate = true; //禁用验证
```

如果一个表单中有多个提交按钮，为了指定点击某个提交按钮不必验证表单，可以在相应的按钮上添加 formnovalidate 属性。

```
<form method="post" action="foo.php">
    <!--这里插入表单元素-->
    <input type="submit" value="Regular Submit">
```

14

```
    <input type="submit" formnovalidate name="btnNoValidate"
        value="Non-validating Submit">
</form>
```

在这个例子中，点击第一个提交按钮会像往常一样验证表单，而点击第二个按钮则会不经过验证而提交表单。使用 JavaScript 也可以设置这个属性。

```
//禁用验证
document.forms[0].elements["btnNoValidate"].formNoValidate = true;
```

14.3 选择框脚本

选择框是通过<select>和<option>元素创建的。为了方便与这个控件交互，除了所有表单字段共有的属性和方法外，HTMLSelectElement 类型还提供了下列属性和方法。

- ❑ add(*newOption*, *relOption*)：向控件中插入新<option>元素，其位置在相关项（*relOption*）之前。
- ❑ multiple：布尔值，表示是否允许多项选择；等价于 HTML 中的 multiple 特性。
- ❑ options：控件中所有<option>元素的 HTMLCollection。
- ❑ remove(*index*)：移除给定位置的选项。
- ❑ selectedIndex：基于 0 的选中项的索引，如果没有选中项，则值为-1。对于支持多选的控件，只保存选中项中第一项的索引。
- ❑ size：选择框中可见的行数；等价于 HTML 中的 size 特性。

选择框的 type 属性不是"select-one"，就是"select-multiple"，这取决于 HTML 代码中有没有 multiple 特性。选择框的 value 属性由当前选中项决定，相应规则如下。

- ❑ 如果没有选中的项，则选择框的 value 属性保存空字符串。
- ❑ 如果有一个选中项，而且该项的 value 特性已经在 HTML 中指定，则选择框的 value 属性等于选中项的 value 特性。即使 value 特性的值是空字符串，也同样遵循此条规则。
- ❑ 如果有一个选中项，但该项的 value 特性在 HTML 中未指定，则选择框的 value 属性等于该项的文本。
- ❑ 如果有多个选中项，则选择框的 value 属性将依据前两条规则取得第一个选中项的值。

以下面的选择框为例：

```
<select name="location" id="selLocation">
    <option value="Sunnyvale, CA">Sunnyvale</option>
    <option value="Los Angeles, CA">Los Angeles</option>
    <option value="Mountain View, CA">Mountain View</option>
    <option value="">China</option>
    <option>Australia</option>
</select>
```

如果用户选择了其中第一项，则选择框的值就是"Sunnyvale, CA"。如果文本为"China"的选项被选中，则选择框的值就是一个空字符串，因为其 value 特性是空的。如果选择了最后一项，那么由于<option>中没有指定 value 特性，则选择框的值就是"Australia"。

在 DOM 中，每个<option>元素都有一个 HTMLOptionElement 对象表示。为便于访问数据，HTMLOptionElement 对象添加了下列属性：

❑ index：当前选项在 options 集合中的索引。
❑ label：当前选项的标签；等价于 HTML 中的 label 特性。
❑ selected：布尔值，表示当前选项是否被选中。将这个属性设置为 true 可以选中当前选项。
❑ text：选项的文本。
❑ value：选项的值（等价于 HTML 中的 value 特性）。

其中大部分属性的目的，都是为了方便对选项数据的访问。虽然也可以使用常规的 DOM 功能来访问这些信息，但效率是比较低的，如下面的例子所示：

```
var selectbox = document.forms[0].elements["location"];

//不推荐
var text = selectbox.options[0].firstChild.nodeValue;     //选项的文本
var value = selectbox.options[0].getAttribute("value");   //选项的值
```

以上代码使用标准 DOM 方法，取得了选择框中第一项的文本和值。可以与下面使用选项属性的代码作一比较：

```
var selectbox = document.forms[0]. elements["location"];

//推荐
var text = selectbox.options[0].text;     //选项的文本
var value = selectbox.options[0].value;   //选项的值
```

在操作选项时，我们建议最好是使用特定于选项的属性，因为所有浏览器都支持这些属性。在将表单控件作为 DOM 节点的情况下，实际的交互方式则会因浏览器而异。我们不推荐使用标准 DOM 技术修改 <option> 元素的文本或者值。

最后，我们还想提醒读者注意一点：选择框的 change 事件与其他表单字段的 change 事件触发的条件不一样。其他表单字段的 change 事件是在值被修改且焦点离开当前字段时触发，而选择框的 change 事件只要选中了选项就会触发。

> 不同浏览器下，选项的 **value** 属性返回什么值也存在差别。但是，在所有浏览器中，**value** 属性始终等于 **value** 特性。在未指定 **value** 特性的情况下，IE8 会返回空字符串，而 IE9+、Safari、Firefox、Chrome 和 Opera 则会返回与 **text** 特性相同的值。

14.3.1 选择选项

对于只允许选择一项的选择框，访问选中项的最简单方式，就是使用选择框的 selectedIndex 属性，如下面的例子所示：

```
var selectedOption = selectbox.options[selectbox.selectedIndex];
```

取得选中项之后，可以像下面这样显示该选项的信息：

```
var selectedIndex = selectbox.selectedIndex;
var selectedOption = selectbox.options[selectedIndex];
alert("Selected index: " + selectedIndex + "\nSelected text: " +
    selectedOption.text + "\nSelected value: " + selectedOption.value);
```

SelectboxExample01.htm

这里，我们通过一个警告框显示了选中项的索引、文本和值。

对于可以选择多项的选择框，selectedfIndex 属性就好像只允许选择一项一样。设置 selectedIndex 会导致取消以前的所有选项并选择指定的那一项，而读取 selectedIndex 则只会返回选中项中第一项的索引值。

另一种选择选项的方式，就是取得对某一项的引用，然后将其 selected 属性设置为 true。例如，下面的代码会选中选择框中的第一项：

```
selectbox.options[0].selected = true;
```

与 selectedIndex 不同，在允许多选的选择框中设置选项的 selected 属性，不会取消对其他选中项的选择，因而可以动态选中任意多个项。但是，如果是在单选选择框中，修改某个选项的 selected 属性则会取消对其他选项的选择。需要注意的是，将 selected 属性设置为 false 对单选选择框没有影响。

实际上，selected 属性的作用主要是确定用户选择了选择框中的哪一项。要取得所有选中的项，可以循环遍历选项集合，然后测试每个选项的 selected 属性。来看下面的例子。

```
function getSelectedOptions(selectbox){
    var result = new Array();
    var option = null;

    for (var i=0, len=selectbox.options.length; i < len; i++){
        option = selectbox.options[i];
        if (option.selected){
            result.push(option);
        }
    }

    return result;
}
```

SelectboxExample03.htm

这个函数可以返回给定选择框中选中项的一个数组。首先，创建一个将包含选中项的数组，然后使用 for 循环迭代所有选项，同时检测每一项的 selected 属性。如果有选项被选中，则将其添加到 result 数组中。最后，返回包含选中项的数组。下面是一个使用 getSelectedOptions() 函数取得选中项的示例。

```
var selectbox = document.getElementById("selLocation");
var selectedOptions = getSelectedOptions(selectbox);
var message = "";

for (var i=0, len=selectedOptions.length; i < len; i++){
    message += "Selected index: " + selectedOptions[i].index +
        "\nSelected text: " + selectedOptions[i].text +
        "\nSelected value: " + selectedOptions[i].value + "\n\n";
}

alert(message);
```

SelectboxExample03.htm

在这个例子中，我们首先从一个选择框中取得了选中项。然后，使用 for 循环构建了一条消息，包含所有选中项的信息：每一项的索引、文本和值。这种技术适用于单选和多选选择框。

14.3.2　添加选项

可以使用 JavaScript 动态创建选项，并将它们添加到选择框中。添加选项的方式有很多，第一种方式就是使用如下所示的 DOM 方法。

```
var newOption = document.createElement("option");
newOption.appendChild(document.createTextNode("Option text"));
newOption.setAttribute("value", "Option value");

selectbox.appendChild(newOption);
```

SelectboxExample04.htm

以上代码创建了一个新的 <option> 元素，然后为它添加了一个文本节点，并设置其 value 特性，最后将它添加到了选择框中。添加到选择框之后，用户立即就可以看到新选项。

第二种方式是使用 Option 构造函数来创建新选项，这个构造函数是 DOM 出现之前就有的，一直遗留到现在。Option 构造函数接受两个参数：文本（text）和值（value）；第二个参数可选。虽然这个构造函数会创建一个 Object 的实例，但兼容 DOM 的浏览器会返回一个 <option> 元素。换句话说，在这种情况下，我们仍然可以使用 appendChild() 将新选项添加到选择框中。来看下面的例子。

```
var newOption = new Option("Option text", "Option value");
selectbox.appendChild(newOption);      //在IE8及之前版本中有问题
```

SelectboxExample08.htm

这种方式在除 IE 之外的浏览器中都可以使用。由于存在 bug，IE 在这种方式下不能正确设置新选项的文本。

第三种添加新选项的方式是使用选择框的 add() 方法。DOM 规定这个方法接受两个参数：要添加的新选项和将位于新选项之后的选项。如果想在列表的最后添加一个选项，应该将第二个参数设置为 null。在 IE 对 add() 方法的实现中，第二个参数是可选的，而且如果指定，该参数必须是新选项之后选项的索引。兼容 DOM 的浏览器要求必须指定第二个参数，因此要想编写跨浏览器的代码，就不能只传入一个参数。这时候，为第二个参数传入 undefined，就可以在所有浏览器中都将新选项插入到列表最后了。来看一个例子。

```
var newOption = new Option("Option text", "Option value");
selectbox.add(newOption, undefined); //最佳方案
```

SelectboxExample04.htm

在 IE 和兼容 DOM 的浏览器中，上面的代码都可以正常使用。如果你想将新选项添加到其他位置（不是最后一个），就应该使用标准的 DOM 技术和 insertBefore() 方法。

　　　就和在 HTML 中一样，此时也不一定要为选项指定值。换句话说，只为 **Option** 构造函数传入一个参数（选项的文本）也没有问题。

14.3.3　移除选项

与添加选项类似，移除选项的方式也有很多种。首先，可以使用 DOM 的 `removeChild()`方法，为其传入要移除的选项，如下面的例子所示：

```
selectbox.removeChild(selectbox.options[0]);      //移除第一个选项
```

其次，可以使用选择框的 `remove()`方法。这个方法接受一个参数，即要移除选项的索引，如下面的例子所示：

```
selectbox.remove(0);        //移除第一个选项
```

最后一种方式，就是将相应选项设置为 `null`。这种方式也是 DOM 出现之前浏览器的遗留机制。例如：

```
selectbox.options[0] = null;      //移除第一个选项
```

要清除选择框中所有的项，需要迭代所有选项并逐个移除它们，如下面的例子所示：

```
function clearSelectbox(selectbox){
    for(var i=0, len=selectbox.options.length; i < len; i++){
        selectbox.remove(0);
    }
}
```

这个函数每次只移除选择框中的第一个选项。由于移除第一个选项后，所有后续选项都会自动向上移动一个位置，因此重复移除第一个选项就可以移除所有选项了。

14.3.4　移动和重排选项

在 DOM 标准出现之前，将一个选择框中的选项移动到另一个选择框中是非常麻烦的。整个过程要涉及从第一个选择框中移除选项，然后以相同的文本和值创建新选项，最后再将新选项添加到第二个选择框中。而使用 DOM 的 `appendChild()`方法，就可以将第一个选择框中的选项直接移动到第二个选择框中。我们知道，如果为 `appendChild()`方法传入一个文档中已有的元素，那么就会先从该元素的父节点中移除它，再把它添加到指定的位置。下面的代码展示了将第一个选择框中的第一个选项移动到第二个选择框中的过程。

```
var selectbox1 = document.getElementById("selLocations1");
var selectbox2 = document.getElementById("selLocations2");

selectbox2.appendChild(selectbox1.options[0]);
```

SelectboxExample05.htm

移动选项与移除选项有一个共同之处，即会重置每一个选项的 index 属性。

重排选项次序的过程也十分类似，最好的方式仍然是使用 DOM 方法。要将选择框中的某一项移动到特定位置，最合适的 DOM 方法就是 `insertBefore()`；`appendChild()`方法只适用于将选项添加到选择框的最后。要在选择框中向前移动一个选项的位置，可以使用以下代码：

```
var optionToMove = selectbox.options[1];
selectbox.insertBefore(optionToMove, selectbox.options[optionToMove.index-1]);
```

SelectboxExample06.htm

以上代码首先选择了要移动的选项，然后将其插入到了排在它前面的选项之前。实际上，第二行代码对除第一个选项之外的其他选项是通用的。类似地，可以使用下列代码将选择框中的选项向后移动一个位置。

```
var optionToMove = selectbox.options[1];
selectbox.insertBefore(optionToMove, selectbox.options[optionToMove.index+2]);
```

SelectboxExample06.htm

以上代码适用于选择框中的所有选项，包括最后一个选项。

 IE7 存在一个页面重绘问题，有时候会导致使用 DOM 方法重排的选项不能马上正确显示。

14.4 表单序列化

随着 Ajax 的出现，表单序列化已经成为一种常见需求（第 21 章将讨论 Ajax）。在 JavaScript 中，可以利用表单字段的 type 属性，连同 name 和 value 属性一起实现对表单的序列化。在编写代码之前，有必须先搞清楚在表单提交期间，浏览器是怎样将数据发送给服务器的。

- ❑ 对表单字段的名称和值进行 URL 编码，使用和号（&）分隔。
- ❑ 不发送禁用的表单字段。
- ❑ 只发送勾选的复选框和单选按钮。
- ❑ 不发送 type 为"reset"和"button"的按钮。
- ❑ 多选选择框中的每个选中的值单独一个条目。
- ❑ 在单击提交按钮提交表单的情况下，也会发送提交按钮；否则，不发送提交按钮。也包括 type 为"image"的<input>元素。
- ❑ <select>元素的值，就是选中的<option>元素的 value 特性的值。如果<option>元素没有 value 特性，则是<option>元素的文本值。

在表单序列化过程中，一般不包含任何按钮字段，因为结果字符串很可能是通过其他方式提交的。除此之外的其他上述规则都应该遵循。以下就是实现表单序列化的代码。

```
function serialize(form){
    var parts = [],
    field = null,
      i,
      len,
      j,
      optLen,
      option,
      optValue;

    for (i=0, len=form.elements.length; i < len; i++){
        field = form.elements[i];

        switch(field.type){
            case "select-one":
            case "select-multiple":

            if (field.name.length){
                for (j=0, optLen = field.options.length; j < optLen; j++){
```

```
                        option = field.options[j];
                        if (option.selected){
                            optValue = "";
                            if (option.hasAttribute){
                                optValue = (option.hasAttribute("value") ?
                                            option.value : option.text);
                            } else {
                                optValue = (option.attributes["value"].specified ?
                                            option.value : option.text);
                            }
                            parts.push(encodeURIComponent(field.name) + "=" +
                                    encodeURIComponent(optValue));
                        }
                    }
                }
                break;

            case undefined:        //字段集
            case "file":           //文件输入
            case "submit":         //提交按钮
            case "reset":          //重置按钮
            case "button":         //自定义按钮
                break;

            case "radio":          //单选按钮
            case "checkbox":       //复选框
                if (!field.checked){
                    break;
                }
                /* 执行默认操作 */

            default:
                //不包含没有名字的表单字段
                if (field.name.length){
                    parts.push(encodeURIComponent(field.name) + "=" +
                            encodeURIComponent(field.value));
                }
        }
    }
    return parts.join("&");
}
```

FormSerializationExample01.htm

　　上面这个 serialize() 函数首先定义了一个名为 parts 的数组，用于保存将要创建的字符串的各个部分。然后，通过 for 循环迭代每个表单字段，并将其保存在 field 变量中。在获得了一个字段的引用之后，使用 switch 语句检测其 type 属性。序列化过程中最麻烦的就是<select>元素，它可能是单选框也可能是多选框。为此，需要遍历控件中的每一个选项，并在相应选项被选中的情况下向数组中添加一个值。对于单选框，只可能有一个选中项，而多选框则可能有零或多个选中项。这里的代码适用于这两种选择框，至于可选项的数量则是由浏览器控制的。在找到一个选中项之后，需要确定使用什么值。如果不存在 value 特性，或者虽然存在该特性，但值为空字符串，都要使用选项的文本来代替。为检查这个特性，在 DOM 兼容的浏览器中需要使用 hasAttribute() 方法，而在 IE 中需要使用特性的 specified 属性。

　　如果表单中包含<fieldset>元素，则该元素会出现在元素集合中，但没有 type 属性。因此，如果 type 属性未定义，则不需要对其进行序列化。同样，对于各种按钮以及文件输入字段也是如此（文件输入字段在表单提交过程中包含文件的内容；但是，这个字段是无法模仿的，序列化时一般都要忽略）。对于单选按钮和复选框，要检查其 checked 属性是否被设置为 false，如果是则退出 switch 语句。如果 checked 属性为 true，则继续执行 default 语句，即将当前字段的名称和值进行编码，然后添加到 parts 数组中。函数的最后一步，就是使用 join() 格式化整个字符串，也就是用和号来分隔每一个表单字段。

最后，serialize() 函数会以查询字符串的格式输出序列化之后的字符串。当然，要序列化成其他格式，也不是什么困难的事。

14.5　富文本编辑

富文本编辑，又称为 WYSIWYG（What You See Is What You Get，所见即所得）。在网页中编辑富文本内容，是人们对 Web 应用程序最大的期待之一。虽然也没有规范，但在 IE 最早引入的这一功能基础上，已经出现了事实标准。而且，Opera、Safari、Chrome 和 Firefox 都已经支持这一功能。这一技术的本质，就是在页面中嵌入一个包含空 HTML 页面的 iframe。通过设置 designMode 属性，这个空白的 HTML 页面可以被编辑，而编辑对象则是该页面 <body> 元素的 HTML 代码。designMode 属性有两个可能的值："off"（默认值）和 "on"。在设置为 "on" 时，整个文档都会变得可以编辑（显示插入符号），然后就可以像使用字处理软件一样，通过键盘将文本内容加粗、变成斜体，等等。

可以给 iframe 指定一个非常简单的 HTML 页面作为其内容来源。例如：

```
<!DOCTYPE html>
<html>
    <head>
        <title>Blank Page for Rich Text Editing</title>
    </head>
    <body>
    </body>
</html>
```

这个页面在 iframe 中可以像其他页面一样被加载。要让它可以编辑，必须要将 designMode 设置为 "on"，但只有在页面完全加载之后才能设置这个属性。因此，在包含页面中，需要使用 onload 事件处理程序来在恰当的时刻设置 designMode，如下面的例子所示：

```
<iframe name="richedit" style="height:100px;width:100px;" src="blank.htm"></iframe>

<script type="text/javascript">
EventUtil.addHandler(window, "load", function(){
    frames["richedit"].document.designMode = "on";
});
</script>
```

等到以上代码执行之后，你就会在页面中看到一个类似文本框的可编辑区字段。这个区字段具有与其他网页相同的默认样式；不过，通过为空白页面应用 CSS 样式，可以修改可编辑区字段的外观。

14.5.1　使用 contenteditable 属性

另一种编辑富文本内容的方式是使用名为 contenteditable 的特殊属性，这个属性也是由 IE 最早实现的。可以把 contenteditable 属性应用给页面中的任何元素，然后用户立即就可以编辑该元素。这种方法之所以受到欢迎，是因为它不需要 iframe、空白页和 JavaScript，只要为元素设置 contenteditable 属性即可。

```
<div class="editable" id="richedit" contenteditable></div>
```

这样，元素中包含的任何文本内容就都可以编辑了，就好像这个元素变成了`<textarea>`元素一样。通过在这个元素上设置 contenteditable 属性，也能打开或关闭编辑模式。

```
var div = document.getElementById("richedit");
div.contentEditable = "true";
```

contenteditable 属性有三个可能的值：`"true"`表示打开、`"false"`表示关闭，`"inherit"`表示从父元素那里继承（因为可以在 contenteditable 元素中创建或删除元素）。支持 contenteditable 属性的元素有 IE、Firefox、Chrome、Safari 和 Opera。在移动设备上，支持 contenteditable 属性的浏览器有 iOS 5+中的 Safari 和 Android 3+中的 WebKit。

14.5.2 操作富文本

与富文本编辑器交互的主要方式，就是使用 document.execCommand()。这个方法可以对文档执行预定义的命令，而且可以应用大多数格式。可以为 document.execCommand()方法传递 3 个参数：要执行的命令名称、表示浏览器是否应该为当前命令提供用户界面的一个布尔值和执行命令必须的一个值（如果不需要值，则传递 null）。为了确保跨浏览器的兼容性，第二个参数应该始终设置为 false，因为 Firefox 会在该参数为 true 时抛出错误。

不同浏览器支持的预定义命令也不一样。下表列出了那些被支持最多的命令。

命　　令	值（第三个参数）	说　　明
backcolor	颜色字符串	设置文档的背景颜色
bold	null	将选择的文本转换为粗体
copy	null	将选择的文本复制到剪贴板
createlink	URL字符串	将选择的文本转换成一个链接，指向指定的URL
cut	null	将选择的文本剪切到剪贴板
delete	null	删除选择的文本
fontname	字体名称	将选择的文本修改为指定字体
fontsize	1 ~ 7	将选择的文本修改为指定字体大小
forecolor	颜色字符串	将选择的文本修改为指定的颜色
formatblock	要包围当前文本块的 HTML标签；如`<h1>`	使用指定的HTML标签来格式化选择的文本块
indent	null	缩进文本
inserthorizontalrule	null	在插入字符处插入一个`<hr>`元素
insertimage	图像的URL	在插入字符处插入一个图像
insertorderedlist	null	在插入字符处插入一个`<ol>`元素
insertunorderedlist	null	在插入字符处插入一个`<ul>`元素
insertparagraph	null	在插入字符处插入一个`<p>`元素
italic	null	将选择的文本转换成斜体
justifycenter	null	将插入光标所在文本块居中对齐
justifyleft	null	将插入光标所在文本块左对齐
outdent	null	凸排文本（减少缩进）

（续）

命　　令	值（第三个参数）	说　　明
paste	null	将剪贴板中的文本粘贴到选择的文本
removeformat	null	移除插入光标所在文本块的块级格式。这是撤销formatblock命令的操作
selectall	null	选择文档中的所有文本
underline	null	为选择的文本添加下划线
unlink	null	移除文本的链接。这是撤销createlink命令的操作

其中，与剪贴板有关的命令在不同浏览器中的差异极大。Opera 根本没有实现任何剪贴板命令，而 Firefox 在默认情况下会禁用它们（必须修改用户的首选项来启用它们）。Safari 和 Chrome 实现了 cut 和 copy，但没有实现 paste。不过，即使不能通过 document.execCommand() 来执行这些命令，但却可以通过相应的快捷键来实现同样的操作。

可以在任何时候使用这些命令来修改富文本区域的外观，如下面的例子所示。

```
//转换粗体文本
frames["richedit"].document.execCommand("bold", false, null);

//转换斜体文本
frames["richedit"].document.execCommand("italic", false, null);

//创建指向 www.wrox.com 的链接
frames["richedit"].document.execCommand("createlink", false,
                                        "http://www.wrox.com");

//格式化为 1 级标题
frames["richedit"].document.execCommand("formatblock", false, "<h1>");
```

RichTextEditingExample01.htm

同样的方法也适用于页面中 contenteditable 属性为"true"的区块，只要把对框架的引用替换成当前窗口的 document 对象即可。

```
//转换粗体文本
document.execCommand("bold", false, null);

//转换斜体文本
document.execCommand("italic", false, null);

//创建指向 www.wrox.com 的链接
document.execCommand("createlink", false,
                                        "http://www.wrox.com");

//格式化为 1 级标题
document.execCommand("formatblock", false, "<h1>");
```

RichTextEditingExample01.htm

需要注意的是，虽然所有浏览器都支持这些命令，但这些命令所产生的 HTML 仍然有很大不同。例如，执行 bold 命令时，IE 和 Opera 会使用\<strong\>标签包围文本，Safari 和 Chrome 使用\<b\>标签，而 Firefox 则使用<span>标签。由于各个浏览器实现命令的方式不同，加上它们通过 innerHTML 实现转换的方式也不一样，因此不能指望富文本编辑器会产生一致的 HTML。

　　除了命令之外，还有一些与命令相关的方法。第一个方法就是 queryCommandEnabled()，可以用它来检测是否可以针对当前选择的文本，或者当前插入字符所在位置执行某个命令。这个方法接收一个参数，即要检测的命令。如果当前编辑区域允许执行传入的命令，这个方法返回 true，否则返回 false。例如：

```
var result = frames["richedit"].document.queryCommandEnabled("bold");
```

　　如果能够对当前选择的文本执行"bold"命令，以上代码会返回 true。需要注意的是，query-CommandEnabled()方法返回 true，并不意味着实际上就可以执行相应命令，而只能说明对当前选择的文本执行相应命令是否合适。例如，Firefox 在默认情况下会禁用剪切操作，但执行 queryCommand-Enabled("cut")也可能会返回 true。

　　另外，queryCommandState()方法用于确定是否已将指定命令应用到了选择的文本。例如，要确定当前选择的文本是否已经转换成了粗体，可以使用如下代码。

```
var isBold = frames["richedit"].document.queryCommandState("bold");
```

RichTextEditingExample01.htm

　　如果此前已经对选择的文本执行了"bold"命令，那么上面的代码会返回 true。一些功能全面的富文本编辑器，正是利用这个方法来更新粗体、斜体等按钮的状态的。

　　最后一个方法是 queryCommandValue()，用于取得执行命令时传入的值（即前面例子中传给 document.execCommand()的第三个参数）。例如，在对一段文本应用"fontsize"命令时如果传入了 7，那么下面的代码就会返回"7"：

```
var fontSize = frames["richedit"].document.queryCommandValue("fontsize");
```

RichTextEditingExample01.htm

　　通过这个方法可以确定某个命令是怎样应用到选择的文本的，可以据以确定再对其应用后续命令是否合适。

14.5.3　富文本选区

　　在富文本编辑器中，使用框架（iframe）的 getSelection()方法，可以确定实际选择的文本。这个方法是 window 对象和 document 对象的属性，调用它会返回一个表示当前选择文本的 Selection 对象。每个 Selection 对象都有下列属性。

- ❑ anchorNode：选区起点所在的节点。
- ❑ anchorOffset：在到达选区起点位置之前跳过的 anchorNode 中的字符数量。
- ❑ focusNode：选区终点所在的节点。
- ❑ focusOffset：focusNode 中包含在选区之内的字符数量。
- ❑ isCollapsed：布尔值，表示选区的起点和终点是否重合。
- ❑ rangeCount：选区中包含的 DOM 范围的数量。

Selection 对象的这些属性并没有包含多少有用的信息。好在，该对象的下列方法提供了更多信息，并且支持对选区的操作。

❑ addRange(*range*)：将指定的 DOM 范围添加到选区中。

❑ collapse(*node*, *offset*)：将选区折叠到指定节点中的相应的文本偏移位置。

❑ collapseToEnd()：将选区折叠到终点位置。

❑ collapseToStart()：将选区折叠到起点位置。

❑ containsNode(*node*)：确定指定的节点是否包含在选区中。

❑ deleteFromDocument()：从文档中删除选区中的文本，与 document.execCommand("delete", false, null)命令的结果相同。

❑ extend(*node*, *offset*)：通过将 focusNode 和 focusOffset 移动到指定的值来扩展选区。

❑ getRangeAt(*index*)：返回索引对应的选区中的 DOM 范围。

❑ removeAllRanges()：从选区中移除所有 DOM 范围。实际上，这样会移除选区，因为选区中至少要有一个范围。

❑ reomveRange(*range*)：从选区中移除指定的 DOM 范围。

❑ selectAllChildren(*node*)：清除选区并选择指定节点的所有子节点。

❑ toString()：返回选区所包含的文本内容。

Selection 对象的这些方法都极为实用，它们利用了（第 12 章讨论过的）DOM 范围来管理选区。由于可以直接操作选择文本的 DOM 表现，因此访问 DOM 范围与使用 execCommand()相比，能够对富文本编辑器进行更加细化的控制。下面来看一个例子。

```
var selection = frames["richedit"].getSelection();

//取得选择的文本
var selectedText = selection.toString();

//取得代表选区的范围
var range = selection.getRangeAt(0);

//突出显示选择的文本
var span = frames["richedit"].document.createElement("span");
span.style.backgroundColor = "yellow";
range.surroundContents(span);
```

RichTextEditingExample01.htm

以上代码会为富文本编辑器中被选择的文本添加黄色的背景。这里使用了默认选区中的 DOM 范围，通过 surroundContents()方法将选区添加到了带有黄色背景的<span>元素中。

HTML5 将 getSelection()方法纳入了标准，而且 IE9、Firefox、Safari、Chrome 和 Opera 8 都实现了它。由于历史原因，在 Firefox 3.6+中调用 document.getSelection()会返回一个字符串。为此，可以在 Firefox 3.6+中改作调用 window.getSelection()，从而返回 selection 对象。Firefox 8 修复了 document.getSelection()的 bug，能返回与 window.getSelection()相同的值。

IE8 及更早的版本不支持 DOM 范围，但我们可以通过它支持的 selection 对象操作选择的文本。IE 中的 selection 对象是 document 的属性，本章前面曾经讨论过。要取得富文本编辑器中选择的文本，首先必须创建一个文本范围（请参考第 12 章中的相关内容），然后再像下面这样访问其 text 属性。

```
var range = frames["richedit"].document.selection.createRange();
var selectedText = range.text;
```

虽然使用 IE 的文本范围来执行 HTML 操作并不像使用 DOM 范围那么可靠，但也不失为一种有效的途径。要像前面使用 DOM 范围那样实现相同的文本高亮效果，可以组合使用 htmlText 属性和 pasteHTML()方法。

```
var range = frames["richedit"].document.selection.createRange();
range.pasteHTML("<span style=\"background-color:yellow\"> " + range.htmlText +
                "</span>");
```

以上代码通过 htmlText 取得了当前选区中的 HTML，然后将其放在了一对<span>标签中，最后又使用 pasteHTML()将结果重新插入到了选区中。

14.5.4 表单与富文本

由于富文本编辑是使用 iframe 而非表单控件实现的，因此从技术上说，富文本编辑器并不属于表单。换句话说，富文本编辑器中的 HTML 不会被自动提交给服务器，而需要我们手工来提取并提交 HTML。为此，通常可以添加一个隐藏的表单字段，让它的值等于从 iframe 中提取出的 HTML。具体来说，就是在提交表单之前，从 iframe 中提取出 HTML，并将其插入到隐藏的字段中。下面就是通过表单的 onsubmit 事件处理程序实现上述操作的代码。

```
EventUtil.addHandler(form, "submit", function(event){
    event = EventUtil.getEvent(event);
    var target = EventUtil.getTarget(event);

    target.elements["comments"].value = frames["richedit"].document.body.innerHTML;
});
```

RichTextEditingExample01.htm

在此，我们通过文档主体的 innerHTML 属性取得了 iframe 中的 HTML，然后将其插入到了名为 "comments"的表单字段中。这样可以确保恰好在提交表单之前填充"comments"字段。如果你想在代码中通过 submit()来手工提交表单，那么一定不要忘记事先执行上面的操作。对于 contenteditable 元素，也可以执行类似操作。

```
EventUtil.addHandler(form, "submit", function(event){
    event = EventUtil.getEvent(event);
    var target = EventUtil.getTarget(event);

    target.elements["comments"].value =
        document.getElementById("richedit").innerHTML;
});
```

14.6 小结

虽然 HTML 和 Web 应用自诞生以来已经发生了天翻地覆的变化，但 Web 表单相对却没有什么改变。使用 JavaScript 可以增强已有的表单字段，从而创造出新的功能，或者提升表单的易用性。为此，表单、表单字段都引入了相应的属性和方法，以便 JavaScript 使用。下面是本章介绍的几个概念。

❑ 可以使用一些标准或非标准的方法选择文本框中的全部或部分文本。
❑ 大多数浏览器都采用了 Firefox 操作选择文本的方式，但 IE 仍然坚持自己的实现。

❑ 在文本框的内容变化时，可以通过侦听键盘事件以及检测插入的字符，来允许或禁止用户输入
某些字符。

除 Opera 之外的所有浏览器都支持剪贴板事件，包括 copy、cut 和 paste。其他浏览器在实现剪
贴板事件时也可以分为几种不同的情况。

❑ IE、Firefox、Chrome 和 Safari 允许通过 JavaScript 访问剪贴板中的数据，而 Opera 不允许这种访
问方式。

❑ 即使是 IE、Chrome 和 Safari，它们各自的实现方式也不相同。

❑ Firefox、Safari 和 Chrome 只允许在 paste 事件发生时读取剪贴板数据，而 IE 没有这个限制。

❑ Firefox、Safari 和 Chrome 只允许在发生剪贴板事件时访问与剪贴板相关的信息，而 IE 允许在任
何时候访问相关信息。

在文本框内容必须限制为某些特定字符的情况下，就可以利用剪贴板事件来屏蔽通过粘贴向文本框
中插入内容的操作。

选择框也是经常要通过 JavaScript 来控制的一个表单字段。由于有了 DOM，对选择框的操作比以前
要方便多了。添加选项、移除选项、将选项从一个选择框移动到另一个选择框，甚至对选项进行排序等
操作，都可以使用标准的 DOM 技术来实现。

富文本编辑功能是通过一个包含空 HTML 文档的 iframe 元素来实现的。通过将空文档的
designMode 属性设置为"on"，就可以将该页面转换为可编辑状态，此时其表现如同字处理软件。另外，
也可以将某个元素设置为 contenteditable。在默认情况下，可以将字体加粗或者将文本转换为斜体，
还可以使用剪贴板。JavaScript 通过使用 execCommand()方法也可以实现相同的一些功能。另外，使用
queryCommandEnabled()、queryCommandState()和 queryCommandValue()方法则可以取得有关
文本选区的信息。由于以这种方式构建的富文本编辑器并不是一个表单字段，因此在将其内容提交给
服务器之前，必须将 iframe 或 contenteditable 元素中的 HTML 复制到一个表单字段中。

使用 Canvas 绘图

本章内容
❑ 理解<canvas>元素
❑ 绘制简单的 2D 图形
❑ 使用 WebGL 绘制 3D 图形

不用说，HTML5 添加的最受欢迎的功能就是<canvas>元素。这个元素负责在页面中设定一个区域，然后就可以通过 JavaScript 动态地在这个区域中绘制图形。<canvas>元素最早是由苹果公司推出的，当时主要用在其 Dashboard 微件中。很快，HTML5 加入了这个元素，主流浏览器也迅速开始支持它。IE9+、Firefox 1.5+、Safari 2+、Opera 9+、Chrome、iOS 版 Safari 以及 Android 版 WebKit 都在某种程度上支持<canvas>。

与浏览器环境中的其他组件类似，<canvas>由几组 API 构成，但并非所有浏览器都支持所有这些 API。除了具备基本绘图能力的 2D 上下文，<canvas>还建议了一个名为 WebGL 的 3D 上下文。目前，支持该元素的浏览器都支持 2D 上下文及文本 API，但对 WebGL 的支持还不够好。由于 WebGL 还是实验性的，因此要得到所有浏览器支持还需要很长一段时间。Firefox 4+和 Chrome 支持 WebGL 规范的早期版本，但一些老版本的操作系统，比如 Windows XP，由于缺少必要的绘图驱动程序，即便安装了这两款浏览器也无济于事。

15.1 基本用法

要使用<canvas>元素，必须先设置其 width 和 height 属性，指定可以绘图的区域大小。出现在开始和结束标签中的内容是后备信息，如果浏览器不支持<canvas>元素，就会显示这些信息。下面就是<canvas>元素的例子。

```
<canvas id="drawing" width=" 200" height="200">A drawing of something.</canvas>
```

与其他元素一样，<canvas>元素对应的 DOM 元素对象也有 width 和 height 属性，可以随意修改。而且，也能通过 CSS 为该元素添加样式，如果不添加任何样式或者不绘制任何图形，在页面中是看不到该元素的。

要在这块画布（canvas）上绘图，需要取得绘图上下文。而取得绘图上下文对象的引用，需要调用 getContext()方法并传入上下文的名字。传入"2d"，就可以取得 2D 上下文对象。

```
var drawing = document.getElementById("drawing");

//确定浏览器支持<canvas>元素
if (drawing.getContext){
```

```
var context = drawing.getContext("2d");
//更多代码
}
```

在使用<canvas>元素之前，首先要检测 getContext() 方法是否存在，这一步非常重要。有些浏览器会为 HTML 规范之外的元素创建默认的 HTML 元素对象[①]。在这种情况下，即使 drawing 变量中保存着一个有效的元素引用，也检测不到 getContext() 方法。

使用 toDataURL() 方法，可以导出在<canvas>元素上绘制的图像。这个方法接受一个参数，即图像的 MIME 类型格式，而且适合用于创建图像的任何上下文。比如，要取得画布中的一幅 PNG 格式的图像，可以使用以下代码。

```
var drawing = document.getElementById("drawing");

//确定浏览器支持<canvas>元素
if (drawing.getContext){

    //取得图像的数据 URI
    var imgURI = drawing.toDataURL("image/png");

    //显示图像
    var image = document.createElement("img");
    image.src = imgURI;
    document.body.appendChild(image);
}
```

2DDataUrlExample01.htm

默认情况下，浏览器会将图像编码为 PNG 格式（除非另行指定）。Firefox 和 Opera 也支持基于 "image/jpeg"参数的 JPEG 编码格式。由于这个方法是后来才追加的，所以支持<canvas>的浏览器也是在较新的版本中才加入了对它的支持，比如 IE9、Firefox 3.5 和 Opera 10。

> 如果绘制到画布上的图像源自不同的域，toDataURL()方法会抛出错误。本章后面还将介绍更多相关内容。

15.2 2D 上下文

使用 2D 绘图上下文提供的方法，可以绘制简单的 2D 图形，比如矩形、弧线和路径。2D 上下文的坐标开始于<canvas>元素的左上角，原点坐标是(0,0)。所有坐标值都基于这个原点计算，x 值越大表示越靠右，y 值越大表示越靠下。默认情况下，width 和 height 表示水平和垂直两个方向上可用的像素数目。

15.2.1 填充和描边

2D 上下文的两种基本绘图操作是填充和描边。填充，就是用指定的样式（颜色、渐变或图像）填充图形；描边，就是只在图形的边缘画线。大多数 2D 上下文操作都会细分为填充和描边两个操作，而

---

① 假设你想在 Firefox 3 中使用<canvas>元素。虽然浏览器会为该标签创建一个 DOM 对象，而且也可以引用它，但这个对象中并没有 getContext() 方法。（据作者回复）

操作的结果取决于两个属性：`fillStyle` 和 `strokeStyle`。

这两个属性的值可以是字符串、渐变对象或模式对象，而且它们的默认值都是`"#000000"`。如果为它们指定表示颜色的字符串值，可以使用 CSS 中指定颜色值的任何格式，包括颜色名、十六进制码、`rgb`、`rgba`、`hsl` 或 `hsla`。举个例子：

```
var drawing = document.getElementById("drawing");

//确定浏览器支持<canvas>元素
if (drawing.getContext){

    var context = drawing.getContext("2d");
    context.strokeStyle = "red";
    context.fillStyle = "#0000ff";
}
```

以上代码将 `strokeStyle` 设置为 red（CSS 中的颜色名），将 `fillStyle` 设置为#0000ff（蓝色）。然后，所有涉及描边和填充的操作都将使用这两个样式，直至重新设置这两个值。如前所述，这两个属性的值也可以是渐变对象或模式对象。本章后面会讨论这两种对象。

15.2.2　绘制矩形

矩形是唯一一种可以直接在 2D 上下文中绘制的形状。与矩形有关的方法包括 `fillRect()`、`strokeRect()`和 `clearRect()`。这三个方法都能接收 4 个参数：矩形的 *x* 坐标、矩形的 *y* 坐标、矩形宽度和矩形高度。这些参数的单位都是像素。

首先，`fillRect()`方法在画布上绘制的矩形会填充指定的颜色。填充的颜色通过 `fillStyle` 属性指定，比如：

```
var drawing = document.getElementById("drawing");

//确定浏览器支持<canvas>元素
if (drawing.getContext){

    var context = drawing.getContext("2d");

    /*
     * 根据 Mozilla 的文档
     * http://developer.mozilla.org/en/docs/Canvas_tutorial:Basic_usage
     */

    //绘制红色矩形
    context.fillStyle = "#ff0000";
    context.fillRect(10, 10, 50, 50);

    //绘制半透明的蓝色矩形
    context.fillStyle = "rgba(0,0,255,0.5)";
    context.fillRect(30, 30, 50, 50);
}
```

2DFillRectExample01.htm

以上代码首先将 `fillStyle` 设置为红色，然后从(10,10)处开始绘制矩形，矩形的宽和高均为 50 像素。然后，通过 `rgba()`格式再将 `fillStyle` 设置为半透明的蓝色，在第一个矩形上面绘制第二个矩形。结果就是可以透过蓝色的矩形看到红色的矩形（见图 15-1）。

图　15-1

strokeRect()方法在画布上绘制的矩形会使用指定的颜色描边。描边颜色通过 strokeStyle 属性指定。比如：

```
var drawing = document.getElementById("drawing");

//确定浏览器支持<canvas>元素
if (drawing.getContext){

    var context = drawing.getContext("2d");

    /*
     * 根据 Mozilla 的文档
     * http://developer.mozilla.org/en/docs/Canvas_tutorial:Basic_usage
     */

    //绘制红色描边矩形
    context.strokeStyle = "#ff0000";
    context.strokeRect(10, 10, 50, 50);

    //绘制半透明的蓝色描边矩形
    context.strokeStyle = "rgba(0,0,255,0.5)";
    context.strokeRect(30, 30, 50, 50);
}
```

2DStrokeRectExample01.htm

以上代码绘制了两个重叠的矩形。不过，这两个矩形都只有框线，内部并没有填充颜色（见图 15-2）。

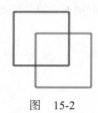

图　15-2

　　描边线条的宽度由 lineWidth 属性控制，该属性的值可以是任意整数。另外，通过 lineCap 属性可以控制线条末端的形状是平头、圆头还是方头（"butt"、"round"或"square"），通过 lineJoin 属性可以控制线条相交的方式是圆交、斜交还是斜接（"round"、"bevel"或"miter"）。

最后，clearRect()方法用于清除画布上的矩形区域。本质上，这个方法可以把绘制上下文中的某一矩形区域变透明。通过绘制形状然后再清除指定区域，就可以生成有意思的效果，例如把某个形状切掉一块。下面看一个例子。

```
var drawing = document.getElementById("drawing");

//确定浏览器支持<canvas>元素
if (drawing.getContext){

    var context = drawing.getContext("2d");
```

```
/*
 * 根据 Mozilla 的文档
 * http://developer.mozilla.org/en/docs/Canvas_tutorial:Basic_usage
 */

//绘制红色矩形
context.fillStyle = "#ff0000";
context.fillRect(10, 10, 50, 50);

//绘制半透明的蓝色矩形
context.fillStyle = "rgba(0,0,255,0.5)";
context.fillRect(30, 30, 50, 50);

//在两个矩形重叠的地方清除一个小矩形
context.clearRect(40, 40, 10, 10);
}
```

2DClearRectExample01.htm

如图 15-3 所示，两个填充矩形重叠在一起，而重叠的地方又被清除了一个小矩形区域。

图　15-3

15.2.3　绘制路径

2D 绘制上下文支持很多在画布上绘制路径的方法。通过路径可以创造出复杂的形状和线条。要绘制路径，首先必须调用 beginPath() 方法，表示要开始绘制新路径。然后，再通过调用下列方法来实际地绘制路径。

❑ arc(*x, y, radius, startAngle, endAngle, counterclockwise*)：以 (*x,y*) 为圆心绘制一条弧线，弧线半径为 radius，起始和结束角度（用弧度表示）分别为 startAngle 和 endAngle。最后一个参数表示 startAngle 和 endAngle 是否按逆时针方向计算，值为 false 表示按顺时针方向计算。

❑ arcTo(*x1, y1, x2, y2, radius*)：从上一点开始绘制一条弧线，到 (*x2,y2*) 为止，并且以给定的半径 radius 穿过 (*x1,y1*)。

❑ bezierCurveTo(*c1x, c1y, c2x, c2y, x, y*)：从上一点开始绘制一条曲线，到 (*x,y*) 为止，并且以 (*c1x,c1y*) 和 (*c2x,c2y*) 为控制点。

❑ lineTo(*x, y*)：从上一点开始绘制一条直线，到 (*x,y*) 为止。

❑ moveTo(*x, y*)：将绘图游标移动到 (*x,y*)，不画线。

❑ quadraticCurveTo(*cx, cy, x, y*)：从上一点开始绘制一条二次曲线，到 (*x,y*) 为止，并且以 (*cx,cy*) 作为控制点。

❑ rect(*x, y, width, height*)：从点 (*x,y*) 开始绘制一个矩形，宽度和高度分别由 width 和 height 指定。这个方法绘制的是矩形路径，而不是 strokeRect() 和 fillRect() 所绘制的独立的形状。

创建了路径后，接下来有几种可能的选择。如果想绘制一条连接到路径起点的线条，可以调用 closePath()。如果路径已经完成，你想用 fillStyle 填充它，可以调用 fill() 方法。另外，还可以调用 stroke() 方法对路径描边，描边使用的是 strokeStyle。最后还可以调用 clip()，这个方法可以在路径上创建一个剪切区域。

下面看一个例子，即绘制一个不带数字的时钟表盘。

```
var drawing = document.getElementById("drawing");

//确定浏览器支持<canvas>元素
if (drawing.getContext){

    var context = drawing.getContext("2d");

    //开始路径
    context.beginPath();

    //绘制外圆
    context.arc(100, 100, 99, 0, 2 * Math.PI, false);

    //绘制内圆
    context.moveTo(194, 100);
    context.arc(100, 100, 94, 0, 2 * Math.PI, false);

    //绘制分针
    context.moveTo(100, 100);
    context.lineTo(100, 15);

    //绘制时针
    context.moveTo(100, 100);
    context.lineTo(35, 100);

    //描边路径
    context.stroke();
}
```

2DPathExample01.htm

这个例子使用 arc() 方法绘制了两个圆形：一个外圆和一个内圆，构成了表盘的边框。外圆的半径是 99 像素，圆心位于点(100,100)，也是画布的中心点。为了绘制一个完整的圆形，我们从 0 弧度开始，绘制 2π 弧度（通过 Math.PI 来计算）。在绘制内圆之前，必须把路径移动到内圆上的某一点，以避免绘制出多余的线条。第二次调用 arc() 使用了小一点的半径，以便创造边框的效果。然后，组合使用 moveTo() 和 lineTo() 方法来绘制时针和分针。最后一步是调用 stroke() 方法，这样才能把图形绘制到画布上，如图 15-4 所示。

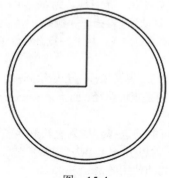

图　15-4

在 2D 绘图上下文中，路径是一种主要的绘图方式，因为路径能为要绘制的图形提供更多控制。由于路径的使用很频繁，所以就有了一个名为 isPointInPath() 的方法。这个方法接收 *x* 和 *y* 坐标作为参数，用于在路径被关闭之前确定画布上的某一点是否位于路径上，例如：

```
if (context.isPointInPath(100, 100)){
    alert("Point (100, 100) is in the path.");
}
```

2D 上下文中的路径 API 已经非常稳定，可以利用它们结合不同的填充和描边样式，绘制出非常复杂的图形来。

15.2.4 绘制文本

文本与图形总是如影随形。为此，2D 绘图上下文也提供了绘制文本的方法。绘制文本主要有两个方法：fillText() 和 strokeText()。这两个方法都可以接收 4 个参数：要绘制的文本字符串、*x* 坐标、*y* 坐标和可选的最大像素宽度。而且，这两个方法都以下列 3 个属性为基础。

❑ font：表示文本样式、大小及字体，用 CSS 中指定字体的格式来指定，例如"10px Arial"。

❑ textAlign：表示文本对齐方式。可能的值有"start"、"end"、"left"、"right"和"center"。建议使用"start"和"end"，不要使用"left"和"right"，因为前两者的意思更稳妥，能同时适合从左到右和从右到左显示（阅读）的语言。

❑ textBaseline：表示文本的基线。可能的值有"top"、"hanging"、"middle"、"alphabetic"、"ideographic"和"bottom"。

这几个属性都有默认值，因此没有必要每次使用它们都重新设置一遍值。fillText() 方法使用 fillStyle 属性绘制文本，而 strokeText() 方法使用 strokeStyle 属性为文本描边。相对来说，还是使用 fillText() 的时候更多，因为该方法模仿了在网页中正常显示文本。例如，下面的代码在前一节创建的表盘上方绘制了数字 12：

```
context.font = "bold 14px Arial";
context.textAlign = "center";
context.textBaseline = "middle";
context.fillText("12", 100, 20);
```

2D TextExample01.htm

结果如图 15-5 所示。

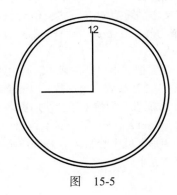

图 15-5

因为这里把 `textAlign` 设置为`"center"`，把 `textBaseline` 设置为`"middle"`，所以坐标(100,20) 表示的是文本水平和垂直中点的坐标。如果将 `textAlign` 设置为`"start"`，则 x 坐标表示的是文本左端的位置（从左到右阅读的语言）；设置为`"end"`，则 x 坐标表示的是文本右端的位置（从左到右阅读的语言）。例如：

```
//正常
context.font = "bold 14px Arial";
context.textAlign = "center";
context.textBaseline = "middle";
context.fillText("12", 100, 20);

//起点对齐
context.textAlign = "start";
context.fillText("12", 100, 40);

//终点对齐
context.textAlign = "end";
context.fillText("12", 100, 60);
```

2DTextExample02.htm

这一回绘制了三个字符串`"12"`，每个字符串的 x 坐标值相同，但 `textAlign` 值不同。另外，后两个字符串的 y 坐标依次增大，以避免相互重叠。结果如图 15-6 所示。

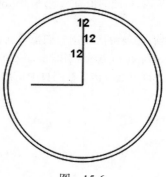

图　15-6

表盘中的分针恰好位于正中间，因此文本的水平对齐方式如何变化也能够一目了然。类似地，修改 `textBaseline` 属性的值可以调整文本的垂直对齐方式：值为`"top"`，y 坐标表示文本顶端；值为`"bottom"`，y 坐标表示文本底端；值为`"hanging"`、`"alphabetic"`和`"ideographic"`，则 y 坐标分别指向字体的特定基线坐标。

由于绘制文本比较复杂，特别是需要把文本控制在某一区域中的时候，2D 上下文提供了辅助确定文本大小的方法 `measureText()`。这个方法接收一个参数，即要绘制的文本；返回一个 `TextMetrics` 对象。返回的对象目前只有一个 `width` 属性，但将来还会增加更多度量属性。

`measureText()`方法利用 `font`、`textAlign` 和 `textBaseline` 的当前值计算指定文本的大小。比如，假设你想在一个 140 像素宽的矩形区域中绘制文本 Hello world!，下面的代码从 100 像素的字体大小开始递减，最终会找到合适的字体大小。

```
var fontSize = 100;
context.font = fontSize + "px Arial";

while(context.measureText("Hello world!").width > 140){
    fontSize--;
    context.font = fontSize + "px Arial";
}

context.fillText("Hello world!", 10, 10);
context.fillText("Font size is " + fontSize + "px", 10, 50);
```

15

2DTextExample03.htm

前面提到过，fillText()和strokeText()方法都可以接收第四个参数，也就是文本的最大像素宽度。不过，这个可选的参数尚未得到所有浏览器支持（最早支持它的是 Firefox 4）。提供这个参数后，调用 fillText() 或 strokeText()时如果传入的字符串大于最大宽度，则绘制的文本字符的高度正确，但宽度会收缩以适应最大宽度。图 15-7 展示了这个效果。

Hello world!
字体大小为26像素

图　15-7

绘制文本还是相对比较复杂的操作，因此支持<canvas>元素的浏览器也并未完全实现所有与绘制文本相关的 API。

15.2.5　变换

通过上下文的变换，可以把处理后的图像绘制到画布上。2D 绘制上下文支持各种基本的绘制变换。创建绘制上下文时，会以默认值初始化变换矩阵，在默认的变换矩阵下，所有处理都按描述直接绘制。为绘制上下文应用变换，会导致使用不同的变换矩阵应用处理，从而产生不同的结果。

可以通过如下方法来修改变换矩阵。

- *rotate(angle)*：围绕原点旋转图像 *angle* 弧度。
- *scale(scaleX, scaleY)*：缩放图像，在 *x* 方向乘以 *scaleX*，在 *y* 方向乘以 *scaleY*。*scaleX* 和 *scaleY* 的默认值都是 1.0。
- *translate(x, y)*：将坐标原点移动到(*x,y*)。执行这个变换之后，坐标(0,0)会变成之前由(*x,y*)表示的点。
- *transform(m1_1, m1_2, m2_1, m2_2, dx, dy)*：直接修改变换矩阵，方式是乘以如下矩阵。

```
m1_1    m1_2    dx
m2_1    m2_2    dy
0       0       1
```

- *setTransform(m1_1, m1_2, m2_1, m2_2, dx, dy)*：将变换矩阵重置为默认状态，然后再调用 *transform()*。

变换有可能很简单，但也可能很复杂，这都要视情况而定。比如，就拿前面例子中绘制表针来说，如果把原点变换到表盘的中心，然后再绘制表针就容易多了。请看下面的例子。

```
var drawing = document.getElementById("drawing");

//确定浏览器支持<canvas>元素
if (drawing.getContext){
```

```
    var context = drawing.getContext("2d");

    //开始路径
    context.beginPath();

    //绘制外圆
    context.arc(100, 100, 99, 0, 2 * Math.PI, false);

    //绘制内圆
    context.moveTo(194, 100);
    context.arc(100, 100, 94, 0, 2 * Math.PI, false);

    //变换原点
    context.translate(100, 100);

    //绘制分针
    context.moveTo(0,0);
    context.lineTo(0, -85);

    //绘制时针
    context.moveTo(0, 0);
    context.lineTo(-65, 0);

    //描边路径
    context.stroke();
}
```

2DTransformExample01.htm

把原点变换到时钟表盘的中心点(100,100)后，在同一方向上绘制线条就变成了简单的数学问题了。所有数学计算都基于(0,0)，而不是(100,100)。还可以更进一步，像下面这样使用 `rotate()` 方法旋转时钟的表针。

```
    var drawing = document.getElementById("drawing");

    //确定浏览器支持<canvas>元素
    if (drawing.getContext){

        var context = drawing.getContext("2d");

        //开始路径
        context.beginPath();

        //绘制外圆
        context.arc(100, 100, 99, 0, 2 * Math.PI, false);

        //绘制内圆
        context.moveTo(194, 100);
        context.arc(100, 100, 94, 0, 2 * Math.PI, false);

        //变换原点
        context.translate(100, 100);

        //旋转表针
        context.rotate(1);

        //绘制分针
```

```
        context.moveTo(0,0);
        context.lineTo(0, -85);

        //绘制时针
        context.moveTo(0, 0);
        context.lineTo(-65, 0);

        //描边路径
        context.stroke();
}
```

2DTransformExample01.htm

因为原点已经变换到了时钟表盘的中心点，所以旋转也是以该点为圆心的。结果就像是表针真地被固定在表盘中心一样，然后向右旋转了一定角度。结果如图 15-8 所示。

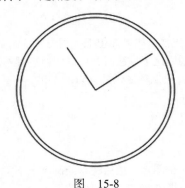

图　15-8

无论是刚才执行的变换，还是 fillStyle、strokeStyle 等属性，都会在当前上下文中一直有效，除非再对上下文进行什么修改。虽然没有什么办法把上下文中的一切都重置回默认值，但有两个方法可以跟踪上下文的状态变化。如果你知道将来还要返回某组属性与变换的组合，可以调用 save()方法。调用这个方法后，当时的所有设置都会进入一个栈结构，得以妥善保管。然后可以对上下文进行其他修改。等想要回到之前保存的设置时，可以调用 restore()方法，在保存设置的栈结构中向前返回一级，恢复之前的状态。连续调用 save()可以把更多设置保存到栈结构中，之后再连续调用 restore()则可以一级一级返回。下面来看一个例子。

```
context.fillStyle = "#ff0000";
context.save();

context.fillStyle = "#00ff00";
context.translate(100, 100);
context.save();

context.fillStyle = "#0000ff";
context.fillRect(0, 0, 100, 200); //从点(100,100)开始绘制蓝色矩形

context.restore();
context.fillRect(10, 10, 100, 200); //从点(110,110)开始绘制绿色矩形

context.restore();
```

```
context.fillRect(0, 0, 100, 200); //从点(0,0)开始绘制红色矩形
```

2DSaveRestoreExample01.htm

首先，将 `fillStyle` 设置为红色，并调用 `save()` 保存上下文状态。接下来，把 `fillStyle` 修改为绿色，把坐标原点变换到(100,100)，再调用 `save()` 保存上下文状态。然后，把 `fillStyle` 修改为蓝色并绘制蓝色的矩形。因为此时的坐标原点已经变了，所以矩形的左上角坐标实际上是(100,100)。然后调用 `restore()`，之后 `fillStyle` 变回了绿色，因而第二个矩形就是绿色。之所以第二个矩形的起点坐标是(110,110)，是因为坐标位置的变换仍然起作用。再调用一次 `restore()`，变换就被取消了，而 `fillStyle` 也返回了红色。所以最后一个矩形是红色的，而且绘制的起点是(0,0)。

需要注意的是，`save()` 方法保存的只是对绘图上下文的设置和变换，不会保存绘图上下文的内容。

15.2.6　绘制图像

2D 绘图上下文内置了对图像的支持。如果你想把一幅图像绘制到画布上，可以使用 `drawImage()` 方法。根据期望的最终结果不同，调用这个方法时，可以使用三种不同的参数组合。最简单的调用方式是传入一个 HTML `<img>` 元素，以及绘制该图像的起点的 *x* 和 *y* 坐标。例如：

```
var image = document.images[0];
context.drawImage(image, 10, 10);
```

2DDrawImageExample01.htm

这两行代码取得了文档中的第一幅图像，然后将它绘制到上下文中，起点为(10,10)。绘制到画布上的图像大小与原始大小一样。如果你想改变绘制后图像的大小，可以再多传入两个参数，分别表示目标宽度和目标高度。通过这种方式来缩放图像并不影响上下文的变换矩阵。例如：

```
context.drawImage(image, 50, 10, 20, 30);
```

2DDrawImageExample01.htm

执行代码后，绘制出来的图像大小会变成 20×30 像素。

除了上述两种方式，还可以选择把图像中的某个区域绘制到上下文中。`drawImage()` 方法的这种调用方式总共需要传入 9 个参数：要绘制的图像、源图像的 *x* 坐标、源图像的 *y* 坐标、源图像的宽度、源图像的高度、目标图像的 *x* 坐标、目标图像的 *y* 坐标、目标图像的宽度、目标图像的高度。这样调用 `drawImage()` 方法可以获得最多的控制。例如：

```
context.drawImage(image, 0, 10, 50, 50, 0, 100, 40, 60);
```

2DDrawImageExample01.htm

这行代码只会把原始图像的一部分绘制到画布上。原始图像的这一部分的起点为(0,10)，宽和高都是 50 像素。最终绘制到上下文中的图像的起点是(0,100)，而大小变成了 40×60 像素。

这种调用方式可以创造出很有意思的效果，如图 15-9 所示。

图 15-9

除了给 drawImage() 方法传入 HTML <img> 元素外，还可以传入另一个 <canvas> 元素作为其第一个参数。这样，就可以把另一个画布内容绘制到当前画布上。

结合使用 drawImage() 和其他方法，可以对图像进行各种基本操作。而操作的结果可以通过 toDataURL() 方法获得[①]。不过，有一个例外，即图像不能来自其他域。如果图像来自其他域，调用 toDataURL() 会抛出一个错误。打个比方，假如位于 www.example.com 上的页面绘制的图像来自于 www.wrox.com，那当前上下文就会被认为"不干净"，因而会抛出错误。

15.2.7 阴影

2D 上下文会根据以下几个属性的值，自动为形状或路径绘制出阴影。

- ❏ shadowColor：用 CSS 颜色格式表示的阴影颜色，默认为黑色。
- ❏ shadowOffsetX：形状或路径 x 轴方向的阴影偏移量，默认为 0。
- ❏ shadowOffsetY：形状或路径 y 轴方向的阴影偏移量，默认为 0。
- ❏ shadowBlur：模糊的像素数，默认 0，即不模糊。

这些属性都可以通过 context 对象来修改。只要在绘制前为它们设置适当的值，就能自动产生阴影。例如：

```
var context = drawing.getContext("2d");

//设置阴影
context.shadowOffsetX = 5;
context.shadowOffsetY = 5;
context.shadowBlur    = 4;
context.shadowColor   = "rgba(0, 0, 0, 0.5)";

//绘制红色矩形
context.fillStyle = "#ff0000";
context.fillRect(10, 10, 50, 50);

//绘制蓝色矩形
context.fillStyle = "rgba(0,0,255,1)";
```

---

① 请读者注意，虽然本章至今一直在讨论 2D 绘图上下文，但 toDataURL() 是 Canvas 对象的方法，不是上下文对象的方法。

```
context.fillRect(30, 30, 50, 50);
```

2DFillRectShadowExample01.htm

两个矩形的阴影样式相同，结果如图 15-10 所示。

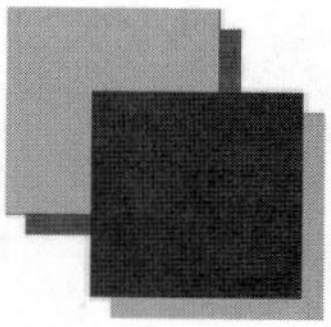

不同浏览器对阴影的支持有一些差异。IE9、Firefox 4 和 Opera 11 的行为最为规范，其他浏览器多多少少会有一些奇怪的现象，甚至根本不支持阴影。Chrome（直至第 10 版）不能正确地为描边的形状应用实心阴影。Chrome 和 Safari（直至第 5 版）在为带透明像素的图像应用阴影时也会有问题：不透明部分的下方本来是该有阴影的，但此时则一概不见了。Safari 也不能给渐变图形应用阴影，其他浏览器都可以。

图　15-10

15.2.8　渐变

渐变由 CanvasGradient 实例表示，很容易通过 2D 上下文来创建和修改。要创建一个新的线性渐变，可以调用 createLinearGradient() 方法。这个方法接收 4 个参数：起点的 x 坐标、起点的 y 坐标、终点的 x 坐标、终点的 y 坐标。调用这个方法后，它就会创建一个指定大小的渐变，并返回 CanvasGradient 对象的实例。

创建了渐变对象后，下一步就是使用 addColorStop() 方法来指定色标。这个方法接收两个参数：色标位置和 CSS 颜色值。色标位置是一个 0（开始的颜色）到 1（结束的颜色）之间的数字。例如：

```
var gradient = context.createLinearGradient(30, 30, 70, 70);

gradient.addColorStop(0, "white");
gradient.addColorStop(1, "black");
```

2DFillRectGradientExample01.htm

此时，gradient 对象表示的是一个从画布上点(30,30)到点(70,70)的渐变。起点的色标是白色，终点的色标是黑色。然后就可以把 fillStyle 或 strokeStyle 设置为这个对象，从而使用渐变来绘制形状或描边：

```
//绘制红色矩形
context.fillStyle = "#ff0000";
context.fillRect(10, 10, 50, 50);

//绘制渐变矩形
context.fillStyle = gradient;
context.fillRect(30, 30, 50, 50);
```

2DFillRectGradientExample01.htm

为了让渐变覆盖整个矩形，而不是仅应用到矩形的一部分，矩形和渐变对象的坐标必须匹配才行。以上代码会得到如图 15-11 所示的结果。

如果没有把矩形绘制到恰当的位置，那可能就只会显示部分渐变效果。例如：

```
context.fillStyle = gradient;
```

图　15-11

```
context.fillRect(50, 50, 50, 50);
```

2DFillRectGradientExample02.htm

这两行代码执行后得到的矩形只有左上角稍微有一点白色。这主要是因为矩形的起点位于渐变的中间位置，而此时渐变差不多已经结束了。由于渐变不重复，所以矩形的大部分区域都是黑色。确保渐变与形状对齐非常重要，有时候可以考虑使用函数来确保坐标合适。例如：

```
function createRectLinearGradient(context, x, y, width, height){
    return context.createLinearGradient(x, y, x+width, y+height);
}
```

2DFillRectGradientExample03.htm

这个函数基于起点的 x 和 y 坐标以及宽度和高度值来创建渐变对象，从而让我们可以在 fillRect() 中使用相同的值。

```
var gradient = createRectLinearGradient(context, 30, 30, 50, 50);

gradient.addColorStop(0, "white");
gradient.addColorStop(1, "black");

//绘制渐变矩形
context.fillStyle = gradient;
context.fillRect(30, 30, 50, 50);
```

2DFillRectGradientExample03.htm

使用画布的时候，确保坐标匹配很重要，也需要一些技巧。类似 createRectLinearGradient() 这样的辅助方法可以让控制坐标更容易一些。

要创建径向渐变（或放射渐变），可以使用 createRadialGradient() 方法。这个方法接收 6 个参数，对应着两个圆的圆心和半径。前三个参数指定的是起点圆的原心（x 和 y）及半径，后三个参数指定的是终点圆的原心（x 和 y）及半径。可以把径向渐变想象成一个长圆桶，而这 6 个参数定义的正是这个桶的两个圆形开口的位置。如果把一个圆形开口定义得比另一个小一些，那这个圆桶就变成了圆锥体，而通过移动每个圆形开口的位置，就可达到像旋转这个圆锥体一样的效果。

如果想从某个形状的中心点开始创建一个向外扩散的径向渐变效果，就要将两个圆定义为同心圆。比如，就拿前面创建的矩形来说，径向渐变的两个圆的圆心都应该在(55,55)，因为矩形的区域是从(30,30)到(80,80)。请看代码：

```
var gradient = context.createRadialGradient(55, 55, 10, 55, 55, 30);

gradient.addColorStop(0, "white");
gradient.addColorStop(1, "black");

//绘制红色矩形
context.fillStyle = "#ff0000";
context.fillRect(10, 10, 50, 50);

//绘制渐变矩形
context.fillStyle = gradient;
context.fillRect(30, 30, 50, 50);
```

2DFillRectGradientExample04.htm

运行代码，会得到如图 15-12 所示的结果。

因为创建比较麻烦，所以径向渐变并不那么容易控制。不过，一般来说，让起点圆和终点圆保持为同心圆的情况比较多，这时候只要考虑给两个圆设置不同的半径就好了。

15.2.9　模式

图　15-12

模式其实就是重复的图像，可以用来填充或描边图形。要创建一个新模式，可以调用 createPattern() 方法并传入两个参数：一个 HTML <img> 元素和一个表示如何重复图像的字符串。其中，第二个参数的值与 CSS 的 background-repeat 属性值相同，包括 "repeat"、"repeat-x"、"repeat-y" 和 "no-repeat"。看一个例子。

```
var image = document.images[0],
    pattern = context.createPattern(image, "repeat");

//绘制矩形
context.fillStyle = pattern;
context.fillRect(10, 10, 150, 150);
```

2DFillRectPatternExample01.htm

需要注意的是，模式与渐变一样，都是从画布的原点(0,0)开始的。将填充样式（fillStyle）设置为模式对象，只表示在某个特定的区域内显示重复的图像，而不是要从某个位置开始绘制重复的图像。上面的代码会得到如图 15-13 所示的结果。

图　15-13

createPattern() 方法的第一个参数也可以是一个 <video> 元素，或者另一个 <canvas> 元素。

15.2.10　使用图像数据

2D 上下文的一个明显的长处就是，可以通过 getImageData() 取得原始图像数据。这个方法接收 4 个参数：要取得其数据的画面区域的 *x* 和 *y* 坐标以及该区域的像素宽度和高度。例如，要取得左上角坐标为(10,5)、大小为 50×50 像素的区域的图像数据，可以使用以下代码：

```
var imageData = context.getImageData(10, 5, 50, 50);
```

这里返回的对象是 ImageData 的实例。每个 ImageData 对象都有三个属性：width、height 和 data。其中 data 属性是一个数组，保存着图像中每一个像素的数据。在 data 数组中，每一个像素用

4个元素来保存，分别表示红、绿、蓝和透明度值。因此，第一个像素的数据就保存在数组的第 0 到第 3 个元素中，例如：

```
var data = imageData.data,
    red = data[0],
    green = data[1],
    blue = data[2],
    alpha = data[3];
```

数组中每个元素的值都介于 0 到 255 之间（包括 0 和 255）。能够直接访问到原始图像数据，就能够以各种方式来操作这些数据。例如，通过修改图像数据，可以像下面这样创建一个简单的灰阶过滤器。

```
var drawing = document.getElementById("drawing");

//确定浏览器支持<canvas>元素
if (drawing.getContext){

    var context = drawing.getContext("2d"),
        image = document.images[0],
        imageData, data,
        i, len, average,
        red, green, blue, alpha;

    //绘制原始图像
    context.drawImage(image, 0, 0);

    //取得图像数据
    imageData = context.getImageData(0, 0, image.width, image.height);
    data = imageData.data;

    for (i=0, len=data.length; i < len; i+=4){

        red = data[i];
        green = data[i+1];
        blue = data[i+2];
        alpha = data[i+3];

        //求得rgb平均值
        average = Math.floor((red + green + blue) / 3);

        //设置颜色值，透明度不变
        data[i] = average;
        data[i+1] = average;
        data[i+2] = average;

    }

    //回写图像数据并显示结果
    imageData.data = data;
    context.putImageData(imageData, 0, 0);
}
```

2DImageDataExample01.htm

这个例子首先在画面上绘制了一幅图像，然后取得了原始图像数据。其中的 for 循环遍历了图像数据中的每一个像素。这里要注意的是，每次循环控制变量 i 都递增 4。在取得每个像素的红、绿、蓝颜色值后，计算出它们的平均值。再把这个平均值设置为每个颜色的值，结果就是去掉了每个像素的颜色，只保留了亮度接近的灰度值（即彩色变黑白）。在把 `data` 数组回写到 `imageData` 对象后，调用 `putImageData()` 方法把图像数据绘制到画布上。最终得到了图像的黑白版。

当然，通过操作原始像素值不仅能实现灰阶过滤，还能实现其他功能。要了解通过操作原始图像数据实现过滤器的更多信息，请参考 Ilmari Heikkinen 的文章 "Making Image Filters with Canvas"（基于 Canvas 的图像过滤器）：http://www.html5rocks.com/en/tutorials/canvas/imagefilters/。

> 只有在画布"干净"的情况下（即图像并非来自其他域），才可以取得图像数据。如果画布"不干净"，那么访问图像数据时会导致 JavaScript 错误。

15.2.11　合成

还有两个会应用到 2D 上下文中所有绘制操作的属性：`globalAlpha` 和 `globalComposition-Operation`。其中，`globalAlpha` 是一个介于 0 和 1 之间的值（包括 0 和 1），用于指定所有绘制的透明度。默认值为 0。如果所有后续操作都要基于相同的透明度，就可以先把 `globalAlpha` 设置为适当值，然后绘制，最后再把它设置回默认值 0。下面来看一个例子。

```
//绘制红色矩形
context.fillStyle = "#ff0000";
context.fillRect(10, 10, 50, 50);

//修改全局透明度
context.globalAlpha = 0.5;

//绘制蓝色矩形
context.fillStyle = "rgba(0,0,255,1)";
context.fillRect(30, 30, 50, 50);

//重置全局透明度
context.globalAlpha = 0;
```

2DGlobalAlphaExample01.htm

在这个例子中，我们把蓝色矩形绘制到了红色矩形上面。因为在绘制蓝色矩形前，`globalAlpha` 已经被设置为 0.5，所以蓝色矩形会呈现半透明效果，透过它可以看到下面的红色矩形。

第二个属性 `globalCompositionOperation` 表示后绘制的图形怎样与先绘制的图形结合。这个属性的值是字符串，可能的值如下。

- ❏ `source-over`（默认值）：后绘制的图形位于先绘制的图形上方。
- ❏ `source-in`：后绘制的图形与先绘制的图形重叠的部分可见，两者其他部分完全透明。
- ❏ `source-out`：后绘制的图形与先绘制的图形不重叠的部分可见，先绘制的图形完全透明。
- ❏ `source-atop`：后绘制的图形与先绘制的图形重叠的部分可见，先绘制图形不受影响。
- ❏ `destination-over`：后绘制的图形位于先绘制的图形下方，只有之前透明像素下的部分才可见。
- ❏ `destination-in`：后绘制的图形位于先绘制的图形下方，两者不重叠的部分完全透明。
- ❏ `destination-out`：后绘制的图形擦除与先绘制的图形重叠的部分。
- ❏ `destination-atop`：后绘制的图形位于先绘制的图形下方，在两者不重叠的地方，先绘制的图形会变透明。

❏ lighter：后绘制的图形与先绘制的图形重叠部分的值相加，使该部分变亮。

❏ copy：后绘制的图形完全替代与之重叠的先绘制图形。

❏ xor：后绘制的图形与先绘制的图形重叠的部分执行"异或"操作。

这个合成操作实际上用语言或者黑白图像是很难说清楚的。要了解每个操作的具体效果，请参见 https://developer.mozilla.org/samples/canvas-tutorial/6_1_canvas_composite.html。推荐使用 IE9+或 Firefox 4+访问前面的网页，因为这两款浏览器对 Canvas 的实现最完善。下面来看一个例子。

```
//绘制红色矩形
context.fillStyle = "#ff0000";
context.fillRect(10, 10, 50, 50);

//设置合成操作
context.globalCompositeOperation = "destination-over";

//绘制蓝色矩形
context.fillStyle = "rgba(0,0,255,1)";
context.fillRect(30, 30, 50, 50);
```

2DGlobalCompositeOperationExample01.htm

如果不修改 globalCompositionOperation，那么蓝色矩形应该位于红色矩形之上。但把 globalCompositionOperation 设置为"destination-over"之后，红色矩形跑到了蓝色矩形上面。

在使用 globalCompositionOperation 的情况下，一定要多测试一些浏览器。因为不同浏览器对这个属性的实现仍然存在较大的差别。Safari 和 Chrome 在这方面还有问题，至于有什么问题，大家可以比较在打开上述页面的情况下，IE9+和 Firefox 4+与它们有什么差异。

15.3 WebGL

WebGL 是针对 Canvas 的 3D 上下文。与其他 Web 技术不同，WebGL 并不是 W3C 制定的标准，而是由 Khronos Group 制定的。其官方网站是这样介绍的："Khronos Group 是一个非盈利的由会员资助的协会，专注于为并行计算以及各种平台和设备上的图形及动态媒体制定无版税的开放标准。" Khronos Group 也设计了其他图形处理 API，比如 OpenGL ES 2.0。浏览器中使用的 WebGL 就是基于 OpenGL ES 2.0 制定的。

OpenGL 等 3D 图形语言是非常复杂的，本书不可能介绍其中每一个概念。熟悉 OpenGL ES 2.0 的读者可能会觉得 WebGL 更好理解一些，因为好多概念是相通的。

本节将适当地介绍 OpenGL ES 2.0 的一些概念，尽力解释其中的某些部分在 WebGL 中的实现。要全面了解 OpenGL，请访问 www.opengl.org。要全面学习 WebGL，请参考 www.learningwebgl.com，其中包含非常棒的系列教程[①]。

15.3.1 类型化数组

WebGL 涉及的复杂计算需要提前知道数值的精度，而标准的 JavaScript 数值无法满足需要。为此，

---

① 中文翻译版请参考 http://www.hiwebgl.com/?p=42。

WebGL 引入了一个概念，叫**类型化数组**（typed arrays）。类型化数组也是数组，只不过其元素被设置为特定类型的值。

类型化数组的核心就是一个名为 ArrayBuffer 的类型。每个 ArrayBuffer 对象表示的只是内存中指定的字节数，但不会指定这些字节用于保存什么类型的数据。通过 ArrayBuffer 所能做的，就是为了将来使用而分配一定数量的字节。例如，下面这行代码会在内存中分配 20B。

```
var buffer = new ArrayBuffer(20);
```

创建了 ArrayBuffer 对象后，能够通过该对象获得的信息只有它包含的字节数，方法是访问其 byteLength 属性：

```
var bytes = buffer.byteLength;
```

虽然 ArrayBuffer 对象本身没有多少可说的，但对 WebGL 而言，使用它是极其重要的。而且，在涉及视图的时候，你才会发现它原来还是很有意思的。

1. 视图

使用 ArrayBuffer（数组缓冲器类型）的一种特别的方式就是用它来创建数组缓冲器视图。其中，最常见的视图是 DataView，通过它可以选择 ArrayBuffer 中一小段字节。为此，可以在创建 DataView 实例的时候传入一个 ArrayBuffer、一个可选的字节偏移量（从该字节开始选择）和一个可选的要选择的字节数。例如：

```
//基于整个缓冲器创建一个新视图
var view = new DataView(buffer);

//创建一个开始于字节 9 的新视图
var view = new DataView(buffer, 9);

//创建一个从字节 9 开始到字节 18 的新视图
var view = new DataView(buffer, 9, 10);
```

实例化之后，DataView 对象会把字节偏移量以及字节长度信息分别保存在 byteOffset 和 byteLength 属性中。

```
alert(view.byteOffset);
alert(view.byteLength);
```

通过这两个属性可以在以后方便地了解视图的状态。另外，通过其 buffer 属性也可以取得数组缓冲器。

读取和写入 DataView 的时候，要根据实际操作的数据类型，选择相应的 getter 和 setter 方法。下表列出了 DataView 支持的数据类型以及相应的读写方法。

数据类型	getter	setter
有符号8位整数	getInt8(byteOffset)	setInt8(byteOffset, value)
无符号8位整数	getUint8(byteOffset)	setUint8(byteOffset, value)
有符号16位整数	getInt16(byteOffset,littleEndian)	setInt16(byteOffset, value,littleEndian)
无符号16位整数	getUint16(byteOffset,littleEndian)	setUint16(byteOffset,value, littleEndian)
有符号32位整数	getInt32(byteOffset,littleEndian)	setInt32(byteOffset, value,littleEndian)

（续）

数据类型	getter	setter
无符号32位整数	getUint32(byteOffset,littleEndian)	setUint32(byteOffset,value, littleEndian)
32位浮点数	getFloat32(byteOffset,littleEndian)	setFloat32(byteOffset,value, littleEndian)
64位浮点数	getFloat64(byteOffset,littleEndian)	setFloat64(byteOffset,value, littleEndian)

　　所有这些方法的第一个参数都是一个字节偏移量，表示要从哪个字节开始读取或写入。不要忘了，要保存有些数据类型的数据，可能需要不止 1B。比如，无符号 8 位整数要用 1B，而 32 位浮点数则要用 4B。使用 DataView，就需要你自己来管理这些细节，即要明确知道自己的数据需要多少字节，并选择正确的读写方法。例如：

```
var buffer = new ArrayBuffer(20),
    view = new DataView(buffer),
    value;

view.setUint16(0, 25);
view.setUint16(2, 50); //不能从字节 1 开始，因为 16 位整数要用 2B
value = view.getUint16(0);
```

DataViewExample01.htm

　　以上代码把两个无符号 16 位整数保存到了数组缓冲器中。因为每个 16 位整数要用 2B，所以保存第一个数的字节偏移量为 0，而保存第二个数的字节偏移量为 2。

　　用于读写 16 位或更大数值的方法都有一个可选的参数 littleEndian。这个参数是一个布尔值，表示读写数值时是否采用小端字节序（即将数据的最低有效位保存在低内存地址中），而不是大端字节序（即将数据的最低有效位保存在高内存地址中）。如果你也不确定应该使用哪种字节序，那不用管它，就采用默认的大端字节序方式保存即可。

　　因为在这里使用的是字节偏移量，而非数组元素数，所以可以通过几种不同的方式来访问同一字节。例如：

```
var buffer = new ArrayBuffer(20),
    view = new DataView(buffer),
    value;

view.setUint16(0, 25);
value = view.getInt8(0);

alert(value); //0
```

DataViewExample02.htm

　　在这个例子中，数值 25 以 16 位无符号整数的形式被写入，字节偏移量为 0。然后，再以 8 位有符号整数的方式读取该数据，得到的结果是 0。这是因为 25 的二进制形式的前 8 位（第一个字节）全部是 0，如图 15-14 所示。

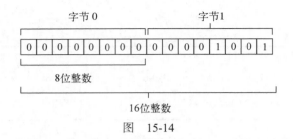

图　15-14

可见，虽然 DataView 能让我们在字节级别上读写数组缓冲器中的数据，但我们必须自己记住要将数据保存到哪里，需要占用多少字节。这样一来，就会带来很多工作量，因此类型化视图也就应运而生。

2. 类型化视图

类型化视图一般也被称为类型化数组，因为它们除了元素必须是某种特定的数据类型外，与常规的数组无异。类型化视图也分几种，而且它们都继承了 DataView。

- ❑ Int8Array：表示 8 位二补整数。
- ❑ Uint8Array：表示 8 位无符号整数。
- ❑ Int16Array：表示 16 位二补整数。
- ❑ Uint16Array：表示 16 位无符号整数。
- ❑ Int32Array：表示 32 位二补整数。
- ❑ Uint32Array：表示 32 位无符号整数。
- ❑ Float32Array：表示 32 位 IEEE 浮点值。
- ❑ Float64Array：表示 64 位 IEEE 浮点值。

每种视图类型都以不同的方式表示数据，而同一数据视选择的类型不同有可能占用一或多字节。例如，20B 的 ArrayBuffer 可以保存 20 个 Int8Array 或 Uint8Array，或者 10 个 Int16Array 或 Uint16Array，或者 5 个 Int32Array、Uint32Array 或 Float32Array，或者 2 个 Float64Array。

由于这些视图都继承自 DataView，因而可以使用相同的构造函数参数来实例化。第一个参数是要使用 ArrayBuffer 对象，第二个参数是作为起点的字节偏移量（默认为 0），第三个参数是要包含的字节数。三个参数中只有第一个是必需的。下面来看几个例子。

```
//创建一个新数组，使用整个缓冲器
var int8s = new Int8Array(buffer);

//只使用从字节 9 开始的缓冲器
var int16s = new Int16Array(buffer, 9);

//只使用从字节 9 到字节 18 的缓冲器
var uint16s = new Uint16Array(buffer, 9, 10);
```

能够指定缓冲器中可用的字节段，意味着能在同一个缓冲器中保存不同类型的数值。比如，下面的代码就是在缓冲器的开头保存 8 位整数，而在其他字节中保存 16 位整数。

```
//使用缓冲器的一部分保存 8 位整数，另一部分保存 16 位整数
var int8s = new Int8Array(buffer, 0, 10);
var uint16s = new Uint16Array(buffer, 11, 10);
```

每个视图构造函数都有一个名为 BYTES_PER_ELEMENT 的属性，表示类型化数组的每个元素需要多少字节。因此，Uint8Array.BYTES_PER_ELEMENT 就是 1，而 Float32Array.BYTES_PER_ELEMENT

则为 4。可以利用这个属性来辅助初始化。

```
//需要 10 个元素空间
var int8s = new Int8Array(buffer, 0, 10 * Int8Array.BYTES_PER_ELEMENT);

//需要 5 个元素空间
var uint16s = new Uint16Array(buffer, int8s.byteOffset + int8s.byteLength,
                              5 * Uint16Array.BYTES_PER_ELEMENT);
```

以上代码基于同一个数组缓冲器创建了两个视图。缓冲器的前 10B 用于保存 8 位整数，而其他字节用于保存无符号 16 位整数。在初始化 Uint16Array 的时候，使用了 Int8Array 的 byteOffset 和 byteLength 属性，以确保 uint16s 开始于 8 位数据之后。

如前所述，类型化视图的目的在于简化对二进制数据的操作。除了前面看到的优点之外，创建类型化视图还可以不用首先创建 ArrayBuffer 对象。只要传入希望数组保存的元素数，相应的构造函数就可以自动创建一个包含足够字节数的 ArrayBuffer 对象，例如：

```
//创建一个数组保存 10 个 8 位整数（10 字节）
var int8s = new Int8Array(10);

//创建一个数组保存 10 个 16 位整数（20 字节）
var int16s = new Int16Array(10);
```

另外，也可以把常规数组转换为类型化视图，只要把常规数组传入类型化视图的构造函数即可：

```
//创建一个数组保存 5 个 8 位整数（10 字节）
var int8s = new Int8Array([10, 20, 30, 40, 50]);
```

这是用默认值来初始化类型化视图的最佳方式，也是 WebGL 项目中最常用的方式。

以这种方式来使用类型化视图，可以让它们看起来更像 Array 对象，同时也能确保在读写信息的时候使用正确的数据类型。

使用类型化视图时，可以通过方括号语法访问每一个数据成员，可以通过 length 属性确定数组中有多少元素。这样，对类型化视图的迭代与对 Array 对象的迭代就是一样的了。

```
for (var i=0, len=int8s.length; i < len; i++){
    console.log("Value at position " + i + " is " + int8s[i]);
}
```

当然，也可以使用方括号语法为类型化视图的元素赋值。如果为相应元素指定的字节数放不下相应的值，则实际保存的值是最大可能值的模。例如，无符号 16 位整数所能表示的最大数值是 65535，如果你想保存 65536，那实际保存的值是 0；如果你想保存 65537，那实际保存的值是 1，依此类推。

```
var uint16s = new Uint16Array(10);
uint16s[0] = 65537;
alert(uint16s[0]); //1
```

数据类型不匹配时不会抛出错误，所以你必须自己保证所赋的值不会超过相应元素的字节限制。

类型化视图还有一个方法，即 subarray()，使用这个方法可以基于底层数组缓冲器的子集创建一个新视图。这个方法接收两个参数：开始元素的索引和可选的结束元素的索引。返回的类型与调用该方法的视图类型相同。例如：

```
var uint16s = new Uint16Array(10),
    sub = uint16s.subarray(2, 5);
```

在以上代码中，sub 也是 Uint16Array 的一个实例，而且底层与 uint16s 都基于同一个 ArrayBuffer。通过大视图创建小视图的主要好处就是，在操作大数组中的一部分元素时，无需担心意外修改了其他元素。

类型化数组是 WebGL 项目中执行各种操作的重要基础。

15.3.2   WebGL 上下文

目前，在支持的浏览器中，WebGL 的名字叫"experimental-webgl"，这是因为 WebGL 规范仍然未制定完成。制定完成后，这个上下文的名字就会变成简单的"webgl"。如果浏览器不支持 WebGL，那么取得该上下文时会返回 null。在使用 WebGL 上下文时，务必先检测一下返回值。

```
var drawing = document.getElementById("drawing");

//确定浏览器支持<canvas>元素
if (drawing.getContext){

    var gl = drawing.getContext("experimental-webgl");
    if (gl){
        //使用 WebGL
    }
}
```

WebGLExample01.htm

一般都把 WebGL 上下文对象命名为 gl。大多数 WebGL 应用和示例都遵守这一约定，因为 OpenGL ES 2.0 规定的方法和值通常都以"gl"开头。这样做也可以保证 JavaScript 代码与 OpenGL 程序更相近。

取得了 WebGL 上下文之后，就可以开始 3D 绘图了。如前所述，WebGL 是 OpenGL ES 2.0 的 Web 版，因此本节讨论的概念实际上就是 OpenGL 概念在 JavaScript 中的实现。

通过给 getContext() 传递第二个参数，可以为 WebGL 上下文设置一些选项。这个参数本身是一个对象，可以包含下列属性。

- ❑ alpha：值为 true，表示为上下文创建一个 Alpha 通道缓冲区；默认值为 true。
- ❑ depth：值为 true，表示可以使用 16 位深缓冲区；默认值为 true。
- ❑ stencil：值为 true，表示可以使用 8 位模板缓冲区；默认值为 false。
- ❑ antialias：值为 true，表示将使用默认机制执行抗锯齿操作；默认值为 true。
- ❑ premultipliedAlpha：值为 true，表示绘图缓冲区有预乘 Alpha 值；默认值为 true。
- ❑ preserveDrawingBuffer：值为 true，表示在绘图完成后保留绘图缓冲区；默认值为 false。

  建议确实有必要的情况下再开启这个值，因为可能影响性能。

传递这个选项对象的方式如下：

```
var drawing = document.getElementById("drawing");

//确定浏览器支持<canvas>元素
if (drawing.getContext){

    var gl = drawing.getContext("experimental-webgl", { alpha: false});
    if (gl){
        //使用 WebGL
```

```
        }
    }
```

大多数上下文选项只在高级技巧中使用。很多时候，各个选项的默认值就能满足我们的要求。

如果 `getContext()` 无法创建 WebGL 上下文，有的浏览器会抛出错误。为此，最好把调用封装到一个 `try-catch` 块中。

```
Insert IconMargin          [download]var drawing = document.getElementById("drawing"),
    gl;

//确定浏览器支持<canvas>元素
if (drawing.getContext){
    try {
        gl = drawing.getContext("experimental-webgl");
    } catch (ex) {
        //什么也不做
    }
    if (gl){
        //使用 WebGL
    } else {
        alert("WebGL context could not be created.");
    }
}
```

1. 常量

如果你熟悉 OpenGL，那肯定会对各种操作中使用非常多的常量印象深刻。这些常量在 OpenGL 中都带前缀 `GL_`。在 WebGL 中，保存在上下文对象中的这些常量都没有 `GL_` 前缀。比如说，`GL_COLOR_BUFFER_BIT` 常量在 WebGL 上下文中就是 `gl.COLOR_BUFFER_BIT`。WebGL 以这种方式支持大多数 OpenGL 常量（有一部分常量是不支持的）。

2. 方法命名

OpenGL（以及 WebGL）中的很多方法都试图通过名字传达有关数据类型的信息。如果某方法可以接收不同类型及不同数量的参数，看方法名的后缀就可以知道。方法名的后缀会包含参数个数（1 到 4）和接收的数据类型（`f` 表示浮点数，`i` 表示整数）。例如，`gl.uniform4f()` 意味着要接收 4 个浮点数，而 `gl.uniform3i()` 则表示要接收 3 个整数。

也有很多方法接收数组参数而非一个个单独的参数。这样的方法其名字中会包含字母 `v`（即 vector，矢量）。因此，`gl.uniform3iv()` 可以接收一个包含 3 个值的整数数组。请大家记住以上命名约定，这样对理解后面关于 WebGL 的讨论很有帮助。

3. 准备绘图

在实际操作 WebGL 上下文之前，一般都要使用某种实色清除`<canvas>`，为绘图做好准备。为此，首先必须使用 `clearColor()` 方法来指定要使用的颜色值，该方法接收 4 个参数：红、绿、蓝和透明度。每个参数必须是一个 0 到 1 之间的数值，表示每种分量在最终颜色中的强度。来看下面的例子。

```
gl.clearColor(0,0,0,1);   //black
gl.clear(gl.COLOR_BUFFER_BIT);
```

以上代码把清理颜色缓冲区的值设置为黑色，然后调用了 clear() 方法，这个方法与 OpenGL 中的 glClear() 等价。传入的参数 gl.COLOR_BUFFER_BIT 告诉 WebGL 使用之前定义的颜色来填充相应区域。一般来说，都要先清理缓冲区，然后再执行其他绘图操作。

4. 视口与坐标

开始绘图之前，通常要先定义 WebGL 的视口（viewport）。默认情况下，视口可以使用整个<canvas>区域。要改变视口大小，可以调用 viewport() 方法并传入 4 个参数：（视口相对于<canvas>元素的）x 坐标、y 坐标、宽度和高度。例如，下面的调用就使用了<canvas>元素：

```
gl.viewport(0, 0, drawing.width, drawing.height);
```

视口坐标与我们通常熟悉的网页坐标不一样。视口坐标的原点(0,0)在<canvas>元素的左下角，x 轴和 y 轴的正方向分别是向右和向上，可以定义为(width−1, height−1)，如图 15-15 所示。

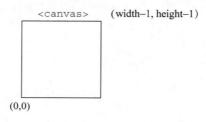

图   15-15

知道怎么定义视口大小，就可以只在<canvas>元素的部分区域中绘图。来看下面的例子。

```
//视口是<canvas>左下角的四分之一区域
gl.viewport(0, 0, drawing.width/2, drawing.height/2);

//视口是<canvas>左上角的四分之一区域
gl.viewport(0, drawing.height/2, drawing.width/2, drawing.height/2);

//视口是<canvas>右下角的四分之一区域
gl.viewport(drawing.width/2, 0, drawing.width/2, drawing.height/2);
```

另外，视口内部的坐标系与定义视口的坐标系也不一样。在视口内部，坐标原点(0,0)是视口的中心点，因此视口左下角坐标为(−1,−1)，而右上角坐标为(1,1)，如图 15-16 所示。

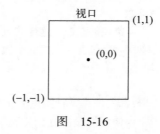

图   15-16

如果在视口内部绘图时使用视口外部的坐标，结果可能会被视口剪切。比如，要绘制的形状有一个顶点在(1,2)，那么该形状在视口右侧的部分会被剪切掉。

5. 缓冲区

顶点信息保存在 JavaScript 的类型化数组中，使用之前必须转换到 WebGL 的缓冲区。要创建缓冲区，可以调用 gl.createBuffer()，然后使用 gl.bindBuffer() 绑定到 WebGL 上下文。这两步做完之后，就可以用数据来填充缓冲区了。例如：

```
var buffer = gl.createBuffer();
gl.bindBuffer(gl.ARRAY_BUFFER, buffer);
gl.bufferData(gl.ARRAY_BUFFER, new Float32Array([0, 0.5, 1]), gl.STATIC_DRAW);
```

调用 gl.bindBuffer() 可以将 buffer 设置为上下文的当前缓冲区。此后，所有缓冲区操作都直接在 buffer 中执行。因此，调用 gl.bufferData() 时不需要明确传入 buffer 也没有问题。最后一行代码使用 Float32Array 中的数据初始化了 buffer（一般都是用 Float32Array 来保存顶点信息）。如果想使用 drawElements() 输出缓冲区的内容，也可以传入 gl.ELEMENT_ARRAY_BUFFER。

gl.bufferData() 的最后一个参数用于指定使用缓冲区的方式，取值范围是如下几个常量。

❑ gl.STATIC_DRAW：数据只加载一次，在多次绘图中使用。

❑ gl.STREAM_DRAW：数据只加载一次，在几次绘图中使用。

❑ gl.DYNAMIC_DRAW：数据动态改变，在多次绘图中使用。

如果不是非常有经验的 OpenGL 程序员，多数情况下将缓冲区使用方式设置为 gl.STATIC_DRAW 即可。

在包含缓冲区的页面重载之前，缓冲区始终保留在内存中。如果你不想要某个缓冲区了，可以直接调用 gl.deleteBuffer() 释放内存：

```
gl.deleteBuffer(buffer);
```

6. 错误

JavaScript 与 WebGL 之间的一个最大的区别在于，WebGL 操作一般不会抛出错误。为了知道是否有错误发生，必须在调用某个可能出错的方法后，手工调用 gl.getError() 方法。这个方法返回一个表示错误类型的常量。可能的错误常量如下。

❑ gl.NO_ERROR：上一次操作没有发生错误（值为 0）。

❑ gl.INVALID_ENUM：应该给方法传入 WebGL 常量，但却传错了参数。

❑ gl.INVALID_VALUE：在需要无符号数的地方传入了负值。

❑ gl.INVALID_OPERATION：在当前状态下不能完成操作。

❑ gl.OUT_OF_MEMORY：没有足够的内存完成操作。

❑ gl.CONTEXT_LOST_WEBGL：由于外部事件（如设备断电）干扰丢失了当前 WebGL 上下文。

每次调用 gl.getError() 方法返回一个错误值。第一次调用后，后续对 gl.getError() 的调用可能会返回另一个错误值。如果发生了多个错误，需要反复调用 gl.getError() 直至它返回 gl.NO_ERROR。在执行了很多操作的情况下，最好通过一个循环来调用 getError()，如下所示：

```
var errorCode = gl.getError();
while(errorCode){
    console.log("Error occurred: " + errorCode);
    errorCode = gl.getError();
}
```

如果 WebGL 脚本输出不正确，那在脚本中放几行 gl.getError() 有助于找出问题所在。

7. 着色器

着色器（shader）是 OpenGL 中的另一个概念。WebGL 中有两种着色器：顶点着色器和片段（或像素）着色器。顶点着色器用于将 3D 顶点转换为需要渲染的 2D 点。片段着色器用于准确计算要绘制的每个像素的颜色。WebGL 着色器的独特之处也是其难点在于，它们并不是用 JavaScript 写的。这些着色器是使用 GLSL（OpenGL Shading Language，OpenGL 着色语言）写的，GLSL 是一种与 C 和 JavaScript 完全不同的语言。

8. 编写着色器

GLSL 是一种类 C 语言，专门用于编写 OpenGL 着色器。因为 WebGL 是 OpenGL ES 2.0 的实现，所以 OpenGL 中使用的着色器可以直接在 WebGL 中使用。这样就方便了将桌面图形应用移植到浏览器中。

每个着色器都有一个 main() 方法，该方法在绘图期间会重复执行。为着色器传递数据的方式有两种：Attribute 和 Uniform。通过 Attribute 可以向顶点着色器中传入顶点信息，通过 Uniform 可以向任何着色器传入常量值。Attribute 和 Uniform 在 main() 方法外部定义，分别使用关键字 attribute 和 uniform。在这两个值类型关键字之后，是数据类型和变量名。下面是一个简单的顶点着色器的例子。

```
//OpenGL 着色语言
//着色器, 作者 Bartek Drozdz, 摘自他的文章
//http://www.netmagazine.com/tutorials/get-started-webgl-draw-square
attribute vec2 aVertexPosition;

void main() {
        gl_Position = vec4(aVertexPosition, 0.0, 1.0);
}
```

WebGLExample02.htm

这个顶点着色器定义了一个名为 aVertexPosition 的 Attribute，这个 Attribute 是一个数组，包含两个元素（数据类型为 vec2），表示 x 和 y 坐标。即使只接收到两个坐标，顶点着色器也必须把一个包含四方面信息的顶点赋值给特殊变量 gl_Position。这里的着色器创建了一个新的包含四个元素的数组（vec4），填补缺失的坐标，结果是把 2D 坐标转换成了 3D 坐标。

除了只能通过 Uniform 传入数据外，片段着色器与顶点着色器类似。以下是片段着色器的例子。

```
//OpenGL 着色语言
//着色器, 作者 Bartek Drozdz, 摘自他的文章
//http://www.netmagazine.com/tutorials/get-started-webgl-draw-square
uniform vec4 uColor;

void main() {
        gl_FragColor = uColor;
}
```

WebGLExample02.htm

片段着色器必须返回一个值，赋给变量 gl_FragColor，表示绘图时使用的颜色。这个着色器定义了一个包含四方面信息（vec4）的统一的颜色 uColor。从以上代码看，这个着色器除了把传入的值赋给 gl_FragColor 什么也没做。uColor 的值在这个着色器内部不能改变。

　　OpenGL 着色语言比这里看到的还要复杂。专门讲解这门语言的书有很多，本节只是从辅助使用 WebGL 的角度简要介绍一下该语言。要了解更多信息，请参考 Randi J. Rost 编著的 *OpenGL Shading Language*（Addison-Wesley,2006）。

9. 编写着色器程序

浏览器不能理解 GLSL 程序，因此必须准备好字符串形式的 GLSL 程序，以便编译并链接到着色器程序。为便于使用，通常是把着色器包含在页面的<script>标签内，并为该标签指定一个自定义的 type 属性。由于无法识别 type 属性值，浏览器不会解析<script>标签中的内容，但这不影响你读写其中的代码。例如：

```
<script type="x-webgl/x-vertex-shader" id="vertexShader">
attribute vec2 aVertexPosition;

void main() {
        gl_Position = vec4(aVertexPosition, 0.0, 1.0);
}
</script>
<script type="x-webgl/x-fragment-shader" id="fragmentShader">
uniform vec4 uColor;

void main() {
        gl_FragColor = uColor;
}
</script>
```

WebGLExample02.htm

然后，可以通过 text 属性提取出<script>元素的内容：

```
var vertexGlsl = document.getElementById("vertexShader").text,
    fragmentGlsl = document.getElementById("fragmentShader").text;
```

复杂一些的 WebGL 应用可能会通过 Ajax（详见第 21 章）动态加载着色器。而使用着色器的关键是要有字符串形式的 GLSL 程序。

取得了 GLSL 字符串之后，接下来就是创建着色器对象。要创建着色器对象，可以调用 gl.create-Shader()方法并传入要创建的着色器类型（gl.VERTEX_SHADER 或 gl.FRAGMENT_SHADER）。编译着色器使用的是 gl.compileShader()。请看下面的例子。

```
var vertexShader = gl.createShader(gl.VERTEX_SHADER);
gl.shaderSource(vertexShader, vertexGlsl);
gl.compileShader(vertexShader);

var fragmentShader = gl.createShader(gl.FRAGMENT_SHADER);
gl.shaderSource(fragmentShader, fragmentGlsl);
gl.compileShader(fragmentShader);
```

WebGLExample02.htm

以上代码创建了两个着色器，并将它们分别保存在 vertexShader 和 fragmentShader 中。而使用下列代码，可以把这两个对象链接到着色器程序中。

```
var program = gl.createProgram();
gl.attachShader(program, vertexShader);
gl.attachShader(program, fragmentShader);
gl.linkProgram(program);
```

WebGLExample02.htm

第一行代码创建了程序,然后调用 attachShader() 方法又包含了两个着色器。最后调用 gl.link-Program() 则把两个着色器封装到了变量 program 中。链接完程序之后,就可以通过 gl.useProgram() 方法通知 WebGL 使用这个程序了。

```
gl.useProgram(program);
```

调用 gl.useProgram() 方法后, 所有后续的绘图操作都将使用这个程序。

10. 为着色器传入值

前面定义的着色器都必须接收一个值才能工作。为了给着色器传入这个值, 必须先找到要接收这个值的变量。对于 Uniform 变量, 可以使用 gl.getUniformLocation(), 这个方法返回一个对象, 表示 Uniform 变量在内存中的位置。然后可以基于变量的位置来赋值。例如:

```
var uColor = gl.getUniformLocation(program, "uColor");
gl.uniform4fv(uColor, [0, 0, 0, 1]);
```

WebGLExample02.htm

第一行代码从 program 中找到 Uniform 变量 uColor, 返回了它在内存中的位置。第二行代码使用 gl.uniform4fv() 给 uColor 赋值。

对于顶点着色器中的 Attribute 变量, 也是差不多的赋值过程。要找到 Attribute 变量在内存中的位置, 可以调用 gl.getAttribLocation()。取得了位置之后, 就可以像下面这样赋值了:

```
var aVertexPosition = gl.getAttribLocation(program, "aVertexPosition");
gl.enableVertexAttribArray(aVertexPosition);
gl.vertexAttribPointer(aVertexPosition, itemSize, gl.FLOAT, false, 0, 0);
```

WebGLExample02.htm

在此, 我们取得了 aVertexPosition 的位置, 然后又通过 gl.enableVertexAttribArray() 启用它。最后一行创建了指针, 指向由 gl.bindBuffer() 指定的缓冲区, 并将其保存在 aVertexPosition 中, 以便顶点着色器使用。

11. 调试着色器和程序

与 WebGL 中的其他操作一样, 着色器操作也可能会失败, 而且也是静默失败。如果你想知道着色器或程序执行中是否发生了错误, 必须亲自询问 WebGL 上下文。

对于着色器, 可以在操作之后调用 gl.getShaderParameter(), 取得着色器的编译状态:

```
if (!gl.getShaderParameter(vertexShader, gl.COMPILE_STATUS)){
    alert(gl.getShaderInfoLog(vertexShader));
}
```

WebGLExample02.htm

这个例子检测了 vertexShader 的编译状态。如果着色器编译成功, 调用 gl.getShader-Parameter() 会返回 true。如果返回的是 false, 说明编译期间发生了错误, 此时调用 gl.getShader-InfoLog() 并传入相应的着色器就可以取得错误消息。错误消息就是一个表示问题所在的字符串。无论是顶点着色器,还是片段着色器,都可以使用 gl.getShaderParameter() 和 gl.getShaderInfoLog() 方法。

程序也可能会执行失败，因此也有类似的方法——gl.getProgramParameter()，可以用来检测执行状态。最常见的程序失败发生在链接过程中，要检测链接错误，可以使用下列代码。

```
if (!gl.getProgramParameter(program, gl.LINK_STATUS)){
    alert(gl.getProgramInfoLog(program));
}
```

WebGLExample02.htm

15

与 gl.getShaderParameter()类似，gl.getProgramParameter()返回 true 表示链接成功，返回 false 表示链接失败。同样，也有一个 gl.getProgramInfoLog()方法，用于捕获程序失败的消息。

以上介绍的这些方法主要在开发过程中用于调试。只要没有依赖外部代码，就可以放心地把它们从产品代码中删除。

12. 绘图

WebGL 只能绘制三种形状：点、线和三角。其他所有形状都是由这三种基本形状合成之后，再绘制到三维空间中的。执行绘图操作要调用 gl.drawArrays()或 gl.drawElements()方法，前者用于数组缓冲区，后者用于元素数组缓冲区。

gl.drawArrays()或 gl.drawElements()的第一个参数都是一个常量，表示要绘制的形状。可取值的常量范围包括以下这些。

- ❏ gl.POINTS：将每个顶点当成一个点来绘制。
- ❏ gl.LINES：将数组当成一系列顶点，在这些顶点间画线。每个顶点既是起点也是终点，因此数组中必须包含偶数个顶点才能完成绘制。
- ❏ gl.LINE_LOOP：将数组当成一系列顶点，在这些顶点间画线。线条从第一个顶点到第二个顶点，再从第二个顶点到第三个顶点，依此类推，直至最后一个顶点。然后再从最后一个顶点到第一个顶点画一条线。结果就是一个形状的轮廓。
- ❏ gl.LINE_STRIP：除了不画最后一个顶点与第一个顶点之间的线之外，其他与 gl.LINE_LOOP 相同。
- ❏ gl.TRIANGLES：将数组当成一系列顶点，在这些顶点间绘制三角形。除非明确指定，每个三角形都单独绘制，不与其他三角形共享顶点。
- ❏ gl.TRIANGLES_STRIP：除了将前三个顶点之后的顶点当作第三个顶点与前两个顶点共同构成一个新三角形外，其他都与 gl.TRIANGLES 相同。例如，如果数组中包含 A、B、C、D 四个顶点，则第一个三角形连接 ABC，而第二个三角形连接 BCD。
- ❏ gl. TRIANGLES_FAN：除了将前三个顶点之后的顶点当作第三个顶点与前一个顶点及第一个顶点共同构成一个新三角形外，其他都与 gl.TRIANGLES 相同。例如，如果数组中包含 A、B、C、D 四个顶点，则第一个三角形连接 ABC，而第二个三角形连接 ACD。

gl.drawArrays()方法接收上面列出的常量中的一个作为第一个参数，接收数组缓冲区中的起始索引作为第二个参数，接收数组缓冲区中包含的顶点数（点的集合数）作为第三个参数。下面的代码使用 gl.drawArrays()在画布上绘制了一个三角形。

//假设已经使用本节前面定义的着色器清除了视口

//定义三个顶点以及每个顶点的 x 和 y 坐标

```
var vertices = new Float32Array([ 0, 1, 1, -1, -1, -1 ]),
    buffer = gl.createBuffer(),
    vertexSetSize = 2,
    vertexSetCount = vertices.length/vertexSetSize,
    uColor, aVertexPosition;

//把数据放到缓冲区
gl.bindBuffer(gl.ARRAY_BUFFER, buffer);
gl.bufferData(gl.ARRAY_BUFFER, vertices, gl.STATIC_DRAW);

//为片段着色器传入颜色值
uColor = gl.getUniformLocation(program, "uColor");
gl.uniform4fv(uColor, [ 0, 0, 0, 1 ]);

//为着色器传入顶点信息
aVertexPosition = gl.getAttribLocation(program, "aVertexPosition");
gl.enableVertexAttribArray(aVertexPosition);
gl.vertexAttribPointer(aVertexPosition, vertexSetSize, gl.FLOAT, false, 0, 0);

//绘制三角形
gl.drawArrays(gl.TRIANGLES, 0, vertexSetCount);
```

WebGLExample02.htm

　　这个例子定义了一个 `Float32Array`，包含三组顶点（每个顶点由两点表示）。这里关键是要知道顶点的大小及数量，以便将来计算时使用。把 `vertexSetSize` 设置为 `2` 之后，就可以计算出 `vertexSetCount` 的值。把顶点的信息保存在缓冲区中后，又把颜色信息传给了片段着色器。

　　接下来，给顶点着色器传入顶点大小以及 `gl.FLOAT`，后者表示顶点坐标是浮点数。传入的第四个参数是一个布尔值，`false` 在此表示坐标不是标准化的。第五个参数是步长值（stride value），表示取得下一个值的时候，要跳过多少个数组元素。除非你真需要跳过数组元素，否则传入 0 即可。最后一个参数是起点偏移量，值为 0 表示从第一个元素开始。

　　最后一步就是使用 `gl.drawArrays()` 绘制三角形。传入 `gl.TRIANGLES` 作为第一个参数，表示在 (0,1)、(1,–1)和(–1,–1)点之间绘制三角形，并使用传给片段着色器的颜色来填充它。第二个参数是缓冲区中的起点偏移量，最后一个参数是要读取的顶点总数。这次绘图操作的结果如图 15-17 所示。

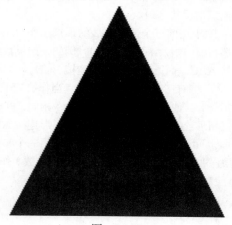

图　15-17

通过修改 `gl.drawArrays()` 的第一个参数，可以修改绘制三角形的方式。图 15-18 展示了传入不同的参数后可能得到的结果。

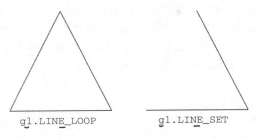

gl.LINE_LOOP　　　　　gl.LINE_SET

图　15-18

13. 纹理

WebGL 的纹理可以使用 DOM 中的图像。要创建一个新纹理，可以调用 `gl.createTexture()`，然后再将一幅图像绑定到该纹理。如果图像尚未加载到内存中，可能需要创建一个 `Image` 对象的实例，以便动态加载图像。图像加载完成之前，纹理不会初始化，因此，必须在 `load` 事件触发后才能设置纹理。例如：

```
var image = new Image(),
    texture;
image.src = "smile.gif";
image.onload = function(){
    texture = gl.createTexture();
    gl.bindTexture(gl.TEXTURE_2D, texture);
    gl.pixelStorei(gl.UNPACK_FLIP_Y_WEBGL, true);

    gl.texImage2D(gl.TEXTURE_2D, 0, gl.RGBA, gl.RGBA, gl.UNSIGNED_BYTE, image);
    gl.texParameteri(gl.TEXTURE_2D, gl.TEXTURE_MAG_FILTER, gl.NEAREST);
    gl.texParameteri(gl.TEXTURE_2D, gl.TEXTURE_MIN_FILTER, gl.NEAREST);

    //清除当前纹理
    gl.bindTexture(gl.TEXTURE_2D, null);
}
```

除了使用 DOM 中的图像之外，以上步骤与在 OpenGL 中创建纹理的步骤相同。最大的差异是使用 `gl.pixelStore1()` 设置像素存储格式。`gl.UNPACK_FLIP_Y_WEBGL` 是 WebGL 独有的常量，在加载 Web 中的图像时，多数情况下都必须使用这个常量。这主要是因为 GIF、JPEG 和 PNG 图像与 WebGL 使用的坐标系不一样，如果没有这个标志，解析图像时就会发生混乱。

用作纹理的图像必须与包含页面来自同一个域，或者是保存在启用了 CORS（Cross-Origin Resource Sharing，跨域资源共享）的服务器上。第 21 章将讨论 CORS。

图像、加载到 `<video>` 元素中的视频，甚至其他 `<canvas>` 元素都可以用作纹理。跨域资源限制同样适用于视频。

14. 读取像素

与 2D 上下文类似，通过 WebGL 上下文也能读取像素值。读取像素值的方法 `readPixels()` 与 OpenGL 中的同名方法只有一点不同，即最后一个参数必须是类型化数组。像素信息是从帧缓冲区读取的，然后保存在类型化数组中。`readPixels()`方法的参数有：*x*、*y*、宽度、高度、图像格式、数据类型和类型化数组。前 4 个参数指定读取哪个区域中的像素。图像格式参数几乎总是 `gl.RGBA`。数据类型参数用于指定保存在类型化数组中的数据的类型，但有以下限制。

- 如果类型是 `gl.UNSIGNED_BYTE`，则类型化数组必须是 `Uint8Array`。
- 如果类型是 `gl.UNSIGNED_SHORT_5_6_5`、`gl.UNSIGNED_SHORT_4_4_4_4` 或 `gl.UNSIGNED_SHORT_5_5_5_1`，则类型化数组必须是 `Uint16Array`。

下面是一个简单的例子。

```
var pixels = new Uint8Array(25*25);
gl.readPixels(0, 0, 25, 25, gl.RGBA, gl.UNSIGNED_BYTE, pixels);
```

以上代码从帧缓冲区中读取了 25×25 像素的区域，将读取到的像素信息保存到了 `pixels` 数组中。其中，每个像素的颜色由 4 个数组元素表示，分别代表红、绿、蓝和透明度。每个数组元素的值介于 0 到 255 之间（包含 0 和 255）。不要忘了根据返回的数据大小初始化类型化数组。

在浏览器绘制更新的 WebGL 图像之前调用 `readPixels()` 不会有什么意外。绘制发生后，帧缓冲区会恢复其原始的干净状态，而调用 `readPixels()` 返回的像素数据反映的就是清除缓冲区后的状态。如果你想在绘制发生后读取像素数据，那在初始化 WebGL 上下文时必须传入适当的 `preserveDrawingBuffer` 选项（前面讨论过）。

```
var gl = drawing.getContext("experimental-webgl", { preserveDrawingBuffer: true; });
```

设置这个标志的意思是让帧缓冲区在下一次绘制之前，保留其最后的状态。这个选项会导致性能损失，因此能不用最好不要用。

15.3.3　支持

Firefox 4+和 Chrome 都实现了 WebGL API。Safari 5.1 也实现了 WebGL，但默认是禁用的。WebGL 比较特别的地方在于，某个浏览器的某个版本实现了它，并不一定意味着就真能使用它。某个浏览器支持 WebGL，至少意味着两件事：首先，浏览器本身必须实现了 WebGL API；其次，计算机必须升级显示驱动程序。运行 Windows XP 等操作系统的一些老机器，其驱动程序一般都不是最新的。因此，这些计算机中的浏览器都会禁用 WebGL。从稳妥的角度考虑，在使用 WebGL 之前，最好检测其是否得到了支持，而不是只检测特定的浏览器版本。

大家别忘了，WebGL 还是一个正在制定和发展中的规范。不管是函数名、函数签名，还是数据类型，都有可能改变。可以说，WebGL 目前只适合实验性地学习，不适合真正开发和应用。

15.4　小结

HTML5 的`<canvas>`元素提供了一组 JavaScript API，让我们可以动态地创建图形和图像。图形是在一个特定的上下文中创建的，而上下文对象目前有两种。第一种是 2D 上下文，可以执行原始的绘图操作，比如：

- 设置填充、描边颜色和模式
- 绘制矩形
- 绘制路径

❑ 绘制文本

❑ 创建渐变和模式

第二种是 3D 上下文，即 WebGL 上下文。WebGL 是从 OpenGL ES 2.0 移植到浏览器中的，而 OpenGL ES 2.0 是游戏开发人员在创建计算机图形图像时经常使用的一种语言。WebGL 支持比 2D 上下文更丰富和更强大的图形图像处理能力，比如：

❑ 用 GLSL（OpenGL Shading Language，OpenGL 着色语言）编写的顶点和片段着色器

❑ 支持类型化数组，即能够将数组中的数据限定为某种特定的数值类型

❑ 创建和操作纹理

目前，主流浏览器的较新版本大都已经支持<canvas>标签。同样地，这些版本的浏览器基本上也都支持 2D 上下文。但对于 WebGL 而言，目前还只有 Firefox 4+和 Chrome 支持它。

第16章

HTML5 脚本编程

本章内容
- ❑ 使用跨文档消息传递
- ❑ 拖放 API
- ❑ 音频与视频

本书前面讨论过，HTML5 规范定义了很多新 HTML 标记。为了配合这些标记的变化，HTML5 规范也用显著篇幅定义了很多 JavaScript API。定义这些 API 的用意就是简化此前实现起来困难重重的任务，最终简化创建动态 Web 界面的工作。

16.1 跨文档消息传递

跨文档消息传送（cross-document messaging），有时候简称为 XDM，指的是在来自不同域的页面间传递消息。例如，www.wrox.com 域中的页面与位于一个内嵌框架中的 p2p.wrox.com 域中的页面通信。在 XDM 机制出现之前，要稳妥地实现这种通信需要花很多工夫。XDM 把这种机制规范化，让我们能既稳妥又简单地实现跨文档通信。

XDM 的核心是 postMessage()方法。在 HTML5 规范中，除了 XDM 部分之外的其他部分也会提到这个方法名，但都是为了同一个目的：向另一个地方传递数据。对于 XDM 而言，"另一个地方"指的是包含在当前页面中的<iframe>元素，或者由当前页面弹出的窗口。

postMessage()方法接收两个参数：一条消息和一个表示消息接收方来自哪个域的字符串。第二个参数对保障安全通信非常重要，可以防止浏览器把消息发送到不安全的地方。来看下面的例子。

```
//注意：所有支持 XDM 的浏览器也支持 iframe 的 contentWindow 属性
var iframeWindow = document.getElementById("myframe").contentWindow;
iframeWindow.postMessage("A secret", "http://www.wrox.com");
```

最后一行代码尝试向内嵌框架中发送一条消息，并指定框架中的文档必须来源于"http://www.wrox.com"域。如果来源匹配，消息会传递到内嵌框架中；否则，postMessage()什么也不做。这一限制可以避免窗口中的位置在你不知情的情况下发生改变。如果传给 postMessage()的第二个参数是"*"，则表示可以把消息发送给来自任何域的文档，但我们不推荐这样做。

接收到 XDM 消息时，会触发 window 对象的 message 事件。这个事件是以异步形式触发的，因此从发送消息到接收消息（触发接收窗口的 message 事件）可能要经过一段时间的延迟。触发 message 事件后，传递给 onmessage 处理程序的事件对象包含以下三方面的重要信息。

- ❑ data：作为 postMessage()第一个参数传入的字符串数据。
- ❑ origin：发送消息的文档所在的域，例如"http://www.wrox.com"。

❑ source：发送消息的文档的 window 对象的代理。这个代理对象主要用于在发送上一条消息的窗口中调用 postMessage() 方法。如果发送消息的窗口来自同一个域，那这个对象就是 window。

接收到消息后验证发送窗口的来源是至关重要的。就像给 postMessage() 方法指定第二个参数，以确保浏览器不会把消息发送给未知页面一样，在 onmessage 处理程序中检测消息来源可以确保传入的消息来自已知的页面。基本的检测模式如下。

```
EventUtil.addHandler(window, "message", function(event){

    //确保发送消息的域是已知的域
    if (event.origin == "http://www.wrox.com"){

        //处理接收到的数据
        processMessage(event.data);

        //可选：向来源窗口发送回执
        event.source.postMessage("Received!", "http://p2p.wrox.com");
    }
});
```

还是要提醒大家，event.source 大多数情况下只是 window 对象的代理，并非实际的 window 对象。换句话说，不能通过这个代理对象访问 window 对象的其他任何信息。记住，只通过这个代理调用 postMessage() 就好，这个方法永远存在，永远可以调用。

XDM 还有一些怪异之处。首先，postMessage() 的第一个参数最早是作为"永远都是字符串"来实现的。但后来这个参数的定义改了，改成允许传入任何数据结构。可是，并非所有浏览器都实现了这一变化。为保险起见，使用 postMessage() 时，最好还是只传字符串。如果你想传入结构化的数据，最佳选择是先在要传入的数据上调用 JSON.stringify()，通过 postMessage() 传入得到的字符串，然后再在 onmessage 事件处理程序中调用 JSON.parse()。

在通过内嵌框架加载其他域的内容时，使用 XDM 是非常方便的。因此，在混搭（mashup）和社交网络应用中，这种传递消息的方法极为常用。有了 XDM，包含 <iframe> 的页面可以确保自身不受恶意内容的侵扰，因为它只通过 XDM 与嵌入的框架通信。而 XDM 也可以在来自相同域的页面间使用。

支持 XDM 的浏览器有 IE8+、Firefox 3.5+、Safari 4+、Opera、Chrome、iOS 版 Safari 及 Android 版 WebKit。XDM 已经作为一个规范独立出来，现在它的名字叫 Web Messaging，官方页面是 http://dev.w3.org/html5/postmsg/。

16.2 原生拖放

最早在网页中引入 JavaScript 拖放功能的是 IE4。当时，网页中只有两种对象可以拖放：图像和某些文本。拖动图像时，把鼠标放在图像上，按住鼠标不放就可以拖动它。拖动文本时，要先选中文本，然后可以像拖动图像一样拖动被选中的文本。在 IE 4 中，唯一有效的放置目标是文本框。到了 IE5，拖放功能得到扩展，添加了新的事件，而且几乎网页中的任何元素都可以作为放置目标。IE5.5 更进一步，让网页中的任何元素都可以拖放。（IE6 同样也支持这些功能。）HTML5 以 IE 的实例为基础制定了拖放规范。Firefox 3.5、Safari 3+ 和 Chrome 也根据 HTML5 规范实现了原生拖放功能。

说到拖放，最有意思的恐怕就是能够在框架间、窗口间，甚至在应用间拖放网页元素了。浏览器对拖放的支持为实现这些功能提供了便利。

16.2.1　拖放事件

通过拖放事件，可以控制拖放相关的各个方面。其中最关键的地方在于确定哪里发生了拖放事件，有些事件是在被拖动的元素上触发的，而有些事件是在放置目标上触发的。拖动某元素时，将依次触发下列事件：

(1) dragstart

(2) drag

(3) dragend

按下鼠标键并开始移动鼠标时，会在被拖放的元素上触发 dragstart 事件。此时光标变成"不能放"符号（圆环中有一条反斜线），表示不能把元素放到自己上面。拖动开始时，可以通过 ondragstart 事件处理程序来运行 JavaScript 代码。

触发 dragstart 事件后，随即会触发 drag 事件，而且在元素被拖动期间会持续触发该事件。这个事件与 mousemove 事件相似，在鼠标移动过程中，mousemove 事件也会持续发生。当拖动停止时（无论是把元素放到了有效的放置目标，还是放到了无效的放置目标上），会触发 dragend 事件。

上述三个事件的目标都是被拖动的元素。默认情况下，浏览器不会在拖动期间改变被拖动元素的外观，但你可以自己修改。不过，大多数浏览器会为正被拖动的元素创建一个半透明的副本，这个副本始终跟随着光标移动。

当某个元素被拖动到一个有效的放置目标上时，下列事件会依次发生：

(1) dragenter

(2) dragover

(3) dragleave 或 drop

只要有元素被拖动到放置目标上，就会触发 dragenter 事件（类似于 mouseover 事件）。紧随其后的是 dragover 事件，而且在被拖动的元素还在放置目标的范围内移动时，就会持续触发该事件。如果元素被拖出了放置目标，dragover 事件不再发生，但会触发 dragleave 事件（类似于 mouseout 事件）。如果元素被放到了放置目标中，则会触发 drop 事件而不是 dragleave 事件。上述三个事件的目标都是作为放置目标的元素。

16.2.2　自定义放置目标

在拖动元素经过某些无效放置目标时，可以看到一种特殊的光标（圆环中有一条反斜线），表示不能放置。虽然所有元素都支持放置目标事件，但这些元素默认是不允许放置的。如果拖动元素经过不允许放置的元素，无论用户如何操作，都不会发生 drop 事件。不过，你可以把任何元素变成有效的放置目标，方法是重写 dragenter 和 dragover 事件的默认行为。例如，假设有一个 ID 为"droptarget"的<div>元素，可以用如下代码将它变成一个放置目标。

```
var droptarget = document.getElementById("droptarget");

EventUtil.addHandler(droptarget, "dragover", function(event){
    EventUtil.preventDefault(event);
});

EventUtil.addHandler(droptarget, "dragenter", function(event){
    EventUtil.preventDefault(event);
});
```

以上代码执行后，你就会发现当拖动着元素移动到放置目标上时，光标变成了允许放置的符号。当然，释放鼠标也会触发 drop 事件。

在 Firefox 3.5+中，放置事件的默认行为是打开被放到放置目标上的 URL。换句话说，如果是把图像拖放到放置目标上，页面就会转向图像文件；而如果是把文本拖放到放置目标上，则会导致无效 URL 错误。因此，为了让 Firefox 支持正常的拖放，还要取消 drop 事件的默认行为，阻止它打开 URL：

```
EventUtil.addHandler(droptarget, "drop", function(event){
    EventUtil.preventDefault(event);
});
```

16.2.3 dataTransfer 对象

只有简单的拖放而没有数据变化是没有什么用的。为了在拖放操作时实现数据交换，IE 5 引入了 dataTransfer 对象，它是事件对象的一个属性，用于从被拖动元素向放置目标传递字符串格式的数据。因为它是事件对象的属性，所以只能在拖放事件的事件处理程序中访问 dataTransfer 对象。在事件处理程序中，可以使用这个对象的属性和方法来完善拖放功能。目前，HTML5 规范草案也收入了 dataTransfer 对象。

dataTransfer 对象有两个主要方法：getData()和 setData()。不难想象，getData()可以取得由 setData()保存的值。setData()方法的第一个参数，也是 getData()方法唯一的一个参数，是一个字符串，表示保存的数据类型，取值为"text"或"URL"，如下所示：

```
//设置和接收文本数据
event.dataTransfer.setData("text", "some text");
var text = event.dataTransfer.getData("text");

//设置和接收 URL
event.dataTransfer.setData("URL", "http://www.wrox.com/");
var url = event.dataTransfer.getData("URL");
```

IE 只定义了"text"和"URL"两种有效的数据类型，而 HTML5 则对此加以扩展，允许指定各种 MIME 类型。考虑到向后兼容，HTML5 也支持"text"和"URL"，但这两种类型会被映射为"text/plain"和"text/uri-list"。

实际上，dataTransfer 对象可以为每种 MIME 类型都保存一个值。换句话说，同时在这个对象中保存一段文本和一个 URL 不会有任何问题。不过，保存在 dataTransfer 对象中的数据只能在 drop 事件处理程序中读取。如果在 ondrop 处理程序中没有读到数据，那就是 dataTransfer 对象已经被销毁，数据也丢失了。

在拖动文本框中的文本时，浏览器会调用 setData()方法，将拖动的文本以"text"格式保存在 dataTransfer 对象中。类似地，在拖放链接或图像时，会调用 setData()方法并保存 URL。然后，在这些元素被拖到放置目标时，就可以通过 getData()读到这些数据。当然，作为开发人员，你也可以在 dragstart 事件处理程序中调用 setData()，手工保存自己要传输的数据，以便将来使用。

将数据保存为文本和保存为 URL 是有区别的。如果将数据保存为文本格式，那么数据不会得到任何特殊处理。而如果将数据保存为 URL，浏览器会将其当成网页中的链接。换句话说，如果你把它放置到另一个浏览器窗口中，浏览器就会打开该 URL。

Firefox 在其第 5 个版本之前不能正确地将"url"和"text"映射为"text/uri-list"和"text/plain"。但是却能把"Text"（T 大写）映射为"text/plain"。为了更好地在跨浏览器的情况

下从 `dataTransfer` 对象取得数据，最好在取得 URL 数据时检测两个值，而在取得文本数据时使用
`"Text"`。

```
var dataTransfer = event.dataTransfer;

//读取 URL
var url = dataTransfer.getData("url") ||dataTransfer.getData("text/uri-list");

//读取文本
var text = dataTransfer.getData("Text");
```

DataTransferExample01.htm

注意，一定要把短数据类型放在前面，因为 IE 10 及之前的版本仍然不支持扩展的 MIME 类型名，
而它们在遇到无法识别的数据类型时，会抛出错误。

16.2.4 `dropEffect` 与 `effectAllowed`

利用 `dataTransfer` 对象，可不光是能够传输数据，还能通过它来确定被拖动的元素以及作为放
置目标的元素能够接收什么操作。为此，需要访问 `dataTransfer` 对象的两个属性：`dropEffect` 和
`effectAllowed`。

其中，通过 `dropEffect` 属性可以知道被拖动的元素能够执行哪种放置行为。这个属性有下列 4
个可能的值。

- ❏ `"none"`：不能把拖动的元素放在这里。这是除文本框之外所有元素的默认值。
- ❏ `"move"`：应该把拖动的元素移动到放置目标。
- ❏ `"copy"`：应该把拖动的元素复制到放置目标。
- ❏ `"link"`：表示放置目标会打开拖动的元素（但拖动的元素必须是一个链接，有 URL）。

在把元素拖动到放置目标上时，以上每一个值都会导致光标显示为不同的符号。然而，要怎样实现
光标所指示的动作完全取决于你。换句话说，如果你不介入，没有什么会自动地移动、复制，也不会打
开链接。总之，浏览器只能帮你改变光标的样式，而其他的都要靠你自己来实现。要使用 `dropEffect`
属性，必须在 `ondragenter` 事件处理程序中针对放置目标来设置它。

`dropEffect` 属性只有搭配 `effectAllowed` 属性才有用。`effectAllowed` 属性表示允许拖动元
素的哪种 `dropEffect`，`effectAllowed` 属性可能的值如下。

- ❏ `"uninitialized"`：没有给被拖动的元素设置任何放置行为。
- ❏ `"none"`：被拖动的元素不能有任何行为。
- ❏ `"copy"`：只允许值为`"copy"`的 `dropEffect`。
- ❏ `"link"`：只允许值为`"link"`的 `dropEffect`。
- ❏ `"move"`：只允许值为`"move"`的 `dropEffect`。
- ❏ `"copyLink"`：允许值为`"copy"`和`"link"`的 `dropEffect`。
- ❏ `"copyMove"`：允许值为`"copy"`和`"move"`的 `dropEffect`。
- ❏ `"linkMove"`：允许值为`"link"`和`"move"`的 `dropEffect`。
- ❏ `"all"`：允许任意 `dropEffect`。

必须在 `ondragstart` 事件处理程序中设置 `effectAllowed` 属性。

假设你想允许用户把文本框中的文本拖放到一个<div>元素中。首先，必须将 dropEffect 和 effectAllowed 设置为"move"。但是，由于<div>元素的放置事件的默认行为是什么也不做，所以文本不可能自动移动。重写这个默认行为，就能从文本框中移走文本。然后你就可以自己编写代码将文本插入到<div>中，这样整个拖放操作就完成了。如果你将 dropEffect 和 effectAllowed 的值设置为"copy"，那就不会自动移走文本框中的文本。

 Firefox 5 及之前的版本在处理 effectAllowed 属性时有一个问题，即如果你在代码中设置了这个属性的值，那不一定会触发 drop 事件。

16.2.5 可拖动

默认情况下，图像、链接和文本是可以拖动的，也就是说，不用额外编写代码，用户就可以拖动它们。文本只有在被选中的情况下才能拖动，而图像和链接在任何时候都可以拖动。

让其他元素可以拖动也是可能的。HTML5 为所有 HTML 元素规定了一个 draggable 属性，表示元素是否可以拖动。图像和链接的 draggable 属性自动被设置成了 true，而其他元素这个属性的默认值都是 false。要想让其他元素可拖动，或者让图像或链接不能拖动，都可以设置这个属性。例如：

```
<!-- 让这个图像不可以拖动 -->
<img src="smile.gif" draggable="false" alt="Smiley face">

<!-- 让这个元素可以拖动 -->
<div draggable="true">...</div>
```

支持 draggable 属性的浏览器有 IE 10+、Firefox 4+、Safari 5+和 Chrome。Opera 11.5 及之前的版本都不支持 HTML5 的拖放功能。另外，为了让 Firefox 支持可拖动属性，还必须添加一个 ondragstart 事件处理程序，并在 dataTransfer 对象中保存一些信息。

 在 IE9 及更早版本中，通过 mousedown 事件处理程序调用 **dragDrop()** 能够让任何元素可拖动。而在 Safari 4 及之前版本中，必须额外给相应元素设置 CSS 样式 -khtml-user-drag: element。

16.2.6 其他成员

HTML5 规范规定 dataTransfer 对象还应该包含下列方法和属性。

❏ addElement(*element*)：为拖动操作添加一个元素。添加这个元素只影响数据（即增加作为拖动源而响应回调的对象），不会影响拖动操作时页面元素的外观。在写作本书时，只有 Firefox 3.5+ 实现了这个方法。

❏ clearData(*format*)：清除以特定格式保存的数据。实现这个方法的浏览器有 IE、Fireforx 3.5+、Chrome 和 Safari 4+。

❏ setDragImage(*element, x, y*)：指定一幅图像，当拖动发生时，显示在光标下方。这个方法接收的三个参数分别是要显示的 HTML 元素和光标在图像中的 *x*、*y* 坐标。其中，HTML 元素可以是一幅图像，也可以是其他元素。是图像则显示图像，是其他元素则显示渲染后的元素。实现这个方法的浏览器有 Firefox 3.5+、Safari 4+和 Chrome。

- □ types：当前保存的数据类型。这是一个类似数组的集合，以"text"这样的字符串形式保存着数据类型。实现这个属性的浏览器有 IE10+、Firefox 3.5+和 Chrome。

16.3　媒体元素

随着音频和视频在 Web 上的迅速流行，大多数提供富媒体内容的站点为了保证跨浏览器兼容性，不得不选择使用 Flash。HTML5 新增了两个与媒体相关的标签，让开发人员不必依赖任何插件就能在网页中嵌入跨浏览器的音频和视频内容。这两个标签就是<audio>和<video>。

这两个标签除了能让开发人员方便地嵌入媒体文件之外，都提供了用于实现常用功能的 JavaScript API，允许为媒体创建自定义的控件。这两个元素的用法如下。

```
<!-- 嵌入视频 -->
<video src="conference.mpg" id="myVideo">Video player not available.</video>

<!-- 嵌入音频 -->
<audio src="song.mp3" id="myAudio">Audio player not available.</audio>
```

使用这两个元素时，至少要在标签中包含 src 属性，指向要加载的媒体文件。还可以设置 width 和 height 属性以指定视频播放器的大小，而为 poster 属性指定图像的 URI 可以在加载视频内容期间显示一幅图像。另外，如果标签中有 controls 属性，则意味着浏览器应该显示 UI 控件，以便用户直接操作媒体。位于开始和结束标签之间的任何内容都将作为后备内容，在浏览器不支持这两个媒体元素的情况下显示。

因为并非所有浏览器都支持所有媒体格式，所以可以指定多个不同的媒体来源。为此，不用在标签中指定 src 属性，而是要像下面这样使用一或多个<source>元素。

```
<!-- 嵌入视频 -->
<video id="myVideo">
  <source src="conference.webm" type="video/webm; codecs='vp8, vorbis'">
  <source src="conference.ogv" type="video/ogg; codecs='theora, vorbis'">
  <source src="conference.mpg">
  Video player not available.
</video>

<!-- 嵌入音频 -->
<audio id="myAudio">
  <source src="song.ogg" type="audio/ogg">
  <source src="song.mp3" type="audio/mpeg">
  Audio player not available.
</audio>
```

关于视频和音频编解码器的内容超出了本书讨论的范围。作者在此只想告诉大家，不同的浏览器支持不同的编解码器，因此一般来说指定多种格式的媒体来源是必需的。支持这两个媒体元素的浏览器有 IE9+、Firefox 3.5+、Safari 4+、Opera 10.5+、Chrome、iOS 版 Safari 和 Android 版 WebKit。

16.3.1 属性

  <video>和<audio>元素都提供了完善的 JavaScript 接口。下表列出了这两个元素共有的属性，通过这些属性可以知道媒体的当前状态。

属　　　性	数据类型	说　　　明
autoplay	布尔值	取得或设置autoplay标志
buffered	时间范围	表示已下载的缓冲的时间范围的对象
bufferedBytes	字节范围	表示已下载的缓冲的字节范围的对象
bufferingRate	整数	下载过程中每秒钟平均接收到的位数
bufferingThrottled	布尔值	表示浏览器是否对缓冲进行了节流
controls	布尔值	取得或设置controls属性，用于显示或隐藏浏览器内置的控件
currentLoop	整数	媒体文件已经循环的次数
currentSrc	字符串	当前播放的媒体文件的URL
currentTime	浮点数	已经播放的秒数
defaultPlaybackRate	浮点数	取得或设置默认的播放速度。默认值为1.0秒
duration	浮点数	媒体的总播放时间（秒数）
ended	布尔值	表示媒体文件是否播放完成
loop	布尔值	取得或设置媒体文件在播放完成后是否再从头开始播放
muted	布尔值	取得或设置媒体文件是否静音
networkState	整数	表示当前媒体的网络连接状态：0表示空，1表示正在加载，2表示正在加载元数据，3表示已经加载了第一帧，4表示加载完成
paused	布尔值	表示播放器是否暂停
playbackRate	浮点数	取得或设置当前的播放速度。用户可以改变这个值，让媒体播放速度变快或变慢，这与defaultPlaybackRate只能由开发人员修改的defaultPlaybackRate不同
played	时间范围	到目前为止已经播放的时间范围
readyState	整数	表示媒体是否已经就绪（可以播放了）。0表示数据不可用，1表示可以显示当前帧，2表示可以开始播放，3表示媒体可以从头到尾播放
seekable	时间范围	可以搜索的时间范围
seeking	布尔值	表示播放器是否正移动到媒体文件中的新位置
src	字符串	媒体文件的来源。任何时候都可以重写这个属性
start	浮点数	取得或设置媒体文件中开始播放的位置，以秒表示
totalBytes	整数	当前资源所需的总字节数
videoHeight	整数	返回视频（不一定是元素）的高度。只适用于<video>
videoWidth	整数	返回视频（不一定是元素）的宽度。只适用于<video>
volume	浮点数	取得或设置当前音量，值为0.0到1.0

  其中很多属性也可以直接在<audio>和<video>元素中设置。

16

16.3.2　事件

　　除了大量属性之外，这两个媒体元素还可以触发很多事件。这些事件监控着不同的属性的变化，这些变化可能是媒体播放的结果，也可能是用户操作播放器的结果。下表列出了媒体元素相关的事件。

事　　件	触发时机
abort	下载中断
canplay	可以播放时；readyState值为2
canplaythrough	播放可继续，而且应该不会中断；readyState值为3
canshowcurrentframe	当前帧已经下载完成；readyState值为1
dataunavailable	因为没有数据而不能播放；readyState值为0
durationchange	duration属性的值改变
emptied	网络连接关闭
empty	发生错误阻止了媒体下载
ended	媒体已播放到末尾，播放停止
error	下载期间发生网络错误
load	所有媒体已加载完成。这个事件可能会被废弃，建议使用canplaythrough
loadeddata	媒体的第一帧已加载完成
loadedmetadata	媒体的元数据已加载完成
loadstart	下载已开始
pause	播放已暂停
play	媒体已接收到指令开始播放
playing	媒体已实际开始播放
progress	正在下载
ratechange	播放媒体的速度改变
seeked	搜索结束
seeking	正移动到新位置
stalled	浏览器尝试下载，但未接收到数据
timeupdate	currentTime被以不合理或意外的方式更新
volumechange	volume属性值或muted属性值已改变
waiting	播放暂停，等待下载更多数据

　　这些事件之所以如此具体，就是为了让开发人员只使用少量 HTML 和 JavaScript（与创建 Flash 影片相比）即可编写出自定义的音频/视频播放器。

16.3.3　自定义媒体播放器

　　使用<audio>和<video>元素的 play() 和 pause() 方法，可以手工控制媒体文件的播放。组合使用属性、事件和这两个方法，很容易创建一个自定义的媒体播放器，如下面的例子所示。

```
<div class="mediaplayer">
    <div class="video">
        <video id="player" src="movie.mov" poster="mymovie.jpg"
                width="300" height="200">
            Video player not available.
        </video>
    </div>
    <div class="controls">
        <input type="button" value="Play" id="video-btn">
        <span id="curtime">0</span>/<span id="duration">0</span>
    </div>
</div>
```

VideoPlayerExample01.htm

以上基本的 HTML 再加上一些 JavaScript 就可以变成一个简单的视频播放器。以下就是 JavaScript 代码。

```
//取得元素的引用
var player = document.getElementById("player"),
    btn = document.getElementById("video-btn"),
    curtime = document.getElementById("curtime"),
    duration = document.getElementById("duration");

//更新播放时间
duration.innerHTML = player.duration;

//为按钮添加事件处理程序
EventUtil.addHandler(btn, "click", function(event){
    if (player.paused){
        player.play();
        btn.value = "Pause";
    } else {
        player.pause();
        btn.value = "Play";
    }
});

//定时更新当前时间
setInterval(function(){
    curtime.innerHTML = player.currentTime;
}, 250);
```

VideoPlayerExample01.htm

以上 JavaScript 代码给按钮添加了一个事件处理程序，单击它能让视频在暂停时播放，在播放时暂停。通过<video>元素的 load 事件处理程序，设置了加载完视频后显示播放时间。最后，设置了一个计时器，以更新当前显示的时间。你可以进一步扩展这个视频播放器，监听更多事件，利用更多属性。而同样的代码也可以用于<audio>元素，以创建自定义的音频播放器。

16.3.4 检测编解码器的支持情况

如前所述，并非所有浏览器都支持<video>和<audio>的所有编解码器，而这基本上就意味着你必须提供多个媒体来源。不过，也有一个 JavaScript API 能够检测浏览器是否支持某种格式和编解码器。

这两个媒体元素都有一个 canPlayType()方法，该方法接收一种格式/编解码器字符串，返回 "probably"、"maybe"或""（空字符串）。空字符串是假值，因此可以像下面这样在 if 语句中使用 canPlayType()：

```
if (audio.canPlayType("audio/mpeg")){
    //进一步处理
}
```

而"probably"和"maybe"都是真值，因此在 if 语句的条件测试中可以转换成 true。

如果给 canPlayType()传入了一种 MIME 类型，则返回值很可能是"maybe"或空字符串。这是因为媒体文件本身只不过是音频或视频的一个容器，而真正决定文件能否播放的还是编码的格式。在同时传入 MIME 类型和编解码器的情况下，可能性就会增加，返回的字符串会变成"probably"。下面来看几个例子。

```
var audio = document.getElementById("audio-player");

//很可能"maybe"
if (audio.canPlayType("audio/mpeg")){
    //进一步处理
}

//可能是"probably"
if (audio.canPlayType("audio/ogg; codecs=\"vorbis\"")){
    //进一步处理
}
```

注意，编解码器必须用引号引起来才行。下表列出了已知的已得到支持的音频格式和编解码器。

音 频	字 符 串	支持的浏览器
AAC	audio/mp4; codecs="mp4a.40.2"	IE9+、Safari 4+、iOS版Safari
MP3	audio/mpeg	IE9+、Chrome
Vorbis	audio/ogg; codecs="vorbis"	Firefox 3.5+、Chrome、Opera 10.5+
WAV	audio/wav; codecs="1"	Firefox 3.5+、Opera 10.5+、Chrome

当然，也可以使用 canPlayType()来检测视频格式。下表列出了已知的已得到支持的音频格式和编解码器。

视 频	字 符 串	支持的浏览器
H.264	video/mp4; codecs="avc1.42E01E, mp4a.40.2"	IE9+、Safari 4+、iOS版Safari、Android 版WebKit
Theora	video/ogg; codecs="theora"	Firefox 3.5+、Opera 10.5、Chrome
WebM	video/webm; codecs="vp8, vorbis"	Firefox 4+、Opera 10.6、Chrome

16.3.5 Audio 类型

<audio>元素还有一个原生的 JavaScript 构造函数 Audio，可以在任何时候播放音频。从同为 DOM 元素的角度看，Audio 与 Image 很相似，但 Audio 不用像 Image 那样必须插入到文档中。只要创建一

个新实例，并传入音频源文件即可。

```
var audio = new Audio("sound.mp3");
EventUtil.addHandler(audio, "canplaythrough", function(event){
    audio.play();
});
```

创建新的 Audio 实例即可开始下载指定的文件。下载完成后，调用 play() 就可以播放音频。

在 iOS 中，调用 play() 时会弹出一个对话框，得到用户的许可后才能播放声音。如果想在一段音频播放后再播放另一段音频，必须在 onfinish 事件处理程序中调用 play() 方法。

16.4 历史状态管理

历史状态管理是现代 Web 应用开发中的一个难点。在现代 Web 应用中，用户的每次操作不一定会打开一个全新的页面，因此"后退"和"前进"按钮也就失去了作用，导致用户很难在不同状态间切换。要解决这个问题，首选使用 hashchange 事件（第 13 章曾讨论过）。HTML5 通过更新 history 对象为管理历史状态提供了方便。

通过 hashchange 事件，可以知道 URL 的参数什么时候发生了变化，即什么时候该有所反应。而通过状态管理 API，能够在不加载新页面的情况下改变浏览器的 URL。为此，需要使用 history.pushState() 方法，该方法可以接收三个参数：状态对象、新状态的标题和可选的相对 URL。例如：

```
history.pushState({name:"Nicholas"}, "Nicholas' page", "nicholas.html");
```

执行 pushState() 方法后，新的状态信息就会被加入历史状态栈，而浏览器地址栏也会变成新的相对 URL。但是，浏览器并不会真的向服务器发送请求，即使状态改变之后查询 location.href 也会返回与地址栏中相同的地址。另外，第二个参数目前还没有浏览器实现，因此完全可以只传入一个空字符串，或者一个短标题也可以。而第一个参数则应该尽可能提供初始化页面状态所需的各种信息。

因为 pushState() 会创建新的历史状态，所以你会发现"后退"按钮也能使用了。按下"后退"按钮，会触发 window 对象的 popstate 事件[①]。popstate 事件的事件对象有一个 state 属性，这个属性就包含着当初以第一个参数传递给 pushState() 的状态对象。

```
EventUtil.addHandler(window, "popstate", function(event){
    var state = event.state;
    if (state){    //第一个页面加载时 state 为空
        processState(state);
    }
});
```

得到这个状态对象后，必须把页面重置为状态对象中的数据表示的状态（因为浏览器不会自动为你做这些）。记住，浏览器加载的第一个页面没有状态，因此单击"后退"按钮返回浏览器加载的第一个页面时，event.state 值为 null。

要更新当前状态，可以调用 replaceState()，传入的参数与 pushState() 的前两个参数相同。调用这个方法不会在历史状态栈中创建新状态，只会重写当前状态。

---

① popstate 事件发生后，事件对象中的状态对象（event.state）是当前状态。

```
history.replaceState({name:"Greg"}, "Greg's page");
```

支持 HTML5 历史状态管理的浏览器有 Firefox 4+、Safari 5+、Opera 11.5+和 Chrome。在 Safari 和 Chrome 中，传递给 pushState()或 replaceState()的状态对象中不能包含 DOM 元素。而 Firefox 支持在状态对象中包含 DOM 元素。Opera 还支持一个 history.state 属性，它返回当前状态的状态对象。

　　在使用 HTML5 的状态管理机制时，请确保使用 pushState()创造的每一个"假" URL，在 Web 服务器上都有一个真的、实际存在的 URL 与之对应。否则，单击"刷新"按钮会导致 404 错误。

16.5　小结

HTML5 除了定义了新的标记规则，还定义了一些 JavaScript API。这些 API 是为了让开发人员创建出更好的、能够与桌面应用媲美的用户界面而设计的。本章讨论了如下 API。

- ❑ 跨文档消息传递 API 能够让我们在不降低同源策略安全性的前提下，在来自不同域的文档间传递消息。
- ❑ 原生拖放功能让我们可以方便地指定某个元素可拖动，并在操作系统要放置时做出响应。还可以创建自定义的可拖动元素及放置目标。
- ❑ 新的媒体元素<audio>和<video>拥有自己的与音频和视频交互的 API。并非所有浏览器支持所有的媒体格式，因此应该使用 canPlayType()检查浏览器是否支持特定的格式。
- ❑ 历史状态管理让我们不必卸载当前页面即可修改浏览器的历史状态栈。有了这种机制，用户就可以通过"后退"和"前进"按钮在页面状态间切换，而这些状态完全由 JavaScript 进行控制。

第**17**章

错误处理与调试

本章内容

❑ 理解浏览器报告的错误

❑ 处理错误

❑ 调试 JavaScript 代码

由于 JavaScript 本身是动态语言，而且多年来一直没有固定的开发工具，因此人们普遍认为它是一种最难于调试的编程语言。脚本出错时，浏览器通常会给出类似于 "object expected"（缺少对象）这样的消息，没有上下文信息，让人摸不着头脑。ECMAScript 第 3 版致力于解决这个问题，专门引入了 try-catch 和 throw 语句以及一些错误类型，意在让开发人员能够适当地处理错误。几年之后，Web 浏览器中也出现了一些 JavaScript 调试程序和工具。2008 年以来，大多数 Web 浏览器都已经具备了一些调试 JavaScript 代码的能力。

在有了语言特性和工具支持之后，现在的开发人员已经能够适当地实现错误处理，并且能够找到错误的根源。

17.1 浏览器报告的错误

IE、Firefox、Safari、Chrome 和 Opera 等主流浏览器，都具有某种向用户报告 JavaScript 错误的机制。默认情况下，所有浏览器都会隐藏此类信息，毕竟除了开发人员之外，很少有人关心这些内容。因此，在基于浏览器编写 JavaScript 脚本时，别忘了启用浏览器的 JavaScript 报告功能，以便及时收到错误通知。

17.1.1 IE

IE 是唯一一个在浏览器的界面窗体(chrome)中显示 JavaScript 错误信息的浏览器。在发生 JavaScript 错误时，浏览器左下角会出现一个黄色的图标，图标旁边则显示着"Error on page"（页面中有错误）。假如不是存心去看的话，你很可能不会注意这个图标。双击这个图标，就会看到一个包含错误消息的对话框，其中还包含诸如行号、字符数、错误代码及文件名（其实就是你在查看的页面的 URL ）等相关信息。图 17-1 展示了 IE 的错误消息对话框。

这些信息对于一般用户还算说得过去，但对 Web 开发来说就远远不够了。可以通过设置让错误对话框一发生错误就显示出来。为此，要打开 "Tools"（工具）菜单中的 "Internet Options"（Internet 选项）对话框，切换到 "Advanced"（高级）选项卡，选中 "Display a notification about every script error"（显示每个脚本错误的通知）复选框（参见图 17-2 ）。单击 "OK"（确定）按钮保存设置。

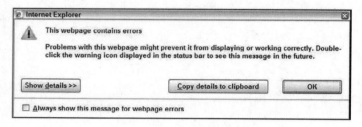

图　17-1

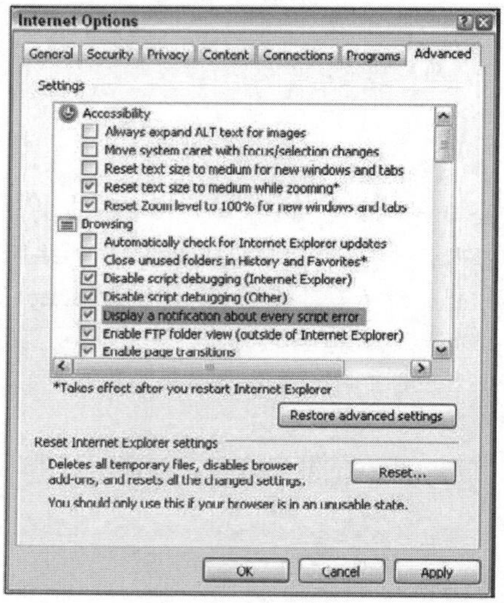

图　17-2

保存了设置之后，通常要双击黄色图标才会显示的对话框，就会变成一有错误发生随即自动显示出来。

另外，如果启用了脚本调试功能的话（默认是禁用的），那么在发生错误时，你不仅会显示错误通知，而且还会看到另一个对话框，询问是否想要调试错误（参见图 17-3）。

要启用脚本调试功能，必须要在 IE 中安装某种脚本调试器。（IE8 和 IE9 自带调试器。）本章后面会单独讨论调试器。

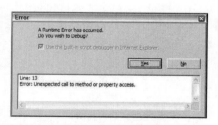

图　17-3

 　　在 IE7 及更早版本中，如果错误发生在位于外部文件的脚本中，行号通常会与错误所在的行号差 1。如果是嵌入在页面中的脚本发生错误，则行号就是错误所在的行号。

17.1.2　Firefox

默认情况下，Firefox 在 JavaScript 发生错误时不会通过浏览器界面给出提示。但它会在后台将错误记录到错误控制台中。单击"Tools"（工具）菜单中的"Error Console"（错误控制台）可以显示错误控制台（见图 17-4）。你会发现，错误控制台中实际上还包含与 JavaScript、CSS 和 HTML 相关的警告和信息，可以通过筛选找到错误。

图　17-4

在发生 JavaScript 错误时，Firefox 会将其记录为一个错误，包括错误消息、引发错误的 URL 和错误所在的行号等信息。单击文件名即可以只读方式打开发生错误的脚本，发生错误的代码行会突出显示。

目前，最流行的 Firefox 插件 Firebug，已经成为开发人员必备的 JavaScript 纠错工具。这个可以从 www.getfirebug.com 下载到的插件，会在 Firefox 状态栏的右下角区域添加一个图标。默认情况下，右下角区域显示的是一个绿色对勾图标。在有 JavaScript 错误发生时，图标会变成红叉，同时旁边显示错误的数量。单击这个红叉会打开 Firebug 控制台，其中显示有错误消息、错误所在的代码行（不包含上下文）、错误所在的 URL 以及行号（参见图 17-5）。

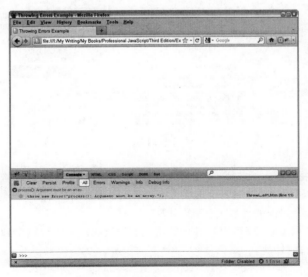

图　17-5

在 Firebug 中单击导致错误的代码行，将在一个新 Firebug 视图中打开整个脚本，该代码行在其中突出显示。

 除了显示错误之外，Firebug 还有更多的用处。实际上，它还是针对 Firefox 的成熟的调试环境，为调试 JavaScript、CSS、DOM 和网络连接错误提供了诸多功能。

17.1.3　Safari

Windows 和 Mac OS 平台的 Safari 在默认情况下都会隐藏全部 JavaScript 错误。为了访问到这些信息，必须启用"Develop"（开发）菜单。为此，需要单击"Edit"（编辑）菜单中的"Preferences"（偏好设置），然后在"Advanced"（高级）选项卡中，选中"Show develop menu in menubar"（在菜单栏中显示"开发"菜单）。启用此项设置之后，就会在 Safari 的菜单栏中看到一个"Develop"菜单（参见图 17-6）。

图　17-6

"Develop"菜单中提供了一些与调试有关的选项，还有一些选项可以影响当前加载的页面。单击"Show Error Console"（显示错误控制台）选项，将会看到一组 JavaScript 及其他错误。控制台中显示着错误消息、错误的 URL 及错误的行号（参见图 17-7）。

单击控制台中的错误消息，就可以打开导致错误的源代码。除了被输出到控制台之外，JavaScript 错误不会影响 Safari 窗口的外观。

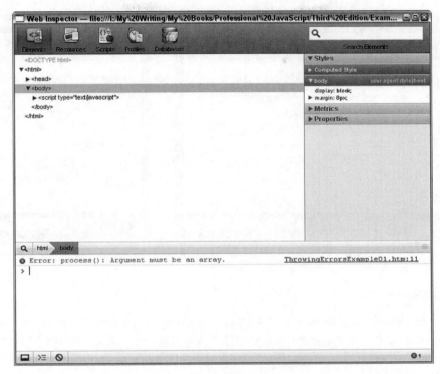

图　17-7

17.1.4　Opera

Opera 在默认情况下也会隐藏 JavaScript 错误，所有错误都会被记录到错误控制台中。要打开错误控制台，需要单击"Tools"（工具）菜单，在"Advanced"（高级）子菜单项下面再单击"Error Console"（错误控制台）。与 Firefox 一样，Opera 的错误控制台中也包含了除 JavaScript 错误之外的很多来源（如 HTML、CSS、XML、XSLT 等）的错误和警告信息。要分类查看不同来源的消息，可以使用左下角的下拉选择框（参见图 17-8）。

错误消息中显示着导致错误的 URL 和错误所在的线程。有时候，还会有栈跟踪信息。除了错误控制台中显示的信息之外，没有其他途径可以获得更多信息。

也可以让 Opera 一发生错误就弹出错误控制台。为此，要在"Tools"（工具）菜单中单击"Preferences"（首选项），再单击"Advanced"（高级）选项卡，然后从左侧菜单中选择"Content"（内容）。单击"JavaScrip Options"（JavaScript 选项）按钮，显示选项对话框（如图 17-9 所示）。

在这个选项对话框中，选中"Open console on error"（出错时打开控制台），单击"OK"（确定）按钮。这样，每当发生 JavaScript 错误时，就会弹出错误控制台。另外，还可以针对特定的站点来作此设置，方法是单击"Tools"（工具）、"Quick Preferences"（快速参数）、"Edit Site Preferences"（编辑站点首选项），选择"Scripting"（脚本）选项卡，最后选中"Open console on error"（出错时打开控制台）。

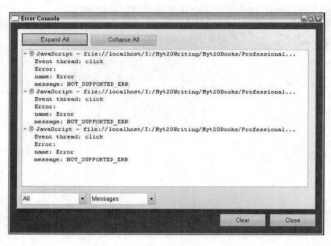

图　17-8　　　　　　　　　　　　　　　　　　　　图　17-9

17.1.5　Chrome

　　与 Safari 和 Opera 一样，Chrome 在默认情况下也会隐藏 JavaScript 错误。所有错误都将被记录到 Web Inspector 控制台中。要查看错误消息，必须打开 Web Inspector。为此，要单击位于地址栏右侧的 "Control this page"（控制当前页）按钮，选择 "Developer"（开发人员）、"JavaScript console"（JavaScript 控制台），参见图 17-10。

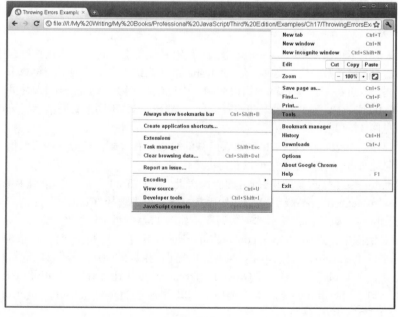

图　17-10

　　打开的 Web Inspector 中包含着有关页面的信息和 JavaScript 控制台。控制台中显示着错误消息、错误的 URL 和错误的行号（参见图 17-11）。

图　17-11

　　单击 JavaScript 控制台中的错误，就可以定位到导致错误的源代码行。

17.2　错误处理

　　错误处理在程序设计中的重要性是勿庸置疑的。任何有影响力的 Web 应用程序都需要一套完善的错误处理机制，当然，大多数佼佼者确实做到了这一点，但通常只有服务器端应用程序才能做到如此。实际上，服务器端团队往往会在错误处理机制上投入较大的精力，通常要考虑按照类型、频率，或者其他重要的标准对错误进行分类。这样一来，开发人员就能够理解用户在使用简单数据库查询或者报告生成脚本时，应用程序可能会出现的问题。

　　虽然客户端应用程序的错误处理也同样重要，但真正受到重视，还是最近几年的事。实际上，我们要面对这样一个不争的事实：使用 Web 的绝大多数人都不是技术高手，其中甚至有很多人根本就不明白浏览器到底是什么，更不用说让他们说喜欢哪一个了。本章前面讨论过，每个浏览器在发生 JavaScript 错误时的行为都或多或少有一些差异。有的会显示小图标，有的则什么动静也没有，浏览器对 JavaScript 错误的这些默认行为对最终用户而言，毫无规律可循。最理想的情况下，用户遇到错误搞不清为什么，他们会再试着重做一次；最糟糕的情况下，用户会恼羞成怒，一去不复返了。良好的错误处理机制可以让用户及时得到提醒，知道到底发生了什么事，因而不会惊惶失措。为此，作为开发人员，我们必须理解在处理 JavaScript 错误的时候，都有哪些手段和工具可以利用。

17.2.1　try-catch 语句

ECMA-262 第 3 版引入了 try-catch 语句，作为 JavaScript 中处理异常的一种标准方式。基本的语法如下所示，显而易见，这与 Java 中的 try-catch 语句是完全相同的。

```
try{
    // 可能会导致错误的代码
} catch(error){
    // 在错误发生时怎么处理
}
```

也就是说，我们应该把所有可能会抛出错误的代码都放在 try 语句块中，而把那些用于错误处理的代码放在 catch 块中。例如：

```
try {
    window.someNonexistentFunction();
} catch (error){
    alert("An error happened!");
}
```

如果 try 块中的任何代码发生了错误，就会立即退出代码执行过程，然后接着执行 catch 块。此时，catch 块会接收到一个包含错误信息的对象。与在其他语言中不同的是，即使你不想使用这个错误对象，也要给它起个名字。这个对象中包含的实际信息会因浏览器而异，但共同的是有一个保存着错误消息的 message 属性。ECMA-262 还规定了一个保存错误类型的 name 属性；当前所有浏览器都支持这个属性（Opera 9 之前的版本不支持这个属性）。因此，在发生错误时，就可以像下面这样实事求是地显示浏览器给出的消息。

```
try {
    window.someNonexistentFunction();
} catch (error){
    alert(error.message);
}
```

TryCatchExample01.htm

这个例子在向用户显示错误消息时，使用了错误对象的 message 属性。这个 message 属性是唯一一个能够保证所有浏览器都支持的属性，除此之外，IE、Firefox、Safari、Chrome 以及 Opera 都为事件对象添加了其他相关信息。IE 添加了与 message 属性完全相同的 description 属性，还添加了保存着内部错误数量的 number 属性。Firefox 添加了 fileName、lineNumber 和 stack（包含栈跟踪信息）属性。Safari 添加了 line（表示行号）、sourceId（表示内部错误代码）和 sourceURL 属性。当然，在跨浏览器编程时，最好还是只使用 message 属性。

1. finally 子句

虽然在 try-catch 语句中是可选的，但 finally 子句一经使用，其代码无论如何都会执行。换句话说，try 语句块中的代码全部正常执行，finally 子句会执行；如果因为出错而执行了 catch 语句块，`finally` 子句照样还会执行。只要代码中包含 `finally` 子句，则无论 `try` 或 `catch` 语句块中包含什么代码——甚至 `return` 语句，都不会阻止 `finally` 子句的执行。来看下面这个函数。

```
function testFinally(){
    try {
        return 2;
    } catch (error){
        return 1;
    } finally {
        return 0;
    }
}
```

TryCatchExample02.htm

这个函数在 `try-catch` 语句的每一部分都放了一条 `return` 语句。表面上看，调用这个函数会返回 2，因为返回 2 的 `return` 语句位于 `try` 语句块中，而执行该语句又不会出错。可是，由于最后还有一个 `finally` 子句，结果就会导致该 `return` 语句被忽略；也就是说，调用这个函数只能返回 0。如果把 `finally` 子句拿掉，这个函数将返回 2。

如果提供 `finally` 子句，则 `catch` 子句就成了可选的（`catch` 或 `finally` 有一个即可）。IE7 及更早版本中有一个 bug：除非有 `catch` 子句，否则 `finally` 中的代码永远不会执行。如果你仍然要考虑 IE 的早期版本，那就只好提供一个 `catch` 子句，哪怕里面什么都不写。IE8 修复了这个 bug。

 请读者务必要记住，只要代码中包含 **finally** 子句，那么无论 **try** 还是 **catch** 语句块中的 **return** 语句都将被忽略。因此，在使用 **finally** 子句之前，一定要非常清楚你想让代码怎么样。

2. 错误类型

执行代码期间可能会发生的错误有多种类型。每种错误都有对应的错误类型，而当错误发生时，就会抛出相应类型的错误对象。ECMA-262 定义了下列 7 种错误类型：

- ❑ `Error`
- ❑ `EvalError`
- ❑ `RangeError`
- ❑ `ReferenceError`
- ❑ `SyntaxError`
- ❑ `TypeError`
- ❑ `URIError`

其中，`Error` 是基类型，其他错误类型都继承自该类型。因此，所有错误类型共享了一组相同的属性（错误对象中的方法全是默认的对象方法）。`Error` 类型的错误很少见，如果有也是浏览器抛出的；这个基类型的主要目的是供开发人员抛出自定义错误。

`EvalError` 类型的错误会在使用 `eval()` 函数而发生异常时被抛出。ECMA-262 中对这个错误有如下描述："如果以非直接调用的方式使用 `eval` 属性的值（换句话说，没有明确地将其名称作为一个 `Identifier`，即用作 `CallExpression` 中的 `MemberExpression`），或者为 `eval` 属性赋值。"简单地说，如果没有把 `eval()` 当成函数调用，就会抛出错误，例如：

```
new eval();     //抛出 EvalError
eval = foo;     //抛出 EvalError
```

在实践中，浏览器不一定会在应该抛出错误时就抛出 EvalError。例如，Firefox 4+和 IE8 对第一种情况会抛出 TypeError，而第二种情况会成功执行，不发生错误。有鉴于此，加上在实际开发中极少会这样使用 eval()，所以遇到这种错误类型的可能性极小。

RangeError 类型的错误会在数值超出相应范围时触发。例如，在定义数组时，如果指定了数组不支持的项数（如–20 或 Number.MAX_VALUE），就会触发这种错误。下面是具体的例子。

```
var items1 = new Array(-20);                //抛出 RangeError
var items2 = new Array(Number.MAX_VALUE);   //抛出 RangeError
```

JavaScript 中经常会出现这种范围错误。

在找不到对象的情况下，会发生 ReferenceError（这种情况下，会直接导致人所共知的"object expected"浏览器错误）。通常，在访问不存在的变量时，就会发生这种错误，例如：

```
var obj = x;        //在 x 并未声明的情况下抛出 ReferenceError
```

至于 SyntaxError，当我们把语法错误的 JavaScript 字符串传入 eval()函数时，就会导致此类错误。例如：

```
eval("a ++ b");     //抛出 SyntaxError
```

如果语法错误的代码出现在 eval()函数之外，则不太可能使用 SyntaxError，因为此时的语法错误会导致 JavaScript 代码立即停止执行。

TypeError 类型在 JavaScript 中会经常用到，在变量中保存着意外的类型时，或者在访问不存在的方法时，都会导致这种错误。错误的原因虽然多种多样，但归根结底还是由于在执行特定于类型的操作时，变量的类型并不符合要求所致。下面来看几个例子。

```
var o = new 10;                              //抛出 TypeError
alert("name" in true);                       //抛出 TypeError
Function.prototype.toString.call("name");    //抛出 TypeError
```

最常发生类型错误的情况，就是传递给函数的参数事先未经检查，结果传入类型与预期类型不相符。

在使用 encodeURI()或 decodeURI()，而 URI 格式不正确时，就会导致 URIError 错误。这种错误也很少见，因为前面说的这两个函数的容错性非常高。

利用不同的错误类型，可以获悉更多有关异常的信息，从而有助于对错误作出恰当的处理。要想知道错误的类型，可以像下面这样在 try-catch 语句的 catch 语句中使用 instanceof 操作符。

```
try {
    someFunction();
} catch (error){
    if (error instanceof TypeError){
        //处理类型错误
    } else if (error instanceof ReferenceError){
        //处理引用错误
    } else {
        //处理其他类型的错误
    }
}
```

在跨浏览器编程中，检查错误类型是确定处理方式的最简便途径；包含在 message 属性中的错误消息会因浏览器而异。

3. 合理使用 try-catch

当 try-catch 语句中发生错误时，浏览器会认为错误已经被处理了，因而不会通过本章前面讨论的机制记录或报告错误。对于那些不要求用户懂技术，也不需要用户理解错误的 Web 应用程序，这应该说是个理想的结果。不过，try-catch 能够让我们实现自己的错误处理机制。

使用 try-catch 最适合处理那些我们无法控制的错误。假设你在使用一个大型 JavaScript 库中的函数，该函数可能会有意无意地抛出一些错误。由于我们不能修改这个库的源代码，所以大可将对该函数的调用放在 try-catch 语句当中，万一有什么错误发生，也好恰当地处理它们。

在明明白白地知道自己的代码会发生错误时，再使用 try-catch 语句就不太合适了。例如，如果传递给函数的参数是字符串而非数值，就会造成函数出错，那么就应该先检查参数的类型，然后再决定如何去做。在这种情况下，不应用使用 try-catch 语句。

17.2.2 抛出错误

与 try-catch 语句相配的还有一个 throw 操作符，用于随时抛出自定义错误。抛出错误时，必须要给 throw 操作符指定一个值，这个值是什么类型，没有要求。下列代码都是有效的。

```
throw 12345;
throw "Hello world!";
throw true;
throw { name: "JavaScript"};
```

在遇到 throw 操作符时，代码会立即停止执行。仅当有 try-catch 语句捕获到被抛出的值时，代码才会继续执行。

通过使用某种内置错误类型，可以更真实地模拟浏览器错误。每种错误类型的构造函数接收一个参数，即实际的错误消息。下面是一个例子。

```
throw new Error("Something bad happened.");
```

这行代码抛出了一个通用错误，带有一条自定义错误消息。浏览器会像处理自己生成的错误一样，来处理这行代码抛出的错误。换句话说，浏览器会以常规方式报告这一错误，并且会显示这里的自定义错误消息。像下面使用其他错误类型，也可以模拟出类似的浏览器错误。

```
throw new SyntaxError("I don't like your syntax.");
throw new TypeError("What type of variable do you take me for?");
throw new RangeError("Sorry, you just don't have the range.");
throw new EvalError("That doesn't evaluate.");
throw new URIError("Uri, is that you?");
throw new ReferenceError("You didn't cite your references properly.");
```

在创建自定义错误消息时最常用的错误类型是 Error、RangeError、ReferenceError 和 TypeError。

另外，利用原型链还可以通过继承 Error 来创建自定义错误类型（原型链在第 6 章中介绍）。此时，需要为新创建的错误类型指定 name 和 message 属性。来看一个例子。

```
function CustomError(message){
    this.name = "CustomError";
    this.message = message;
}
```

```
CustomError.prototype = new Error();

throw new CustomError("My message");
```

ThrowingErrorsExample01.htm

浏览器对待继承自 Error 的自定义错误类型，就像对待其他错误类型一样。如果要捕获自己抛出的错误并且把它与浏览器错误区别对待的话，创建自定义错误是很有用的。

 IE 只有在抛出 **Error** 对象的时候才会显示自定义错误消息。对于其他类型，它都无一例外地显示**"exception thrown and not caught"**（抛出了异常，且未被捕获）。

1. 抛出错误的时机

要针对函数为什么会执行失败给出更多信息，抛出自定义错误是一种很方便的方式。应该在出现某种特定的已知错误条件，导致函数无法正常执行时抛出错误。换句话说，浏览器会在某种特定的条件下执行函数时抛出错误。例如，下面的函数会在参数不是数组的情况下失败。

```
function process(values){
    values.sort();

    for (var i=0, len=values.length; i < len; i++){
        if (values[i] > 100){
            return values[i];
        }
    }

    return -1;
}
```

ThrowingErrorsExample02.htm

如果执行这个函数时传给它一个字符串参数，那么对 sort() 的调用就会失败。对此，不同浏览器会给出不同的错误消息，但都不是特别明确，如下所示。

- ❑ IE：属性或方法不存在。
- ❑ Firefox：values.sort() 不是函数。
- ❑ Safari：值 undefined（表达式 values.sort 的结果）不是对象。
- ❑ Chrome：对象名没有方法 'sort'。
- ❑ Opera：类型不匹配（通常是在需要对象的地方使用了非对象值）。

尽管 Firefox、Chrome 和 Safari 都明确指出了代码中导致错误的部分，但错误消息并没有清楚地告诉我们到底出了什么问题，该怎么修复问题。在处理类似前面例子中的那个函数时，通过调试处理这些错误消息没有什么困难。但是，在面对包含数千行 JavaScript 代码的复杂的 Web 应用程序时，要想查找错误来源就没有那么容易了。这种情况下，带有适当信息的自定义错误能够显著提升代码的可维护性。来看下面的例子。

```
function process(values){

    if (!(values instanceof Array)){
        throw new Error("process(): Argument must be an array.");
    }

    values.sort();

    for (var i=0, len=values.length; i < len; i++){
        if (values[i] > 100){
            return values[i];
        }
    }

    return -1;
}
```

17

ThrowingErrorsExample02.htm

在重写后的这个函数中，如果 values 参数不是数组，就会抛出一个错误。错误消息中包含了函数的名称，以及为什么会发生错误的明确描述。如果一个复杂的 Web 应用程序发生了这个错误，那么查找问题的根源也就容易多了。

建议读者在开发 JavaScript 代码的过程中，重点关注函数和可能导致函数执行失败的因素。良好的错误处理机制应该可以确保代码中只发生你自己抛出的错误。

> 在多框架环境下使用 instanceof 来检测数组有一些问题。详细内容请参考 22.1.1 节。

2. 抛出错误与使用 try-catch

关于何时该抛出错误，而何时该使用 try-catch 来捕获它们，是一个老生常谈的问题。一般来说，应用程序架构的较低层次中经常会抛出错误，但这个层次并不会影响当前执行的代码，因而错误通常得不到真正的处理。如果你打算编写一个要在很多应用程序中使用的 JavaScript 库，甚至只编写一个可能会在应用程序内部多个地方使用的辅助函数，我都强烈建议你在抛出错误时提供详尽的信息。然后，即可在应用程序中捕获并适当地处理这些错误。

说到抛出错误与捕获错误，我们认为只应该捕获那些你确切地知道该如何处理的错误。捕获错误的目的在于避免浏览器以默认方式处理它们；而抛出错误的目的在于提供错误发生具体原因的消息。

17.2.3 错误（error）事件

任何没有通过 try-catch 处理的错误都会触发 window 对象的 error 事件。这个事件是 Web 浏览器最早支持的事件之一，IE、Firefox 和 Chrome 为保持向后兼容，并没有对这个事件作任何修改（Opera 和 Safari 不支持 error 事件）。在任何 Web 浏览器中，onerror 事件处理程序都不会创建 event 对象，但它可以接收三个参数：错误消息、错误所在的 URL 和行号。多数情况下，只有错误消息有用，因为 URL 只是给出了文档的位置，而行号所指的代码行既可能出自嵌入的 JavaScript 代码，也可能出自外部的文件。要指定 onerror 事件处理程序，必须使用如下所示的 DOM0 级技术，它没有遵循"DOM2 级事件"的标准格式。

```
window.onerror = function(message, url, line){
    alert(message);
};
```

只要发生错误，无论是不是浏览器生成的，都会触发 error 事件，并执行这个事件处理程序。然后，浏览器默认的机制发挥作用，像往常一样显示出错误消息。像下面这样在事件处理程序中返回 false，可以阻止浏览器报告错误的默认行为。

```
window.onerror = function(message, url, line){
    alert(message);
    return false;
};
```

OnErrorExample01.htm

通过返回 false，这个函数实际上就充当了整个文档中的 try-catch 语句，可以捕获所有无代码处理的运行时错误。这个事件处理程序是避免浏览器报告错误的最后一道防线，理想情况下，只要可能就不应该使用它。只要能够适当地使用 try-catch 语句，就不会有错误交给浏览器，也就不会触发 error 事件。

　　浏览器在使用这个事件处理错误时的方式有明显不同。在 IE 中，即使发生 **error** 事件，代码仍然会正常执行；所有变量和数据都将得到保留，因此能在 **onerror** 事件处理程序中访问它们。但在 Firefox 中，常规代码会停止执行，事件发生之前的所有变量和数据都将被销毁，因此几乎就无法判断错误了。

图像也支持 error 事件。只要图像的 src 特性中的 URL 不能返回可以被识别的图像格式，就会触发 error 事件。此时的 error 事件遵循 DOM 格式，会返回一个以图像为目标的 event 对象。下面是一个例子。

```
var image = new Image();
EventUtil.addHandler(image, "load", function(event){
    alert("Image loaded!");
});
EventUtil.addHandler(image, "error", function(event){
    alert("Image not loaded!");
});
image.src = "smilex.gif"; //指定不存在的文件
```

OnErrorExample02.htm

在这个例子中，当加载图像失败时就会显示一个警告框。需要注意的是，发生 error 事件时，图像下载过程已经结束，也就是说不能再重新下载了。

17.2.4　处理错误的策略

过去，所谓 Web 应用程序的错误处理策略仅限于服务器端。在谈到错误与错误处理时，通常要考虑很多方面，涉及一些工具，例如记录和监控系统。这些工具的用途在于分析错误模式，追查错误原因，同时帮助确定错误会影响到多少用户。

　　在 Web 应用程序的 JavaScript 这一端，错误处理策略也同样重要。由于任何 JavaScript 错误都可能导致网页无法使用，因此搞清楚何时以及为什么发生错误至关重要。绝大多数 Web 应用程序的用户都不懂技术，遇到错误时很容易心烦意乱。有时候，他们可能会刷新页面以期解决问题，而有时候则会放弃努力。作为开发人员，必须要知道代码何时可能出错，会出什么错，同时还要有一个跟踪此类问题的系统。

17.2.5　常见的错误类型

　　错误处理的核心，是首先要知道代码里会发生什么错误。由于 JavaScript 是松散类型的，而且也不会验证函数的参数，因此错误只会在代码运行期间出现。一般来说，需要关注三种错误：

- ❑ 类型转换错误
- ❑ 数据类型错误
- ❑ 通信错误

以上错误分别会在特定的模式下或者没有对值进行足够的检查的情况下发生。

1. 类型转换错误

　　类型转换错误发生在使用某个操作符，或者使用其他可能会自动转换值的数据类型的语言结构时。在使用相等（==）和不相等（!=）操作符，或者在 if、for 及 while 等流控制语句中使用非布尔值时，最常发生类型转换错误。

　　第 3 章讨论的相等和不相等操作符在执行比较之前会先转换不同类型的值。由于在非动态语言中，开发人员都使用相同的符号执行直观的比较，因此在 JavaScript 中往往也会以相同方式错误地使用它们。多数情况下，我们建议使用全等（===）和不全等（!==）操作符，以避免类型转换。来看一个例子。

```
alert(5 == "5");        //true
alert(5 === "5");       //false
alert(1 == true);       //true
alert(1 === true);      //false
```

　　这里使用了相等和全等操作符比较了数值 5 和字符串"5"。相等操作符首先会将数值 5 转换成字符串"5"，然后再将其与另一个字符串"5"进行比较，结果是 true。全等操作符知道要比较的是两种不同的数据类型，因而直接返回 false。对于 1 和 true 也是如此：相等操作符认为它们相等，而全等操作符认为它们不相等。使用全等和非全等操作符，可以避免发生因为使用相等和不相等操作符引发的类型转换错误，因此我们强烈推荐使用。

　　容易发生类型转换错误的另一个地方，就是流控制语句。像 if 之类的语句在确定下一步操作之前，会自动把任何值转换成布尔值。尤其是 if 语句，如果使用不当，最容易出错。来看下面的例子。

```
function concat(str1, str2, str3){
    var result = str1 + str2;
    if (str3){      //绝对不要这样!!!
        result += str3;
    }
    return result;
}
```

　　这个函数的用意是拼接两或三个字符串，然后返回结果。其中，第三个字符串是可选的，因此必须要检查。第 3 章曾经介绍过，未使用过的命名变量会自动被赋予 undefined 值。而 undefined 值可以被转换成布尔值 false，因此这个函数中的 if 语句实际上只适用于提供了第三个参数的情况。问题在于，并不是只有 undefined 才会被转换成 false，也不是只有字符串值才可以转换为 true。例如，假设第三个参数是数值 0，那么 if 语句的测试就会失败，而对数值 1 的测试则会通过。

在流控制语句中使用非布尔值，是极为常见的一个错误来源。为避免此类错误，就要做到在条件比较时切实传入布尔值。实际上，执行某种形式的比较就可以达到这个目的。例如，我们可以将前面的函数重写如下。

```javascript
function concat(str1, str2, str3){
    var result = str1 + str2;
    if (typeof str3 == "string"){        //恰当的比较
        result += str3;
    }
    return result;
}
```

在这个重写后的函数中，if 语句的条件会基于比较返回一个布尔值。这个函数相对可靠得多，不容易受非正常值的影响。

2. 数据类型错误

JavaScript 是松散类型的，也就是说，在使用变量和函数参数之前，不会对它们进行比较以确保它们的数据类型正确。为了保证不会发生数据类型错误，只能依靠开发人员编写适当的数据类型检测代码。在将预料之外的值传递给函数的情况下，最容易发生数据类型错误。

在前面的例子中，通过检测第三个参数可以确保它是一个字符串，但是并没有检测另外两个参数。如果该函数必须要返回一个字符串，那么只要给它传入两个数值，忽略第三个参数，就可以轻易地导致它的执行结果错误。类似的情况也存在于下面这个函数中。

```javascript
//不安全的函数，任何非字符串值都会导致错误
function getQueryString(url){
    var pos = url.indexOf("?");
    if (pos > -1){
        return url.substring(pos +1);
    }
    return "";
}
```

这个函数的用意是返回给定 URL 中的查询字符串。为此，它首先使用 indexOf() 寻找字符串中的问号。如果找到了，利用 substring() 方法返回问号后面的所有字符串。这个例子中的两个函数只能操作字符串，因此只要传入其他数据类型的值就会导致错误。而添加一条简单的类型检测语句，就可以确保函数不那么容易出错。

```javascript
function getQueryString(url){
    if (typeof url == "string"){        //通过检查类型确保安全
        var pos = url.indexOf("?");
        if (pos > -1){
            return url.substring(pos +1);
        }
    }
    return "";
}
```

重写后的这个函数首先检查了传入的值是不是字符串。这样，就确保了函数不会因为接收到非字符串值而导致错误。

前一节提到过，在流控制语句中使用非布尔值作为条件很容易导致类型转换错误。同样，这样做也经常会导致数据类型错误。来看下面的例子。

```
//不安全的函数，任何非数组值都会导致错误
function reverseSort(values){
    if (values){        //绝对不要这样!!!
        values.sort();
        values.reverse();
    }
}
```

这个 reverseSort() 函数可以将数组反向排序，其中用到了 sort() 和 reverse() 方法。对于 if 语句中的控制条件而言，任何会转换为 true 的非数组值都会导致错误。另一个常见的错误就是将参数与 null 值进行比较，如下所示。

```
//不安全的函数，任何非数组值都会导致错误
function reverseSort(values){
    if (values != null){        //绝对不要这样!!!
        values.sort();
        values.reverse();
    }
}
```

与 null 进行比较只能确保相应的值不是 null 和 undefined（这就相当于使用相等和不相等操作）。要确保传入的值有效，仅检测 null 值是不够的；因此，不应该使用这种技术。同样，我们也不推荐将某个值与 undefined 作比较。

另一种错误的做法，就是只针对要使用的某一个特性执行特性检测。来看下面的例子。

```
//还是不安全，任何非数组值都会导致错误
function reverseSort(values){
    if (typeof values.sort == "function"){        //绝对不要这样!!!
        values.sort();
        values.reverse();
    }
}
```

在这个例子中，代码首先检测了参数中是否存在 sort() 方法。这样，如果传入一个包含 sort() 方法的对象（而不是数组）当然也会通过检测，但在调用 reverse() 函数时可能就会出错了。在确切知道应该传入什么类型的情况下，最好是使用 instanceof 来检测其数据类型，如下所示。

```
//安全，非数组值将被忽略
function reverseSort(values){
    if (values instanceof Array){        //问题解决了
        values.sort();
        values.reverse();
    }
}
```

最后一个 reverseSort() 函数是安全的：它检测了 values，以确保这个参数是 Array 类型的实例。这样一来，就可以保证函数忽略任何非数组值。

大体上来说，基本类型的值应该使用 typeof 来检测，而对象的值则应该使用 instanceof 来检测。根据使用函数的方式，有时候并不需要逐个检测所有参数的数据类型。但是，面向公众的 API 则必须无条件地执行类型检查，以确保函数始终能够正常地执行。

3. 通信错误

随着 Ajax 编程的兴起（第 21 章讨论 Ajax），Web 应用程序在其生命周期内动态加载信息或功能，已经成为一件司空见惯的事。不过，JavaScript 与服务器之间的任何一次通信，都有可能会产生错误。

第一种通信错误与格式不正确的 URL 或发送的数据有关。最常见的问题是在将数据发送给服务器之前，没有使用 encodeURIComponent() 对数据进行编码。例如，下面这个 URL 的格式就是不正确的：

```
http://www.yourdomain.com/?redir=http://www.someotherdomain.com?a=b&c=d
```

针对"redir="后面的所有字符串调用 encodeURIComponent() 就可以解决这个问题，结果将产生如下字符串：

```
http://www.yourdomain.com/?redir=http%3A%2F%2Fwww.someotherdomain.com%3Fa%3Db%26c%3Dd
```

对于查询字符串，应该记住必须要使用 encodeURIComponent() 方法。为了确保这一点，有时候可以定义一个处理查询字符串的函数，例如：

```
function addQueryStringArg(url, name, value){
    if (url.indexOf("?") == -1){
        url += "?";
    } else {
        url += "&";
    }

    url += encodeURIComponent(name) + "=" + encodeURIComponent(value);
    return url;
}
```

这个函数接收三个参数：要追加查询字符串的 URL、参数名和参数值。如果传入的 URL 不包含问号，还要给它添加问号；否则，就要添加一个和号，因为有问号就意味着有其他查询字符串。然后，再将经过编码的查询字符串的名和值添加到 URL 后面。可以像下面这样使用这个函数：

```
var url = "http://www.somedomain.com";
var newUrl = addQueryStringArg(url, "redir",
                               "http://www.someotherdomain.com?a=b&c=d");
alert(newUrl);
```

使用这个函数而不是手工构建 URL，可以确保编码正确并避免相关错误。

另外，在服务器响应的数据不正确时，也会发生通信错误。第 10 章曾经讨论过动态加载脚本和动态加载样式，运用这两种技术都有可能遇到资源不可用的情况。在没有返回相应资源的情况下，Firefox、Chrome 和 Safari 会默默地失败，IE 和 Opera 则都会报错。然而，对于使用这两种技术产生的错误，很难判断和处理。在某些情况下，使用 Ajax 通信可以提供有关错误状态的更多信息。

在使用 Ajax 通信的情况下，也可能会发生通信错误。相关的问题和错误将在第 21 章讨论。

17.2.6　区分致命错误和非致命错误

任何错误处理策略中最重要的一个部分，就是确定错误是否致命。对于非致命错误，可以根据下列一或多个条件来确定：

❑ 不影响用户的主要任务；

❑ 只影响页面的一部分；

❑ 可以恢复；

❑ 重复相同操作可以消除错误。

本质上，非致命错误并不是需要关注的问题。例如，Yahoo! Mail（http://mail.yahoo.com）有一项功能，允许用户在其界面上发送手机短信。如果由于某种原因，发不了手机短信了，那也不算是致命错误，因为并不是应用程序的主要功能有问题。用户使用 Yahoo! Mail 主要是为了查收和撰写电子邮件。只在这个主要功能正常，就没有理由打断用户。没有必要因为发生了非致命错误而对用户给出提示——可以把页面中受到影响的区域替换掉，比如替换成说明相应功能无法使用的消息。但是，如果因此打断用户，那确实没有必要。

致命错误，可以通过以下一或多个条件来确定：

❑ 应用程序根本无法继续运行；

❑ 错误明显影响到了用户的主要操作；

❑ 会导致其他连带错误。

要想采取适当的措施，必须要知道 JavaScript 在什么情况下会发生致命错误。在发生致命错误时，应该立即给用户发送一条消息，告诉他们无法再继续手头的事情了。假如必须刷新页面才能让应用程序正常运行，就必须通知用户，同时给用户提供一个点击即可刷新页面的按钮。

区分非致命错误和致命错误的主要依据，就是看它们对用户的影响。设计良好的代码，可以做到应用程序某一部分发生错误不会不必要地影响另一个实际上毫不相干的部分。例如，My Yahoo!（http://my.yahoo.com）的个性化主页上包含了很多互不依赖的模块。如果每个模块都需要通过 JavaScript 调用来初始化，那么你可能会看到类似下面这样的代码：

```
for (var i=0, len=mods.length; i < len; i++){
    mods[i].init(); //可能会导致致命错误
}
```

表面上看，这些代码没什么问题：依次对每个模块调用 init()方法。问题在于，任何模块的 init()方法如果出错，都会导致数组中后续的所有模块无法再进行初始化。从逻辑上说，这样编写代码没有什么意义。毕竟，每个模块相互之间没有依赖关系，各自实现不同功能。可能会导致致命错误的原因是代码的结构。不过，经过下面这样修改，就可以把所有模块的错误变成非致命的：

```
for (var i=0, len=mods.length; i < len; i++){
    try {
        mods[i].init();
    } catch (ex) {
        //在这里处理错误
    }
}
```

通过在 for 循环中添加 try-catch 语句，任何模块初始化时出错，都不会影响其他模块的初始化。在以上重写的代码中，如果有错误发生，相应的错误将得到独立的处理，并不会影响到用户的体验。

17.2.7　把错误记录到服务器

开发 Web 应用程序过程中的一种常见的做法，就是集中保存错误日志，以便查找重要错误的原因。

例如数据库和服务器错误都会定期写入日志，而且会按照常用 API 进行分类。在复杂的 Web 应用程序中，我们同样推荐你把 JavaScript 错误也回写到服务器。换句话说，也要将这些错误写入到保存服务器端错误的地方，只不过要标明它们来自前端。把前后端的错误集中起来，能够极大地方便对数据的分析。

要建立这样一种 JavaScript 错误记录系统，首先需要在服务器上创建一个页面（或者一个服务器入口点），用于处理错误数据。这个页面的作用无非就是从查询字符串中取得数据，然后再将数据写入错误日志中。这个页面可能会使用如下所示的函数：

```
function logError(sev, msg){
    var img = new Image();
    img.src = "log.php?sev=" + encodeURIComponent(sev) + "&msg=" +
              encodeURIComponent(msg);
}
```

这个 `logError()` 函数接收两个参数：表示严重程度的数值或字符串（视所用系统而异）及错误消息。其中，使用了 Image 对象来发送请求，这样做非常灵活，主要表现如下几方面。

- 所有浏览器都支持 Image 对象，包括那些不支持 XMLHttpRequest 对象的浏览器。
- 可以避免跨域限制。通常都是一台服务器要负责处理多台服务器的错误，而这种情况下使用 XMLHttpRequest 是不行的。
- 在记录错误的过程中出问题的概率比较低。大多数 Ajax 通信都是由 JavaScript 库提供的包装函数来处理的，如果库代码本身有问题，而你还在依赖该库记录错误，可想而知，错误消息是不可能得到记录的。

只要是使用 try-catch 语句，就应该把相应错误记录到日志中。来看下面的例子。

```
for (var i=0, len=mods.length; i < len; i++){
    try {
        mods[i].init();
    } catch (ex){
        logError("nonfatal", "Module init failed: " + ex.message);
    }
}
```

在这里，一旦模块初始化失败，就会调用 logError()。第一个参数是"nonfatal"（非致命），表示错误的严重程度。第二个参数是上下文信息加上真正的 JavaScript 错误消息。记录到服务器中的错误消息应该尽可能多地带有上下文信息，以便鉴别导致错误的真正原因。

17.3 调试技术

在不那么容易找到 JavaScript 调试程序的年代，开发人员不得不发挥自己的创造力，通过各种方法来调试自己的代码。结果，就出现了以这样或那样的方式置入代码，从而输出调试信息的做法。其中，最常见的做法就是在要调试的代码中随处插入 alert() 函数。但这种做法一方面比较麻烦（调试之后还需要清理），另一方面还可能引入新问题（想象一下把某个 alert() 函数遗留在产品代码中的结果）。如今，已经有了很多更好的调试工具，因此我们也不再建议在调试中使用 alert() 了。

17.3.1 将消息记录到控制台

IE8、Firefox、Opera、Chrome 和 Safari 都有 JavaScript 控制台，可以用来查看 JavaScript 错误。而

且，在这些浏览器中，都可以通过代码向控制台输出消息。对 Firefox 而言，需要安装 Firebug（www.getfirebug.com），因为 Firefox 要使用 Firebug 的控制台。对 IE8、Firefox、Chrome 和 Safari 来说，则可以通过 console 对象向 JavaScript 控制台中写入消息，这个对象具有下列方法。

- error(*message*)：将错误消息记录到控制台
- info(*message*)：将信息性消息记录到控制台
- log(*message*)：将一般消息记录到控制台
- warn(*message*)：将警告消息记录到控制台

在 IE8、Firebug、Chrome 和 Safari 中，用来记录消息的方法不同，控制台中显示的错误消息也不一样。错误消息带有红色图标，而警告消息带有黄色图标。以下函数展示了使用控制台输出消息的一个示例。

```javascript
function sum(num1, num2){
    console.log("Entering sum(), arguments are " + num1 + "," + num2);

    console.log("Before calculation");
    var result = num1 + num2;
    console.log("After calculation");

    console.log("Exiting sum()");
    return result;
}
```

在调用这个 sum() 函数时，控制台中会出现一些消息，可以用来辅助调试。在 Safari 中，通过 "Develop"（开发）菜单可以打开其 JavaScript 控制台（前面讨论过）；在 Chrome 中，单击 "Control this page"（控制当前页）按钮并选择 "Developer"（开发人员）和 "JavaScript console"（JavaScript 控制台）即可；而在 Firefox 中，要打开控制台需要单击 Firefox 状态栏右下角的图标。IE8 的控制台是其 Developer Tools（开发人员工具）扩展的一部分，通过 "Tools"（工具）菜单可以找到，其控制台在 "Script"（脚本）选项卡中。

Opera 10.5 之前的版本中，JavaScript 控制台可以通过 opera.postError() 方法来访问。这个方法接受一个参数，即要写入到控制台中的参数，其用法如下。

```javascript
function sum(num1, num2){
    opera.postError("Entering sum(), arguments are " + num1 + "," + num2);

    opera.postError("Before calculation");
    var result = num1 + num2;
    opera.postError("After calculation");

    opera.postError("Exiting sum()");
    return result;
}
```

别看 opera.postError() 方法的名字好像是只能输出错误，但实际上能通过它向 JavaScript 控制台中写入任何信息。

还有一种方案是使用 LiveConnect，也就是在 JavaScript 中运行 Java 代码。Firefox、Safari 和 Opera 都支持 LiveConnect，因此可以操作 Java 控制台。例如，通过下列代码就可以在 JavaScript 中把消息写入到 Java 控制台。

```javascript
java.lang.System.out.println("Your message");
```

可以用这行代码替代 `console.log()` 或 `opera.postError()`，如下所示。

```
function sum(num1, num2){
    java.lang.System.out.println("Entering sum(), arguments are " + num1 + "," + num2);

    java.lang.System.out.println("Before calculation");
    var result = num1 + num2;
    java.lang.System.out.println("After calculation");

    java.lang.System.out.println("Exiting sum()");
    return result;
}
```

如果系统设置恰当，可以在调用 LiveConnect 时就立即显示 Java 控制台。在 Firefox 中，通过 "Tools"（工具）菜单可以打开 Java 控制台；在 Opera 中，要打开 Java 控制台，可以选择菜单 "Tools"（工具）及 "Advanced"（高级）。Safari 没有内置对 Java 控制台的支持，必须单独运行。

不存在一种跨浏览器向 JavaScript 控制台写入消息的机制，但下面的函数倒可以作为统一的接口。

```
function log(message){
    if (typeof console == "object"){
        console.log(message);
    } else if (typeof opera == "object"){
        opera.postError(message);
    } else if (typeof java == "object" && typeof java.lang == "object"){
        java.lang.System.out.println(message);
    }
}
```

ConsoleLoggingExample01.htm

这个 `log()` 函数检测了哪个 JavaScript 控制台接口可用，然后使用相应的接口。可以在任何浏览器中安全地使用这个函数，不会导致任何错误，例如：

```
function sum(num1, num2){
    log("Entering sum(), arguments are " + num1 + "," + num2);

    log("Before calculation");
    var result = num1 + num2;
    log("After calculation");

    log("Exiting sum()");
    return result;
}
```

ConsoleLoggingExample01.htm

向 JavaScript 控制台中写入消息可以辅助调试代码，但在发布应用程序时，还必须要移除所有消息。在部署应用程序时，可以通过手工或通过特定的代码处理步骤来自动完成清理工作。

 记录消息要比使用 `alert()` 函数更可取，因为警告框会阻断程序的执行，而在测定异步处理对时间的影响时，使用警告框会影响结果。

17.3.2 将消息记录到当前页面

另一种输出调试消息的方式，就是在页面中开辟一小块区域，用以显示消息。这个区域通常是一个元素，而该元素可以总是出现在页面中，但仅用于调试目的；也可以是一个根据需要动态创建的元素。例如，可以将 `log()` 函数修改为如下所示：

```javascript
function log(message){
    var console = document.getElementById("debuginfo");
    if (console === null){
        console = document.createElement("div");
        console.id = "debuginfo";
        console.style.background = "#dedede";
        console.style.border = "1px solid silver";
        console.style.padding = "5px";
        console.style.width = "400px";
        console.style.position = "absolute";
        console.style.right = "0px";
        console.style.top = "0px";
        document.body.appendChild(console);
    }
    console.innerHTML += "<p>" + message + "</p>";
}
```

PageLoggingExample01.htm

这个修改后的 `log()` 函数首先检测是否已经存在调试元素，如果没有则会新创建一个 `<div>` 元素，并为该元素应用一些样式，以便与页面中的其他元素区别开。然后，又使用 `innerHTML` 将消息写入到这个 `<div>` 元素中。结果就是页面中会有一小块区域显示错误消息。这种技术在不支持 JavaScript 控制台的 IE7 及更早版本或其他浏览器中十分有用。

> 与把错误消息记录到控制台相似，把错误消息输出到页面的代码也要在发布前删除。

17.3.3 抛出错误

如前所述，抛出错误也是一种调试代码的好办法。如果错误消息很具体，基本上就可以把它当作确定错误来源的依据。但这种错误消息必须能够明确给出导致错误的原因，才能省去其他调试操作。来看下面的函数：

```javascript
function divide(num1, num2){
    return num1 / num2;
}
```

这个简单的函数计算两个数的除法，但如果有一个参数不是数值，它会返回 NaN。类似这样简单的计算如果返回 NaN，就会在 Web 应用程序中导致问题。对此，可以在计算之前，先检测每个参数是否都是数值。例如：

```javascript
function divide(num1, num2){
    if (typeof num1 != "number" || typeof num2 != "number"){
        throw new Error("divide(): Both arguments must be numbers.");
    }
    return num1 / num2;
}
```

在此，如果有一个参数不是数值，就会抛出错误。错误消息中包含了函数的名字，以及导致错误的真正原因。浏览器只要报告了这个错误消息，我们就可以立即知道错误来源及问题的性质。相对来说，这种具体的错误消息要比那些泛泛的浏览器错误消息更有用。

对于大型应用程序来说，自定义的错误通常都使用 assert() 函数抛出。这个函数接受两个参数，一个是求值结果应该为 true 的条件，另一个是条件为 false 时要抛出的错误。以下就是一个非常基本的 assert() 函数。

```
function assert(condition, message){
    if (!condition){
        throw new Error(message);
    }
}
```

AssertExample01.htm

可以用这个 assert() 函数代替某些函数中需要调试的 if 语句，以便输出错误消息。下面是使用这个函数的例子。

```
function divide(num1, num2){
    assert(typeof num1 == "number" && typeof num2 == "number",
            "divide(): Both arguments must be numbers.");
    return num1 / num2;
}
```

AssertExample01.htm

可见，使用 assert() 函数可以减少抛出错误所需的代码量，而且也比前面的代码更容易看懂。

17.4   常见的 IE 错误

多年以来，IE 一直都是最难于调试 JavaScript 错误的浏览器。IE 给出的错误消息一般很短又语焉不详，而且上下文信息也很少，有时甚至一点都没有。但作为用户最多的浏览器，如何看懂 IE 给出的错误也是最受关注的。下面几小节将分别探讨一些在 IE 中难于调试的 JavaScript 错误。

17.4.1   操作终止

在 IE8 之前的版本中，存在一个相对于其他浏览器而言，最令人迷惑、讨厌，也最难于调试的错误：操作终止（operation aborted）。在修改尚未加载完成的页面时，就会发生操作终止错误。发生错误时，会出现一个模态对话框，告诉你"操作终止。"单击确定（OK）按钮，则卸载整个页面，继而显示一张空白屏幕；此时要进行调试非常困难。下面的示例将会导致操作终止错误。

```
<!DOCTYPE html>
<html>
<head>
    <title>Operation Aborted Example</title>
</head>
<body>
    <p>The following code should cause an Operation Aborted error in IE versions
    prior to 8.</p>
```

```
    <div>
        <script type="text/javascript">
            document.body.appendChild(document.createElement("div"));
        </script>
    </div>
</body>
</html>
```

OperationAbortedExample01.htm

这个例子中存在的问题是：JavaScript 代码在页面尚未加载完毕时就要修改 document.body，而且 <script> 元素还不是 <body> 元素的直接子元素。准确一点说，当 <script> 节点被包含在某个元素中，而且 JavaScript 代码又要使用 appendChild()、innerHTML 或其他 DOM 方法修改该元素的父元素或祖先元素时，将会发生操作终止错误（因为只能修改已经加载完毕的元素）。

要避免这个问题，可以等到目标元素加载完毕后再对它进行操作，或者使用其他操作方法。例如，为 document.body 添加一个绝对定位在页面上的覆盖层，就是一种非常常见的操作。通常，开发人员都是使用 appendChild() 方法来添加这个元素的，但换成使用 insertBefore() 方法也很容易。因此，只要修改前面例子中的一行代码，就可以避免操作终止错误。

```
<!DOCTYPE html>
<html>
<head>
    <title>Operation Aborted Example</title>
</head>
<body>
    <p>The following code should not cause an Operation Aborted error in IE
    versions prior to 8.</p>
    <div>
        <script type="text/javascript">
            document.body.insertBefore(document.createElement("div"),
                                    document.body.firstChild);
        </script>
    </div>
</body>
</html>
```

OperationAbortedExample02.htm

在这个例子中，新的 <div> 元素被添加到 document.body 的开头部分而不是末尾。因为完成这一操作所需的所有信息在脚本运行时都是已知的，所以这不会引发错误。

除了改变方法之外，还可以把 <script> 元素从包含元素中移出来，直接作为 <body> 的子元素。例如：

```
<!DOCTYPE html>
<html>
<head>
    <title>Operation Aborted Example</title>
</head>
<body>
    <p>The following code should not cause an Operation Aborted error in IE
    versions prior to 8.</p>
    <div>
    </div>
    <script type="text/javascript">
        document.body.appendChild(document.createElement("div"));
    </script>
```

```
</body>
</html>
```

这一次也不会发生错误，因为脚本修改的是它的直接父元素，而不再是间接的祖先元素。

在同样的情况下，IE8 不再抛出操作终止错误，而是抛出常规的 JavaScript 错误，带有如下错误消息：

```
HTML Parsing Error: Unable to modify the parent container element before the child
element is closed (KB927917).
```

不过，虽然浏览器抛出的错误不同，但解决方案仍然是一样的。

17.4.2   无效字符

根据语法，JavaScript 文件必须只包含特定的字符。在 JavaScript 文件中存在无效字符时，IE 会抛出无效字符（invalid character）错误。所谓无效字符，就是 JavaScript 语法中未定义的字符。例如，有一个很像减号但却由 Unicode 值 8211 表示的字符（\u2013），就不能用作常规的减号（ASCII 编码为 45），因为 JavaScript 语法中没有定义该字符。这个字符通常是在 Word 文档中自动插入的。如果你的代码是从 Word 文档中复制到文本编辑器中，然后又在 IE 中运行的，那么就可能会遇到无效字符错误。其他浏览器对无效字符做出的反应与 IE 类似，Firefox 会抛出非法字符（illegal character）错误，Safari 会报告发生了语法错误，而 Opera 则会报告发生了 ReferenceError（引用错误），因为它会将无效字符解释为未定义的标识符。

17.4.3   未找到成员

如前所述，IE 中的所有 DOM 对象都是以 COM 对象，而非原生 JavaScript 对象的形式实现的。这会导致一些与垃圾收集相关的非常奇怪的行为。IE 中的未找到成员（Member not found）错误，就是由于垃圾收集例程配合错误所直接导致的。

具体来说，如果在对象被销毁之后，又给该对象赋值，就会导致未找到成员错误。而导致这个错误的，一定是 COM 对象。发生这个错误的最常见情形是使用 event 对象的时候。IE 中的 event 对象是 window 的属性，该对象在事件发生时创建，在最后一个事件处理程序执行完毕后销毁。假设你在一个闭包中使用了 event 对象，而该闭包不会立即执行，那么在将来调用它并给 event 的属性赋值时，就会导致未找到成员错误，如下面的例子所示。

```
document.onclick = function(){
    var event = window.event;
    setTimeout(function(){
        event.returnValue = false;          //未找到成员错误
    }, 1000);
};
```

在这段代码中，我们将一个单击事件处理程序指定给了文档。在事件处理程序中，window.event 被保存在 event 变量中。然后，传入 setTimeout() 中的闭包里又包含了 event 变量。当单击事件处理程序执行完毕后，event 对象就会被销毁，因而闭包中引用对象的成员就成了不存在的了。换句话说，由于不能在 COM 对象被销毁之后再给其成员赋值，在闭包中给 returnValue 赋值就会导致未找到成员错误。

17.4.4　未知运行时错误

当使用 innerHTML 或 outerHTML 以下列方式指定 HTML 时，就会发生未知运行时错误（Unknown runtime error）：一是把块元素插入到行内元素时，二是访问表格任意部分（<table>、<tbody>等）的任意属性时。例如，从技术角度说，<span>标签不能包含<div>之类的块级元素，因此下面的代码就会导致未知运行时错误：

```
span.innerHTML = "<div>Hi</div>";        //这里，span 包含了<div>元素
```

在遇到把块级元素插入到不恰当位置的情况时，其他浏览器会尝试纠正并隐藏错误，而 IE 在这一点上反倒很较真儿。

17.4.5　语法错误

通常，只要 IE 一报告发生了语法错误（syntax error），都可以很快找到错误的原因。这时候，原因可能是代码中少了一个分号，或者花括号前后不对应。然而，还有一种原因不十分明显的情况需要格外注意。

如果你引用了外部的 JavaScript 文件，而该文件最终并没有返回 JavaScript 代码，IE 也会抛出语法错误。例如，<script>元素的 src 特性指向了一个 HTML 文件，就会导致语法错误。报告语法错误的位置时，通常都会说该错误位于脚本第一行的第一个字符处。Opera 和 Safari 也会报告语法错误，但它们会给出导致问题的外部文件的信息；IE 就不会给出这个信息，因此就需要我们自己重复检查一遍引用的外部 JavaScript 文件。但 Firefox 会忽略那些被当作 JavaScript 内容嵌入到文档中的非 JavaScript 文件中的解析错误。

在服务器端组件动态生成 JavaScript 的情况下，比较容易出现这种错误。很多服务器端语言都会在发生运行时错误时，向输出中插入 HTML 代码，而这种包含 HTML 的输出很容易就会违反 JavaScript 语法。如果在追查语法错误时遇到了麻烦，我们建议你再仔细检查一遍引用的外部文件，确保这些文件中没有包含服务器因错误而插入到其中的 HTML。

17.4.6　系统无法找到指定资源

系统无法找到指定资源（The system cannot locate the resource specified）这种说法，恐怕要算是 IE 给出的最有价值的错误消息了。在使用 JavaScript 请求某个资源 URL，而该 URL 的长度超过了 IE 对 URL 最长不能超过 2083 个字符的限制时，就会发生这个错误。IE 不仅限制 JavaScript 中使用的 URL 的长度，而且也限制用户在浏览器自身中使用的 URL 长度（其他浏览器对 URL 的限制没有这么严格）。IE 对 URL 路径还有一个不能超过 2048 个字符的限制。下面的代码将会导致错误。

```
function createLongUrl(url){
    var s = "?";
    for (var i=0, len=2500; i < len; i++){
        s += "a";
    }

    return url + s;
}

var x = new XMLHttpRequest();
```

```
x.open("get", createLongUrl("http://www.somedomain.com/"), true);
x.send(null);
```

LongURLErrorExample01.htm

在这个例子中，`XMLHttpRequest` 对象试图向一个超出最大长度限制的 URL 发送请求。在调用 `open()` 方法时，就会发生错误。避免这个问题的办法，无非就是通过给查询字符串参数起更短的名字，或者减少不必要的数据，来缩短查询字符串的长度。另外，还可以把请求方法改为 `POST`，通过请求体而不是查询字符串来发送数据。有关 Ajax（或者说 `XMLHttpRequest` 对象）的详细内容，将在第 21 章全面讨论。

17.5　小结

错误处理对于今天复杂的 Web 应用程序开发而言至关重要。不能提前预测到可能发生的错误，不能提前采取恢复策略，可能导致较差的用户体验，最终引发用户不满。多数浏览器在默认情况下都不会向用户报告错误，因此在开发和调试期间需要启用浏览器的错误报告功能。然而，在投入运行的产品代码中，则不应该再有诸如此类的错误报告出现。

下面是几种避免浏览器响应 JavaScript 错误的方法。

❑ 在可能发生错误的地方使用 `try-catch` 语句，这样你还有机会以适当的方式对错误给出响应，而不必沿用浏览器处理错误的机制。

❑ 使用 `window.onerror` 事件处理程序，这种方式可以接受 `try-catch` 不能处理的所有错误（仅限于 IE、Firefox 和 Chrome）。

另外，对任何 Web 应用程序都应该分析可能的错误来源，并制定处理错误的方案。

❑ 首先，必须要明确什么是致命错误，什么是非致命错误。

❑ 其次，再分析代码，以判断最可能发生的错误。JavaScript 中发生错误的主要原因如下。

类型转换

未充分检测数据类型

发送给服务器或从服务器接收到的数据有错误

IE、Firefox、Chrome、Opera 和 Safari 都有 JavaScript 调试器，有的是内置的，有的是以需要下载的扩展形式存在的。这些调试器都支持设置断点、控制代码执行及在运行时检测变量的值。

第 **18** 章

JavaScript 与 XML

本章内容
- ❑ 检测浏览器对 XML DOM 的支持
- ❑ 理解 JavaScript 中的 XPath
- ❑ 使用 XSLT 处理器

曾 几何时，XML 一度成为存储和通过因特网传输结构化数据的标准。透过 XML 的发展，能够清晰地看到 Web 技术发展的轨迹。DOM 规范的制定，不仅是为了方便在 Web 浏览器中使用 XML，也是为了在桌面及服务器应用程序中处理 XML 数据。此前，由于浏览器无法解析 XML 数据，很多开发人员都要动手编写自己的 XML 解析器。而自从 DOM 出现后，所有浏览器都内置了对 XML 的原生支持（XML DOM），同时也提供了一系列相关的技术支持。

18.1 浏览器对 XML DOM 的支持

在正式的规范诞生以前，浏览器提供商实现的 XML 解决方案不仅对 XML 的支持程度参差不齐，而且对同一特性的支持也各不相同。DOM2 级是第一个提到动态创建 XML DOM 概念的规范。DOM3 级进一步增强了 XML DOM，新增了解析和序列化等特性。然而，当 DOM3 级规范的各项条款尘埃落定之后，大多数浏览器也都实现了各自不同的解决方案。

18.1.1 DOM2 级核心

我们在第 12 章曾经提到过，DOM2 级在 document.implementation 中引入了 createDocument() 方法。IE9+、Firefox、Opera、Chrome 和 Safari 都支持这个方法。想一想，或许你还记得可以在支持 DOM2 级的浏览器中使用以下语法来创建一个空白的 XML 文档：

```
var xmldom = document.implementation.createDocument(namespaceUri, root, doctype);
```

在通过 JavaScript 处理 XML 时，通常只使用参数 root，因为这个参数指定的是 XML DOM 文档元素的标签名。而 namespaceUri 参数则很少用到，原因是在 JavaScript 中管理命名空间比较困难。最后，doctype 参数用得就更少了。

因此，要想创建一个新的、文档元素为<root>的 XML 文档，可以使用如下代码：

```
var xmldom = document.implementation.createDocument("", "root", null);

alert(xmldom.documentElement.tagName);      //"root"

var child = xmldom.createElement("child");
xmldom.documentElement.appendChild(child);
```

DOMLevel2CoreExample01.htm

　　这个例子创建了一个 XML DOM 文档，没有默认的命名空间，也没有文档类型。但要注意的是，尽管不需要指定命名空间和文档类型，也必须传入相应的参数。具体来说，给命名空间 URI 传入一个空字符串，就意味着未指定命名空间，而给文档类型传入 null，就意味着不指定文档类型。变量 xmldom 中保存着一个 DOM2 级 Document 类型的实例，带有第 12 章讨论过的所有 DOM 方法和属性。我们这个例子显示了文档元素的标签名，然后又创建并给文档元素添加了一个新的子元素。

　　要检测浏览器是否支持 DOM2 级 XML，可以使用下面这行代码：

```
var hasXmlDom = document.implementation.hasFeature("XML", "2.0");
```

　　在实际开发中，很少需要从头开始创建一个 XML 文档，然后再使用 DOM 文档为其添加元素。更常见的情况往往是将某个 XML 文档解析为 DOM 结构，或者反之。由于 DOM2 级规范没有提供这种功能，因此就出现了一些事实标准。

18.1.2　**DOMParser** 类型

　　为了将 XML 解析为 DOM 文档，Firefox 引入了 DOMParser 类型；后来，IE9、Safari、Chrome 和 Opera 也支持了这个类型。在解析 XML 之前，首先必须创建一个 DOMParser 的实例，然后再调用 parseFromString() 方法。这个方法接受两个参数：要解析的 XML 字符串和内容类型（内容类型始终都应该是"text/xml"）。返回的值是一个 Document 的实例。来看下面的例子。

```
var parser = new DOMParser();
var xmldom = parser.parseFromString("<root><child/></root>", "text/xml");

alert(xmldom.documentElement.tagName);          //"root"
alert(xmldom.documentElement.firstChild.tagName);      //"child"

var anotherChild = xmldom.createElement("child");
xmldom.documentElement.appendChild(anotherChild);

var children = xmldom.getElementsByTagName("child");
alert(children.length);      //2
```

DOMParserExample01.htm

　　在这个例子中，我们把一个简单的 XML 字符串解析成了一个 DOM 文档。解析得到的 DOM 结构以 <root> 作为其文档元素，该元素还有一个 <child> 子元素。此后，就可以使用 DOM 方法对返回的这个文档进行操作了。

　　DOMParser 只能解析格式良好的 XML，因而不能把 HTML 解析为 HTML 文档。在发生解析错误时，仍然会从 parseFromString() 中返回一个 Document 对象，但这个对象的文档元素是 <parsererror>，而文档元素的内容是对解析错误的描述。下面是一个例子。

```
<parsererror xmlns="http://www.mozilla.org/newlayout/xml/parsererror.xml">XML
Parsing Error: no element found Location: file:///I:/My%20Writing/My%20Books/
Professional%20JavaScript/Second%20Edition/Examples/Ch15/DOMParserExample2.htm Line
Number 1, Column 7: <sourcetext> & lt;root & gt; ------^</sourcetext > < /parsererror>
```

　　Firefox 和 Opera 都会返回这种格式的文档。Safari 和 Chrome 返回的文档也包含 <parsererror> 元素，但该元素会出现在发生解析错误的地方。IE9 会在调用 parseFromString() 的地方抛出一个解析错误。由于存在这些差别，因此确定是否发生解析错误的最佳方式就是，使用一个 try-catch 语句块，如果没有错误，则通过 `getElementsByTagName()` 来查找文档中是否存在<parsererror>元素，如下面的例子所示。

```
var parser = new DOMParser(),
    xmldom,
    errors;
try {
    xmldom = parser.parseFromString("<root>", "text/xml");
    errors = xmldom.getElementsByTagName("parsererror");
    if (errors.length > 0){
        throw new Error("Parsing error!");
    }
} catch (ex) {
    alert("Parsing error!");
}
```

DOMParserExample02.htm

这例子显示，要解析的字符串中缺少了闭标签</root>，而这会导致解析错误。在 IE9+中，此时会抛出错误。在 Firefox 和 Opera 中，文档元素将是<parsererror>，而在 Safari 和 Chrome 中，<parsererror>是<root>的第一个子元素。调用 `getElementsByTagName("parsererror")` 能够应对这两种情况。如果这个方法返回了元素，就说明有错误发生，继而通过一个警告框显示出来。当然，你还可以更进一步，从错误元素中提取出错误信息。

18.1.3　`XMLSerializer` 类型

在引入 `DOMParser` 的同时，Firefox 还引入了 `XMLSerializer` 类型，提供了相反的功能：将 DOM 文档序列化为 XML 字符串。后来，IE9+、Opera、Chrome 和 Safari 都支持了 `XMLSerializer`。

要序列化 DOM 文档，首先必须创建 `XMLSerializer` 的实例，然后将文档传入其 `serializeToString()` 方法，如下面的例子所示。

```
var serializer = new XMLSerializer();
var xml = serializer.serializeToString(xmldom);
alert(xml);
```

XMLSerializerExample01.htm

但是，`serializeToString()` 方法返回的字符串并不适合打印，因此看起来会显得乱糟糟的。

`XMLSerializer` 可以序列化任何有效的 DOM 对象，不仅包括个别的节点，也包括 HTML 文档。将 HTML 文档传入 `serializeToString()` 以后，HTML 文档将被视为 XML 文档，因此得到的代码也将是格式良好的。

 如果将非 DOM 对象传入 **`serializeToString()`**，会导致错误发生。

18.1.4　IE8 及之前版本中的 XML

事实上，IE 是第一个原生支持 XML 的浏览器，而这一支持是通过 ActiveX 对象实现的。为了便于桌面应用程序开发人员处理 XML，微软创建了 MSXML 库；但微软并没有针对 JavaScript 创建不同的对象，而只是让 Web 开发人员能够通过浏览器访问相同的对象。

第 8 章曾经介绍过 `ActiveXObject` 类型，通过这个类型可以在 JavaScript 中创建 ActiveX 对象的实例。同样，要创建一个 XML 文档的实例，也要使用 `ActiveXObject` 构造函数并为其传入一个表示 XML 文档版本的字符串。有 6 种不同的 XML 文档版本可以供选择。

- ❏ `Microsoft.XmlDom`：最初随同 IE 发布；不建议使用。
- ❏ `MSXML2.DOMDocument`：为方便脚本处理而更新的版本，建议仅在特殊情况下作为后备版本使用。
- ❏ `MSXML2.DOMDocument.3.0`：为了在 JavaScript 中使用，这是最低的建议版本。
- ❏ `MSXML2.DOMDocument.4.0`：在通过脚本处理时并不可靠，使用这个版本可能导致安全警告。
- ❏ `MSXML2.DOMDocument.5.0`：在通过脚本处理时并不可靠，使用这个版本同样可能导致安全警告。
- ❏ `MSXML2.DOMDocument.6.0`：通过脚本能够可靠处理的最新版本。

在这 6 个版本中，微软只推荐使用 `MSXML2.DOMDocument.6.0` 或 `MSXML2.DOMDocument.3.0`；前者是最新最可靠的版本，而后者则是大多数 Windows 操作系统都支持的版本。可以作为后备版本的 `MSXML2.DOMDocument`，仅在针对 IE5.5 之前的浏览器开发时才有必要使用。

通过尝试创建每个版本的实例并观察是否有错误发生，可以确定哪个版本可用。例如：

```
function createDocument(){
    if (typeof arguments.callee.activeXString != "string"){
        var versions = ["MSXML2.DOMDocument.6.0", "MSXML2.DOMDocument.3.0",
                        "MSXML2.DOMDocument"],
            i, len;

        for (i=0,len=versions.length; i < len; i++){
            try {
                new ActiveXObject(versions[i]);
                arguments.callee.activeXString = versions[i];
                break;
            } catch (ex){
                //跳过
            }
        }
    }

    return new ActiveXObject(arguments.callee.activeXString);
}
```

IEXmlDomExample01.htm

这个函数中使用 `for` 循环迭代了每个可能的 ActiveX 版本。如果版本无效，则创建新 `ActiveXObject` 的调用就会抛出错误；此时，`catch` 语句会捕获错误，循环继续。如果没有发生错误，则可用的版本将被保存在这个函数的 `activeXString` 属性中。这样，就不必在每次调用这个函数时都重复检查可用版本了——直接创建并返回对象即可。

要解析 XML 字符串，首先必须创建一个 DOM 文档，然后调用 `loadXML()` 方法。新创建的 XML 文档完全是一个空文档，因而不能对其执行任何操作。为 `loadXML()` 方法传入的 XML 字符串经解析之后会被填充到 DOM 文档中。来看下面的例子。

```
var xmldom = createDocument();
xmldom.loadXML("<root><child/></root>");

alert(xmldom.documentElement.tagName);          //"root"
alert(xmldom.documentElement.firstChild.tagName);      //"child"

var anotherChild = xmldom.createElement("child");
xmldom.documentElement.appendChild(anotherChild);

var children = xmldom.getElementsByTagName("child");
alert(children.length);    //2
```

IEXmlDomExample01.htm

在新 DOM 文档中填充了 XML 内容之后，就可以像操作其他 DOM 文档一样操作它了（可以使用任何方法和属性）。

如果解析过程中出错，可以在 parseError 属性中找到错误消息。这个属性本身是一个包含多个属性的对象，每个属性都保存着有关解析错误的某一方面信息。

❑ errorCode：错误类型的数值编码；在没有发生错误时值为 0。

❑ filePos：文件中导致错误发生的位置。

❑ line：发生错误的行。

❑ linepos：发生错误的行中的字符。

❑ reason：对错误的文本解释。

❑ srcText：导致错误的代码。

❑ url：导致错误的文件的 URL（如果有这个文件的话）。

另外，parseError 的 valueOf() 方法返回 errorCode 的值，因此可以通过下列代码检测是否发生了解析错误。

```
if (xmldom.parseError != 0){
    alert("Parsing error occurred.");
}
```

错误类型的数值编码可能是正值，也可能是负值，因此我们只需检测它是不是等于 0。要取得有关解析错误的详细信息也很容易，而且可以将这些信息组合起来给出更有价值的解释。来看下面的例子。

```
if (xmldom.parseError != 0){
    alert("An error occurred:\nError Code: "
        + xmldom.parseError.errorCode + "\n"
        + "Line: " + xmldom.parseError.line + "\n"
        + "Line Pos: " + xmldom.parseError.linepos + "\n"
        + "Reason: " + xmldom.parseError.reason);
}
```

IEXmlDomExample02.htm

应该在调用 loadXML() 之后、查询 XML 文档之前，检查是否发生了解析错误。

1. 序列化 XML

IE 将序列化 XML 的能力内置在了 DOM 文档中。每个 DOM 节点都有一个 xml 属性，其中保存着表示该节点的 XML 字符串。例如：

```
alert(xmldom.xml);
```

文档中的每个节点都支持这个简单的序列化机制，无论是序列化整个文档还是某个子文档树，都非常方便。

2. 加载 XML 文件

IE 中的 XML 文档对象也可以加载来自服务器的文件。与 DOM3 级中的功能类似，要加载的 XML 文档必须与页面中运行的 JavaScript 代码来自同一台服务器。同样与 DOM3 级规范类似，加载文档的方式也可以分为同步和异步两种。要指定加载文档的方式，可以设置 async 属性，true 表示异步，false 表示同步（默认值为 true）。来看下面的例子。

```
var xmldom = createDocument();
xmldom.async = false;
```

在确定了加载 XML 文档的方式后，调用 load()可以启动下载过程。这个方法接受一个参数，即要加载的 XML 文件的 URL。在同步方式下，调用 load()后可以立即检测解析错误并执行相关的 XML 处理，例如：

```
var xmldom = createDocument();
xmldom.async = false;
xmldom.load("example.xml");

if (xmldom.parseError != 0){
    //处理错误
} else {

    alert(xmldom.documentElement.tagName);   //"root"
    alert(xmldom.documentElement.firstChild.tagName); //"child"

    var anotherChild = xmldom.createElement("child");
    xmldom.documentElement.appendChild(anotherChild);

    var children = xmldom.getElementsByTagName("child");
    alert(children.length);    //2

    alert(xmldom.xml);

}
```

IEXmlDomExample03.htm

由于是以同步方式处理 XML 文件，因此在解析完成之前，代码不会继续执行，这样的编程工作要简单一点。虽然同步方式比较方便，但如果下载时间太长，会导致程序反应很慢。因此，在加载 XML 文档时，通常都使用异步方式。

在异步加载 XML 文件的情况下，需要为 XML DOM 文档的 onreadystatechange 事件指定处理程序。有 4 个就绪状态（ready state）。

❑ 1：DOM 正在加载数据。

❑ 2：DOM 已经加载完数据。

❑ 3：DOM 已经可以使用，但某些部分可能还无法访问。

❑ 4：DOM 已经完全可以使用。

在实际开发中，要关注的只有一个就绪状态：4。这个状态表示 XML 文件已经全部加载完毕，而且已经全部解析为 DOM 文档。通过 XML 文档的 readyState 属性可以取得其就绪状态。以异步方式加载 XML 文件的典型模式如下。

```
var xmldom = createDocument();
xmldom.async = true;

xmldom.onreadystatechange = function(){
    if (xmldom.readyState == 4){
        if (xmldom.parseError != 0){
            alert("An error occurred:\nError Code: "
                    + xmldom.parseError.errorCode + "\n"
                    + "Line: " + xmldom.parseError.line + "\n"
                    + "Line Pos: " + xmldom.parseError.linepos + "\n"
                    + "Reason: " + xmldom.parseError.reason);
        } else {

            alert(xmldom.documentElement.tagName);   //"root"
            alert(xmldom.documentElement.firstChild.tagName); //"child"

            var anotherChild = xmldom.createElement("child");
            xmldom.documentElement.appendChild(anotherChild);

            var children = xmldom.getElementsByTagName("child");
            alert(children.length);     //2

            alert(xmldom.xml);
        }
    }
};

xmldom.load("example.xml");
```

IEXmlDomExample04.htm

要注意的是，为 onreadystatechange 事件指定处理程序的语句，必须放在调用 load() 方法的语句之前；这样，才能确保在就绪状态变化时调用该事件处理程序。另外，在事件处理程序内部，还必须注意要使用 XML 文档变量的名称（xmldom），不能使用 this 对象。原因是 ActiveX 控件为预防安全问题不允许使用 this 对象。当文档的就绪状态变化为 4 时，就可以放心地检测是否发生了解析错误，并在未发生错误的情况下处理 XML 了。

　　虽然可以通过 XML DOM 文档对象加载 XML 文件，但公认的还是使用 XMLHttpRequest 对象比较好。有关 XMLHttpRequest 对象及 Ajax 的相关内容，将在第 21 章讨论。

18.1.5　跨浏览器处理 XML

很少有开发人员能够有福气专门针对一款浏览器做开发。因此，编写能够跨浏览器处理 XML 的函数就成为了常见的需求。对解析 XML 而言，下面这个函数可以在所有四种主要浏览器中使用。

```
function parseXml(xml){
    var xmldom = null;

    if (typeof DOMParser != "undefined"){
        xmldom = (new DOMParser()).parseFromString(xml, "text/xml");
```

```
            var errors = xmldom.getElementsByTagName("parsererror");
            if (errors.length){
                throw new Error("XML parsing error:" + errors[0].textContent);
            }

    } else if (typeof ActiveXObject != "undefined"){
            xmldom = createDocument();
            xmldom.loadXML(xml);
            if (xmldom.parseError != 0){
                throw new Error("XML parsing error: " + xmldom.parseError.reason);
            }

    } else {
            throw new Error("No XML parser available.");
    }

    return xmldom;
}
```

CrossBrowserXmlExample01.htm

这个 parseXml() 函数只接收一个参数，即可解析的 XML 字符串。在函数内部，我们通过能力检测来确定要使用的 XML 解析方式。DOMParser 类型是受支持最多的解决方案，因此首先检测该类型是否有效。如果是，则创建一个新的 DOMParser 对象，并将解析 XML 字符串的结果保存在变量 xmldom 中。由于 DOMParser 对象在发生解析错误时不抛出错误（除 IE9+之外），因此还要检测返回的文档以确定解析过程是否顺利。如果发现了解析错误，则根据错误消息抛出一个错误。

函数的最后一部分代码检测了对 ActiveX 的支持，并使用前面定义的 createDocument() 函数来创建适当版本的 XML 文档。与使用 DOMParser 时一样，这里也需要检测结果，以防有错误发生。如果确实有错误发生，同样也需要抛出一个包含错误原因的错误。

如果上述 XML 解析器都不可用，函数就会抛出一个错误，表示无法解析了。

在使用这个函数解析 XML 字符串时，应该将它放在 try-catch 语句当中，以防发生错误。来看下面的例子。

```
var xmldom = null;

try {
    xmldom = parseXml("<root><child/></root>");
} catch (ex){
    alert(ex.message);
}

//进一步处理
```

CrossBrowserXmlExample01.htm

对序列化 XML 而言，也可以按照同样的方式编写一个能够在四大浏览器中运行的函数。例如：

```
function serializeXml(xmldom){

    if (typeof XMLSerializer != "undefined"){
        return (new XMLSerializer()).serializeToString(xmldom);

    } else if (typeof xmldom.xml != "undefined"){
```

```
        return xmldom.xml;
    } else {
        throw new Error("Could not serialize XML DOM.");
    }
}
```

CrossBrowserXmlExample02.htm

　　这个 `serializeXml()` 函数接收一个参数，即要序列化的 XML DOM 文档。与 `parseXml()` 函数一样，这个函数首先也是检测受到最广泛支持的特性，即 `XMLSerializer`。如果这个类型有效，则使用它来生成并返回文档的 XML 字符串。由于 ActiveX 方案比较简单，只使用了一个 `xml` 属性，因此这个函数直接检测了该属性。如果上述两方面尝试都失败了，函数就会抛出一个错误，说明序列化不能进行。一般来说，只要针对浏览器使用了适当的 XML DOM 对象，就不会出现无法序列化的情况，因而也就没有必要在 `try-catch` 语句中调用 `serializeXml()`。结果，就只需如下一行代码即可：

```
var xml = serializeXml(xmldom);
```

　　只不过由于序列化过程的差异，相同的 DOM 对象在不同的浏览器下，有可能会得到不同的 XML 字符串。

18.2　浏览器对 XPath 的支持

　　XPath 是设计用来在 DOM 文档中查找节点的一种手段，因而对 XML 处理也很重要。但是，DOM3 级以前的标准并没有就 XPath 的 API 作出规定；XPath 是在 DOM3 级 XPath 模块中首次跻身推荐标准行列的。很多浏览器都实现了这个推荐标准，但 IE 则以自己的方式实现了 XPath。

18.2.1　DOM3 级 XPath

　　DOM3 级 XPath 规范定义了在 DOM 中对 XPath 表达式求值的接口。要确定某浏览器是否支持 DOM3 级 XPath，可以使用以下 JavaScript 代码：

```
var supportsXPath = document.implementation.hasFeature("XPath", "3.0");
```

　　在 DOM3 级 XPath 规范定义的类型中，最重要的两个类型是 `XPathEvaluator` 和 `XPathResult`。`XPathEvaluator` 用于在特定的上下文中对 XPath 表达式求值。这个类型有下列 3 个方法。

- ❑ `createExpression(expression, nsresolver)`：将 XPath 表达式及相应的命名空间信息转换成一个 `XPathExpression`，这是查询的编译版。在多次使用同一个查询时很有用。
- ❑ `createNSResolver(node)`：根据 `node` 的命名空间信息创建一个新的 `XPathNSResolver` 对象。在基于使用命名空间的 XML 文档求值时，需要使用 `XPathNSResolver` 对象。
- ❑ `evaluate(expression, context, nsresolver, type, result)`：在给定的上下文中，基于特定的命名空间信息来对 XPath 表达式求值。剩下的参数指定如何返回结果。

　　在 Firefox、Safari、Chrome 和 Opera 中，`Document` 类型通常都是与 `XPathEvaluator` 接口一起实现的。换句话说，在这些浏览器中，既可以创建 `XPathEvaluator` 的新实例，也可以使用 `Document` 实例中的方法（XML 或 HTML 文档均是如此）。

　　在上面这三个方法中，`evaluate()` 是最常用的。这个方法接收 5 个参数：XPath 表达式、上下文节点、命名空间求解器、返回结果的类型和保存结果的 XPathResult 对象（通常是 null，因为结果也会以函数值的形式返回）。其中，第三个参数（命名空间求解器）只在 XML 代码中使用了 XML 命名空间时有必要指定；如果 XML 代码中没有使用命名空间，则这个参数应该指定为 null。第四个参数（返回结果的类型）的取值范围是下列常量之一。

- ❑ XPathResult.ANY_TYPE：返回与 XPath 表达式匹配的数据类型。
- ❑ XPathResult.NUMBER_TYPE：返回数值。
- ❑ XPathResult.STRING_TYPE：返回字符串值。
- ❑ XPathResult.BOOLEAN_TYPE：返回布尔值。
- ❑ XPathResult.UNORDERED_NODE_ITERATOR_TYPE：返回匹配的节点集合，但集合中节点的次序不一定与它们在文档中的次序一致。
- ❑ XPathResult.ORDERED_NODE_ITERATOR_TYPE：返回匹配的节点集合，集合中节点的次序与它们在文档中的次序一致。这是最常用的结果类型。
- ❑ XPathResult.UNORDERED_NODE_SNAPSHOT_TYPE：返回节点集合的快照，由于是在文档外部捕获节点，因此对文档的后续操作不会影响到这个节点集合。集合中节点的次序不一定与它们在文档中的次序一致。
- ❑ XPathResult.ORDERED_NODE_SNAPSHOT_TYPE：返回节点集合的快照，由于是在文档外部捕获节点，因此对文档的后续操作不会影响到这个节点集合。集合中节点的次序与它们在文档中的次序一致。
- ❑ XPathResult.ANY_UNORDERED_NODE_TYPE：返回匹配的节点集合，但集合中节点的次序不一定与它们在文档中的次序一致。
- ❑ XPathResult.FIRST_ORDERED_NODE_TYPE：返回只包含一个节点的节点集合，包含的这个节点就是文档中第一个匹配的节点。

指定的结果类型决定了如何取得结果的值。下面来看一个典型的例子。

```
var result = xmldom.evaluate("employee/name", xmldom.documentElement, null,
                             XPathResult.ORDERED_NODE_ITERATOR_TYPE, null);

if (result !== null) {
    var element = result.iterateNext();
    while(element) {
        alert(element.tagName);
        node = result.iterateNext();
    }
}
```

DomXPathExample01.htm

这个例子中为返回结果指定的是 XPathResult.ORDERED_NODE_ITERATOR_TYPE，也是最常用的结果类型。如果没有节点匹配 XPath 表达式，evaluate() 返回 null；否则，它会返回一个 XPathResult 对象。这个 XPathResult 对象带有的属性和方法，可以用来取得特定类型的结果。如果节点是一个节点迭代器，无论是次序一致还是次序不一致的，都必须要使用 iterateNext() 方法从节点中取得匹配的节点。在没有更多的匹配节点时，iterateNext() 返回 null。

如果指定的是快照结果类型（不管是次序一致还是次序不一致的），就必须使用 snapshotItem() 方法和 snapshotLength 属性，例如：

```
var result = xmldom.evaluate("employee/name", xmldom.documentElement, null,
                             XPathResult.ORDERED_NODE_SNAPSHOT_TYPE, null);
if (result !== null) {
    for (var i=0, len=result.snapshotLength; i < len; i++) {
        alert(result.snapshotItem(i).tagName);
    }
}
```

DomXPathExample02.htm

这里，`snapshotLength` 返回的是快照中节点的数量，而 `snapshotItem()` 则返回快照中给定位置的节点（与 `NodeList` 中的 `length` 和 `item()` 相似）。

1. 单节点结果

指定常量 `XPathResult.FIRST_ORDERED_NODE_TYPE` 会返回第一个匹配的节点，可以通过结果的 `singleNodeValue` 属性来访问该节点。例如：

```
var result = xmldom.evaluate("employee/name", xmldom.documentElement, null,
                             XPathResult.FIRST_ORDERED_NODE_TYPE, null);

if (result !== null) {
    alert(result.singleNodeValue.tagName);
}
```

DomXPathExample03.htm

与前面的查询一样，在没有匹配节点的情况下，`evaluate()` 返回 `null`。如果有节点返回，那么就可以通过 `singleNodeValue` 属性来访问它。

2. 简单类型结果

通过 XPath 也可以取得简单的非节点数据类型，这时候就要使用 `XPathResult` 的布尔值、数值和字符串类型了。这几个结果类型分别会通过 `booleanValue`、`numberValue` 和 `stringValue` 属性返回一个值。对于布尔值类型，如果至少有一个节点与 XPath 表达式匹配，则求值结果返回 `true`，否则返回 `false`。来看下面的例子。

```
var result = xmldom.evaluate("employee/name", xmldom.documentElement, null,
                             XPathResult.BOOLEAN_TYPE, null);
alert(result.booleanValue);
```

DomXPathExample04.htm

在这个例子中，如果有节点匹配`"employee/name"`，则 `booleanValue` 属性的值就是 `true`。

对于数值类型，必须在 XPath 表达式参数的位置上指定一个能够返回数值的 XPath 函数，例如计算与给定模式匹配的所有节点数量的 `count()`。来看下面的例子。

```
var result = xmldom.evaluate("count(employee/name)", xmldom.documentElement,
                             null, XPathResult.NUMBER_TYPE, null);
alert(result.numberValue);
```

DomXPathExample05.htm

以上代码会输出与`"employee/name"`匹配的节点数量（即 2）。如果使用这个方法的时候没有指定与前例类似的 XPath 函数，那么 `numberValue` 的值将等于 `NaN`。

对于字符串类型，evaluate()方法会查找与 XPath 表达式匹配的第一个节点，然后返回其第一个子节点的值（实际上是假设第一个子节点为文本节点）。如果没有匹配的节点，结果就是一个空字符串。来看一个例子。

```
var result = xmldom.evaluate("employee/name", xmldom.documentElement, null,
                             XPathResult.STRING_TYPE, null);
alert(result.stringValue);
```

DomXPathExample06.htm

这个例子的输出结果中包含着与"element/name"匹配的第一个元素的第一个子节点中包含的字符串。

3. 默认类型结果

所有 XPath 表达式都会自动映射到特定的结果类型。像前面那样设置特定的结果类型，可以限制表达式的输出。而使用 XPathResult.ANY_TYPE 常量可以自动确定返回结果的类型。一般来说，自动选择的结果类型可能是布尔值、数值、字符串值或一个次序不一致的节点迭代器。要确定返回的是什么结果类型，可以检测结果的 resultType 属性，如下面的例子所示。

```
var result = xmldom.evaluate("employee/name", xmldom.documentElement, null,
                             XPathResult.ANY_TYPE, null);

if (result !== null) {
    switch(result.resultType) {
        case XPathResult.STRING_TYPE:
            //处理字符串类型
            break;

        case XPathResult.NUMBER_TYPE:
            //处理数值类型
            break;

        case XPathResult.BOOLEAN_TYPE:
            //处理布尔值类型
            break;

        case XPathResult.UNORDERED_NODE_ITERATOR_TYPE:
            //处理次序不一致的节点迭代器类型
            break;

        default:
            //处理其他可能的结果类型

    }
}
```

显然，XPathResult.ANY_TYPE 可以让我们更灵活地使用 XPath，但是却要求有更多的处理代码来处理返回的结果。

4. 命名空间支持

对于利用了命名空间的 XML 文档，XPathEvaluator 必须知道命名空间信息，然后才能正确地进行求值。处理命名空间的方法也不止一种。我们以下面的 XML 代码为例。

```xml
<?xml version="1.0" ?>
<wrox:books xmlns:wrox="http://www.wrox.com/">
    <wrox:book>
        <wrox:title>Professional JavaScript for Web Developers</wrox:title>
        <wrox:author>Nicholas C. Zakas</wrox:author>
    </wrox:book>
    <wrox:book>
        <wrox:title>Professional Ajax</wrox:title>
        <wrox:author>Nicholas C. Zakas</wrox:author>
        <wrox:author>Jeremy McPeak</wrox:author>
        <wrox:author>Joe Fawcett</wrox:author>
    </wrox:book>
</wrox:books>
```

在这个 XML 文档中，所有元素定义都来自 `http://www.wrox.com/` 命名空间，以前缀 `wrox` 标识。如果要对这个文档使用 XPath，就需要定义要使用的命名空间；否则求值将会失败。

处理命名空间的第一种方法是通过 `createNSResolver()` 来创建 XPathNSResolver 对象。这个方法接受一个参数，即文档中包含命名空间定义的节点。对于前面的 XML 文档来说，这个节点就是文档元素 `<wrox:books>`，它的 `xmlns` 特性定义了命名空间。可以把这个节点传递给 `createNS-Resolver()`，然后可以像下面这样在 `evaluate()` 中使用返回的结果。

```javascript
var nsresolver = xmldom.createNSResolver(xmldom.documentElement);

var result = xmldom.evaluate("wrox:book/wrox:author",
                            xmldom.documentElement, nsresolver,
                            XPathResult.ORDERED_NODE_SNAPSHOT_TYPE, null);

alert(result.snapshotLength);
```

DomXPathExample07.htm

在将 `nsresolver` 对象传入到 `evaluate()` 之后，就可以确保它能够理解 XPath 表达式中使用的 `wrox` 前缀。读者可以试一试使用相同的表达式，如果不使用 XPathNSResolver 的话，就会导致错误。

处理命名空间的第二种方法就是定义一个函数，让它接收一个命名空间前缀，返回关联的 URI，例如：

```javascript
var nsresolver = function(prefix){
    switch(prefix){
        case "wrox": return "http://www.wrox.com/";
        //其他前缀
    }
};

var result = xmldom.evaluate("count(wrox:book/wrox:author)",
                xmldom.documentElement, nsresolver, XPathResult.NUMBER_TYPE, null);

alert(result.numberValue);
```

DomXPathExample08.htm

在不确定文档中的哪个节点包含命名空间定义的情况下，这个命名空间解析函数就可以派上用场了。只要你知道前缀和 URI，就可以定义一个返回该信息的函数，然后将它作为第三个参数传递给 `evaluate()` 即可。

18.2.2　IE 中的 XPath

IE 对 XPath 的支持是内置在基于 ActiveX 的 XML DOM 文档对象中的，没有使用 `DOMParser` 返回的 DOM 对象。因此，为了在 IE9 及之前的版本中使用 XPath，必须使用基于 ActiveX 的实现。这个接口在每个节点上额外定义了两个的方法：`selectSingleNode()` 和 `selectNodes()`。其中，`selectSingleNode()` 方法接受一个 XPath 模式，在找到匹配节点时返回第一个匹配的节点，如果没有找到匹配的节点就返回 `null`。例如：

```
var element = xmldom.documentElement.selectSingleNode("employee/name");

if (element !== null){
    alert(element.xml);
}
```

IEXPathExample01.htm

这里，会返回匹配 "employee/name" 的第一个节点。上下文节点是 `xmldom.documentElement`，因此就调用了该节点上的 `selectSingleNode()`。由于调用这个方法可能会返回 `null` 值，因而有必要在使用返回的节点之前，先检查确定它不是 `null`。

另一个方法 `selectNodes()` 也接收一个 XPath 模式作为参数，但它返回与模式匹配的所有节点的 `NodeList`（如果没有匹配的节点，则返回一个包含零项的 `NodeList`）。来看下面的例子。

```
var elements = xmldom.documentElement.selectNodes("employee/name");
alert(elements.length);
```

IEXPathExample02.htm

对这个例子而言，匹配 "employee/name" 的所有元素都会通过 `NodeList` 返回。由于不可能返回 `null` 值，因此可以放心地使用返回的结果。但要记住，既然结果是 `NodeList`，而其包含的元素可能会动态变化，所以每次访问它都有可能得到不同的结果。

IE 对 XPath 的支持非常简单。除了能够取得一个节点或一个 `NodeList` 外，不可能取得其他结果类型。

IE 对命名空间的支持

要在 IE 中处理包含命名空间的 XPath 表达式，你必须知道自己使用的命名空间，并按照下列格式创建一个字符串：

```
"xmlns:prefix1='uri1' xmlns:prefix2='uri2' xmlns:prefix3='uri3'"
```

然后，必须将这个字符串传入到 XML DOM 文档对象的特殊方法 `setProperty()` 中，这个方法接收两个参数：要设置的属性名和属性值。在这里，属性名应该是 "SelectionNamespaces"，属性值就是按照前面格式创建的字符串。下面来看一个在 DOM XPath 命名空间中对 XML 文档求值的例子。

```
xmldom.setProperty("SelectionNamespaces", "xmlns:wrox='http://www.wrox.com/'");

var result = xmldom.documentElement.selectNodes("wrox:book/wrox:author");
alert(result.length);
```

IEXPathExample03.htm

对于这个 DOM XPath 的例子来说，如果不提供命名空间解析信息，就会在对表达式求值时导致一个错误。

18.2.3 跨浏览器使用 XPath

鉴于 IE 对 XPath 功能的支持有限，因此跨浏览器 XPath 只能保证达到 IE 支持的功能。换句话说，也就是要在其他使用 DOM3 级 XPath 对象的浏览器中，重新创建 selectSingleNode() 和 selectNodes() 方法。第一个函数是 selectSingleNode()，它接收三个参数：上下文节点、XPath 表达式和可选的命名空间对象。命名空间对象应该是下面这种字面量的形式。

```
{
    prefix1: "uri1",
    prefix2: "uri2",
    prefix3: "uri3"
}
```

以这种方式提供的命名空间信息，可以方便地转换为针对特定浏览器的命名空间解析格式。下面给出了 selectSingleNode() 函数的完整代码。

```
function selectSingleNode(context, expression, namespaces){
    var doc = (context.nodeType != 9 ? context.ownerDocument : context);

    if (typeof doc.evaluate != "undefined"){
        var nsresolver = null;
        if (namespaces instanceof Object){
            nsresolver = function(prefix){
                return namespaces[prefix];
            };
        }

        var result = doc.evaluate(expression, context, nsresolver,
                            XPathResult.FIRST_ORDERED_NODE_TYPE, null);
        return (result !== null ? result.singleNodeValue : null);

    } else if (typeof context.selectSingleNode != "undefined"){

        //创建命名空间字符串
        if (namespaces instanceof Object){
            var ns = "";
            for (var prefix in namespaces){
                if (namespaces.hasOwnProperty(prefix)){
                    ns += "xmlns:" + prefix + "='" + namespaces[prefix] + "' ";
                }
            }
            doc.setProperty("SelectionNamespaces", ns);
        }
        return context.selectSingleNode(expression);
    } else {
        throw new Error("No XPath engine found.");
    }
}
```

CrossBrowserXPathExample01.htm

18

这个函数首先要确定 XML 文档，以便基于该文档对表达式求值。由于上下文节点可能是文档，所以必须要检测 nodeType 属性。此后，变量 doc 中就会保存对 XML 文档的引用。然后，可以检测文档中是否存在 evaluate()方法，即是否支持 DOM3 级 XPath。如果支持，接下来就是检测传入的 namespaces 对象。在这里使用 instanceof 操作符而不是 typeof，是因为后者对 null 也返回 "object"。然后将 nsresolver 变量初始化为 null，如果提供了命名空间信息的话，就将其改为一个函数。这个函数是一个闭包，它使用传入的 namespaces 对象来返回命名空间的 URI。此后，调用 evaluate()方法，并对其结果进行检测，在确定是节点之后再返回该结果。

在这个函数针对 IE 的分支中，需要检查 context 节点中是否存在 selectSingleNode()方法。与 DOM 分支一样，这里的第一步是有选择地构建命名空间信息。如果传入了 namespaces 对象，则迭代其属性并以适当格式创建一个字符串。注意，这里使用了 hasOwnProperty()方法来确保对 Object.prototype 的任何修改都不会影响到当前函数。最后，调用原生的 selectSingleNode()方法并返回结果。

如果前面两种方法都没有得到支持，这个函数就会抛出一个错误，表示找不到 XPath 处理引擎。下面是使用 selectSingleNode()函数的示例。

```
var result = selectSingleNode(xmldom.documentElement, "wrox:book/wrox:author",
                              { wrox: "http://www.wrox.com/" });
alert(serializeXml(result));
```

CrossBrowserXPathExample01.htm

类似地，也可以创建一个跨浏览器的 selectNodes()函数。这个函数接收与 selectSingleNode()相同的三个参数，而且大部分逻辑都相似。为了便于看清楚，我们用加粗字体突出了这两个函数的差别所在。

```
function selectNodes(context, expression, namespaces){
    var doc = (context.nodeType != 9 ? context.ownerDocument : context);

    if (typeof doc.evaluate != "undefined"){
        var nsresolver = null;
        if (namespaces instanceof Object){
            nsresolver = function(prefix){
                return namespaces[prefix];
            };
        }

        var result = doc.evaluate(expression, context, nsresolver,
                                  XPathResult.ORDERED_NODE_SNAPSHOT_TYPE, null);
        var nodes = new Array();

        if (result !== null){
            for (var i=0, len=result.snapshotLength; i < len; i++){
                nodes.push(result.snapshotItem(i));
            }
        }

        return nodes;
    } else if (typeof context.selectNodes != "undefined"){

        //创建命名空间字符串
        if (namespaces instanceof Object){
            var ns = "";
```

```
        for (var prefix in namespaces){
            if (namespaces.hasOwnProperty(prefix)){
                ns += "xmlns:" + prefix + "='" + namespaces[prefix] + "' ";
            }
        }
        doc.setProperty("SelectionNamespaces", ns);
    }
    var result = context.selectNodes(expression);
    var nodes = new Array();

    for (var i=0,len=result.length; i < len; i++){
        nodes.push(result[i]);
    }

    return nodes;
} else {
    throw new Error("No XPath engine found.");
    }
}
```

CrossBrowserXPathExample02.htm

很明显，其中有很多逻辑都与 selectSingleNode() 方法相同。在函数针对 DOM 的部分，使用了有序快照结果类型，然后将结果保存在了一个数组中。为了与 IE 的实现看齐，这个函数应该在没找到匹配项的情况下也返回一个数组，因而最终都要返回数组 nodes。在函数针对 IE 的分支中，调用了 selectNodes() 方法并将结果复制到了一个数组中。因为 IE 返回的是一个 NodeList，所以最好将节点都复制到一个数组中，这样就可以确保在不同浏览器下，函数都能返回相同的数据类型。使用这个函数的示例如下：

```
var result = selectNodes(xmldom.documentElement, "wrox:book/wrox:author",
                         { wrox: "http://www.wrox.com/" });
alert(result.length);
```

CrossBrowserXPathExample02.htm

为了求得最佳的浏览器兼容性，我们建议在 JavaScript 中使用 XPath 时，只考虑使用这两个方法。

18.3 浏览器对 XSLT 的支持

XSLT 是与 XML 相关的一种技术，它利用 XPath 将文档从一种表现形式转换成另一种表现形式。与 XML 和 XPath 不同，XSLT 没有正式的 API，在正式的 DOM 规范中也没有它的位置。结果，只能依靠浏览器开发商以自己的方式来实现它。IE 是第一个支持通过 JavaScript 处理 XSLT 的浏览器。

18.3.1 IE 中的 XSLT

与 IE 对其他 XML 功能的支持一样，它对 XSLT 的支持也是通过 ActiveX 对象实现的。从 MSXML 3.0（即 IE6.0）时代起，IE 就支持通过 JavaScript 实现完整的 XSLT 1.0 操作。IE9 中通过 DOMParser 创建的 DOM 文档不能使用 XSLT。

1. 简单的 XSLT 转换

使用 XSLT 样式表转换 XML 文档的最简单方式，就是将它们分别加到一个 DOM 文档中，然后再

使用 `transformNode()` 方法。这个方法存在于文档的所有节点中，它接受一个参数，即包含 XSLT 样式表的文档。调用 `transformNode()` 方法会返回一个包含转换信息的字符串。来看一个例子。

```
//加载 XML 和 XSLT (仅限于 IE)
xmldom.load("employees.xml");
xsltdom.load("employees.xslt");

//转换
var result = xmldom.transformNode(xsltdom);
```

IEXsltExample01.htm

这个例子加载了一个 XML 的 DOM 文档和一个 XSLT 样式表的 DOM 文档。然后，在 XML 文档节点上调用了 `transformNode()` 方法，并传入 XSLT。变量 `result` 中最后就会保存一个转换之后得到的字符串。需要注意的是，由于是在文档节点级别上调用的 `transformNode()`，因此转换是从文档节点开始的。实际上，XSLT 转换可以在文档的任何级别上进行，只要在想要开始转换的节点上调用 `transformNode()` 方法即可。下面我们来看一个例子。

```
result = xmldom.documentElement.transformNode(xsltdom);
result = xmldom.documentElement.childNodes[1].transformNode(xsltdom);
result = xmldom.getElementsByTagName("name")[0].transformNode(xsltdom);
result = xmldom.documentElement.firstChild.lastChild.transformNode(xsltdom);
```

如果不是在文档元素上调用 `transformNode()`，那么转换就会从调用节点上面开始。不过，XSLT 样式表则始终都可以针对调用节点所在的整个 XML 文档，而无需更换。

2. 复杂的 XSLT 转换

虽然 `transformNode()` 方法提供了基本的 XSLT 转换能力，但还有使用这种语言的更复杂的方式。为此，必须要使用 XSL 模板和 XSL 处理器。第一步是要把 XSLT 样式表加载到一个线程安全的 XML 文档中。而这可以通过使用 ActiveX 对象 `MSXML2.FreeThreadedDOMDocument` 来做到。这个 ActiveX 对象与 IE 中常规的 DOM 支持相同的接口。此外，创建这个对象时应该尽可能使用最新的版本。例如：

```
function createThreadSafeDocument(){
    if (typeof arguments.callee.activeXString != "string"){
        var versions = ["MSXML2.FreeThreadedDOMDocument.6.0",
                        "MSXML2.FreeThreadedDOMDocument.3.0",
                        "MSXML2.FreeThreadedDOMDocument"],
        i, len;

        for (i=0,len=versions.length; i < len; i++){
            try {
                new ActiveXObject(versions[i]);
                arguments.callee.activeXString = versions[i];
                break;
            } catch (ex){
                //跳过
            }
        }
    }

    return new ActiveXObject(arguments.callee.activeXString);
}
```

IEXsltExample02.htm

除了签名不同之外,线程安全的 XML DOM 文档与常规 XML DOM 文档的使用仍然是一样的,如下所示:

```
var xsltdom = createThreadSafeDocument();
xsltdom.async = false;
xsltdom.load("employees.xslt");
```

在创建并加载了自由线程的 DOM 文档之后,必须将它指定给一个 XSL 模板,这也是一个 ActiveX 对象。而这个模板是用来创建 XSL 处理器对象的,后者则是用来转换 XML 文档的。同样,也需要使用最新版本来创建这个对象,如下所示:

```
function createXSLTemplate(){
    if (typeof arguments.callee.activeXString != "string"){
        var versions = ["MSXML2.XSLTemplate.6.0",
                        "MSXML2.XSLTemplate.3.0",
                        "MSXML2.XSLTemplate"],
            i, len;

        for (i=0,len=versions.length; i < len; i++){
            try {
                new ActiveXObject(versions[i]);
                arguments.callee.activeXString = versions[i];
                break;
            } catch (ex){
                //跳过
            }
        }
    }

    return new ActiveXObject(arguments.callee.activeXString);
}
```

IEXsltExample02.htm

使用这个 `createXSLTemplate()` 函数可以创建这个对象最新版本的实例,用法如下:

```
var template = createXSLTemplate();
template.stylesheet = xsltdom;

var processor = template.createProcessor();
processor.input = xmldom;
processor.transform();

var result = processor.output;
```

IEXsltExample02.htm

在创建了 XSL 处理器之后,必须将要转换的节点指定给 `input` 属性。这个值可以是一个文档,也可以是文档中的任何节点。然后,调用 `transform()` 方法即可执行转换并将结果作为字符串保存在 `output` 属性中。这些代码实现了与 `transformNode()` 相同的功能。

> XSL 模板对象的 3.0 和 6.0 版本存在显著的差别。在 3.0 版本中,必须给 **input** 属性指定一个完整的文档;如果指定的是节点,就会导致错误。而在 6.0 版本中,则可以为 input 属性指定文档中的任何节点。

使用 XSL 处理器可以对转换进行更多的控制，同时也支持更高级的 XSLT 特性。例如，XSLT 样式表可以接受传入的参数，并将其用作局部变量。以下面的样式表为例：

```xml
<?xml version="1.0"?>
<xsl:stylesheet version="1.0" xmlns:xsl="http://www.w3.org/1999/XSL/Transform">

    <xsl:output method="html"/>

    <xsl:param name="message"/>

    <xsl:template match="/">
        <ul>
            <xsl:apply-templates select="*"/>
        </ul>
        <p>Message: <xsl:value-of select="$message"/></p>
    </xsl:template>

    <xsl:template match="employee">
        <li><xsl:value-of select="name"/>,
            <em><xsl:value-of select="@title"/></em></li>
    </xsl:template>

</xsl:stylesheet>
```

employees.xslt

这个样式表定义了一个名为 `message` 的参数，然后将该参数输出到转换结果中。要设置 `message` 的值，可以在调用 `transform()` 之前使用 `addParameter()` 方法。`addParameter()` 方法接收两个参数：要设置的参数名称（与在`<xsl:param>`的 name 特性中指定的一样）和要指定的值（多数情况下是字符串，但也可以是数值或布尔值）。下面就是这样一个例子。

```javascript
processor.input = xmldom.documentElement;
processor.addParameter("message", "Hello World!");
processor.transform();
```

IEXsltExample03.htm

通过设置参数的值，这个值就可以在输出中反映出来。

XSL 处理器的另一个高级特性，就是能够设置一种操作模式。在 XSLT 中，可以使用 mode 特性为模板定义一种模式。在定义了模式后，如果没有将`<xsl:apply-templates>`与匹配的 mode 特性一起使用，就不会运行该模板。下面来看一个例子。

```xml
<xsl:stylesheet version="1.0" xmlns:xsl="http://www.w3.org/1999/XSL/Transform">

    <xsl:output method="html"/>

    <xsl:param name="message"/>

    <xsl:template match="/">
        <ul>
            <xsl:apply-templates select="*"/>
        </ul>
        <p>Message: <xsl:value-of select="$message"/></p>
    </xsl:template>
```

```
<xsl:template match="employee">
    <li><xsl:value-of select="name"/>,
        <em><xsl:value-of select="@title"/></em></li>
</xsl:template>

<xsl:template match="employee" mode="title-first">
    <li><em><xsl:value-of select="@title"/></em>,
        <xsl:value-of select="name"/></li>
</xsl:template>

</xsl:stylesheet>
```

employees3.xslt

这个样式表定义了一个模板，并将其 `mode` 特性设置为`"title-first"`（即"先显示职位"）。在这个模板中，首先会输出员工的职位，其次才输出员工的名字。为了使用这个模板，必须也要将`<xsl:apply-templates>`元素的模式设置为`"title-first"`。在使用这个样式表时，默认情况下其输出结果与前面一样，先显示员工的名字，再显示员工的职位。但是，如果在使用这个样式表时，使用 JavaScript 将模式设置为`"title-first"`，那么结果就会先输出员工的职位。在 JavaScript 中使用`setStartMode()`方法设置模式的例子如下。

```
processor.input = xmldom;
processor.addParameter("message", "Hello World!");
processor.setStartMode("title-first");
processor.transform();
```

IEXsltExample05.htm

`setStartMode()`方法只接受一个参数，即要为处理器设置的模式。与 `addParameter()`一样，设置模式也必须在调用 `transform()`之前进行。

如果你打算使用同一个样式表进行多次转换，可以在每次转换之后重置处理器。调用 `reset()`方法后，就会清除原先的输入和输出属性、启动模式及其他指定的参数。调用 `reset()`方法的例子如下：

```
processor.reset();      //准备下一次转换
```

因为处理器已经编译了 XSLT 样式表，所以与使用 `transformNode()`相比，这样进行重复转换的速度会更快一些。

> MSXML 只支持 XSLT 1.0。由于微软的战略重点转移到了 .NET Framework，因而 MSXML 的开发被停止了。我们希望在不久的将来，能够通过 JavaScript 访问 XML 和 XSLT .NET 对象。

18.3.2 **XSLTProcessor** 类型

Mozilla 通过在 Firefox 中创建新的类型，实现了 JavaScript 对 XSLT 的支持。开发人员可以通过 `XSLTProcessor` 类型使用 XSLT 转换 XML 文档，其方式与在 IE 中使用 XSL 处理器类似。因为这个类型是率先出现的，所以 Chrome、Safari 和 Opera 都借鉴了相同的实现，最终使 `XSLTProcessor` 成为了通过 JavaScript 进行 XSLT 转换的事实标准。

与 IE 的实现类似，第一步也是加载两个 DOM 文档，一个基于 XML，另一个基于 XSLT。然后，创建一个新 XSLTProcessor 对象，并使用 importStylesheet() 方法为其指定一个 XSLT，如下面的例子所示。

```
var processor = new XSLTProcessor()
processor.importStylesheet(xsltdom);
```

XsltProcessorExample01.htm

最后一步就是执行转换。这一步有两种不同的方式，如果想返回一个完整的 DOM 文档，可以调用 transformToDocument()。而通过调用 transformToFragment() 则可以得到一个文档片段对象。一般来说，使用 transformToFragment() 的唯一理由，就是你还想把返回的结果添加到另一个 DOM 文档中。

在使用 transformToDocument() 时，只要传入 XML DOM，就可以将结果作为一个完全不同的 DOM 文档来使用。来看下面的例子。

```
var result = processor.transformToDocument(xmldom);
alert(serializeXml(result));
```

XsltProcessorExample01.htm

而 transformToFragment() 方法接收两个参数：要转换的 XML DOM 和应该拥有结果片段的文档。换句话说，如果你想将返回的片段插入到页面中，只要将 document 作为第二个参数即可。下面来看一个例子。

```
var fragment = processor.transformToFragment(xmldom, document);
var div = document.getElementById("divResult");
div.appendChild(fragment);
```

XsltProcessorExample02.htm

这里，处理器创建了一个由 document 对象拥有的片段。这样，就可以将返回的片段添加到页面中已有的 <div> 元素中了。

在 XSLT 样式表的输出格式为 "xml" 或 "html" 的情况下，创建文档或文档片段会非常有用。不过，在输出格式为 "text" 时，我们通常只希望得到转换的文本结果。可惜的是，没有方法能够直接返回文本。当输出格式为 "text" 时调用 transformToDocument()，仍然会返回一个完整的 XML 文档，但这个文档的内容在不同浏览器中却不一样。例如，Safari 会返回一个完整的 HTML 文档，而 Opera 和 Firefox 则会返回一个只包含一个元素的文档，这个元素中包含着输出的文本。

使用 transformToFragment() 方法可以解决这个问题，这个方法返回的是只包含一个子节点的文档片段，而子节点中包含着结果文本。然后，使用下列代码就可以取得其中的文本。

```
var fragment = processor.transformToFragment(xmldom, document);
var text = fragment.firstChild.nodeValue;
alert(text);
```

以上代码能够在支持的浏览器中一致地运行，而且能够恰好返回转换得到的输出文本。

1. 使用参数

XSLTProcessor 也支持使用 setParameter() 来设置 XSLT 的参数，这个方法接收三个参数：命名空间

URI、参数的内部名称和要设置的值。通常，命名空间 URI 都是 null，而内部名称就是参数的名称。另外，必须在调用 transformToDocument() 或 transformToFragment() 之前调用这个方法。下面来看例子。

```
var processor = new XSLTProcessor()
processor.importStylesheet(xsltdom);
processor.setParameter(null, "message", "Hello World! ");
var result = processor.transformToDocument(xmldom);
```

XsltProcessorExample03.htm

还有两个与参数有关的方法，getParameter() 和 removeParameter()，分别用于取得和移除当前参数的值。这两个方法都要接受命名空间参数（同样，通常是 null）和参数的内部名称。例如：

```
var processor = new XSLTProcessor()
processor.importStylesheet(xsltdom);
processor.setParameter(null, "message", "Hello World! ");

alert(processor.getParameter(null, "message"));      //输出"Hello World!"
processor.removeParameter(null, "message");

var result = processor.transformToDocument(xmldom);
```

这两个方法并不常用，提供它们只是为了方便起见。

2. 重置处理器

每个 XSLTProcessor 的实例都可以重用，以便使用不同的 XSLT 样式表执行不同的转换。重置处理器时要调用 reset() 方法，这个方法会从处理器中移除所有参数和样式表。然后，你就可以再次调用 importStylesheet()，以加载不同的 XSLT 样式表，如下面的例子所示。

```
var processor = new XSLTProcessor()
processor.importStylesheet(xsltdom);

//执行转换

processor.reset();
processor.importStylesheet(xsltdom2);

//再执行转换
```

在需要基于多个样式表进行转换时，重用一个 XSLTProcessor 可以节省内存。

18.3.3 跨浏览器使用 XSLT

IE 对 XSLT 转换的支持与 XSLTProcessor 的区别实在太大，因此要想重新实现二者所有这方面的功能并不现实。因此，跨浏览器兼容性最好的 XSLT 转换技术，只能是返回结果字符串。为此在 IE 中只需在上下文节点上调用 transformNode() 即可，而在其他浏览器中则需要序列化 transformToDocument() 操作的结果。下面这个函数可以在 IE、Firefox、Chrome、Safari 和 Opera 中使用。

```
function transform(context, xslt){
    if (typeof XSLTProcessor != "undefined"){
        var processor = new XSLTProcessor();
        processor.importStylesheet(xslt);
```

```
            var result = processor.transformToDocument(context);
            return (new XMLSerializer()).serializeToString(result);
    } else if (typeof context.transformNode != "undefined") {
            return context.transformNode(xslt);
    } else {
            throw new Error("No XSLT processor available.");
    }
}
```

CrossBrowserXsltExample01.htm

这个 `transform()` 函数接收两个参数：要执行转换的上下文节点和 XSLT 文档对象。首先，它检测是否有 `XSLTProcessor` 类型的定义，如果有则使用该类型来进行转换。在调用 `transformTo-Document()` 方法之后，将返回的结果序列化为字符串。如果上下文节点中有 `transformNode()` 方法，则调用该方法并返回结果。与本章中其他的跨浏览器函数一样，`transform()` 也会在 XSLT 处理器无效的情况下抛出错误。下面是使用这个函数的示例。

```
var result = transform(xmldom, xsltdom);
```

使用 IE 的 `transformNode()` 方法，可以确保不必使用线程安全的 DOM 文档进行转换。

> 注意，由于不同浏览器的 XSLT 引擎不一样，因此转换得到的结果在不同浏览器间可能会稍有不同，也可能会差别很大。因此，不能绝对依赖在 JavaScript 中使用 XSLT 进行转换的结果。

18.4　小结

JavaScript 对 XML 及其相关技术有相当大的支持。然而，由于缺乏规范，共同的功能却存在一些不同的实现。DOM2 级提供了创建空 XML 文档的 API，但没有涉及解析和序列化。既然规范没有对这些功能作出规定，浏览器提供商就各行其是，拿出了自己的实现方案。IE 采取了下列方式。

❑ 通过 ActiveX 对象来支持处理 XML，而相同的对象也可以用来构建桌面应用程序。

❑ Windows 携带了 MSXML 库，JavaScript 能够访问这个库。

❑ 这个库中包含对基本 XML 解析和序列化的支持，同时也支持 XPath 和 XSLT 等技术。

Firefox 为处理 XML 的解析和序列化，实现了两个新类型，简介如下。

❑ `DOMParser` 类型比较简单，其对象可以将 XML 字符串解析为 DOM 文档。

❑ `XMLSerializer` 类型执行相反的操作，即将 DOM 文档序列化为 XML 字符串。

由于 Firefox 中的类型比较简单，用户众多，IE9、Opera、Chrome 和 Safari 都相继实现了相同的类型。因此，这些类型也就成为了 Web 开发中的事实标准。

DOM3 级引入了一个针对 XPath API 的规范，该规范已经由 Firefox、Safari、Chrome 和 Opera 实现。这些 API 可以让 JavaScript 基于 DOM 文档运行任何 XPath 查询，并且能够返回任何数据的结果。IE 以自己的方式实现了对 XPath 的支持；具体来说，就是两个方法：`selectSingleNode()` 和 `selectNodes()`。虽然与 DOM3 级 API 相比还存在诸多限制，但使用这两个方法仍然能够执行基本的 XPath 功能，即在 DOM 文档中查找节点或节点集合。

　　与 XML 相关的最后一种技术是 XSLT，没有公开发布的标准针对这种技术的功能定义相应的 API。Firefox 为通过 JavaScript 处理转换创建了 XSLTProcessor 类型；此后不久，Safari、Chrome、和 Opera 也都实现了同样的类型。IE 则针对 XSLT 提供了自己的方案，一个是简单的 transformNode() 方法，另一个是较为复杂的模板/处理器手段。

　　目前，IE、Firefox、Chrome 和 Opera 都能够较好地支持 XML。虽然 IE 的实现与其他浏览器相比差异比较大，但仍然还是有较多的公共功能可供我们实现跨浏览器的方案。

18

E4X

本章内容
- ❏ E4X 新增的类型
- ❏ 使用 E4X 操作 XML
- ❏ 语法的变化

　　2002 年，由 BEA Systems 为首的几家公司建议为 ECMAScript 增加一项扩展，以便在这门语言中添加原生的 XML 支持。2004 年 6 月，E4X（ECMAScript for XML）以 ECMA-357 标准的形式发布；2005 年 12 月又发布了修订版。E4X 本身不是一门语言，它只是 ECMAScript 语言的可选扩展。就其本身而言，E4X 为处理 XML 定义了新的语法，也定义了特定于 XML 的对象。

　　尽管浏览器实现这个扩展标准的步伐非常缓慢，但 Firefox 1.5 及更高版本则支持几乎全部 E4X 标准。本章主要讨论 Firefox 对 E4X 的实现。

19.1　E4X 的类型

　　作为对 ECMAScript 的扩展，E4X 定义了如下几个新的全局类型。
- ❏ XML：XML 结构中的任何一个独立的部分。
- ❏ XMLList：XML 对象的集合。
- ❏ Namespace：命名空间前缀与命名空间 URI 之间的映射。
- ❏ QName：由内部名称和命名空间 URI 组成的一个限定名。

　　E4X 定义的这个 4 个类型可以表现 XML 文档中的所有部分，其内部机制是将每一种类型（特别是 XML 和 XMLList）都映射为多个 DOM 类型。

19.1.1　XML 类型

　　XML 类型是 E4X 中定义的一个重要的新类型，可以用它来表现 XML 结构中任何独立的部分。XML 的实例可以表现元素、特性、注释、处理指令或文本节点。XML 类型继承自 Object 类型，因此它也继承了所有对象默认的所有属性和方法。创建 XML 对象的方式不止一种，第一种方式是像下面这样调用其构造函数：

```
var x = new XML();
```

　　这行代码会创建一个空的 XML 对象，我们能够向其中添加数据。另外，也可以向构造函数中传入一个 XML 字符串，如下面的例子所示：

```
var x = new XML("<employee position=\"Software Engineer\"><name>Nicholas " +
                "Zakas</name></employee>");
```

传入到构造函数中的 XML 字符串会被解析为分层的 XML 对象。除此之外，还可以向构造函数中传入 DOM 文档或节点，以便它们的数据可以通过 E4X 来表现，语法如下：

```
var x = new XML(xmldom);
```

虽然这些创建 XML 对象的方式都还不错，但最强大也最吸引人的方法，则是使用 XML 字面量将 XML 数据直接指定给一个变量。XML 字面量就是嵌入到 JavaScript 代码中的 XML 代码。下面来看一个例子。

```
var employee = <employee position="Software Engineer">
                   <name>Nicholas C. Zakas</name>
               </employee>;
```

XMLTypeExample01.htm

在这个例子中，我们将一个 XML 数据结构直接指定给了一个变量。这种简洁的语法同样可以创建一个 XML 对象，并将它赋值给 employee 变量。

 Firefox 对 E4X 的实现不支持解析 XML 的开头代码（prolog）。无论<?xml version="1.0" ?>出现在传递给 XML 构造函数的文本中，还是出现在 XML 字面量中，都会导致语法错误。

XML 类型的 toXMLString() 方法会返回 XML 对象及其子节点的 XML 字符串表示。另一方面，该类型的 toString() 方法则会基于不同 XML 对象的内容返回不同的字符串。如果内容简单（纯文本），则返回文本；否则，toString() 方法与 toXMLString() 方法返回的字符串一样。来看下面的例子。

```
var data = <name>Nicholas C. Zakas</name>;
alert(data.toString());          //"Nicholas C. Zakas"
alert(data.toXMLString());       //"<name>Nicholas C. Zakas</name>"
```

使用这两个方法，几乎可以满足所有序列化 XML 的需求。

19.1.2 **XMLList** 类型

XMLList 类型表现 XML 对象的有序集合。XMLList 的 DOM 对等类型是 NodeList，但与 Node 和 NodeList 之间的区别相比，XML 和 XMLList 之间的区别是有意设计得比较小的。要显式地创建一个 XMLList 对象，可以像下面这样使用 XMLList 构造函数：

```
var list = new XMLList();
```

与 XML 构造函数一样，也可以向其中传入一个待解析的 XML 字符串。这个字符串可以不止包含一个文档元素，如下面的例子所示：

```
var list = new XMLList("<item/><item/>");
```

XMLListTypeExample01.htm

结果，保存在这个 list 变量中的 XMLList 就包含了两个 XML 对象，分别是两个<item/>元素。

还可以使用加号（+）操作符来组合两个或多个 XML 对象，从而创建 XMLList 对象。加号操作符在 E4X 中已经被重载，可以用于创建 XMLList，如下所示：

```
var list = <item/> + <item/> ;
```

这个例子使用加号操作符组合了两个 XML 字面量，结果得到一个 XMLList。同样的组合操作也可以使用特殊的<>和</>语法来完成，此时不使用加号操作符，例如：

```
var list = <><item/><item/></>;
```

尽管可以创建独立的 XMLList 对象，但是这类对象通常是在解析较大的 XML 结构的过程中捎带着被创建出来的。来看下面的例子：

```
var employees = <employees>
    <employee position="Software Engineer">
        <name>Nicholas C. Zakas</name>
    </employee>
    <employee position="Salesperson">
        <name>Jim Smith</name>
    </employee>
</employees>;
```

XMLListTypeExample02.htm

以上代码定义的 employees 变量中包含着一个 XML 对象，表示<employees/>元素。由于这个元素又包含两个<employee/>元素，因而就会创建相应的 XMLList 对象，并将其保存在 employees.employee 中。然后，可以使用方括号语法及位置来访问每个元素：

```
var firstEmployee = employees.employee[0];
var secondEmployee = employees.employee[1];
```

每个 XMLList 对象都有 length()方法，用于返回对象中包含的元素数量。例如：

```
alert(employees.employee.length()); //2
```

注意，length()是方法，不是属性。这一点是故意与数组和 NodeList 相区别的。

E4X 有意模糊 XML 和 XMLList 类型之间的区别，这一点很值得关注。实际上，一个 XML 对象与一个只包含一个 XML 对象的 XMLList 之间，并没有显而易见的区别。为了减少两者之间的区别，每个 XML 对象也同样有一个 length()方法和一个由[0]引用的属性（返回 XML 对象自身）。

XML 与 XMLList 之间的这种兼容性可以简化 E4X 的使用，因为有些方法可以返回任意一个类型。

XMLList 对象的 toString()和 toXMLString()方法返回相同的字符串值，也就是将其包含的 XML 对象序列化之后再拼接起来的结果。

19.1.3 **Namespace** 类型

E4X 中使用 Namespace 对象来表现命名空间。通常，Namespace 对象是用来映射命名空间前缀和命名空间 URI 的，不过有时候并不需要前缀。要创建 Namespace 对象，可以像下面这样使用 Namespace 构造函数：

```
var ns = new Namespace();
```

而传入 URI 或前缀加 URI，就可以初始化 Namespace 对象，如下所示：

```
var ns = new Namespace("http://www.wrox.com/");        //没有前缀的命名空间
var wrox = new Namespace("wrox", "http://www.wrox.com/");  //wrox 命名空间
```

NamespaceTypeExample01.htm

可以使用 prefix 和 uri 属性来取得 Namespace 对象中的信息：

```
alert(ns.uri);              //"http://www.wrox.com/"
alert(ns.prefix);           //undefined
alert(wrox.uri);            //"http://www.wrox.com/"
alert(wrox.prefix);         //"wrox"
```

NamespaceTypeExample01.htm

在没有给 Namespace 对象指定前缀的情况下，prefix 属性会返回 undefined。要想创建默认的命名空间，应该将前缀设置为空字符串。

如果 XML 字面量中包含命名空间，或者通过 XML 构造函数解析的 XML 字符串中包含命名空间信息，那么就会自动创建 Namespace 对象。然后，就可以通过前缀和 namespace() 方法来取得对 Namespace 对象的引用。来看下面的例子：

```
var xml = <wrox:root xmlns:wrox="http://www.wrox.com/">
             <wrox:message>Hello World!</wrox:message>
          </wrox:root>;

var wrox = xml.namespace("wrox");
alert(wrox.uri);
alert(wrox.prefix);
```

NamespaceTypeExample02.htm

在这个例子中，我们以 XML 字面量的形式创建了一个包含命名空间的 XML 片段。而表现 wrox 命名空间的 Namespace 对象可以通过 namespace("wrox") 取得，然后就可以访问这个对象的 uri 和 prefix 属性了。如果 XML 片段中有默认的命名空间，那么向 namespace() 中传入空字符串，即可取得相应的 Namespace 对象。

Namespace 对象的 toString() 方法始终会返回命名空间 URI。

19.1.4　QName 类型

QName 类型表现的是 XML 对象的限定名，即命名空间与内部名称的组合。向 QName 构造函数中传入名称或 Namespace 对象和名称，可以手工创建新的 QName 对象，如下所示：

```
var wrox = new Namespace("wrox", "http://www.wrox.com/");
var wroxMessage = new QName(wrox, "message");     //表示"wrox:message"
```

QNameTypeExample01.htm

创建了 QName 对象之后，可以访问它的两个属性：uri 和 localName。其中，uri 属性返回在创建对象时指定的命名空间的 URI（如果未指定命名空间，则返回空字符串），而 localName 属性返回限定名中的内部名称，如下面的例子所示：

```
alert(wroxMessage.uri);              //"http://www.wrox.com/"
alert(wroxMessage.localName);        //"message"
```

QNameTypeExample01.htm

这两个属性是只读的，如果你想修改它们的值，会导致错误发生。QName 对象重写了 toString()
方法，会以 uri::localName 形式返回一个字符串，对于前面的例子来说，就是"http://www.wrox.
com/::message"。

在解析 XML 结构时，会为表示相应元素或特性的 XML 对象自动创建 QName 对象。可以使用这个 XML
对象的 name()方法取得与该 XML 对象关联的 QName 对象，如下面的例子所示：

```
var xml = < wrox:root xmlns:wrox="http://www.wrox.com/">
            <wrox:message>Hello World!</wrox:message>
          </wrox:root> ;

var wroxRoot = xml.name();
alert(wroxRoot.uri);                //"http://www.wrox.com/"
alert(wroxRoot.localName);          //"root"
```

QNameTypeExample02.htm

这样，即便没有指定命名空间信息，也会根据 XML 结构中的元素和特性创建一个 QName 对象。
使用 setName()方法并传入一个新 QName 对象，可以修改 XML 对象的限定名，如下所示：

```
xml.setName(new QName("newroot"));
```

通常，这个方法会在修改相应命名空间下的元素标签名或特性名时用到。如果该名称不属于任何命
名空间，则可以像下面这样使用 setLocalName()方法来修改内部名称：

```
xml.setLocalName("newtagname");
```

19.2　一般用法

在将 XML 对象、元素、特性和文本集合到一个层次化对象之后，就可以使用点号加特性或标签名的
方式来访问其中不同的层次和结构。每个子元素都是父元素的一个属性，而属性名与元素的内部名称相
同。如果子元素只包含文本，则相应的属性只返回文本，如下面的例子所示。

```
var employee = <employee position="Software Engineer">
                    <name>Nicholas C. Zakas</name>
               </employee>;
alert(employee.name); //"Nicholas C. Zakas"
```

以上代码中的<name/>元素只包含文本。访问 employee.name 即可取得该文本，而在内部需要定
位到<name/>元素，然后返回相应文本。由于传入到 alert()时，会隐式调用 toString()方法，因此
显示的是<name/>中包含的文本。这就使得访问 XML 文档中包含的文本数据非常方便。如果有多个元素
具有相同的标签名，则会返回 XMLList。下面再看一个例子。

```
var employees = <employees>
    <employee position="Software Engineer">
        <name>Nicholas C. Zakas</name>
    </employee>
    <employee position="Salesperson">
```

```
            <name>Jim Smith</name>
        </employee>
    </employees>;
```

```
alert(employees.employee[0].name);    //"Nicholas C. Zakas"
alert(employees.employee[1].name);    //"Jim Smith"
```

这个例子访问了每个<employee/>元素并返回了它们<name/>元素的值。如果你不确定子元素的内部名称，或者你想访问所有子元素，不管其名称是什么，也可以像下面这样使用星号（*）。

```
var allChildren = employees.*;        //返回所有子元素，不管其名称是什么
alert(employees.*[0].name);           //"Nicholas C. Zakas"
```

UsageExample01.htm

与其他属性一样，星号也可能返回 XML 对象，或返回 XMLList 对象，这要取决于 XML 结构。

要达到同样的目的，除了属性之外，还可以使用 child() 方法。将属性名或索引值传递给 child() 方法，也会得到相同的值。来看下面的例子。

```
var firstChild = employees.child(0);            //与 employees.*[0]相同
var employeeList = employees.child("employee"); //与 employees.employee 相同
var allChildren = employees.child("*");         //与 employees.*相同
```

为了再方便一些，还有一个 children() 方法始终返回所有子元素。例如：

```
var allChildren = employees.children();         //与 employees.*相同
```

而另一个方法 elements() 的行为与 child() 类似，区别仅在于它只返回表示元素的 XML 对象。例如：

```
var employeeList = employees.elements("employee"); //与 employees.employee 相同
var allChildren = employees.elements("*");         //与 employees.*相同
```

这些方法为 JavaScript 开发人员提供了访问 XML 数据的较为熟悉的语法。

要删除子元素，可以使用 delete 操作符，如下所示：

```
delete employees.employee[0];
alert(employees.employee.length());    //1
```

显然，这也正是将子节点看成属性的一个主要的优点。

19.2.1　访问特性

访问特性也可以使用点语法，不过其语法稍有扩充。为了区分特性名与子元素的标签名，必须在名称前面加上一个@字符。这是从 XPath 中借鉴的语法；XPath 也是使用@来区分特性和标签的名称。不过，结果可能就是这种语法看起来比较奇怪，例如：

```
var employees = <employees>
    <employee position="Software Engineer">
        <name>Nicholas C. Zakas</name>
    </employee>
    <employee position="Salesperson">
        <name>Jim Smith</name>
    </employee>
</employees>;
```

```
alert(employees.employee[0].@position); //"Software Engineer"
```

AttributesExample01.htm

　　与元素一样，每个特性都由一个属性来表示，而且可以通过这种简写语法来访问。以这种语法访问特性会得到一个表示特性的 XML 对象，对象的 toString() 方法始终会返回特性的值。要取得特性的名称，可以使用对象的 name() 方法。

　　另外，也可以使用 child() 方法来访问特性，只要传入带有@前缀的特性的名称即可。

```
alert(employees.employee[0].child("@position"));        //"Software Engineer"
```

AttributesExample01.htm

　　由于访问 XML 对象的属性时也可以使用 child()，因此必须使用@字符来区分标签名和特性名。

　　使用 attribute() 方法并传入特性名，可以只访问 XML 对象的特性。与 child() 方法不同，使用 attribute() 方法时，不需要传入带@字符的特性名。下面是一个例子。

```
alert(employees.employee[0].attribute("position")); //"Software Engineer"
```

AttributesExample01.htm

　　这三种访问特性的方式同时适用于 XML 和 XMLList 类型。对于 XML 对象来说，会返回一个表示相应特性的 XML 对象；对 XMLList 对象来说，会返回一个 XMLList 对象，其中包含列表中所有元素的特性 XML 对象。对于前面的例子而言，employees.employee.@position 返回的 XMLList 将包含两个对象：一个对象表示第一个 <employee/> 元素中的 position 特性，另一个对象表示第二个元素中的同一特性。

　　要取得 XML 或 XMLList 对象中的所有特性，可以使用 attributes() 方法。这个方法会返回一个表示所有特性的 XMLList 对象。使用这个方法与使用@*的结果相同，如下面的例子所示。

```
//下面两种方式都会取得所有特性
var atts1 = employees.employee[0].@*;
var atts2 = employees.employee[0].attributes();
```

　　在 E4X 中修改特性的值与修改属性的值一样非常简单，只要像下面这样为特性指定一个新值即可。

```
employees.employee[0].@position = "Author";        //修改 position 特性
```

　　修改的特性会在内部反映出来，换句话说，此后再序列化 XML 对象，就会使用新的特性值。同样，为特性赋值的语法也可以用来添加新特性，如下面的例子所示。

```
employees.employee[0].@experience = "8 years";        //添加 experience 特性
employees.employee[0].@manager = "Jim Smith";        //添加 manager 特性
```

　　由于特性与其他 ECMAScript 属性类似，因此也可以使用 delete 操作符来删除特性，如下所示。

```
delete employees.employee[0].@position;                //删除 position 特性
```

　　通过属性来访问特性极大地简化了与底层 XML 结构交互的操作。

19.2.2　其他节点类型

　　E4X 定义了表现 XML 文档中所有部分的类型，包括注释和处理指令。在默认情况上，E4X 不会解析注释或处理指令，因此这些部分不会出现在最终的对象层次中。如果想让解析器解析这些部分，可以像下面这样设置 XML 构造函数的下列两个属性。

```
XML.ignoreComments = false;
XML.ignoreProcessingInstructions = false;
```

在设置了这两个属性之后，E4X 就会将注释和处理指令解析到 XML 结构中。

由于 XML 类型可以表示所有节点，因此必须有一种方式来确定节点类型。使用 nodeKind() 方法可以得到 XML 对象表示的类型，该访问可能会返回 "text"、"element"、"comment"、"processing-instruction" 或 "attribute"。以下面的 XML 对象为例。

```
var employees = <employees>
    <?Dont forget the donuts?>
    <employee position="Software Engineer">
        <name>Nicholas C. Zakas</name>
    </employee>
    <!--just added-->
    <employee position="Salesperson">
        <name>Jim Smith</name>
    </employee>
</employees> ;
```

我们可以通过下面的表格来说明 nodeKind() 返回的节点类型。

语　句	返　回　值
employees.nodeKind()	"element"
employees.*[0].nodeKind()	"processing-instruction"
employees.employee[0].@position.nodeKind()	"attribute"
employees.employee[0].nodeKind()	"element"
employees.*[2].nodeKind()	"comment"
employees.employee[0].name.*[0].nodeKind()	"text"

不能在包含多个 XML 对象的 XMLList 上调用 nodeKind() 方法；否则，会抛出一个错误。

可以只取得特定类型的节点，而这就要用到下列方法。

❑ attributes()：返回 XML 对象的所有特性。

❑ comments()：返回 XML 对象的所有子注释节点。

❑ elements(*tagName*)：返回 XML 对象的所有子元素。可以通过提供元素的 *tagName*（标签名）来过滤想要返回的结果。

❑ processingInstructions(*name*)：返回 XML 对象的所有处理指令。可以通过提供处理指令的 name（名称）来过滤想要返回的结果。

❑ text()：返回 XML 对象的所有文本子节点。

上述的每一个方法都返回一个包含适当 XML 对象的 XMLList。

使用 hasSimpleContent() 和 hasComplexContent() 方法，可以确定 XML 对象中是只包含文本，还是包含更复杂的内容。如果 XML 对象中只包含子文本节点，则前一个方法会返回 true；如果 XML 对象的子节点中有任何非文本节点，则后一个方法返回 true。来看下面的例子。

```
alert(employees.employee[0].hasComplexContent());        //true
alert(employees.employee[0].hasSimpleContent());         //false
alert(employees.employee[0].name.hasComplexContent());   //false
alert(employees.employee[0].name.hasSimpleContent());    //true
```

利用这些方法，以及前面提到的其他方法，可以极大地方便查找 XML 结构中的数据。

19.2.3　查询

实际上，E4X 提供的查询语法在很多方面都与 XPath 类似。取得元素或特性值的简单操作是最基本的查询。在查询之前,不会创建表现 XML 文档结构中不同部分的 XML 对象。从底层来看,XML 和 XMLList 的所有属性事实上都是查询的结果。也就是说，引用不表现 XML 结构中某一部分的属性仍然会返回 XMLList；只不过这个 XMLList 中什么也不会包含。例如，如果基于前面的 XML 示例执行下列代码，则返回的结果就是空的。

```
var cats = employees.cat;
alert(cats.length());      //0
```

QueryingExample01.htm

这个查询想要查找<employees/>中的<cat/>元素，但这个元素并不存在。上面的第一行代码会返回一个空的 XMLList 对象。虽然返回的是空对象，但查询可以照常进行，而不会发生异常。

前面我们看到的大多数例子都使用点语法来访问直接的子节点。而像下面这样使用两个点，则可以进一步扩展查询的深度，查询到所有后代节点。

```
var allDescendants = employees..*;            //取得<employees/>的所有后代节点
```

上面的代码会返回<employees/>元素的所有后代节点。结果中将会包含元素、文本、注释和处理指令，最后两种节点的有无取决于在 XML 构造函数上的设置（前面曾经讨论过）；但结果中不会包含特性。要想取得特定标签的元素，需要将星号替换成实际的标签名。

```
var allNames = employees..name;        //取得作为<employees/>后代的所有<name/>节点
```

同样的查询可以使用 descendants() 方法来完成。在不给这个方法传递参数的情况下，它会返回所有后代节点（与使用..*相同），而传递一个名称作为参数则可以限制结果。下面就是这两种情况的例子。

```
var allDescendants = employees.descendants();       //所有后代节点
var allNames = employees.descendants("name");       //后代中的所有<name/>元素
```

还可以取得所有后代元素中的所有特性，方法是使用下列任何一行代码。

```
var allAttributes = employees..@*;     //取得所有后代元素中的所有特性
var allAttributes2 = employees.descendants("@*");       //同上
```

与限制结果中的后代元素一样，也可以通过用完整的特性名来替换星号达到过滤特性的目的。例如：

```
var allAttributes = employees..@position;            //取得所有 position 特性
var allAttributes2 = employees.descendants("@position");    //同上
```

除了访问后代元素之外，还可以指定查询的条件。例如，要想返回 position 特性值为 "Salesperson"的所有<employee/>元素，可以使用下面的查询：

```
var salespeople = employees.employee.(@position == "Salesperson");
```

同样的语法也可以用于修改 XML 结构中的某一部分。例如，可以将第一位销售员（salesperson）的 position 特性修改为"Senior Salesperson"，代码如下：

```
employees.employee.(@position == "Salesperson")[0].@position= "Senior Salesperson";
```

注意，圆括号中的表达式会返回一个包含结果的 XMLList，而方括号返回其中的第一项，然后我们重写了@position 属性的值。

使用 parent() 方法能够在 XML 结构中上溯，这个方法会返回一个 XML 对象，表示当前 XML 对象的父元素。如果在 XMLList 上调用 parent() 方法，则会返回列表中所有对象的公共父元素。下面是一个例子。

```
var employees2 = employees.employee.parent();
```

这里，变量 employees2 中包含着与变量 employees 相同的值。在处理来源未知的 XML 对象时，经常会用到 parent() 方法。

19.2.4　构建和操作 XML

将 XML 数据转换成 XML 对象的方式有很多种。前面曾经讨论过，可以将 XML 字符串传递到 XML 构造函数中，也可以使用 XML 字面量。相对而言，XML 字面量方式更方便一些，因为可以在字面量中嵌入 JavaScript 变量，语法是使用花括号（{}）。可以将 JavaScript 变量嵌入到字面量中的任意位置上，如下面的例子所示。

```
var tagName = "color";
var color = "red";
var xml = <{tagName}>{color}</{tagName}>;

alert(xml.toXMLString());       //"<color>red</color>
```

XMLConstructionExample01.htm

在这个例子中，XML 字面量的标签名和文本值都是使用花括号语法插入的。有了这个语法，就可以省去在构建 XML 结构时拼接字符串的麻烦。

E4X 也支持使用标准的 JavaScript 语法来构建完整的 XML 结构。如前所述，大多数必要的操作都是查询，而且即便元素或特性不存在也不会抛出错误。在此基础上更进一步，如果将一个值指定给一个不存在的元素或特性，E4X 就会首先在底层创建相应的结构，然后完成赋值。来看下面的例子。

```
var employees = <employees/>;
employees.employee.name = "Nicholas C. Zakas";
employees.employee.@position = "Software Engineer";
```

XMLConstructionExample02.htm

这个例子一开始声明了 <employees/> 元素，然后在这个元素基础上开始构建 XML 结构。第二行代码在 <employees/> 中创建了一个 <employee/> 元素和一个 <name/> 元素，并指定了文本值。第三行代码添加了一个 position 特性并为该特性指定了值。此时构建的 XML 结构如下所示。

```
<employees>
    <employee position="Software Engineer">
        <name>Nicholas C. Zakas</name>
    </employee>
</employees>
```

当然，使用加号操作符也可以再添加一个 <employee/> 元素，如下所示。

```
employees.employee += <employee position="Salesperson">
                        <name>Jim Smith</name>
                      </employee>;
```

XMLConstructionExample02.htm

最终构建的 XML 结构如下所示：

```
<employees>
    <employee position="Software Engineer">
        <name>Nicholas C. Zakas</name>
    </employee>
    <employee position="Salesperson">
        <name>Jim Smith</name>
    </employee>
</employees>
```

除了上面介绍的基本的 XML 构建语法之外，还有一些类似 DOM 的方法，简介如下。

❑ appendChild(*child*)：将给定的 *child* 作为子节点添加到 XMLList 的末尾。

❑ copy()：返回 XML 对象副本。

❑ insertChildAfter(*refNode, child*)：将 *child* 作为子节点插入到 XMLList 中 *refNode* 的后面。

❑ insertChildBefore(*refNode, child*)：将 *child* 作为子节点插入到 XMLList 中 *refNode* 的前面。

❑ prependChild(*child*)：将给定的 *child* 作为子节点添加到 XMLList 的开始位置。

❑ replace(*propertyName, value*)：用 *value* 值替换名为 *propertyName* 的属性，这个属性可能是一个元素，也可能是一个特性。

❑ setChildren(*children*)：用 *children* 替换当前所有的子元素，*children* 可以是 XML 对象，也可是 XMLList 对象。

这些方法既非常有用，也非常容易使用。下列代码展示了这些方法的用途。

```
var employees = <employees>
    <employee position="Software Engineer">
        <name>Nicholas C. Zakas</name>
    </employee>
    <employee position="Salesperson">
        <name>Jim Smith</name>
    </employee>
</employees>;

employees.appendChild(<employee position="Vice President">
                        <name>Benjamin Anderson</name>
                      </employee>);

employees.prependChild(<employee position="User Interface Designer">
                         <name>Michael Johnson</name>
                       </employee>);

employees.insertChildBefore(employees.child(2),
                            <employee position="Human Resources Manager">
                                <name>Margaret Jones</name>
                            </employee>);

employees.setChildren(<employee position="President">
                        <name>Richard McMichael</name>
                      </employee> +
                      <employee position="Vice President">
                        <name>Rebecca Smith</name>
                      </employee>);
```

XMLConstructionExample03.htm

以上代码首先在员工列表的底部添加了一个名为 Benjamin Anderson 的副总统（vice president）。然后，在员工列表顶部又添加了一个名为 Michael Johnson 的界面设计师。接着，在列表中位置为 2 的员工——此时这个员工是 Jim Smith，因为他前面还有 Michael Johnson 和 Nicholas C. Zakas——之前又添加了一个名为 Margaret Jones 的人力资源部经理。最后，所有这些子元素都被总统 Richard McMichael 和副总统 Rebecca Smith 替代。结果 XML 如下所示。

```
<employees>
    <employee position="President">
    <name>Richard McMichael</name>
    </employee>
    <employee position="Vice President">
        <name>Rebecca Smith</name>
    </employee>
</employees>
```

熟练运用这些技术和方法，就能够使用 E4X 执行任何 DOM 风格的操作。

19.2.5　解析和序列化

E4X 将解析和序列化数据的控制放在了 XML 构造函数的一些设置当中。与 XML 解析相关的设置有如下三个。

- ❑ ignoreComments：表示解析器应该忽略标记中的注释。默认设置为 true。
- ❑ ignoreProcessingInstructions：表示解析器应该忽略标记中的处理指令。默认设置为 true。
- ❑ ignoreWhitespace：表示解析器应该忽略元素间的空格，而不是创建表现这些空格的文本节点。默认设置为 true。

这三个设置会影响对传入到 XML 构造函数中的字符串以及 XML 字面量的解析。

另外，与 XML 数据序列化相关的设置有如下两个。

- ❑ prettyIndent：表示在序列化 XML 时，每次缩进的空格数量。默认值为 2。
- ❑ prettyPrinting：表示应该以方便人类认读的方式输出 XML，即每个元素重起一行，而且子元素都要缩进。默认设置为 true。

这两个设置将影响到 toString() 和 toXMLString() 的输出。

以上五个设置都保存在 settings 对象中，通过 XML 构造函数的 settings() 方法可以取得这个对象，如下所示。

```
var settings = XML.settings();
alert(settings.ignoreWhitespace);    //true
alert(settings.ignoreComments);      //true
```

ParsingAndSerializationExample01.htm

通过向 setSettings() 方法中传入包含全部 5 项设置的对象，可以一次性指定所有设置。在需要临时改变设置的情况下，这种设置方式非常有用，如下所示。

```
var settings = XML.settings();
XML.prettyIndent = 8;
XML.ignoreComments = false;
```

```
//执行某些处理
XML.setSettings(settings);         //重置前面的设置
```

而使用 defaultSettings()方法则可以取得一个包含默认设置的对象，因此任何时候都可以使用下面的代码重置设置。

```
XML.setSettings(XML.defaultSettings());
```

19.2.6 命名空间

E4X 提供了方便使用命名空间的特性。前面曾经讨论过，使用 namspace()方法可以取得与特定前缀对应的 Namespace 对象。而通过使用 setNamespace()并传入 Namespace 对象，也可以为给定元素设置命名空间。来看下面的例子。

```
var messages = <messages>
    <message>Hello world!</message>
</messages>;
messages.setNamespace(new Namespace("wrox", "http://www.wrox.com/"));
```

调用 setNamespace()方法后，相应的命名空间只会应用到调用这个方法的元素。此时，序列化 messages 变量会得到如下结果。

```
<wrox:messages xmlns:wrox="http://www.wrox.com/">
    <message>Hello world!</message>
</wrox:messages>
```

可见，由于调用了 setNamespace()方法，<messages/>元素有了 wrox 命名空间前缀，而 <message/>元素则没有变化。

如果只想添加一个命名空间声明，而不想改变元素，可以使用 addNamespace()方法并传入 Namespace 对象，如下面的例子所示。

```
messages.addNamespace(new Namespace("wrox", "http://www.wrox.com/"));
```

在将这行代码应用于原先的<messages/>元素时，就会创建如下所示的 XML 结构。

```
<messages xmlns:wrox="http://www.wrox.com/">
    <message>Hello world!</message>
</messages>
```

调用 removeNamespace()方法并传入 Namespace 对象，可以移除表示特定命名空间前缀和 URI 的命名空间声明；注意，必须传入丝毫不差的表示命名空间的 Namespace 对象。例如：

```
messages.removeNamespace(new Namespace("wrox", "http://www.wrox.com/"));
```

这行代码可以移除 wrox 命名空间。不过，引用前缀的限定名不会受影响。

有两个方法可以返回与节点相关的 Namespace 对象的数组：namespaceDeclarations()和 inScopeNamespaces()。前者返回在给定节点上声明的所有命名空间的数组，后者返回位于给定节点作用域中（即包括在节点自身和祖先元素中声明的）所有命名空间的数组。如下面的例子所示：

```
var messages = <messages xmlns:wrox="http://www.wrox.com/">
    <message>Hello world!</message>
</messages>;
```

```
alert(messages.namespaceDeclarations());        //"http://www.wrox.com"
alert(messages.inScopeNamespaces());            //",http://www.wrox.com"

alert(messages.message.namespaceDeclarations());   //""
alert(messages.message.inScopeNamespaces());       //",http://www.wrox.com"
```

这里，`<messages/>`元素在调用 `namespaceDeclarations()`时，会返回包含一个命名空间的数组，而在调用 `inScopeNamespaces()`时，则会返回包含两个命名空间的数组。作用域中的这两个命名空间，分别是默认命名空间（由空字符串表示）和 `wrox` 命名空间。在`<message/>`元素上调用这些方法时，`namespaceDeclarations()`，会返回一个空数组，而 `inScopeNamespaces()`方法返回的结果与在`<messages/>`元素上调用时的返回结果相同。

使用双冒号（`::`）也可以基于 `Namespace` 对象来查询 XML 结构中具有特定命名空间的元素。例如，要取得包含在 `wrox` 命名空间中的所有`<message/>`元素，可以参考下面的代码。

```
var messages = <messages xmlns:wrox="http://www.wrox.com/">
    <wrox:message>Hello world!</message>
</messages>;
var wroxNS = new Namespace("wrox", "http://www.wrox.com/");
var wroxMessages = messages.wroxNS::message;
```

这里的双冒号表示返回的元素应该位于其中的命名空间。注意，这里使用的是 JavaScript 变量，而不是命名空间前缀。

还可以为某个作用域中的所有 XML 对象设置默认命名空间。为此，要使用 `default xml namespace` 语句，并将一个 `Namespace` 对象或一个命名空间 URI 作为值赋给它。例如：

```
default xml namespace = "http://www.wrox.com/";

function doSomething(){

    //只为这个函数设置默认的命名空间
    default xml namespace = new Namespace("your", "http://www.yourdomain.com");

}
```

在 `doSomething()`函数体内设置默认命名空间并不会改变全局作用域中的默认 XML 命名空间。在给定作用域中，当所有 XML 数据都需要使用特定的命名空间时，就可以使用这个语句，从而避免多次引用命名空间的麻烦。

19.3 其他变化

为了与 ECMAScript 做到无缝集成，E4X 也对语言基础进行了一些修改。其中之一就是引入了 `for-each-in` 循环，以便迭代遍历每一个属性并返回属性的值，如下面的例子所示。

```
var employees = <employees>
                    <employee position="Software Engineer">
                        <name>Nicholas C. Zakas</name>
                    </employee>
                    <employee position="Salesperson">
                        <name>Jim Smith</name>
                    </employee>
                </employees>;
```

```
for each (var child in employees){
    alert(child.toXMLString());
}
```

ForEachInExample01.htm

在这个例子的 for-each-in 循环中，`<employees/>`的每个子节点会依次被赋值给 child 变量，其中包括注释、处理指令和/或文本节点。要想返回特性节点，则需要对一个由特性节点组成的 XMLList 对象进行操作，如下所示。

```
for each (var attribute in employees.@*){ //遍历特性
    alert(attribute);
}
```

虽然 for-each-in 循环是在 E4X 中定义的，但这个语句也可以用于常规的数组和对象，例如：

```
var colors = ["red","green","blue"];
for each(var color in colors){
    alert(color);
}
```

ForEachInExample01.htm

对于数组，for-each-in 循环会返回数组中的每一项。对于非 XML 对象，这个循环返回对象每个属性的值。

E4X 还添加了一个全局函数，名叫 isXMLName()。这个函数接受一个字符串，并在这个字符串是元素或特性的有效内部名称的情况下返回 true。在使用未知字符串构建 XML 数据结构时，这个函数可以为开发人员提供方便。来看下面的例子。

```
alert(isXMLName("color"));          //true
alert(isXMLName("hello world"));    //false
```

如果你不确定某个字符串的来源，而又需要将该字符串用作一个内部名称，那么最好在使用它之前先通过 isXMLName()检测一下是否有效，以防发生错误。

E4X 对标准 ECMAScript 的最后一个修改是 typeof 操作符。在对 XML 对象或 XMLList 对象使用这个操作符时，typeof 返回字符串"xml"。但在对其他对象使用这个操作符时，返回的都是"object"，例如：

```
var xml = new XML();
var list = new XMLList();
var object = {};

alert(typeof xml);  //"xml"
alert(typeof list);    //"xml"
alert(typeof object); //"object"
```

多数情况下，都没有必要区分 XML 和 XMLList 对象。在 E4X 中，这两个对象都被看成是基本数据类型，因而也无法通过 instanceof 操作符来将它们区分开来。

19.4 全面启用 E4X

鉴于 E4X 在很多方面给标准 JavaScript 带来了不同，因此 Firefox 在默认情况下只启用 E4X 中与其他代码能够相安无事的那些特性。要想完整地启用 E4X，需要将<script>标签的 type 特性设置为 "text/javascript;e4x=1"，例如：

```
<script type="text/javascript;e4x=1" src="e4x_file.js"></script>
```

在打开这个"开关"之后，就会全面启用 E4X，从而能够正确地解析嵌入在 E4X 字面量中的注释和 CData 片段。在没有完整启用 E4X 的情况下使用注释和/或 CData 片段会导致语法错误。

19.5 小结

E4X 是以 ECMA-357 标准的形式发布的对 ECMAScript 的一个扩展。E4X 的目的是为操作 XML 数据提供与标准 ECMAScript 更相近的语法。E4X 具有下列特征。

❑ 与 DOM 不同，E4X 只用一个类型来表示 XML 中的各种节点。

❑ XML 对象中封装了对所有节点都有用的数据和行为。为表现多个节点的集合，这个规范定义了 XMLList 类型。

❑ 另外两个类型，Namespace 和 QName，分别表现命名空间和限定名。

为便于查询 XML 结构，E4X 还修改了标准了的 ECMAScript 语法，修改的地方如下。

❑ 使用两个点（..）表示要匹配所有后代元素，使用@字符表示应该返回一或多个特性。

❑ 星号字符（*）是一个通配符，可以匹配任意类型的节点。

❑ 所有这些查询都可以通过一组执行相同操作的方法来实现。

到 2011 年底，Firefox 还是唯一一个支持 E4X 的浏览器。尽管没有其他浏览器提供商承诺会实现 E4X，但在服务器上，由于 BEA Workshop for WebLogic 和 Yhaoo! YQL 的推动，E4X 已经取得了不小的成功。

19

第**20**章

JSON

本章内容
- 理解 JSON 语法
- 解析 JSON
- 序列化 JSON

曾经有一段时间，XML 是互联网上传输结构化数据的事实标准。Web 服务的第一次浪潮很大程度上都是建立在 XML 之上的，突出的特点是服务器与服务器间通信。然而，业界一直不乏质疑 XML 的声音。不少人认为 XML 过于烦琐、冗长。为解决这个问题，也涌现了一些方案。不过，Web 的发展方向已经改变了。

2006 年，Douglas Crockford 把 JSON（JavaScript Object Notation，JavaScript 对象表示法）作为 IETF RFC 4627 提交给 IETF，而 JSON 的应用早在 2001 年就已经开始了。JSON 是 JavaScript 的一个严格的子集，利用了 JavaScript 中的一些模式来表示结构化数据。Crockford 认为与 XML 相比，JSON 是在 JavaScript 中读写结构化数据的更好的方式。因为可以把 JSON 直接传给 `eval()`，而且不必创建 DOM 对象。

关于 JSON，最重要的是要理解它是一种数据格式，不是一种编程语言。虽然具有相同的语法形式，但 JSON 并不从属于 JavaScript。而且，并不是只有 JavaScript 才使用 JSON，毕竟 JSON 只是一种数据格式。很多编程语言都有针对 JSON 的解析器和序列化器。

20.1 语法

JSON 的语法可以表示以下三种类型的值。
- **简单值**：使用与 JavaScript 相同的语法，可以在 JSON 中表示字符串、数值、布尔值和 `null`。但 JSON 不支持 JavaScript 中的特殊值 `undefined`。
- **对象**：对象作为一种复杂数据类型，表示的是一组无序的键值对儿。而每个键值对儿中的值可以是简单值，也可以是复杂数据类型的值。
- **数组**：数组也是一种复杂数据类型，表示一组有序的值的列表，可以通过数值索引来访问其中的值。数组的值也可以是任意类型——简单值、对象或数组。

JSON 不支持变量、函数或对象实例，它就是一种表示结构化数据的格式，虽然与 JavaScript 中表示数据的某些语法相同，但它并不局限于 JavaScript 的范畴。

20.1.1 简单值

最简单的 JSON 数据形式就是简单值。例如，下面这个值是有效的 JSON 数据：

```
5
```

这是 JSON 表示数值 5 的方式。类似地，下面是 JSON 表示字符串的方式：

```
"Hello world!"
```

JavaScript 字符串与 JSON 字符串的最大区别在于，JSON 字符串必须使用双引号（单引号会导致语法错误）。

布尔值和 `null` 也是有效的 JSON 形式。但是，在实际应用中，JSON 更多地用来表示更复杂的数据结构，而简单值只是整个数据结构中的一部分。

20.1.2 对象

JSON 中的对象与 JavaScript 字面量稍微有一些不同。下面是一个 JavaScript 中的对象字面量：

```
var person = {
    name: "Nicholas",
    age: 29
};
```

这虽然是开发人员在 JavaScript 中创建对象字面量的标准方式，但 JSON 中的对象要求给属性加引号。实际上，在 JavaScript 中，前面的对象字面量完全可以写成下面这样：

```
var object = {
    "name": "Nicholas",
    "age": 29
};
```

JSON 表示上述对象的方式如下：

```
{
    "name": "Nicholas",
    "age": 29
}
```

与 JavaScript 的对象字面量相比，JSON 对象有两个地方不一样。首先，没有声明变量（JSON 中没有变量的概念）。其次，没有末尾的分号（因为这不是 JavaScript 语句，所以不需要分号）。再说一遍，对象的属性必须加双引号，这在 JSON 中是必需的。属性的值可以是简单值，也可以是复杂类型值，因此可以像下面这样在对象中嵌入对象：

```
{
    "name": "Nicholas",
    "age": 29,
    "school": {
        "name": "Merrimack College",
        "location": "North Andover, MA"
    }
}
```

这个例子在顶级对象中嵌入了学校（`"school"`）信息。虽然有两个`"name"`属性，但由于它们分别属于不同的对象，因此这样完全没有问题。不过，同一个对象中绝对不应该出现两个同名属性。

与 JavaScript 不同，JSON 中对象的属性名任何时候都必须加双引号。手工编写 JSON 时，忘了给对象属性名加双引号或者把双引号写成单引号都是常见的错误。

20.1.3　数组

JSON 中的第二种复杂数据类型是数组。JSON 数组采用的就是 JavaScript 中的数组字面量形式。例如，下面是 JavaScript 中的数组字面量：

```
var values = [25, "hi", true];
```

在 JSON 中，可以采用同样的语法表示同一个数组：

```
[25, "hi", true]
```

同样要注意，JSON 数组也没有变量和分号。把数组和对象结合起来，可以构成更复杂的数据集合，例如：

```
[
    {
        "title": "Professional JavaScript",
        "authors": [
            "Nicholas C. Zakas"
        ],
        "edition": 3,
        "year": 2011
    },
    {
        "title": "Professional JavaScript",
        "authors": [
            "Nicholas C. Zakas"
        ],
        "edition": 2,
        "year": 2009
    },
    {
        "title": "Professional Ajax",
        "authors": [
            "Nicholas C. Zakas",
            "Jeremy McPeak",
            "Joe Fawcett"
        ],
        "edition": 2,
        "year": 2008
    },
    {
        "title": "Professional Ajax",
        "authors": [
            "Nicholas C. Zakas",
            "Jeremy McPeak",
            "Joe Fawcett"
        ],
        "edition": 1,
        "year": 2007
    },
    {
        "title": "Professional JavaScript",
        "authors": [
            "Nicholas C. Zakas"
        ],
        "edition": 1,
```

```
            "year": 2006
        }
    ]
```

这个数组中包含一些表示图书的对象。每个对象都有几个属性，其中一个属性是"authors"，这个属性的值又是一个数组。对象和数组通常是 JSON 数据结构的最外层形式（当然，这不是强制规定的），利用它们能够创造出各种各样的数据结构。

20.2 解析与序列化

JSON 之所以流行，拥有与 JavaScript 类似的语法并不是全部原因。更重要的一个原因是，可以把 JSON 数据结构解析为有用的 JavaScript 对象。与 XML 数据结构要解析成 DOM 文档而且从中提取数据极为麻烦相比，JSON 可以解析为 JavaScript 对象的优势极其明显。就以上一节中包含一组图书的 JSON 数据结构为例，在解析为 JavaScript 对象后，只需要下面一行简单的代码就可以取得第三本书的书名：

```
books[2].title
```

当然，这里是假设把解析 JSON 数据结构后得到的对象保存到了变量 books 中。再看看下面在 DOM 结构中查找数据的代码：

```
doc.getElementsByTagName("book")[2].getAttribute("title")
```

看看这些多余的方法调用，就不难理解为什么 JSON 能得到 JavaScript 开发人员的热烈欢迎了。从此以后，JSON 就成了 Web 服务开发中交换数据的事实标准。

20.2.1 JSON 对象

早期的 JSON 解析器基本上就是使用 JavaScript 的 eval() 函数。由于 JSON 是 JavaScript 语法的子集，因此 eval() 函数可以解析、解释并返回 JavaScript 对象和数组。ECMAScript 5 对解析 JSON 的行为进行规范，定义了全局对象 JSON。支持这个对象的浏览器有 IE 8+、Firefox 3.5+、Safari 4+、Chrome 和 Opera 10.5+。对于较早版本的浏览器，可以使用一个 shim：https://github.com/douglascrockford/JSON-js。在旧版本的浏览器中，使用 eval() 对 JSON 数据结构求值存在风险，因为可能会执行一些恶意代码。对于不能原生支持 JSON 解析的浏览器，使用这个 shim 是最佳选择。

JSON 对象有两个方法：stringify() 和 parse()。在最简单的情况下，这两个方法分别用于把 JavaScript 对象序列化为 JSON 字符串和把 JSON 字符串解析为原生 JavaScript 值。例如：

```
var book = {
        title: "Professional JavaScript",
        authors: [
            "Nicholas C. Zakas"
        ],
        edition: 3,
        year: 2011
    };

var jsonText = JSON.stringify(book);
```

JSONStringifyExample01.htm

这个例子使用 JSON.stringify() 把一个 JavaScript 对象序列化为一个 JSON 字符串，然后将它保存在变量 jsonText 中。默认情况下，JSON.stringify() 输出的 JSON 字符串不包含任何空格字符或缩进，因此保存在 jsonText 中的字符串如下所示：

```
{"title":"Professional JavaScript","authors":["Nicholas C. Zakas"],"edition":3,
"year":2011}
```

在序列化 JavaScript 对象时，所有函数及原型成员都会被有意忽略，不体现在结果中。此外，值为 undefined 的任何属性也都会被跳过。结果中最终都是值为有效 JSON 数据类型的实例属性。

将 JSON 字符串直接传递给 JSON.parse() 就可以得到相应的 JavaScript 值。例如，使用下列代码就可以创建与 book 类似的对象：

```
var bookCopy = JSON.parse(jsonText);
```

注意，虽然 book 与 bookCopy 具有相同的属性，但它们是两个独立的、没有任何关系的对象。

如果传给 JSON.parse() 的字符串不是有效的 JSON，该方法会抛出错误。

20.2.2 序列化选项

实际上，JSON.stringify() 除了要序列化的 JavaScript 对象外，还可以接收另外两个参数，这两个参数用于指定以不同的方式序列化 JavaScript 对象。第一个参数是个过滤器，可以是一个数组，也可以是一个函数；第二个参数是一个选项，表示是否在 JSON 字符串中保留缩进。单独或组合使用这两个参数，可以更全面深入地控制 JSON 的序列化。

1. 过滤结果

如果过滤器参数是数组，那么 JSON.stringify() 的结果中将只包含数组中列出的属性。来看下面的例子。

```
var book = {
            "title": "Professional JavaScript",
            "authors": [
                "Nicholas C. Zakas"
            ],
            edition: 3,
            year: 2011
        };

var jsonText = JSON.stringify(book, ["title", "edition"]);
```

JSONStringifyExample01.htm

JSON.stringify() 的第二个参数是一个数组，其中包含两个字符串："title" 和 "edition"。这两个属性与将要序列化的对象中的属性是对应的，因此在返回的结果字符串中，就只会包含这两个属性：

```
{"title":"Professional JavaScript","edition":3}
```

如果第二个参数是函数，行为会稍有不同。传入的函数接收两个参数，属性（键）名和属性值。根据属性（键）名可以知道应该如何处理要序列化的对象中的属性。属性名只能是字符串，而在值并非键值对儿结构的值时，键名可以是空字符串。

为了改变序列化对象的结果，函数返回的值就是相应键的值。不过要注意，如果函数返回了

undefined，那么相应的属性会被忽略。还是看一个例子吧。

```
var book = {
                "title": "Professional JavaScript",
                "authors": [
                    "Nicholas C. Zakas"
                ],
                edition: 3,
                year: 2011
            };

var jsonText = JSON.stringify(book, function(key, value){
    switch(key){
        case "authors":
            return value.join(",")

        case "year":
            return 5000;

        case "edition":
            return undefined;

        default:
            return value;
    }
});
```

JSONStringifyExample02.htm

20

这里，函数过滤器根据传入的键来决定结果。如果键为"authors"，就将数组连接为一个字符串；如果键为"year"，则将其值设置为5000；如果键为"edition"，通过返回undefined删除该属性。最后，一定要提供default项，此时返回传入的值，以便其他值都能正常出现在结果中。实际上，第一次调用这个函数过滤器，传入的键是一个空字符串，而值就是book对象。序列化后的JSON字符串如下所示：

```
{"title":"Professional JavaScript","authors":"Nicholas C. Zakas","year":5000}
```

要序列化的对象中的每一个对象都要经过过滤器，因此数组中的每个带有这些属性的对象经过过滤之后，每个对象都只会包含"title"、"authors"和"year"属性。

Firefox 3.5和3.6对JSON.stringify()的实现有一个bug，在将函数作为该方法的第二个参数时这个bug就会出现，即这个函数只能作为过滤器：返回undefined意味着要跳过某个属性，而返回其他任何值都会在结果中包含相应的属性。Firefox 4修复了这个bug。

2. 字符串缩进

JSON.stringify()方法的第三个参数用于控制结果中的缩进和空白符。如果这个参数是一个数值，那它表示的是每个级别缩进的空格数。例如，要在每个级别缩进4个空格，可以这样写代码：

```
var book = {
                "title": "Professional JavaScript",
                "authors": [
                    "Nicholas C. Zakas"
                ],
                edition: 3,
                year: 2011
```

```
    };
var jsonText = JSON.stringify(book, null, 4);
```

JSONStringifyExample03.htm

保存在 `jsonText` 中的字符串如下所示:

```
{
    "title": "Professional JavaScript",
    "authors": [
        "Nicholas C. Zakas"
    ],
    "edition": 3,
    "year": 2011
}
```

不知道读者注意到没有, `JSON.stringify()` 也在结果字符串中插入了换行符以提高可读性。只要传入有效的控制缩进的参数值,结果字符串就会包含换行符。(只缩进而不换行意义不大。)最大缩进空格数为 10,所有大于 10 的值都会自动转换为 10。

如果缩进参数是一个字符串而非数值,则这个字符串将在 JSON 字符串中被用作缩进字符(不再使用空格)。在使用字符串的情况下,可以将缩进字符设置为制表符,或者两个短划线之类的任意字符。

```
var jsonText = JSON.stringify(book, null, " - -");
```

这样, `jsonText` 中的字符串将变成如下所示:

```
{
--"title": "Professional JavaScript",
--"authors": [
----"Nicholas C. Zakas"
--],
--"edition": 3,
--"year": 2011
}
```

缩进字符串最长不能超过 10 个字符长。如果字符串长度超过了 10 个,结果中将只出现前 10 个字符。

3. toJSON() 方法

有时候, `JSON.stringify()` 还是不能满足对某些对象进行自定义序列化的需求。在这些情况下,可以给对象定义 `toJSON()` 方法,返回其自身的 JSON 数据格式。原生 Date 对象有一个 `toJSON()` 方法,能够将 JavaScript 的 Date 对象自动转换成 ISO 8601 日期字符串(与在 Date 对象上调用 `toISOString()` 的结果完全一样)。

可以为任何对象添加 `toJSON()` 方法,比如:

```
var book = {
            "title": "Professional JavaScript",
            "authors": [
                "Nicholas C. Zakas"
            ],
            edition: 3,
            year: 2011,
            toJSON: function(){
```

```
                    return this.title;
                }
            };

var jsonText = JSON.stringify(book);
```

JSONStringifyExample05.htm

以上代码在 book 对象上定义了一个 toJSON()方法，该方法返回图书的书名。与 Date 对象类似，这个对象也将被序列化为一个简单的字符串而非对象。可以让 toJSON()方法返回任何值，它都能正常工作。比如，可以让这个方法返回 undefined，此时如果包含它的对象嵌入在另一个对象中，会导致它的值变成 null，而如果它是顶级对象，结果就是 undefined。

toJSON()可以作为函数过滤器的补充，因此理解序列化的内部顺序十分重要。假设把一个对象传入 JSON.stringify()，序列化该对象的顺序如下。

(1) 如果存在 toJSON()方法而且能通过它取得有效的值，则调用该方法。否则，返回对象本身。

(2) 如果提供了第二个参数，应用这个函数过滤器。传入函数过滤器的值是第(1)步返回的值。

(3) 对第(2)步返回的每个值进行相应的序列化。

(4) 如果提供了第三个参数，执行相应的格式化。

无论是考虑定义 toJSON()方法，还是考虑使用函数过滤器，亦或需要同时使用两者，理解这个顺序都是至关重要的。

20.2.3 解析选项

JSON.parse()方法也可以接收另一个参数，该参数是一个函数，将在每个键值对儿上调用。为了区别 JSON.stringify()接收的替换（过滤）函数（replacer），这个函数被称为还原函数（reviver），但实际上这两个函数的签名是相同的——它们都接收两个参数，一个键和一个值，而且都需要返回一个值。

如果还原函数返回 undefined，则表示要从结果中删除相应的键；如果返回其他值，则将该值插入到结果中。在将日期字符串转换为 Date 对象时，经常要用到还原函数。例如：

```
var book = {
            "title": "Professional JavaScript",
            "authors": [
                "Nicholas C. Zakas"
            ],
            edition: 3,
            year: 2011,
            releaseDate: new Date(2011, 11, 1)
        };

var jsonText = JSON.stringify(book);

var bookCopy = JSON.parse(jsonText, function(key, value){
    if (key == "releaseDate"){
        return new Date(value);
    } else {
        return value;
    }
```

```
});

alert(bookCopy.releaseDate.getFullYear());
```

　　以上代码先是为 book 对象新增了一个 releaseDate 属性，该属性保存着一个 Date 对象。这个对象在经过序列化之后变成了有效的 JSON 字符串，然后经过解析又在 bookCopy 中还原为一个 Date 对象。还原函数在遇到"releaseDate"键时，会基于相应的值创建一个新的 Date 对象。结果就是 bookCopy.releaseDate 属性中会保存一个 Date 对象。正因为如此，才能基于这个对象调用 getFullYear()方法。

20.3　小结

　　JSON 是一个轻量级的数据格式，可以简化表示复杂数据结构的工作量。JSON 使用 JavaScript 语法的子集表示对象、数组、字符串、数值、布尔值和 null。即使 XML 也能表示同样复杂的数据结果，但 JSON 没有那么烦琐，而且在 JavaScript 中使用更便利。

　　ECMAScript 5 定义了一个原生的 JSON 对象，可以用来将对象序列化为 JSON 字符串或者将 JSON 数据解析为 JavaScript 对象。JSON.stringify()和 JSON.parse()方法分别用来实现上述两项功能。这两个方法都有一些选项，通过它们可以改变过滤的方式，或者改变序列化的过程。

　　原生的 JSON 对象也得到了很多浏览器的支持，比如 IE8+、Firefox 3.5+、Safari 4+、Opera 10.5 和 Chrome。

第 **21** 章

Ajax 与 Comet

本章内容
- ❏ 使用 `XMLHttpRequest` 对象
- ❏ 使用 `XMLHttpRequest` 事件
- ❏ 跨域 Ajax 通信的限制

2005 年，Jesse James Garrett 发表了一篇在线文章，题为 "Ajax: A new Approach to Web Applications"（http://www.adaptivepath.com/ideas/essays/archives/000385.php）。他在这篇文章里介绍了一种技术，用他的话说，就叫 Ajax，是对 Asynchronous JavaScript + XML 的简写。这一技术能够向服务器请求额外的数据而无须卸载页面，会带来更好的用户体验。Garrett 还解释了怎样使用这一技术改变自从 Web 诞生以来就一直沿用的"单击，等待"的交互模式。

Ajax 技术的核心是 `XMLHttpRequest` 对象（简称 XHR），这是由微软首先引入的一个特性，其他浏览器提供商后来都提供了相同的实现。在 XHR 出现之前，Ajax 式的通信必须借助一些 hack 手段来实现，大多数是使用隐藏的框架或内嵌框架。XHR 为向服务器发送请求和解析服务器响应提供了流畅的接口。能够以异步方式从服务器取得更多信息，意味着用户单击后，可以不必刷新页面也能取得新数据。也就是说，可以使用 XHR 对象取得新数据，然后再通过 DOM 将新数据插入到页面中。另外，虽然名字中包含 XML 的成分，但 Ajax 通信与数据格式无关；这种技术就是无须刷新页面即可从服务器取得数据，但不一定是 XML 数据。

实际上，Garrett 提到的这种技术已经存在很长时间了。在 Garrett 撰写那篇文章之前，人们通常将这种技术叫做**远程脚本**（remote scripting），而且早在 1998 年就有人采用不同的手段实现了这种浏览器与服务器的通信。再往前推，JavaScript 需要通过 Java applet 或 Flash 电影等中间层向服务器发送请求。而 XHR 则将浏览器原生的通信能力提供给了开发人员，简化了实现同样操作的任务。

在重命名为 Ajax 之后，大约是 2005 年底 2006 年初，这种浏览器与服务器的通信技术可谓红极一时。人们对 JavaScript 和 Web 的全新认识，催生了很多使用原有特性的新技术和新模式。就目前来说，熟练使用 XHR 对象已经成为所有 Web 开发人员必须掌握的一种技能。

21.1 **XMLHttpRequest** 对象

IE5 是第一款引入 XHR 对象的浏览器。在 IE5 中，XHR 对象是通过 MSXML 库中的一个 ActiveX 对象实现的。因此，在 IE 中可能会遇到三种不同版本的 XHR 对象，即 `MSXML2.XMLHttp`、`MSXML2.XMLHttp.3.0` 和 `MSXML2.XMLHttp.6.0`。要使用 MSXML 库中的 XHR 对象，需要像第 18 章讨论创建 XML 文档时一样，编写一个函数，例如：

```
//适用于 IE7 之前的版本
function createXHR(){
    if (typeof arguments.callee.activeXString != "string"){
        var versions = ["MSXML2.XMLHttp.6.0", "MSXML2.XMLHttp.3.0",
                        "MSXML2.XMLHttp"],
            i, len;

        for (i=0,len=versions.length; i < len; i++){
            try {
                new ActiveXObject(versions[i]);
                arguments.callee.activeXString = versions[i];
                break;
            } catch (ex){
                //跳过
            }
        }
    }

    return new ActiveXObject(arguments.callee.activeXString);
}
```

这个函数会尽力根据 IE 中可用的 MSXML 库的情况创建最新版本的 XHR 对象。

IE7+、Firefox、Opera、Chrome 和 Safari 都支持原生的 XHR 对象，在这些浏览器中创建 XHR 对象要像下面这样使用 XMLHttpRequest 构造函数。

```
var xhr = new XMLHttpRequest();
```

假如你只想支持 IE7 及更高版本，那么大可丢掉前面定义的那个函数，而只用原生的 XHR 实现。但是，如果你必须还要支持 IE 的早期版本，那么则可以在这个 createXHR() 函数中加入对原生 XHR 对象的支持。

```
function createXHR(){
    if (typeof XMLHttpRequest != "undefined"){
        return new XMLHttpRequest();
    } else if (typeof ActiveXObject != "undefined"){
        if (typeof arguments.callee.activeXString != "string"){
            var versions = [ "MSXML2.XMLHttp.6.0", "MSXML2.XMLHttp.3.0",
                            "MSXML2.XMLHttp"],
                i, len;

            for (i=0,len=versions.length; i < len; i++){
                try {
                    new ActiveXObject(versions[i]);
                    arguments.callee.activeXString = versions[i];
                    break;
                } catch (ex){
                    //跳过
                }
            }
        }

        return new ActiveXObject(arguments.callee.activeXString);
    } else {
        throw new Error("No XHR object available.");
    }
}
```

XHRExample01.htm

这个函数中新增的代码首先检测原生 XHR 对象是否存在，如果存在则返回它的新实例。如果原生对象不存在，则检测 ActiveX 对象。如果这两种对象都不存在，就抛出一个错误。然后，就可以使用下面的代码在所有浏览器中创建 XHR 对象了。

```
var xhr = createXHR();
```

由于其他浏览器中对 XHR 的实现与 IE 最早的实现是兼容的，因此就可以在所有浏览器中都以相同方式使用上面创建的 xhr 对象。

21.1.1 XHR 的用法

在使用 XHR 对象时，要调用的第一个方法是 open()，它接受 3 个参数：要发送的请求的类型（"get"、"post"等）、请求的 URL 和表示是否异步发送请求的布尔值。下面就是调用这个方法的例子。

```
xhr.open("get", "example.php", false);
```

这行代码会启动一个针对 example.php 的 GET 请求。有关这行代码，需要说明两点：一是 URL 相对于执行代码的当前页面（当然也可以使用绝对路径）；二是调用 open() 方法并不会真正发送请求，而只是启动一个请求以备发送。

> 只能向同一个域中使用相同端口和协议的 URL 发送请求。如果 URL 与启动请求的页面有任何差别，都会引发安全错误。

要发送特定的请求，必须像下面这样调用 send() 方法：

```
xhr.open("get", "example.txt", false);
xhr.send(null);
```

XHRExample01.htm

这里的 send() 方法接收一个参数，即要作为请求主体发送的数据。如果不需要通过请求主体发送数据，则必须传入 null，因为这个参数对有些浏览器来说是必需的。调用 send() 之后，请求就会被分派到服务器。

由于这次请求是同步的，JavaScript 代码会等到服务器响应之后再继续执行。在收到响应后，响应的数据会自动填充 XHR 对象的属性，相关的属性简介如下。

❑ responseText：作为响应主体被返回的文本。
❑ responseXML：如果响应的内容类型是"text/xml"或"application/xml"，这个属性中将保存包含着响应数据的 XML DOM 文档。
❑ status：响应的 HTTP 状态。
❑ statusText：HTTP 状态的说明。

在接收到响应后，第一步是检查 status 属性，以确定响应已经成功返回。一般来说，可以将 HTTP 状态代码为 200 作为成功的标志。此时，responseText 属性的内容已经就绪，而且在内容类型正确的情况下，responseXML 也应该能够访问了。此外，状态代码为 304 表示请求的资源并没有被修改，可以直接使用浏览器中缓存的版本；当然，也意味着响应是有效的。为确保接收到适当的响应，应该像下面这样检查上述这两种状态代码：

```
xhr.open("get", "example.txt", false);
xhr.send(null);

if ((xhr.status >= 200 && xhr.status < 300) || xhr.status == 304){
    alert(xhr.responseText);
} else {
    alert("Request was unsuccessful: " + xhr.status);
}
```

XHRExample01.htm

根据返回的状态代码，这个例子可能会显示由服务器返回的内容，也可能会显示一条错误消息。我们建议读者要通过检测 status 来决定下一步的操作，不要依赖 statusText，因为后者在跨浏览器使用时不太可靠。另外，无论内容类型是什么，响应主体的内容都会保存到 responseText 属性中；而对于非 XML 数据而言，responseXML 属性的值将为 null。

> 有的浏览器会错误地报告 204 状态代码。IE 中 XHR 的 ActiveX 版本会将 204 设置为 1223，而 IE 中原生的 XHR 则会将 204 规范化为 200。Opera 会在取得 204 时报告 status 的值为 0。

像前面这样发送同步请求当然没有问题，但多数情况下，我们还是要发送异步请求，才能让 JavaScript 继续执行而不必等待响应。此时，可以检测 XHR 对象的 readyState 属性，该属性表示请求/响应过程的当前活动阶段。这个属性可取的值如下。

- ❑ 0：未初始化。尚未调用 open() 方法。
- ❑ 1：启动。已经调用 open() 方法，但尚未调用 send() 方法。
- ❑ 2：发送。已经调用 send() 方法，但尚未接收到响应。
- ❑ 3：接收。已经接收到部分响应数据。
- ❑ 4：完成。已经接收到全部响应数据，而且已经可以在客户端使用了。

只要 readyState 属性的值由一个值变成另一个值，都会触发一次 readystatechange 事件。可以利用这个事件来检测每次状态变化后 readyState 的值。通常，我们只对 readyState 值为 4 的阶段感兴趣，因为这时所有数据都已经就绪。不过，必须在调用 open() 之前指定 onreadystatechange 事件处理程序才能确保跨浏览器兼容性。下面来看一个例子。

```
var xhr = createXHR();
xhr.onreadystatechange = function(){
    if (xhr.readyState == 4){
        if ((xhr.status >= 200 && xhr.status < 300) || xhr.status == 304){
            alert(xhr.responseText);
        } else {
            alert("Request was unsuccessful: " + xhr.status);
        }
    }
};
xhr.open("get", "example.txt", true);
xhr.send(null);
```

XHRAsyncExample01.htm

以上代码利用 DOM 0 级方法为 XHR 对象添加了事件处理程序,原因是并非所有浏览器都支持 DOM 2 级方法。与其他事件处理程序不同,这里没有向 onreadystatechange 事件处理程序中传递 event 对象;必须通过 XHR 对象本身来确定下一步该怎么做。

> 　　这个例子在 onreadystatechange 事件处理程序中使用了 xhr 对象,没有使用 this 对象,原因是 onreadystatechange 事件处理程序的作用域问题。如果使用 this 对象,在有的浏览器中会导致函数执行失败,或者导致错误发生。因此,使用实际的 XHR 对象实例变量是较为可靠的一种方式。

另外,在接收到响应之前还可以调用 abort() 方法来取消异步请求,如下所示:

```
xhr.abort();
```

调用这个方法后,XHR 对象会停止触发事件,而且也不再允许访问任何与响应有关的对象属性。在终止请求之后,还应该对 XHR 对象进行解引用操作。由于内存原因,不建议重用 XHR 对象。

21.1.2　HTTP 头部信息

每个 HTTP 请求和响应都会带有相应的头部信息,其中有的对开发人员有用,有的也没有什么用。XHR 对象也提供了操作这两种头部(即请求头部和响应头部)信息的方法。

默认情况下,在发送 XHR 请求的同时,还会发送下列头部信息。

- ❑ Accept:浏览器能够处理的内容类型。
- ❑ Accept-Charset:浏览器能够显示的字符集。
- ❑ Accept-Encoding:浏览器能够处理的压缩编码。
- ❑ Accept-Language:浏览器当前设置的语言。
- ❑ Connection:浏览器与服务器之间连接的类型。
- ❑ Cookie:当前页面设置的任何 Cookie。
- ❑ Host:发出请求的页面所在的域。
- ❑ Referer:发出请求的页面的 URI。注意,HTTP 规范将这个头部字段拼写错了,而为保证与规范一致,也只能将错就错了。(这个英文单词的正确拼法应该是 referrer。)
- ❑ User-Agent:浏览器的用户代理字符串。

虽然不同浏览器实际发送的头部信息会有所不同,但以上列出的基本上是所有浏览器都会发送的。使用 setRequestHeader() 方法可以设置自定义的请求头部信息。这个方法接受两个参数:头部字段的名称和头部字段的值。要成功发送请求头部信息,必须在调用 open() 方法之后且调用 send() 方法之前调用 setRequestHeader(),如下面的例子所示。

```
var xhr = createXHR();
xhr.onreadystatechange = function(){
    if (xhr.readyState == 4){
        if ((xhr.status >= 200 && xhr.status < 300) || xhr.status == 304){
            alert(xhr.responseText);
        } else {
            alert("Request was unsuccessful: " + xhr.status);
        }
    }
```

```
};
xhr.open("get", "example.php", true);
xhr.setRequestHeader("MyHeader", "MyValue");
xhr.send(null);
```

XHRRequestHeadersExample01.htm

服务器在接收到这种自定义的头部信息之后，可以执行相应的后续操作。我们建议读者使用自定义的头部字段名称，不要使用浏览器正常发送的字段名称，否则有可能会影响服务器的响应。有的浏览器允许开发人员重写默认的头部信息，但有的浏览器则不允许这样做。

调用 XHR 对象的 getResponseHeader() 方法并传入头部字段名称，可以取得相应的响应头部信息。而调用 getAllResponseHeaders() 方法则可以取得一个包含所有头部信息的长字符串。来看下面的例子。

```
var myHeader = xhr.getResponseHeader("MyHeader");
var allHeaders = xhr.getAllResponseHeaders();
```

在服务器端，也可以利用头部信息向浏览器发送额外的、结构化的数据。在没有自定义信息的情况下，getAllResponseHeaders() 方法通常会返回如下所示的多行文本内容：

```
Date: Sun, 14 Nov 2004 18:04:03 GMT
Server: Apache/1.3.29 (Unix)
Vary: Accept
X-Powered-By: PHP/4.3.8
Connection: close
Content-Type: text/html; charset=iso-8859-1
```

这种格式化的输出可以方便我们检查响应中所有头部字段的名称，而不必一个一个地检查某个字段是否存在。

21.1.3　GET 请求

GET 是最常见的请求类型，最常用于向服务器查询某些信息。必要时，可以将查询字符串参数追加到 URL 的末尾，以便将信息发送给服务器。对 XHR 而言，位于传入 open() 方法的 URL 末尾的查询字符串必须经过正确的编码才行。

使用 GET 请求经常会发生的一个错误，就是查询字符串的格式有问题。查询字符串中每个参数的名称和值都必须使用 encodeURIComponent() 进行编码，然后才能放到 URL 的末尾；而且所有名-值对儿都必须由和号（&）分隔，如下面的例子所示。

```
xhr.open("get", "example.php?name1=value1&name2=value2", true);
```

下面这个函数可以辅助向现有 URL 的末尾添加查询字符串参数：

```
function addURLParam(url, name, value) {
    url += (url.indexOf("?") == -1 ? "?" : "&");
    url += encodeURIComponent(name) + "=" + encodeURIComponent(value);
    return url;
}
```

这个 addURLParam() 函数接受三个参数：要添加参数的 URL、参数的名称和参数的值。这个函数首先检查 URL 是否包含问号（以确定是否已经有参数存在）。如果没有，就添加一个问号；否则，就添加一个和号。然后，将参数名称和值进行编码，再添加到 URL 的末尾。最后返回添加参数之后的 URL。

下面是使用这个函数来构建请求 URL 的示例。

```
var url = "example.php";

//添加参数
url = addURLParam(url, "name", "Nicholas");
url = addURLParam(url, "book", "Professional JavaScript");

//初始化请求
xhr.open("get", url, false);
```

在这里使用 addURLParam() 函数可以确保查询字符串的格式良好，并可靠地用于 XHR 对象。

21.1.4 POST 请求

使用频率仅次于 GET 的是 POST 请求，通常用于向服务器发送应该被保存的数据。POST 请求应该把数据作为请求的主体提交，而 GET 请求传统上不是这样。POST 请求的主体可以包含非常多的数据，而且格式不限。在 open() 方法第一个参数的位置传入"post"，就可以初始化一个 POST 请求，如下面的例子所示。

```
xhr.open("post", "example.php", true);
```

发送 POST 请求的第二步就是向 send() 方法中传入某些数据。由于 XHR 最初的设计主要是为了处理 XML，因此可以在此传入 XML DOM 文档，传入的文档经序列化之后将作为请求主体被提交到服务器。当然，也可以在此传入任何想发送到服务器的字符串。

默认情况下，服务器对 POST 请求和提交 Web 表单的请求并不会一视同仁。因此，服务器端必须有程序来读取发送过来的原始数据，并从中解析出有用的部分。不过，我们可以使用 XHR 来模仿表单提交：首先将 Content-Type 头部信息设置为 application/x-www-form-urlencoded，也就是表单提交时的内容类型，其次是以适当的格式创建一个字符串。第 14 章曾经讨论过，POST 数据的格式与查询字符串格式相同。如果需要将页面中表单的数据进行序列化，然后再通过 XHR 发送到服务器，那么就可以使用第 14 章介绍的 serialize() 函数来创建这个字符串：

```
function submitData(){
    var xhr = createXHR();
    xhr.onreadystatechange = function(){
        if (xhr.readyState == 4){
            if ((xhr.status >= 200 && xhr.status < 300) || xhr.status == 304){
                alert(xhr.responseText);
            } else {
                alert("Request was unsuccessful: " + xhr.status);
            }
        }
    };

    xhr.open("post", "postexample.php", true);
    xhr.setRequestHeader("Content-Type", "application/x-www-form-urlencoded");
    var form = document.getElementById("user-info");
    xhr.send(serialize(form));
}
```

XHRPostExample01.htm

这个函数可以将 ID 为"user-info"的表单中的数据序列化之后发送给服务器。而下面的示例 PHP 文件 postexample.php 就可以通过 $_POST 取得提交的数据了:

```php
<?php
    header("Content-Type: text/plain");
    echo <<<EOF
Name: {$_POST['user-name']}
Email: {$_POST['user-email']}
EOF;
?>
```

postexample.php

如果不设置 Content-Type 头部信息,那么发送给服务器的数据就不会出现在 $_POST 超级全局变量中。这时候,要访问同样的数据,就必须借助 $HTTP_RAW_POST_DATA。

> 与 GET 请求相比,POST 请求消耗的资源会更多一些。从性能角度来看,以发送相同的数据计,GET 请求的速度最多可达到 POST 请求的两倍。

21.2 XMLHttpRequest 2 级

鉴于 XHR 已经得到广泛接受,成为了事实标准,W3C 也着手制定相应的标准以规范其行为。XMLHttpRequest 1 级只是把已有的 XHR 对象的实现细节描述了出来。而 XMLHttpRequest 2 级则进一步发展了 XHR。并非所有浏览器都完整地实现了 XMLHttpRequest 2 级规范,但所有浏览器都实现了它规定的部分内容。

21.2.1 FormData

现代 Web 应用中频繁使用的一项功能就是表单数据的序列化,XMLHttpRequest 2 级为此定义了 FormData 类型。FormData 为序列化表单以及创建与表单格式相同的数据(用于通过 XHR 传输)提供了便利。下面的代码创建了一个 FormData 对象,并向其中添加了一些数据。

```
var data = new FormData();
data.append("name", "Nicholas");
```

这个 append() 方法接收两个参数:键和值,分别对应表单字段的名字和字段中包含的值。可以像这样添加任意多个键值对儿。而通过向 FormData 构造函数中传入表单元素,也可以用表单元素的数据预先向其中填入键值对儿:

```
var data = new FormData(document.forms[0]);
```

创建了 FormData 的实例后,可以将它直接传给 XHR 的 send() 方法,如下所示:

```
var xhr = createXHR();
xhr.onreadystatechange = function(){
    if (xhr.readyState == 4){
        if ((xhr.status >= 200 && xhr.status < 300) || xhr.status == 304){
            alert(xhr.responseText);
```

```
        } else {
            alert("Request was unsuccessful: " + xhr.status);
        }
    }
};

xhr.open("post","postexample.php", true);
var form = document.getElementById("user-info");
xhr.send(new FormData(form));
```

XHRFormDataExample01.htm

使用 FormData 的方便之处体现在不必明确地在 XHR 对象上设置请求头部。XHR 对象能够识别传入的数据类型是 FormData 的实例,并配置适当的头部信息。

支持 FormData 的浏览器有 Firefox 4+、Safari 5+、Chrome 和 Android 3+ 版 WebKit。

21.2.2 超时设定

IE8 为 XHR 对象添加了一个 timeout 属性,表示请求在等待响应多少毫秒之后就终止。在给 timeout 设置一个数值后,如果在规定的时间内浏览器还没有接收到响应,那么就会触发 timeout 事件,进而会调用 ontimeout 事件处理程序。这项功能后来也被收入了 XMLHttpRequest 2 级规范中。来看下面的例子。

```
var xhr = createXHR();
xhr.onreadystatechange = function(){
    if (xhr.readyState == 4){
        try {
            if ((xhr.status >= 200 && xhr.status < 300) || xhr.status == 304){
                alert(xhr.responseText);
            } else {
                alert("Request was unsuccessful: " + xhr.status);
            }
        } catch (ex){
            //假设由 ontimeout 事件处理程序处理
        }
    }
};

xhr.open("get", "timeout.php", true);
xhr.timeout = 1000; //将超时设置为 1 秒钟 (仅适用于 IE8+)
xhr.ontimeout = function(){
    alert("Request did not return in a second.");
};
xhr.send(null);
```

XHRTimeoutExample01.htm

这个例子示范了如何使用 timeout 属性。将这个属性设置为 1000 毫秒,意味着如果请求在 1 秒钟内还没有返回,就会自动终止。请求终止时,会调用 ontimeout 事件处理程序。但此时 readyState 可能已经改变为 4 了,这意味着会调用 onreadystatechange 事件处理程序。可是,如果在超时终止请求之后再访问 status 属性,就会导致错误。为避免浏览器报告错误,可以将检查 status 属性的语

句封装在一个 `try-catch` 语句当中。

在写作本书时，IE 8+仍然是唯一支持超时设定的浏览器。

21.2.3　`overrideMimeType()`方法

Firefox 最早引入了 `overrideMimeType()`方法，用于重写 XHR 响应的 MIME 类型。这个方法后来也被纳入了 XMLHttpRequest 2 级规范。因为返回响应的 MIME 类型决定了 XHR 对象如何处理它，所以提供一种方法能够重写服务器返回的 MIME 类型是很有用的。

比如，服务器返回的 MIME 类型是 `text/plain`，但数据中实际包含的是 XML。根据 MIME 类型，即使数据是 XML，`responseXML` 属性中仍然是 `null`。通过调用 `overrideMimeType()`方法，可以保证把响应当作 XML 而非纯文本来处理。

```
var xhr = createXHR();
xhr.open("get", "text.php", true);
xhr.overrideMimeType("text/xml");
xhr.send(null);
```

这个例子强迫 XHR 对象将响应当作 XML 而非纯文本来处理。调用 `overrideMimeType()`必须在 `send()`方法之前，才能保证重写响应的 MIME 类型。

支持 `overrideMimeType()`方法的浏览器有 Firefox、Safari 4+、Opera 10.5 和 Chrome。

21.3　进度事件

Progress Events 规范是 W3C 的一个工作草案，定义了与客户端服务器通信有关的事件。这些事件最早其实只针对 XHR 操作，但目前也被其他 API 借鉴。有以下 6 个进度事件。

❑ `loadstart`：在接收到响应数据的第一个字节时触发。

❑ `progress`：在接收响应期间持续不断地触发。

❑ `error`：在请求发生错误时触发。

❑ `abort`：在因为调用 `abort()`方法而终止连接时触发。

❑ `load`：在接收到完整的响应数据时触发。

❑ `loadend`：在通信完成或者触发 `error`、`abort` 或 `load` 事件后触发。

每个请求都从触发 `loadstart` 事件开始，接下来是一或多个 `progress` 事件，然后触发 `error`、`abort` 或 `load` 事件中的一个，最后以触发 `loadend` 事件结束。

支持前 5 个事件的浏览器有 Firefox 3.5+、Safari 4+、Chrome、iOS 版 Safari 和 Android 版 WebKit。Opera（从第 11 版开始）、IE 8+只支持 `load` 事件。目前还没有浏览器支持 `loadend` 事件。

这些事件大都很直观，但其中两个事件有一些细节需要注意。

21.3.1　`load` 事件

Firefox 在实现 XHR 对象的某个版本时，曾致力于简化异步交互模型。最终，Firefox 实现中引入了 `load` 事件，用以替代 `readystatechange` 事件。响应接收完毕后将触发 `load` 事件，因此也就没有必要去检查 `readyState` 属性了。而 `onload` 事件处理程序会接收到一个 `event` 对象，其 `target` 属性就指向 XHR 对象实例，因而可以访问到 XHR 对象的所有方法和属性。然而，并非所有浏览器都为这个事件实现了适当的事件对象。结果，开发人员还是要像下面这样被迫使用 XHR 对象变量。

```
var xhr = createXHR();
xhr.onload = function(){
    if ((xhr.status >= 200 && xhr.status < 300) || xhr.status == 304){
        alert(xhr.responseText);
    } else {
        alert("Request was unsuccessful: " + xhr.status);
    }
};
xhr.open("get", "altevents.php", true);
xhr.send(null);
```

XHRProgressEventExample01.htm

只要浏览器接收到服务器的响应，不管其状态如何，都会触发 load 事件。而这意味着你必须要检查 status 属性，才能确定数据是否真的已经可用了。Firefox、Opera、Chrome 和 Safari 都支持 load 事件。

21.3.2 progress 事件

Mozilla 对 XHR 的另一个革新是添加了 progress 事件，这个事件会在浏览器接收新数据期间周期性地触发。而 onprogress 事件处理程序会接收到一个 event 对象，其 target 属性是 XHR 对象，但包含着三个额外的属性：lengthComputable、position 和 totalSize。其中，lengthComputable 是一个表示进度信息是否可用的布尔值，position 表示已经接收的字节数，totalSize 表示根据 Content-Length 响应头部确定的预期字节数。有了这些信息，我们就可以为用户创建一个进度指示器了。下面展示了为用户创建进度指示器的一个示例。

```
var xhr = createXHR();
xhr.onload = function(event){
    if ((xhr.status >= 200 && xhr.status < 300) ||
            xhr.status == 304){
        alert(xhr.responseText);
    } else {
        alert("Request was unsuccessful: " + xhr.status);
    }
};
xhr.onprogress = function(event){
    var divStatus = document.getElementById("status");
    if (event.lengthComputable){
        divStatus.innerHTML = "Received " + event.position + " of " +
            event.totalSize +" bytes";
    }
};

xhr.open("get", "altevents.php", true);
xhr.send(null);
```

XHRProgressEventExample01.htm

为确保正常执行，必须在调用 open()方法之前添加 onprogress 事件处理程序。在前面的例子中，

每次触发 `progress` 事件，都会以新的状态信息更新 HTML 元素的内容。如果响应头部中包含 `Content-Length` 字段，那么也可以利用此信息来计算从响应中已经接收到的数据的百分比。

21.4 跨域源资源共享

通过 XHR 实现 Ajax 通信的一个主要限制，来源于跨域安全策略。默认情况下，XHR 对象只能访问与包含它的页面位于同一个域中的资源。这种安全策略可以预防某些恶意行为。但是，实现合理的跨域请求对开发某些浏览器应用程序也是至关重要的。

CORS（Cross-Origin Resource Sharing，跨域源资源共享）是 W3C 的一个工作草案，定义了在必须访问跨源资源时，浏览器与服务器应该如何沟通。CORS 背后的基本思想，就是使用自定义的 HTTP 头部让浏览器与服务器进行沟通，从而决定请求或响应是应该成功，还是应该失败。

比如一个简单的使用 `GET` 或 `POST` 发送的请求，它没有自定义的头部，而主体内容是 text/plain。在发送该请求时，需要给它附加一个额外的 `Origin` 头部，其中包含请求页面的源信息（协议、域名和端口），以便服务器根据这个头部信息来决定是否给予响应。下面是 `Origin` 头部的一个示例：

```
Origin: http://www.nczonline.net
```

如果服务器认为这个请求可以接受，就在 `Access-Control-Allow-Origin` 头部中回发相同的源信息（如果是公共资源，可以回发 `"*"`）。例如：

```
Access-Control-Allow-Origin: http://www.nczonline.net
```

如果没有这个头部，或者有这个头部但源信息不匹配，浏览器就会驳回请求。正常情况下，浏览器会处理请求。注意，请求和响应都不包含 cookie 信息。

21.4.1 IE 对 CORS 的实现

微软在 IE8 中引入了 XDR（XDomainRequest）类型。这个对象与 XHR 类似，但能实现安全可靠的跨域通信。XDR 对象的安全机制部分实现了 W3C 的 CORS 规范。以下是 XDR 与 XHR 的一些不同之处。

- cookie 不会随请求发送，也不会随响应返回。
- 只能设置请求头部信息中的 `Content-Type` 字段。
- 不能访问响应头部信息。
- 只支持 `GET` 和 `POST` 请求。

这些变化使 CSRF（Cross-Site Request Forgery，跨站点请求伪造）和 XSS（Cross-Site Scripting，跨站点脚本）的问题得到了缓解。被请求的资源可以根据它认为合适的任意数据（用户代理、来源页面等）来决定是否设置 `Access-Control- Allow-Origin` 头部。作为请求的一部分，`Origin` 头部的值表示请求的来源域，以便远程资源明确地识别 XDR 请求。

XDR 对象的使用方法与 XHR 对象非常相似。也是创建一个 `XDomainRequest` 的实例，调用 `open()` 方法，再调用 `send()` 方法。但与 XHR 对象的 `open()` 方法不同，XDR 对象的 `open()` 方法只接收两个参数：请求的类型和 URL。

所有 XDR 请求都是异步执行的，不能用它来创建同步请求。请求返回之后，会触发 `load` 事件，响应的数据也会保存在 `responseText` 属性中，如下所示。

```
var xdr = new XDomainRequest();
xdr.onload = function(){
    alert(xdr.responseText);
};
xdr.open("get", "http://www.somewhere-else.com/page/");
xdr.send(null);
```

XDomainRequestExample01.htm

在接收到响应后，你只能访问响应的原始文本；没有办法确定响应的状态代码。而且，只要响应有效就会触发 `load` 事件，如果失败（包括响应中缺少 `Access-Control-Allow-Origin` 头部）就会触发 `error` 事件。遗憾的是，除了错误本身之外，没有其他信息可用，因此唯一能够确定的就只有请求未成功了。要检测错误，可以像下面这样指定一个 `onerror` 事件处理程序。

```
var xdr = new XDomainRequest();
xdr.onload = function(){
    alert(xdr.responseText);
};
xdr.onerror = function(){
    alert("An error occurred.");
};
xdr.open("get", "http://www.somewhere-else.com/page/");
xdr.send(null);
```

XDomainRequestExample01.htm

鉴于导致 XDR 请求失败的因素很多，因此建议你不要忘记通过 `onerror` 事件处理程序来捕获该事件；否则，即使请求失败也不会有任何提示。

在请求返回前调用 `abort()` 方法可以终止请求：

```
xdr.abort(); //终止请求
```

与 XHR 一样，XDR 对象也支持 `timeout` 属性以及 `ontimeout` 事件处理程序。下面是一个例子。

```
var xdr = new XDomainRequest();
xdr.onload = function(){
    alert(xdr.responseText);
};
xdr.onerror = function(){
    alert("An error occurred.");
};
xdr.timeout = 1000;
xdr.ontimeout = function(){
    alert("Request took too long.");
};
xdr.open("get", "http://www.somewhere-else.com/page/");
xdr.send(null);
```

这个例子会在运行 1 秒钟后超时，并随即调用 `ontimeout` 事件处理程序。

为支持 POST 请求，XDR 对象提供了 `contentType` 属性，用来表示发送数据的格式，如下面的例子所示。

```
var xdr = new XDomainRequest();
xdr.onload = function(){
    alert(xdr.responseText);
};
xdr.onerror = function(){
    alert("An error occurred.");
};
xdr.open("post", "http://www.somewhere-else.com/page/");
xdr.contentType = "application/x-www-form-urlencoded";
xdr.send("name1=value1&name2=value2");
```

这个属性是通过 XDR 对象影响头部信息的唯一方式。

21.4.2 其他浏览器对 CORS 的实现

Firefox 3.5+、Safari 4+、Chrome、iOS 版 Safari 和 Android 平台中的 WebKit 都通过 XMLHttpRequest 对象实现了对 CORS 的原生支持。在尝试打开不同来源的资源时，无需额外编写代码就可以触发这个行为。要请求位于另一个域中的资源，使用标准的 XHR 对象并在 open() 方法中传入绝对 URL 即可，例如：

```
var xhr = createXHR();
xhr.onreadystatechange = function(){
    if (xhr.readyState == 4){
        if ((xhr.status >= 200 && xhr.status < 300) || xhr.status == 304){
            alert(xhr.responseText);
        } else {
            alert("Request was unsuccessful: " + xhr.status);
        }
    }
};
xhr.open("get", "http://www.somewhere-else.com/page/", true);
xhr.send(null);
```

与 IE 中的 XDR 对象不同，通过跨域 XHR 对象可以访问 status 和 statusText 属性，而且还支持同步请求。跨域 XHR 对象也有一些限制，但为了安全这些限制是必需的。以下就是这些限制。

❑ 不能使用 setRequestHeader() 设置自定义头部。

❑ 不能发送和接收 cookie。

❑ 调用 getAllResponseHeaders() 方法总会返回空字符串。

由于无论同源请求还是跨源请求都使用相同的接口，因此对于本地资源，最好使用相对 URL，在访问远程资源时再使用绝对 URL。这样做能消除歧义，避免出现限制访问头部或本地 cookie 信息等问题。

21.4.3 Preflighted Reqeusts

CORS 通过一种叫做 Preflighted Requests 的透明服务器验证机制支持开发人员使用自定义的头部、GET 或 POST 之外的方法，以及不同类型的主体内容。在使用下列高级选项来发送请求时，就会向服务器发送一个 Preflight 请求。这种请求使用 OPTIONS 方法，发送下列头部。

❑ Origin：与简单的请求相同。

❑ Access-Control-Request-Method：请求自身使用的方法。

❑ Access-Control-Request-Headers：（可选）自定义的头部信息，多个头部以逗号分隔。

以下是一个带有自定义头部 NCZ 的使用 POST 方法发送的请求。

```
Origin: http://www.nczonline.net
Access-Control-Request-Method: POST
Access-Control-Request-Headers: NCZ
```

发送这个请求后，服务器可以决定是否允许这种类型的请求。服务器通过在响应中发送如下头部与浏览器进行沟通。

❑ Access-Control-Allow-Origin：与简单的请求相同。

❑ Access-Control-Allow-Methods：允许的方法，多个方法以逗号分隔。

❑ Access-Control-Allow-Headers：允许的头部，多个头部以逗号分隔。

❑ Access-Control-Max-Age：应该将这个 Preflight 请求缓存多长时间（以秒表示）。

例如：

```
Access-Control-Allow-Origin: http://www.nczonline.net
Access-Control-Allow-Methods: POST, GET
Access-Control-Allow-Headers: NCZ
Access-Control-Max-Age: 1728000
```

Preflight 请求结束后，结果将按照响应中指定的时间缓存起来。而为此付出的代价只是第一次发送这种请求时会多一次 HTTP 请求。

支持 Preflight 请求的浏览器包括 Firefox 3.5+、Safari 4+和 Chrome。IE 10 及更早版本都不支持。

21.4.4 带凭据的请求

默认情况下，跨源请求不提供凭据（cookie、HTTP 认证及客户端 SSL 证明等）。通过将 withCredentials 属性设置为 true，可以指定某个请求应该发送凭据。如果服务器接受带凭据的请求，会用下面的 HTTP 头部来响应。

```
Access-Control-Allow-Credentials: true
```

如果发送的是带凭据的请求，但服务器的响应中没有包含这个头部，那么浏览器就不会把响应交给 JavaScript（于是，responseText 中将是空字符串，status 的值为 0，而且会调用 onerror() 事件处理程序）。另外，服务器还可以在 Preflight 响应中发送这个 HTTP 头部，表示允许源发送带凭据的请求。

支持 withCredentials 属性的浏览器有 Firefox 3.5+、Safari 4+和 Chrome。IE 10 及更早版本都不支持。

21.4.5 跨浏览器的 CORS

即使浏览器对 CORS 的支持程度并不都一样，但所有浏览器都支持简单的（非 Preflight 和不带凭据的）请求，因此有必要实现一个跨浏览器的方案。检测 XHR 是否支持 CORS 的最简单方式，就是检查是否存在 withCredentials 属性。再结合检测 XDomainRequest 对象是否存在，就可以兼顾所有浏览器了。

```
function createCORSRequest(method, url){
    var xhr = new XMLHttpRequest();
    if ("withCredentials" in xhr){
        xhr.open(method, url, true);
    } else if (typeof XDomainRequest != "undefined"){
        xhr = new XDomainRequest();
        xhr.open(method, url);
```

```
        } else {
            xhr = null;
        }
        return xhr;
    }

    var request = createCORSRequest("get", "http://www.somewhere-else.com/page/");
    if (request){
        request.onload = function(){
            //对 request.responseText 进行处理
        };
        request.send();
    }
```

CrossBrowserCORSRequestExample01.htm

Firefox、Safari 和 Chrome 中的 XMLHttpRequest 对象与 IE 中的 XDomainRequest 对象类似，都提供了够用的接口，因此以上模式还是相当有用的。这两个对象共同的属性/方法如下。

- □ abort()：用于停止正在进行的请求。
- □ onerror：用于替代 onreadystatechange 检测错误。
- □ onload：用于替代 onreadystatechange 检测成功。
- □ responseText：用于取得响应内容。
- □ send()：用于发送请求。

以上成员都包含在 createCORSRequest() 函数返回的对象中，在所有浏览器中都能正常使用。

21.5 其他跨域技术

在 CORS 出现以前，要实现跨域 Ajax 通信颇费一些周折。开发人员想出了一些办法，利用 DOM 中能够执行跨域请求的功能，在不依赖 XHR 对象的情况下也能发送某种请求。虽然 CORS 技术已经无处不在，但开发人员自己发明的这些技术仍然被广泛使用，毕竟这样不需要修改服务器端代码。

21.5.1 图像 Ping

上述第一种跨域请求技术是使用<img>标签。我们知道，一个网页可以从任何网页中加载图像，不用担心跨域不跨域。这也是在线广告跟踪浏览量的主要方式。正如第 13 章讨论过的，也可以动态地创建图像，使用它们的 onload 和 onerror 事件处理程序来确定是否接收到了响应。

动态创建图像经常用于**图像 Ping**。图像 Ping 是与服务器进行简单、单向的跨域通信的一种方式。请求的数据是通过查询字符串形式发送的，而响应可以是任意内容，但通常是像素图或 204 响应。通过图像 Ping，浏览器得不到任何具体的数据，但通过侦听 load 和 error 事件，它能知道响应是什么时候接收到的。来看下面的例子。

```
var img = new Image();
img.onload = img.onerror = function(){
    alert("Done!");
};
img.src = "http://www.example.com/test?name=Nicholas";
```

ImagePingExample01.htm

这里创建了一个 Image 的实例，然后将 onload 和 onerror 事件处理程序指定为同一个函数。这样无论是什么响应，只要请求完成，就能得到通知。请求从设置 src 属性那一刻开始，而这个例子在请求中发送了一个 name 参数。

图像 Ping 最常用于跟踪用户点击页面或动态广告曝光次数。图像 Ping 有两个主要的缺点，一是只能发送 GET 请求，二是无法访问服务器的响应文本。因此，图像 Ping 只能用于浏览器与服务器间的单向通信。

21.5.2 JSONP

JSONP 是 JSON with padding（填充式 JSON 或参数式 JSON）的简写，是应用 JSON 的一种新方法，在后来的 Web 服务中非常流行。JSONP 看起来与 JSON 差不多，只不过是被包含在函数调用中的 JSON，就像下面这样。

```
callback({ "name": "Nicholas" });
```

JSONP 由两部分组成：回调函数和数据。回调函数是当响应到来时应该在页面中调用的函数。回调函数的名字一般是在请求中指定的。而数据就是传入回调函数中的 JSON 数据。下面是一个典型的 JSONP 请求。

```
http://freegeoip.net/json/?callback=handleResponse
```

这个 URL 是在请求一个 JSONP 地理定位服务。通过查询字符串来指定 JSONP 服务的回调参数是很常见的，就像上面的 URL 所示，这里指定的回调函数的名字叫 handleResponse()。

JSONP 是通过动态<script>元素（要了解详细信息，请参考第 13 章）来使用的，使用时可以为 src 属性指定一个跨域 URL。这里的<script>元素与<img>元素类似，都有能力不受限制地从其他域加载资源。因为 JSONP 是有效的 JavaScript 代码，所以在请求完成后，即在 JSONP 响应加载到页面中以后，就会立即执行。来看一个例子。

```
function handleResponse(response){
    alert("You're at IP address " + response.ip + ", which is in " +
            response.city + ", " + response.region_name);
}

var script = document.createElement("script");
script.src = "http://freegeoip.net/json/?callback=handleResponse";
document.body.insertBefore(script, document.body.firstChild);
```

JSONPExample01.htm

这个例子通过查询地理定位服务来显示你的 IP 地址和位置信息。

JSONP 之所以在开发人员中极为流行，主要原因是它非常简单易用。与图像 Ping 相比，它的优点在于能够直接访问响应文本，支持在浏览器与服务器之间双向通信。不过，JSONP 也有两点不足。

首先，JSONP 是从其他域中加载代码执行。如果其他域不安全，很可能会在响应中夹带一些恶意代码，而此时除了完全放弃 JSONP 调用之外，没有办法追究。因此在使用不是你自己运维的 Web 服务时，一定得保证它安全可靠。

其次，要确定 JSONP 请求是否失败并不容易。虽然 HTML5 给<script>元素新增了一个 onerror 事件处理程序，但目前还没有得到任何浏览器支持。为此，开发人员不得不使用计时器检测指定时间内是否接收到了响应。但就算这样也不能尽如人意，毕竟不是每个用户上网的速度和带宽都一样。

21.5.3 Comet

Comet 是 Alex Russell[①]发明的一个词儿，指的是一种更高级的 Ajax 技术（经常也有人称为"服务器推送"）。Ajax 是一种从页面向服务器请求数据的技术，而 Comet 则是一种服务器向页面推送数据的技术。Comet 能够让信息近乎实时地被推送到页面上，非常适合处理体育比赛的分数和股票报价。

有两种实现 Comet 的方式：**长轮询**和**流**。长轮询是传统轮询（也称为短轮询）的一个翻版，即浏览器定时向服务器发送请求，看有没有更新的数据。图 21-1 展示的是短轮询的时间线。

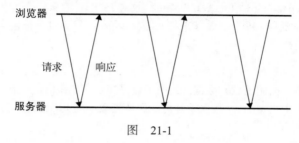

图　21-1

长轮询把短轮询颠倒了一下。页面发起一个到服务器的请求，然后服务器一直保持连接打开，直到有数据可发送。发送完数据之后，浏览器关闭连接，随即又发起一个到服务器的新请求。这一过程在页面打开期间一直持续不断。图 21-2 展示了长轮询的时间线。

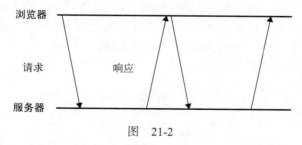

图　21-2

无论是短轮询还是长轮询，浏览器都要在接收数据之前，先发起对服务器的连接。两者最大的区别在于服务器如何发送数据。短轮询是服务器立即发送响应，无论数据是否有效，而长轮询是等待发送响应。轮询的优势是所有浏览器都支持，因为使用 XHR 对象和 `setTimeout()` 就能实现。而你要做的就是决定什么时候发送请求。

第二种流行的 Comet 实现是 HTTP 流。流不同于上述两种轮询，因为它在页面的整个生命周期内只使用一个 HTTP 连接。具体来说，就是浏览器向服务器发送一个请求，而服务器保持连接打开，然后周期性地向浏览器发送数据。比如，下面这段 PHP 脚本就是采用流实现的服务器中常见的形式。

```
<?php
    $i = 0;
    while(true){
```

---

① Alex Russell 是著名 JavaScript 框架 Dojo 的创始人。

```
//输出一些数据，然后立即刷新输出缓存
echo "Number is $i";
flush();

//等几秒钟
sleep(10);

$i++;
}
```

　　所有服务器端语言都支持打印到输出缓存然后刷新（将输出缓存中的内容一次性全部发送到客户端）的功能。而这正是实现 HTTP 流的关键所在。

　　在 Firefox、Safari、Opera 和 Chrome 中，通过侦听 readystatechange 事件及检测 readyState 的值是否为 3，就可以利用 XHR 对象实现 HTTP 流。在上述这些浏览器中，随着不断从服务器接收数据，readyState 的值会周期性地变为 3。当 readyState 值变为 3 时，responseText 属性中就会保存接收到的所有数据。此时，就需要比较此前接收到的数据，决定从什么位置开始取得最新的数据。使用 XHR 对象实现 HTTP 流的典型代码如下所示。

```
function createStreamingClient(url, progress, finished){

    var xhr = new XMLHttpRequest(),
        received = 0;

    xhr.open("get", url, true);
    xhr.onreadystatechange = function(){
        var result;

        if (xhr.readyState == 3){

            //只取得最新数据并调整计数器
            result = xhr.responseText.substring(received);
            received += result.length;

            //调用 progress 回调函数
            progress(result);

        } else if (xhr.readyState == 4){
            finished(xhr.responseText);
        }

    };
    xhr.send(null);
    return xhr;
}

var client = createStreamingClient("streaming.php", function(data){
            alert("Received: " + data);
        }, function(data){
            alert("Done!");
        });
```

HTTPStreamingExample01.htm

　　这个 createStreamingClient() 函数接收三个参数：要连接的 URL、在接收到数据时调用的函数以及关闭连接时调用的函数。有时候，当连接关闭时，很可能还需要重新建立，所以关注连接什么时候关闭还是有必要的。

　　只要 readystatechange 事件发生，而且 readyState 值为 3，就对 responseText 进行分割以取得最新数据。这里的 received 变量用于记录已经处理了多少个字符，每次 readyState 值为 3 时都递增。然后，通过 progress 回调函数来处理传入的新数据。而当 readyState 值为 4 时，则执行 finished 回调函数，传入响应返回的全部内容。

　　虽然这个例子比较简单，而且也能在大多数浏览器中正常运行（IE 除外），但管理 Comet 的连接是很容易出错的，需要时间不断改进才能达到完美。浏览器社区认为 Comet 是未来 Web 的一个重要组成部分，为了简化这一技术，又为 Comet 创建了两个新的接口。

21.5.4　服务器发送事件

　　SSE（Server-Sent Events，服务器发送事件）是围绕只读 Comet 交互推出的 API 或者模式。SSE API 用于创建到服务器的单向连接，服务器通过这个连接可以发送任意数量的数据。服务器响应的 MIME 类型必须是 text/event-stream，而且是浏览器中的 JavaScript API 能解析格式输出。SSE 支持短轮询、长轮询和 HTTP 流，而且能在断开连接时自动确定何时重新连接。有了这么简单实用的 API，再实现 Comet 就容易多了。

　　支持 SSE 的浏览器有 Firefox 6+、Safari 5+、Opera 11+、Chrome 和 iOS 4+ 版 Safari。

　　1. SSE API

　　SSE 的 JavaScript API 与其他传递消息的 JavaScript API 很相似。要预订新的事件流，首先要创建一个新的 EventSource 对象，并传进一个入口点：

```
var source = new EventSource("myevents.php");
```

　　注意，传入的 URL 必须与创建对象的页面同源（相同的 URL 模式、域及端口）。EventSource 的实例有一个 readyState 属性，值为 0 表示正连接到服务器，值为 1 表示打开了连接，值为 2 表示关闭了连接。

　　另外，还有以下三个事件。

- ❏ open：在建立连接时触发。
- ❏ message：在从服务器接收到新事件时触发。
- ❏ error：在无法建立连接时触发。

就一般的用法而言，onmessage 事件处理程序也没有什么特别的。

```
source.onmessage = function(event){
    var data = event.data;
    //处理数据
};
```

服务器发回的数据以字符串形式保存在 event.data 中。

　　默认情况下，EventSource 对象会保持与服务器的活动连接。如果连接断开，还会重新连接。这就意味着 SSE 适合长轮询和 HTTP 流。如果想强制立即断开连接并且不再重新连接，可以调用 close() 方法。

```
source.close();
```

　　2. 事件流

　　所谓的服务器事件会通过一个持久的 HTTP 响应发送，这个响应的 MIME 类型为 text/event-stream。响应的格式是纯文本，最简单的情况是每个数据项都带有前缀 data:，例如：

```
data: foo

data: bar

data: foo
data: bar
```

对以上响应而言，事件流中的第一个 message 事件返回的 event.data 值为"foo"，第二个 message 事件返回的 event.data 值为"bar"，第三个 message 事件返回的 event.data 值为 "foo\nbar"（注意中间的换行符）。对于多个连续的以 data:开头的数据行，将作为多段数据解析，每个值之间以一个换行符分隔。只有在包含 data:的数据行后面有空行时，才会触发 message 事件，因此在服务器上生成事件流时不能忘了多添加这一行。

通过 id:前缀可以给特定的事件指定一个关联的 ID，这个 ID 行位于 data:行前面或后面皆可：

```
data: foo
id: 1
```

设置了 ID 后，EventSource 对象会跟踪上一次触发的事件。如果连接断开，会向服务器发送一个包含名为 Last-Event-ID 的特殊 HTTP 头部的请求，以便服务器知道下一次该触发哪个事件。在多次连接的事件流中，这种机制可以确保浏览器以正确的顺序收到连接的数据段。

21.5.5 Web Sockets

要说最令人津津乐道的新浏览器 API，就得数 Web Sockets 了。Web Sockets 的目标是在一个单独的持久连接上提供全双工、双向通信。在 JavaScript 中创建了 Web Socket 之后，会有一个 HTTP 请求发送到服务器以发起连接。在取得服务器响应后，建立的连接会使用 HTTP 升级从 HTTP 协议交换为 Web Socket 协议。也就是说，使用标准的 HTTP 服务器无法实现 Web Sockets，只有支持这种协议的专门服务器才能正常工作。

由于 Web Sockets 使用了自定义的协议，所以 URL 模式也略有不同。未加密的连接不再是 http://，而是 ws://；加密的连接也不是 https://，而是 wss://。在使用 Web Socket URL 时，必须带着这个模式，因为将来还有可能支持其他模式。

使用自定义协议而非 HTTP 协议的好处是，能够在客户端和服务器之间发送非常少量的数据，而不必担心 HTTP 那样字节级的开销。由于传递的数据包很小，因此 Web Sockets 非常适合移动应用。毕竟对移动应用而言，带宽和网络延迟都是关键问题。使用自定义协议的缺点在于，制定协议的时间比制定 JavaScript API 的时间还要长。Web Sockets 曾几度搁浅，就因为不断有人发现这个新协议存在一致性和安全性的问题。Firefox 4 和 Opera 11 都曾默认启用 Web Sockets，但在发布前夕又禁用了，因为又发现了安全隐患。目前支持 Web Sockets 的浏览器有 Firefox 6+、Safari 5+、Chrome 和 iOS 4+版 Safari。

1. Web Sockets API

要创建 Web Socket，先实例化一个 WebSocket 对象并传入要连接的 URL：

```
var socket = new WebSocket("ws://www.example.com/server.php");
```

注意，必须给 WebSocket 构造函数传入绝对 URL。同源策略对 Web Sockets 不适用，因此可以通过它打开到任何站点的连接。至于是否会与某个域中的页面通信，则完全取决于服务器。（通过握手信息就可以知道请求来自何方。）

21

实例化了 WebSocket 对象后，浏览器就会马上尝试创建连接。与 XHR 类似，WebSocket 也有一个表示当前状态的 readyState 属性。不过，这个属性的值与 XHR 并不相同，而是如下所示。

❑ WebSocket.OPENING (0)：正在建立连接。

❑ WebSocket.OPEN (1)：已经建立连接。

❑ WebSocket.CLOSING (2)：正在关闭连接。

❑ WebSocket.CLOSE (3)：已经关闭连接。

WebSocket 没有 readystatechange 事件；不过，它有其他事件，对应着不同的状态。readyState 的值永远从 0 开始。

要关闭 Web Socket 连接，可以在任何时候调用 close() 方法。

```
socket.close();
```

调用了 close() 之后，readyState 的值立即变为 2（正在关闭），而在关闭连接后就会变成 3。

2. 发送和接收数据

Web Socket 打开之后，就可以通过连接发送和接收数据。要向服务器发送数据，使用 send() 方法并传入任意字符串，例如：

```
var socket = new WebSocket("ws://www.example.com/server.php");
socket.send("Hello world!");
```

因为 Web Sockets 只能通过连接发送纯文本数据，所以对于复杂的数据结构，在通过连接发送之前，必须进行序列化。下面的例子展示了先将数据序列化为一个 JSON 字符串，然后再发送到服务器：

```
var message = {
    time: new Date(),
    text: "Hello world!",
    clientId: "asdfp8734rew"
};

socket.send(JSON.stringify(message));
```

接下来，服务器要读取其中的数据，就要解析接收到的 JSON 字符串。

当服务器向客户端发来消息时，WebSocket 对象就会触发 message 事件。这个 message 事件与其他传递消息的协议类似，也是把返回的数据保存在 event.data 属性中。

```
socket.onmessage = function(event){
    var data = event.data;

    //处理数据
};
```

与通过 send() 发送到服务器的数据一样，event.data 中返回的数据也是字符串。如果你想得到其他格式的数据，必须手工解析这些数据。

3. 其他事件

WebSocket 对象还有其他三个事件，在连接生命周期的不同阶段触发。

❑ open：在成功建立连接时触发。

❑ error：在发生错误时触发，连接不能持续。

❑ close：在连接关闭时触发。

WebSocket 对象不支持 DOM 2 级事件侦听器，因此必须使用 DOM 0 级语法分别定义每个事件处理程序。

```
var socket = new WebSocket("ws://www.example.com/server.php");

socket.onopen = function(){
    alert("Connection established.");
};

socket.onerror = function(){
    alert("Connection error.");
};

socket.onclose = function(){
    alert("Connection closed.");
};
```

在这三个事件中，只有 close 事件的 event 对象有额外的信息。这个事件的事件对象有三个额外的属性：wasClean、code 和 reason。其中，wasClean 是一个布尔值，表示连接是否已经明确地关闭；code 是服务器返回的数值状态码；而 reason 是一个字符串，包含服务器发回的消息。可以把这些信息显示给用户，也可以记录到日志中以便将来分析。

```
socket.onclose = function(event){
    console.log("Was clean? " + event.wasClean + " Code=" + event.code + " Reason="
        + event.reason);
};
```

21.5.6　SSE 与 Web Sockets

面对某个具体的用例，在考虑是使用 SSE 还是使用 Web Sockets 时，可以考虑如下几个因素。首先，你是否有自由度建立和维护 Web Sockets 服务器？因为 Web Socket 协议不同于 HTTP，所以现有服务器不能用于 Web Socket 通信。SSE 倒是通过常规 HTTP 通信，因此现有服务器就可以满足需求。

第二个要考虑的问题是到底需不需要双向通信。如果用例只需读取服务器数据（如比赛成绩），那么 SSE 比较容易实现。如果用例必须双向通信（如聊天室），那么 Web Sockets 显然更好。别忘了，在不能选择 Web Sockets 的情况下，组合 XHR 和 SSE 也是能实现双向通信的。

21.6　安全

讨论 Ajax 和 Comet 安全的文章可谓连篇累牍，而相关主题的书也已经出了很多本了。大型 Ajax 应用程序的安全问题涉及面非常之广，但我们可以从普遍意义上探讨一些基本的问题。

首先，可以通过 XHR 访问的任何 URL 也可以通过浏览器或服务器来访问。下面的 URL 就是一个例子。

```
/getuserinfo.php?id=23
```

如果是向这个 URL 发送请求，可以想象结果会返回 ID 为 23 的用户的某些数据。谁也无法保证别人不会将这个 URL 的用户 ID 修改为 24、56 或其他值。因此，getuserinfo.php 文件必须知道请求者是否真的有权限访问要请求的数据；否则，你的服务器就会门户大开，任何人的数据都可能被泄漏出去。

对于未被授权系统有权访问某个资源的情况，我们称之为 CSRF（Cross-Site Request Forgery，跨站点请求伪造）。未被授权系统会伪装自己，让处理请求的服务器认为它是合法的。受到 CSRF 攻击的 Ajax

程序有大有小,攻击行为既有旨在揭示系统漏洞的恶作剧,也有恶意的数据窃取或数据销毁。

为确保通过 XHR 访问的 URL 安全,通行的做法就是验证发送请求者是否有权限访问相应的资源。有下列几种方式可供选择。

❑ 要求以 SSL 连接来访问可以通过 XHR 请求的资源。

❑ 要求每一次请求都要附带经过相应算法计算得到的验证码。

请注意,下列措施对防范 CSRF 攻击不起作用。

❑ 要求发送 POST 而不是 GET 请求——很容易改变。

❑ 检查来源 URL 以确定是否可信——来源记录很容易伪造。

❑ 基于 cookie 信息进行验证——同样很容易伪造。

XHR 对象也提供了一些安全机制,虽然表面上看可以保证安全,但实际上却相当不可靠。实际上,前面介绍的 open() 方法还能再接收两个参数:要随请求一起发送的用户名和密码。带有这两个参数的请求可以通过 SSL 发送给服务器上的页面,如下面的例子所示。

```
xhr.open("get", "example.php", true, "username", "password");  //不要这样做!!
```

> 即便可以考虑这种安全机制,但还是尽量不要这样做。把用户名和密码保存在 JavaScript 代码中本身就是极为不安全的。任何人,只要他会使用 JavaScript 调试器,就可以通过查看相应的变量发现纯文本形式的用户名和密码。

21.7 小结

Ajax 是无需刷新页面就能够从服务器取得数据的一种方法。关于 Ajax,可以从以下几方面来总结一下。

❑ 负责 Ajax 运作的核心对象是 XMLHttpRequest(XHR)对象。

❑ XHR 对象由微软最早在 IE5 中引入,用于通过 JavaScript 从服务器取得 XML 数据。

❑ 在此之后,Firefox、Safari、Chrome 和 Opera 都实现了相同的特性,使 XHR 成为了 Web 的一个事实标准。

❑ 虽然实现之间存在差异,但 XHR 对象的基本用法在不同浏览器间还是相对规范的,因此可以放心地用在 Web 开发当中。

同源策略是对 XHR 的一个主要约束,它为通信设置了"相同的域、相同的端口、相同的协议"这一限制。试图访问上述限制之外的资源,都会引发安全错误,除非采用被认可的跨域解决方案。这个解决方案叫做 CORS(Cross-Origin Resource Sharing,跨域源资源共享),IE8 通过 XDomainRequest 对象支持 CORS,其他浏览器通过 XHR 对象原生支持 CORS。图像 Ping 和 JSONP 是另外两种跨域通信的技术,但不如 CORS 稳妥。

Comet 是对 Ajax 的进一步扩展,让服务器几乎能够实时地向客户端推送数据。实现 Comet 的手段主要有两个:长轮询和 HTTP 流。所有浏览器都支持长轮询,而只有部分浏览器原生支持 HTTP 流。SSE(Server-Sent Events,服务器发送事件)是一种实现 Comet 交互的浏览器 API,既支持长轮询,也支持 HTTP 流。

Web Sockets 是一种与服务器进行全双工、双向通信的信道。与其他方案不同，Web Sockets 不使用 HTTP 协议，而使用一种自定义的协议。这种协议专门为快速传输小数据设计。虽然要求使用不同的 Web 服务器，但却具有速度上的优势。

各方面对 Ajax 和 Comet 的鼓吹吸引了越来越多的开发人员学习 JavaScript，人们对 Web 开发的关注也再度升温。与 Ajax 有关的概念都还相对比较新，这些概念会随着时间推移继续发展。

 Ajax 是一个非常庞大的主题，完整地讨论这个主题超出了本书的范围。要想了解有关 Ajax 的更多信息，请读者参考《Ajax 高级程序设计（第 2 版）》。

第**22**章

高 级 技 巧

本章内容
- ❏ 使用高级函数
- ❏ 防篡改对象
- ❏ Yielding with Timers

J avaScript 是一种极其灵活的语言，具有多种使用风格。一般来说，编写 JavaScript 要么使用过程方式，要么使用面向对象方式。然而，由于它天生的动态属性，这种语言还能使用更为复杂和有趣的模式。这些技巧要利用 ECMAScript 的语言特点、BOM 扩展和 DOM 功能来获得强大的效果。

22.1 高级函数

函数是 JavaScript 中最有趣的部分之一。它们本质上是十分简单和过程化的，但也可以是非常复杂和动态的。一些额外的功能可以通过使用闭包来实现。此外，由于所有的函数都是对象，所以使用函数指针非常简单。这些令 JavaScript 函数不仅有趣而且强大。以下几节描绘了几种在 JavaScript 中使用函数的高级方法。

22.1.1 安全的类型检测

JavaScript 内置的类型检测机制并非完全可靠。事实上，发生错误否定及错误肯定的情况也不在少数。比如说 `typeof` 操作符吧，由于它有一些无法预知的行为，经常会导致检测数据类型时得到不靠谱的结果。Safari（直至第 4 版）在对正则表达式应用 `typeof` 操作符时会返回`"function"`，因此很难确定某个值到底是不是函数。

再比如，`instanceof` 操作符在存在多个全局作用域（像一个页面包含多个 frame）的情况下，也是问题多多。一个经典的例子（第 5 章也提到过）就是像下面这样将对象标识为数组。

```
var isArray = value instanceof Array;
```

以上代码要返回 `true`，`value` 必须是一个数组，而且还必须与 `Array` 构造函数在同个全局作用域中。（别忘了，`Array` 是 `window` 的属性。）如果 `value` 是在另个 frame 中定义的数组，那么以上代码就会返回 `false`。

在检测某个对象到底是原生对象还是开发人员自定义的对象的时候，也会有问题。出现这个问题的原因是浏览器开始原生支持 `JSON` 对象了。因为很多人一直在使用 Douglas Crockford 的 JSON 库，而该库定义了一个全局 `JSON` 对象。于是开发人员很难确定页面中的 `JSON` 对象到底是不是原生的。

解决上述问题的办法都一样。大家知道，在任何值上调用 `Object` 原生的 `toString()`方法，都会返回一个[object NativeConstructorName]格式的字符串。每个类在内部都有一个[[Class]]属性，这个属性中就指定了上述字符串中的构造函数名。举个例子吧。

```
alert(Object.prototype.toString.call(value));    //"[object Array]"
```

由于原生数组的构造函数名与全局作用域无关，因此使用toString()就能保证返回一致的值。利用这一点，可以创建如下函数：

```
function isArray(value){
    return Object.prototype.toString.call(value) == "[object Array]";
}
```

同样，也可以基于这一思路来测试某个值是不是原生函数或正则表达式：

```
function isFunction(value){
    return Object.prototype.toString.call(value) == "[object Function]";
}
function isRegExp(value){
    return Object.prototype.toString.call(value) == "[object RegExp]";
}
```

不过要注意，对于在 IE 中以 COM 对象形式实现的任何函数，isFunction()都将返回 false（因为它们并非原生的 JavaScript 函数，请参考第 10 章中更详细的介绍）。

这一技巧也广泛应用于检测原生 JSON 对象。Object 的 toString()方法不能检测非原生构造函数的构造函数名。因此，开发人员定义的任何构造函数都将返回[object Object]。有些 JavaScript 库会包含与下面类似的代码。

```
var isNativeJSON = window.JSON && Object.prototype.toString.call(JSON) ==
"[object JSON]";
```

在 Web 开发中能够区分原生与非原生 JavaScript 对象非常重要。只有这样才能确切知道某个对象到底有哪些功能。这个技巧可以对任何对象给出正确的结论。

> 请注意，Object.prototpye.toString()本身也可能会被修改。本节讨论的技巧假设 Object.prototpye.toString()是未被修改过的原生版本。

22.1.2 作用域安全的构造函数

第 6 章讲述了用于自定义对象的构造函数的定义和用法。你应该还记得，构造函数其实就是一个使用 new 操作符调用的函数。当使用 new 调用时，构造函数内用到的 this 对象会指向新创建的对象实例，如下面的例子所示：

```
function Person(name, age, job){
    this.name = name;
    this.age = age;
    this.job = job;
}

var person = new Person("Nicholas", 29, "Software Engineer");
```

ScopeSafeConstructorsExample01.htm

上面这个例子中，Person 构造函数使用 this 对象给三个属性赋值：name、age 和 job。当和 new 操作符连用时，则会创建一个新的 Person 对象，同时会给它分配这些属性。问题出在当没有使用 new 操作符来调用该构造函数的情况上。由于该 this 对象是在运行时绑定的，所以直接调用 Person()，this 会映射到全局对象 window 上，导致错误对象属性的意外增加。例如：

```
var person = Person("Nicholas", 29, "Software Engineer");
alert(window.name);        //"Nicholas"
alert(window.age);         //29
alert(window.job);         //"Software Engineer"
```

ScopeSafeConstructorsExample01.htm

这里，原本针对 Person 实例的三个属性被加到 window 对象上，因为构造函数是作为普通函数调用的，忽略了 new 操作符。这个问题是由 this 对象的晚绑定造成的，在这里 this 被解析成了 window 对象。由于 window 的 name 属性是用于识别链接目标和 frame 的，所以这里对该属性的偶然覆盖可能会导致该页面上出现其他错误。这个问题的解决方法就是创建一个作用域安全的构造函数。

作用域安全的构造函数在进行任何更改前，首先确认 this 对象是正确类型的实例。如果不是，那么会创建新的实例并返回。请看以下例子：

```
function Person(name, age, job){
    if (this instanceof Person){
        this.name = name;
        this.age = age;
        this.job = job;
    } else {
        return new Person(name, age, job);
    }
}

var person1 = Person("Nicholas", 29, "Software Engineer");
alert(window.name);        //""
alert(person1.name);       //"Nicholas"

var person2 = new Person("Shelby", 34, "Ergonomist");
alert(person2.name);       //"Shelby"
```

ScopeSafeConstructorsExample02.htm

这段代码中的 Person 构造函数添加了一个检查并确保 this 对象是 Person 实例的 if 语句，它表示要么使用 new 操作符，要么在现有的 Person 实例环境中调用构造函数。任何一种情况下，对象初始化都能正常进行。如果 this 并非 Person 的实例，那么会再次使用 new 操作符调用构造函数并返回结果。最后的结果是，调用 Person 构造函数时无论是否使用 new 操作符，都会返回一个 Person 的新实例，这就避免了在全局对象上意外设置属性。

关于作用域安全的构造函数的贴心提示。实现这个模式后，你就锁定了可以调用构造函数的环境。如果你使用构造函数窃取模式的继承且不使用原型链，那么这个继承很可能被破坏。这里有个例子：

```
function Polygon(sides){
    if (this instanceof Polygon) {
        this.sides = sides;
        this.getArea = function(){
```

```
                  return 0;
                };
        } else {
            return new Polygon(sides);
        }
    }

    function Rectangle(width, height){
        Polygon.call(this, 2);
        this.width = width;
        this.height = height;
        this.getArea = function(){
            return this.width * this.height;
        };
    }

    var rect = new Rectangle(5, 10);
    alert(rect.sides);            //undefined
```

ScopeSafeConstructorsExample03.htm

在这段代码中，Polygon 构造函数是作用域安全的，然而 Rectangle 构造函数则不是。新创建一个 Rectangle 实例之后，这个实例应该通过 Polygon.call() 来继承 Polygon 的 sides 属性。但是，由于 Polygon 构造函数是作用域安全的，this 对象并非 Polygon 的实例，所以会创建并返回一个新的 Polygon 对象。Rectangle 构造函数中的 this 对象并没有得到增长，同时 Polygon.call() 返回的值也没有用到，所以 Rectangle 实例中就不会有 sides 属性。

如果构造函数窃取结合使用原型链或者寄生组合则可以解决这个问题。考虑以下例子：

```
function Polygon(sides){
    if (this instanceof Polygon) {
        this.sides = sides;
        this.getArea = function(){
            return 0;
        };
    } else {
        return new Polygon(sides);
    }
}

function Rectangle(width, height){
    Polygon.call(this, 2);
    this.width = width;
    this.height = height;
    this.getArea = function(){
        return this.width * this.height;
    };
}

Rectangle.prototype = new Polygon();

var rect = new Rectangle(5, 10);
alert(rect.sides);          //2
```

ScopeSafeConstructorsExample04.htm

上面这段重写的代码中，一个`Rectangle`实例也同时是一个`Polygon`实例，所以`Polygon.call()`会照原意执行，最终为`Rectangle`实例添加了`sides`属性。

多个程序员在同一个页面上写 JavaScript 代码的环境中，作用域安全构造函数就很有用了。届时，对全局对象意外的更改可能会导致一些常常难以追踪的错误。除非你单纯基于构造函数窃取来实现继承，推荐作用域安全的构造函数作为最佳实践。

22.1.3　惰性载入函数

因为浏览器之间行为的差异，多数 JavaScript 代码包含了大量的 `if` 语句，将执行引导到正确的代码中。看看下面来自上一章的 `createXHR()`函数。

```
function createXHR(){
    if (typeof XMLHttpRequest != "undefined"){
        return new XMLHttpRequest();
    } else if (typeof ActiveXObject != "undefined"){
        if (typeof arguments.callee.activeXString != "string"){
            var versions = ["MSXML2.XMLHttp.6.0", "MSXML2.XMLHttp.3.0",
                            "MSXML2.XMLHttp"],
                i,len;

            for (i=0,len=versions.length; i < len; i++){
                try {
                    new ActiveXObject(versions[i]);
                    arguments.callee.activeXString = versions[i];
                    break;
                } catch (ex){
                    //跳过
                }
            }
        }

        return new ActiveXObject(arguments.callee.activeXString);
    } else {
        throw new Error("No XHR object available.");
    }
}
```

每次调用 `createXHR()`的时候，它都要对浏览器所支持的能力仔细检查。首先检查内置的 XHR，然后测试有没有基于 ActiveX 的 XHR，最后如果都没有发现的话就抛出一个错误。每次调用该函数都是这样，即使每次调用时分支的结果都不变：如果浏览器支持内置 XHR，那么它就一直支持了，那么这种测试就变得没必要了。即使只有一个 `if` 语句的代码，也肯定要比没有 `if` 语句的慢，所以如果 `if` 语句不必每次执行，那么代码可以运行地更快一些。解决方案就是称之为惰性载入的技巧。

惰性载入表示函数执行的分支仅会发生一次。有两种实现惰性载入的方式，第一种就是在函数被调用时再处理函数。在第一次调用的过程中，该函数会被覆盖为另外一个按合适方式执行的函数，这样任何对原函数的调用都不用再经过执行的分支了。例如，可以用下面的方式使用惰性载入重写`createXHR()`。

```
function createXHR(){
    if (typeof XMLHttpRequest != "undefined"){
        createXHR = function(){
```

```
                        return new XMLHttpRequest();
            };
        } else if (typeof ActiveXObject != "undefined"){
            createXHR = function(){
                if (typeof arguments.callee.activeXString != "string"){
                    var versions = ["MSXML2.XMLHttp.6.0", "MSXML2.XMLHttp.3.0",
                                    "MSXML2.XMLHttp"],
                        i, len;

                    for (i=0,len=versions.length; i < len; i++){
                        try {
                            new ActiveXObject(versions[i]);
                            arguments.callee.activeXString = versions[i];
                                break;
                        } catch (ex){
                            //skip
                        }
                    }
                }

                return new ActiveXObject(arguments.callee.activeXString);
            };
        } else {
            createXHR = function(){
                throw new Error("No XHR object available.");
            };
        }

    return createXHR();
}
```

LazyLoadingExample01.htm

在这个惰性载入的 createXHR() 中，if 语句的每一个分支都会为 createXHR 变量赋值，有效覆盖了原有的函数。最后一步便是调用新赋的函数。下一次调用 createXHR() 的时候，就会直接调用被分配的函数，这样就不用再次执行 if 语句了。

第二种实现惰性载入的方式是在声明函数时就指定适当的函数。这样，第一次调用函数时就不会损失性能了，而在代码首次加载时会损失一点性能。以下就是按照这一思路重写前面例子的结果。

```
var createXHR = (function(){
    if (typeof XMLHttpRequest != "undefined"){
        return function(){
            return new XMLHttpRequest();
        };
    } else if (typeof ActiveXObject != "undefined"){
        return function(){
            if (typeof arguments.callee.activeXString != "string"){
                var versions = ["MSXML2.XMLHttp.6.0", "MSXML2.XMLHttp.3.0",
                                "MSXML2.XMLHttp"],
                i, len;
                for (i=0,len=versions.length; i < len; i++){
                    try {
                        new ActiveXObject(versions[i]);
                        arguments.callee.activeXString = versions[i];
                        break;
                    } catch (ex){
                        //skip
                    }
                }
            }
```

22

```
        }
        return new ActiveXObject(arguments.callee.activeXString);
    };
} else {
    return function(){
        throw new Error("No XHR object available.");
    };
}
})();
```

LazyLoadingExample02.htm

这个例子中使用的技巧是创建一个匿名、自执行的函数，用以确定应该使用哪一个函数实现。实际的逻辑都一样。不一样的地方就是第一行代码（使用 var 定义函数）、新增了自执行的匿名函数，另外每个分支都返回正确的函数定义，以便立即将其赋值给 createXHR()。

惰性载入函数的优点是只在执行分支代码时牺牲一点儿性能。至于哪种方式更合适，就要看你的具体需求而定了。不过这两种方式都能避免执行不必要的代码。

22.1.4　函数绑定

另一个日益流行的高级技巧叫做函数绑定。函数绑定要创建一个函数，可以在特定的 this 环境中以指定参数调用另一个函数。该技巧常常和回调函数与事件处理程序一起使用，以便在将函数作为变量传递的同时保留代码执行环境。请看以下例子：

```
var handler = {
    message: "Event handled",

    handleClick: function(event){
        alert(this.message);
    }
};

var btn = document.getElementById("my-btn");
EventUtil.addHandler(btn, "click", handler.handleClick);
```

在上面这个例子中，创建了一个叫做 handler 的对象。handler.handleClick()方法被分配为一个 DOM 按钮的事件处理程序。当按下该按钮时，就调用该函数，显示一个警告框。虽然貌似警告框应该显示 Event handled，然而实际上显示的是 undefiend。这个问题在于没有保存 handler.handleClick()的环境，所以 this 对象最后是指向了 DOM 按钮而非 handler（在 IE8 中，this 指向 window。）可以如下面例子所示，使用一个闭包来修正这个问题。

```
var handler = {
    message: "Event handled",

    handleClick: function(event){
        alert(this.message);
    }
};

var btn = document.getElementById("my-btn");
EventUtil.addHandler(btn, "click", function(event){
    handler.handleClick(event);
});
```

这个解决方案在 onclick 事件处理程序内使用了一个闭包直接调用 handler.handleClick()。当然，这是特定于这段代码的解决方案。创建多个闭包可能会令代码变得难以理解和调试。因此，很多 JavaScript 库实现了一个可以将函数绑定到指定环境的函数。这个函数一般都叫 bind()。

一个简单的 bind() 函数接受一个函数和一个环境，并返回一个在给定环境中调用给定函数的函数，并且将所有参数原封不动传递过去。语法如下：

```javascript
function bind(fn, context){
    return function(){
        return fn.apply(context, arguments);
    };
}
```

FunctionBindingExample01.htm

这个函数似乎简单，但其功能是非常强大的。在 bind() 中创建了一个闭包，闭包使用 apply() 调用传入的函数，并给 apply() 传递 context 对象和参数。注意这里使用的 arguments 对象是内部函数的，而非 bind() 的。当调用返回的函数时，它会在给定环境中执行被传入的函数并给出所有参数。bind() 函数按如下方式使用：

```javascript
var handler = {
    message: "Event handled",

    handleClick: function(event){
        alert(this.message);
    }
};

var btn = document.getElementById("my-btn");
EventUtil.addHandler(btn, "click", bind(handler.handleClick, handler));
```

FunctionBindingExample01.htm

在这个例子中，我们用 bind() 函数创建了一个保持了执行环境的函数，并将其传给 EventUtil. addHandler()。event 对象也被传给了该函数，如下所示：

```javascript
var handler = {
    message: "Event handled",

    handleClick: function(event){
        alert(this.message + ":" + event.type);
    }
};

var btn = document.getElementById("my-btn");
EventUtil.addHandler(btn, "click", bind(handler.handleClick, handler));
```

FunctionBindingExample01.htm

handler.handleClick() 方法和平时一样获得了 event 对象，因为所有的参数都通过被绑定的函数直接传给了它。

ECMAScript 5 为所有函数定义了一个原生的 bind() 方法，进一步简化了操作。换句话说，你不用再自己定义 bind() 函数了，而是可以直接在函数上调用这个方法。例如：

```
var handler = {
    message: "Event handled",

    handleClick: function(event){
        alert(this.message + ":" + event.type);
    }
};

var btn = document.getElementById("my-btn");
EventUtil.addHandler(btn, "click", handler.handleClick.bind(handler));
```

FunctionBindingExample02.htm

原生的 bind() 方法与前面介绍的自定义 bind() 方法类似，都是要传入作为 this 值的对象。支持原生 bind() 方法的浏览器有 IE9+、Firefox 4+ 和 Chrome。

只要是将某个函数指针以值的形式进行传递，同时该函数必须在特定环境中执行，被绑定函数的效用就突显出来了。它们主要用于事件处理程序以及 setTimeout() 和 setInterval()。然而，被绑定函数与普通函数相比有更多的开销，它们需要更多内存，同时也因为多重函数调用稍微慢一点，所以最好只在必要时使用。

22.1.5　函数柯里化

与函数绑定紧密相关的主题是**函数柯里化**（function currying），它用于创建已经设置好了一个或多个参数的函数。函数柯里化的基本方法和函数绑定是一样的：使用一个闭包返回一个函数。两者的区别在于，当函数被调用时，返回的函数还需要设置一些传入的参数。请看以下例子。

```
function add(num1, num2){
    return num1 + num2;
}

function curriedAdd(num2){
    return add(5, num2);
}

alert(add(2, 3));     //5
alert(curriedAdd(3)); //8
```

这段代码定义了两个函数：add() 和 curriedAdd()。后者本质上是在任何情况下第一个参数为 5 的 add() 版本。尽管从技术上来说 curriedAdd() 并非柯里化的函数，但它很好地展示了其概念。

柯里化函数通常由以下步骤动态创建：调用另一个函数并为它传入要柯里化的函数和必要参数。下面是创建柯里化函数的通用方式。

```
function curry(fn){
    var args = Array.prototype.slice.call(arguments, 1);
    return function(){
        var innerArgs = Array.prototype.slice.call(arguments);
        var finalArgs = args.concat(innerArgs);
        return fn.apply(null, finalArgs);
    };
}
```

FunctionCurryingExample01.htm

curry()函数的主要工作就是将被返回函数的参数进行排序。curry()的第一个参数是要进行柯里化的函数，其他参数是要传入的值。为了获取第一个参数之后的所有参数，在 arguments 对象上调用了 slice()方法，并传入参数 1 表示被返回的数组包含从第二个参数开始的所有参数。然后 args 数组包含了来自外部函数的参数。在内部函数中，创建了 innerArgs 数组用来存放所有传入的参数（又一次用到了 slice()）。有了存放来自外部函数和内部函数的参数数组后，就可以使用 concat()方法将它们组合为 finalArgs，然后使用 apply()将结果传递给该函数。注意这个函数并没有考虑到执行环境，所以调用 apply()时第一个参数是 null。curry()函数可以按以下方式应用。

```
function add(num1, num2){
    return num1 + num2;
}

var curriedAdd = curry(add, 5);
alert(curriedAdd(3));    //8
```

FunctionCurryingExample01.htm

在这个例子中，创建了第一个参数绑定为 5 的 add()的柯里化版本。当调用 curriedAdd()并传入 3 时，3 会成为 add()的第二个参数，同时第一个参数依然是 5，最后结果便是和 8。你也可以像下面例子这样给出所有的函数参数：

```
function add(num1, num2){
    return num1 + num2;
}

var curriedAdd = curry(add, 5, 12);
alert(curriedAdd());    //17
```

FunctionCurryingExample01.htm

在这里，柯里化的 add()函数两个参数都提供了，所以以后就无需再传递它们了。

函数柯里化还常常作为函数绑定的一部分包含其中，构造出更为复杂的 bind()函数。例如：

```
function bind(fn, context){
    var args = Array.prototype.slice.call(arguments, 2);
    return function(){
        var innerArgs = Array.prototype.slice.call(arguments);
        var finalArgs = args.concat(innerArgs);
        return fn.apply(context, finalArgs);
    };
}
```

FunctionCurryingExample02.htm

对 curry()函数的主要更改在于传入的参数个数，以及它如何影响代码的结果。curry()仅仅接受一个要包裹的函数作为参数，而 bind()同时接受函数和一个 object 对象。这表示给被绑定的函数的参数是从第三个开始而不是第二个，这就要更改 slice()的第一处调用。另一处更改是在倒数第 3 行将 object 对象传给 apply()。当使用 bind()时，它会返回绑定到给定环境的函数，并且可能它其中某些函数参数已经被设好。当你想除了 event 对象再额外给事件处理程序传递参数时，这非常有用，例如：

```
var handler = {
    message: "Event handled",

    handleClick: function(name, event){
        alert(this.message + ":"+ name + ":"+ event.type);
    }
};

var btn = document.getElementById("my-btn");
EventUtil.addHandler(btn, "click", bind(handler.handleClick, handler, "my-btn"));
```

FunctionCurryingExample02.htm

在这个更新过的例子中，`handler.handleClick()`方法接受了两个参数：要处理的元素的名字和
`event` 对象。作为第三个参数传递给 `bind()` 函数的名字，又被传递给了 `handler.handleClick()`，
而 `handler.handleClick()` 也会同时接收到 `event` 对象。

ECMAScript 5 的 `bind()` 方法也实现函数柯里化，只要在 `this` 的值之后再传入另一个参数即可。

```
var handler = {
    message: "Event handled",

    handleClick: function(name, event){
        alert(this.message + ":" + name + ":" + event.type);
    }
};

var btn = document.getElementById("my-btn");
EventUtil.addHandler(btn, "click", handler.handleClick.bind(handler, "my-btn"));
```

FunctionCurryingExample03.htm

JavaScript 中的柯里化函数和绑定函数提供了强大的动态函数创建功能。使用 `bind()` 还是 `curry()`
要根据是否需要 `object` 对象响应来决定。它们都能用于创建复杂的算法和功能，当然两者都不应滥用，
因为每个函数都会带来额外的开销。

22.2　防篡改对象

JavaScript 共享的本质一直是开发人员心头的痛。因为任何对象都可以被在同一环境中运行的代码
修改。开发人员很可能会意外地修改别人的代码，甚至更糟糕地，用不兼容的功能重写原生对象。
ECMAScript 5 致力于解决这个问题，可以让开发人员定义**防篡改对象**（tamper-proof object）。

第6章讨论了对象属性的问题，也讨论了如何手工设置每个属性的`[[Configurable]]`、
`[[Writable]]`、`[[Enumerable]]`、`[[Value]]`、`[[Get]]`以及`[[Set]]`特性，以改变属性的行为。
类似地，ECMAScript 5也增加了几个方法，通过它们可以指定对象的行为。

不过请注意：一旦把对象定义为防篡改，就无法撤销了。

22.2.1　不可扩展对象

默认情况下，所有对象都是可以扩展的。也就是说，任何时候都可以向对象中添加属性和方法。例
如，可以像下面这样先定义一个对象，后来再给它添加一个属性。

```
var person = { name: "Nicholas" };
person.age = 29;
```

即使第一行代码已经完整定义 person 对象，但第二行代码仍然能给它添加属性。现在，使用 Object.preventExtensions() 方法可以改变这个行为，让你不能再给对象添加属性和方法。例如：

```
var person = { name: "Nicholas" };
Object.preventExtensions(person);

person.age = 29;
alert(person.age); //undefined
```

NonExtensibleObjectsExample01.htm

在调用了 Object.preventExtensions() 方法后，就不能给 person 对象添加新属性和方法了。在非严格模式下，给对象添加新成员会导致静默失败，因此 person.age 将是 undefined。而在严格模式下，尝试给不可扩展的对象添加新成员会导致抛出错误。

虽然不能给对象添加新成员，但已有的成员则丝毫不受影响。你仍然还可以修改和删除已有的成员。另外，使用 Object.isExtensible() 方法还可以确定对象是否可以扩展。

```
var person = { name: "Nicholas" };
alert(Object.isExtensible(person));      //true

Object.preventExtensions(person);
alert(Object.isExtensible(person));      //false
```

NonExtensibleObjectsExample02.htm

22.2.2　密封的对象

ECMAScript 5 为对象定义的第二个保护级别是**密封对象**（sealed object）。密封对象不可扩展，而且已有成员的 [[Configurable]] 特性将被设置为 false。这就意味着不能删除属性和方法，因为不能使用 Object.defineProperty() 把数据属性修改为访问器属性，或者相反。属性值是可以修改的。

要密封对象，可以使用 Object.seal() 方法。

```
var person = { name: "Nicholas" };
Object.seal(person);

person.age = 29;
alert(person.age);      //undefined

delete person.name;
alert(person.name);      //"Nicholas"
```

SealedObjectsExample01.htm

在这个例子中，添加 age 属性的行为被忽略了。而尝试删除 name 属性的操作也被忽略了，因此这个属性没有受任何影响。这是在非严格模式下的行为。在严格模式下，尝试添加或删除对象成员都会导致抛出错误。

使用 `Object.isSealed()` 方法可以确定对象是否被密封了。因为被密封的对象不可扩展，所以用 `Object.isExtensible()` 检测密封的对象也会返回 `false`。

```
var person = { name: "Nicholas" };
alert(Object.isExtensible(person)); //true
alert(Object.isSealed(person));        //false

Object.seal(person);
alert(Object.isExtensible(person)); //false
alert(Object.isSealed(person));        //true
```

SealedObjectsExample02.htm

22.2.3   冻结的对象

最严格的防篡改级别是**冻结对象**（frozen object）。冻结的对象既不可扩展，又是密封的，而且对象数据属性的 `[[Writable]]` 特性会被设置为 `false`。如果定义 `[[Set]]` 函数，访问器属性仍然是可写的。ECMAScript 5 定义的 `Object.freeze()` 方法可以用来冻结对象。

```
var person = { name: "Nicholas" };
Object.freeze(person);

person.age = 29;
alert(person.age);      //undefined

delete person.name;
alert(person.name);     //"Nicholas"

person.name = "Greg";
alert(person.name);     //"Nicholas"
```

FrozenObjectsExample01.htm

与密封和不允许扩展一样，对冻结的对象执行非法操作在非严格模式下会被忽略，而在严格模式下会抛出错误。

因为冻结对象既是密封的又是不可扩展的，所以用 `Object.isExtensible()` 和 `Object.isSealed()` 检测冻结对象将分别返回 `false` 和 `true`。

```
var person = { name: "Nicholas" };
alert(Object.isExtensible(person));     //true
alert(Object.isSealed(person));         //false
alert(Object.isFrozen(person));         //false

Object.freeze(person);
alert(Object.isExtensible(person));     //false
alert(Object.isSealed(person));         //true
alert(Object.isFrozen(person));         //true
```

FrozenObjectsExample02.htm

对 JavaScript 库的作者而言，冻结对象是很有用的。因为 JavaScript 库最怕有人意外（或有意）地修改了库中的核心对象。冻结（或密封）主要的库对象能够防止这些问题的发生。

22.3 高级定时器

使用 setTimeout() 和 setInterval() 创建的定时器可以用于实现有趣且有用的功能。虽然人们对 JavaScript 的定时器存在普遍的误解，认为它们是线程，其实 JavaScript 是运行于单线程的环境中的，而定时器仅仅只是计划代码在未来的某个时间执行。执行时机是不能保证的，因为在页面的生命周期中，不同时间可能有其他代码在控制 JavaScript 进程。在页面下载完后的代码运行、事件处理程序、Ajax 回调函数都必须使用同样的线程来执行。实际上，浏览器负责进行排序，指派某段代码在某个时间点运行的优先级。

可以把 JavaScript 想象成在时间线上运行的。当页面载入时，首先执行是任何包含在 <script> 元素中的代码，通常是页面生命周期后面要用到的一些简单的函数和变量的声明，不过有时候也包含一些初始数据的处理。在这之后，JavaScript 进程将等待更多代码执行。当进程空闲的时候，下一个代码会被触发并立刻执行。例如，当点击某个按钮时，onclick 事件处理程序会立刻执行，只要 JavaScript 进程处于空闲状态。这样一个页面的时间线类似于图 22-1。

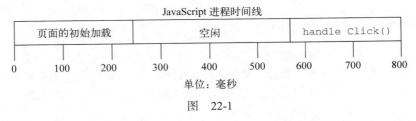

JavaScript 进程时间线

单位：毫秒

图 22-1

除了主 JavaScript 执行进程外，还有一个需要在进程下一次空闲时执行的代码队列。随着页面在其生命周期中的推移，代码会按照执行顺序添加入队列。例如，当某个按钮被按下时，它的事件处理程序代码就会被添加到队列中，并在下一个可能的时间里执行。当接收到某个 Ajax 响应时，回调函数的代码会被添加到队列。在 JavaScript 中没有任何代码是立刻执行的，但一旦进程空闲则尽快执行。

定时器对队列的工作方式是，当特定时间过去后将代码插入。注意，给队列添加代码并不意味着对它立刻执行，而只能表示它会尽快执行。设定一个 150ms 后执行的定时器不代表到了 150ms 代码就立刻执行，它表示代码会在 150ms 后被加入到队列中。如果在这个时间点上，队列中没有其他东西，那么这段代码就会被执行，表面上看上去好像代码就在精确指定的时间点上执行了。其他情况下，代码可能明显地等待更长时间才执行。

请看以下代码：

```
var btn = document.getElementById("my-btn");
btn.onclick = function(){
    setTimeout(function(){
        document.getElementById("message").style.visibility = "visible";
    }, 250);

    //其他代码
};
```

在这里给一个按钮设置了一个事件处理程序。事件处理程序设置了一个 250ms 后调用的定时器。点击该按钮后，首先将 `onclick` 事件处理程序加入队列。该程序执行后才设置定时器，再有 250ms 后，指定的代码才被添加到队列中等待执行。实际上，对 `setTimeout()` 的调用表示要晚点执行某些代码。

关于定时器要记住的最重要的事情是，指定的时间间隔表示何时将定时器的代码添加到队列，而不是何时实际执行代码。如果前面例子中的 `onclick` 事件处理程序执行了 300ms，那么定时器的代码至少要在定时器设置之后的 300ms 后才会被执行。队列中所有的代码都要等到 JavaScript 进程空闲之后才能执行，而不管它们是如何添加到队列中的。见图 22-2。

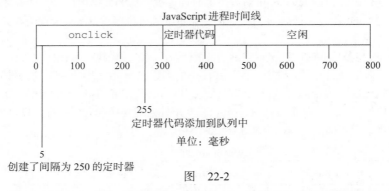

图　22-2

如图 22-2 所示，尽管在 255ms 处添加了定时器代码，但这时候还不能执行，因为 `onclick` 事件处理程序仍在运行。定时器代码最早能执行的时机是在 300ms 处，即 `onclick` 事件处理程序结束之后。

实际上 Firefox 中定时器的实现还能让你确定定时器过了多久才执行，这需传递一个实际执行的时间与指定的间隔的差值。如下面的例子所示。

```
//仅 Firefox 中
setTimeout(function(diff){
    if (diff > 0) {
        //晚调用
    } else if (diff < 0){
        //早调用
    } else {
        //调用及时
    }
}, 250);
```

执行完一套代码后，JavaScript 进程返回一段很短的时间，这样页面上的其他处理就可以进行了。由于 JavaScript 进程会阻塞其他页面处理，所以必须有这些小间隔来防止用户界面被锁定（代码长时间运行中还有可能出现）。这样设置一个定时器，可以确保在定时器代码执行前至少有一个进程间隔。

22.3.1　重复的定时器

使用 `setInterval()` 创建的定时器确保了定时器代码规则地插入队列中。这个方式的问题在于，定时器代码可能在代码再次被添加到队列之前还没有完成执行，结果导致定时器代码连续运行好几次，而之间没有任何停顿。幸好，JavaScript 引擎够聪明，能避免这个问题。当使用 `setInterval()` 时，仅当没有该定时器的任何其他代码实例时，才将定时器代码添加到队列中。这确保了定时器代码加入到队列中的最小时间间隔为指定间隔。

这种重复定时器的规则有两个问题：(1) 某些间隔会被跳过；(2) 多个定时器的代码执行之间的间隔可能会比预期的小。假设，某个 onclick 事件处理程序使用 setInterval() 设置了一个 200ms 间隔的重复定时器。如果事件处理程序花了 300ms 多一点的时间完成，同时定时器代码也花了差不多的时间，就会同时出现跳过间隔且连续运行定时器代码的情况。参见图 22-3。

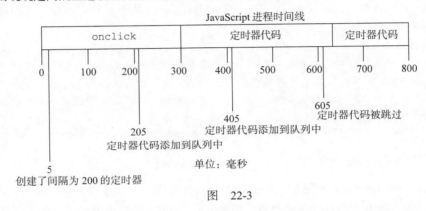

图　22-3

这个例子中的第 1 个定时器是在 205ms 处添加到队列中的，但是直到过了 300ms 处才能够执行。当执行这个定时器代码时，在 405ms 处又给队列添加了另外一个副本。在下一个间隔，即 605ms 处，第一个定时器代码仍在运行，同时在队列中已经有了一个定时器代码的实例。结果是，在这个时间点上的定时器代码不会被添加到队列中。结果在 5ms 处添加的定时器代码结束之后，405ms 处添加的定时器代码就立刻执行。

为了避免 setInterval() 的重复定时器的这 2 个缺点，你可以用如下模式使用链式 setTimeout() 调用。

```
setTimeout(function(){

    //处理中

    setTimeout(arguments.callee, interval);

}, interval);
```

这个模式链式调用了 setTimeout()，每次函数执行的时候都会创建一个新的定时器。第二个 setTimeout() 调用使用了 arguments.callee 来获取对当前执行的函数的引用，并为其设置另外一个定时器。这样做的好处是，在前一个定时器代码执行完之前，不会向队列插入新的定时器代码，确保不会有任何缺失的间隔。而且，它可以保证在下一次定时器代码执行之前，至少要等待指定的间隔，避免了连续的运行。这个模式主要用于重复定时器，如下例所示。

```
setTimeout(function(){

    var div = document.getElementById("myDiv");
    left = parseInt(div.style.left) + 5;
    div.style.left = left + "px";

    if (left < 200){
```

```
        setTimeout(arguments.callee, 50);
    }

}, 50);
```

RepeatingTimersExample.htm

这段定时器代码每次执行的时候将一个`<div>`元素向右移动，当左坐标在 200 像素的时候停止。JavaScript 动画中使用这个模式很常见。

　　　　每个浏览器窗口、标签页、或者 frame 都有其各自的代码执行队列。这意味着，进行跨 frame 或者跨窗口的定时调用，当代码同时执行的时候可能会导致竞争条件。无论何时需要使用这种通信类型，最好是在接收 frame 或者窗口中创建一个定时器来执行代码。

22.3.2　Yielding Processes

　　运行在浏览器中的 JavaScript 都被分配了一个确定数量的资源。不同于桌面应用往往能够随意控制他们要的内存大小和处理器时间，JavaScript 被严格限制了，以防止恶意的 Web 程序员把用户的计算机搞挂了。其中一个限制是长时间运行脚本的制约，如果代码运行超过特定的时间或者特定语句数量就不让它继续执行。如果代码达到了这个限制，会弹出一个浏览器错误的对话框，告诉用户某个脚本会用过长的时间执行，询问是允许其继续执行还是停止它。所有 JavaScript 开发人员的目标就是，确保用户永远不会在浏览器中看到这个令人费解的对话框。定时器是绕开此限制的方法之一。

　　脚本长时间运行的问题通常是由两个原因之一造成的：过长的、过深嵌套的函数调用或者是进行大量处理的循环。这两者中，后者是较为容易解决的问题。长时间运行的循环通常遵循以下模式：

```
for (var i=0, len=data.length; i < len; i++){
    process(data[i]);
}
```

这个模式的问题在于要处理的项目的数量在运行前是不可知的。如果完成 `process()` 要花 100ms，只有 2 个项目的数组可能不会造成影响，但是 10 个的数组可能会导致脚本要运行一秒钟才能完成。数组中的项目数量直接关系到执行完该循环的时间长度。同时由于 JavaScript 的执行是一个阻塞操作，脚本运行所花时间越久，用户无法与页面交互的时间也越久。

　　在展开该循环之前，你需要回答以下两个重要的问题。

❑ 该处理是否必须同步完成？ 如果这个数据的处理会造成其他运行的阻塞，那么最好不要改动它。不过，如果你对这个问题的回答确定为"否"，那么将某些处理推迟到以后是个不错的备选项。

❑ 数据是否必须按顺序完成？ 通常，数组只是对项目的组合和迭代的一种简便的方法而无所谓顺序。如果项目的顺序不是非常重要，那么可能可以将某些处理推迟到以后。

　　当你发现某个循环占用了大量时间，同时对于上述两个问题，你的回答都是"否"，那么你就可以使用定时器分割这个循环。这是一种叫做**数组分块**（array chunking）的技术，小块小块地处理数组，通常每次一小块。基本的思路是为要处理的项目创建一个队列，然后使用定时器取出下一个要处理的项目进行处理，接着再设置另一个定时器。基本的模式如下：

```
setTimeout(function(){

    //取出下一个条目并处理
    var item = array.shift();
    process(item);

    //若还有条目，再设置另一个定时器
    if(array.length > 0){
        setTimeout(arguments.callee, 100);
    }
}, 100);
```

在数组分块模式中，array 变量本质上就是一个"待办事宜"列表，它包含了要处理的项目。使用 shift() 方法可以获取队列中下一个要处理的项目，然后将其传递给某个函数。如果在队列中还有其他项目，则设置另一个定时器，并通过 arguments.callee 调用同一个匿名函数。要实现数组分块非常简单，可以使用以下函数。

```
function chunk(array, process, context){
    setTimeout(function(){
        var item = array.shift();
        process.call(context, item);

        if (array.length > 0){
            setTimeout(arguments.callee, 100);
        }
    }, 100);
}
```

ArrayChunkingExample.htm

chunk() 方法接受三个参数：要处理的项目的数组，用于处理项目的函数，以及可选的运行该函数的环境。函数内部用了之前描述过的基本模式，通过 call() 调用的 process() 函数，这样可以设置一个合适的执行环境（如果必须）。定时器的时间间隔设置为了 100ms，使得 JavaScript 进程有时间在处理项目的事件之间转入空闲。你可以根据你的需要更改这个间隔大小，不过 100ms 在大多数情况下效果不错。可以按如下所示使用该函数：

```
var data = [12,123,1234,453,436,23,23,5,4123,45,346,5634,2234,345,342];

function printValue(item){
    var div = document.getElementById("myDiv");
    div.innerHTML += item + "<br>";
}

chunk(data, printValue);
```

ArrayChunkingExample.htm

这个例子使用 printValue() 函数将 data 数组中的每个值输出到一个 `<div>` 元素。由于函数处在全局作用域内，因此无需给 chunk() 传递一个 context 对象。

必须当心的地方是，传递给 chunk() 的数组是用作一个队列的，因此当处理数据的同时，数组中的条目也在改变。如果你想保持原数组不变，则应该将该数组的克隆传递给 chunk()，如下例所示：

```
chunk(data.concat(), printValue);
```

当不传递任何参数调用某个数组的 `concat()` 方法时，将返回和原来数组中项目一样的数组。这样你就可以保证原数组不会被该函数更改。

数组分块的重要性在于它可以将多个项目的处理在执行队列上分开，在每个项目处理之后，给予其他的浏览器处理机会运行，这样就可能避免长时间运行脚本的错误。

 一旦某个函数需要花 50ms 以上的时间完成，那么最好看看能否将任务分割为一系列可以使用定时器的小任务。

22.3.3 函数节流

浏览器中某些计算和处理要比其他的昂贵很多。例如，DOM 操作比起非 DOM 交互需要更多的内存和 CPU 时间。连续尝试进行过多的 DOM 相关操作可能会导致浏览器挂起，有时候甚至会崩溃。尤其在 IE 中使用 `onresize` 事件处理程序的时候容易发生，当调整浏览器大小的时候，该事件会连续触发。在 `onresize` 事件处理程序内部如果尝试进行 DOM 操作，其高频率的更改可能会让浏览器崩溃。为了绕开这个问题，你可以使用定时器对该函数进行**节流**。

函数节流背后的基本思想是指，某些代码不可以在没有间断的情况连续重复执行。第一次调用函数，创建一个定时器，在指定的时间间隔之后运行代码。当第二次调用该函数时，它会清除前一次的定时器并设置另一个。如果前一个定时器已经执行过了，这个操作就没有任何意义。然而，如果前一个定时器尚未执行，其实就是将其替换为一个新的定时器。目的是只有在执行函数的请求停止了一段时间之后才执行。以下是该模式的基本形式：

```
var processor = {
    timeoutId: null,

    //实际进行处理的方法
    performProcessing: function(){
        //实际执行的代码
    },

    //初始处理调用的方法
    process: function(){
        clearTimeout(this.timeoutId);

        var that = this;
        this.timeoutId = setTimeout(function(){
            that.performProcessing();
        }, 100);
    }
};

//尝试开始执行
processor.process();
```

在这段代码中，创建了一个叫做 `processor` 对象。这个对象还有 2 个方法：`process()` 和 `performProcessing()`。前者是初始化任何处理所必须调用的，后者则实际进行应完成的处理。当调用了 `process()`，第一步是清除存好的 `timeoutId`，来阻止之前的调用被执行。然后，创建一个新的定时器调用 `performProcessing()`。由于 `setTimeout()` 中用到的函数的环境总是 `window`，所以有必要保存 `this` 的引用以方便以后使用。

时间间隔设为了 100ms，这表示最后一次调用 process() 之后至少 100ms 后才会调用 perform-Processing()。所以如果 100ms 之内调用了 process() 共 20 次，performProcessing() 仍只会被调用一次。

这个模式可以使用 throttle() 函数来简化，这个函数可以自动进行定时器的设置和清除，如下例所示：

```
function throttle(method, context) {
    clearTimeout(method.tId);
    method.tId= setTimeout(function(){
        method.call(context);
    }, 100);
}
```

ThrottlingExample.htm

throttle() 函数接受两个参数：要执行的函数以及在哪个作用域中执行。上面这个函数首先清除之前设置的任何定时器。定时器 ID 是存储在函数的 tId 属性中的，第一次把方法传递给 throttle() 的时候，这个属性可能并不存在。接下来，创建一个新的定时器，并将其 ID 储存在方法的 tId 属性中。如果这是第一次对这个方法调用 throttle() 的话，那么这段代码会创建该属性。定时器代码使用 call() 来确保方法在适当的环境中执行。如果没有给出第二个参数，那么就在全局作用域内执行该方法。

前面提到过，节流在 resize 事件中是最常用的。如果你基于该事件来改变页面布局的话，最好控制处理的频率，以确保浏览器不会在极短的时间内进行过多的计算。例如，假设有一个 `<div>` 元素需要保持它的高度始终等同于宽度。那么实现这一功能的 JavaScript 可以如下编写：

```
window.onresize = function(){
    var div = document.getElementById("myDiv");
    div.style.height = div.offsetWidth + "px";
};
```

这段非常简单的例子有两个问题可能会造成浏览器运行缓慢。首先，要计算 offsetWidth 属性，如果该元素或者页面上其他元素有非常复杂的 CSS 样式，那么这个过程将会很复杂。其次，设置某个元素的高度需要对页面进行回流来令改动生效。如果页面有很多元素同时应用了相当数量的 CSS 的话，这又需要很多计算。这就可以用到 throttle() 函数，如下例所示：

```
function resizeDiv(){
    var div = document.getElementById("myDiv");
    div.style.height = div.offsetWidth + "px";
}

window.onresize = function(){
    throttle(resizeDiv);
};
```

ThrottlingExample.htm

这里，调整大小的功能被放入了一个叫做 resizeDiv() 的单独函数中。然后 onresize 事件处理程序调用 throttle() 并传入 resizeDiv 函数，而不是直接调用 resizeDiv()。多数情况下，用户是感觉不到变化的，虽然给浏览器节省的计算可能会非常大。

只要代码是周期性执行的，都应该使用节流，但是你不能控制请求执行的速率。这里展示的 `throttle()` 函数用了 100ms 作为间隔，你当然可以根据你的需要来修改它。

22.4   自定义事件

在本书前面，你已经学到事件是 JavaScript 与浏览器交互的主要途径。事件是一种叫做观察者的设计模式，这是一种创建松散耦合代码的技术。对象可以发布事件，用来表示在该对象生命周期中某个有趣的时刻到了。然后其他对象可以观察该对象，等待这些有趣的时刻到来并通过运行代码来响应。

观察者模式由两类对象组成：**主体**和**观察者**。主体负责发布事件，同时观察者通过订阅这些事件来观察该主体。该模式的一个关键概念是主体并不知道观察者的任何事情，也就是说它可以独自存在并正常运作即使观察者不存在。从另一方面来说，观察者知道主体并能注册事件的回调函数（事件处理程序）。涉及 DOM 上时，DOM 元素便是主体，你的事件处理代码便是观察者。

事件是与 DOM 交互的最常见的方式，但它们也可以用于非 DOM 代码中——通过实现自定义事件。自定义事件背后的概念是创建一个管理事件的对象，让其他对象监听那些事件。实现此功能的基本模式可以如下定义：

```
function EventTarget(){
    this.handlers = {};
}

EventTarget.prototype = {
    constructor: EventTarget,
    addHandler: function(type, handler){
        if (typeof this.handlers[type] == "undefined"){
            this.handlers[type] = [];
        }

        this.handlers[type].push(handler);
    },

    fire: function(event){
        if (!event.target){
            event.target = this;
        }
        if (this.handlers[event.type] instanceof Array){
            var handlers = this.handlers[event.type];
            for (var i=0, len=handlers.length; i < len; i++){
                handlers[i](event);
            }
        }
    },

    removeHandler: function(type, handler){
        if (this.handlers[type] instanceof Array){
            var handlers = this.handlers[type];
            for (var i=0, len=handlers.length; i < len; i++){
                if (handlers[i] === handler){
                    break;
                }
            }

            handlers.splice(i, 1);
```

```
            }
        }
    };
```

EventTarget.js

EventTarget 类型有一个单独的属性 handlers，用于储存事件处理程序。还有三个方法：addHandler()，用于注册给定类型事件的事件处理程序；fire()，用于触发一个事件；removeHandler()，用于注销某个事件类型的事件处理程序。

addHandler()方法接受两个参数：事件类型和用于处理该事件的函数。当调用该方法时，会进行一次检查，看看 handlers 属性中是否已经存在一个针对该事件类型的数组；如果没有，则创建一个新的。然后使用 push()将该处理程序添加到数组的末尾。

如果要触发一个事件，要调用 fire()函数。该方法接受一个单独的参数，是一个至少包含 type 属性的对象。fire()方法先给 event 对象设置一个 target 属性，如果它尚未被指定的话。然后它就查找对应该事件类型的一组处理程序，调用各个函数，并给出 event 对象。因为这些都是自定义事件，所以 event 对象上还需要的额外信息由你自己决定。

removeHandler()方法是 addHandler()的辅助，它们接受的参数一样：事件的类型和事件处理程序。这个方法搜索事件处理程序的数组找到要删除的处理程序的位置。如果找到了，则使用 break 操作符退出 for 循环。然后使用 splice()方法将该项目从数组中删除。

然后，使用 EventTarget 类型的自定义事件可以如下使用：

```
function handleMessage(event){
    alert("Message received: " + event.message);
}

//创建一个新对象
var target = new EventTarget();

//添加一个事件处理程序
target.addHandler("message", handleMessage);

//触发事件
target.fire({ type: "message", message: "Hello world!"});

//删除事件处理程序
target.removeHandler("message", handleMessage);

//再次，应没有处理程序
target.fire({ type: "message", message: "Hello world!"});
```

EventTargetExample01.htm

在这段代码中，定义了 handleMessage()函数用于处理 message 事件。它接受 event 对象并输出 message 属性。调用 target 对象的 addHandler()方法并传给"message"以及 handleMessage()函数。在接下来的一行上，调用了 fire()函数，并传递了包含 2 个属性，即 type 和 message 的对象直接量。它会调用 message 事件的事件处理程序，这样就会显示一个警告框（来自 handleMessage()）。然后删除了事件处理程序，这样即使事件再次触发，也不会显示任何警告框。

因为这种功能是封装在一种自定义类型中的，其他对象可以继承 EventTarget 并获得这个行为，如下例所示：

```
function Person(name, age){
    EventTarget.call(this);
    this.name = name;
    this.age = age;
}

inheritPrototype(Person,EventTarget);

Person.prototype.say = function(message){
    this.fire({type: "message", message: message});
};
```

EventTargetExample02.htm

Person 类型使用了寄生组合继承（参见第 6 章）方法来继承 EventTarget。一旦调用了 say()
方法，便触发了事件，它包含了消息的细节。在某种类型的另外的方法中调用 fire() 方法是很常见的，
同时它通常不是公开调用的。这段代码可以照如下方式使用：

```
function handleMessage(event){
    alert(event.target.name + " says: " + event.message);
}

//创建新 person
var person = new Person("Nicholas", 29);

//添加一个事件处理程序
person.addHandler("message", handleMessage);

//在该对象上调用 1 个方法，它触发消息事件
person.say("Hi there.");
```

EventTargetExample02.htm

这个例子中的 handleMessage() 函数显示了某人名字（通过 event.target.name 获得）的一个
警告框和消息正文。当调用 say() 方法并传递一个消息时，就会触发 message 事件。接下来，它又会
调用 handleMessage() 函数并显示警告框。

当代码中存在多个部分在特定时刻相互交互的情况下，自定义事件就非常有用了。这时，如果每个
对象都有对其他所有对象的引用，那么整个代码就会紧密耦合，同时维护也变得很困难，因为对某个对
象的修改也会影响到其他对象。使用自定义事件有助于解耦相关对象，保持功能的隔绝。在很多情况中，
触发事件的代码和监听事件的代码是完全分离的。

22.5   拖放

拖放是一种非常流行的用户界面模式。它的概念很简单：点击某个对象，并按住鼠标按钮不放，将
鼠标移动到另一个区域，然后释放鼠标按钮将对象"放"在这里。拖放功能也流行到了 Web 上，成为
了一些更传统的配置界面的一种候选方案。

拖放的基本概念很简单：创建一个绝对定位的元素，使其可以用鼠标移动。这个技术源自一种叫做

"鼠标拖尾"的经典网页技巧。鼠标拖尾是一个或者多个图片在页面上跟着鼠标指针移动。单元素鼠标拖尾的基本代码需要为文档设置一个 onmousemove 事件处理程序，它总是将指定元素移动到鼠标指针的位置，如下面的例子所示。

```
EventUtil.addHandler(document, "mousemove", function(event){
    var myDiv = document.getElementById("myDiv");
    myDiv.style.left = event.clientX + "px";
    myDiv.style.top = event.clientY + "px";
});
```

DragAndDropExample01.htm

在这个例子中，元素的 left 和 top 坐标设置为了 event 对象的 clientX 和 clientY 属性，这就将元素放到了视口中指针的位置上。它的效果是一个元素始终跟随指针在页面上的移动。只要正确的时刻（当鼠标按钮按下的时候）实现该功能，并在之后删除它（当释放鼠标按钮时），就可以实现拖放了。最简单的拖放界面可用以下代码实现：

```
var DragDrop = function(){

    var dragging = null;

    function handleEvent(event){

        //获取事件和目标
        event = EventUtil.getEvent(event);
        var target = EventUtil.getTarget(event);

        //确定事件类型
        switch(event.type){
            case "mousedown":
                if (target.className.indexOf("draggable") > -1){
                    dragging = target;
                }
                break;

            case "mousemove":
                if (dragging !== null){

                    //指定位置
                    dragging.style.left = event.clientX + "px";
                    dragging.style.top = event.clientY + "px";
                }
                break;

            case "mouseup":
                dragging = null;
                break;
        }
    };

    //公共接口
    return {
        enable: function(){
            EventUtil.addHandler(document, "mousedown", handleEvent);
            EventUtil.addHandler(document, "mousemove", handleEvent);
            EventUtil.addHandler(document, "mouseup", handleEvent);
        },
```

```
        disable: function(){
            EventUtil.removeHandler(document, "mousedown", handleEvent);
            EventUtil.removeHandler(document, "mousemove", handleEvent);
            EventUtil.removeHandler(document, "mouseup", handleEvent);
        }
    }
}();
```

DragAndDropExample02.htm

DragDrop 对象封装了拖放的所有基本功能。这是一个单例对象，并使用了模块模式来隐藏某些实现细节。dragging 变量起初是 null，将会存放被拖动的元素，所以当该变量不为 null 时，就知道正在拖动某个东西。handleEvent() 函数处理拖放功能中的所有的三个鼠标事件。它首先获取 event 对象和事件目标的引用。之后，用一个 switch 语句确定要触发哪个事件类型。当 mousedown 事件发生时，会检查 target 的 class 是否包含 "draggable" 类，如果是，那么将 target 存放到 dragging 中。这个技巧可以很方便地通过标记语言而非 JavaScript 脚本来确定可拖动的元素。

handleEvent() 的 mousemove 情况和前面的代码一样，不过要检查 dragging 是否为 null。当它不是 null，就知道 dragging 就是要拖动的元素，这样就会把它放到恰当的位置上。mouseup 情况就仅仅是将 dragging 重置为 null，让 mousemove 事件中的判断失效。

DragDrop 还有两个公共方法：enable() 和 disable()，它们只是相应添加和删除所有的事件处理程序。这两个函数提供了额外的对拖放功能的控制手段。

要使用 DragDrop 对象，只要在页面上包含这些代码并调用 enable()。拖放会自动针对所有包含 "draggable" 类的元素启用，如下例所示：

```
<div class="draggable" style="position:absolute; background:red"> </div>
```

注意为了元素能被拖放，它必须是绝对定位的。

22.5.1 修缮拖动功能

当你试了上面的例子之后，你会发现元素的左上角总是和指针在一起。这个结果对用户来说有一点不爽，因为当鼠标开始移动的时候，元素好像是突然跳了一下。理想情况是，这个动作应该看上去好像这个元素是被指针"拾起"的，也就是说当在拖动元素的时候，用户点击的那一点就是指针应该保持的位置（见图 22-4）。

用户首先点击的是这里　　　被拖动后，指针就跑到这里了

图　22-4

要达到需要的效果，必须做一些额外的计算。你需要计算元素左上角和指针位置之间的差值。这个差值应该在 mousedown 事件发生的时候确定，并且一直保持，直到 mouseup 事件发生。通过将 event 的 clientX 和 clientY 属性与该元素的 offsetLeft 和 offsetTop 属性进行比较，就可以算出水平

方向和垂直方向上需要多少空间，见图 22-5。

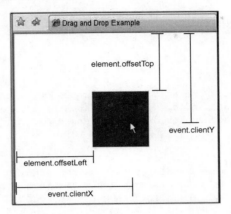

图 22-5

为了保存 x 和 y 坐标上的差值，还需要几个变量。diffX 和 diffY 这些变量需要在 onmousemove 事件处理程序中用到，来对元素进行适当的定位，如下面的例子所示。

```javascript
var DragDrop = function(){

    var dragging = null,
        diffX = 0,
        diffY = 0;

    function handleEvent(event){

        //获取事件和目标
        event = EventUtil.getEvent(event);
        var target = EventUtil.getTarget(event);

        //确定事件类型
        switch(event.type){
            case "mousedown":
                if (target.className.indexOf("draggable") > -1){
                    dragging = target;
                    diffX = event.clientX - target.offsetLeft;
                    diffY = event.clientY - target.offsetTop;
                }
                break;

            case "mousemove":
                if (dragging !== null){

                    //指定位置
                    dragging.style.left = (event.clientX - diffX) + "px";
                    dragging.style.top = (event.clientY - diffY) + "px";
                }
                break;

            case "mouseup":
```

```
                    dragging = null;
                    break;
            }
        };

        //公共接口
        return {
            enable: function(){
                EventUtil.addHandler(document, "mousedown", handleEvent);
                EventUtil.addHandler(document, "mousemove", handleEvent);
                EventUtil.addHandler(document, "mouseup", handleEvent);
            },

            disable: function(){
                EventUtil.removeHandler(document, "mousedown", handleEvent);
                EventUtil.removeHandler(document, "mousemove", handleEvent);
                EventUtil.removeHandler(document, "mouseup", handleEvent);
            }
        }
    }();
```

DragAndDropExample03.htm

diffX 和 diffY 变量是私有的，因为只有 handleEvent() 函数需要用到它们。当 mousedown 事件发生时，通过 clientX 减去目标的 offsetLeft，clientY 减去目标的 offsetTop，可以计算到这两个变量的值。当触发了 mousemove 事件后，就可以使用这些变量从指针坐标中减去，得到最终的坐标。最后得到一个更加平滑的拖动体验，更加符合用户所期望的方式。

22.5.2　添加自定义事件

拖放功能还不能真正应用起来，除非能知道什么时候拖动开始了。从这点上看，前面的代码没有提供任何方法表示拖动开始、正在拖动或者已经结束。这时，可以使用自定义事件来指示这几个事件的发生，让应用的其他部分与拖动功能进行交互。

由于 DragDrop 对象是一个使用了模块模式的单例，所以需要进行一些更改来使用 EventTarget 类型。首先，创建一个新的 EventTarget 对象，然后添加 enable() 和 disable() 方法，最后返回这个对象。看以下内容。

```
var DragDrop = function(){

    var dragdrop = new EventTarget(),
        dragging = null,
        diffX = 0,
        diffY = 0;

    function handleEvent(event){

        //获取事件和目标
        event = EventUtil.getEvent(event);
        var target = EventUtil.getTarget(event);

        //确定事件类型
```

```
            switch(event.type){
                case "mousedown":
                    if (target.className.indexOf("draggable") > -1){
                        dragging = target;
                        diffX = event.clientX - target.offsetLeft;
                        diffY = event.clientY - target.offsetTop;
                        dragdrop.fire({type:"dragstart", target: dragging,
                                        x: event.clientX, y: event.clientY});
                    }
                    break;

                case "mousemove":
                    if (dragging !== null){

                        //指定位置
                        dragging.style.left = (event.clientX - diffX) + "px";
                        dragging.style.top = (event.clientY - diffY) + "px";

                        //触发自定义事件
                        dragdrop.fire({type:"drag", target: dragging,
                                        x: event.clientX, y: event.clientY});
                    }
                    break;

                case "mouseup":
                    dragdrop.fire({type:"dragend", target: dragging,
                                    x: event.clientX, y: event.clientY});
                    dragging = null;
                    break;
            }
        };

        //公共接口
        dragdrop.enable = function(){
            EventUtil.addHandler(document, "mousedown", handleEvent);
            EventUtil.addHandler(document, "mousemove", handleEvent);
            EventUtil.addHandler(document, "mouseup", handleEvent);
        };

        dragdrop.disable = function(){
            EventUtil.removeHandler(document, "mousedown", handleEvent);
            EventUtil.removeHandler(document, "mousemove", handleEvent);
            EventUtil.removeHandler(document, "mouseup", handleEvent);
        };

        return dragdrop;
    }();
```

DragAndDropExample04.htm

　　这段代码定义了三个事件：dragstart、drag 和 dragend。它们都将被拖动的元素设置为了 target，并给出了 x 和 y 属性来表示当前的位置。它们触发于 dragdrop 对象上，之后在返回对象前给对象增加 enable() 和 disable() 方法。这些模块模式中的细小更改令 DragDrop 对象支持了事件，如下：

```
DragDrop.addHandler("dragstart", function(event){
    var status = document.getElementById("status");
    status.innerHTML = "Started dragging " + event.target.id;
});

DragDrop.addHandler("drag", function(event){
    var status = document.getElementById("status");
    status.innerHTML += "<br/> Dragged " + event.target.id + " to (" + event.x +
                        "," + event.y + ")";
});

DragDrop.addHandler("dragend", function(event){
    var status = document.getElementById("status");
    status.innerHTML += "<br/> Dropped " + event.target.id + " at (" + event.x +
                        "," + event.y + ")";
});
```

DragAndDropExample04.htm

这里，为 DragDrop 对象的每个事件添加了事件处理程序。还使用了一个元素来显示被拖动的元素当前的状态和位置。一旦元素被放下了，就可以看到从它一开始被拖动之后经过的所有的中间步骤。

为 DragDrop 添加自定义事件可以使这个对象更健壮，它将可以在网络应用中处理复杂的拖放功能。

22.6 小结

JavaScript 中的函数非常强大，因为它们是第一类对象。使用闭包和函数环境切换，还可以有很多使用函数的强大方法。可以创建作用域安全的构造函数，确保在缺少 new 操作符时调用构造函数不会改变错误的环境对象。

❑ 可以使用惰性载入函数，将任何代码分支推迟到第一次调用函数的时候。

❑ 函数绑定可以让你创建始终在指定环境中运行的函数，同时函数柯里化可以让你创建已经填了某些参数的函数。

❑ 将绑定和柯里化组合起来，就能够给你一种在任意环境中以任意参数执行任意函数的方法。

ECMAScript 5 允许通过以下几种方式来创建防篡改对象。

❑ 不可扩展的对象，不允许给对象添加新的属性或方法。

❑ 密封的对象，也是不可扩展的对象，不允许删除已有的属性和方法。

❑ 冻结的对象，也是密封的对象，不允许重写对象的成员。

JavaScript 中可以使用 setTimeout() 和 setInterval() 如下创建定时器。

❑ 定时器代码是放在一个等待区域，直到时间间隔到了之后，此时将代码添加到 JavaScript 的处理队列中，等待下一次 JavaScript 进程空闲时被执行。

❑ 每次一段代码执行结束之后，都会有一小段空闲时间进行其他浏览器处理。

❑ 这种行为意味着，可以使用定时器将长时间运行的脚本切分为一小块一小块可以在以后运行的代码段。这种做法有助于 Web 应用对用户交互有更积极的响应。

JavaScript 中经常以事件的形式应用观察者模式。虽然事件常常和 DOM 一起使用，但是你也可以通过实现自定义事件在自己的代码中应用。使用自定义事件有助于将不同部分的代码相互之间解耦，让维护更加容易，并减少引入错误的机会。

拖放对于桌面和 Web 应用都是一个非常流行的用户界面范例，它能够让用户非常方便地以一种直观的方式重新排列或者配置东西。在 JavaScript 中可以使用鼠标事件和一些简单的计算来实现这种功能类型。将拖放行为和自定义事件结合起来可以创建一个可重复使用的框架，它能应用于各种不同的情况下。

22

第23章

离线应用与客户端存储

本章内容
- ❑ 进行离线检测
- ❑ 使用离线缓存
- ❑ 在浏览器中保存数据

支持离线 Web 应用开发是 HTML5 的另一个重点。所谓**离线** Web 应用，就是在设备不能上网的情况下仍然可以运行的应用。HTML5 把离线应用作为重点，主要是基于开发人员的心愿。前端开发人员一直希望 Web 应用能够与传统的客户端应用同场竞技，起码做到只要设备有电就能使用。

开发离线 Web 应用需要几个步骤。首先是确保应用知道设备是否能上网，以便下一步执行正确的操作。然后，应用还必须能访问一定的资源（图像、JavaScript、CSS 等），只有这样才能正常工作。最后，必须有一块本地空间用于保存数据，无论能否上网都不妨碍读写。HTML5 及其相关的 API 让开发离线应用成为现实。

23.1 离线检测

开发离线应用的第一步是要知道设备是在线还是离线，HTML5 为此定义了一个 `navigator.onLine` 属性，这个属性值为 `true` 表示设备能上网，值为 `false` 表示设备离线。这个属性的关键是浏览器必须知道设备能否访问网络，从而返回正确的值。实际应用中，`navigator.onLine` 在不同浏览器间还有些小的差异。

- ❑ IE6+和 Safari 5+能够正确检测到网络已断开，并将 `navigator.onLine` 的值转换为 `false`。
- ❑ Firefox 3+和 Opera 10.6+支持 `navigator.onLine` 属性，但你必须手工选中菜单项"文件 → Web 开发人员（设置）→ 脱机工作"才能让浏览器正常工作。
- ❑ Chrome 11 及之前版本始终将 `navigator.onLine` 属性设置为 `true`。这是一个有待修复的 bug[①]。

由于存在上述兼容性问题，单独使用 `navigator.onLine` 属性不能确定网络是否连通。即便如此，在请求发生错误的情况下，检测这个属性仍然是管用的。以下是检测该属性状态的示例。

```
if (navigator.onLine){
    //正常工作
} else {
    //执行离线状态时的任务
```

---

① 这个 bug 在 2011 年 10 月已被修复（http://code.google.com/p/chromium/issues/detail?id=7469）。

```
}
```

OnLineExample01.htm

除 `navigator.onLine` 属性之外，为了更好地确定网络是否可用，HTML5 还定义了两个事件：`online` 和 `offline`。当网络从离线变为在线或者从在线变为离线时，分别触发这两个事件。这两个事件在 `window` 对象上触发。

```
EventUtil.addHandler(window, "online", function(){
    alert("Online");
});
EventUtil.addHandler(window, "offline", function(){
    alert("Offline");
});
```

OnlineEventsExample01.htm

为了检测应用是否离线，在页面加载后，最好先通过 `navigator.onLine` 取得初始的状态。然后，就是通过上述两个事件来确定网络连接状态是否变化。当上述事件触发时，`navigator.onLine` 属性的值也会改变，不过必须要手工轮询这个属性才能检测到网络状态的变化。

支持离线检测的浏览器有 IE 6+（只支持 `navigator.onLine` 属性）、Firefox 3、Safari 4、Opera 10.6、Chrome、iOS 3.2 版 Safari 和 Android 版 WebKit。

23.2 应用缓存

HTML5 的应用缓存（application cache），或者简称为 appcache，是专门为开发离线 Web 应用而设计的。Appcache 就是从浏览器的缓存中分出来的一块缓存区。要想在这个缓存中保存数据，可以使用一个**描述文件**（manifest file），列出要下载和缓存的资源。下面是一个简单的描述文件示例。

```
CACHE MANIFEST
#Comment

file.js
file.css
```

在最简单的情况下，描述文件中列出的都是需要下载的资源，以备离线时使用。

 设置描述文件的选项非常多，本书不打算详细解释每一个选项。要了解这些选项，推荐读者阅读 HTML5Doctor 中的文章 "Go offline with application cache"，网址为 http://html5doctor.com/go-offline-with-application-cache。

要将描述文件与页面关联起来，可以在 `<html>` 中的 `manifest` 属性中指定这个文件的路径，例如：

```
<html manifest="/offline.manifest">
```

以上代码告诉页面，`/offline.manifest` 中包含着描述文件。这个文件的 MIME 类型必须是 `text/cache-manifest`[1]。

---

① 描述文件的扩展名以前推荐用 manifest，但现在推荐的是 appcache。

虽然应用缓存的意图是确保离线时资源可用，但也有相应的 JavaScript API 让你知道它都在做什么。这个 API 的核心是 applicationCache 对象，这个对象有一个 status 属性，属性的值是常量，表示应用缓存的如下当前状态。

- ❑ 0：无缓存，即没有与页面相关的应用缓存。
- ❑ 1：闲置，即应用缓存未得到更新。
- ❑ 2：检查中，即正在下载描述文件并检查更新。
- ❑ 3：下载中，即应用缓存正在下载描述文件中指定的资源。
- ❑ 4：更新完成，即应用缓存已经更新了资源，而且所有资源都已下载完毕，可以通过 swapCache() 来使用了。
- ❑ 5：废弃，即应用缓存的描述文件已经不存在了，因此页面无法再访问应用缓存。

应用缓存还有很多相关的事件，表示其状态的改变。以下是这些事件。

- ❑ checking：在浏览器为应用缓存查找更新时触发。
- ❑ error：在检查更新或下载资源期间发生错误时触发。
- ❑ noupdate：在检查描述文件发现文件无变化时触发。
- ❑ downloading：在开始下载应用缓存资源时触发。
- ❑ progress：在文件下载应用缓存的过程中持续不断地触发。
- ❑ updateready：在页面新的应用缓存下载完毕且可以通过 swapCache() 使用时触发。
- ❑ cached：在应用缓存完整可用时触发。

一般来讲，这些事件会随着页面加载按上述顺序依次触发。不过，通过调用 update() 方法也可以手工干预，让应用缓存为检查更新而触发上述事件。

```
applicationCache.update();
```

update() 一经调用，应用缓存就会去检查描述文件是否更新（触发 checking 事件），然后就像页面刚刚加载一样，继续执行后续操作。如果触发了 cached 事件，就说明应用缓存已经准备就绪，不会再发生其他操作了。如果触发了 updateready 事件，则说明新版本的应用缓存已经可用，而此时你需要调用 swapCache() 来启用新应用缓存。

```
EventUtil.addHandler(applicationCache, "updateready", function(){
    applicationCache.swapCache();
});
```

支持 HTML5 应用缓存的浏览器有 Firefox 3+、Safari 4+、Opera 10.6、Chrome、iOS 3.2+版 Safari 及 Android 版 WebKit。在 Firefox 4 及之前版本中调用 swapCache() 会抛出错误。

23.3　数据存储

随着 Web 应用程序的出现，也产生了对于能够直接在客户端上存储用户信息能力的要求。想法很合乎逻辑，属于某个特定用户的信息应该存在该用户的机器上。无论是登录信息、偏好设定或其他数据，Web 应用提供者发现他们在找各种方式将数据存在客户端上。这个问题的第一个方案是以 cookie 的形式出现的，cookie 是原来的网景公司创造的。一份题为 "Persistent Client State: HTTP Cookies"（持久客户端状态：HTTP Cookies）的标准中对 cookie 机制进行了阐述（该标准还可以在这里看到：http://curl.haxx.se/rfc/cookie_spec.html）。今天，cookie 只是在客户端存储数据的其中一种选项。

23.3.1 Cookie

HTTP Cookie，通常直接叫做 cookie，最初是在客户端用于存储会话信息的。该标准要求服务器对任意 HTTP 请求发送 Set-Cookie HTTP 头作为响应的一部分，其中包含会话信息。例如，这种服务器响应的头可能如下：

```
HTTP/1.1 200 OK
Content-type: text/html
Set-Cookie: name=value
Other-header: other-header-value
```

这个 HTTP 响应设置以 `name` 为名称、以 `value` 为值的一个 cookie，名称和值在传送时都必须是 URL 编码的。浏览器会存储这样的会话信息，并在这之后，通过为每个请求添加 Cookie HTTP 头将信息发送回服务器，如下所示：

```
GET /index.html HTTP/1.1
Cookie: name=value
Other-header: other-header-value
```

发送回服务器的额外信息可以用于唯一验证客户来自于发送的哪个请求。

1. 限制

cookie 在性质上是绑定在特定的域名下的。当设定了一个 cookie 后，再给创建它的域名发送请求时，都会包含这个 cookie。这个限制确保了储存在 cookie 中的信息只能让批准的接受者访问，而无法被其他域访问。

由于 cookie 是存在客户端计算机上的，还加入了一些限制确保 cookie 不会被恶意使用，同时不会占据太多磁盘空间。每个域的 cookie 总数是有限的，不过浏览器之间各有不同。如下所示。

- ❑ IE6 以及更低版本限制每个域名最多 20 个 cookie。
- ❑ IE7 和之后版本每个域名最多 50 个。IE7 最初是支持每个域名最大 20 个 cookie，之后被微软的一个补丁所更新。
- ❑ Firefox 限制每个域最多 50 个 cookie。
- ❑ Opera 限制每个域最多 30 个 cookie。
- ❑ Safari 和 Chrome 对于每个域的 cookie 数量限制没有硬性规定。

当超过单个域名限制之后还要再设置 cookie，浏览器就会清除以前设置的 cookie。IE 和 Opera 会删除最近最少使用过的（LRU，Least Recently Used）cookie，腾出空间给新设置的 cookie。Firefox 看上去好像是随机决定要清除哪个 cookie，所以考虑 cookie 限制非常重要，以免出现不可预期的后果。

浏览器中对于 cookie 的尺寸也有限制。大多数浏览器都有大约 4096B（加减 1）的长度限制。为了最佳的浏览器兼容性，最好将整个 cookie 长度限制在 4095B（含 4095）以内。尺寸限制影响到一个域下所有的 cookie，而并非每个 cookie 单独限制。

如果你尝试创建超过最大尺寸限制的 cookie，那么该 cookie 会被悄无声息地丢掉。注意，虽然一个字符通常占用一字节，但是多字节情况则有不同。

2. cookie 的构成

cookie 由浏览器保存的以下几块信息构成。

- ❑ 名称：一个唯一确定 cookie 的名称。cookie 名称是不区分大小写的，所以 `myCookie` 和 `MyCookie` 被认为是同一个 cookie。然而，实践中最好将 cookie 名称看作是区分大小写的，因为某些服务

23

器会这样处理 cookie。cookie 的名称必须是经过 URL 编码的。

- **值**：储存在 cookie 中的字符串值。值必须被 URL 编码。
- **域**：cookie 对于哪个域是有效的。所有向该域发送的请求中都会包含这个 cookie 信息。这个值可以包含子域(subdomain, 如 www.wrox.com)，也可以不包含它(如.wrox.com, 则对于 wrox.com 的所有子域都有效)。如果没有明确设定，那么这个域会被认作来自设置 cookie 的那个域。
- **路径**：对于指定域中的那个路径，应该向服务器发送 cookie。例如，你可以指定 cookie 只有从 http://www.wrox.com/books/ 中才能访问，那么 http://www.wrox.com 的页面就不会发送 cookie 信息，即使请求都是来自同一个域的。
- **失效时间**：表示 cookie 何时应该被删除的时间戳（也就是，何时应该停止向服务器发送这个 cookie）。默认情况下，浏览器会话结束时即将所有 cookie 删除；不过也可以自己设置删除时间。这个值是个 GMT 格式的日期（ Wdy, DD-Mon-YYYY HH:MM:SS GMT ），用于指定应该删除 cookie 的准确时间。因此，cookie 可在浏览器关闭后依然保存在用户的机器上。如果你设置的失效日期是个以前的时间，则 cookie 会被立刻删除。
- **安全标志**：指定后，cookie 只有在使用 SSL 连接的时候才发送到服务器。例如，cookie 信息只能发送给 https://www.wrox.com，而 http://www.wrox.com 的请求则不能发送 cookie。

每一段信息都作为 Set-Cookie 头的一部分，使用分号加空格分隔每一段，如下例所示。

```
HTTP/1.1 200 OK
Content-type: text/html
Set-Cookie: name=value; expires=Mon, 22-Jan-07 07:10:24 GMT; domain=.wrox.com
Other-header: other-header-value
```

该头信息指定了一个叫做 name 的 cookie，它会在格林威治时间 2007 年 1 月 22 日 7:10:24 失效，同时对于 www.wrox.com 和 wrox.com 的任何子域（ 如 p2p.wrox.com ）都有效。

secure 标志是 cookie 中唯一一个非名值对儿的部分，直接包含一个 secure 单词。如下：

```
HTTP/1.1 200 OK
Content-type: text/html
Set-Cookie: name=value; domain=.wrox.com; path=/; secure
Other-header: other-header-value
```

这里，创建了一个对于所有 wrox.com 的子域和域名下（ 由 path 参数指定的 ）所有页面都有效的 cookie。因为设置了 secure 标志，这个 cookie 只能通过 SSL 连接才能传输。

尤其要注意，域、路径、失效时间和 secure 标志都是服务器给浏览器的指示，以指定何时应该发送 cookie。这些参数并不会作为发送到服务器的 cookie 信息的一部分，只有名值对儿才会被发送。

3. JavaScript 中的 cookie

在 JavaScript 中处理 cookie 有些复杂，因为其众所周知的整脚的接口，即 BOM 的 document.cookie 属性。这个属性的独特之处在于它会因为使用它的方式不同而表现出不同的行为。当用来获取属性值时，document.cookie 返回当前页面可用的（根据 cookie 的域、路径、失效时间和安全设置）所有 cookie 的字符串，一系列由分号隔开的名值对儿，如下例所示。

```
name1=value1;name2=value2;name3=value3
```

所有名字和值都是经过 URL 编码的，所以必须使用 decodeURIComponent() 来解码。

当用于设置值的时候，document.cookie 属性可以设置为一个新的 cookie 字符串。这个 cookie 字符串会被解释并添加到现有的 cookie 集合中。设置 document.cookie 并不会覆盖 cookie，除非设置的

cookie 的名称已经存在。设置 cookie 的格式如下，和 Set-Cookie 头中使用的格式一样。

```
name=value; expires=expiration_time; path=domain_path; domain=domain_name; secure
```

这些参数中，只有 cookie 的名字和值是必需的。下面是一个简单的例子。

```
document.cookie = "name=Nicholas";
```

这段代码创建了一个叫 name 的 cookie，值为 Nicholas。当客户端每次向服务器端发送请求的时候，都会发送这个 cookie；当浏览器关闭的时候，它就会被删除。虽然这段代码没问题，但因为这里正好名称和值都无需编码，所以最好每次设置 cookie 时都像下面这个例子中一样使用 encodeURI-Component()。

```
document.cookie = encodeURIComponent("name") + "=" +
                  encodeURIComponent("Nicholas");
```

要给被创建的 cookie 指定额外的信息，只要将参数追加到该字符串，和 Set-Cookie 头中的格式一样，如下所示。

```
document.cookie = encodeURIComponent("name") + "=" +
                  encodeURIComponent("Nicholas") + "; domain=.wrox.com; path=/";
```

由于 JavaScript 中读写 cookie 不是非常直观，常常需要写一些函数来简化 cookie 的功能。基本的 cookie 操作有三种：读取、写入和删除。它们在 CookieUtil 对象中如下表示。

```
var CookieUtil = {

    get: function (name){
        var cookieName = encodeURIComponent(name) + "=",
            cookieStart = document.cookie.indexOf(cookieName),
            cookieValue = null;

        if (cookieStart > -1){
            var cookieEnd = document.cookie.indexOf(";", cookieStart);
            if (cookieEnd == -1){
                cookieEnd = document.cookie.length;
            }
            cookieValue = decodeURIComponent(document.cookie.substring(cookieStart
                        + cookieName.length, cookieEnd));
        }

        return cookieValue;
    },

    set: function (name, value, expires, path, domain, secure) {
        var cookieText = encodeURIComponent(name) + "=" +
                        encodeURIComponent(value);

        if (expires instanceof Date) {
            cookieText += "; expires=" + expires.toGMTString();
        }

        if (path) {
            cookieText += "; path=" + path;
        }
```

23

```
        if (domain) {
            cookieText += "; domain=" + domain;
        }

        if (secure) {
            cookieText += "; secure";
        }

        document.cookie = cookieText;
    },

    unset: function (name, path, domain, secure){
        this.set(name, "", new Date(0), path, domain, secure);
    }

};
```

CookieUtil.js

CookieUtil.get() 方法根据 cookie 的名字获取相应的值。它会在 document.cookie 字符串中查找 cookie 名加上等于号的位置。如果找到了，那么使用 indexOf() 查找该位置之后的第一个分号（表示了该 cookie 的结束位置）。如果没有找到分号，则表示该 cookie 是字符串中的最后一个，则余下的字符串都是 cookie 的值。该值使用 decodeURIComponent() 进行解码并最后返回。如果没有发现 cookie，则返回 null。

CookieUtil.set() 方法在页面上设置一个 cookie，接收如下几个参数：cookie 的名称，cookie 的值，可选的用于指定 cookie 何时应被删除的 Date 对象，cookie 的可选的 URL 路径，可选的域，以及可选的表示是否要添加 secure 标志的布尔值。参数是按照它们的使用频率排列的，只有头两个是必需的。在这个方法中，名称和值都使用 encodeURIComponent() 进行了 URL 编码，并检查其他选项。如果 expires 参数是 Date 对象，那么会使用 Date 对象的 toGMTString() 方法正确格式化 Date 对象，并添加到 expires 选项上。方法的其他部分就是构造 cookie 字符串并将其设置到 document.cookie 中。

没有删除已有 cookie 的直接方法。所以，需要使用相同的路径、域和安全选项再次设置 cookie，并将失效时间设置为过去的时间。CookieUtil.unset() 方法可以处理这种事情。它接收 4 个参数：要删除的 cookie 的名称、可选的路径参数、可选的域参数和可选的安全参数。

这些参数加上空字符串并设置失效时间为 1970 年 1 月 1 日（初始化为 0ms 的 Date 对象的值），传给 CookieUtil.set()。这样就能确保删除 cookie。

可以像下面这样使用上述方法。

```
//设置 cookie
CookieUtil.set("name", "Nicholas");
CookieUtil.set("book", "Professional JavaScript");

//读取 cookie 的值
alert(CookieUtil.get("name")); //"Nicholas"
alert(CookieUtil.get("book")); //"Professional JavaScript"

//删除 cookie
CookieUtil.unset("name");
CookieUtil.unset("book");
```

```
//设置cookie，包括它的路径、域、失效日期
CookieUtil.set("name", "Nicholas", "/books/projs/", "www.wrox.com",
               new Date("January 1, 2010"));

//删除刚刚设置的cookie
CookieUtil.unset("name", "/books/projs/", "www.wrox.com");

//设置安全的cookie
CookieUtil.set("name", "Nicholas", null, null, null, true);
```

CookieExample01.htm

这些方法通过处理解析、构造 cookie 字符串的任务令在客户端利用 cookie 存储数据更加简单。

4. 子 cookie

为了绕开浏览器的单域名下的 cookie 数限制，一些开发人员使用了一种称为子 cookie（subcookie）的概念。子 cookie 是存放在单个 cookie 中的更小段的数据。也就是使用 cookie 值来存储多个名称值对儿。子 cookie 最常见的的格式如下所示。

```
name=name1=value1&name2=value2&name3=value3&name4=value4&name5=value5
```

子 cookie 一般也以查询字符串的格式进行格式化。然后这些值可以使用单个 cookie 进行存储和访问，而非对每个名称– 值对儿使用不同的 cookie 存储。最后网站或者 Web 应用程序可以无需达到单域名 cookie 上限也可以存储更加结构化的数据。

为了更好地操作子 cookie，必须建立一系列新方法。子 cookie 的解析和序列化会因子 cookie 的期望用途而略有不同并更加复杂些。例如，要获得一个子 cookie，首先要遵循与获得 cookie 一样的基本步骤，但是在解码 cookie 值之前，需要按如下方法找出子 cookie 的信息。

```
var SubCookieUtil = {

    get: function (name, subName){
        var subCookies = this.getAll(name);
        if (subCookies){
            return subCookies[subName];
        } else {
            return null;
        }
    },

    getAll: function(name){
        var cookieName = encodeURIComponent(name) + "=",
            cookieStart = document.cookie.indexOf(cookieName),
            cookieValue = null,
            cookieEnd,
            subCookies,
            i,
            parts,
            result = {};

        if (cookieStart > -1){
            cookieEnd = document.cookie.indexOf(";", cookieStart);
            if (cookieEnd == -1){
                cookieEnd = document.cookie.length;
            }
            cookieValue = document.cookie.substring(cookieStart +
```

23

```
                              cookieName.length, cookieEnd);

          if (cookieValue.length > 0){
              subCookies = cookieValue.split("&");

              for (i=0, len=subCookies.length; i < len; i++){
                  parts = subCookies[i].split("=");
                  result[decodeURIComponent(parts[0])] =
                      decodeURIComponent(parts[1]);
              }

              return result;
          }
      }

      return null;
  },

  //省略了更多代码
};
```

SubCookieUtil.js

获取子 cookie 的方法有两个：get() 和 getAll()。其中 get() 获取单个子 cookie 的值，getAll() 获取所有子 cookie 并将它们放入一个对象中返回，对象的属性为子 cookie 的名称，对应值为子 cookie 对应的值。get() 方法接收两个参数：cookie 的名字和子 cookie 的名字。它其实就是调用 getAll() 获取所有的子 cookie，然后只返回所需的那一个（如果 cookie 不存在则返回 null）。

SubCookieUtil.getAll() 方法和 CookieUtil.get() 在解析 cookie 值的方式上非常相似。区别在于 cookie 的值并非立即解码，而是先根据&字符将将子 cookie 分割出来放在一个数组中，每一个子 cookie 再根据等于号分割，这样在 parts 数组中的前一部分便是子 cookie 名，后一部分则是子 cookie 的值。这两个项目都要使用 decodeURIComponent() 来解码，然后放入 result 对象中，最后作为方法的返回值。如果 cookie 不存在，则返回 null。

可以像下面这样使用上述方法：

```
//假设 document.cookie=data=name=Nicholas&book=Professional%20JavaScript

//取得全部子 cookie
var data = SubCookieUtil.getAll("data");
alert(data.name);  //"Nicholas"
alert(data.book);  //"Professional JavaScript"

//逐个获取子 cookie
alert(SubCookieUtil.get("data", "name")); //"Nicholas"
alert(SubCookieUtil.get("data", "book")); //"Professional JavaScript"
```

SubCookiesExample01.htm

要设置子 cookie，也有两种方法：set() 和 setAll()。以下代码展示了它们的构造。

```
var SubCookieUtil = {

    set: function (name, subName, value, expires, path, domain, secure) {
        var subcookies = this.getAll(name) || {};
```

```
            subcookies[subName] = value;
            this.setAll(name, subcookies, expires, path, domain, secure);
        },

    setAll: function(name, subcookies, expires, path, domain, secure){

        var cookieText = encodeURIComponent(name) + "=",
            subcookieParts = new Array(),
            subName;

        for (subName in subcookies){
            if (subName.length > 0 && subcookies.hasOwnProperty(subName)){
                subcookieParts.push(encodeURIComponent(subName) + "=" +
                    encodeURIComponent(subcookies[subName]));
            }
        }

        if (cookieParts.length > 0){
            cookieText += subcookieParts.join("&");

            if (expires instanceof Date) {
                cookieText += "; expires=" + expires.toGMTString();
            }

            if (path) {
                cookieText += "; path=" + path;
            }

            if (domain) {
                cookieText += "; domain=" + domain;
            }

            if (secure) {
                cookieText += "; secure";
            }
        } else {
            cookieText += "; expires=" + (new Date(0)).toGMTString();
        }

        document.cookie = cookieText;

    },

    //省略了更多代码
};
```

SubCookieUtil.js

　　这里的 set() 方法接收 7 个参数：cookie 名称、子 cookie 名称、子 cookie 值、可选的 cookie 失效日期或时间的 Date 对象、可选的 cookie 路径、可选的 cookie 域和可选的布尔 secure 标志。所有的可选参数都是作用于 cookie 本身而非子 cookie。为了在同一个 cookie 中存储多个子 cookie，路径、域和 secure 标志必须一致；针对整个 cookie 的失效日期则可以在任何一个单独的子 cookie 写入的时候同时设置。在这个方法中，第一步是获取指定 cookie 名称对应的所有子 cookie。逻辑或操作符 "||" 用于当 getAll()

返回 null 时将 subcookies 设置为一个新对象。然后，在 subcookies 对象上设置好子 cookie 值并传给
setAll()。

　　而 setAll() 方法接收 6 个参数：cookie 名称、包含所有子 cookie 的对象以及和 set() 中一样的 4
个可选参数。这个方法使用 for-in 循环遍历第二个参数中的属性。为了确保确实是要保存的数据，使
用了 hasOwnProperty() 方法，来确保只有实例属性被序列化到子 cookie 中。由于可能会存在属性名
为空字符串的情况，所以在把属性名加入结果对象之前还要检查一下属性名的长度。将每个子 cookie
的名值对儿都存入 subcookieParts 数组中，以便稍后可以使用 join() 方法以&号组合起来。剩下的
方法则和 CookieUtil.set() 一样。

　　可以按如下方式使用这些方法。

```
//假设 document.cookie=data=name=Nicholas&book=Professional%20JavaScript

//设置两个 cookie
SubCookieUtil.set("data", "name", "Nicholas");
SubCookieUtil.set("data", "book", "Professional JavaScript");

//设置全部子 cookie 和失效日期
SubCookieUtil.setAll("data", { name: "Nicholas", book: "Professional JavaScript" },
    new Date("January 1, 2010"));

//修改名字的值，并修改 cookie 的失效日期
SubCookieUtil.set("data", "name", "Michael", new Date("February 1, 2010"));
```

SubCookiesExample01.htm

　　子 cookie 的最后一组方法是用于删除子 cookie 的。普通 cookie 可以通过将失效时间设置为过去的
时间的方法来删除，但是子 cookie 不能这样做。为了删除一个子 cookie，首先必须获取包含在某个 cookie
中的所有子 cookie，然后仅删除需要删除的那个子 cookie，然后再将余下的子 cookie 的值保存为 cookie
的值。请看以下代码。

```
var SubCookieUtil = {

    //这里省略了更多代码

    unset: function (name, subName, path, domain, secure){
        var subcookies = this.getAll(name);
        if (subcookies){
            delete subcookies[subName];
            this.setAll(name, subcookies, null, path, domain, secure);
        }
    },

    unsetAll: function(name, path, domain, secure){
        this.setAll(name, null, new Date(0), path, domain, secure);
    }

};
```

SubCookieUtil.js

　　这里定义的两个方法用于两种不同的目的。unset() 方法用于删除某个 cookie 中的单个子 cookie
而不影响其他的；而 unsetAll() 方法则等同于 CookieUtil.unset()，用于删除整个 cookie。和 set()

及 setAll() 一样，路径、域和 secure 标志必须和之前创建的 cookie 包含的内容一致。这两个方法可以像下面这样使用。

```
//仅删除名为 name 的子 cookie
SubCookieUtil.unset("data", "name");

//删除整个 cookie
SubCookieUtil.unsetAll("data");
```

如果你担心开发中可能会达到单域名的 cookie 上限，那么子 cookie 可是一个非常有吸引力的备选方案。不过，你需要更加密切关注 cookie 的长度，以防超过单个 cookie 的长度限制。

5. 关于 cookie 的思考

还有一类 cookie 被称为"HTTP 专有 cookie"。HTTP 专有 cookie 可以从浏览器或者服务器设置，但是只能从服务器端读取，因为 JavaScript 无法获取 HTTP 专有 cookie 的值。

由于所有的 cookie 都会由浏览器作为请求头发送，所以在 cookie 中存储大量信息会影响到特定域的请求性能。cookie 信息越大，完成对服务器请求的时间也就越长。尽管浏览器对 cookie 进行了大小限制，不过最好还是尽可能在 cookie 中少存储信息，以避免影响性能。

cookie 的性质和它的局限使得其并不能作为存储大量信息的理想手段，所以又出现了其他方法。

> 一定不要在 cookie 中存储重要和敏感的数据。cookie 数据并非存储在一个安全环境中，其中包含的任何数据都可以被他人访问。所以不要在 cookie 中存储诸如信用卡号或者个人地址之类的数据。

23.3.2　IE 用户数据

在 IE5.0 中，微软通过一个自定义行为引入了持久化用户数据的概念。用户数据允许每个文档最多 128KB 数据，每个域名最多 1MB 数据。要使用持久化用户数据，首先必须如下所示，使用 CSS 在某个元素上指定 userData 行为：

```
<div style="behavior:url(#default#userData)" id="dataStore"></div>
```

一旦该元素使用了 userData 行为，那么就可以使用 setAttribute() 方法在上面保存数据了。为了将数据提交到浏览器缓存中，还必须调用 save() 方法并告诉它要保存到的数据空间的名字。数据空间名字可以完全任意，仅用于区分不同的数据集。请看以下例子。

```
var dataStore = document.getElementById("dataStore");
dataStore.setAttribute("name", "Nicholas");
dataStore.setAttribute("book", "Professional JavaScript");
dataStore.save("BookInfo");
```

UserDataExample01.htm

在这段代码中，<div>元素上存入了两部分信息。在用 setAttribute() 存储了数据之后，调用了 save() 方法，指定了数据空间的名称为 BookInfo。下一次页面载入之后，可以使用 load() 方法指定同样的数据空间名称来获取数据，如下所示。

```
dataStore.load("BookInfo");
```

```
alert(dataStore.getAttribute("name")); //"Nicholas"
alert(dataStore.getAttribute("book")); //"Professional JavaScript"
```

UserDataExample01.htm

对 load()的调用获取了 BookInfo 数据空间中的所有信息，并且使数据可以通过元素访问；只有到载入确切完成之后数据方能使用。如果 getAttribute()调用了不存在的名称或者是尚未载入的名程，则返回 null。

你可以通过 removeAttribute()方法明确指定要删除某元素数据，只要指定属性名称。删除之后，必须像下面这样再次调用 save()来提交更改。

```
dataStore.removeAttribute("name");
dataStore.removeAttribute("book");
dataStore.save("BookInfo");
```

UserDataExample01.htm

这段代码删除了两个数据属性，然后将更改保存到缓存中。

对 IE 用户数据的访问限制和对 cookie 的限制类似。要访问某个数据空间，脚本运行的页面必须来自同一个域名，在同一个路径下，并使用与进行存储的脚本同样的协议。和 cookie 不同的是，你无法将用户数据访问限制扩展到更多的客户。还有一点不同，用户数据默认是可以跨越会话持久存在的，同时也不会过期；数据需要通过 removeAttribute()方法专门进行删除以释放空间。

> 和 cookie 一样，IE 用户数据并非安全的，所以不能存放敏感信息。

23.3.3 Web 存储机制

Web Storage 最早是在 Web 超文本应用技术工作组（WHAT-WG）的 Web 应用 1.0 规范中描述的。这个规范的最初的工作最终成为了 HTML5 的一部分。Web Storage 的目的是克服由 cookie 带来的一些限制，当数据需要被严格控制在客户端上时，无须持续地将数据发回服务器。Web Storage 的两个主要目标是：

❑ 提供一种在 cookie 之外存储会话数据的途径；
❑ 提供一种存储大量可以跨会话存在的数据的机制。

最初的 Web Storage 规范包含了两种对象的定义：sessionStorage 和 globalStorage。这两个对象在支持的浏览器中都是以 window 对象属性的形式存在的，支持这两个属性的浏览器包括 IE8+、Firefox 3.5+、Chrome 4+和 Opera 10.5+。

> Firefox 2 和 3 基于早期规范的内容部分实现了 Web Storage，当时只实现了 globalStorage，没有实现 localStorage。

1. Storage 类型

Storage 类型提供最大的存储空间（因浏览器而异）来存储名值对儿。Storage 的实例与其他对象类似，有如下方法。

❑ clear()：删除所有值；Firefox 中没有实现 。

❑ getItem(name)：根据指定的名字 name 获取对应的值。

❑ key(index)：获得 index 位置处的值的名字。

❑ removeItem(name)：删除由 name 指定的名值对儿。

❑ setItem(name, value)：为指定的 name 设置一个对应的值。

其中，getItem()、removeItem()和 setItem()方法可以直接调用，也可通过 Storage 对象间接调用。因为每个项目都是作为属性存储在该对象上的，所以可以通过点语法或者方括号语法访问属性来读取值，设置也一样，或者通过 delete 操作符进行删除。不过，我们还建议读者使用方法而不是属性来访问数据，以免某个键会意外重写该对象上已经存在的成员。

还可以使用 length 属性来判断有多少名值对儿存放在 Storage 对象中。但无法判断对象中所有数据的大小，不过 IE8 提供了一个 remainingSpace 属性，用于获取还可以使用的存储空间的字节数。

> **Storage** 类型只能存储字符串。非字符串的数据在存储之前会被转换成字符串。

2. sessionStorage 对象

sessionStorage 对象存储特定于某个会话的数据，也就是该数据只保持到浏览器关闭。这个对象就像会话 cookie，也会在浏览器关闭后消失。存储在 sessionStorage 中的数据可以跨越页面刷新而存在，同时如果浏览器支持，浏览器崩溃并重启之后依然可用（Firefox 和 WebKit 都支持，IE 则不行）。

因为 seesionStorage 对象绑定于某个服务器会话，所以当文件在本地运行的时候是不可用的。存储在 sessionStorage 中的数据只能由最初给对象存储数据的页面访问到，所以对多页面应用有限制。

由于 sessionStorage 对象其实是 Storage 的一个实例，所以可以使用 setItem()或者直接设置新的属性来存储数据。下面是这两种方法的例子。

```
//使用方法存储数据
sessionStorage.setItem("name", "Nicholas");

//使用属性存储数据
sessionStorage.book = "Professional JavaScript";
```

SessionStorageExample01.htm

不同浏览器写入数据方式略有不同。Firefox 和 WebKit 实现了同步写入，所以添加到存储空间中的数据是立刻被提交的。而 IE 的实现则是异步写入数据，所以在设置数据和将数据实际写入磁盘之间可能有一些延迟。对于少量数据而言，这个差异是可以忽略的。对于大量数据，你会发现 IE 要比其他浏览器更快地恢复执行，因为它会跳过实际的磁盘写入过程。

在 IE8 中可以强制把数据写入磁盘：在设置新数据之前使用 begin()方法，并且在所有设置完成之后调用 commit()方法。看以下例子。

```
//只适用于 IE8
sessionStorage.begin();
sessionStorage.name = "Nicholas";
sessionStorage.book = "Professional JavaScript";
sessionStorage.commit();
```

这段代码确保了 name 和 book 的值在调用 commit()之后立刻被写入磁盘。调用 begin()是为了确保在这段代码执行的时候不会发生其他磁盘写入操作。对于少量数据而言，这个过程不是必需的；不过，对于大量数据（如文档之类的）可能就要考虑这种事务形式的方法了。

sessionStorage 中有数据时，可以使用 getItem() 或者通过直接访问属性名来获取数据。两种方法的例子如下。

```
//使用方法读取数据
var name = sessionStorage.getItem("name");

//使用属性读取数据
var book = sessionStorage.book;
```

SessionStorageExample01.htm

还可以通过结合 length 属性和 key() 方法来迭代 sessionStorage 中的值，如下所示。

```
for (var i=0, len = sessionStorage.length; i < len; i++){
    var key = sessionStorage.key(i);
    var value = sessionStorage.getItem(key);
    alert(key + "=" + value);
}
```

SessionStorageExample01.htm

它是这样遍历 sessionStorage 中的名值对儿的：首先通过 key() 方法获取指定位置上的名字，然后再通过 getItem() 找出对应该名字的值。

还可以使用 for-in 循环来迭代 sessionStorage 中的值：

```
for (var key in sessionStorage){
    var value = sessionStorage.getItem(key);
    alert(key + "=" + value);
}
```

每次经过循环的时候，key 被设置为 sessionStorage 中下一个名字，此时不会返回任何内置方法或 length 属性。

要从 sessionStorage 中删除数据，可以使用 delete 操作符删除对象属性，也可调用 removeItem() 方法。以下是这些方法的例子。

```
//使用 delete 删除一个值——在 WebKit 中无效
delete sessionStorage.name;

//使用方法删除一个值
sessionStorage.removeItem("book");
```

SessionStorageExample01.htm

在撰写本书时，delete 操作符在 WebKit 中无法删除数据，removeItem() 则可以在各种支持的浏览器中正确运行。

sessionStorage 对象应该主要用于仅针对会话的小段数据的存储。如果需要跨越会话存储数据，那么 globalStorage 或者 localStorage 更为合适。

3. globalStorage 对象

Firefox 2 中实现了 globalStorage 对象。作为最初的 Web Storage 规范的一部分，这个对象的目的是跨越会话存储数据，但有特定的访问限制。要使用 globalStorage，首先要指定哪些域可以访问该数据。可以通过方括号标记使用属性来实现，如以下例子所示。

```
//保存数据
globalStorage["wrox.com"].name = "Nicholas";

//获取数据
var name = globalStorage["wrox.com"].name;
```

GlobalStorageExample01.htm

在这里，访问的是针对域名 wrox.com 的存储空间。globalStorage 对象不是 Storage 的实例，而具体的 globalStorage["wrox.com"] 才是。这个存储空间对于 wrox.com 及其所有子域都是可以访问的。可以像下面这样指定子域名。

```
//保存数据
globalStorage["www.wrox.com"].name = "Nicholas";

//获取数据
var name = globalStorage["www.wrox.com"].name;
```

GlobalStorageExample01.htm

这里所指定的存储空间只能由来自 www.wrox.com 的页面访问，其他子域名都不行。

某些浏览器允许更加宽泛的访问限制，比如只根据顶级域名进行限制或者允许全局访问，如下面例子所示。

```
//存储数据，任何人都可以访问——不要这样做！
globalStorage[""].name = "Nicholas";

//存储数据，可以让任何以.net 结尾的域名访问——不要这样做！
globalStorage["net"].name = "Nicholas";
```

虽然这些也支持，但是还是要避免使用这种可宽泛访问的数据存储，以防止出现潜在的安全问题。考虑到安全问题，这些功能在未来可能会被删除或者是被更严格地限制，所以不应依赖于这类功能。当使用 globalStorage 的时候一定要指定一个域名。

对 globalStorage 空间的访问，是依据发起请求的页面的域名、协议和端口来限制的。例如，如果使用 HTTPS 协议在 wrox.com 中存储了数据，那么通过 HTTP 访问的 wrox.com 的页面就不能访问该数据。同样，通过 80 端口访问的页面则无法与同一个域同样协议但通过 8080 端口访问的页面共享数据。这类似于 Ajax 请求的同源策略。

globalStorage 的每个属性都是 Storage 的实例。因此，可以像如下代码中这样使用。

```
globalStorage["www.wrox.com"].name = "Nicholas";
globalStorage["www.wrox.com"].book = "Professional JavaScript";

globalStorage["www.wrox.com"].removeItem("name");

var book = globalStorage["www.wrox.com"].getItem("book");
```

GlobalStorageExample01.htm

如果你事先不能确定域名，那么使用 location.host 作为属性名比较安全。例如：

```
globalStorage[location.host].name = "Nicholas";
var book = globalStorage[location.host].getItem("book");
```

GlobalStorageExample01.htm

　　如果不使用 removeItem() 或者 delete 删除，或者用户未清除浏览器缓存，存储在 globalStorage 属性中的数据会一直保留在磁盘上。这让 globalStorage 非常适合在客户端存储文档或者长期保存用户偏好设置。

4. localStorage 对象

localStorage 对象在修订过的 HTML 5 规范中作为持久保存客户端数据的方案取代了 globalStorage。与 globalStorage 不同，不能给 localStorage 指定任何访问规则；规则事先就设定好了。要访问同一个 localStorage 对象，页面必须来自同一个域名（子域名无效），使用同一种协议，在同一个端口上。这相当于 globalStorage[location.host]。

　　由于 localStorage 是 Storage 的实例，所以可以像使用 sessionStorage 一样来使用它。下面是一些例子。

```
//使用方法存储数据
localStorage.setItem("name", "Nicholas");

//使用属性存储数据
localStorage.book = "Professional JavaScript";

//使用方法读取数据
var name = localStorage.getItem("name");

//使用属性读取数据
var book = localStorage.book;
```

LocalStorageExample01.htm

　　存储在 localStorage 中的数据和存储在 globalStorage 中的数据一样，都遵循相同的规则：数据保留到通过 JavaScript 删除或者是用户清除浏览器缓存。

　　为了兼容只支持 globalStorage 的浏览器，可以使用以下函数。

```
function getLocalStorage(){
    if (typeof localStorage == "object"){
        return localStorage;
    } else if (typeof globalStorage == "object"){
        return globalStorage[location.host];
    } else {
        throw new Error("Local storage not available.");
    }
}
```

GlobalAndLocalStorageExample01.htm

　　然后，像下面这样调用一次这个函数，就可以正常地读写数据了。

```
var storage = getLocalStorage();
```

GlobalAndLocalStorageExample01.htm

在确定了使用哪个 Storage 对象之后,就能在所有支持 Web Storage 的浏览器中使用相同的存取规则操作数据了。

5. storage 事件

对 Storage 对象进行任何修改,都会在文档上触发 storage 事件。当通过属性或 setItem() 方法保存数据,使用 delete 操作符或 removeItem() 删除数据,或者调用 clear() 方法时,都会发生该事件。这个事件的 event 对象有以下属性。

❑ domain:发生变化的存储空间的域名。

❑ key:设置或者删除的键名。

❑ newValue:如果是设置值,则是新值;如果是删除键,则是 null。

❑ oldValue:键被更改之前的值。

在这四个属性中,IE8 和 Firefox 只实现了 domain 属性。在撰写本书的时候,WebKit 尚不支持 storage 事件:

以下代码展示了如何侦听 storage 事件:

```
EventUtil.addHandler(document, "storage", function(event){
    alert("Storage changed for " + event.domain);
});
```

StorageEventExample01.htm

无论对 sessionStorage、globalStorage 还是 localStorage 进行操作,都会触发 storage 事件,但不作区分。

6. 限制

与其他客户端数据存储方案类似,Web Storage 同样也有限制。这些限制因浏览器而异。一般来说,对存储空间大小的限制都是以每个来源(协议、域和端口)为单位的。换句话说,每个来源都有固定大小的空间用于保存自己的数据。考虑到这个限制,就要注意分析和控制每个来源中有多少页面需要保存数据。

对于 localStorage 而言,大多数桌面浏览器会设置每个来源 5MB 的限制。Chrome 和 Safari 对每个来源的限制是 2.5MB。而 iOS 版 Safari 和 Android 版 WebKit 的限制也是 2.5MB。

对 sessionStorage 的限制也是因浏览器而异。有的浏览器对 sessionStorage 的大小没有限制,但 Chrome、Safari、iOS 版 Safari 和 Android 版 WebKit 都有限制,也都是 2.5MB。IE8+和 Opera 对 sessionStorage 的限制是 5MB。

有关 Web Storage 的限制,请参考 http://dev-test.nemikor.com/web-storage/support-test/。

23.3.4　IndexedDB

Indexed Database API,或者简称为 IndexedDB,是在浏览器中保存结构化数据的一种数据库。IndexedDB 是为了替代目前已被废弃的 Web SQL Database API(因为已废弃,所以本书未介绍)而出现的。IndexedDB 的思想是创建一套 API,方便保存和读取 JavaScript 对象,同时还支持查询及搜索。

IndexedDB 设计的操作完全是异步进行的。因此,大多数操作会以请求方式进行,但这些操作会在后期执行,然后如果成功则返回结果,如果失败则返回错误。差不多每一次 IndexedDB 操作,都需要你注册 onerror 或 onsuccess 事件处理程序,以确保适当地处理结果。

在得到完整支持的情况下,IndexedDB 将是一个作为 API 宿主的全局对象。由于 API 仍然可能有变化，浏览器也都使用提供商前缀，因此这个对象在 IE10 中叫 msIndexedDB，在 Firefox 4 中叫 mozIndexedDB，在 Chrome 中叫 webkitIndexedDB。为了清楚起见，本节示例中将使用 IndexedDB，而实际上每个示例前面都应该加上下面这行代码：

```
var indexedDB = window.indexedDB || window.msIndexedDB || window.mozIndexedDB ||
window.webkitIndexedDB;
```

IndexedDBExample01.htm

1. 数据库

IndexedDB 就是一个数据库，与 MySQL 或 Web SQL Database 等这些你以前可能用过的数据库类似。IndexedDB 最大的特色是使用对象保存数据，而不是使用表来保存数据。一个 IndexedDB 数据库，就是一组位于相同命名空间下的对象的集合。

使用 IndexedDB 的第一步是打开它，即把要打开的数据库名传给 indexDB.open()。如果传入的数据库已经存在，就会发送一个打开它的请求；如果传入的数据库还不存在，就会发送一个创建并打开它的请求。总之，调用 indexDB.open() 会返回一个 IDBRequest 对象，在这个对象上可以添加 onerror 和 onsuccess 事件处理程序。先来看一个例子。

```
var request, database;

request = indexedDB.open("admin");
request.onerror = function(event){
    alert("Something bad happened while trying to open: " +
            event.target.errorCode);
};
request.onsuccess = function(event){
    database = event.target.result;
};
```

IndexedDBExample01.htm

在这两个事件处理程序中，event.target 都指向 request 对象，因此它们可以互换使用。如果响应的是 onsuccess 事件处理程序，那么 event.target.result 中将有一个数据库实例对象（IDBDatabase），这个对象会保存在 database 变量中。如果发生了错误，那 event.target.errorCode 中将保存一个错误码，表示问题的性质。以下就是可能的错误码（这个错误码适合所有操作）。

❑ IDBDatabaseException.UNKNOWN_ERR(1)：意外错误，无法归类。

❑ IDBDatabaseException.NON_TRANSIENT_ERR(2)：操作不合法。

❑ IDBDatabaseException.NOT_FOUND_ERR(3)：未发现要操作的数据库。

❑ IDBDatabaseException.CONSTRAINT_ERR(4)：违反了数据库约束。

❑ IDBDatabaseException.DATA_ERR(5)：提供给事务的数据不能满足要求。

❑ IDBDatabaseException.NOT_ALLOWED_ERR(6)：操作不合法。

❑ IDBDatabaseException.TRANSACTION_INACTIVE_ERR(7)：试图重用已完成的事务。

❑ IDBDatabaseException.ABORT_ERR(8)：请求中断，未成功。

❑ IDBDatabaseException.READ_ONLY_ERR(9)：试图在只读模式下写入或修改数据。

❑ IDBDatabaseException.TIMEOUT_ERR(10)：在有效时间内未完成操作。

❑ IDBDatabaseException.QUOTA_ERR(11)：磁盘空间不足。

默认情况下，IndexedDB 数据库是没有版本号的，最好一开始就为数据库指定一个版本号。为此，可以调用 setVersion() 方法，传入以字符串形式表示的版本号。同样，调用这个方法也会返回一个请求对象，需要你再指定事件处理程序。

```
if (database.version != "1.0"){
    request = database.setVersion("1.0");
    request.onerror = function(event){
        alert("Something bad happened while trying to set version: " +
            event.target.errorCode);
    };
    request.onsuccess = function(event){
        alert("Database initialization complete. Database name: " + database.name +
            ", Version: " + database.version);
    };
} else {
    alert("Database already initialized. Database name: " + database.name +
        ", Version: " + database.version);
}
```

IndexedDBExample01.htm

这个例子尝试把数据库的版本号设置为 1.0。第一行先检测 version 属性，看是否已经为数据库设置了相应的版本号。如果没有，就调用 setVersion() 创建修改版本的请求。如果请求成功，显示一条消息，表示版本修改成功。（在真实的项目开发中，你应该在这里建立对象存储空间。详细内容请看下一节。）

如果数据库的版本号已经被设置为 1.0，则显示一条消息，说明数据库已经初始化过了。总之，通过这种模式，就能知道你想使用的数据库是否已经设置了适当的对象存储空间。在整个 Web 应用中，随着对数据库结构的更新和修改，可能会产生很多个不同版本的数据库。

2. 对象存储空间

在建立了与数据库的连接之后，下一步就是使用对象存储空间①。如果数据库的版本与你传入的版本不匹配，那可能就需要创建一个新的对象存储空间。在创建对象存储空间之前，必须要想清楚你想要保存什么数据类型。

假设你要保存的用户记录由用户名、密码等组成，那么保存一条记录的对象应该类似如下所示：

```
var user = {
    username: "007",
    firstName: "James",
    lastName: "Bond",
    password: "foo"
};
```

有了这个对象，很容易想到 username 属性可以作为这个对象存储空间的键。这个 username 必须全局唯一，而且大多数时候都要通过这个键来访问数据。这一点非常重要，因为在创建对象存储空间时，必须指定这么一个键。以下是就是为保存上述用户记录而创建对象存储空间的示例。

```
var store = db.createObjectStore("users", { keyPath: "username" });
```

IndexedDBExample02.htm

---

① 有关系数据库经验的读者，可以把这里的对象存储空间（object storge）想象成表，而把其中保存的对象想象成表中的记录。

其中第二个参数中的 keyPath 属性，就是空间中将要保存的对象的一个属性，而这个属性将作为存储空间的键来使用。

好，现在有了一个对存储空间的引用。接下来可以使用 add() 或 put() 方法来向其中添加数据。这两个方法都接收一个参数，即要保存的对象，然后这个对象就会被保存到存储空间中。这两个方法的区别在空间中已经包含键值相同的对象时会体现出来。在这种情况下，add() 会返回错误，而 put() 则会重写原有对象。简单地说，可以把 add() 想象成插入新值，把 put() 想象成更新原有的值。在初始化对象存储空间时，可以使用类似下面这样的代码。

```
//users 中保存着一批用户对象
var i=0,
    len = users.length;

while(i < len){
    store.add(users[i++]);
}
```

IndexedDBExample02.htm

每次调用 add() 或 put() 都会创建一个新的针对这个对象存储空间的更新请求。如果想验证请求是否成功完成，可以把返回的请求对象保存在一个变量中，然后再指定 onerror 或 onsuccess 事件处理程序。

```
//users 中保存着一批用户对象
var i=0,
    request,
    requests = [],
    len = users.length;

while(i < len){
    request = store.add(users[i++]);
    request.onerror = function(){
        //处理错误
    };
    request.onsuccess = function(){
        //处理成功
    };
    requests.push(request);
}
```

创建了对象存储空间并向其中添加了数据之后，就该查询数据了。

3. 事务

跨过创建对象存储空间这一步之后，接下来的所有操作都是通过事务来完成的。在数据库对象上调用 transaction() 方法可以创建事务。任何时候，只要想读取或修改数据，都要通过事务来组织所有操作。在最简单的情况下，可以像下面这样创建事务[①]。

```
var transaction = db.transaction();
```

如果没有参数，就只能通过事务来读取数据库中保存的对象。最常见的方式是传入要访问的一或多个对象存储空间。

---

① 以下示例代码中的 db 即前面示例代码中的 database，正文中提到的"数据库对象"也是指它。

```
var transaction = db.transaction("users");
```

这样就能保证只加载 users 存储空间中的数据,以便通过事务进行访问。如果要访问多个对象存储空间,也可以在第一个参数的位置上传入字符串数组。

```
var transaction = db.transaction(["users", "anotherStore"]);
```

如前所述,这些事务都是以只读方式访问数据。要修改访问方式,必须在创建事务时传入第二个参数,这个参数表示访问模式,用 IDBTransaction 接口定义的如下常量表示:READ_ONLY(0)表示只读,READ_WRITE(1)表示读写,VERSION_CHANGE(2)表示改变。IE10+和 Firefox 4+实现的是 IDBTransaction,但在 Chrome 中则叫 webkitIDBTransaction,所以使用下面的代码可以统一接口:

```
var IDBTransaction = window.IDBTransaction || window.webkitIDBTransaction;
```

IndexedDBExample03.htm

有了这行代码,就可以更方便地为 transaction() 指定第二个参数了。

```
var transaction = db.transaction("users", IDBTransaction.READ_WRITE);
```

IndexedDBExample03.htm

这个事务能够读写 users 存储空间。

取得了事务的索引后,使用 objectStore() 方法并传入存储空间的名称,就可以访问特定的存储空间。然后,可以像以前一样使用 add() 和 put() 方法,使用 get() 可以取得值,使用 delete() 可以删除对象,而使用 clear() 则可以删除所有对象。get() 和 delete() 方法都接收一个对象键作为参数,而所有这 5 个方法都会返回一个新的请求对象。例如:

```
var request = db.transaction("users").objectStore("users").get("007");
request.onerror = function(event){
    alert("Did not get the object!");
};
request.onsuccess = function(event){
    var result = event.target.result;
    alert(result.firstName);    //"James"
};
```

IndexedDBExample02.htm

因为一个事务可以完成任何多个请求,所以事务对象本身也有事件处理程序:onerror 和 oncomplete。这两个事件可以提供事务级的状态信息。

```
transaction.onerror = function(event){
    //整个事务都被取消了
};

transaction.oncomplete = function(event){
    //整个事务都成功完成了
};
```

注意,通过 oncomplete 事件的事件对象(event)访问不到 get() 请求返回的任何数据。必须在相应请求的 onsuccess 事件处理程序中才能访问到数据。

4. 使用游标查询

使用事务可以直接通过已知的键检索单个对象。而在需要检索多个对象的情况下，则需要在事务内部创建游标。游标就是一指向结果集的指针。与传统数据库查询不同，游标并不提前收集结果。游标指针会先指向结果中的第一项，在接到查找下一项的指令时，才会指向下一项。

在对象存储空间上调用 `openCursor()` 方法可以创建游标。与 IndexedDB 中的其他操作一样，`openCursor()` 方法返回的是一个请求对象，因此必须为该对象指定 `onsuccess` 和 `onerror` 事件处理程序。例如：

```
var store = db.transaction("users").objectStore("users"),
    request = store.openCursor();

request.onsuccess = function(event){
    //处理成功
};

request.onerror = function(event){
    //处理失败
};
```

IndexedDBExample04.htm

在 `onsuccess` 事件处理程序执行时，可以通过 `event.target.result` 取得存储空间中的下一个对象。在结果集中有下一项时，这个属性中保存一个 `IDBCursor` 的实例，在没有下一项时，这个属性的值为 null。`IDBCursor` 的实例有以下几个属性。

❏ `direction`：数值，表示游标移动的方向。默认值为 `IDBCursor.NEXT`（0），表示下一项。`IDBCursor.NEXT_NO_DUPLICATE`（1）表示下一个不重复的项，`DBCursor.PREV`（2）表示前一项，而 `IDBCursor.PREV_NO_DUPLICATE` 表示前一个不重复的项。

❏ `key`：对象的键。

❏ `value`：实际的对象。

❏ `primaryKey`：游标使用的键。可能是对象键，也可能是索引键（稍后讨论索引键）。

要检索某一个结果的信息，可以像下面这样：

```
request.onsuccess = function(event){
    var cursor = event.target.result;
    if (cursor){ //必须要检查
        console.log("Key: " + cursor.key + ", Value: " +
                JSON.stringify(cursor.value));
    }
};
```

请记住，这个例子中的 `cursor.value` 是一个对象，这也是为什么在显示它之前先将它转换成 JSON 字符串的原因。

使用游标可以更新个别的记录。调用 `update()` 方法可以用指定的对象更新当前游标的 `value`。与其他操作一样，调用 `update()` 方法也会创建一个新请求，因此如果你想知道结果，就要为它指定 `onsuccess` 和 `onerror` 事件处理程序。

```
request.onsuccess = function(event){
    var cursor = event.target.result,
        value,
```

```
        updateRequest;

    if (cursor){  //必须要检查
        if (cursor.key == "foo"){
            value = cursor.value;                            //取得当前的值
            value.password = "magic!";                        //更新密码

            updateRequest = cursor.update(value);             //请求保存更新
            updateRequest.onsuccess = function(){
                //处理成功
            };
            updateRequest.onerror = function(){
                //处理失败
            };
        }
    }
};
```

此时，如果调用 delete() 方法，就会删除相应的记录。与 update() 一样，调用 delete() 也返回一个请求。

```
request.onsuccess = function(event){
    var cursor = event.target.result,
        value,
        deleteRequest;

    if (cursor){  //必须要检查
        if (cursor.key == "foo"){
            deleteRequest = cursor.delete();              //请求删除当前项
            deleteRequest.onsuccess = function(){
                //处理成功
            };
            deleteRequest.onerror = function(){
                //处理失败
            };
        }
    }
};
```

如果当前事务没有修改对象存储空间的权限，update() 和 delete() 会抛出错误。

默认情况下，每个游标只发起一次请求。要想发起另一次请求，必须调用下面的一个方法。

❑ continue(key)：移动到结果集中的下一项。参数 key 是可选的，不指定这个参数，游标移动到下一项；指定这个参数，游标会移动到指定键的位置。

❑ advance(count)：向前移动 count 指定的项数。

这两个方法都会导致游标使用相同的请求，因此相同的 onsuccess 和 onerror 事件处理程序也会得到重用。例如，下面的例子遍历了对象存储空间中的所有项。

```
request.onsuccess = function(event){
    var cursor = event.target.result;
    if (cursor){  //必须要检查
        console.log("Key: " + cursor.key + ", Value: " +
                    JSON.stringify(cursor.value));
        cursor.continue();  //移动到下一项
    } else {
        console.log("Done!");
```

```
    }
};
```

调用 `continue()` 会触发另一次请求，进而再次调用 `onsuccess` 事件处理程序。在没有更多项可以迭代时，将最后一次调用 `onsuccess` 事件处理程序，此时 `event.target.result` 的值为 `null`。

5. 键范围

使用游标总让人觉得不那么理想，因为通过游标查找数据的方式太有限了。键范围（key range）为使用游标增添了一些灵活性。键范围由 `IDBKeyRange` 的实例表示。支持标准 `IDBKeyRange` 类型的浏览器有 IE10+ 和 Firefox 4+，Chrome 中的名字叫 `webkitIDBKeyRange`。与使用 IndexedDB 中的其他类型一样，你最好先声明一个本地的类型，同时要考虑到不同浏览器中的差异。

```
var IDBKeyRange = window.IDBKeyRange || window.webkitIDBKeyRange;
```

有四种定义键范围的方式。第一种是使用 `only()` 方法，传入你想要取得的对象的键。

```
var onlyRange = IDBKeyRange.only("007");
```

这个范围可以保证只取得键为 `"007"` 的对象。使用这个范围创建的游标与直接访问存储空间并调用 `get("007")` 差不多。

第二种定义键范围的方式是指定结果集的下界。下界表示游标开始的位置。例如，以下键范围可以保证游标从键为 `"007"` 的对象开始，然后继续向前移动，直至最后一个对象。

```
//从键为"007"的对象开始，然后可以移动到最后
var lowerRange = IDBKeyRange.lowerBound("007");
```

如果你想忽略键为 `"007"` 的对象，从它的下一个对象开始，那么可以传入第二个参数 `true`：

```
//从键为"007"的对象的下一个对象开始，然后可以移动到最后
var lowerRange = IDBKeyRange.lowerBound("007", true);
```

第三种定义键范围的方式是指定结果集的上界，也就是指定游标不能超越哪个键。指定上界使用 `upperRange()` 方法。下面这个键范围可以保证游标从头开始，到取得键为 `"ace"` 的对象终止。

```
//从头开始，到键为"ace"的对象为止
var upperRange = IDBKeyRange.upperBound("ace");
```

如果你不想包含键为指定值的对象，同样，传入第二个参数 `true`：

```
//从头开始，到键为"ace"的对象的上一个对象为止
var upperRange = IDBKeyRange.upperBound("ace", true);
```

第四种定义键范围的方式——没错，就是同时指定上、下界，使用 `bound()` 方法。这个方法可以接收 4 个参数：表示下界的键、表示上界的键、可选的表示是否跳过下界的布尔值和可选的表示是否跳过上界的布尔值。以下是几个例子。

```
//从键为"007"的对象开始，到键为"ace"的对象为止
var boundRange = IDBKeyRange.bound("007", "ace");
```

```
//从键为"007"的对象的下一个对象开始，到键为"ace"的对象为止
var boundRange = IDBKeyRange.bound("007", "ace", true);
```

```
//从键为"007"的对象的下一个对象开始，到键为"ace"的对象的上一个对象为止
var boundRange = IDBKeyRange.bound("007", "ace", true, true);
```

```
//从键为"007"的对象开始，到键为"ace"的对象的上一个对象为止
var boundRange = IDBKeyRange.bound("007", "ace", false, true);
```

无论如何，在定义键范围之后，把它传给 openCursor()方法，就能得到一个符合相应约束条件的游标。

```
var store = db.transaction("users").objectStore("users"),
    range = IDBKeyRange.bound("007", "ace");
    request = store.openCursor(range);

request.onsuccess = function(event){
    var cursor = event.target.result;
    if (cursor){ //必须要检查
        console.log("Key: " + cursor.key + ", Value: " +
                    JSON.stringify(cursor.value));
        cursor.continue(); //移动到下一项
    } else {
        console.log("Done!");
    }
};
```

这个例子输出的对象的键为"007"到"ace"，比上一节最后那个例子输出的值少一些。

6. 设定游标方向

实际上，openCursor()可以接收两个参数。第一个参数就是刚刚看到的 IDBKeyRange 的实例，第二个是表示方向的数值常量。作为第二个参数的常量是前面讲查询时介绍的 IDBCursor 中的常量。Fire fox4 +和 Chrome 的实现又有不同，因此第一步还是在本地消除差异：

```
var IDBCursor = window.IDBCursor || window.webkitIDBCursor;
```

正常情况下，游标都是从存储空间的第一项开始，调用 continue()或 advance()前进到最后一项。游标的默认方向值是 IDBCursor.NEXT。如果对象存储空间中有重复的项，而你想让游标跳过那些重复的项，可以为 openCursor 传入 IDBCursor.NEXT_NO_DUPLICATE 作为第二个参数：

```
var store = db.transaction("users").objectStore("users"),
    request = store.openCursor(null, IDBCursor.NEXT_NO_DUPLICATE);
```

注意，openCursor()的第一个参数是 null，表示使用默认的键范围，即包含所有对象。这个游标可以从存储空间中的第一个对象开始，逐个迭代到最后一个对象——但会跳过重复的对象。

当然，也可以创建一个游标，让它在对象存储空间中向后移动，即从最后一个对象开始，逐个迭代,直至第一个对象。此时,要传入的常量是 IDBCursor.PREV 和 IDBCursor.PREV_NO_DUPLICATE。例如：

```
var store = db.transaction("users").objectStore("users"),
    request = store.openCursor(null, IDBCursor.PREV);
```

IndexedDBExample05.htm

使用 IDBCursor.PREV 或 IDBCursor.PREV_NO_DUPLICATE 打开游标时,每次调用 continue()或 advance(),都会在存储空间中向后而不是向前移动游标。

7. 索引

对于某些数据，可能需要为一个对象存储空间指定多个键。比如，若要通过用户 ID 和用户名两种方式来保存用户资料，就需要通过这两个键来存取记录。为此，可以考虑将用户 ID 作为主键，然后为

用户名创建索引。

要创建索引，首先引用对象存储空间，然后调用 createIndex() 方法，如下所示。

```
var store = db.transaction("users").objectStore("users"),
    index = store.createIndex("username", "username", { unique: false});
```

createIndex() 的第一个参数是索引的名字，第二个参数是索引的属性的名字，第三个参数是一个包含 unique 属性的选项（options）对象。这个选项通常都必须指定，因为它表示键在所有记录中是否唯一。因为 username 有可能重复，所以这个索引不是唯一的。

createIndex() 的返回值是 IDBIndex 的实例。在对象存储空间上调用 index() 方法也能返回同一个实例。例如，要使用一个已经存在的名为 "username" 的索引，可以像下面这样取得该索引。

```
var store = db.transaction("users").objectStore("users"),
    index = store.index("username");
```

索引其实与对象存储空间很相似。在索引上调用 openCursor() 方法也可以创建新的游标，除了将来会把索引键而非主键保存在 event.result.key 属性中之外，这个游标与在对象存储空间上调用 openCursor() 返回的游标完全一样。来看下面的例子。

```
var store = db.transaction("users").objectStore("users"),
    index = store.index("username"),
    request = index.openCursor();

request.onsuccess = function(event){
    //处理成功
};
```

在索引上也能创建一个特殊的只返回每条记录主键的游标，那就要调用 openKeyCursor() 方法。这个方法接收的参数与 openCursor() 相同。而最大的不同在于，这种情况下 event.result.key 中仍然保存着索引键，而 event.result.value 中保存的则是主键，而不再是整个对象。

```
var store = db.transaction("users").objectStore("users"),
    index = store.index("username"),
    request = index.openKeyCursor();

request.onsuccess = function(event){
    //处理成功
    // event.result.key 中保存索引键，而 event.result.value 中保存主键
};
```

同样，使用 get() 方法能够从索引中取得一个对象，只要传入相应的索引键即可；当然，这个方法也将返回一个请求。

```
var store = db.transaction("users").objectStore("users"),
    index = store.index("username"),
    request = index.get("007");

request.onsuccess = function(event){
    //处理成功
};

request.onerror = function(event){
    //处理失败
};
```

要根据给定的索引键取得主键，可以使用 getKey() 方法。这个方法也会创建一个新的请求，但 event.result.value 等于主键的值，而不是包含整个对象。

```
var store = db.transaction("users").objectStore("users"),
    index = store.index("username"),
    request = index.getKey("007");

request.onsuccess = function(event){
    //处理成功
    //event.result.key 中保存索引键，而 event.result.value 中保存主键
};
```

在这个例子的 onsuccess 事件处理程序中，event.result.value 中保存的是用户 ID。

任何时候，通过 IDBIndex 对象的下列属性都可以取得有关索引的相关信息。

❑ name：索引的名字。

❑ keyPath：传入 createIndex() 中的属性路径。

❑ objectStore：索引的对象存储空间。

❑ unique：表示索引键是否唯一的布尔值。

另外，通过对象存储对象的 indexName 属性可以访问到为该空间建立的所有索引。通过以下代码就可以知道根据存储的对象建立了哪些索引。

```
var store = db.transaction("users").objectStore("users"),
    indexNames = store.indexNames,
    index,
    i = 0,
    len = indexNames.length;

while(i < len){
    index = store.index(indexNames[i++]);
    console.log("Index name: " + index.name + ", KeyPath: " + index.keyPath +
        ", Unique: " + index.unique);
}
```

以上代码遍历了每个索引，在控制台中输出了它们的信息。

在对象存储空间上调用 deleteIndex() 方法并传入索引的名字可以删除索引。

```
var store = db.transaction("users").objectStore("users");
store.deleteIndex("username");
```

因为删除索引不会影响对象存储空间中的数据，所以这个操作没有任何回调函数。

8. 并发问题

虽然网页中的 IndexedDB 提供的是异步 API，但仍然存在并发操作的问题。如果浏览器的两个不同的标签页打开了同一个页面，那么一个页面试图更新另一个页面尚未准备就绪的数据库的问题就有可能发生。把数据库设置为新版本有可能导致这个问题。因此，只有当浏览器中仅有一个标签页使用数据库的情况下，调用 setVersion() 才能完成操作。

刚打开数据库时，要记着指定 onversionchange 事件处理程序。当同一个来源的另一个标签页调用 setVersion() 时，就会执行这个回调函数。处理这个事件的最佳方式是立即关闭数据库，从而保证版本更新顺利完成。例如：

```
var request, database;

request = indexedDB.open("admin");
request.onsuccess = function(event){
    database = event.target.result;

    database.onversionchange = function(){
        database.close();
    };
};
```

每次成功打开数据库，都应该指定 onversionchange 事件处理程序。

调用 setVersion() 时，指定请求的 onblocked 事件处理程序也很重要。在你想要更新数据库的版本但另一个标签页已经打开数据库的情况下，就会触发这个事件处理程序。此时，最好先通知用户关闭其他标签页，然后再重新调用 setVersion()。例如：

```
var request = database.setVersion("2.0");
request.onblocked = function(){
    alert("Please close all other tabs and try again.");
};

request.onsuccess = function(){
    //处理成功，继续
};
```

请记住，其他标签页中的 onversionchange 事件处理程序也会执行。

通过指定这些事件处理程序，就能确保你的 Web 应用妥善地处理好 IndexedDB 的并发问题。

9. 限制

对 IndexedDB 的限制很多都与对 Web Storage 的类似。首先，IndexedDB 数据库只能由同源（相同协议、域名和端口）页面操作，因此不能跨域共享信息。换句话说，www.wrox.com 与 p2p.wrox.com 的数据库是完全独立的。

其次，每个来源的数据库占用的磁盘空间也有限制。Firefox 4+ 目前的上限是每个源 50MB，而 Chrome 的限制是 5MB。移动设备上的 Firefox 最多允许保存 5MB，如果超过了这个配额，将会请求用户的许可。

Firefox 还有另外一个限制，即不允许本地文件访问 IndexedDB。Chrome 没有这个限制。如果你在本地运行本书的示例，请使用 Chrome。

23.4 小结

离线 Web 应用和客户端存储数据的能力对未来的 Web 应用越来越重要。浏览器已经能够检测到用户是否离线，并触发 JavaScript 事件以便应用做出处理。可以指定在应用缓存中保存哪些文件以便离线时使用。对于应用缓存的状态及变化，也有相应的 JavaScript API 可以调用检测。

本书还讨论了客户端存储的以下几方面内容。

❑ 以前，这种存储只能使用 cookie 完成，cookie 是一小块可以客户端设置也可以在服务器端设置的信息，每次发起请求时都会传送它。

❑ 在 JavaScript 中通过 document.cookie 可以访问 cookie。

❑ cookie 的限制使其可以存储少量数据，然而对于大量数据效率很低。

IE 发明了一种叫做用户数据的行为，可以应用到页面的某个元素上，它有以下特点。

❑ 一旦应用后，该元素便可以从一个命名数据空间中载入数据，然后可以通过 getAttribute()、setAttribute() 和 removeAttribute() 方法访问。

❑ 数据必须明确使用 save() 方法保存到命名数据空间中，以便能在会话之间持久化数据。

Web Storage 定义了两种用于存储数据的对象：sessionStorage 和 localStorage。前者严格用于在一个浏览器会话中存储数据，因为数据在浏览器关闭后会立即删除；后者用于跨会话持久化数据并遵循跨域安全策略。

IndexedDB 是一种类似 SQL 数据库的结构化数据存储机制。但它的数据不是保存在表中，而是保存在对象存储空间中。创建对象存储空间时，需要定义一个键，然后就可以添加数据。可以使用游标在对象存储空间中查询特定的对象。而索引则是为了提高查询速度而基于特定的属性创建的。

有了以上这些选择，就可以在客户端机器上使用 JavaScript 存储大量数据了。但你必须小心，不要在客户端存储敏感数据，因为数据缓存不会加密。

23

第24章

最佳实践

本章内容
- ❏ 可维护的代码
- ❏ 保证代码性能
- ❏ 部署代码

自从 2000 以来，Web 开发方面的种种规范、条例正在高速发展。Web 开发过去曾是荒芜地带，里面东西还都凑合，而现在已经演化成了完整的研究规范，并建立了种种最佳实践。随着简单的网站成长为更加复杂的 Web 应用，同时 Web 爱好者成为了有收入的专业人士，Web 开发的世界充满了各种关于最新技术和开发方法的信息。尤其是 JavaScript，它从大量的研究和推断中获益。JavaScript 的最佳实践分成若干类，并在开发过程的不同点上进行处理。

24.1 可维护性

在早期的网站中，JavaScript 主要是用于小特效或者是表单验证。而今天的 Web 应用则会有成千上万行 JavaScript 代码，执行各种复杂的过程。这种演化让开发者必须得考虑到可维护性。除了秉承较传统理念的软件工程师外，还要雇佣 JavaScript 开发人员为公司创造价值，而他们并非仅仅按时交付产品，同时还要开发智力成果在之后不断地增加价值。

编写可维护的代码很重要，因为大部分开发人员都花费大量时间维护他人代码。很难从头开始开发新代码的，很多情况下是以他人的工作成果为基础的。确保自己代码的可维护性，以便其他开发人员在此基础上更好的开展工作。

 　　注意可维护的代码的概念并不是 JavaScript 特有的。这里的很多概念都可以广泛应用于各种编程语言，当然也有某些特定于 JavaScript 的概念。

24.1.1 什么是可维护的代码

可维护的代码有一些特征。一般来说，如果说代码是可维护的，它需要遵循以下特点。
- ❏ **可理解性**——其他人可以接手代码并理解它的意图和一般途径，而无需原开发人员的完整解释。
- ❏ **直观性**——代码中的东西一看就能明白，不管其操作过程多么复杂。
- ❏ **可适应性**——代码以一种数据上的变化不要求完全重写的方法撰写。
- ❏ **可扩展性**——在代码架构上已考虑到在未来允许对核心功能进行扩展。

❑ **可调试性**——当有地方出错时，代码可以给予你足够的信息来尽可能直接地确定问题所在。

对于专业人士而言，能写出可维护的 JavaScript 代码是非常重要的技能。这正是周末改改网站的爱好者和真正理解自己作品的开发人员之间的区别。

24.1.2 代码约定

一种让代码变得可维护的简单途径是形成一套 JavaScript 代码的书写约定。绝大多数语言都开发出了各自的代码约定，只要在网上一搜就能找到大量相关文档。专业的组织为开发人员制定了详尽的代码约定试图让代码对任何人都可维护。杰出的开放源代码项目有着严格的代码约定要求，这让社区中的任何人都可以轻松地理解代码是如何组织的。

由于 JavaScript 的可适应性，代码约定对它也很重要。由于和大多数面向对象语言不同，JavaScript 并不强制开发人员将所有东西都定义为对象。语言可以支持各种编程风格，从传统面向对象式到声明式到函数式。只要快速浏览一下一些开源 JavaScript 库，就能发现好几种创建对象、定义方法和管理环境的途径。

以下小节将讨论代码约定的概论。对这些主题的解说非常重要，虽然可能的解说方式会有区别，这取决于个人需求。

1. 可读性

要让代码可维护，首先它必须可读。可读性与代码作为文本文件的格式化方式有关。可读性的大部分内容都是和代码的缩进相关的。当所有人都使用一样的缩进方式时，整个项目中的代码都会更加易于阅读。通常会使用若干空格而非制表符来进行缩进，这是因为制表符在不同的文本编辑器中显示效果不同。一种不错的、很常见的缩进大小为 4 个空格，当然你也可以使用其他数量。

可读性的另一方面是注释。在大多数编程语言中，对每个方法的注释都视为一个可行的实践。因为 JavaScript 可以在代码的任何地方创建函数，所以这点常常被忽略了。然而正因如此，在 JavaScript 中为每个函数编写文档就更加重要了。一般而言，有如下一些地方需要进行注释。

❑ **函数和方法**——每个函数或方法都应该包含一个注释，描述其目的和用于完成任务所可能使用的算法。陈述事先的假设也非常重要，如参数代表什么，函数是否有返回值（因为这不能从函数定义中推断出来）。

❑ **大段代码**——用于完成单个任务的多行代码应该在前面放一个描述任务的注释。

❑ **复杂的算法**——如果使用了一种独特的方式解决某个问题，则要在注释中解释你是如何做的。这不仅仅可以帮助其他浏览你代码的人，也能在下次你自己查阅代码的时候帮助理解。

❑ **Hack**——因为存在浏览器差异，JavaScript 代码一般会包含一些 hack。不要假设其他人在看代码的时候能够理解 hack 所要应付的浏览器问题。如果因为某种浏览器无法使用普通的方法，所以你需要用一些不同的方法，那么请将这些信息放在注释中。这样可以减少出现这种情况的可能性：有人偶然看到你的 hack，然后"修正"了它，最后重新引入了你本来修正了的错误。

缩进和注释可以带来更可读的代码，在未来则更容易维护。

2. 变量和函数命名

适当给变量和函数起名字对于增加代码可理解性和可维护性是非常重要的。由于很多 JavaScript 开发人员最初都只是业余爱好者，所以有一种使用无意义名字的倾向，诸如给变量起`"foo"`、`"bar"`等名字，给函数起`"doSomething"`这样的名字。专业 JavaScript 开发人员必须克服这些恶习以创建可维护的代码。命名的一般规则如下所示。

24

- ❑ 变量名应为名词如 car 或 person。
- ❑ 函数名应该以动词开始，如 getName()。返回布尔类型值的函数一般以 is 开头，如 isEnable()。
- ❑ 变量和函数都应使用合乎逻辑的名字，不要担心长度。长度问题可以通过后处理和压缩（本章后面会讲到）来缓解。

必须避免出现无法表示所包含的数据类型的无用变量名。有了合适的命名，代码阅读起来就像讲述故事一样，更容易理解。

3. 变量类型透明

由于在 JavaScript 中变量是松散类型的，很容易就忘记变量所应包含的数据类型。合适的命名方式可以一定程度上缓解这个问题，但放到所有的情况下看，还不够。有三种表示变量数据类型的方式。

第一种方式是初始化。当定义了一个变量后，它应该被初始化为一个值，来暗示它将来应该如何应用。例如，将来保存布尔类型值的变量应该初始化为 true 或者 false，将来保存数字的变量就应该初始化为一个数字，如以下例子所示：

```
//通过初始化指定变量类型
var found = false;        //布尔型
var count = -1;           //数字
var name = "";            //字符串
var person = null;        //对象
```

初始化为一个特定的数据类型可以很好的指明变量的类型。但缺点是它无法用于函数声明中的函数参数。

第二种方法是使用匈牙利标记法来指定变量类型。匈牙利标记法在变量名之前加上一个或多个字符来表示数据类型。这个标记法在脚本语言中很流行，曾经很长时间也是 JavaScript 所推崇的方式。JavaScript 中最传统的匈牙利标记法是用单个字符表示基本类型："o"代表对象，"s"代表字符串，"i"代表整数，"f"代表浮点数，"b"代表布尔型。如下所示：

```
//用于指定数据类型的匈牙利标记法
var bFound;      //布尔型
var iCount;      //整数
var sName;       //字符串
var oPerson;     //对象
```

JavaScript 中用匈牙利标记法的好处是函数参数一样可以使用。但它的缺点是让代码某种程度上难以阅读，阻碍了没有用它时代码的直观性和句子式的特质。因此，匈牙利标记法失去了一些开发者的宠爱。

最后一种指定变量类型的方式是使用类型注释。类型注释放在变量名右边，但是在初始化前面。这种方式是在变量旁边放一段指定类型的注释，如下所示：

```
//用于指定类型的类型注释
var found  /*:Boolean*/  = false;
var count  /*:int*/      = 10;
var name   /*:String*/   = "Nicholas";
var person /*:Object*/   = null;
```

类型注释维持了代码的整体可读性，同时注入了类型信息。类型注释的缺点是你不能用多行注释一次注释大块的代码，因为类型注释也是多行注释，两者会冲突，如下例所示所示：

```
//以下代码不能正确运行
/*
var found     /*:Boolean*/ = false;
var count     /*:int*/     = 10;
var name      /*:String*/  = "Nicholas";
var person    /*:Object*/  = null;
*/
```

这里,试图通过多行注释注释所有变量。类型注释与其相冲突,因为第一次出现的 /* (第二行)匹配了第一次出现的*/(第 3 行),这会造成一个语法错误。如果你想注释掉这些使用类型注释的代码行,最好在每一行上使用单行注释(很多编辑器可以帮你完成)。

这就是最常见的三种指定变量数据类型的方法。每种都有各自的优势和劣势,要自己在使用之前进行评估。最重要的是要确定哪种最适合你的项目并一致使用。

24.1.3 松散耦合

只要应用的某个部分过分依赖于另一部分,代码就是耦合过紧,难于维护。典型的问题如:对象直接引用另一个对象,并且当修改其中一个的同时需要修改另外一个。紧密耦合的软件难于维护并且需要经常重写。

因为 Web 应用所涉及的技术,有多种情况会使它变得耦合过紧。必须小心这些情况,并尽可能维护弱耦合的代码。

1. 解耦 HTML/JavaScript

一种最常见的耦合类型是 HTML/JavaScript 耦合。在 Web 上,HTML 和 JavaScript 各自代表了解决方案中的不同层次:HTML 是数据,JavaScript 是行为。因为它们天生就需要交互,所以有多种不同的方法将这两个技术关联起来。但是,有一些方法会将 HTML 和 JavaScript 过于紧密地耦合在一起。

直接写在 HTML 中的 JavaScript,使用包含内联代码的<script>元素或者是使用 HTML 属性来分配事件处理程序,都是过于紧密的耦合。请看以下代码。

```html
<!-- 使用了 <script> 的紧密耦合的 HTML/JavaScript -->
<script type="text/javascript">
  document.write("Hello world!");
</script>

<!-- 使用事件处理程序属性值的紧密耦合的 HTML/JavaScript -->
<input type="button" value="Click Me" onclick="doSomething()" />
```

虽然这些从技术上来说都是正确的,但是实践中,它们将表示数据的 HTML 和定义行为的 JavaScript 紧密耦合在了一起。理想情况是,HTML 和 JavaScript 应该完全分离,并通过外部文件和使用 DOM 附加行为来包含 JavaScript。

当 HTML 和 JavaScript 过于紧密的耦合在一起时,出现 JavaScript 错误时就要先判断错误是出现在 HTML 部分还是在 JavaScript 文件中。它还会引入和代码是否可用的相关新问题。在这个例子中,可能在 doSomething()函数可用之前,就已经按下了按钮,引发了一个 JavaScript 错误。因为任何对按钮行为的更改要同时触及 HTML 和 JavaScript,因此影响了可维护性。而这些更改本该只在 JavaScript 中进行。

HTML 和 JavaScript 的紧密耦合也可以在相反的关系上成立:JavaScript 包含了 HTML。这通常会出现在使用 innerHTML 来插入一段 HTML 文本到页面上这种情况中,如下面的例子所示:

```
//将 HTML 紧密耦合到 JavaScript
function insertMessage(msg){
    var container = document.getElementById("container");
    container.innerHTML = "<div class=\"msg\"><p class=\"post\">" + msg + "</p>" +
        "<p><em>Latest message above.</em></p></div>";
}
```

一般来说，你应该避免在 JavaScript 中创建大量 HTML。再一次重申要保持层次的分离，这样可以很容易的确定错误来源。当使用上面这个例子的时候，有一个页面布局的问题，可能和动态创建的 HTML 没有被正确格式化有关。不过，要定位这个错误可能非常困难，因为你可能一般先看页面的源代码来查找那段烦人的 HTML，但是却没能找到，因为它是动态生成的。对数据或者布局的更改也会要求更改 JavaScript，这也表明了这两个层次过于紧密地耦合了。

HTML 呈现应该尽可能与 JavaScript 保持分离。当 JavaScript 用于插入数据时，尽量不要直接插入标记。一般可以在页面中直接包含并隐藏标记，然后等到整个页面渲染好之后，就可以用 JavaScript 显示该标记，而非生成它。另一种方法是进行 Ajax 请求并获取更多要显示的 HTML，这个方法可以让同样的渲染层（PHP、JSP、Ruby 等等）来输出标记，而不是直接嵌在 JavaScript 中。

将 HTML 和 JavaScript 解耦可以在调试过程中节省时间，更加容易确定错误的来源，也减轻维护的难度：更改行为只需要在 JavaScript 文件中进行，而更改标记则只要在渲染文件中。

2. 解耦 CSS/JavaScript

另一个 Web 层则是 CSS，它主要负责页面的显示。JavaScript 和 CSS 也是非常紧密相关的：他们都是 HTML 之上的层次，因此常常一起使用。但是，和 HTML 与 JavaScript 的情况一样，CSS 和 JavaScript 也可能会过于紧密地耦合在一起。最常见的紧密耦合的例子是使用 JavaScript 来更改某些样式，如下所示：

```
//CSS 对 JavaScript 的紧密耦合
element.style.color = "red";
element.style.backgroundColor = "blue";
```

由于 CSS 负责页面的显示，当显示出现任何问题时都应该只是查看 CSS 文件来解决。然而，当使用了 JavaScript 来更改某些样式的时候，比如颜色，就出现了第二个可能已更改和必须检查的地方。结果是 JavaScript 也在某种程度上负责了页面的显示，并与 CSS 紧密耦合了。如果未来需要更改样式表，CSS 和 JavaScript 文件可能都需要修改。这就给开发人员造成了维护上的噩梦。所以在这两个层次之间必须有清晰的划分。

现代 Web 应用常常要使用 JavaScript 来更改样式，所以虽然不可能完全将 CSS 和 JavaScript 解耦，但是还是能让耦合更松散的。这是通过动态更改样式类而非特定样式来实现的，如下例所示：

```
//CSS 对 JavaScript 的松散耦合
element.className = "edit";
```

通过只修改某个元素的 CSS 类，就可以让大部分样式信息严格保留在 CSS 中。JavaScript 可以更改样式类，但并不会直接影响到元素的样式。只要应用了正确的类，那么任何显示问题都可以直接追溯到 CSS 而非 JavaScript。

第二类紧密耦合仅会在 IE 中出现（但运行于标准模式下的 IE8 不会出现），它可以在 CSS 中通过表达式嵌入 JavaScript，如下例所示：

```
/* JavaScript 对 CSS 的紧密耦合 */
div {
    width: expression(document.body.offsetWidth - 10 + "px");
}
```

通常要避免使用表达式，因为它们不能跨浏览器兼容，还因为它们所引入的 JavaScript 和 CSS 之间的紧密耦合。如果使用了表达式，那么可能会在 CSS 中出现 JavaScript 错误。由于 CSS 表达式而追踪过 JavaScript 错误的开发人员，会告诉你在他们决定看一下 CSS 之前花了多长时间来查找错误。

再次提醒，好的层次划分是非常重要的。显示问题的唯一来源应该是 CSS，行为问题的唯一来源应该是 JavaScript。在这些层次之间保持松散耦合可以让你的整个应用更加易于维护。

3. 解耦应用逻辑／事件处理程序

每个 Web 应用一般都有相当多的事件处理程序，监听着无数不同的事件。然而，很少有能仔细得将应用逻辑从事件处理程序中分离的。请看以下例子：

```
function handleKeyPress(event){
    event = EventUtil.getEvent(event);
    if (event.keyCode == 13){
        var target = EventUtil.getTarget(event);
        var value = 5 * parseInt(target.value);
        if (value > 10){
            document.getElementById("error-msg").style.display = "block";
        }
    }
}
```

这个事件处理程序除了包含了应用逻辑，还进行了事件的处理。这种方式的问题有其双重性。首先，除了通过事件之外就再没有方法执行应用逻辑，这让调试变得困难。如果没有发生预想的结果怎么办？是不是表示事件处理程序没有被调用还是指应用逻辑失败？其次，如果一个后续的事件引发同样的应用逻辑，那就必须复制功能代码或者将代码抽取到一个单独的函数中。无论何种方式，都要作比实际所需更多的改动。

较好的方法是将应用逻辑和事件处理程序相分离，这样两者分别处理各自的东西。一个事件处理程序应该从事件对象中提取相关信息，并将这些信息传送到处理应用逻辑的某个方法中。例如，前面的代码可以被重写为：

```
function validateValue(value){
    value = 5 * parseInt(value);
    if (value > 10){
        document.getElementById("error-msg").style.display = "block";
    }
}

function handleKeyPress(event){
    event = EventUtil.getEvent(event);
    if (event.keyCode == 13){
        var target = EventUtil.getTarget(event);
        validateValue(target.value);
    }
}
```

改动过的代码合理将应用逻辑从事件处理程序中分离了出来。handleKeyPress() 函数确认是按下了 Enter 键（event.keyCode 为 13），取得了事件的目标并将 value 属性传递给 validateValue() 函数，这个函数包含了应用逻辑。注意 validateValue() 中没有任何东西会依赖于任何事件处理程序逻辑，它只是接收一个值，并根据该值进行其他处理。

从事件处理程序中分离应用逻辑有几个好处。首先，可以让你更容易更改触发特定过程的事件。如果最开始由鼠标点击事件触发过程，但现在按键也要进行同样处理，这种更改就很容易。其次，可以在

24

不附加到事件的情况下测试代码，使其更易创建单元测试或者是自动化应用流程。

以下是要牢记的应用和业务逻辑之间松散耦合的几条原则：

❑ 勿将 event 对象传给其他方法；只传来自 event 对象中所需的数据；

❑ 任何可以在应用层面的动作都应该可以在不执行任何事件处理程序的情况下进行；

❑ 任何事件处理程序都应该处理事件，然后将处理转交给应用逻辑。

牢记这几条可以在任何代码中都获得极大的可维护性的改进，并且为进一步的测试和开发制造了很多可能。

24.1.4　编程实践

书写可维护的 JavaScript 并不仅仅是关于如何格式化代码；它还关系到代码做什么的问题。在企业环境中创建的 Web 应用往往同时由大量人员一同创作。这种情况下的目标是确保每个人所使用的浏览器环境都有一致和不变的规则。因此，最好坚持以下一些编程实践。

1. 尊重对象所有权

JavaScript 的动态性质使得几乎任何东西在任何时间都可以修改。有人说在 JavaScript 没有什么神圣的东西，因为无法将某些东西标记为最终或恒定状态。这种状况在 ECMAScript 5 中通过引入防篡改对象（第 22 章讨论过）得以改变；不过，默认情况下所有对象都是可以修改的。在其他语言中，当没有实际的源代码的时候，对象和类是不可变的。JavaScript 可以在任何时候修改任意对象，这样就可以以不可预计的方式覆写默认的行为。因为这门语言没有强行的限制，所以对于开发者来说，这是很重要的，也是必要的。

也许在企业环境中最重要的编程实践就是尊重对象所有权，它的意思是你不能修改不属于你的对象。简单地说，如果你不负责创建或维护某个对象、它的对象或者它的方法，那么你就不能对它们进行修改。更具体地说：

❑ 不要为实例或原型添加属性；

❑ 不要为实例或原型添加方法；

❑ 不要重定义已存在的方法。

问题在于开发人员会假设浏览器环境按照某个特定方式运行，而对于多个人都用到的对象进行改动就会产生错误。如果某人期望叫做 stopEvent() 的函数能取消某个事件的默认行为，但是你对其进行了更改，然后它完成了本来的任务，后来还追加了另外的事件处理程序，那肯定会出现问题了。其他开发人员会认为函数还是按照原来的方式执行，所以他们的用法会出错并有可能造成危害，因为他们并不知道有副作用。

这些规则不仅仅适用于自定义类型和对象，对于诸如 Object、String、document、window 等原生类型和对象也适用。此处潜在的问题可能更加危险，因为浏览器提供者可能会在不做宣布或者是不可预期的情况下更改这些对象。

著名的 Prototype JavaScript 库就出现过这种例子：它为 document 对象实现了 getElements-ByClassName() 方法，返回一个 Array 的实例并增加了一个 each() 方法。John Resig 在他的博客上叙述了产生这个问题的一系列事件。他在帖子（http://ejohn.org/blog/getelementsbyclassname-pre-prototype-16/）中说，他发现当浏览器开始内部实现 getElementsByClassName() 的时候就出现问题了，这个方法并不返回一个 Array 而是返回一个并不包含 each() 方法的 NodeList。使用 Prototype 库的开发人员习惯于写这样的代码：

```
document.getElementsByClassName("selected").each(Element.hide);
```

虽然在没有原生实现 `getElementsByClassName()` 的浏览器中可以正常运行，但对于支持的了浏览器就会产生错误，因为返回的值不同。你不能预测浏览器提供者在未来会怎样更改原生对象，所以不管用任何方式修改他们，都可能会导致将来你的实现和他们的实现之间的冲突。

所以，最佳的方法便是永远不修改不是由你所有的对象。所谓拥有对象，就是说这个对象是你创建的，比如你自己创建的自定义类型或对象字面量。而 `Array`、`document` 这些显然不是你的，它们在你的代码执行前就存在了。你依然可以通过以下方式为对象创建新的功能：

❏ 创建包含所需功能的新对象，并用它与相关对象进行交互；
❏ 创建自定义类型，继承需要进行修改的类型。然后可以为自定义类型添加额外功能。

现在很多 JavaScript 库都赞同并遵守这条开发原理，这样即使浏览器频繁更改，库本身也能继续成长和适应。

2. 避免全局量

与尊重对象所有权切相关的是尽可能避免全局变量和函数。这也关系到创建一个脚本执行的一致的和可维护的环境。最多创建一个全局变量，让其他对象和函数存在其中。请看以下例子：

```
//两个全局量——避免！！
var name = "Nicholas";
function sayName(){
    alert(name);
}
```

这段代码包含了两个全局量：变量 name 和函数 sayName()。其实可以创建一个包含两者的对象，如下例所示：

```
//一个全局量——推荐
var MyApplication = {
    name: "Nicholas",
    sayName: function(){
        alert(this.name);
    }
};
```

这段重写的代码引入了一个单一的全局对象 MyApplication，name 和 sayName() 都附加到其上。这样做消除了一些存在于前一段代码中的一些问题。首先，变量 name 覆盖了 window.name 属性，可能会与其他功能产生冲突；其次，它有助消除功能作用域之间的混淆。调用 MyApplication.sayName() 在逻辑上暗示了代码的任何问题都可以通过检查定义 MyApplication 的代码来确定。

单一的全局量的延伸便是命名空间的概念，由 YUI（Yahoo! User Interface）库普及。命名空间包括创建一个用于放置功能的对象。在 YUI 的 2.x 版本中，有若干用于追加功能的命名空间。比如：

❏ `YAHOO.util.Dom` —— 处理 DOM 的方法；
❏ `YAHOO.util.Event` —— 与事件交互的方法；
❏ `YAHOO.lang` —— 用于底层语言特性的方法。

对于 YUI，单一的全局对象 YAHOO 作为一个容器，其中定义了其他对象。用这种方式将功能组合在一起的对象，叫做**命名空间**。整个 YUI 库便是构建在这个概念上的，让它能够在同一个页面上与其他的 JavaScript 库共存。

命名空间很重要的一部分是确定每个人都同意使用的全局对象的名字，并且尽可能唯一，让其他人不太可能也使用这个名字。在大多数情况下，可以是开发代码的公司的名字，例如 YAHOO 或者 Wrox。你可以如下例所示开始创建命名空间来组合功能。

```
//创建全局对象
var Wrox = {};

//为 Professional JavaScript 创建命名空间
Wrox.ProJS = {};

//将书中用到的对象附加上去
Wrox.ProJS.EventUtil = { ... };
Wrox.ProJS.CookieUtil = { ... };
```

在这个例子中，Wrox 是全局量，其他命名空间在此之上创建。如果本书所有代码都放在 Wrox.ProJS 命名空间，那么其他作者也应把自己的代码添加到 Wrox 对象中。只要所有人都遵循这个规则，那么就不用担心其他人也创建叫做 EventUtil 或者 CookieUtil 的对象，因为它会存在于不同的命名空间中。请看以下例子：

```
//为 Professional Ajax 创建命名空间
Wrox.ProAjax = {};

//附加该书中所使用的其他对象
Wrox.ProAjax.EventUtil = { ... };
Wrox.ProAjax.CookieUtil = { ... };

//ProJS 还可以继续分别访问
Wrox.ProJS.EventUtil.addHandler( ... );

//以及 ProAjax
Wrox.ProAjax.EventUtil.addHandler( ... );
```

虽然命名空间会需要多写一些代码，但是对于可维护的目的而言是值得的。命名空间有助于确保代码可以在同一个页面上与其他代码以无害的方式一起工作。

3.避免与 null 进行比较

由于 JavaScript 不做任何自动的类型检查，所以它就成了开发人员的责任。因此，在 JavaScript 代码中其实很少进行类型检测。最常见的类型检测就是查看某个值是否为 null。但是，直接将值与 null 比较是使用过度的，并且常常由于不充分的类型检查导致错误。看以下例子：

```
function sortArray(values){
    if (values != null){              //避免!
        values.sort(comparator);
    }
}
```

该函数的目的是根据给定的比较子对一个数组进行排序。为了函数能正确执行，values 参数必需是数组，但这里的 if 语句仅仅检查该 values 是否为 null。还有其他的值可以通过 if 语句，包括字符串、数字，它们会导致函数抛出错误。

现实中，与 null 比较很少适合情况而被使用。必须按照所期望的对值进行检查，而非按照不被期望的那些。例如，在前面的范例中，values 参数应该是一个数组，那么就要检查它是不是一个数组，而不是检查它是否非 null。函数按照下面的方式修改会更加合适：

```
function sortArray(values){
    if (values instanceof Array){        //推荐
        values.sort(comparator);
    }
}
```

该函数的这个版本可以阻止所有非法值，而且完全用不着 null。

 　　这种验证数组的技术在多框架的网页中不一定正确工作，因为每个框架都有其自己的全局对象，因此，也有自己的 Array 构造函数。如果你是从一个框架将数组传送到另一个框架，那么就要另外检查是否存在 sort() 方法。

如果看到了与 null 比较的代码，尝试使用以下技术替换：

❑ 如果值应为一个引用类型，使用 instanceof 操作符检查其构造函数；

❑ 如果值应为一个基本类型，使用 typeof 检查其类型；

❑ 如果是希望对象包含某个特定的方法名，则使用 typeof 操作符确保指定名字的方法存在于对象上。

代码中的 null 比较越少，就越容易确定代码的目的，并消除不必要的错误。

4. 使用常量

尽管 JavaScript 没有常量的正式概念，但它还是很有用的。这种将数据从应用逻辑分离出来的思想，可以在不冒引入错误的风险的同时，就改变数据。请看以下例子：

```
function validate(value){
    if (!value){
        alert("Invalid value!");
        location.href = "/errors/invalid.php";
    }
}
```

在这个函数中有两段数据：要显示给用户的信息以及 URL。显示在用户界面上的字符串应该以允许进行语言国际化的方式抽取出来。URL 也应被抽取出来，因为它们有随着应用成长而改变的倾向。基本上，有着可能由于这样那样原因会变化的这些数据，那么都会需要找到函数并在其中修改代码。而每次修改应用逻辑的代码，都可能会引入错误。可以通过将数据抽取出来变成单独定义的常量的方式，将应用逻辑与数据修改隔离开来。请看以下例子：

```
var Constants = {
    INVALID_VALUE_MSG: "Invalid value!",
    INVALID_VALUE_URL: "/errors/invalid.php"
};

function validate(value){
    if (!value){
        alert(Constants.INVALID_VALUE_MSG);
        location.href = Constants.INVALID_VALUE_URL;
    }
}
```

在这段重写过的代码中，消息和 URL 都被定义于 Constants 对象中，然后函数引用这些值。这些设置允许数据在无须接触使用它的函数的情况下进行变更。Constants 对象甚至可以完全在单独的文件中进行定义，同时该文件可以由包含正确值的其他过程根据国际化设置来生成。

关键在于将数据和使用它的逻辑进行分离。要注意的值的类型如下所示。

- □ **重复值**——任何在多处用到的值都应抽取为一个常量。这就限制了当一个值变了而另一个没变的时候会造成的错误。这也包含了 CSS 类名。
- □ **用户界面字符串** —— 任何用于显示给用户的字符串，都应被抽取出来以方便国际化。
- □ **URLs** —— 在 Web 应用中，资源位置很容易变更，所以推荐用一个公共地方存放所有的 URL。
- □ **任意可能会更改的值** —— 每当你在用到字面量值的时候，你都要问一下自己这个值在未来是不是会变化。如果答案是"是"，那么这个值就应该被提取出来作为一个常量。

对于企业级的 JavaScript 开发而言，使用常量是非常重要的技巧，因为它能让代码更容易维护，并且在数据更改的同时保护代码。

24.2　性能

自从 JavaScript 诞生以来，用这门语言编写网页的开发人员有了极大的增长。与此同时，JavaScript 代码的执行效率也越来越受到关注。因为 JavaScript 最初是一个解释型语言，执行速度要比编译型语言慢得多。Chrome 是第一款内置优化引擎，将 JavaScript 编译成本地代码的浏览器。此后，主流浏览器纷纷效仿，陆续实现了 JavaScript 的编译执行。

即使到了编译执行 JavaScript 的新阶段，仍然会存在低效率的代码。不过，还是有一些方式可以改进代码的整体性能的。

24.2.1　注意作用域

第 4 章讨论了 JavaScript 中"作用域"的概念以及作用域链是如何运作的。随着作用域链中的作用域数量的增加，访问当前作用域以外的变量的时间也在增加。访问全局变量总是要比访问局部变量慢，因为需要遍历作用域链。只要能减少花费在作用域链上的时间，就能增加脚本的整体性能。

1.避免全局查找

可能优化脚本性能最重要的就是注意全局查找。使用全局变量和函数肯定要比局部的开销更大，因为要涉及作用域链上的查找。请看以下函数：

```
function updateUI(){
    var imgs = document.getElementsByTagName("img");
    for (var i=0, len=imgs.length; i < len; i++){
        imgs[i].title = document.title + " image " + i;
    }
    var msg = document.getElementById("msg");
    msg.innerHTML = "Update complete.";
}
```

该函数可能看上去完全正常，但是它包含了三个对于全局 document 对象的引用。如果在页面上有多个图片，那么 for 循环中的 document 引用就会被执行多次甚至上百次，每次都会要进行作用域链查找。通过创建一个指向 document 对象的局部变量，就可以通过限制一次全局查找来改进这个函数的性能：

```
function updateUI(){
    var doc = document;
    var imgs = doc.getElementsByTagName("img");
    for (var i=0, len=imgs.length; i < len; i++){
        imgs[i].title = doc.title + " image " + i;
    }

    var msg = doc.getElementById("msg");
    msg.innerHTML = "Update complete.";
}
```

这里，首先将 document 对象存在本地的 doc 变量中；然后在余下的代码中替换原来的 document。与原来的的版本相比，现在的函数只有一次全局查找，肯定更快。

将在一个函数中会用到多次的全局对象存储为局部变量总是没错的。

2. 避免 with 语句

在性能非常重要的地方必须避免使用 with 语句。和函数类似，with 语句会创建自己的作用域，因此会增加其中执行的代码的作用域链的长度。由于额外的作用域链查找，在 with 语句中执行的代码肯定会比外面执行的代码要慢。

必须使用 with 语句的情况很少，因为它主要用于消除额外的字符。在大多数情况下，可以用局部变量完成相同的事情而不引入新的作用域。下面是一个例子：

```
function updateBody(){
    with(document.body){
        alert(tagName);
        innerHTML = "Hello world!";
    }
}
```

这段代码中的 with 语句让 document.body 变得更容易使用。其实可以使用局部变量达到相同的效果，如下所示：

```
function updateBody(){
    var body = document.body
    alert(body.tagName);
    body.innerHTML = "Hello world!";
}
```

虽然代码稍微长了点，但是阅读起来比 with 语句版本更好，它确保让你知道 tagName 和 innerHTML 是属于哪个对象的。同时，这段代码通过将 document.body 存储在局部变量中省去了额外的全局查找。

24.2.2　选择正确方法

和其他语言一样，性能问题的一部分是和用于解决问题的算法或者方法有关的。老练的开发人员根据经验可以得知哪种方法可能获得更好的性能。很多应用在其他编程语言中的技术和方法也可以在 JavaScript 中使用。

1. 避免不必要的属性查找

在计算机科学中，算法的复杂度是使用 O 符号来表示的。最简单、最快捷的算法是常数值即 O(1)。之后，算法变得越来越复杂并花更长时间执行。下面的表格列出了 JavaScript 中常见的算法类型。

标　记　名　称		描　　　述
O(1)	常数	不管有多少值，执行的时间都是恒定的。一般表示简单值和存储在变量中的值
O(log n)	对数	总的执行时间和值的数量相关，但是要完成算法并不一定要获取每个值。例如：二分查找
O(n)	线性	总执行时间和值的数量直接相关。例如：遍历某个数组中的所有元素
O(n²)	平方	总执行时间和值的数量有关，每个值至少要获取n次。例如：插入排序

常数值，即 O(1)，指代字面值和存储在变量中的值。符号 O(1)表示无论有多少个值，需要获取常量值的时间都一样。获取常量值是非常高效的过程。请看下面代码：

```
var value = 5;
var sum = 10 + value;
alert(sum);
```

该代码进行了四次常量值查找：数字 5，变量 value，数字 10 和变量 sum。这段代码的整体复杂度被认为是 O(1)。

在 JavaScript 中访问数组元素也是一个 O(1)操作，和简单的变量查找效率一样。所以以下代码和前面的例子效率一样：

```
var values = [5, 10];
var sum = values[0] + values[1];
alert(sum);
```

使用变量和数组要比访问对象上的属性更有效率，后者是一个 O(n)操作。对象上的任何属性查找都要比访问变量或者数组花费更长时间，因为必须在原型链中对拥有该名称的属性进行一次搜索。简而言之，属性查找越多，执行时间就越长。请看以下内容：

```
var values = { first: 5, second: 10};
var sum = values.first + values.second;
alert(sum);
```

这段代码使用两次属性查找来计算 sum 的值。进行一两次属性查找并不会导致显著的性能问题，但是进行成百上千次则肯定会减慢执行速度。

注意获取单个值的多重属性查找。例如，请看以下代码：

```
var query = window.location.href.substring(window.location.href.indexOf("?"));
```

在这段代码中，有 6 次属性查找：window.location.href.substring()有 3 次，window.location.href.indexOf()又有3次。只要数一数代码中的点的数量，就可以确定属性查找的次数了。这段代码由于两次用到了 window.location.href，同样的查找进行了两次，因此效率特别不好。

一旦多次用到对象属性，应该将其存储在局部变量中。第一次访问该值会是 O(n)，然而后续的访问都会是 O(1)，就会节省很多。例如，之前的代码可以如下重写：

```
var url = window.location.href;
var query = url.substring(url.indexOf("?"));
```

这个版本的代码只有4次属性查找，相对于原始版本节省了 33%。在更大的脚本中进行这种优化，倾向于获得更多改进。

一般来讲，只要能减少算法的复杂度，就要尽可能减少。尽可能多地使用局部变量将属性查找替换为值查找。进一步讲，如果即可以用数字化的数组位置进行访问，也可以使用命名属性（诸如 NodeList 对象），那么使用数字位置。

2. 优化循环

循环是编程中最常见的结构，在 JavaScript 程序中同样随处可见。优化循环是性能优化过程中很重要的一个部分，由于它们会反复运行同一段代码，从而自动地增加执行时间。在其他语言中对于循环优化有大量研究，这些技术也可以应用于 JavaScript。一个循环的基本优化步骤如下所示。

(1) 减值迭代——大多数循环使用一个从 0 开始、增加到某个特定值的迭代器。在很多情况下，从最大值开始，在循环中不断减值的迭代器更加高效。

(2) 简化终止条件——由于每次循环过程都会计算终止条件，所以必须保证它尽可能快。也就是说避免属性查找或其他 O(n) 的操作。

(3) 简化循环体——循环体是执行最多的，所以要确保其被最大限度地优化。确保没有某些可以被很容易地移出循环的密集计算。

(4) 使用后测试循环——最常用 for 循环和 while 循环都是前测试循环。而如 do-while 这种后测试循环，可以避免最初终止条件的计算，因此运行更快。

用一个例子来描述这种改动。以下是一个基本的 for 循环：

```
for (var i=0; i < values.length; i++){
    process(values[i]);
}
```

这段代码中变量 i 从 0 递增到 values 数组中的元素总数。假设值的处理顺序无关紧要，那么循环可以改为 i 减值，如下所示：

```
for (var i=values.length -1; i >= 0; i--){
    process(values[i]);
}
```

这里，变量 i 每次循环之后都会减 1。在这个过程中，将终止条件从 value.length 的 O(n) 调用简化成了 0 的 O(1) 调用。由于循环体只有一个语句，无法进一步优化。不过循环还能改成后测试循环，如下：

```
var i=values.length -1;
if (i > -1){
    do {
        process(values[i]);
    }while(--i >= 0);
}
```

此处主要的优化是将终止条件和自减操作符组合成了单个语句。这时，任何进一步的优化只能在 process() 函数中进行了，因为循环部分已经优化完全了。

记住使用"后测试"循环时必须确保要处理的值至少有一个。空数组会导致多余的一次循环而"前测试"循环则可以避免。

3. 展开循环

当循环的次数是确定的，消除循环并使用多次函数调用往往更快。请看一下前面的例子。如果数组的长度总是一样的，对每个元素都调用 process() 可能更优，如以下代码所示：

```
//消除循环
process(values[0]);
process(values[1]);
process(values[2]);
```

这个例子假设 values 数组里面只有 3 个元素，直接对每个元素调用 process()。这样展开循环可以消除建立循环和处理终止条件的额外开销，使代码运行得更快。

如果循环中的迭代次数不能事先确定，那可以考虑使用一种叫做 Duff 装置的技术。这个技术是以其创建者 Tom Duff 命名的，他最早在 C 语言中使用这项技术。正是 Jeff Greenberg 用 JavaScript 实现了 Duff 装置。Duff 装置的基本概念是通过计算迭代的次数是否为 8 的倍数将一个循环展开为一系列语句。请看以下代码：

```
//credit: Jeff Greenberg for JS implementation of Duff's Device
//假设 values.length > 0
var iterations = Math.ceil(values.length / 8);
var startAt = values.length % 8;
var i = 0;

do {
    switch(startAt){
        case 0: process(values[i++]);
        case 7: process(values[i++]);
        case 6: process(values[i++]);
        case 5: process(values[i++]);
        case 4: process(values[i++]);
        case 3: process(values[i++]);
        case 2: process(values[i++]);
        case 1: process(values[i++]);
    }
    startAt = 0;
} while (--iterations > 0);
```

Duff 装置的实现是通过将 values 数组中元素个数除以 8 来计算出循环需要进行多少次迭代的。然后使用取整的上限函数确保结果是整数。如果完全根据除 8 来进行迭代，可能会有一些不能被处理到的元素，这个数量保存在 startAt 变量中。首次执行该循环时，会检查 StartAt 变量看有需要多少额外调用。例如，如果数组中有 10 个值，startAt 则等于 2，那么最开始的时候 process() 则只会被调用 2 次。在接下来的循环中，startAt 被重置为 0，这样之后的每次循环都会调用 8 次 process()。展开循环可以提升大数据集的处理速度。

由 Andrew B. King 所著的 *Speed Up Your Site*（New Riders，2003）提出了一个更快的 Duff 装置技术，将 do-while 循环分成 2 个单独的循环。以下是例子：

```
//credit: Speed Up Your Site (New Riders, 2003)
var iterations = Math.floor(values.length / 8);
var leftover = values.length % 8;
var i = 0;

if (leftover > 0){
    do {
        process(values[i++]);
    } while (--leftover > 0);
}
do {
    process(values[i++]);
```

```
        process(values[i++]);
        process(values[i++]);
        process(values[i++]);
        process(values[i++]);
        process(values[i++]);
        process(values[i++]);
    } while (--iterations > 0);
```

在这个实现中，剩余的计算部分不会在实际循环中处理，而是在一个初始化循环中进行除以 8 的操作。当处理掉了额外的元素，继续执行每次调用 8 次 process() 的主循环。这个方法几乎比原始的 Duff 装置实现快上 40%。

针对大数据集使用展开循环可以节省很多时间，但对于小数据集，额外的开销则可能得不偿失。它是要花更多的代码来完成同样的任务，如果处理的不是大数据集，一般来说并不值得。

4. 避免双重解释

当 JavaScript 代码想解析 JavaScript 的时候就会存在双重解释惩罚。当使用 eval() 函数或者是 Function 构造函数以及使用 setTimeout() 传一个字符串参数时都会发生这种情况。下面有一些例子：

```
//某些代码求值——避免!!
eval("alert('Hello world!')");

//创建新函数——避免!!
var sayHi = new Function("alert('Hello world!')");

//设置超时——避免!!
setTimeout("alert('Hello world!')", 500);
```

在以上这些例子中，都要解析包含了 JavaScript 代码的字符串。这个操作是不能在初始的解析过程中完成的，因为代码是包含在字符串中的，也就是说在 JavaScript 代码运行的同时必须新启动一个解析器来解析新的代码。实例化一个新的解析器有不容忽视的开销，所以这种代码要比直接解析慢得多。

对于这几个例子都有另外的办法。只有极少的情况下 eval() 是绝对必须的，所以尽可能避免使用。在这个例子中，代码其实可以直接内嵌在原代码中。对于 Function 构造函数，完全可以直接写成一般的函数，调用 setTimeout() 可以传入函数作为第一个参数。以下是一些例子：

```
//已修正
alert('Hello world!');

//创建新函数——已修正
var sayHi = function(){
    alert('Hello world!');
};

//设置一个超时——已修正
setTimeout(function(){
    alert('Hello world!');
}, 500);
```

如果要提高代码性能，尽可能避免出现需要按照 JavaScript 解释的字符串。

5. 性能的其他注意事项

当评估脚本性能的时候，还有其他一些可以考虑的东西。下面并非主要的问题，不过如果使用得当也会有相当大的提升。

❏ **原生方法较快**——只要有可能，使用原生方法而不是自己用 JavaScript 重写一个。原生方法是用诸如 C/C++ 之类的编译型语言写出来的，所以要比 JavaScript 的快很多很多。JavaScript 中最容易被忘记的就是可以在 Math 对象中找到的复杂的数学运算；这些方法要比任何用 JavaScript 写的同样方法如正弦、余弦快的多。

❏ **Switch 语句较快** —— 如果有一系列复杂的 if-else 语句，可以转换成单个 switch 语句则可以得到更快的代码。还可以通过将 case 语句按照最可能的到最不可能的顺序进行组织，来进一步优化 switch 语句。

❏ **位运算符较快**——当进行数学运算的时候，位运算操作要比任何布尔运算或者算数运算快。选择性地用位运算替换算数运算可以极大提升复杂计算的性能。诸如取模，逻辑与和逻辑或都可以考虑用位运算来替换。

24.2.3 　最小化语句数

JavaScript 代码中的语句数量也影响所执行的操作的速度。完成多个操作的单个语句要比完成单个操作的多个语句快。所以，就要找出可以组合在一起的语句，以减少脚本整体的执行时间。这里有几个可以参考的模式。

1. 多个变量声明

有个地方很多开发人员都容易创建很多语句，那就是多个变量的声明。很容易看到代码中由多个 var 语句来声明多个变量，如下所示：

```
//4 个语句——很浪费
var count = 5;
var color = "blue";
var values = [1,2,3];
var now = new Date();
```

在强类型语言中，不同的数据类型的变量必须在不同的语句中声明。然而，在 JavaScript 中所有的变量都可以使用单个 var 语句来声明。前面的代码可以如下重写：

```
//一个语句
var count = 5,
    color = "blue",
    values = [1,2,3],
    now = new Date();
```

此处，变量声明只用了一个 var 语句，之间由逗号隔开。在大多数情况下这种优化都非常容易做，并且要比单个变量分别声明快很多。

2. 插入迭代值

当使用迭代值（也就是在不同的位置进行增加或减少的值）的时候，尽可能合并语句。请看以下代码：

```
var name = values[i];
i++;
```

前面这 2 句语句各只有一个目的：第一个从 values 数组中获取值，然后存储在 name 中；第二个给变量 i 增加 1。这两句可以通过迭代值插入第一个语句组合成一个语句，如下所示：

```
var name = values[i++];
```

这一个语句可以完成和前面两个语句一样的事情。因为自增操作符是后缀操作符，i 的值只有在语句其他部分结束之后才会增加。一旦出现类似情况，都要尝试将迭代值插入到最后使用它的语句中去。

3. 使用数组和对象字面量

本书中，你可能看过两种创建数组和对象的方法：使用构造函数或者是使用字面量。使用构造函数总是要用到更多的语句来插入元素或者定义属性，而字面量可以将这些操作在一个语句中完成。请看以下例子：

```
//用 4 个语句创建和初始化数组——浪费
var values = new Array();
values[0] = 123;
values[1] = 456;
values[2] = 789;

//用 4 个语句创建和初始化对象——浪费
var person = new Object();
person.name = "Nicholas";
person.age = 29;
person.sayName = function(){
    alert(this.name);
};
```

这段代码中，只创建和初始化了一个数组和一个对象。各用了 4 个语句：一个调用构造函数，其他 3 个分配数据。其实可以很容易地转换成使用字面量的形式，如下所示：

```
//只用一条语句创建和初始化数组
var values = [123, 456, 789];

//只用一条语句创建和初始化对象
var person = {
    name : "Nicholas",
    age : 29,
    sayName : function(){
        alert(this.name);
    }
};
```

重写后的代码只包含两条语句，一条创建和初始化数组，另一条创建和初始化对象。之前用了八条语句的东西现在只用了两条，减少了 75%的语句量。在包含成千上万行 JavaScript 的代码库中，这些优化的价值更大。

只要有可能，尽量使用数组和对象的字面量表达方式来消除不必要的语句。

 在 IE6 和更早版本中使用字面量有微小的性能惩罚。不过这些问题在 IE7 中已经解决。

24.2.4　优化 DOM 交互

在 JavaScript 各个方面中，DOM 毫无疑问是最慢的一部分。DOM 操作与交互要消耗大量时间，因为它们往往需要重新渲染整个页面或者某一部分。进一步说，看似细微的操作也可能要花很久来执行，因为 DOM 要处理非常多的信息。理解如何优化与 DOM 的交互可以极大得提高脚本完成的速度。

1. 最小化现场更新

一旦你需要访问的 DOM 部分是已经显示的页面的一部分，那么你就是在进行一个现场更新。之所以叫现场更新，是因为需要立即（现场）对页面对用户的显示进行更新。每一个更改，不管是插入单个字符，还是移除整个片段，都有一个性能惩罚，因为浏览器要重新计算无数尺寸以进行更新。现场更新进行得越多，代码完成执行所花的时间就越长；完成一个操作所需的现场更新越少，代码就越快。请看以下例子：

```
var list = document.getElementById("myList"),
            item,
            i;

for (i=0; i < 10; i++) {
    item = document.createElement("li");
    list.appendChild(item);
    item.appendChild(document.createTextNode("Item " + i));
}
```

这段代码为列表添加了 10 个项目。添加每个项目时，都有 2 个现场更新：一个添加<li>元素，另一个给它添加文本节点。这样添加 10 个项目，这个操作总共要完成 20 个现场更新。

要修正这个性能瓶颈，需要减少现场更新的数量。一般有 2 种方法。第一种是将列表从页面上移除，最后进行更新，最后再将列表插回到同样的位置。这个方法不是非常理想，因为在每次页面更新的时候它会不必要的闪烁。第二个方法是使用文档片段来构建 DOM 结构，接着将其添加到 List 元素中。这个方式避免了现场更新和页面闪烁问题。请看下面内容：

```
var list = document.getElementById("myList"),
    fragment = document.createDocumentFragment(),
    item,
    i;

for (i=0; i < 10; i++) {
    item = document.createElement("li");
    fragment.appendChild(item);
    item.appendChild(document.createTextNode("Item " + i));
}

list.appendChild(fragment);
```

在这个例子中只有一次现场更新，它发生在所有项目都创建好之后。文档片段用作一个临时的占位符，放置新创建的项目。然后使用 appendChild() 将所有项目添加到列表中。记住，当给 appendChild() 传入文档片段时，只有片段中的子节点被添加到目标，片段本身不会被添加的。

一旦需要更新 DOM，请考虑使用文档片段来构建 DOM 结构，然后再将其添加到现存的文档中。

2. 使用 innerHTML

有两种在页面上创建 DOM 节点的方法：使用诸如 createElement() 和 appendChild() 之类的 DOM 方法，以及使用 innerHTML。对于小的 DOM 更改而言，两种方法效率都差不多。然而，对于大的 DOM 更改，使用 innerHTML 要比使用标准 DOM 方法创建同样的 DOM 结构快得多。

当把 innerHTML 设置为某个值时，后台会创建一个 HTML 解析器，然后使用内部的 DOM 调用来创建 DOM 结构，而非基于 JavaScript 的 DOM 调用。由于内部方法是编译好的而非解释执行的，所以执行快得多。前面的例子还可以用 innerHTML 改写如下：

```
var list = document.getElementById("myList"),
    html = "",
    i;

for (i=0; i < 10; i++) {
    html += "<li>Item " + i + "</li>";
}
```

```
list.innerHTML = html;
```

这段代码构建了一个 HTML 字符串，然后将其指定到 list.innerHTML，便创建了需要的 DOM 结构。虽然字符串连接上总是有点性能损失，但这种方式还是要比进行多个 DOM 操作更快。

使用 innerHTML 的关键在于（和其他 DOM 操作一样）最小化调用它的次数。例如，下面的代码在这个操作中用到 innerHTML 的次数太多了：

```
var list = document.getElementById("myList"),
    i;

for (i=0; i < 10; i++) {
    list.innerHTML += "<li>Item " + i + "</li>";           //避免!!!
}
```

这段代码的问题在于每次循环都要调用 innerHTML，这是极其低效的。调用 innerHTML 实际上就是一次现场更新，所以也要如此对待。构建好一个字符串然后一次性调用 innerHTML 要比调用 innerHTML 多次快得多。

3. 使用事件代理

大多数 Web 应用在用户交互上大量用到事件处理程序。页面上的事件处理程序的数量和页面响应用户交互的速度之间有个负相关。为了减轻这种惩罚，最好使用事件代理。

事件代理，如第 13 章中所讨论的那样，用到了事件冒泡。任何可以冒泡的事件都不仅仅可以在事件目标上进行处理，目标的任何祖先节点上也能处理。使用这个知识，就可以将事件处理程序附加到更高层的地方负责多个目标的事件处理。如果可能，在文档级别附加事件处理程序，这样可以处理整个页面的事件。

4. 注意 HTMLCollection

HTMLCollection 对象的陷阱已经在本书中讨论过了，因为它们对于 Web 应用的性能而言是巨大的损害。记住，任何时候要访问 HTMLCollection，不管它是一个属性还是一个方法，都是在文档上进行一个查询，这个查询开销很昂贵。最小化访问 HTMLCollection 的次数可以极大地改进脚本的性能。

也许优化 HTMLCollection 访问最重要的地方就是循环了。前面提到过将长度计算移入 for 循环的初始化部分。现在看一下这个例子：

```
var images = document.getElementsByTagName("img"),
    i, len;

for (i=0, len=images.length; i < len; i++){
    //处理
}
```

这里的关键在于长度 length 存入了 len 变量，而不是每次都去访问 HTMLCollection 的 length 属性。当在循环中使用 HTMLCollection 的时候，下一步应该是获取要使用的项目的引用，如下所示，以便避免在循环体内多次调用 HTMLCollection。

```
var images = document.getElementsByTagName("img"),
    image,
    i, len;

for (i=0, len=images.length; i < len; i++){
    image = images[i];
    //处理
}
```

这段代码添加了 image 变量，保存了当前的图像。这之后，在循环内就没有理由再访问 images 的 HTMLCollection 了。

编写 JavaScript 的时候，一定要知道何时返回 HTMLCollection 对象，这样你就可以最小化对他们的访问。发生以下情况时会返回 HTMLCollection 对象：

❑ 进行了对 getElementsByTagName() 的调用；

❑ 获取了元素的 childNodes 属性；

❑ 获取了元素的 attributes 属性；

❑ 访问了特殊的集合，如 document.forms、document.images 等。

要了解当使用 HTMLCollection 对象时，合理使用会极大提升代码执行速度。

24.3   部署

也许所有 JavaScript 解决方案最重要的部分，便是最后部署到运营中的网站或者是 Web 应用的过程。在这之前可能你已经做了相当多的工作，为普通的使用进行架构并优化一个解决方案。现在是时候从开发环境中走出来并进入 Web 阶段了，在此将会和真正的用户交互。然而，在这之前还有一系列需要解决的问题。

24.3.1   构建过程

完备 JavaScript 代码可以用于部署的一件很重要的事情，就是给它开发某些类型的构建过程。软件开发的典型模式是写代码-编译-测试，即首先书写好代码，将其编译通过，然后运行并确保其正常工作。由于 JavaScript 并非一个编译型语言，模式变成了写代码-测试，这里你写的代码就是你要在浏览器中测试的代码。这个方法的问题在于它不是最优的，你写的代码不应该原封不动地放入浏览器中，理由如下所示。

❑ **知识产权问题** —— 如果把带有完整注释的代码放到线上，那别人就更容易知道你的意图，对它再利用，并且可能找到安全漏洞。

❑ **文件大小** —— 书写代码要保证容易阅读，才能更好地维护，但是这对于性能是不利的。浏览器并不能从额外的空白字符或者是冗长的函数名和变量名中获得什么好处。

❑ **代码组织** —— 组织代码要考虑到可维护性并不一定是传送给浏览器的最好方式。

基于这些原因，最好给 JavaScript 文件定义一个构建过程。

构建过程始于在源控制中定义用于存储文件的逻辑结构。最好避免使用一个文件存放所有的 JavaScript，遵循以下面向对象语言中的典型模式：将每个对象或自定义类型分别放入其单独的文件中。这样可以确保每个文件包含最少量的代码，使其在不引入错误的情况下更容易修改。另外，在使用像 CVS 或 Subversion 这类并发源控制系统的时候，这样做也减少了在合并操作中产生冲突的风险。

　　记住将代码分离成多个文件只是为了提高可维护性，并非为了部署。要进行部署的时候，需要将这些源代码合并为一个或几个归并文件。推荐 Web 应用中尽可能使用最少的 JavaScript 文件，是因为 HTTP 请求是 Web 中的主要性能瓶颈之一。记住通过<script>标记引用 JavaScript 文件是一个阻塞操作，当代码下载并运行的时候会停止其他所有的下载。因此，尽量从逻辑上将 JavaScript 代码分组成部署文件。

　　一旦组织好文件和目录结构，并确定哪些要出现在部署文件中，就可以创建构建系统了。Ant 构建工具（http://ant.apache.org）是为了自动化 Java 构建过程而诞生的，不过因为其易用性和应用广泛，而在 Web 应用开发人员中也颇流行，诸如 Julien Lecomte 的软件工程师，已经写了教程指导如何使用 Ant 进行 JavaScript 和 CSS 的构建自动化（Lecomte 的文章在 www.julienlecomte.net/blog/2007/09/16/ ）。

　　Ant 由于其简便的文件处理能力而非常适合 JavaScript 编译系统。例如，可以很方便地获得目录中的所有文件的列表，然后将其合并为一个文件，如下所示：

```xml
<project name="JavaScript Project" default="js.concatenate">

    <!-- 输出的目录 -->
    <property name="build.dir" value="./js" />

    <!-- 包含源文件的目录 -->
    <property name="src.dir" value="./dev/src" />

    <!-- 合并所有 JS 文件的目标 -->
    <!-- Credit: Julien Lecomte, http://www.julienlecomte.net/blog/2007/09/16/ -->
    <target name="js.concatenate">
        <concat destfile="${build.dir}/output.js">
            <filelist dir="${src.dir}/js" files="a.js, b.js"/>
            <fileset dir="${src.dir}/js" includes="*.js" excludes="a.js, b.js"/>
        </concat>
    </target>

</project>
```

SampleAntDir/build.xml

　　该 build.xml 文件定义了两个属性：输出最终文件的构建目录，以及 JavaScript 源文件所在的源目录。目标 js.concatenate 使用了<concat>元素来指定需要进行合并的文件的列表以及结果文件所要输出的位置。<filelist>元素用于指定 a.js 和 b.js 要首先出现在合并的文件中，<fileset>元素指定了之后要添加到目录中的其他所有文件，a.js 和 b.js 除外。结果文件最后输出到/js/output.js。

　　如果安装了 Ant，就可以进入 build.xml 文件所在的目录，并运行以下命令：

```
ant
```

　　然后构建过程就开始了，最后生成合并了的文件。如果在文件中还有其他目标，可以使用以下代码仅执行 js.concatenate 目标：

```
ant js.concatenate
```

　　可以根据需求，修改构建过程以包含其他步骤。在开发周期中引入构建这一步能让你在部署之前对 JavaScript 文件进行更多的处理。

24.3.2　验证

　　尽管现在出现了一些可以理解并支持 JavaScript 的 IDE，大多数开发人员还是要在浏览器中运行代码以检查其语法。这种方法有一些问题。首先，验证过程难以自动化或者在不同系统间直接移植。其次，除了语法错误外，很多问题只有在执行代码的时候才会遇到，这给错误留下了空间；有些工具可以帮助确定 JavaScript 代码中潜在的问题，其中最著名的就是 Douglas Crockford 的 JSLint (www.jslint.com)。

　　JSLint 可以查找 JavaScript 代码中的语法错误以及常见的编码错误。它可以发掘的一些潜在问题如下：

- eval() 的使用；
- 未声明变量的使用；
- 遗漏的分号；
- 不恰当的换行；
- 错误的逗号使用；
- 语句周围遗漏的括号；
- switch 分支语句中遗漏的 break；
- 重复声明的变量；
- with 的使用；
- 错误使用的等号（替代了双等号或三等号）；
- 无法到达的代码。

　　为了方便访问，它有一个在线版本，不过它也可以使用基于 Java 的 Rhino JavaScript 引擎(www.mozilla.org/rhino/) 运行于命令行模式下。要在命令行中运行 JSLint，首先要下载 Rhino，并从 www.jslint.com/下载 Rhino 版本的 JSLint。一旦安装完成，便可以使用下面的语法从命令行运行 JSLint 了：

```
java -jar rhino-1.6R7.jar jslint.js [input files]
```

如这个例子：

```
java -jar rhino-1.6R7.jar jslint.js a.js b.js c.js
```

　　如果给定文件中有任何语法问题或者是潜在的错误，则会输出有关错误和警告的报告。如果没有问题，代码会直接结束而不显示任何信息。

　　可以使用 Ant 将 JSLint 作为构建过程的一部分运行，添加如下一个目标：

```
<target name="js.verify">
    <apply executable="java" parallel="false">
        <fileset dir="${build.dir}" includes="output.js"/>
        <arg line="-jar"/>
        <arg path="${rhino.jar}"/>
        <arg path="${jslint.js}" />
        <srcfile/>
    </apply>
</target>
```

SampleAntDir/build.xml

　　这个目标假设 Rhino jar 文件的位置已经由叫做 rhino.jar 的属性指定了，同时 JSLint Rhino 文件的位置由叫做 jslint.js 的属性指定了。output.js 文件被传递给 JSLint 进行校验，然后显示找到的任何问题。

　　给开发周期添加代码验证这个环节有助于避免将来可能出现的一些错误。建议开发人员给构建过程加入某种类型的代码验证作为确定潜在问题的一个方法，防患于未然。

> JavaScript 代码校验工具的列表可以在附录 D 中找到。

24.3.3 压缩

当谈及 JavaScript 文件压缩，其实在讨论两个东西：代码长度和配重（Wire weight）。代码长度指的是浏览器所需解析的字节数，配重指的是实际从服务器传送到浏览器的字节数。在 Web 开发的早期，这两个数字几乎是一样的，因为从服务器端到客户端原封不动地传递了源文件。而在今天的 Web 上，这两者很少相等，实际上也不应相等。

1. 文件压缩

因为 JavaScript 并非编译为字节码，而是按照源代码传送的，代码文件通常包含浏览器执行所不需要的额外的信息和格式。注释，额外的空白，以及长长的变量名和函数名虽然提高了可读性，但却是传送给浏览器时不必要的字节。不过，我们可以使用压缩工具减少文件的大小。

压缩器一般进行如下一些步骤：

❏ 删除额外的空白（包括换行）；

❏ 删除所有注释；

❏ 缩短变量名。

JavaScript 有不少压缩工具可用（附录 D 中有一个完整列表），其中最优秀的（有争议的）是 YUI 压缩器，http://yuilibrary.com/projects/yuicompressor。YUI 压缩器使用了 Rhino JavaScript 解析器将 JavaScript 代码令牌化。然后使用这个令牌流创建代码不包含空白和注释的优化版本。与一般的基于表达式的压缩器不同的地方在于，YUI 压缩可以确保不引入任何语法错误，并可以安全地缩短局部变量名。

YUI 压缩器是作为 Java 的一个 jar 文件发布的，名字叫 yuicompressor-x.y.z.jar，其中 x.y.z 是版本号。在写本书的时候，2.3.5 是最新的版本。可以使用以下命令行格式来使用 YUI 压缩器：

```
java -jar yuicompressor-x.y.z.jar [options] [input files]
```

YUI 压缩器的选项列在了下面的表格内。

选 项	描 述
-h	显示帮助信息
-o *outputFile*	指定输出文件的文件名。如果没有该选项，那么输出文件名是输入文件名加上-min。例如，叫做 input.js 的输入文件，那么会产生 input-min.js
--line-break *column*	指定每行多少个字符之后添加换行。默认情况下，压缩过的文件只输出为一行，可能在某些版本控制系统中会出错
-v, --verbose	详细模式，输出可以进行更好压缩的提示和警告
--charset *charset*	指定输入文件所使用的字符集。输出文件会使用同样的字符集
--nomunge	关闭局部变量替换
--disable-optimizations	关闭 YUI 压缩器的细节优化
--preserve-semi	保留本来要被删除的无用的分号

24

例如，以下命令行可以用来将 `CookieUtil.js` 压缩成一个叫做 `cookie.js` 的文件：

```
java -jar yuicompressor-2.3.5.jar -o cookie.js CookieUtil.js
```

YUI 压缩器也可以通过直接调用 `java` 可执行文件在 Ant 中使用，如下面的例子所示：

```
<!-- Credit: Julien Lecomte, http://www.julienlecomte.net/blog/2007/09/16/ -->
<target name="js.compress">
    <apply executable="java" parallel="false">
        <fileset dir="${build.dir}" includes="output.js"/>
        <arg line="-jar"/>
        <arg path="${yuicompressor.jar}"/>
        <arg line="-o ${build.dir}/output-min.js"/>
        <srcfile/>
    </apply>
</target>
```

SampleAntDir/build.xml

该目标包含了一个文件 `output.js`，由构建过程生成的，并传递给 YUI 压缩器。输出文件指定为同一目录下的 `output-min.js`。这里假设 `yuicompressor.jar` 属性包含了 YUI 压缩器的 `jar` 文件的位置。然后可以使用以下命令运行这个目标：

```
ant js.compress
```

所有的 JavaScript 文件在部署到生产环境之前，都应该使用 YUI 压缩器或者类似的工具进行压缩。给构建过程添加一个压缩 JavaScript 文件的环节以确保每次都进行这个操作。

2. HTTP 压缩

配重指的是实际从服务器传送到浏览器的字节数。因为现在的服务器和浏览器都有压缩功能，这个字节数不一定和代码长度一样。所有的五大 Web 浏览器（IE、Firefox、Safari、Chrome 和 Opera）都支持对所接收的资源进行客户端解压缩。这样服务器端就可以使用服务器端相关功能来压缩 JavaScript 文件。一个指定了文件使用了给定格式进行了压缩的 HTTP 头包含在了服务器响应中。接着浏览器会查看该 HTTP 头确定文件是否已被压缩，然后使用合适的格式进行解压缩。结果是和原来的代码量相比在网络中传递的字节数量大大减少了。

对于 Apache Web 服务器，有两个模块可以进行 HTTP 压缩：mod_gzip（Apache1.3.x）和 mod_deflate（Apache 2.0.x）。对于 mod_gzip，可以给 `httpd.conf` 文件或者是 `.htaccess` 文件添加以下代码启用对 JavaScript 的自动压缩：

```
#告诉 mod_zip 要包含任何以 .js 结尾的文件
mod_gzip_item_include          file      \.js$
```

该行代码告诉 mod_zip 要包含来自浏览器请求的任何以 `.js` 结尾的文件。假设你所有的 JavaScript 文件都以 `.js` 结尾，就可以压缩所有请求并应用合适的 HTTP 头以表示内容已被压缩。关于 mod_zip 的更多信息，请访问项目网站 `http://www.sourceforge.net/projects/mod-gzip/`。

对于 mod_deflate，可以类似添加一行代码以保证 JavaScript 文件在被发送之前已被压缩。将以下这一行代码添加到 httpd.conf 文件或者是 `.htaccess` 文件中：

```
#告诉 mod_deflate 要包含所有的 JavaScript 文件
AddOutputFilterByType DEFLATE application/x-javascript
```

注意这一行代码用到了响应的 MIME 类型来确定是否对其进行压缩。记住虽然<script>的 type

属性用的是 `text/javascript`，但是 JavaScript 文件一般还是用 `application/x-javascript` 作为其服务的 MIME 类型。关于 `mod_deflate` 的更多信息，请访问 http://httpd.apache.org/docs/2.0/mod/mod_deflate.html。

`mod_gzip` 和 `mod_deflate` 都可以节省大约 70%的 JavaScript 文件大小。这很大程度上是因为 JavaScript 都是文本文件，因此可以非常有效地进行压缩。减少文件的配重可以减少需要传输到浏览器的时间。记住有一点点细微的代价，因为服务器必须花时间对每个请求压缩文件，当浏览器接收到这些文件后也需要花一些时间解压缩。不过，一般来说，这个代价还是值得的。

 大部分 Web 服务器，开源的或是商业的，都有一些 HTTP 压缩功能。请查看服务器的文档说明以确定如何合适地配置压缩。

24.4 小结

随着 JavaScript 开发的成熟，也出现了很多最佳实践。过去一度认为只是一种爱好的东西现在变成了正当的职业，同时还需要经历过去其他编程语言要做的一些研究，如可维护性、性能和部署。

JavaScript 中的可维护性部分涉及到下面的代码约定。

❏ 来自其他语言中的代码约定可以用于决定何时进行注释，以及如何进行缩进，不过 JavaScript 需要针对其松散类型的性质创造一些特殊的约定。
❏ 由于 JavaScript 必须与 HTML 和 CSS 共存，所以让各自完全定义其自己的目的非常重要：JavaScript 应该定义行为，HTML 应该定义内容，CSS 应该定义外观。
❏ 这些职责的混淆会导致难以调试的错误和维护上的问题。

随着 Web 应用中的 JavaScript 数量的增加，性能变得更加重要，因此，你需要牢记以下事项。

❏ JavaScript 执行所花费的时间直接影响到整个 Web 页面的性能，所以其重要性是不能忽略的。
❏ 针对基于 C 的语言的很多性能的建议也适用于 JavaScript，如有关循环性能和使用 `switch` 语句替代 `if` 语句。
❏ 还有一个要记住的重要事情，即 DOM 交互开销很大，所以需要限制 DOM 操作的次数。

流程的最后一步是部署。本章讨论了以下一些关键点。

❏ 为了协助部署，推荐设置一个可以将 JavaScript 合并为较少文件（理想情况是一个）的构建过程。
❏ 有了构建过程也可以对源代码自动运行额外的处理和过滤。例如，你可以运行 JavaScript 验证器来确保没有语法错误或者是代码没有潜在的问题。
❏ 在部署前推荐使用压缩器将文件尽可能变小。
❏ 和 HTTP 压缩一起使用可以让 JavaScript 文件尽可能小，因此对整体页面性能的影响也会最小。

24

第25章
新兴的 API

本章内容
- ❏ 创建平滑的动画
- ❏ 操作文件
- ❏ 使用 Web Workers 在后台执行 JavaScript

随着 HTML5 的出现，面向未来 Web 应用的 JavaScript API 也得到了极大的发展。这些 API 没有包含在 HTML5 规范中，而是各自有各自的规范。但是，它们都属于"HTML5 相关的 API"。本章介绍的所有 API 都在持续制定中，还没有完全固定下来。

无论如何，浏览器已经着手实现这些 API，而 Web 应用开发人员也都开始使用它们了。读者应该能够注意到，其中很多 API 都带有特定于浏览器的前缀，比如微软是 ms，而 Chrome 和 Safari 是 webkit。通过添加这些前缀，不同的浏览器可以测试还在开发中的新 API，不过请记住，去掉前缀之后的部分在所有浏览器中都是一致的。

25.1 `requestAnimationFrame()`

很长时间以来，计时器和循环间隔一直都是 JavaScript 动画的最核心技术。虽然 CSS 变换及动画为 Web 开发人员提供了实现动画的简单手段，但 JavaScript 动画开发领域的状况这些年来并没有大的变化。Firefox 4 最早为 JavaScript 动画添加了一个新 API，即 `mozRequestAnimationFrame()`。这个方法会告诉浏览器：有一个动画开始了。进而浏览器就可以确定重绘的最佳方式。

25.1.1 早期动画循环

在 JavaScript 中创建动画的典型方式，就是使用 `setInterval()` 方法来控制所有动画。以下是一个使用 `setInterval()` 的基本动画循环：

```
(function(){
    function updateAnimations(){
        doAnimation1();
        doAnimation2();
        //其他动画
    }

    setInterval(updateAnimations, 100);
})();
```

为了创建一个小型动画库，updateAnimations()方法就得不断循环地运行每个动画，并相应地改变不同元素的状态（例如，同时显示一个新闻跑马灯和一个进度条）。如果没有动画需要更新，这个方法可以退出，什么也不用做，甚至可以把动画循环停下来，等待下一次需要更新的动画。

编写这种动画循环的关键是要知道延迟时间多长合适。一方面，循环间隔必须足够短，这样才能让不同的动画效果显得更平滑流畅；另一方面，循环间隔还要足够长，这样才能确保浏览器有能力渲染产生的变化。大多数电脑显示器的刷新频率是 60Hz，大概相当于每秒钟重绘 60 次。大多数浏览器都会对重绘操作加以限制，不超过显示器的重绘频率，因为即使超过那个频率用户体验也不会有提升。

因此，最平滑动画的最佳循环间隔是 1000ms/60，约等于 17ms。以这个循环间隔重绘的动画是最平滑的，因为这个速度最接近浏览器的最高限速。为了适应 17ms 的循环间隔，多重动画可能需要加以节制，以便不会完成得太快。

虽然与使用多组 setTimeout() 的循环方式相比，使用 setInterval() 的动画循环效率更高，但后者也不是没有问题。无论是 setInterval() 还是 setTimeout() 都不十分精确。为它们传入的第二个参数，实际上只是指定了把动画代码添加到浏览器 UI 线程队列中以等待执行的时间。如果队列前面已经加入了其他任务，那动画代码就要等前面的任务完成后再执行。简言之，以毫秒表示的延迟时间并不代表到时候一定会执行动画代码，而仅代表到时候会把代码添加到任务队列中。如果 UI 线程繁忙，比如忙于处理用户操作，那么即使把代码加入队列也不会立即执行。

25.1.2 循环间隔的问题

知道什么时候绘制下一帧是保证动画平滑的关键。然而，直至最近，开发人员都没有办法确保浏览器按时绘制下一帧。随着 <canvas> 元素越来越流行，新的基于浏览器的游戏也开始崭露头脚，面对不十分精确的 setInterval() 和 setTimeout()，开发人员一筹莫展。

浏览器使用的计时器的精度进一步恶化了问题。具体地说，浏览器使用的计时器并非精确到毫秒级别。以下是几个浏览器的计时器精度。

❑ IE8 及更早版本的计时器精度为 15.625ms。
❑ IE9 及更晚版本的计时器精度为 4ms。
❑ Firefox 和 Safari 的计时器精度大约为 10ms。
❑ Chrome 的计时器精度为 4ms。

IE9 之前版本的计时器精度为 15.625ms，因此介于 0 和 15 之间的任何值只能是 0 和 15。IE9 把计时器精度提高到了 4ms，但这个精度对于动画来说仍然不够明确。Chrome 的计时器精度为 4ms，而 Firefox 和 Safari 的精度是 10ms。更为复杂的是，浏览器都开始限制后台标签页或不活动标签页的计时器。因此，即使你优化了循环间隔，结果仍然只能接近你想要的效果。

25.1.3 mozRequestAnimationFrame

Mozilla 的 Robert O'Callahan 认识到了这个问题，提出了一个非常独特的方案。他指出，CSS 变换和动画的优势在于浏览器知道动画什么时候开始，因此会计算出正确的循环间隔，在恰当的时候刷新 UI。而对于 JavaScript 动画，浏览器无从知晓什么时候开始。因此他的方案就是创造一个新方法 mozRequestAnimationFrame()，通过它告诉浏览器某些 JavaScript 代码将要执行动画。这样浏览器可以在运行某些代码后进行适当的优化。

25

mozRequestAnimationFrame()方法接收一个参数，即在重绘屏幕前调用的一个函数。这个函数负责改变下一次重绘时的 DOM 样式。为了创建动画循环，可以像以前使用 setTimeout()一样，把多个对 mozRequestAnimationFrame()的调用连缀起来。比如：

```
function updateProgress(){
    var div = document.getElementById("status");
    div.style.width = (parseInt(div.style.width, 10) + 5) + "%";

    if (div.style.left != "100%"){
        mozRequestAnimationFrame(updateProgress);
    }
}

mozRequestAnimationFrame(updateProgress);
```

因为 mozRequestAnimationFrame()只运行一次传入的函数，因此在需要再次修改 UI 从而生成动画时，需要再次手工调用它。同样，也需要同时考虑什么时候停止动画。这样就能得到非常平滑流畅的动画。

目前来看，mozRequestAnimationFrame()解决了浏览器不知道 JavaScript 动画什么时候开始、不知道最佳循环间隔时间的问题，但不知道代码到底什么时候执行的问题呢？同样的方案也可以解决这个问题。

我们传递的 mozRequestAnimationFrame()函数也会接收一个参数，它是一个时间码（从1970年1月1日起至今的毫秒数），表示下一次重绘的实际发生时间。注意，这一点很重要：mozRequestAnimationFrame()会根据这个时间码设定将来的某个时刻进行重绘，而根据这个时间码，你也能知道那个时刻是什么时间。然后，再优化动画效果就有了依据。

要知道距离上一次重绘已经过去了多长时间，可以查询 mozAnimationStartTime，其中包含上一次重绘的时间码。用传入回调函数的时间码减去这个时间码，就能计算出在屏幕上重绘下一组变化之前要经过多长时间。使用这个值的典型方式如下：

```
function draw(timestamp){

    //计算两次重绘的时间间隔
    var diff = timestamp - startTime;

    //使用 diff 确定下一步的绘制时间

    //把 startTime 重写为这一次的绘制时间
    startTime = timestamp;

    //重绘 UI
    mozRequestAnimationFrame(draw);
}

    var startTime = mozAnimationStartTime;
    mozRequestAnimationFrame(draw);
```

这里的关键是第一次读取 mozAnimationStartTime 的值，必须在传递给 mozRequestAnimationFrame()的回调函数外面进行。如果是在回调函数内部读取 mozAnimationStartTime，得到的值与传入的时间码是相等的。

25.1.4 `webkitRequestAnimationFrame` 与 `msRequestAnimationFrame`

基于 `mozRequestAnimationFrame()`，Chrome 和 IE10+ 也都给出了自己的实现，分别叫 `webkit-RequestAnimationFrame()` 和 `msRequestAnimationFrame()`。这两个版本与 Mozilla 的版本有两个方面的微小差异。首先，不会给回调函数传递时间码，因此你无法知道下一次重绘将发生在什么时间。其次，Chrome 又增加了第二个可选的参数，即将要发生变化的 DOM 元素。知道了重绘将发生在页面中哪个特定元素的区域内，就可以将重绘限定在该区域中。

既然没有下一次重绘的时间码，那 Chrome 和 IE 没有提供 `mozAnimationStartTime` 的实现也就很容易理解了——没有那个时间码，实现这个属性也没有什么用。不过，Chrome 倒是又提供了另一个方法 `webkitCancelAnimationFrame()`，用于取消之前计划执行的重绘操作。

假如你不需要知道精确的时间差，那么可以在 Firefox 4+、IE10+ 和 Chrome 中可以参考以下模式创建动画循环。

```
(function(){

    function draw(timestamp){

        //计算两次重绘的时间间隔
        var drawStart = (timestamp || Date.now()),
            diff = drawStart - startTime;

        //使用 diff 确定下一步的绘制时间

        //把 startTime 重写为这一次的绘制时间
        startTime = drawStart;

        //重绘 UI
        requestAnimationFrame(draw);
    }

    var requestAnimationFrame = window.requestAnimationFrame ||
                                window.mozRequestAnimationFrame ||
                                window.webkitRequestAnimationFrame ||
                                window.msRequestAnimationFrame,
        startTime = window.mozAnimationStartTime || Date.now();
    requestAnimationFrame(draw);
})();
```

以上模式利用已有的功能创建了一个动画循环，大致计算出了两次重绘的时间间隔。在 Firefox 中，计算时间间隔使用的是既有的时间码，而在 Chrome 和 IE 中，则使用不十分精确的 Date 对象。这个模式可以大致体现出两次重绘的时间间隔，但不会告诉你在 Chrome 和 IE 中的时间间隔到底是多少。不过，大致知道时间间隔总比一点儿概念也没有好些。

因为首先检测的是标准函数名，其次才是特定于浏览器的版本，所以这个动画循环在将来也能够使用。

目前，W3C 已经着手起草 `requestAnimationFrame()` API，而且作为 Web Performance Group 的一部分，Mozilla 和 Google 正共同参与该标准草案的制定工作。

25

25.2 Page Visibility API

不知道用户是不是正在与页面交互，这是困扰广大 Web 开发人员的一个主要问题。如果页面最小化了或者隐藏在了其他标签页后面，那么有些功能是可以停下来的，比如轮询服务器或者某些动画效果。而 Page Visibility API（页面可见性 API）就是为了让开发人员知道页面是否对用户可见而推出的。

这个 API 本身非常简单，由以下三部分组成。

❑ `document.hidden`：表示页面是否隐藏的布尔值。页面隐藏包括页面在后台标签页中或者浏览器最小化。

❑ `document.visibilityState`：表示下列 4 个可能状态的值。

  ■ 页面在后台标签页中或浏览器最小化。
  ■ 页面在前台标签页中。
  ■ 实际的页面已经隐藏，但用户可以看到页面的预览（就像在 Windows 7 中，用户把鼠标移动到任务栏的图标上，就可以显示浏览器中当前页面的预览）。
  ■ 页面在屏幕外执行预渲染处理。

❑ `visibilitychange` 事件：当文档从可见变为不可见或从不可见变为可见时，触发该事件。

在编写本书时，只有 IE10 和 Chrome 支持 Page Visibility API。IE 的版本是在每个属性或事件前面加上 `ms` 前缀，而 Chrome 则是加上 `webkit` 前缀。因此 `document.hidden` 在 IE 的实现中就是 `document.msHidden`，而在 Chrome 的实现中则是 `document.webkitHidden`。检查浏览器是否支持这个 API 的最佳方式如下：

```
function isHiddenSupported(){
    return ("hidden" in document || "msHidden" in document ||
                "webkitHidden in document)";
}
```

PageVisibilityAPIExample01.htm

类似地，使用同样的模式可以检测页面是否隐藏：

```
if (document.hidden || document.msHidden || document.webKitHidden){
    //页面隐藏了
} else {
    //页面未隐藏
}
```

PageVisibilityAPIExample01.htm

注意，以上代码在不支持该 API 的浏览器中会提示页面未隐藏。这是 Page Visibility API 有意设计的结果，目的是为了向后兼容。

为了在页面从可见变为不可见或从不可见变为可见时收到通知，可以侦听 `visibilitychange` 事件。在 IE 中，这个事件叫 `msvisibilitychange`，而在 Chrome 中这个事件叫 `webkitvisibility-change`。为了在两个浏览器中都能侦听到该事件，可以像下面的例子一样，为每个事件都指定相同的事件处理程序：

```
function handleVisibilityChange(){
    var output = document.getElementById("output"),
        msg;

    if (document.hidden || document.msHidden || document.webkitHidden){
        msg = "Page is now hidden. " + (new Date()) + "<br>";
    } else {
        msg = "Page is now visible. " + (new Date()) + "<br>";
    }

    output.innerHTML += msg;

}

//要为两个事件都指定事件处理程序
EventUtil.addHandler(document, "msvisibilitychange", handleVisibilityChange);
EventUtil.addHandler(document, "webkitvisibilitychange", handleVisibilityChange);
```

PageVisibilityAPIExample01.htm

以上代码同时适用于 IE 和 Chrome。而且，API 的这一部分已经相对稳定，因此在实际的 Web 开发中也可以使用以上代码。

关于这一 API 的实现，差异最大的是 `document.visibilityState` 属性。IE10 PR 2 的 `document.msVisibilityState` 是一个表示如下 4 种状态的数字值。

(1) `document.MS_PAGE_HIDDEN` (0)

(2) `document.MS_PAGE_VISIBLE` (1)

(3) `document.MS_PAGE_PREVIEW` (2)

(4) `document.MS_PAGE_PRERENDER` (3)

在 Chrome 中，`document.webkitVisibilityState` 可能是下列 3 个字符串值：

(1) `"hidden"`

(2) `"visible"`

(3) `"prerender"`

Chrome 并没有给每个状态定义对应的常量，但最终的实现很可能会使用常量。

由于存在以上差异，所以建议大家先不要完全依赖带前缀的 `document.visibilityState`，最好只使用 `document.hidden` 属性。

25.3 Geolocation API

地理定位(geolocation)是最令人兴奋，而且得到了广泛支持的一个新 API。通过这套 API，JavaScript 代码能够访问到用户的当前位置信息。当然，访问之前必须得到用户的明确许可，即同意在页面中共享其位置信息。如果页面尝试访问地理定位信息，浏览器就会显示一个对话框，请求用户许可共享其位置信息。图 25-1 展示了 Chrome 中的这样一个对话框。

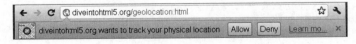

图 25-1

Geolocation API 在浏览器中的实现是 `navigator.geolocation` 对象，这个对象包含 3 个方法。第一个方法是 `getCurrentPosition()`，调用这个方法就会触发请求用户共享地理定位信息的对话框。

这个方法接收 3 个参数：成功回调函数、可选的失败回调函数和可选的选项对象。

其中，成功回调函数会接收到一个 Position 对象参数，该对象有两个属性：coords 和 timestamp。而 coords 对象中将包含下列与位置相关的信息。

- ❑ latitude：以十进制度数表示的纬度。
- ❑ longitude：以十进制度数表示的经度。
- ❑ accuracy：经、纬度坐标的精度，以米为单位。

有些浏览器还可能会在 coords 对象中提供如下属性。

- ❑ altitude：以米为单位的海拔高度，如果没有相关数据则值为 null。
- ❑ altitudeAccuracy：海拔高度的精度，以米为单位，数值越大越不精确。
- ❑ heading：指南针的方向，0°表示正北，值为 NaN 表示没有检测到数据。
- ❑ speed：速度，即每秒移动多少米，如果没有相关数据则值为 null。

在实际开发中，latitude 和 longitude 是大多数 Web 应用最常用到的属性。例如，以下代码将在地图上绘制用户的位置：

```
navigator.geolocation.getCurrentPosition(function(position){
    drawMapCenteredAt(position.coords.latitude, positions.coords.longitude);
});
```

以上介绍的是成功回调函数。getCurrentPosition()的第二个参数，即失败回调函数，在被调用的时候也会接收到一个参数。这个参数是一个对象，包含两个属性：message 和 code。其中，message 属性中保存着给人看的文本消息，解释为什么会出错，而 code 属性中保存着一个数值，表示错误的类型：用户拒绝共享（1）、位置无效（2）或者超时（3）。实际开发中，大多数 Web 应用只会将错误消息保存到日志文件中，而不一定会因此修改用户界面。例如：

```
navigator.geolocation.getCurrentPosition(function(position){
    drawMapCenteredAt(position.coords.latitude, positions.coords.longitude);
}, function(error){
    console.log("Error code: " + error.code);
    console.log("Error message: " + error.message);
});
```

getCurrentPosition()的第三个参数是一个选项对象，用于设定信息的类型。可以设置的选项有三个：enableHighAccuracy 是一个布尔值，表示必须尽可能使用最准确的位置信息；timeout 是以毫秒数表示的等待位置信息的最长时间；maximumAge 表示上一次取得的坐标信息的有效时间，以毫秒表示，如果时间到则重新取得新坐标信息。例如：

```
navigator.geolocation.getCurrentPosition(function(position){
    drawMapCenteredAt(position.coords.latitude, positions.coords.longitude);
}, function(error){
    console.log("Error code: " + error.code);
    console.log("Error message: " + error.message);
}, {
    enableHighAccuracy: true,
    timeout: 5000,
    maximumAge: 25000
});
```

这三个选项都是可选的，可以单独设置，也可以与其他选项一起设置。除非确实需要非常精确的信息，否则建议保持 enableHighAccuracy 的 false 值（默认值）。将这个选项设置为 true 需要更长的时候，而且在移动设备上还会导致消耗更多电量。类似地，如果不需要频繁更新用户的位置信息，那么可以将 maximumAge 设置为 Infinity，从而始终都使用上一次的坐标信息。

如果你希望跟踪用户的位置，那么可以使用另一个方法 watchPosition()。这个方法接收的参数与 getCurrentPosition() 方法完全相同。实际上，watchPosition() 与定时调用 getCurrentPosition() 的效果相同。在第一次调用 watchPosition() 方法后，会取得当前位置，执行成功回调或者错误回调。然后，watchPosition() 就地等待系统发出位置已改变的信号（它不会自己轮询位置）。

调用 watchPosition() 会返回一个数值标识符，用于跟踪监控的操作。基于这个返回值可以取消监控操作，只要将其传递给 clearWatch() 方法即可（与使用 setTimeout() 和 clearTimeout() 类似）。例如：

```
var watchId = navigator.geolocation.watchPosition(function(position){
    drawMapCenteredAt(position.coords.latitude, positions.coords.longitude);
}, function(error){
    console.log("Error code: " + error.code);
    console.log("Error message: " + error.message);
});

clearWatch(watchId);
```

以上例子调用了 watchPosition() 方法，将返回的标识符保存在了 watchId 中。然后，又将 watchId 传给了 clearWatch()，取消了监控操作。

支持地理定位的浏览器有 IE9+、Firefox 3.5+、Opera 10.6+、Safari 5+、Chrome、iOS 版 Safari、Android 版 WebKit。要了解使用地理定位的更多精彩范例，请访问 http://html5demos.com/geo。

25.4　File API

不能直接访问用户计算机中的文件，一直都是 Web 应用开发中的一大障碍。2000 年以前，处理文件的唯一方式就是在表单中加入 <input type="file"> 字段，仅此而已。File API（文件 API）的宗旨是为 Web 开发人员提供一种安全的方式，以便在客户端访问用户计算机中的文件，并更好地对这些文件执行操作。支持 File API 的浏览器有 IE10+、Firefox 4+、Safari 5.0.5+、Opera 11.1+ 和 Chrome。

File API 在表单中的文件输入字段的基础上，又添加了一些直接访问文件信息的接口。HTML5 在 DOM 中为文件输入元素添加了一个 files 集合。在通过文件输入字段选择了一或多个文件时，files 集合中将包含一组 File 对象，每个 File 对象对应着一个文件。每个 File 对象都有下列只读属性。

❏ name：本地文件系统中的文件名。
❏ size：文件的字节大小。
❏ type：字符串，文件的 MIME 类型。
❏ lastModifiedDate：字符串，文件上一次被修改的时间（只有 Chrome 实现了这个属性）。

举个例子，通过侦听 change 事件并读取 files 集合就可以知道选择的每个文件的信息：

```
var filesList = document.getElementById("files-list");
EventUtil.addHandler(filesList, "change", function(event){
```

```
    var files = EventUtil.getTarget(event).files,
        i = 0,
        len = files.length;

    while (i < len){
        console.log(files[i].name + " (" + files[i].type + ", " + files[i].size +
                " bytes) ");
        i++;
    }
});
```

FileAPIExample01.htm

这个例子把每个文件的信息输出到了控制台中。仅仅这一项功能，对 Web 应用开发来说就已经是非常大的进步了。不过，File API 的功能还不止于此，通过它提供的 FileReader 类型甚至还可以读取文件中的数据。

25.4.1 **FileReader** 类型

FileReader 类型实现的是一种异步文件读取机制。可以把 FileReader 想象成 XMLHttpRequest，区别只是它读取的是文件系统，而不是远程服务器。为了读取文件中的数据，FileReader 提供了如下几个方法。

- ❏ readAsText(*file*, *encoding*)：以纯文本形式读取文件，将读取到的文本保存在 result 属性中。第二个参数用于指定编码类型，是可选的。
- ❏ readAsDataURL(*file*)：读取文件并将文件以数据 URI 的形式保存在 result 属性中。
- ❏ readAsBinaryString(*file*)：读取文件并将一个字符串保存在 result 属性中，字符串中的每个字符表示一字节。
- ❏ readAsArrayBuffer(*file*)：读取文件并将一个包含文件内容的 ArrayBuffer 保存在 result 属性中。

这些读取文件的方法为灵活地处理文件数据提供了极大便利。例如，可以读取图像文件并将其保存为数据 URI，以便将其显示给用户，或者为了解析方便，可以将文件读取为文本形式。

由于读取过程是异步的，因此 FileReader 也提供了几个事件。其中最有用的三个事件是 progress、error 和 load，分别表示是否又读取了新数据、是否发生了错误以及是否已经读完了整个文件。

每过 50ms 左右，就会触发一次 progress 事件，通过事件对象可以获得与 XHR 的 progress 事件相同的信息（属性）：lengthComputable、loaded 和 total。另外，尽管可能没有包含全部数据，但每次 progress 事件中都可以通过 FileReader 的 result 属性读取到文件内容。

由于种种原因无法读取文件，就会触发 error 事件。触发 error 事件时，相关的信息将保存到 FileReader 的 error 属性中。这个属性中将保存一个对象，该对象只有一个属性 code，即错误码。这个错误码是 1 表示未找到文件，是 2 表示安全性错误，是 3 表示读取中断，是 4 表示文件不可读，是 5 表示编码错误。

文件成功加载后会触发 load 事件；如果发生了 error 事件，就不会发生 load 事件。以下是一个使用上述三个事件的例子。

```
var filesList = document.getElementById("files-list");
EventUtil.addHandler(filesList, "change", function(event){
    var info = "",
        output = document.getElementById("output"),
        progress = document.getElementById("progress"),
        files = EventUtil.getTarget(event).files,
        type = "default",
        reader = new FileReader();

    if (/image/.test(files[0].type)){
        reader.readAsDataURL(files[0]);
        type = "image";
    } else {
        reader.readAsText(files[0]);
        type = "text";
    }

    reader.onerror = function(){
        output.innerHTML = "Could not read file, error code is " +
                            reader.error.code;
    };

    reader.onprogress = function(event){
        if (event.lengthComputable){
            progress.innerHTML = event.loaded + "/" + event.total;
        }
    };

    reader.onload = function(){

        var html = "";

        switch(type){
            case "image":
                html = "<img src=\"" + reader.result + "\">";
                break;
            case "text":
                html = reader.result;
                break;
        }
        output.innerHTML = html;
    };
});
```

FileAPIExample02.htm

　　这个例子读取了表单字段中选择的文件，并将其内容显示在了页面中。如果文件有 MIMI 类型，表示文件是图像，因此在 load 事件中就把它保存为数据 URI，并在页面中将这幅图像显示出来。如果文件不是图像，则以字符串形式读取文件内容，然后如实在页面中显示读取到的内容。这里使用了 progress 事件来跟踪读取了多少字节的数据，而 error 事件则用于监控发生的错误。

　　如果想中断读取过程，可以调用 abort()方法，这样就会触发 abort 事件。在触发 load、error 或 abort 事件后，会触发另一个事件 loadend。loadend 事件发生就意味着已经读取完整个文件，或者读取时发生了错误，或者读取过程被中断。

　　实现 File API 的所有浏览器都支持 readAsText()和 readAsDataURL()方法。但 IE10 PR 2 并未实现 readAsBinaryString()和 readAsArrayBuffer()方法。

25

25.4.2　读取部分内容

有时候，我们只想读取文件的一部分而不是全部内容。为此，File 对象还支持一个 slice() 方法，这个方法在 Firefox 中的实现叫 mozSlice()，在 Chrome 中的实现叫 webkitSlice()，Safari 的 5.1 及之前版本不支持这个方法。slice() 方法接收两个参数：起始字节及要读取的字节数。这个方法返回一个 Blob 的实例，Blob 是 File 类型的父类型。下面是一个通用的函数，可以在不同实现中使用 slice() 方法：

```javascript
function blobSlice(blob, startByte, length){
    if (blob.slice){
        return blob.slice(startByte, length);
    } else if (blob.webkitSlice){
        return blob.webkitSlice(startByte, length);
    } else if (blob.mozSlice){
        return blob.mozSlice(startByte, length);
    } else {
        return null;
    }
}
```

FileAPIExample03.htm

Blob 类型有一个 size 属性和一个 type 属性，而且它也支持 slice() 方法，以便进一步切割数据。通过 FileReader 也可以从 Blob 中读取数据。下面这个例子只读取文件的 32B 内容。

```javascript
var filesList = document.getElementById("files-list");
EventUtil.addHandler(filesList, "change", function(event){
    var info = "",
        output = document.getElementById("output"),
        progress = document.getElementById("progress"),
        files = EventUtil.getTarget(event).files,
        reader = new FileReader(),
        blob = blobSlice(files[0], 0, 32);

    if (blob){
        reader.readAsText(blob);

        reader.onerror = function(){
            output.innerHTML = "Could not read file, error code is " +
                                reader.error.code;
        };

        reader.onload = function(){
            output.innerHTML = reader.result;
        };
    } else {
        alert("Your browser doesn' t support slice().");
    }
});
```

FileAPIExample03.htm

只读取文件的一部分可以节省时间，非常适合只关注数据中某个特定部分（如文件头部）的情况。

25.4.3 对象 URL

对象 URL 也被称为 blob URL，指的是引用保存在 `File` 或 `Blob` 中数据的 URL。使用对象 URL 的好处是可以不必把文件内容读取到 JavaScript 中而直接使用文件内容。为此，只要在需要文件内容的地方提供对象 URL 即可。要创建对象 URL，可以使用 `window.URL.createObjectURL()` 方法，并传入 `File` 或 `Blob` 对象。这个方法在 Chrome 中的实现叫 `window.webkitURL.createObjectURL()`，因此可以通过如下函数来消除命名的差异：

```
function createObjectURL(blob){
    if (window.URL){
        return window.URL.createObjectURL(blob);
    } else if (window.webkitURL){
        return window.webkitURL.createObjectURL(blob);
    } else {
        return null;
    }
}
```

FileAPIExample04.htm

这个函数的返回值是一个字符串，指向一块内存的地址。因为这个字符串是 URL，所以在 DOM 中也能使用。例如，以下代码可以在页面中显示一个图像文件：

```
var filesList = document.getElementById("files-list");
EventUtil.addHandler(filesList, "change", function(event){
    var info = "",
        output = document.getElementById("output"),
        progress = document.getElementById("progress"),
        files = EventUtil.getTarget(event).files,
        reader = new FileReader(),
        url = createObjectURL(files[0]);

    if (url){
        if (/image/.test(files[0].type)){
            output.innerHTML = "<img src=\"" + url + "\">";
        } else {
            output.innerHTML = "Not an image.";
        }
    } else {
        output.innerHTML = "Your browser doesn't support object URLs.";
    }
});
```

FileAPIExample04.htm

直接把对象 URL 放在 `<img>` 标签中，就省去了把数据先读到 JavaScript 中的麻烦。另一方面，`<img>` 标签则会找到相应的内存地址，直接读取数据并将图像显示在页面中。

如果不再需要相应的数据，最好释放它占用的内容。但只要有代码在引用对象 URL，内存就不会释放。要手工释放内存，可以把对象 URL 传给 `window.URL.revokeOjbectURL()`（在 Chrome 中是 `window.webkitURL.revokeObjectURL()`）。要兼容这两种方法的实现，可以使用以下函数：

25

```
function revokeObjectURL(url){
    if (window.URL){
        window.URL.revokeObjectURL(url);
    } else if (window.webkitURL){
        window.webkitURL.revokeObjectURL(url);
    }
}
```

    页面卸载时会自动释放对象 URL 占用的内存。不过，为了确保尽可能少地占用内存，最好在不需要某个对象 URL 时，就马上手工释放其占用的内存。

    支持对象 URL 的浏览器有 IE10+、Firefox 4 和 Chrome。

25.4.4   读取拖放的文件

    围绕读取文件信息，结合使用 HTML5 拖放 API 和文件 API，能够创造出令人瞩目的用户界面：在页面上创建了自定义的放置目标之后，你可以从桌面上把文件拖放到该目标。与拖放一张图片或者一个链接类似，从桌面上把文件拖放到浏览器中也会触发 drop 事件。而且可以在 event.dataTransfer.files 中读取到被放置的文件，当然此时它是一个 File 对象，与通过文件输入字段取得的 File 对象一样。

    下面这个例子会将放置到页面中自定义的放置目标中的文件信息显示出来：

```
var droptarget = document.getElementById( "droptarget");

function handleEvent(event){
    var info = "",
        output = document.getElementById("output"),
        files, i, len;

    EventUtil.preventDefault(event);

    if (event.type == "drop"){
        files = event.dataTransfer.files;
        i = 0;
        len = files.length;

        while (i < len){
            info += files[i].name + " (" + files[i].type + ", " + files[i].size +
                    " bytes)<br>";
            i++;
        }

        output.innerHTML = info;
    }
}

EventUtil.addHandler(droptarget, "dragenter", handleEvent);
EventUtil.addHandler(droptarget, "dragover", handleEvent);
EventUtil.addHandler(droptarget, "drop", handleEvent);
```

FileAPIExample05.htm

    与之前展示的拖放示例一样，这里也必须取消 dragenter、dragover 和 drop 的默认行为。在 drop 事件中，可以通过 event.dataTransfer.files 读取文件信息。还有一种利用这个功能的流行做法，即结合 XMLHttpRequest 和拖放文件来实现上传。

25.4.5　使用 XHR 上传文件

通过 File API 能够访问到文件内容，利用这一点就可以通过 XHR 直接把文件上传到服务器。当然啦，把文件内容放到 send() 方法中，再通过 POST 请求，的确很容易就能实现上传。但这样做传递的是文件内容，因而服务器端必须收集提交的内容，然后再把它们保存到另一个文件中。其实，更好的做法是以表单提交的方式来上传文件。

这样使用 FormData 类型就很容易做到了(第 21 章介绍过 FormData)。首先，要创建一个 FormData 对象，通过它调用 append() 方法并传入相应的 File 对象作为参数。然后，再把 FormData 对象传递给 XHR 的 send() 方法，结果与通过表单上传一模一样。

```
var droptarget = document.getElementById("droptarget");

function handleEvent(event){
    var info = "",
        output = document.getElementById("output"),
        data, xhr,
        files, i, len;

    EventUtil.preventDefault(event);

    if (event.type == "drop"){
        data = new FormData();
        files = event.dataTransfer.files;
        i = 0;
        len = files.length;

        while (i < len){
            data.append("file" + i, files[i]);
            i++;
        }

        xhr = new XMLHttpRequest();
        xhr.open("post", "FileAPIExample06Upload.php", true);
        xhr.onreadystatechange = function(){
            if (xhr.readyState == 4){
                alert(xhr.responseText);
            }
        };
        xhr.send(data);
    }
}

EventUtil.addHandler(droptarget, "dragenter", handleEvent);
EventUtil.addHandler(droptarget, "dragover", handleEvent);
EventUtil.addHandler(droptarget, "drop", handleEvent);
```

FileAPIExample06.htm

25

这个例子创建一个 FormData 对象，与每个文件对应的键分别是 file0、file1、file2 这样的格式。注意，不用额外写任何代码，这些文件就可以作为表单的值提交。而且，也不必使用 FileReader，只要传入 File 对象即可。

使用 `FormData` 上传文件，在服务器端就好像是接收到了常规的表单数据一样，一切按部就班地处理即可。换句话说，如果服务器端使用的是 PHP，那么 `$_FILES` 数组中就会保存着上传的文件。支持以这种方式上传文件的浏览器有 Firefox 4+、Safari 5+ 和 Chrome。

25.5 Web 计时

页面性能一直都是 Web 开发人员最关注的领域。但直到最近，度量页面性能指标的唯一方式，就是提高代码复杂程度和巧妙地使用 JavaScript 的 `Date` 对象。Web Timing API 改变了这个局面，让开发人员通过 JavaScript 就能使用浏览器内部的度量结果，通过直接读取这些信息可以做任何想做的分析。与本章介绍过的其他 API 不同，Web Timing API 实际上已经成为了 W3C 的建议标准，只不过目前支持它的浏览器还不够多。

Web 计时机制的核心是 `window.performance` 对象。对页面的所有度量信息，包括那些规范中已经定义的和将来才能确定的，都包含在这个对象里面。Web Timing 规范一开始就为 `performance` 对象定义了两个属性。

其中，`performance.navigation` 属性也是一个对象，包含着与页面导航有关的多个属性，如下所示。

❑ `redirectCount`：页面加载前的重定向次数。

❑ `type`：数值常量，表示刚刚发生的导航类型。
  - `performance.navigation.TYPE_NAVIGATE (0)`：页面第一次加载。
  - `performance.navigation.TYPE_RELOAD (1)`：页面重载过。
  - `performance.navigation.TYPE_BACK_FORWARD (2)`：页面是通过"后退"或"前进"按钮打开的。

另外，`performance.timing` 属性也是一个对象，但这个对象的属性都是时间戳（从软件纪元开始经过的毫秒数），不同的事件会产生不同的时间值。这些属性如下所示。

❑ `navigationStart`：开始导航到当前页面的时间。

❑ `unloadEventStart`：前一个页面的 `unload` 事件开始的时间。但只有在前一个页面与当前页面来自同一个域时这个属性才会有值；否则，值为 0。

❑ `unloadEventEnd`：前一个页面的 `unload` 事件结束的时间。但只有在前一个页面与当前页面来自同一个域时这个属性才会有值；否则，值为 0。

❑ `redirectStart`：到当前页面的重定向开始的时间。但只有在重定向的页面来自同一个域时这个属性才会有值；否则，值为 0。

❑ `redirectEnd`：到当前页面的重定向结束的时间。但只有在重定向的页面来自同一个域时这个属性才会有值；否则，值为 0。

❑ `fetchStart`：开始通过 HTTP GET 取得页面的时间。

❑ `domainLookupStart`：开始查询当前页面 DNS 的时间。

❑ `domainLookupEnd`：查询当前页面 DNS 结束的时间。

❑ `connectStart`：浏览器尝试连接服务器的时间。

❑ `connectEnd`：浏览器成功连接到服务器的时间。

❑ `secureConnectionStart`：浏览器尝试以 SSL 方式连接服务器的时间。不使用 SSL 方式连接时，这个属性的值为 0。

❑ requestStart：浏览器开始请求页面的时间。

❑ responseStart：浏览器接收到页面第一字节的时间。

❑ responseEnd：浏览器接收到页面所有内容的时间。

❑ domLoading：document.readyState 变为"loading"的时间。

❑ domInteractive：document.readyState 变为"interactive"的时间。

❑ domContentLoadedEventStart：发生 DOMContentLoaded 事件的时间。

❑ domContentLoadedEventEnd：DOMContentLoaded 事件已经发生且执行完所有事件处理程序的时间。

❑ domComplete：document.readyState 变为"complete"的时间。

❑ loadEventStart：发生 load 事件的时间。

❑ loadEventEnd：load 事件已经发生且执行完所有事件处理程序的时间。

通过这些时间值，就可以全面了解页面在被加载到浏览器的过程中都经历了哪些阶段，而哪些阶段可能是影响性能的瓶颈。给大家推荐一个使用 Web Timing API 的绝好示例，地址是 http://webtimingdemo.appspot.com/。

支持 Web Timing API 的浏览器有 IE10+和 Chrome。

25.6　Web Workers

随着 Web 应用复杂性的与日俱增，越来越复杂的计算在所难免。长时间运行的 JavaScript 进程会导致浏览器冻结用户界面，让人感觉屏幕"冻结"了。Web Workers 规范通过让 JavaScript 在后台运行解决了这个问题。浏览器实现 Web Workers 规范的方式有很多种，可以使用线程、后台进程或者运行在其他处理器核心上的进程，等等。具体的实现细节其实没有那么重要，重要的是开发人员现在可以放心地运行 JavaScript，而不必担心会影响用户体验了。

目前支持 Web Workers 的浏览器有 IE10+、Firefox 3.5+、Safari 4+、Opera 10.6+、Chrome 和 iOS 版的 Safari。

25.6.1　使用 Worker

实例化 Worker 对象并传入要执行的 JavaScript 文件名就可以创建一个新的 Web Worker。例如：

```
var worker = new Worker("stufftodo.js");
```

这行代码会导致浏览器下载 stufftodo.js，但只有 Worker 接收到消息才会实际执行文件中的代码。要给 Worker 传递消息，可以使用 postMessage()方法（与 XDM 中的 postMessage()方法类似）：

```
worker.postMessage("start! ");
```

消息内容可以是任何能够被序列化的值，不过与 XDM 不同的是，在所有支持的浏览器中，postMessage()都能接收对象参数（Safari 4 是支持 Web Workers 的浏览器中最后一个只支持字符串参数的）。因此，可以随便传递任何形式的对象数据，如下面的例子所示：

```
worker.postMessage({
    type: "command",
    message: "start! "
});
```

25

一般来说，可以序列化为 JSON 结构的任何值都可以作为参数传递给 postMessage()。换句话说，这就意味着传入的值是被复制到 Worker 中，而非直接传过去的（与 XDM 类似）。

Worker 是通过 message 和 error 事件与页面通信的。这里的 message 事件与 XDM 中的 message 事件行为相同，来自 Worker 的数据保存在 event.data 中。Worker 返回的数据也可以是任何能够被序列化的值：

```
worker.onmessage = function(event){
    var data = event.data;

    //对数据进行处理
}
```

Worker 不能完成给定的任务时会触发 error 事件。具体来说，Worker 内部的 JavaScript 在执行过程中只要遇到错误，就会触发 error 事件。发生 error 事件时，事件对象中包含三个属性：filename、lineno 和 message，分别表示发生错误的文件名、代码行号和完整的错误消息。

```
worker.onerror = function(event){
    console.log("ERROR: " + event.filename + " (" + event.lineno + "): " +
                event.message);
};
```

建议大家在使用 Web Workers 时，始终都要使用 onerror 事件处理程序，即使这个函数（像上面例子所示的）除了把错误记录到日志中什么也不做都可以。否则，Worker 就会在发生错误时，悄无声息地失败了。

任何时候，只要调用 terminate() 方法就可以停止 Worker 的工作。而且，Worker 中的代码会立即停止执行，后续的所有过程都不会再发生（包括 error 和 message 事件也不会再触发）。

```
worker.terminate();    //立即停止 Worker 的工作
```

25.6.2　Worker 全局作用域

关于 Web Worker，最重要的是要知道它所执行的 JavaScript 代码完全在另一个作用域中，与当前网页中的代码不共享作用域。在 Web Worker 中，同样有一个全局对象和其他对象以及方法。但是，Web Worker 中的代码不能访问 DOM，也无法通过任何方式影响页面的外观。

Web Worker 中的全局对象是 worker 对象本身。也就是说，在这个特殊的全局作用域中，this 和 self 引用的都是 worker 对象。为便于处理数据，Web Worker 本身也是一个最小化的运行环境。

- ❑ 最小化的 navigator 对象，包括 onLine、appName、appVersion、userAgent 和 platform 属性；
- ❑ 只读的 location 对象；
- ❑ setTimeout()、setInterval()、clearTimeout() 和 clearInterval() 方法；
- ❑ XMLHttpRequest 构造函数。

显然，Web Worker 的运行环境与页面环境相比，功能是相当有限的。

当页面在 worker 对象上调用 postMessage() 时，数据会以异步方式被传递给 worker，进而触发 worker 中的 message 事件。为了处理来自页面的数据，同样也需要创建一个 onmessage 事件处理程序。

```
//Web Worker 内部的代码
self.onmessage = function(event){
    var data = event.data;

    //处理数据
};
```

大家看清楚，这里的 self 引用的是 Worker 全局作用域中的 worker 对象（与页面中的 Worker 对象不同一个对象）。Worker 完成工作后，通过调用 postMessage() 可以把数据再发回页面。例如，下面的例子假设需要 Worker 对传入的数组进行排序，而 Worker 在排序之后又将数组发回了页面：

```
//Web Worker 内部的代码
self.onmessage = function(event){
    var data = event.data;

    //别忘了，默认的 sort() 方法只比较字符串
    data.sort(function(a, b){
        return a - b;
    });
    self.postMessage(data);
};
```

WebWorkerExample01.js

传递消息就是页面与 Worker 相互之间通信的方式。在 Worker 中调用 postMessage() 会以异步方式触发页面中 Worker 实例的 message 事件。如果页面想要使用这个 Worker，可以这样：

```
//在页面中
var data = [23,4,7,9,2,14,6,651,87,41,7798,24],
    worker = new Worker("WebWorkerExample01.js");

worker.onmessage = function(event){
    var data = event.data;

    //对排序后的数组进行操作
};

//将数组发送给 worker 排序
worker.postMessage(data);
```

WebWorkerExample01.htm

排序的确是比较消耗时间的操作，因此转交给 Worker 做就不会阻塞用户界面了。另外，把彩色图像转换成灰阶图像以及加密解密之类的操作也是相当费时的。

在 Worker 内部，调用 close() 方法也可以停止工作。就像在页面中调用 terminate() 方法一样，Worker 停止工作后就不会再有事件发生了。

```
//Web Worker 内部的代码
self.close();
```

25

25.6.3　包含其他脚本

既然无法在 Worker 中动态创建新的 <script> 元素，那是不是就不能向 Worker 中添加其他脚本了

呢？不是，Worker 的全局作用域提供这个功能，即我们可以调用 importScripts() 方法。这个方法接收一个或多个指向 JavaScript 文件的 URL。每个加载过程都是异步进行的，因此所有脚本加载并执行之后，importScripts() 才会执行。例如：

```
//Web Worker 内部的代码
importScripts("file1.js", "file2.js");
```

即使 file2.js 先于 file1.js 下载完，执行的时候仍然会按照先后顺序执行。而且，这些脚本是在 Worker 的全局作用域中执行，如果脚本中包含与页面有关的 JavaScript 代码，那么脚本可能无法正确运行。请记住，Worker 中的脚本一般都具有特殊的用途，不会像页面中的脚本那么功能宽泛。

25.6.4 Web Workers 的未来

Web Workers 规范还在继续制定和改进之中。本节所讨论的 Worker 目前被称为"专用 Worker"（dedicated worker），因为它们是专门为某个特定的页面服务的，不能在页面间共享。该规范的另外一个概念是"共享 Worker"（shared worker），这种 Worker 可以在浏览器的多个标签中打开的同一个页面间共享。虽然 Safari 5、Chrome 和 Opera 10.6 都实现了共享 Worker，但由于该规范尚未完稿，因此很可能还会有变动。

另外，关于在 Worker 内部能访问什么不能访问什么，到如今仍然争论不休。有人认为 Worker 应该像页面一样能够访问任意数据，不光是 XHR，还有 localStorage、sessionStorage、Indexed DB、Web Sockets、Server-Send Events 等。好像支持这个观点的人更多一些，因此未来的 Worker 全局作用域很可能会有更大的空间。

25.7 小结

与 HTML5 同时兴起的是另外一批 JavaScript API。从技术规范角度讲，这批 API 不属于 HTML5，但从整体上可以称它们为 HTML5 JavaScript API。这些 API 的标准有不少虽然还在制定当中，但已经得到了浏览器的广泛支持，因此本章重点讨论了它们。

- ❏ requestAnimationFrame()：是一个着眼于优化 JavaScript 动画的 API，能够在动画运行期间发出信号。通过这种机制，浏览器就能够自动优化屏幕重绘操作。
- ❏ Page Visibility API：让开发人员知道用户什么时候正在看着页面，而什么时候页面是隐藏的。
- ❏ Geolocation API：在得到许可的情况下，可以确定用户所在的位置。在移动 Web 应用中，这个 API 非常重要而且常用。
- ❏ File API：可以读取文件内容，用于显示、处理和上传。与 HTML5 的拖放功能结合，很容易就能创造出拖放上传功能。
- ❏ Web Timing：给出了页面加载和渲染过程的很多信息，对性能优化非常有价值。
- ❏ Web Workers：可以运行异步 JavaScript 代码，避免阻塞用户界面。在执行复杂计算和数据处理的时候，这个 API 非常有用；要不然，这些任务轻则会占用很长时间，重则会导致用户无法与页面交互。

附录 A

ECMAScript Harmony

在2004年 Web 开发重新焕发生机的大背景下，浏览器开发商和其他相关组织之间进行了一系列会谈，讨论应该如何改进 JavaScript。ECMA-262 第四版的制定工作就建立在两大相互竞争的提案基础上：一个是 Netscape 的 JavaScript 2.0，另一个是 Microsoft 的 JScript.NET。各方抛开在浏览器领域的竞争，聚集在 ECMA 麾下，提出了希望能以 JavaScript 为蓝本设计出一门新语言的建议方案。最初的工作草案叫做 ECMAScript 4，而且很长时间以来，它好像就是 JavaScript 的下一个版本。后来，一个叫 ECMAScript 3.1 反提案的加入，令 JavaScript 的未来再次充满了疑问。在反复争论之后，ECMAScript 3.1 成为了 JavaScript 的下一个版本，而且未来的工作成果——代号 Harmony（和谐），将力争让 ECMAScript 4 向 ECMAScript 3.1 靠拢。

ECMAScript 3.1 最终改名为 ECMAScript 5，很快就完成了标准化。ECMAScript 5 的详细内容本书已经介绍过了。ECMAScript 5 的标准化工作一完成，Harmony 立即被提上日程。Harmony 与 ECMAScript 5 的指导思想比较一致，就是只进行增量调整，不彻底改造语言。虽然到 2011 年的时候，Harmony，也就是未来的 ECMAScript 6，还没有全部制定完成，但其中的几个部分已经尘埃落定。本附录所要介绍的就是那些将来肯定能进入最终规范的部分。不过也提醒一下大家，在将来的实现中，这些内容的细节有可能与你在这里看到的不一样。

A.1 一般性变化

Harmony 为 ECMAScript 引入了一些基本的变化。对这门语言来说，这些虽然不算是大的变化，但的确也弥补了它功能上的一些缺憾。

A.1.1 常量

没有正式的常量是 JavaScript 的一个明显缺陷。为了弥补这个缺陷，标准制定者为 Harmony 增加了用 const 关键字声明常量的语法。使用方式与 var 类似，但 const 声明的变量在初始赋值后，就不能再重新赋值了。来看一个例子。

```
const MAX_SIZE = 25;
```

可以像声明变量一样在任何地方声明常量。但在同一作用域中，常量名不能与其他变量或函数名重名，因此下列声明会导致错误：

```
const FLAG = true;
var FLAG = false;    //错误!
```

除了值不能修改之外，可以像使用任何变量一样使用常量。修改常量的值，不会有任何效果，如下所示：

```
const FLAG = true;
FLAG = false;
alert(FLAG); //true
```

支持常量的浏览器有 Firefox、Safari 3+、Opera 9+和 Chrome。在 Safari 和 Opera 中，const 与 var 的作用一样，因为前者定义的常量的值是可以修改的。

A.1.2   块级作用域及其他作用域

本书时不时就会提醒读者一句：JavaScript 没有块级作用域。换句话说，在语句块中定义的变量与在包含函数中定义的变量共享相同的作用域。Harmony 新增了定义块级作用域的语法：使用 let 关键字。

与 const 和 var 类似，可以使用 let 在任何地方定义变量并为变量赋值。区别在于，使用 let 定义的变量在定义它的代码块之外没有定义。比如说吧，下面是一个非常常见的代码块：

```
for (var i=0; i < 10; i++) {
    //执行某些操作
}

alert(i); //10
```

在上面的代码块中，变量 i 是作为代码块所在函数的局部变量来声明的。也就是说，在 for 循环执行完毕后，仍然能够读取 i 的值。如果在这里使用 let 代替 var，则循环之后，变量 i 将不复存在。看下面的例子。

```
for (let i=0; i < 10; i++) {
    //执行某些操作
}

alert(i); //错误！ 变量 i 没有定义
```

以上代码执行到最后一行的时候，就会出现错误，因为 for 循环一结束，变量 i 就已经没有定义了。因为不能对没有定义的变量执行操作，所以发生错误是自然的。

还有另外一种使用 let 的方式，即创建 let 语句，在其中定义只能在后续代码块中使用的变量，像下面的例子这样：

```
var num = 5;

let (num=10, multiplier=2){
    alert(num * multiplier); //20
}

alert(num); //5
```

以上代码通过 let 语句定义了一个区域，这个区域中的变量 num 等于 10，multiplier 等于 2。此时的 num 覆盖了前面用 var 声明的同名变量，因此在 let 语句块中，num 乘以 multiplier 等于 20。而出了 let 语句块之后，num 变量的值仍然是 5。这是因为 let 语句创建了自己的作用域，这个作用域里的变量与外面的变量无关。

使用同样的语法还可以创建 `let` 表达式，其中的变量只在表达式中有定义。再看一个例子。

```
var result = let(num=10, multiplier=2) num * multiplier;
alert(result); //20
```

这里的 `let` 表达式使用两个变量计算后得到一个值，保存在变量 `result` 中。执行表达式之后，`num` 和 `multiplier` 变量就不存在了。

在 JavaScript 中使用块级作用域，可以更精细地控制代码执行过程中变量的存废。

A.2   函数

大多数代码都是以函数方式编写的，因此 Harmony 从几个方面改进了函数，使其更便于使用。与 Harmony 中其他部分类似，对函数的改进也集中在开发人员和实现人员共同面临的难题上。

A.2.1   剩余参数与分布参数

Harmony 中不再有 `arguments` 对象，因此也就无法通过它来读取到未声明的参数。不过，使用剩余参数（rest arguments）语法，也能表示你期待给函数传入可变数量的参数。剩余参数的语法形式是三个点后跟一个标识符。使用这种语法可以定义可能会传进来的更多参数，然后把它们收集到一个数组中。来看一个例子。

```
function sum(num1, num2, ...nums){
    var result = num1 + num2;
    for (let i=0, len=nums.length; i < len; i++){
        result += nums[i];
    }
    return result;
}

var result = sum(1, 2, 3, 4, 5, 6);
```

以上代码定义了一个 `sum()` 函数，接收至少两个参数。这个函数还能接收更多参数，而其余参数都将保存在 `nums` 数组中。与原来的 `arguments` 对象不同，剩余参数都保存在 `Array` 的一个实例中，因此可以使用任何数组方法来操作它们。另外，即使并没有多余的参数传入函数，剩余参数对象也是 `Array` 的实例。

与剩余参数紧密相关的另一种参数语法是分布参数（spread arguments）。通过分布参数，可以向函数中传入一个数组，然后数组中的元素会映射到函数的每个参数上。分布参数的语法形式与剩余参数的语法相同，就是在值的前面加三个点。唯一的区别是分布参数在调用函数的时候使用，而剩余参数在定义函数的时候使用。比如，我们可以不给 `sum()` 函数一个一个地传入参数，而是传入分布参数：

```
var result = sum(...[1, 2, 3, 4, 5, 6]);
```

在这里，我们将一个数组作为分布参数传给了 `sum()` 函数。以上代码在功能上与下面这行代码等价：

```
var result = sum.apply(this, [1, 2, 3, 4, 5, 6]);
```

A.2.2   默认参数值

ECMAScript 函数中的所有参数都是可选的，因为实现不会检查传入的参数数量。不过，除了手工检查传入了哪个参数之外，你还可以为参数指定默认值。如果调用函数时没有传入该参数，那么该参数就会使用默认值。

要为参数指定默认值，可以在参数名后面直接加上等于号和默认值，就像下面这样：

```
function sum(num1, num2=0){
    return num1 + num2;
}

var result1 = sum(5);
var result2 = sum(5, 5);
```

这个 sum() 函数接收两个参数，但第二个参数是可选的，因为它的默认值为 0。使用可选参数的好处是开发人员不用再去检查是否给某个参数传入了值，如果没有的话就使用某个特定的值。默认参数值帮你解除了这个困扰。

A.2.3 生成器

所谓生成器，其实就是一个对象，它每次能生成一系列值中的一个。对 Harmony 而言，要创建生成器，可以让函数通过 yield 操作符返回某个特殊的值。对于使用 yield 操作符返回值的函数，调用它时就会创建并返回一个新的 Generator 实例。然后，在这个实例上调用 next() 方法就能取得生成器的第一个值。此时，执行的是原来的函数，但执行流到 yield 语句就会停止，只返回特定的值。从这个角度看，yield 与 return 很相似。如果再次调用 next() 方法，原来函数中位于 yield 语句后的代码会继续执行，直到再次遇见 yield 语句时停止执行，此时再返回一个新值。来看下面的例子。

```
function myNumbers(){
    for (var i=0; i < 10; i++){
        yield i * 2;
    }
}

var generator = myNumbers();

try {
    while(true){
        document.write(generator.next() + "<br />");
    }
} catch(ex){
    //有意没有写代码
} finally {
    generator.close();
}
```

调用 myNumbers() 函数后，会得到一个生成器。myNumbers() 函数本身非常简单，包含一个每次循环都产生一个值的 for 循环。每次调用 next() 方法都会执行一次 for 循环，然后返回下一个值。第一个值是 0，第二个值是 2，第三个值是 4，依此类推。在 myNumbers() 函数完成退出而没有执行 yield 语句时（最后一次循环判断 i 不小于 10 的时候），生成器会抛出 StopIteration 错误。因此，为了输出生成器能产生的所有数值，这里用一个 try-catch 结构包装了一个 while 循环，以避免出错时中断代码执行。

如果不再需要某个生成器，最好是调用它的 close() 方法。这样会执行原始函数的其他部分，包括 try-catch 相关的 finally 语句块。

在需要一系列值，而每一个值又与前一个值存在某种关系的情况下，可以使用生成器。

A.3　数组及其他结构

Harmony 的另一个重点是数组。数组是 JavaScript 使用最频繁的一种数据结构，因此定义一些更直观更方便地使用数组的方式，绝对是改进这门语言时最优先考虑的事。

A.3.1　迭代器

迭代器也是一个对象，它能迭代一系列值并每次返回其中一个值。想象一下使用 for 或 for-in 循环，这时候就是在迭代一批值，而且每次操作其中的一个值。迭代器的作用相同，只不过用不着使用循环了。Harmony 为各种类型的对象都定义了迭代器。

要为对象创建迭代器，可以调用 Iterator 构造函数，传入想要迭代其值的对象。要取得对象中的下一个值，可以调用迭代器的 next() 方法。默认情况下，这个方法会返回一个数组。如果迭代的是数组，那么返回数组的第一个元素是值的索引，如果迭代的是对象，那么返回数组的第一个元素是值的属性名；返回数组的第二个元素是值本身。如果所有值都已经迭代了一遍，则再调用 next() 会抛出 StopIteration 错误。看下面这个例子。

```
var person = {
    name: "Nicholas",
    age: 29
};
var iterator = new Iterator(person);

try {
    while(true){
        let value = iterator.next();
        document.write(value.join(":") + "<br>");
    }
} catch(ex){
    //有意没有写代码
}
```

以上代码为 person 对象创建了一个迭代器。第一次调用 next() 方法，返回数组 ["name", "Nicholas"]，第二次调用返回数组 ["age", 29]。以上代码的输入结果为：

```
name:Nicholas
age:29
```

如果为非数组对象创建迭代器，则迭代器会按照与使用 for-in 循环一样的顺序，返回对象的每个属性。这就意味着迭代器也只能返回对象的实例属性，而且返回属性的顺序也会因实现而异。为数组创建的迭代器也类似，即按数组元素顺序依次返回值，下面是一个例子。

```
var colors = ["red", "green", "blue"];
var iterator = new Iterator(colors);

try {
    while(true){
        let value = iterator.next();
        document.write(value.join(":") + "<br>");
```

```
        }
    } catch(ex){

    }
```

以上代码的输出结果如下：

```
0:red
1:green
2:blue
```

如果你只想让 next() 方法返回对象的属性名或者数组的索引值，可以在创建迭代器时为 Iterator 构造函数传入第二个参数 true，如下所示：

```
var iterator = new Iterator(colors, true);
```

在这样创建的迭代器上每次调用 next() 方法，只会返回数组中每个值的索引，而不会返回包含索引和值数组。

 　　如果想为自定义类型创建迭代器，需要定义一个特殊的方法 __iterator__()，这个方法应该返回一个包含 next() 方法的对象。当把自定义类型传给 Iterator 构造函数时，就会调用那个特殊的方法。

A.3.2   数组领悟

所谓数组领悟（array comprehensions），指的是用一组符合某个条件的值来初始化数组。Harmony 定义的这项功能借鉴了 Python 中流行的一个语言结构。JavaScript 中数组领悟的基本形式如下：

```
array = [ value for each (variable in values) condition ];
```

其中，value 是实际会包含在数组中的值，它源自 values 数组。for each 结构会循环 values 中的每一个值，并将每个值保存在变量 variable 中。如果保存在 variable 中的值符合 condition 条件，就会将这个值添加到结果数组中。下面是一个例子。

```
//原始数组
var numbers = [0,1,2,3,4,5,6,7,8,9,10];

//把所有元素复制到新数组
var duplicate = [i for each (i in numbers)];

//只把偶数复制到新数组
var evens = [i for each (i in numbers) if (i % 2 == 0)];

//把每个数乘以 2 后的结果放到新数组中
var doubled = [i*2 for each (i in numbers)];

//把每个奇数乘以 3 后的结果放到新数组中
var tripledOdds = [i*3 for each (i in numbers) if (i % 2 > 0)];
```

在以上代码的数组领悟部分，我们使用变量 i 迭代了 numbers 中的所有值，而其中一些语句给出了条件，以筛选最终包含在数组中的结果。本质上讲，只要条件求值为 true，该值就会添加到数组中。与自己编写同样功能的 for 循环相比，数组领悟的语法稍有不同，但却更加简洁。Firefox 2+是唯一支持数组领悟的浏览器，而且要使用这个功能，必须将<script>的 type 属性值指定为"application/javascript;version=1.7"。

 数组领悟语法的 values 也可以是一个生成器或者一个迭代器。

A.3.3　解构赋值

从一组值中挑出一或多个值，然后把它们分别赋给独立的变量，这也是一个很常见的需求。就拿迭代器的 next()方法返回的数组来说，假设这个数组包含着对象中一个属性的名称和值。为了把这个属性和值分别保存在各自的变量中，需要写两个语句，如下所示。

```
var nextValue = ["color", "red"];
var name = nextValue[0];
var value = nextValue[1];
```

而使用解构赋值（destructuring assignments）语法，用一条语句即可解决问题：

```
var [name, value] = ["color", "red"];
alert(name);      //"color"
alert(value);     //"red"
```

在传统的 JavaScript 中，数组字面量是不能出现在等于号（赋值操作符）左边的。解构赋值的这种语法表示的是把等于号右边数组中包含的值，分别赋给等于号左边数组中的变量。结果就是变量 name 的值为"color"，变量 value 的值为"red"。

如果你不想取得数组中所有的值，可以只在数组字面量中给出对应的变量，比如：

```
var [, value] = ["color", "red"];
alert(value);    //"red"
```

这样就只会给变量 value 赋值，值为"red"。

有了解构赋值，还可做点有创意的事儿，比如交换变量的值。在 ECMAScript 3 中，要交换两个变量的值，一般是要这样写代码的：

```
var value1 = 5;
var value2 = 10;

var temp = value1;
value1 = value2;
value2 = temp;
```

利用解构后的数组赋值，可以省掉那个临时变量 temp，比如：

```
var value1 = 5;
var value2 = 10;

[value2, value1] = [value1, value2];
```

解构赋值同样适用于对象，看下面这个例子：

```
var person = {
    name: "Nicholas",
    age: 29
};
```

```
var { name: personName, age: personAge } = person;

alert(personName); //"Nicholas"
alert(personAge);  //29
```

与使用数组字面量一样，看到等于号左边出现了对象字面量，那就是解构赋值表达式。这条语句实际上定义了两个变量，`personName` 和 `personAge`，它们分别得到了 `person` 对象中对应的值。与数组解构赋值一样，在对象解构赋值中也可以选择要取得的值，比如：

```
var { age: personAge } = person;
alert(personAge); //29
```

以上代码只取得了 `person` 对象中 `age` 属性的值，将它赋给了变量 `personAge`。

A.4 新对象类型

Harmony 为 JavaScript 定义了几个新的对象类型。这几个新类型提供了以前只有 JavaScript 引擎才能使用的功能。

A.4.1 代理对象

Harmony 为 JavaScript 引入了代理的概念。所谓代理（proxy），就是一个表示接口的对象，对它的操作不一定作用在代理对象本身。举个例子，设置代理对象的一个属性，实际上可能会在另一个对象上调用一个函数。代理是一种非常有用的抽象机制，能够通过 API 只公开部分信息，同时还能对数据源进行全面控制。

要创建代理对象，可以使用 `Proxy.create()` 方法，传入一个 handler（处理程序）对象和一个可选的 `prototype`（原型）对象：

```
var proxy = Proxy.create(handler);

//创建一个以 myObject 为原型的代理对象
var proxy = Proxy.create(handler, myObject);
```

其中，`handler` 对象包含用于定义**捕捉器**（trap）的属性。捕捉器本身是函数，用于处理（捕捉）原生功能，以便该功能能够以另一种方式来处理。要确保代理对象能够按照预期工作，至少要实现以下 7 种基本的捕捉器。

❑ `getOwnPropertyDescriptor`：当在代理对象上调用 `Object.getOwnPropertyDescriptor()` 时调用的函数。这个函数以接收到的属性名作为参数，返回属性描述符，或者在属性不存在时返回 `null`。

❑ `getPropertyDescriptor`：当在代理对象上调用 `Object.getPropertyDescriptor()` 时调用的函数。（这是 Harmony 中的新方法。）这个函数以接收到的属性名作为参数，返回属性描述符，或者在属性不存在时返回 `null`。

❑ `getOwnPropertyNames`：当在代理对象上调用 `Object.getOwnPropertyNames ()` 时调用的函数。这个函数以接收到的属性名作为参数，应该返回一个字符串数组。

❑ `getPropertyNames`：当在代理对象上调用 `Object.getPropertyNames ()` 时调用的函数。（这是 Harmony 中的新方法。）这个函数以接收到的属性名作为参数，应该返回一个字符串数组。

❑ defineProperty：当在代理对象上调用 Object.defineProperty() 时调用的函数。这个函数以接收到的属性名和属性描述符作为参数。

❑ delete：定义在对象属性上使用 delete 操作符时调用的函数。属性名以参数形式传进来，如果删除成功则返回 true，删除失败返回 false。

❑ fix：当调用 Object.freeze()、Object.seal() 或 Object.preventExtensions() 时调用的函数。当在代理对象上调用这几个方法时，返回 undefined 以抛出错误。

除了这 7 个基本的捕捉器，还有 6 个派生的捕捉器（derived trap）。与基本捕捉器不同，少定义一个或几个派生捕捉器不会导致错误。每个派生的捕捉器都会覆盖一种默认的 JavaScript 行为。

❑ has 在对象上使用 in 操作符（例如 "name" in object）时调用的函数。以接收到的属性名作为参数，返回 true 表示对象包含该属性，否则返回 false。

❑ hasOwn：在代理对象上调用 hasOwnProperty() 方法时调用的函数。以接收到的属性名作为参数，返回 true 表示对象包含该属性，否则返回 false。

❑ get：在读取属性时调用的函数。这个函数接收两个参数，即包含被读属性的对象的引用及属性名。这个对象引用可能是代理对象本身，也可能是继承了代理对象的对象。

❑ set：在写入属性时调用的函数。这个函数接收三个参数，即包含被写属性的对象的引用、属性名和属性值。与 get 类似，这个对象引用可能是代理对象本身，也可能是继承了代理对象的对象。

❑ enumerate：当代理对象被放在 for-in 循环中时调用的函数。这个函数必须返回一个字符串数组，其中包含在 for-in 循环中使用的相应属性名。

❑ keys：当在代理对象上调用 Object.keys() 时调用的函数。与 enumerate 类似，这个函数也必须返回一个字符串数组。

在需要公开 API，而同时又要避免使用者直接操作底层数据的时候，可以使用代理。例如，假设你想实现一个传统的栈数据类型。虽然数组可以作为栈来使用，但你想保证人们只使用 push()、pop() 和 length。在这种情况下，就可以基于数组创建一个代理对象，只对外公开这三个对象成员。

```
/*
 *实验 ES 6 代理对象。这个实验在数组的基础上创建一个栈数据结构。
 *代理在此用于从接口过滤"push"、"pop"和"length"之外的成员，让数组成为一个纯粹的栈，
 *任何人不能直接操作其内容。
 */

var Stack = (function(){

    var stack = [],
        allowed = ["push", "pop", "length" ];

    return Proxy.create({
        get: function(receiver, name){;
            if (allowed.indexOf(name) > -1){
                if(typeof stack[name] == "function"){
                    return stack[name].bind(stack);
                } else {
                    return stack[name];
                }
            } else {
                return undefined;
            }
        }
```

```
    });

});

var mystack = new Stack();

mystack.push("hi");
mystack.push("goodbye");

console.log(mystack.length);    //1

console.log(mystack[0]);        //未定义
console.log(mystack.pop());     //"goodbye"
```

以上代码创建了一个构造函数 Stack。但它没有使用 this，而是返回了一个对数组操作进行包装的代理对象。这个代理对象只定义了一个 get 捕捉器，该函数检测了一组允许的属性，然后才返回相应的值。如果引用的是不被允许的属性，那么捕捉器就返回 undefined；如果引用的是 push()、pop() 和 length，则一切正常。这里的关键是 get 捕捉器，它根据允许的成员过滤了对象的成员。如果该成员是函数，就返回一个与底层数组对象绑定的函数，这样操作针对的就是数组而非代理对象。

A.4.2   代理函数

除了创建代理对象之外，Harmony 还支持创建**代理函数**（proxy function）。代理函数与代理对象的区别是它可以执行。要创建代理函数，可以调用 Proxy.createFunction() 方法，传入一个 handler（处理程序）对象、一个调用捕捉器函数和一个可选的构造函数捕捉器函数。例如：

```
var proxy = Proxy.createFunction(handler, function(){}, function(){});
```

与代理对象一样，handler 对象也有同样多的捕捉器。调用捕捉器函数是在代理函数执行（如 proxy()）时运行的代码。构造函数捕捉器是在用 new 操作符调用代理函数（如 new proxy()）时运行的代码。如果没有指定构造函数捕捉器，则使用调用捕捉器作为构造函数。

A.4.3   映射与集合

Map 类型，也称为**简单映射**，只有一个目的：保存一组键值对儿。开发人员通常都使用普通对象来保存键值对儿，但问题是那样做会导致键容易与原生属性混淆。简单映射能做到键和值与对象属性分离，从而保证对象属性的安全存储。以下是使用简单映射的几个例子。

```
var map = new Map();

map.set("name", "Nicholas");
map.set("book", "Professional JavaScript");

console.log(map.has("name")); //true
console.log(map.get("name")); //"Nicholas"

map.delete("name");
```

简单映射的基本 API 包括 get()、set() 和 delete()，每个方法的作用看名字就知道了。键可以是原始值，也可是引用值。

与简单映射相关的是 Set 类型。集合就是一组不重复的元素。与简单映射不同的是，集合中只有键，没有与键关联的值。在集合中，添加元素要使用 `add()`方法，检查元素是否存在要使用 `has()`方法，而删除元素要使用 `delete()`方法。以下是基本的使用示例。

```
var set = new Set();
set.add("name");

console.log(set.has("name")); //true
set.delete("name");

console.log(set.has("name")); //false
```

截止到 2011 年 10 月，规范中关于 `Map` 和 `Set` 的内容还没有最后定稿。因此，在 JavaScript 引擎实现该规范时，有些细节可能会发生变化。

A.4.4　WeakMap

`WeakMap` 是 ECMAScript 中唯一一个能让你知道什么时候对象已经完全解除引用的类型。`WeakMap`与简单映射很相似，也是用来保存键值对儿的。它们的主要区别在于，`WeakMap` 的键必须是对象，而在对象已经不存在时，相关的键值对儿就会从 `WeakMap` 中被删除。例如：

```
var key = {},
    map = new WeakMap();

map.set(key, "Hello!");

//解除对键的引用，从而删除该值
key = null;
```

至于什么情况下适合使用 `WeakMap`，目前还不清楚。不过，Java 中倒是有一个相同的数据结构叫`WeakHashMap`；于是，JavaScript 又多了一种数据类型。

A.4.5　StructType

JavaScript 一个最大的不足是使用一种数据类型表示所有数值。WebGL 为解决这个问题引入了类型化数组，而 ECMAScript 6 则引入了类型化结构，为这门语言带来了更多的数值数据类型。结构类型（`StructType`）与 C 语言中的结构类似；在 C 语言中，可以把多个属性组合成一条记录。对于 JavaScript的结构类型，通过指定属性及其保存的数据类型，也可以创建类似的数据结构。早期的实现定义了以下几种块类型。

- `uint8`：无符号 8 位整数。
- `int8`：有符号 8 位整数。
- `uint16`：无符号 16 位整数。
- `int16`：有符号 16 位整数。
- `uint32`：无符号 32 位整数。
- `int32`：有符号 32 位整数。
- `float32`：32 位浮点数。
- `float64`：64 位浮点数。

这些块类型都只能包含一个值。将来还有望在这 8 种类型基础上进一步扩展。

要创建结构类型的对象，可以使用 `new` 操作符调用 `StructType`，传入对象字面量形式的属性定义。

```
var Size = new StructType({ width: uint32, height: uint32 });
```

以上代码创建了一个名为 `Size` 的新结构类型，该类型带有两个属性：`width` 和 `height`。这两个属性都应该保存无符号 32 位整数。而变量 `Size` 实际上是一个构造函数，可以像使用对象的构造函数一样使用它。要实例化这个结构类型，需要向构造函数中传入一个带属性值的对象字面量。

```
var boxSize = new Size({ width: 80, height: 60 });
console.log(boxSize.width);  //80
console.log(boxSize.height); //60
```

这样，就创建了 `Size` 的一个宽为 80、高为 60 的实例。实例的属性可以被读写，但始终都必须包含 32 位无符号整数。

将属性定义为另一个结构类型，可以得到更复杂的结构类型。例如：

```
var Location = new StructType({ x: int32, y: int32 });
var Box = new StructType({ size: Size, location: Location });

var boxInfo = new Box({ size: { width:80, height:60 }, location: { x: 0, y: 0 }});
console.log(boxInfo.size.width); //80
```

这个例子创建了一个简单的结构类型 `Location`，又创建了一个复杂的结构类型 `Box`。`Box` 的属性本身也是结构类型。`Box` 构造函数仍然接收对象字面量参数，以便为每个属性定义值，但它会检查传入值的数据类型，以确保作为属性值的数据类型正确。

A.4.6　`ArrayType`

与结构类型密切相关的是数组类型。通过数组类型（`ArrayType`）可以创建一个数组，并限制数组的值必须是某种特定的类型（与 WebGL 中的类型化数组很相似）。要创建新的数组类型，可以调用 `ArrayType` 构造函数，并传入它应该保存的数据类型以及应该保存的元素数目。例如：

```
var SizeArray = new ArrayType(Size, 2);
var boxes = new BoxArray([ { width: 80, height: 60 }, { width: 50, height: 50 } ]);
```

以上代码创建了一个名为 `SizeArray` 的数组类型，这个数组类型只能保存 `Size` 的实例，同时也给数组分配了两个该实例的位置。要实例化数组类型，可以传入一个数组，其中包含应该转换的数据。数据可以是字面量，只要该字面量能提升为正确的数据类型即可（比如在这个例子中，传入的字面量可以提升为结构类型）。

A.5　类

开发人员一直吵着要在 JavaScript 中增加一种语法，用于定义类似于 Java 的类。ECMAScript 6 最终确实定义了这种语法。但 JavaScript 中的类只是一种语法糖，覆盖在目前基于构造函数和基于原型的方式和类型之上。先看看下面的类型定义。

```
function Person(name, age){
    this.name = name;
    this.age = age;
}

Person.prototype.sayName = function(){
    alert(this.name);
```

```
};

Person.prototype.getOlder = function(years){
    this.age += years;
};
```

再看看使用新语法定义的类：

```
class Person {

    constructor(name, age){
        public name = name;
        public age = age;
    }

    sayName(){
        alert(this.name);
    }

    getOlder(years){
        this.age += years;
    }

}
```

新语法以关键字 class 开头，然后就是类型名，而花括号中定义的是属性和方法。定义方法不必再使用 function 关键字，有方法名和圆括号就可以。如果把方法命名为 constructor，那它就是这个类的构造函数（与前一个例子中的 Person 函数一样）。在这个类中定义的方法和属性都会添加到原型上，具体来说，sayName() 和 getOlder() 都是在 Person.prototype 上定义的。

在构造函数中，public 和 private 关键字用于创建对象的实例属性。这个例子中的 name 和 age 都是公有属性。

A.5.1　私有成员

关于类语法的建议是默认支持私有成员的，包括实例中的私有成员和原型中的私有成员。private 关键字表示成员是私有的，不能在类方法之外访问。要访问私有成员，可以使用一种特殊的语法，即调用 private() 函数并传入 this 对象，然后再访问私有成员。例如，下面这个例子把 Person 类的 age 改成为私有属性：

```
class Person {

    constructor(name, age){
        public name = name;
        private age = age;
    }

    sayName(){
        alert(this.name);
    }

    getOlder(years){
        private(this).age += years;
    }

}
```

这种用于访问私有成员的语法还没有定论，将来很可能会改变。

A.5.2 getter 和 setter

新的类语法支持直接为属性定义 getter 和 setter，从而避免了调用 Object.defineProperty() 的麻烦。为属性定义 getter 和 setter 与定义方法类似，只不过要在方法名前加上 get 和 set 关键字。例如：

```
class Person {

    constructor(name, age){
        public name = name;
        public age = age;
        private innerTitle = "";

        get title(){
            return innerTitle;
        }

        set title(value){
            innerTitle = value;
        }
    }
    sayName(){
        alert(this.name);
    }

    getOlder(years){
        this.age += years;
    }
}
```

这个 Person 类为 title 属性定义了一个 getter 和一个 setter。这两个操作 innerTitle 变量的函数都定义在了构造函数中。要为原型属性定义 getter 和 setter，语法相同，但要在构造函数外部定义。

A.5.3 继承

使用类语法而不是过去那种 JavaScript 语法，最大的好处是容易实现继承。有了类语法，只要使用与其他语言相同的 extends 关键字就能实现继承，而不必去考虑借用构造函数或者原型连缀。例如：

```
class Employee extends Person {
    constructor(name, age){
        super(name,age);
    }
}
```

以上代码创建了一个新类 Employee，它继承了 Person 类。在简单的语法背后，已经自动实现了原型连缀，而且通过使用 super() 函数，也正式支持了借用构造函数。从逻辑上看，上面的代码与下面的代码是等价的：

```
function Employee(name, age){
    Person.call(this, name, age);
}
```

```
Employee.prototype = new Person();
```

除了这种风格的继承，类语法还允许直接将对象指定为其原型，方法就是用 prototype 关键字代替 extends：

```
var basePerson = {
    sayName: function(){
        alert(this.name);
    },

    getOlder: function(years){
        this.age += years;
    }
};

class Employee prototype basePerson {
    constructor(name, age){
        public name = name;
        public age = age;
    }
}
```

这个例子将 basePerson 对象直接指定为 Employee.prototype，从而实现了与目前使用 Object.create()实现的一样的继承。

A.6　模块

模块（或者"命名空间"、"包"）是组织 JavaScript 应用代码的重要方法。每个模块都包含着独立于其他模式的特定、独一无二的功能。JavaScript 开发中曾出现过一些临时性的模块格式，而 ECMAScript 6 则对如何创建和管理模块给出了标准的定义。

模块在其自己的顶级执行环境中运行，因而不会污染导入它的全局执行环境。默认情况下，模块中声明的所有变量、函数、类等都是该模块私有的。对于应该向外部公开的成员，可以在前面加上 export 关键字。例如：

```
module MyModule {
    //公开这些成员
    export let myobject = {};
    export function hello(){ alert("hello"); };

    //隐藏这些成员
    function goodbye(){
        //...
    }
}
```

这个模块公开了一个名为 myobject 的对象和一个名为 hello()的函数。可以在页面或其他模块中使用这个模块，也可以只导入模块中的一个成员或者两个成员。导入模块要使用 import 命令：

```
//只导入 myobject
import myobject from MyModule;
console.log(myobject);

//导入所有公开的成员
import * from MyModule;
```

```
console.log(myobject);
console.log(hello);

//列出要导入的成员名
import {myobject, hello} from MyModule;
console.log(myobject);
console.log(hello);

//不导入，直接使用模块
console.log(MyModule.myobject);
console.log(MyModule.hello);
```

在执行环境能够访问到模块的情况下，可以直接调用模块中对外公开的成员。导入操作只不过是把模块中的个别成员拿到当前执行环境中，以便直接操作而不必引用模块。

外部模块

通过提供模块所在外部文件的 URL，也可以动态加载和导入模块。为此，首先要在模块声明后面加上外部文件的 URL，然后再导入模块成员：

```
module MyModule from "mymodule.js";
import myobject from MyModule;
```

以上声明会通知 JavaScript 引擎下载 mymodule.js 文件，然后从中加载名为 MyModule 的模块。请读者注意，这个调用会阻塞进程。换句话说，JavaScript 引擎在下载完外部文件并对其求值之前，不会处理后面的代码。

如果你只想包含模块中对外公开的某些成员，不想把整个模块都加载进来，可以像下面这样使用 import 指令：

```
import myobject from "mymodule.js";
```

总之，模块就是一种组织相关功能的手段，而且能够保护全局作用域不受污染。

附录 **B**

严格模式

ECMAScript 5 最早引入了"严格模式"（strict mode）的概念。通过严格模式，可以在函数内部选择进行较为严格的全局或局部的错误条件检测。使用严格模式的好处是可以提早知道代码中存在的错误，及时捕获一些可能导致编程错误的 ECMAScript 行为。

理解严格模式的规则非常重要，ECMAScript 的下一个版本将以严格模式为基础制定。支持严格模式的浏览器包括 IE10+、Firefox 4+、Safari 5.1+和 Chrome。

B.1 选择使用

要选择进入严格模式，可以使用严格模式的**编译指示**（pragma），实际上就是一个不会赋给任何变量的字符串：

```
"use strict";
```

这种语法（从 ECMAScript 3 开始支持）可以向后兼容那些不支持严格模式的 JavaScript 引擎。支持严格模式的引擎会启动这种模式，而不支持该模式的引擎就当遇到了一个未赋值的字符串字面量，会忽略这个编译指示。

如果是在全局作用域中（函数外部）给出这个编译指示，则整个脚本都将使用严格模式。换句话说，如果把带有这个编译指示的脚本放到其他文件中，则该文件中的 JavaScript 代码也将处于严格模式下。

也可以只在函数中打开严格模式，就像下面这样：

```
function doSomething(){
    "use strict";

    //其他代码
}
```

如果你没有控制页面中所有脚本的权力，建议只在需要测试的特定函数中开启严格模式。

B.2 变量

在严格模式下，什么时候创建变量以及怎么创建变量都是有限制的。首先，不允许意外创建全局变量。在非严格模式下，可以像下面这样创建全局变量：

```
//未声明变量
//非严格模式：创建全局变量
//严格模式：抛出 ReferenceError

message = "Hello world! ";
```

即使 message 前面没有 var 关键字，即使没有将它定义为某个全局对象的属性，也能将 message 创建为全局变量。但在严格模式下，如果给一个没有声明的变量赋值，那代码在执行时就会抛出 ReferenceError。

其次，不能对变量调用 delete 操作符。非严格模式允许这样操作，但会静默失败（返回 false）。而在严格模式下，删除变量也会导致错误。

```
//删除变量
//非严格模式：静默失败
//严格模式：抛出 ReferenceError

var color = "red";
delete color;
```

严格模式下对变量名也有限制。特别地，不能使用 implements、interface、let、package、private、protected、public、static 和 yield 作为变量名。这些都是保留字，将来的 ECMAScript 版本中可能会用到它们。在严格模式下，用以上标识符作为变量名会导致语法错误。

B.3   对象

在严格模式下操作对象比在非严格模式下更容易导致错误。一般来说，非严格模式下会静默失败的情形，在严格模式下就会抛出错误。因此，在开发中使用严格模式会加大早发现错误的可能性。

在下列情形下操作对象的属性会导致错误：

❑ 为只读属性赋值会抛出 TypeError；
❑ 对不可配置的（nonconfigurable）的属性使用 delete 操作符会抛出 TypeError；
❑ 为不可扩展的（nonextensible）的对象添加属性会抛出 TypeError。

使用对象的另一个限制与通过对象字面量声明对象有关。在使用对象字面量时，属性名必须唯一。例如：

```
//重名属性
//非严格模式：没有错误，以第二个属性为准
//严格模式：抛出语法错误

var person = {
            name: "Nicholas",
            name: "Greg"
        };
```

这里的对象 person 有两个属性，都叫 name。在非严格模式下，person 对象的 name 属性值是第二个，而在严格模式下，这样的代码会导致语法错误。

B.4   函数

首先，严格模式要求命名函数的参数必须唯一。以下面这个函数为例：

```
//重名参数
//非严格模式：没有错误，只能访问第二个参数
//严格模式：抛出语法错误
```

```
function sum (num, num){
    //do something
}
```

在非严格模式下，这个函数声明不会抛出错误。通过参数名只能访问第二个参数，要访问第一个参数必须通过 arguments 对象。

在严格模式下，arguments 对象的行为也有所不同。在非严格模式下，修改命名参数的值也会反映到 arguments 对象中，而严格模式下这两个值是完全独立的。例如：

```
//修改命名参数的值
//非严格模式：修改会反映到 arguments 中
//严格模式：修改不会反映到 arguments 中

function showValue(value){
    value = "Foo";
    alert(value);           //"Foo"
    alert(arguments[0]);    //非严格模式："Foo"
                            //严格模式："Hi"
}

showValue("Hi");
```

以上代码中，函数 showValue() 只有一个命名参数 value。调用这个函数时传入了一个参数"Hi"，这个值赋给了 value。而在函数内部，value 被改为"Foo"。在非严格模式下，这个修改也会改变 arguments[0] 的值，但在严格模式下，arguments[0] 的值仍然是传入的值。

另一个变化是淘汰了 arguments.callee 和 arguments.caller。在非严格模式下，这两个属性一个引用函数本身，一个引用调用函数。而在严格模式下，访问哪个属性都会抛出 TypeError。例如：

```
//访问 arguments.callee
//非严格模式：没有问题
//严格模式：抛出 TypeError

function factorial(num){
    if (num <= 1) {
        return 1;
    } else {
        return num * arguments.callee(num-1)
    }
}

var result=factorial(5);
```

类似地，尝试读写函数的 caller 属性，也会导致抛出 TypeError。所以，对于上面的例子而言，访问 factorial.caller 也会抛出错误。

与变量类似，严格模式对函数名也做出了限制，不允许用 implements、interface、let、package、private、protected、public、static 和 yield 作为函数名。

对函数的最后一点限制，就是只能在脚本的顶级和在函数内部声明函数。也就是说，在 if 语句中声明函数会导致语法错误：

```
//在 if 语句中声明函数
//非严格模式：将函数提升到 if 语句外部
//严格模式：抛出语法错误

if (true){
    function doSomething(){
        //...
    }
}
```

在非严格模式下，以上代码能在所有浏览器中运行，但在严格模式下会导致语法错误。

B.5 eval()

饱受诟病的 eval() 函数在严格模式下也得到了提升。最大的变化就是它在包含上下文中不再创建变量或函数。例如：

```
//使用 eval() 创建变量
//非严格模式：弹出对话框显示 10
//严格模式：调用 alert(x)时会抛出 ReferenceError

function doSomething(){
    eval("var x=10");
    alert(x);
}
```

如果是在非严格模式下，以上代码会在函数 doSomething() 中创建一个局部变量 x，然后 alert() 还会显示该变量的值。但在严格模式下，在 doSomething() 函数中调用 eval() 不会创建变量 x，因此调用 alert() 会导致抛出 ReferenceError，因为 x 没有定义。

可以在 eval() 中声明变量和函数，但这些变量或函数只能在被求值的特殊作用域中有效，随后就将被销毁。因此，以下代码可以运行，没有问题：

```
"use strict";
var result = eval("var x=10, y=11; x+y");
alert(result); //21
```

这里在 eval() 中声明了变量 x 和 y，然后将它们加在一起，返回了它们的和。于是，result 变量的值是 21，即 x 和 y 相加的结果。而在调用 alert() 时，尽管 x 和 y 已经不存在了，result 变量的值仍然是有效的。

B.6 eval 与 arguments

严格模式已经明确禁止使用 eval 和 arguments 作为标识符，也不允许读写它们的值。例如：

```
//把 eval 和 arguments 作为变量引用
//非严格模式：没问题，不出错
//严格模式：抛出语法错误

var eval = 10;
var arguments = "Hello world!";
```

在非严格模式下，可以重写 eval，也可以给 arguments 赋值。但在严格模式下，这样做会导致语法错误。不能将它们用作标识符，意味着以下几种使用方式都会抛出语法错误：

- 使用 var 声明；
- 赋予另一个值；
- 尝试修改包含的值，如使用++；
- 用作函数名；
- 用作命名的函数参数；
- 在 try-catch 语句中用作例外名。

B.7　抑制 this

JavaScript 中一个最大的安全问题，也是最容易让人迷茫的地方，就是在某些情况下如何抑制 this 的值。在非严格模式下使用函数的 apply() 或 call() 方法时，null 或 undefined 值会被转换为全局对象。而在严格模式下，函数的 this 值始终是指定的值，无论指定的是什么值。例如：

```
//访问属性
//非严格模式：访问全局属性
//严格模式：抛出错误，因为 this 的值为 null

var color = "red";

function displayColor(){
    alert(this.color);
}

displayColor.call(null);
```

以上代码向 displayColor.call() 中传入了 null，如果在是非严格模式下，这意味着函数的 this 值是全局对象。结果就是弹出对话框显示"red"。而在严格模式下，这个函数的 this 的值是 null，因此在访问 null 的属性时就会抛出错误。

B.8　其他变化

严格模式还有其他一些变化，希望读者也能留意。首先是抛弃了 with 语句。非严格模式下的 with 语句能够改变解析标识符的路径，但在严格模式下，with 被简化掉了。因此，在严格模式下使用 with 会导致语法错误。

```
//with 的语句用法
//非严格模式：允许
//严格模式：抛出语法错误

with(location){
    alert(href);
}
```

严格模式也去掉了 JavaScript 中的八进制字面量。以 0 开头的八进制字面量过去经常会导致很多错误。在严格模式下，八进制字面量已经成为无效的语法了。

```
//使用八进制字面量
//非严格模式：值为 8
//严格模式：抛出语法错误

var value = 010;
```

本书前面提到过，ECMAScript 5 也修改了严格模式下 `parseInt()` 的行为。如今，八进制字面量在严格模式下会被当作以 0 开头的十进制字面量。例如：

```
//使用 parseInt()解析八进制字面量
//非严格模式：值为 8
//严格模式：值为 10

var value = parseInt("010");
```

附录 C

JavaScript 库

JavaScript 库可以帮助我们跨越浏览器差异的鸿沟，并对复杂的浏览器功能提供更为简便的访问方式。程序库有两种形式：通用库和专用库。通用 JavaScript 库提供了对常见浏览器功能的访问，可以作为网站或者 Web 应用的基础。专用库则只做特定的事，仅用于网站或者 Web 应用的某些部分。本附录给出了这些库与其功能的概况，并提供了相关网站作为你的参考资源。

C.1 通用库

通用 JavaScript 库提供横跨几个主题的功能。所有的通用库都尝试通过使用新 API 包装常见功能来统一浏览器的接口、减小实现差异。某些 API 看上去与原生功能很相似，而另一些则完全不同。通用库一般提供与 DOM 交互的功能、支持 Ajax、同时还有一些协助常见任务的工具方法。

C.1.1 YUI

它是一个开源 JavaScript 与 CSS 库，以一种组件方式设计的。这个库不只有一个文件；它包含了很多文件，提供各种不同的配置，让你可以按需载入。YUI（Yahoo!User Interface Library，雅虎用户界面库）涵盖了 JavaScript 的所有方面，从基本的工具及帮助函数到完善的浏览器部件。在雅虎有一支专门的软件工程师团队负责 YUI，他们提供了优秀的文档和支持。

- ❏ 协议：BSD 许可证
- ❏ 网站：http://yuilibrary.com

C.1.2 Prototype

它是一个提供了常见任务 API 的开源库。最初是针对 Ruby on Rails 框架中的使用而开发的，Prototype 是类驱动的，旨在为 JavaScript 提供类定义和继承。因此，Prototype 提供了很多类，用于将常见或复杂功能封装为简单的 API 调用。Prototype 只有一个单独的文件，可以很容易地放入任意页面。它是由 Sam Stephenson 撰写并维护的。

- ❏ 协议：MIT 许可证或者是 Creative Commons Attribution-Share Alike 3.0 Unported
- ❏ 网站：http://www.prototypejs.org/

C.1.3 Dojo Toolkit

Dojo Toolkit 开源库基于一种包系统建模，一组功能组成一个包，可以按需载入。Dojo 提供了范围广泛的选项和配置，几乎涵盖了你要用 JavaScript 做的任何事情。Dojo Toolkit 由 Alex Russell 创建，并由 Dojo 基金会的雇员和志愿者维护。

    ❑ **协议**：新 BSD 许可证或学术自由协议 2.1 版

    ❑ **网站**：http://www.dojotoolkit.org/

C.1.4　MooTools

MooTools 是一个为了精简和优化而设计的开源库，它为内置 JavaScript 对象添加了各种方法，以通过接近的接口提供新功能，或者直接提供新的对象。MooTools 的短小精悍受到一些 Web 开发者的青睐。

    ❑ **协议**：MIT 许可证

    ❑ **网站**：http://www.mootools.net/

C.1.5　jQuery

jQuery 是一个给 JavaScript 提供了函数式编程接口的开源库。它是一个完整的库，其核心是构建于 CSS 选择器上的，用来操作 DOM 元素。通过链式调用，jQuery 代码看上去更像是对于应该发生什么的描述而不是 JavaScript 代码。这种代码风格在设计师和原型制作人中非常流行。jQuery 是由 John Resig 撰写并维护的。

    ❑ **协议**：MIT 许可证或通用公共许可证（GPL）

    ❑ **网站**：http://jquery.com/

C.1.6　MochiKit

MochKit 是一个由一些小工具组成的开源库，它以完善的文档和完整的测试见长，拥有大量 API 及相关范例文档以及数百个测试来确保质量。MochiKit 是由 Bob Ippolito 撰写并维护的。

    ❑ **协议**：MIT 许可者或学术自由许可证 2.1 版

    ❑ **网站**：http://www.mochikit.com/

C.1.7　Underscore.js

虽然严格来讲 Underscore.js 并不是一个通用的库，但它的确为 JavaScript 中的功能性编程提供了很多额外的功能。其文档称 Underscore.js 是对 jQuery 的补充，提供了操作对象、数组、函数和其他 JavaScript 数据类型的更多的低级功能。Underscore.js 由 DcoumentCloud 的 Jeremy Ashkenas 维护。

    ❑ **协议**：MIT 许可证

    ❑ **网站**：http://documentcloud.github.com/underscore/

C.2　互联网应用

互联网应用库是针对于简化完整的 Web 应用开发而设计的。它们并不提供应用问题的小块组件，而是提供了快速应用开发的整个概念框架。虽然这些库也可能提供一些底层功能，但他们的目标是帮助用户快速开发 Web 应用。

C.2.1　Backbone.js

Backbone.js 是构建于 Underscore.js 基础之上的一个迷你 MVC 开源库，它针对单页应用进行优化，让你能够随着应用状态变化方便地更新页面的任意部分。Backbone.js 由 DcoumentCloud 的 Jeremy Ashkenas 维护。

- 协议：MIT 许可证
- 网站：http://documentcloud.github.com/backbone/

C.2.2　Rico

Rico 是一个开源库，旨在让行为丰富的互联网应用的开发更加简单。它提供了 Ajax、动画、样式以及部件的工具。这个库由一些志愿者组成的小团队维护，但是 2008 年起开发速度大大减慢了。

- 协议：Apache 许可证 2.0
- 网站：http://openrico.org/

C.2.3　qooxdoo

它是一个旨在为整个互联网应用开发周期提供帮助的开源库。qooxdoo 实现了它自己的类和接口，用于创建类似于传统面向对象语言的编程模型。这个库包含了一个完整的 GUI 工具包以及用于简化前端构建过程的编译器。qooxdoo 起初是 1&1webhosting 公司（www.1and1.com）的内部使用库，后来基于开源协议发布了。1&1 聘用了一些全职开发者来维护和开发这个库。

- 协议：GNU 较宽松公共许可证（LGPL）或者 Eclipse 公共许可证（EPL）
- 网站：http://www.qooxdoo.org/

C.3　动画和特效

动画和其他视觉特效也成为了 Web 开发的重要部分。在网页上做出流畅的动画是一个很重要的任务，一些开发者已经做出了易用的库，提供流畅的动画和特效。前面提到的很多通用 JavaScript 库也有动画功能。

C.3.1　script.aculo.us

script.aculo.us 是 Prototype 的"同伴"，它提供了出色特效的简单使用方式，使用的东西不超过是 CSS 和 DOM。Prototype 必须在使用 script.aculo.us 之前载入。script.aculo.us 是最流行的特效库之一，世界上很多网站和 Web 应用都在使用它。它的作者 Thomas Fuchs 积极地维护着 script.aculo.us。

- 协议：MIT 许可证
- 网站：http://script.aculo.us/

C.3.2　moo.fx

moo.fx 开源动画库是设计在 Prototype 或者 MooTools 之上运行的。它的目标是尽可能小（最新的版本是 3KB），并支持开发人员用尽可能少的代码创建动画。MooTools 是默认包含 moo.fx 的，但也可以单独下载用于 Prototype 中。

- 协议：MIT 许可证
- 网站：http://moofx.mad4milk.net/

C.3.3   Lightbox

Lightbox 是一个用于在任意页面上创建图像浮动层的 JavaScript 库，依赖于 Prototype 和 script.aculo.us 来实现它的视觉特效。基本的理念是让用户在一个浮动层中浏览一个或者一系列图像，而不必离开当前页面。Lightbox 浮动层无论是外观还是过渡效果都可以自定义。Lightbox 由 Lokesh Dhakar 开发并维护。

❑ 协议：创作共用协议 2.5
❑ 网站：http://www.huddletotegher.com/projects/lightbox2/

C.4   加密

随着 Ajax 应用的流行，对于浏览器端加密以确保通讯安全的需求也越来越多。幸好，一些人已经在 JavaScript 中实现了常用的安全算法。这些库大部分并没有其作者的正式支持，但还是被广泛应用着。

C.4.1   JavaScript MD5

该开源库实现了 MD4、MD5 以及 SHA-1 安全散列函数。作者 Paul Johnston 和其他一些贡献者将每个算法作为一个文件，创建了这个用于 Web 应用的丰富的库。主页上提供了散列算法的概述、对于其弱点的讨论以及适当的使用方法。

❑ 协议：BSD 许可证
❑ 网站：http://pajhome.org.uk/crypt/md5

C.4.2   JavaScrypt

该 JavaScript 库实现了 MD5 和 AES（256 位）加密算法。JavaScrypt 的网站提供了很多关于密码学历史及其在计算机中应用的信息。但是缺乏关于如何将该库集成到 Web 应用中的基本文档，JavaScrypt 的代码里面全都是深奥的数学处理和计算。

❑ 协议：公共域
❑ 网站：http://www.fourmilab.ch/javascrypt/

附录 **D**

JavaScript 工具

写 JavaScript 代码和用其他语言编写代码很像，使用工具能够提高工作效率。JavaScript 开发人员可用的工具数量一度爆发性增长，使得查找问题、优化和部署基于 JavaScript 的解决方案更为简单。其中一些工具是专为 JavaScript 设计使用的，而其他一些可以在浏览器之外运行。本附录对其中一些工具给出了概述，并额外提供了信息资源。

D.1 校验器

JavaScript 调试有一个问题，很多 IDE 并不能在输入的时候自动指出语法错误。大多数开发者写了一部分代码之后要将其载入到浏览器中查找错误。你可以通过在部署之前校验 JavaScript 代码，以便显著地减少此类错误。校验器提供了基本的语法检查，并给出某些风格的警告。

D.1.1 JSLint

JSLint 是一个由 Douglas Crockford 撰写的 JavaScript 校验器。它通过跨浏览器问题的最小共同点检查，能够从核心层次上检查语法错误。（它遵循最严格的规则来确保代码到处都能运行。）你可以启用 Crockford 对于代码风格的警告，包括代码格式、未声明的全局变量的使用以及其他更多警告。尽管 JSLint 是用 JavaScript 写的，但是通过基于 Java 的 Rhino 解释器，它可以在命令行中运行，或者通过 WScript 或者其他 JavaScript 解释器。网站上提供了针对各种命令行解释器的自定义版本。

- ❏ 价格：免费
- ❏ 网站：http://www.jslint.com/

D.1.2 JSHint

JSHint 是 JSLint 的一个分支，为应用规则提供了更多的自定义功能。与 JSLint 类似，它首先检查语法错误，然后检查有问题的编码模式。JSLint 的每一项检查 JSHint 都有，但开发人员可以更好地控制应用什么规则。与 JSLint 一样，JSHint 也能使用 Rhino 在命令行中运行。

- ❏ 价格：免费
- ❏ 网站：http://www.jshint.com/

D.1.3 JavaScript Lint

它和 JSLint 完全不相干，JavaScript Lint 是 Matthias Miller 写的一个基于 C 的 JavaScript 校验器。它使用了 SpiderMonkey（即 Firefox 所用的 JavaScript 解释器）来分析代码并查找语法错误。这个工具包含

大量选项，可以启用额外关于编码风格的警告，以及未声明的变量和不可到达的代码警告。Windows 和 Macintosh 上都有可用的 JavaScript Lint，源代码也可以自由取得。

- ❑ 价格：免费
- ❑ 网站：http://www.javascriptlint.com/

D.2   压缩器

JavaScript 构建过程中很重要的一部分，是压缩输出并移除多余的字符。这样做可以确保传送到浏览器的字节数最少，最终加速了用户体验。有几种压缩比率不同的工具可以选择。

D.2.1   JSMin

JSMin 是由 Douglas Crockford 写的一个基于 C 的压缩器，进行最基本的 JavaScript 压缩。它主要是移除空白和注释，确保最终的代码依然可以被顺利执行。JSMin 有 Windows 执行程序，包括 C 版本代码，还有其他语言的代码：

- ❑ 价格：免费
- ❑ 网站：http://www.crockford.com/javascript/jsmin.html

D.2.2   Dojo ShrinkSafe

负责 Dojo Toolkit 的同一批人开发了一个叫做 ShrinkSafe 的工具，它使用了 Rhino JavaScript 解释器首先将 JavaScript 代码解析为记号流，然后用它们来安全压缩代码。和 JSMin 一样，ShrinkSafe 移除多余的空白符（不包括换行）和注释，但是它更进一步将局部变量替换为两个字符长的变量名。最后可以比 JSMin 产生更小输出，而没有引入语法错误的风险。

- ❑ 价格：免费
- ❑ 网站：http://shrinksafe.dojotoolkit.org/

D.2.3   YUI Compressor

YUI 小组有一个叫做 YUI Compressor 的压缩器。和 ShrinkSafe 类似，YUI Compressor 利用了 Rhino 解释器将 JavaScript 代码解析为记号流，并移除注释和空白字符并替换变量名。与 ShrinkSafe 不同，YUI Compressor 还移除换行并进行一些细微的优化进一步节省字节数。一般来说，YUI Compressor 处理过的文件要小于 JSMin 或者 ShrinkSafe 处理过的文件。

- ❑ 价格：免费
- ❑ 网站：http://yuilibrary.com /projects/yuicompressor

D.3   单元测试

TDD（Test-driven development，测试驱动开发）是一种以单元测试为核心的软件开发过程。直到最近，才出现了一些对 JavaScript 进行单元测试的工具。现在多数 JavaScript 库都在它们自己的代码中使用了某种形式的单元测试，其中一些发布了单元测试框架让他人使用。

D.3.1　JsUnit

最早的 JavaScript 单元测试框架，不绑定于任何特定的 JavaScript 库。JsUnit 是 Java 知名的 JUnit 测试框架的移植。测试在页面中运行，并可以设置为自动测试并将结果提交到服务器。它的网站上包含了例子和基本的文档：

❑ 价格：免费
❑ 网站：http://www.jsunit.net/

D.3.2　YUI Test

作为 YUI 的一部分，YUI Test 不仅可以用于测试使用 YUI 的代码，也可以测试网站或者应用中的任何代码。YUI Test 包含了简单和复杂的断言，以及一种模拟简单的鼠标和键盘事件的方法。该框架在 Yahoo! Developer Network 上有完整的文档描述，包含了例子、API 文档和更多内容。测试时在浏览器中运行，结果输出在页面上。YUI 便使用 YUI Test 来测试整个库。

❑ 价格：免费
❑ 网站：http://yuilibrary.com/projects/yuitest/

D.3.3　DOH

DOH（Dojo Object Harness）在发布给大家使用之前，最初是作为 Dojo 内部的单元测试工具出现的。和其他框架一样，单元测试是在浏览器中运行的。

❑ 价格：免费
❑ 网站：http://www.dojotoolkit.org/

D.3.4　qUnit

qUnit 是为测试 jQuery 而开发的一个单元测试框架。jQuery 本身的确使用 qUnit 进行各项测试。除此之外，qUnit 与 jQuery 并没有绑定关系，也可以用它来测试所有 JavaScript 代码。qUnit 的特点是简单易用，一般开发人员很容易上手。

❑ 价格：免费
❑ 网站：https://github.com/jquery/qunit

D.4　文档生成器

大多数 IDE 对于主流语言都包含了文档生成器。由于 JavaScript 并没有官方的 IDE，过去文档一般都是手工完成，或者是利用针对其他语言的文档生成器。然而，现在终于有一些专门针对 JavaScript 的文档生成器了。

D.4.1　JsDoc Toolkit

JsDoc Toolkit 是最早出现的 JavaScript 文档生成器之一。它要求你在代码中输入类似 Javadoc 的注释，然后处理这些注释并输出为 HTML 文件。你可以自定义 HTML 的格式，这需使用预定义的 JsDoc 模板或者创建自己的模版。JsDoc Toolkit 可以以 Java 包的形式获得。

❑ 价格：免费

❑ 网站：http://code.google.com/p/jsdoc-toolkit/

D.4.2　YUI Doc

YUI Doc 是 YUI 的文档生成器。该生成器以 Python 书写，所以它要求安装有 Python 运行时环境。YUI Doc 可以输出集成了属性和方法搜索（用 YUI 的自动完成挂件实现的）的 HTML 文件。和 JsDoc 一样，YUI Doc 要求源代码中使用类似 Javadoc 的注释。默认的 HTML 可以通过修改默认的 HTML 模板文件和相关的样式表来更改。

❑ 价格：免费

❑ 网站：http://www.yuilibrary.com/projects/yuidoc/

D.4.3　AjaxDoc

AjaxDoc 的目标和前面提到的生成器有些差异。它不为 JavaScript 文档生成 HTML 文件，而是创建与针对.NET 语言（如 C#和 Visual Basic. NET）所创建文件相同格式的 XML 文件。这样做就可以由标准的.NET 文档生成器创建 HTML 文件形式的文档。AjaxDoc 使用类似于所有.NET 语言用到的文档注释格式。创建 AjaxDoc 是针对 ASP.NET 的 Ajax 解决方案，但是它也可以用于单独的项目。

❑ 价格：免费

❑ 网站：http://www.codeplex.com/ajaxdoc

D.5　安全执行环境

随着 mashup 应用越来越流行，对于允许来自外界的 JavaScript 存在于同一个页面上并执行有着越来越多的需求。这导致了一些访问受限功能的安全问题。以下工具旨在创建安全的执行环境，其中不同来源的 JavaScript 可以共存，而不会互相影响。

D.5.1　ADsafe

由 Douglas Crockford 创建，ADsafe 是 JavaScript 的子集，这个子集被认为可以被第三方脚本安全访问。对于用 ADsafe 运行的代码，页面必须包含 ADsafe JavaScript 库并标记为 ADsafe 挂件格式。因此，代码可以在任何页面上安全执行。

❑ 价格：免费

❑ 网站：http://www.adsafe.org/

D.5.2　Caja

Caja 用一种独特的方式来确保 JavaScript 的安全执行。类似于 ADsafe，Caja 定义了 JavaScript 的一个可以用安全方式使用的子集。Caja 继而可以清理 JavaScript 代码并验证它只按照预期的方式运行。作为该项目的一部分，有一种叫做 Cajita 的语言，它是 JavaScript 功能的一种更小的子集。Caja 还处于幼年期，但是已经展示了很多前景，允许多个脚本在同一个页面执行而没有恶意活动的可能。

❑ 价格：免费

❑ 网站：http://code.google.com/p/google-caja/